中国体育科学学会体能训练师培训教材

U0739059

体能训练

STRENGTH AND CONDITIONING

中国体育科学学会　组编

曹景伟　主编

人民邮电出版社

北　京

图书在版编目（CIP）数据

体能训练 / 中国体育科学学会组编 ；曹景伟主编
. -- 北京 ：人民邮电出版社，2024.10
ISBN 978-7-115-62831-2

Ⅰ．①体… Ⅱ．①中… ②曹… Ⅲ．①体能－身体训
练－教材 Ⅳ．①G808.14

中国国家版本馆CIP数据核字(2023)第208137号

内 容 提 要

本书是中国体育科学学会体能训练师培训教材，由我国体能训练领域权威专家联合编写。本书概述了体能训练的功能解剖学、生物力学、生理学、营养学、心理学，以及体能测试方法等基础理论，并重点介绍了发展力量、爆发力、速度、灵敏性、耐力、平衡与稳定性、柔韧性等身体素质的训练和计划设计方法，以及训练周期安排、热身准备和疲劳恢复、质量监控、特殊人群的体能训练、运动伤害防护、体能训练场地的布局设置与组织管理等方法，以厚实的理论根基、完整的方法体系、科学的训练流程，为体能练习者和体能训练师提供了科学、系统、有效的理论与实践指导。

◆ 组　　编　中国体育科学学会
　　主　　编　曹景伟
　　责任编辑　裴　倩
　　责任印制　马振武
◆ 人民邮电出版社出版发行　　北京市丰台区成寿寺路 11 号
　　邮编　100164　　电子邮件　315@ptpress.com.cn
　　网址　https://www.ptpress.com.cn
　　大厂回族自治县聚鑫印刷有限责任公司印刷
◆ 开本：880×1230　1/16
　　印张：34.75　　　　　　　　 2024 年 10 月第 1 版
　　字数：900 千字　　　　　　 2025 年 9 月河北第11次印刷

定价：148.00 元

读者服务热线：**(010)81055296**　印装质量热线：**(010)81055316**
反盗版热线：**(010)81055315**

编 委 会

中国体育科学学会

中国体育科学学会成立于1980年，是我国成立时间长、运作规范、社会影响较大，集学术性、科普性、公益性于一体的最大规模、最高层次的体育科技社会团体，是党和政府联系科技工作者的桥梁、纽带和发展体育科技事业的助手，是推动体育科技创新和体育科技发展的重要力量。学会坚持"科学引领体育、科技支撑体育"的指导方针，"为体育中心工作服务，为推动体育科技创新服务，为体育科技工作者服务，为提高全民体育科学素质服务"的工作定位，以"改革创新、开放协同"的工作思路和"大联合、大协作"的工作方式，围绕体育中心工作，面向体育运动实践，组织引导广大科技工作者在科学研究、科技创新、学术交流、科普推广、科技评价、国际交往、科技咨询、科技服务、组织建设、会员服务等方面开展了卓有成效的工作。

主　编

曹景伟，教授，博士生导师。中国体育科学学会副理事长兼秘书长、运动生物力学分会主任委员，国家体育总局体育科学研究所党委书记、所长，《体育科学》《中国体育科技》主编。主要研究方向为运动训练、体育强国建设理论、运动负荷精确测量关键技术。

副主编

吕万刚，教授，博士生导师。中国体育科学学会常务理事、体能分会主任委员，全国体育专业学位研究生教学指导委员会委员，全国体育教学指导委员会委员，国务院政府特殊津贴专家。武汉体育学院党委副书记、院长。主要研究方向为体育教育训练学、体育产业、体育社会学。

目录
C O N T E N T S

前言

体能训练是通过专门身体活动来提高或保持身体运动能力、运动表现水平的教育与训练过程。从1983年开始引进国外现代体能的概念与理论方法以来，我国体能训练历经40多年的学习借鉴与实践探索，特别是经过2008年北京夏季奥运会和2022年北京冬季奥运会等大型赛事备战的淬炼，进入了新的发展阶段，呈现出本土创新、服务多元、蓬勃向上的良好态势。伴随着经济社会步入高质量发展轨道，全民健身战略与健康中国战略全面推进，人民群众健康意识显著提升，我国体能训练由聚焦竞技体育服务向大众体育、青少年体育扩展，迎来了社会化、多元化、精细化与个性化需求的历史机遇与广阔舞台。然而，我国体能训练自开展至今，主要的理论与方法、手段都来自欧美国家，体能训练教材多为翻译作品，内容体系不完整、不系统，缺乏适合中国人体质的高水平专业教材已成为制约体能训练高质量发展的瓶颈之一。《"十四五"体育发展规划》明确提出了"大力推进训练创新，强化体能训练，恶补体能短板，最大程度提升训练质量和效益"的要求。因此，编写高质量的体能训练教材已成为完善体能训练理论体系与提升体能训练水平、满足社会各方体能训练需求的重要任务，同时，也是我国体能训练科学化、规范化、本土化进程中必须面对和解决的重要问题。

中国体育科学学会积极回应国家与民众的需求，汇聚体能训练领域学界专家和业界翘楚，组织编写了《体能训练》。本书以本土体能训练的大量实验样本、数据资料、研究成果为依据，突出基础应用型学科特点，奠定体能训练理论方法基础，深度融合体能训练理论与实践，以此为体能训练科学化之路培根筑基。本书编者旨在编撰一本高水平的体能训练专业教材，以规范体能训练人才培养。作为高等体育院校体能训练专业教育的教材，本书借鉴了国内外体能训练的理论与实践经验，构建了科学、规范、专业的体能训练基础理论和实践知识体系，为提高我国竞技体育国际竞争力提供了体能训练的技术支撑。与此同时，普及了体能训练科学化知识，有利于助推全民健身的健康发展。随着体育强国建设的加快推进，以及全民健身战略和健康中国战略的深度融合，人民群众越来越认识到体能训练对于人体健康的重要基础作用，尤其是儿童青少年、老年人、妇女等特殊人群，已经显示出对多元体能训练的较大需求。本书通过科学设计力量、速度、耐力、协调、柔韧、灵敏等体能训练的内容、方法与训练计划，提供兼具系统性、专业性、可操作性的体能训练专业知识，全面、科学地指导体能训练过程，能够满足全民健身领域的体能训练需求，包括特殊人群、特殊行业以及慢性病干预、运动康复等领域的体能训练需求。

《体能训练》共计22章，主要涵盖体能训练的理论基础、体能测试的基本方法、身体素质的训练方法、训练周期的安排设计、体能训练的实施过程、特殊人群的体能训练、运动伤害防护的策略及训练场地布局与管理8个方面的内容。本书呈现以下三个方面的特色。

第一，构建了理论引领与实践创新的内容体系。本书全面、深入论述了体能训练的理论基础、内容方法和技术手段，体现了教材内容的系统性、专业性与规范性；教材内容贴近体能训练实际，突出体能训练计划、训练周期的安排与设计，提供了体能训练实施过程的配套内容，同时关注了儿童青少年、女性运动员、老年人等特殊群体的体能训练，体现了教材体系的实用性、社会性和个性化。

第二，提供了操作步骤与案例应用的新策略方法。对于基础力量训练、爆发力训练、快速伸缩复合训练、速度训练、灵敏性训练、耐力训练、高强度间歇训练、平衡与稳定性训练、柔韧性训练及灵敏性等体能训练类型，本书不仅详细分析了具体体能训练的概念、分类、科学基础与理论机制，而且提供了具有可操作性的"练习目的-练习步骤-注意事项"的新颖训练方法和练习步骤，辅以具有指导性、直观性和针对性的配图。同时，对于重点身体素质训练及训练周期、准备活动、疲劳恢复、质量监控等设计了大量可参考的新案例与可执行的新策略方法。

第三，创新了教材与读者互动学习的新阅读模式。本书不仅突出了清晰真人图、规范三线表、专业简洁的文字表达等新颖呈现形式，而且构建了"学习目标–知识导图–导语–正文–小结–思考题"的互动学习框架，充分发挥"学习目标–知识导图–导语"的引导学习作用、"正文"的专业知识详细解读作用、"小结–思考题"的精炼作用，有助于提升学习效果。

本书是国内体能训练领域首部兼有科学系统性、专业理论性、实践指导性的专门教材。作为一本尝试开拓中国特色的现代体能训练理论与实践体系的新型教材，它不仅是体能训练师、高等体育院校体能训练学科教育的专业教材，也可作为军警、消防等特殊职业的体能训练专门教材。期待本书的出版能够引领我国体能训练和人才培养走向科学、规范、普及的未来。

编者
2024年9月

绪论

曹景伟

一、国内外体能训练的概念溯源

"体能"一词起源于英文"Physical Fitness",最早出现于1890年在《英国医学杂志》(*The British Medical Journal*)上发表的"体能评分的估算"(*The Estimation Of Marks For Physical Fitness*)一文。在体能概念形成初期,伴随着后续"教育法案与身体锻炼"(*The Education Act and Physical Fitness*)和"肌肉锻炼与健康"(*Muscular Fitness and Health*)等系列成果的问世,以英语为母语的西方国家便主要采用Physical Fitness来表示体能。1978年美国国家体能协会(National Strength and Conditioning Association, NSCA)的成立,标志着现代体能的形成,并逐渐以"Strength and Conditioning"作为体能的代名词。从词义上理解,体能是力量和适应调节方面的能力。体能的概念由此从"Physical Fitness"演变为"Strength and Conditioning",强调以"力量"作为体能训练的核心,通过力量训练达到人体功能系统的重新平衡。这一观点得到了后续学者的广泛认可。

美国非常重视全民的体能训练。1956年,美国成立了"美国青少年体能总统委员会",强调"发展体能"应作为青少年日常生活的首要任务。1996年,美国健康服务部为"体能"的概念专门进行了界定:人体所具有或能够获得的与进行体力活动相关的一系列身体要素。

美国国家体能协会(NSCA) 最初把体能分成健康体能和竞技体能两部分,目前的认证主要涉及高水平竞技体育体能教练、大众健身私教、特种行业体能教练以及特殊人群体能教练等。国外培训体能训练从业者的相关机构包括协会、私人机构、高校,其中国际权威体能协会除了NSCA,还有英国体能协会(United Kingdom Strength and Conditioning Association, UKSCA)、澳大利亚体能协会(Australian Strength and Conditioning Association, ASCA)等;私人机构包括马克·费斯特根(Mark Verstegen)创立的Athletes' Performance(AP,后改名为EXOS)、洛伦·西格雷夫(Loren Seagrave)创立的Velocity Sports Performance(VSP)以及迈克尔·约翰逊(Michael Johnson)建立的Michael Johnson Performance(MJP)等。2000年,NSCA首次推出了教育认可计划(Education Recognition Program, ERP),与教练认证不同,高校提供的学历教育是按照教学大纲进行的标准化基础教育,而教练认证则更多地要求教练根据实践过程中产生的实际需求进行大量的自我学习。

我国对体能的认识相对较晚,最早出现与体能相关的"身体能力"的表述是在1956年发表于《人民教育》上《关于改进学生健康教育的几点意见》一文中,但此时并未对身体能力抑或体能进行明确,相关概念并未统一。1980年以后,我国运动训练学理论与实践取得了较大进展,体能的概念才逐渐变得清晰,并开始对体能构成要素进行阐释:1981年,吕文元提出运动训练工作可以划分为作风(或意志品质)、技术、战术、体能4个方面;刘邵曾随后对身体素质和运动能力进行了解释,他认为可以将身体运动能力看作身体形态、结构和机能的综合表现形式。后来，田麦久先生依据不同运动项目所需能力主导因素的差异，将运动项目分为体能类、技能类两大类，这对我国体能训练的发展产生了巨大影响。随着对体能认识的进一步明确，"体能训练"逐渐开始在竞技体育中得到重视，1987年我国第一篇与体能训练有关的文章《体能与体能训练》发表，体能训练由此进入学界和大众视野。2000年，在我国教材《运动训练学》中"体能训练"代替了之前的"身体训练"。此后，体能训练逐渐成为运动训练中的专有名词。

随着体能训练内涵的不断延伸，现代体能训练出现了狭义和广义之分。狭义范畴的体能训练是指竞技体能训练。依据训练目标及任务的不同，竞技体能训练又可以分为一般体能训练及专项体能训练。一般体能训练是围绕运动员所需要具备的基本的、全面的运动能力进行的训练；而专项体能训练则是依据专项竞赛的需求围绕某一种或几种能力进行的专门训练，与专项技术、战术、心理等竞技能力发展高度结合。广义范畴的体能训练是指通过身体训练、发展身体运动能力，来保持或提高人体健身水平或运动表现水平的教育、训练过程，是一种对身体运动能力进行专门发展和训练的过程。广义的体能训练除包括竞技体能训练、健康体能训练以及康复体能训练外，还包括专项（职业）体能训练，如警察、军人、飞行员等职业所需要的身体运动能力训练。

二、国内外体能训练的演进脉络

（一）国外体能训练的发展历程

欧美国家在竞技体育领域长期处于领先地位，其体能训练的发展历程充满了创新与演进，从早期的基础体能训练到现代的科技辅助训练，欧美国家的体能训练经历了多个重要阶段。

1. 体能训练的萌芽与基础阶段

19世纪，欧洲的体能训练主要受到体操运动的影响。瑞典体操和德国体操是这一时期的主要训练体系。瑞典体操注重整体身体素质的提高，通过有序的体操动作增强体能。德国体操（Turnen）则强调纪律性和团体训练，对体能训练的系统化发展起到了重要作用。与欧洲类似，19世纪末至20世纪初，美国的体能训练也主要受体操体系的影响。体操成为学校和军队中提升身体素质的重要手段。同时，19世纪末，健美运动在美国兴起，欧根·桑多（Eugen Sandow）等健美先驱开始推广力量训练和健美体操。20世纪初，尽管欧美国家逐渐提出了多种身体素质有关的训练方法，并建立了运动科研机构，但此时并未形成针对体能的系统化训练体系，而主要确立了与力量素质、有氧素质等体能有关的训练理论与方法。直到20世纪50年代，肯尼思·库珀（Kenneth Cooper）提出的有氧训练理论得到了广泛认可，才标志着体能训练科学化的开端。

2. 体能训练的探索与系统化阶段

20世纪60年代，欧洲各国竞技体育的快速发展带动了对体能训练的深入探索。这一时期，苏联训练领域专家马特维耶夫教授提出了"周期训练理论"，该理论为体能主导项目运动员的训练提供了重要的训练思想，其对东欧国家的体能训练具有重要启蒙作用，其中1968年的东德便在奥运会备战工作中开始运用此理论。伴随着美国职业体育的兴起，体能训练逐渐进入了系统化阶段，20世纪70年代，美国设立了"全职体能教练"岗位，达纳·勒迪克（Dana Le Duc）作为美国第一位全职体能教练，成为美国早期体能教练的典型代表。1978年，76名体能教练为促进体育项目中力量训练理念的交流，建立了美国国家力量教练协会（1981年改名为美国国家体能协会，NSCA）。NSCA制订了体能训练的标准和规范，对教练进行认证，确保训练的科学性和系统性。

3. 体能训练的融合与科技化阶段

伴随着美国1994年第一部体能训练专著《体能训练基础》(*Essentials of Strength Training and Conditioning*，即《NSCA-CSCS美国国家体能协会体能教练认证指南》第1版)的出版，体能训练呈现出融合创新特征，其所表现出来的综合化、个性化以及科学化特点，为体能训练的发展开辟了新道路。首先，体能训练的综合化强调不再局限于单一的训练理念或方法，而是将多种训练理念、方法和技术进行融合，形成一个更加综合和完整的训练体系；其次，体能训练的个性化强调根据运动员或健身者的特点和需求进行个性化训练，通过对体能水平、运动技能、生理特征等进行综合评估，制订个性化的训练方案，以最大程度地发挥其潜力和提高训练效果；最后，体能训练的科学化则强调依托最新的科学研究成果和技术手段，结合生理学、生物力学、解剖学以及营养学等科学理论知识，对体能训练进行融合创新，准确地把握训练效果和影响因素。这一时期，伴随着科技的发展与进步，西方发达国家开始广泛将高科技训练设备、实时监测技术、数据分析工具等应用于体能训练，通过心率监测仪、GPS设备、运动传感器等技术帮助教练和运动员实时监控训练效果，调整训练计划。人工智能和大数据分析也开始在体能训练中发挥重要作用。

（二）国内体能训练的发展现状

体能训练是提升运动员成绩的关键环节，它不仅提高运动员的身体素质，还增强其心理素质。我国体能训练的发展现状，既反映了体育事业的进步，也体现了科学技术对体育的推动作用。

1. 体能训练的萌芽与起步

在现代体育传入我国之前，我国传统体育项目如武术、摔跤等已经具有与体能有关的一些训练方法。这些方法主要依靠经验传授，缺乏科学的理论指导。随着20世纪初现代体育的引入，体能训练相关理念也开始逐步传播，但在当时的社会环境和物质条件下，体能训练的发展仍处于萌芽阶段。新中国成立后，国家高度重视体育事业的发展。1952年，全国体育总会成立，标志着我国现代体育事业的开端。在此期间，体能训练逐步受到重视，但更多依靠苏联等国的经验和方法。20世纪50年代，我国开始派遣运动员和教练员出国学习先进的体能训练理念和方法。体能训练逐渐从经验型开始向科学型转变，促进了我国现代体能训练的起步与发展。

2. 体能训练的引进与探索

从1983年熊斗寅和卢先吾共同翻译的《体育运动词汇》一书将Physical Capacity译为身体负荷能力 / 身体能力 / 体能开始，我国便逐步从国外引进现代体能的概念、理论及方法体系。1985年出版的《英汉体育词汇》将Physical Efficiency、Physical Ability翻译为体能，但随着现代体能概念的拓宽，至今还没有能与体能直接对应的英文单词或词组。在20世纪末的中国，训练模式是以"师徒传技"为主导，体能训练理论和实践并未和国际发展前沿接轨，对体能和体能训练的研究还不够全面和深入。随着竞技体育全球竞争加剧及体育对外交流扩大，体能训练开始进入学界视野，从2001年开始，体能训练的相关研究数量逐渐呈现上升趋势。在备战2004年雅典奥运会期间，国家体育总局水上运动管理中心对陆上"替代式"训练提出了建议和工作设想。北京体育大学的王卫星据此对国家皮划艇队的陆上体能训练进行了系统总结。2003年，江苏省体育科学研究所的茅鹏首次提出了"一元训练理论"，该理论指出体能就是身体素质，体能是运动训练的基础，在训练中必须"先体能后技术"，掀起了体能训练探索的热潮。自此，我国对现代体能训练有了较深的认识，开始了相关理论与实践的探索。

3. 体能训练的实践与发展

为提升我国备战奥运会过程中科学化的训练水平，国家体育总局从2004年开始多次邀请美国国家体能协会有关专家到我国进行讲学。在2006年还多批次组织专家学者和教练团队奔赴美国、德国、俄罗斯和澳大利亚等国进行交流学习和培训。通过对国外体能训练的新理念、新技术、新方法的学习和借鉴，我国教练和科研人员对现代体能训练有了进一步认识与思考，并将总结出的有关经验与方法应用到2008年奥运会的备战中，极大地促进了我国体能训练水平的快速提高。2008年上海市体能协会（Shanghai Strength and Conditioning Association）成立，其作为我国与NSCA沟通的桥梁，进一步促进了体能训练行业的发展。2011年11月，国家体育总局备战办与美国EXOS（Athletes' Performance）训练团队合作，引进了功能训练体系备战2012年奥运会。在以上实践过程中，我国体能训练的理论研究也取得了一系列成果，如：2005年吴东明、王建等人出版了高教版《体能训练》教材；2012年杨世勇出版了体育院校通用版《体能训练》教材。这一时期，我国学者、教练在不断学习和借鉴国外先进体能训练理论和方法的基础上，积极探索适合中国人体质的体能训练的理论方法和应用手段，推动了我国体能训练理论与实践的快速发展。

4. 体能训练的守正与创新

在2016年里约热内卢奥运会、2020年东京奥运会和2022年北京冬奥会备战期间，我国充分认识到了体能训练的重要性，以及科技助力训练的作用，体能训练在这一阶段与科技结合得更加紧密。在奥运科研攻关及科技服务工作中，体能训练被列为重点工作得到了加强，推动了我国体能训练的创新性发展。2018年，国家体育总局体育科学研究所学者提出了"数字化体能训练"的理念，即应用数字化提高精英运动员体能训练的精准性和高效性。这一理念在备战东京奥运会和北京冬奥会的实践中取得了良好的应用效果。这一时期，我国在体能训练理论研究和实践应用方面初步形成"本土化"的特点。东京奥运会和北京冬奥会已经证明，"抓体能，补短板"是我国国家队取得优异成绩的重要举措。同时也证明，应从运动生物学基础层面上理解和掌握体能训练，不能将基础体能与专项对立起来，不能把一些基础能力，例如最大力量、有氧耐力与协调和技术对立起来，不能把体能训练产生的疲劳与短暂的技术训练效果下降对立起来。因此，重视基础体能的训练，让基础体能与专项体能回归原有的科学关系，是我国体能训练要把握的关键点。这一时期，体能训练也逐步向全民健康、特殊人群等领域辐射，并凭借我国庞大的人口需求，呈现蓬勃发展的态势。

三、国内外体能训练的现实境况

（一）国外体能训练关注的重点

1. 重视体能训练理论与实践的结合

西方国家在体能训练方面有着深厚的研究和训练经验积累，以美国国家体能协会（NSCA）和美国运动医学学会（ACSM）为代表的社团，构建了独具特色的体能训练理论和实践体系，大大推动了西方国家体能训练的科学化进程。同时，西方国家还通过不同类型期刊协同推进体能训练的理论与实践探索，如：在NSCAJ侧重实践和应用性文章的同时，美国进一步创刊了《体能训练研究期刊》（JSCR），侧重体能训练的基础理论研究，两本刊物互相呼应，协同推进体能训练理论与实践的相结合。

2. 聚焦体能训练的机理性解构

体能训练的机理性研究是运用生理学、生物力学、生物化学、解剖学、心理学、营养学等多学科知识，对体能训练效果产生的生理和生物化学机制进行探究。这种研究对于理解体能训练效果形成的深层机制、制订更有效的训练方案以及改善运动表现至关重要。国外体能训练主要侧重对如下问题的探讨：①体能训练中肌肉适应性的生理机制研究；②体能训练对能量代谢和代谢途径的影响研究；③体能训练与神经元活化、运动单位的重新组织等神经适应性机制研究；④体能训练对生长激素、睾酮、皮质醇等内分泌激素的调节与影响研究。

3. 侧重体能训练方法的创新

西方国家是许多体能训练新理念、新技术以及新方法的发源地，其所提出的多种体能训练方法不仅为竞技体育中的运动员提供了科学训练指导，还为大众健身的方法应用提供了多元选择。目前，功能性体能训练、高强度间歇训练、核心力量训练、心肺功能训练以及平衡稳定训练仍然是国外的研究重点。尤其是功能性训练的功能性评估与动作选择、高强度间歇训练的长期适应与持久效果、核心力量训练的核心肌群解剖学和生理学特点、心肺功能训练的个性化制订方法，以及平衡稳定性训练对运动表现和受伤预防的效果等热点问题，是研究的重中之重。

4. 强调数据驱动的个性化训练

随着竞技体育的不断发展，体能训练作为提升运动员表现的核心领域，正经历着深刻的变革和进步。新时代的体能训练不仅注重运动员体能训练的科学化和系统性，更强调体能的个性化训练。在大数据和人工智能技术的推动下，个性化训练成为体能训练发展的重要趋势。通过对运动员身体数据的采集和分析，如心率、血氧水平、肌肉活动等，教练可以制订出高度个性化的训练计划。这些数据不仅能实时监控运动员的身体状况，还能预测潜在的健康风险，从而及时调整训练计划与安排，确保训练的科学性和安全性。

5. 关注科技创新的深度融合化发展

科技创新为体能训练带来了前所未有的变化。可穿戴设备、虚拟现实（VR）、增强现实（AR）和运动分析软件等技术，正广泛应用于训练和比赛中。可穿戴设备能够实时监测运动员的生理数据，VR和AR技术则可以模拟比赛环境，帮助运动员进行心理和技术训练。运动分析软件则通过大数据分析，为教练提供科学依据，优化训练方案。以上科技创新在体能训练中的应用不仅提升了运动员的整体身体素质和竞技水平，也为未来体能训练的科技化发展指明了方向，随着科技的不断进步和体育科学的深入研究，体能训练将迎来更加辉煌的未来。

（二）国内体能训练面临的问题

1. 体能训练理念陈旧与理论研究滞后

我国现代体能训练起步于20世纪末期，晚于欧美国家30年。尽管科学训练理念已经在国际上广泛应用，但在我国的推广和普及力度还不够。许多基层教练和运动员对现代体能训练的科学方法缺乏了解，难以将这些理论应用到实际训练中。部分教练和运动员仍然沿用传统的训练观念，重视体力消耗和训练量的增加，而忽视了训练质量和科学性。这样的理念导致训练效果不佳，甚至可能造成运动员伤病频发。我国体能训练理论研究主要是借助奥运会备战工作得以展开。体能训练在开展初期，主要引进美国、苏联、德国等国的训练理论、方法与技术，关注点在提高运动员的专项竞技能力，没有深究各种训练方法、手段的原理和机制，导致我国体能训练一直在模仿西方体能训练，从而使体能训练理论研究远远落后于训练实践，进展缓慢。

2. 体能训练理论、过程及方法缺乏系统性

体能训练是理论和实践高度融合的基础应用型学科，只有以多元化的运动科学为基础，密切衔接运动实践，构建完善的体能训练体系，才能从根本上解决体能训练安全性、科学性和个性化问题，才能为深入认识项目特征、运动训练过程和方法等提供源源不断的理论武器，进而为运动员不断提高竞技能力、提升运动表现做准备。相比于美国NSCA机构所形成的一整套完整的系统体能训练理论和实践体系，我国的现代体能训练理论与实践却显得相对滞后，缺乏现代体能训练理论、过程以及方法的系统性建构。对于体能训练计划的系统制订、运动员体能训练的个性化设计、训练方法的创新与多样化发展、训练强度与训练量的控制、训练负荷的实时监控等问题，我们尚未进行深入探究。因此，我国现代体能训练理论研究与实践应用呈现"碎片化"状态，尚未出现自主研发的现代体能训练理论和方法体系。

3. 我国体能教练培养的专业化体系尚未形成

世界上的体育强国都拥有自己的体能教练培养体系，其中最为系统、全面的仍属美国。另外，其他西方国家的相关机构（如英国体能协会、澳大利亚体能协会）也都拥有自己特色的体能教练员培养系统。体能训练发展强国的经验表明，系统的体能教练培养体系是体能行业持续发展的重要抓手。我国近年来也逐步认识到了这方面的重要性，并做出了一系列努力：在学历教育方面，自2004年北京体育大学成立全国首个体能训练方向的实验班到2018年教育部批准建立体能训练本科专业以来，我国一些体育院校开始承担体能人才的培养工作，逐步开设了体能训练方向的本科专业；在职业教育方面，中国体育科学学会自2018年开始举办了多场体能教练认证（CSSS）培训，民间也出现了商业体能认证培训，各类体能职业认证蓬勃发展。然而，目前通过学历教育培养的体能训练本科专业由于学科建设仓促导致

专业度不够，而通过职业教育培养的体能教练则由于追求"短、平、快"的效果导致系统性不足。因此，我国体能训练人才培养制度不规范、路径不清晰，这对体能行业未来的可持续发展提出了很大的挑战。

4. 体能训练在社会体育、学校体育开展不充分

我国现代体能训练工作是紧紧围绕着"备战奥运会"这条主线开展的。从20世纪90年代体能训练与国际接轨开始，与体能训练相关的绝大部分研究均是围绕竞技运动展开，主要服务于竞技运动员，目的在于提高运动员的竞技能力及运动表现水平。但随着我国经济社会的快速发展和向体育强国迈进步伐的加快，体能训练也需要实现"竞技-学校-社会"的全面性推进与发展。此外，终身体育的理念逐步受到教育界重视，青少年体能训练也受到了体育界的广泛关注，但在校园中的应用尚未步入正轨，相关理论和应用研究严重不足，缺少系统的体能教练培养体系。随着社会和学校对群众、学生体能的逐渐重视，体育的发展逐步回归到了增强人民体质的主线任务上来。但目前来看，我国仍然呈现出竞技体育强、全民健身弱这一明显特征，体能训练在社会体育、学校体育中的发展不充分问题仍然突出。

5. 体能训练的科学化与数字化发展缓慢

科技的飞速发展为体能训练带来了革命性变化。先进的训练设备、监测仪器以及数据分析技术的应用，使得训练的科学性和精准性大大提升。2018年，国家体育总局体育科学研究所学者提出了"数字化体能训练"的理念，即应用数字化提高精英运动员体能训练的精准性和高效性。这一理念在备战东京奥运会和北京冬奥会的实践中取得良好的应用效果。但从目前我国体能训练的发展现实来看，体能训练的科技化与数字化发展仍然薄弱：其一表现在科技设备匮乏，许多体育训练基地和训练机构缺乏先进的科技设备，如高精度的运动监测仪器、恢复设备等，这使得体能训练的科学性和有效性大打折扣；其二表现在数据分析不足，体能训练的科学性离不开数据的支持，然而我国在运动数据采集和分析方面的投入和研究力度不足，缺乏对运动员训练数据的全面分析和应用，导致训练方案难以精准调整和优化。因此，我国体能训练的科技化与数字化进程还需要很长的路要走。

四、我国体能训练面临的机遇与挑战

（一）体能训练面临的机遇

随着我国竞技体育事业的不断发展，体能训练作为提升运动员竞技水平的重要环节，受到了越来越多的关注，也面临着前所未有的机遇。在政策支持方面，"健康中国"战略明确提出"提高全民身体素质"，"体育强国"战略对体能人才、体能训练和体能测试等方面也提出了要求，在这样的双重背景下，体能训练迎来了前所未有的时代机遇。国际交往方面，随着国际体育交流的不断深化，为我国体能训练借鉴国际先进经验、提升自身水平提供了宝贵机会，通过与世界一流运动队和训练机构交流合作，我们可以学习和引进先进的训练理念、方法和技术，推动体能训练的国际化和现代化发展。在科技进步带来的机遇方面，科技的不断进步为体能训练带来了新的发展机遇。智能化设备、大数据分析、虚拟现实技术等应用于体能训练领域，为训练效果的提升和个性化训练提供了可能。在社会需求方面，大众对增肌、减脂等方面的需求不断增加，凸显了体能训练蓬勃发展的趋势。"体能进校园"是增强儿童

青少年体质健康的重要抓手，青少年体能训练的作用日益受到重视。面对一系列机遇，我们也要充分认识到，目前我国的体能训练与美国、德国等体育强国相比仍有一定的差距，还存在体能训练理论不够系统、缺少本土化的体能教练培养体系以及体能训练在多个领域的发展不完全、不充分等问题。而要解决这些问题，需要教练、科研人员以及相关的体育工作者锲而不舍，努力构建我国系统的现代体能训练理论与实践体系，建设具有中国特色的现代体能训练理论与实践、培训与认证体系，为竞技体育的突破和人民体质的增强作出应有贡献。

（二）体能训练面临的挑战

奥运争光计划的实施，对中国竞技体育发展和体能训练产生了深远而巨大的影响，但我国体能训练发展速度滞后于国际仍是不争事实。在我国经济增长、社会发展以及科技进步带来前所未有之机遇时，也给我国体能训练的科学化进程带来了多重挑战：第一，训练理论与实践的衔接，包括体能实践的训练规律凝练、体能训练理论知识的实践转化以及军民融合的体能训练理论与实践协同等；第二，体能训练的机理性研究，包括体能训练中肌肉适应性的生理机制、能量代谢机制、神经控制机制以及激素调节机制等；第三，教练员培养体系的建构，需要系统解决社会与市场体系的体能教练员培训系统性不足、体育类高等院校体系的体能教练员培训专业性较低等问题；第四，训练资源的均衡性优化，需要从政策支撑、技术培训、场地共享、人才培养以及社会资源等方面调整与优化竞技体育与大众体育的体能训练资源问题；第五，体能训练的大众化发展，需要针对儿童、青少年、老年人等不同年龄群体，农民、企业工作人员、政府工作人员、军警、消防等不同职业群体制订多样化的体能训练方案；第六，体能训练的数字化监控，包括智慧化、数字化体能训练设备的研制、体能训练大数据分析系统的开发、体能训练大数据决策模式的建构以及体能训练生理生化指标的监控等。

五、《体能训练》拟实现的目标

《体能训练》旨在学习和借鉴国外体能训练理论与实践，结合我国体能训练存在的问题及面临的挑战，重点解决如下问题。

（一）体能训练理论与实践的衔接性问题

我国的体能训练理论一直滞后于训练实践，本书将结合我国现行的体能训练实践经验，凝练出与实践相衔接的体能训练理论体系，从而推动理论与实践的协同并进。

（二）体能训练与基础理论内在联系问题

本书将结合解剖学、生物力学、生理学、营养学以及心理学等基础理论，系统探讨和分析体能训练与这些基础理论的内在联系，从而为体能训练的科学性提供理论支撑。

（三）体能教练培训体系的教材匮乏问题

本书不仅面向高校和体育院校的社会体育、体育教育以及运动训练等专业学生，还特别针对体能教练这一受众群体，以弥补我国体能教练培训体系中教材匮乏的问题。

（四）体能训练实操技能和运动损伤康复问题

本书将通过详细的实操指导与操作步骤，确保读者能够将理论知识应用于实践操作中，从而提高训练的实际效果。同时还将详细讲解常见的运动损伤的预防措施和康复方法，降低受伤风险，促进运动员快速恢复。

（五）体能训练过程与方法的系统性问题

本书将从体能训练的周期设计、实施过程、方法选择、伤害防护、运动康复以及场地布局等方面出发，全方位解决体能训练过程与方法存在的系统性问题。

结语

《体能训练》不仅构建了体能训练的理论框架，也提供了体能训练的实践工具。本书旨在通过体能训练理论研究者和实践应用者的倾力奉献，打造科学、规范、体系化的教材，由此形成全国统一的体能培训教学大纲，建立体能训练师评估体系与标准体系，为我国体能训练专业人才培养，以及体能训练的科学化、规范化、国际化水平的提升作出应有的贡献。

第1章

体能训练的功能解剖学基础

袁鹏

学习目标

➢ 了解功能解剖学的基础理论。

➢ 了解人体主要区域的功能解剖特征，掌握各部位功能运动的基本规律。

➢ 掌握人体主要动作模式的功能解剖特征，熟练应用功能解剖学原理指导实践。

知识导图

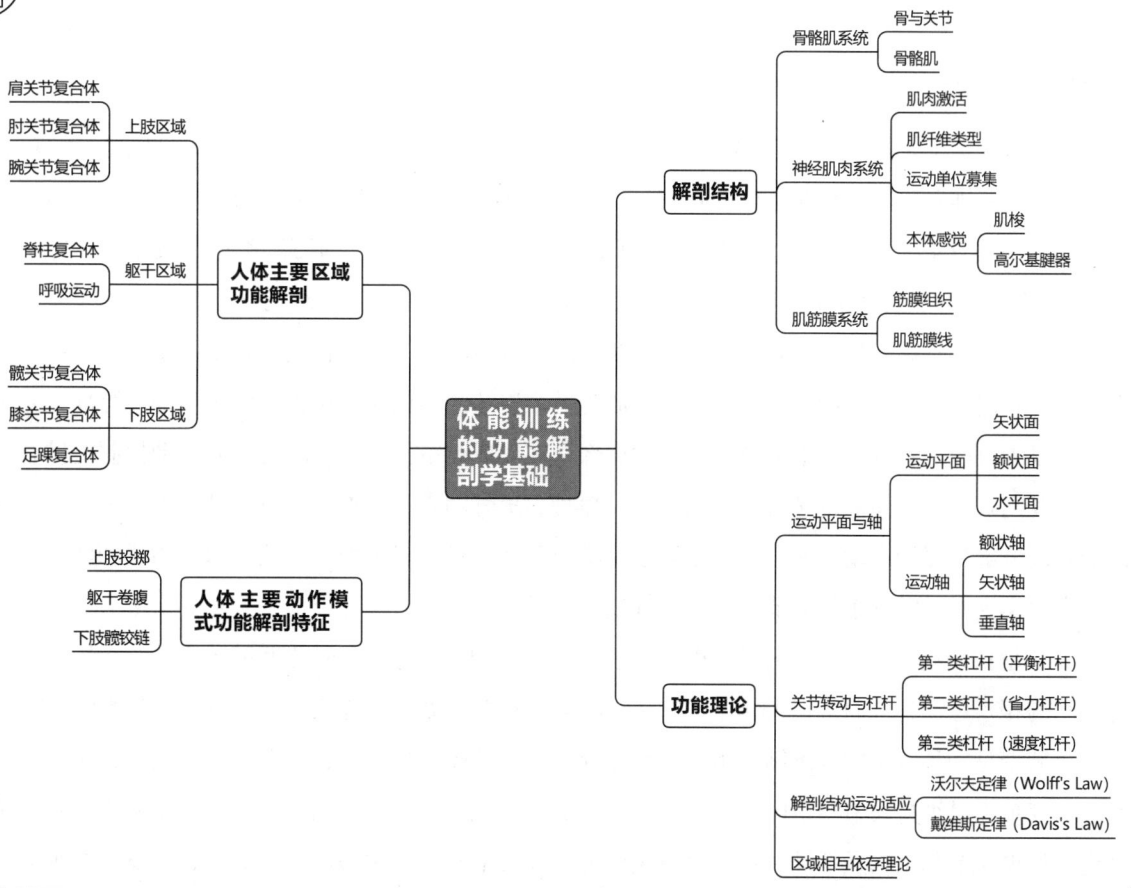

功能解剖学是与人体运动密不可分的内容。人体作为自然界设计的最为精妙的生物体，科学家们一直尝试运用功能解剖学知识去掌握人体运动的奥秘，并试图利用功能解剖学规律去探寻改造人体运动能力的各种可能性。本章的重点是从人体的解剖结构特征视角解释运动功能的基本规律，从而为体能训练提供方法学依据和实践指导原则。

一、基本概念与基础理论

（一）解剖结构

解剖结构被定义为人体相互关联的各部分所组成的有机体结构，主要由结缔组织、肌肉组织、神经组织、上皮组织构成。广义的结缔组织主要包括骨、软骨和软组织，如皮肤、筋膜、肌腱、韧带。肌肉组织主要分为骨骼肌、心肌和平滑肌3种类型，分别对应骨骼、心脏、动脉壁等的运动。神经组织包含神经元和神经胶质，负责产生神经冲动和提供相应支持功能。上皮组织通常分为4种，均与呼吸、胃肠道、泌尿和生殖系统的结构有关。功能解剖学应用主要集中于肌肉、骨骼、关节、韧带等组织在运动中的功能，相关神经系统在刺激肌肉组织中的作用，以及骨、关节和肌肉组织组成的杠杆系统对人体运动的影响。

1.骨骼肌系统

（1）骨与关节。正常成人有206块骨，具有支撑、保护、移动、存贮和形成血细胞等多种功能，形成关节的骨骼排列和骨骼上所附着的肌肉决定了人体的各种运动功能。骨骼按形状主要分为长骨、短骨、扁骨和不规则骨4种类型，也有学者将嵌入肌腱的小结节状籽骨列为第5种类型。成年男性骨骼系统见图1-1。长骨由中部的骨干和两端的骨骺组成，多位于四肢，形成身体结构框架并使运动成为可能。在生长发育阶段，骨骺与骨干之间通过被称为骺板的软骨结构联结，骨正是从骨干两端的这些骺板生长而来的。当骨骼达到成熟阶段，骨骺和骨干会成为一个连续的结构体。短骨多位于腕部和踝部，使多向复合运动成为可能。扁骨多位于头部、胸部和肩部，在形成腔室支架的同时为核心运动控制提供有效的支撑。不规则骨是指不能被定义为常见的长骨、短骨、扁骨的骨，多见于椎体等处，为椎体神经通路提供保护并调节部分复杂运动功能。籽骨多处于"漂浮"状态且在肌腱处，为改变肌腱力线和调节骨骼肌杠杆提供力学支撑，常见于膝关节和手足部等处。

关节是指两块或两块以上的骨在解剖学上的连接结构，通过骨与骨之间的致密结缔组织促进或限制骨之间的相互运动，从而维持人体正常的活动功能。在关节处将骨连接在一起的致密纤维结缔组织称为韧带。韧带是一种致密的纤维结缔组织，将相邻骨的关节端连接在一起，并促进或限制骨头之间的相互运动。韧带不是维持关节稳定的唯一结构，跨越关节的肌肉、骨关节面和关节囊等结构也有助于关节的稳定。根据关节的结构及活动特点，可将关节分为动关节和不动关节两类。其中，根据关节轴数量、关节形状和关节运动类型的差异，动关节可分为不同类型（表1-1）。

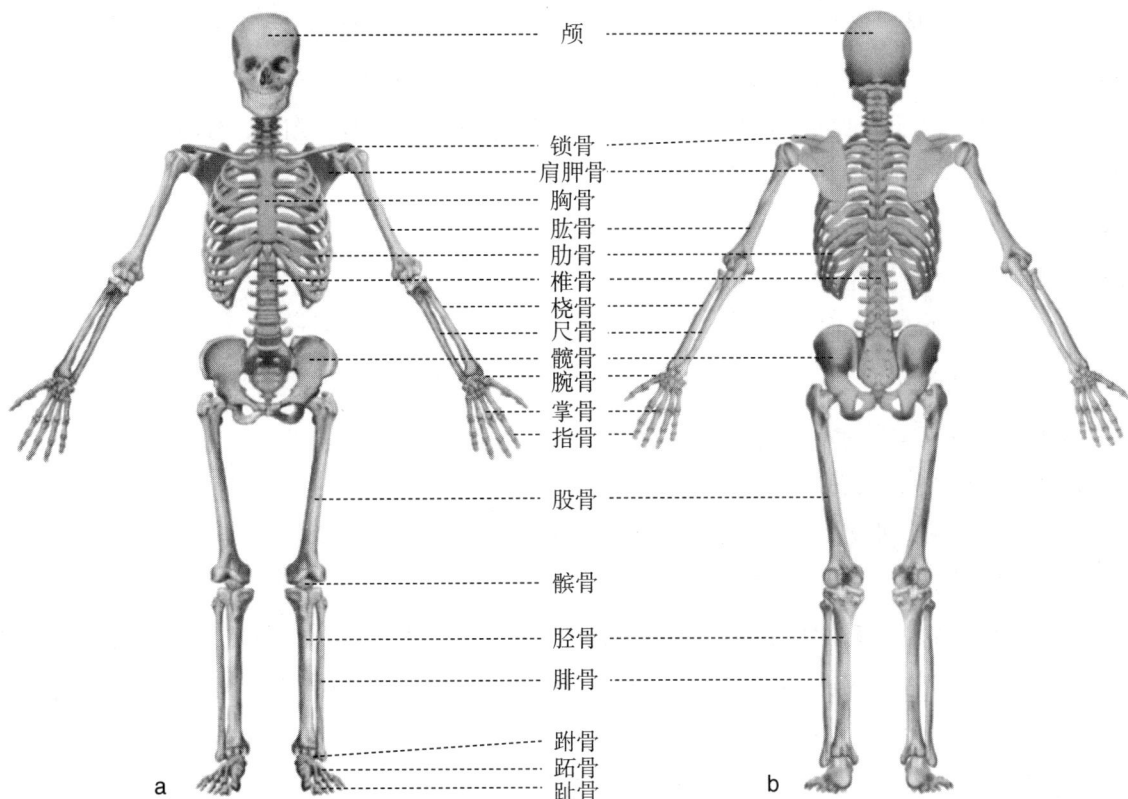

图1-1　成年男性骨骼系统：(a) 前面观；(b) 背面观

表1-1　动关节的不同类型

关节轴数量	关节形状	关节运动类型	实例
无	不规则（平面）	滑动	腕骨间
单轴	铰链	屈/伸	肘、膝
	枢状	旋转	寰椎/枢椎、桡骨/尺骨
双轴	髁状	屈/伸，内收/外展	桡腕关节
	鞍状	屈/伸，内收/外展，旋转	拇指腕掌关节
三轴（多轴）	球窝	屈/伸，内收/外展，旋转	肩关节、髋关节

　　关节的强度受骨骼、韧带和其他结构因素的影响，表现为不同的类型和功能。骨骼的物理结构有助于关节的稳定（例如，肩关节和髋关节同为球窝关节，但髋关节较深的关节窝结构使其比肩关节更加稳定）。韧带的力量、数量和解剖位置也决定关节的强度，其与跨越关节的肌肉和肌腱的作用相同，并且肌肉和肌腱强度对损伤预防与康复极其重要。在一定程度上，跨越关节的其他结构如血管、神经、皮肤和筋膜等也会影响关节的强度。

　　受关节的结构和功能因素影响，关节活动范围在个体和部位之间均存在差异。构成关节的骨骼结构会限制关节活动范围，如肘关节鹰嘴和髋关节髋臼之间的结构差异。关节周围韧带的厚度和松弛度也会限制关节活动范围，如肩关节周围韧带和髋关节周围韧带之间的差异。关节周围的脂肪和肌肉组织的数量，以及跨越关节的肌肉组织的力量和灵活性同样限制关节活动范围。此外，其他结构的阻力也同样影响关节活动范围，有助于关节力量的结构包括血管、神经、皮肤和跨越关节的筋膜等。

（2）骨骼肌。人体肌肉数量取决于众多因素，并非所有人的肌肉数量都完全相同，大多数研究认为人体共有680块肌肉，其中约240块具有专有名称。根据肌肉组织的功能，肌肉组织主要分为平滑肌、心肌和骨骼肌3种类型。平滑肌位于内脏器官和血管，心肌是心脏特有的肌肉组织，骨骼肌位于骨与关节周围并实现多个方向运动的功能。骨骼肌的常见命名标准如下。

- 动作，如屈肌或伸肌。
- 附着骨骼，如胸锁乳突肌。
- 牵拉方向，如斜肌或直肌。
- 位置，如腹肌。
- 大小，如胸大肌或胸小肌。
- 形状，如圆肌或菱形肌。
- 结构，如肱三头肌或股四头肌。
- 以上标准的组合，如趾短屈肌。

骨骼肌具有收缩性、延展性和弹性，当受到刺激时可缩短，当受到拉伸时可拉长，当拉伸停止时可恢复至初始长度。骨骼肌的形态有梭形、三角形、单羽状、双羽状、多羽状和长条形6种类型（图1-2），大多数骨骼肌为梭形或羽状。梭形肌由长且平行的肌纤维构成，通常参与较大范围的运动。羽状肌由短的对角肌纤维组成，在有限的活动范围内参与需要较大力量的运动。特定肌肉产生的力量水平取决于较多影响因素，主要包括横截面积、长度、纹理、成分、张力和协调性等。肌纤维形成肌腹，并由肌腹两端的结缔组织——肌腱连接至骨。肌腱同骨骼肌一样具有延展性和弹性，但不具有收缩性。骨骼肌的肌腱通常被定义为起始腱或止点腱。起始腱较长并附着于关节近端骨上，关节近端骨通常是构成关节的骨中活动度较低的骨。止点腱附着于关节远端骨上，关节远端骨通常是构成关节的骨中较易移动的骨。此

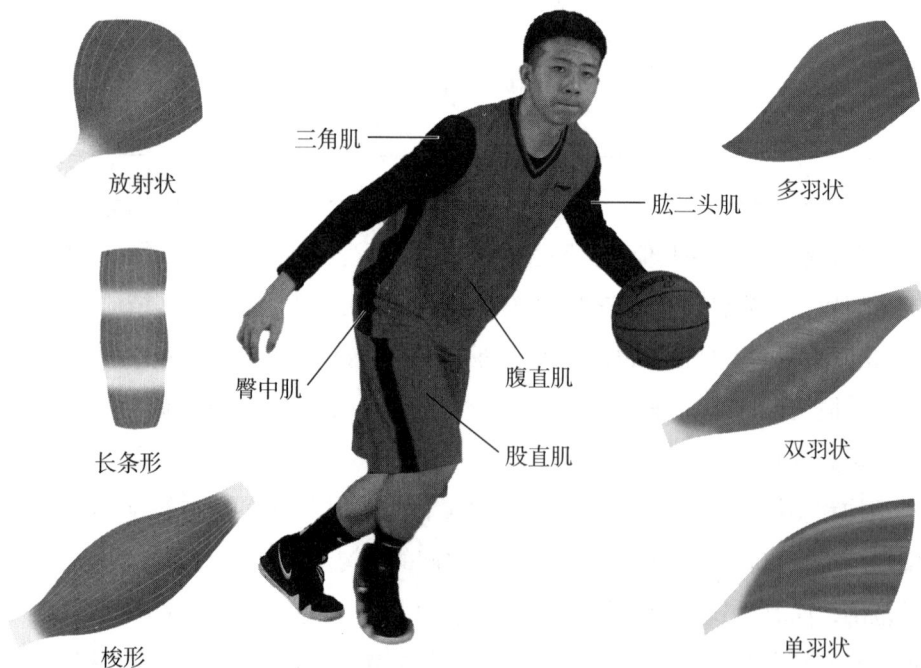

图1-2　骨骼肌形态类型与实例

外，由于肌腱穿过骨性结构或需要被限制在特定的区域，结缔组织腱鞘常覆盖于其上，以避免其穿过骨性结构时受到磨损。

人体任何运动都由多块肌肉共同完成，参与的肌肉可通过其实际功能进行描述。产生特定运动的主要肌肉被称为原动肌或主动肌，协助原动肌完成动作的肌肉被称为协同肌，与原动肌运动方向相反、相对抗的肌肉被称为拮抗肌。当某一肌肉发挥其功能时，另一肌肉可通过固定方式限制其参与骨的运动，这个动作被称为固定，发挥固定功能的肌肉则被称为稳定肌。骨骼肌主要的功能有：①以收缩形式实现运动；②保护骨骼和内脏，使其免受外部创伤并起到减震作用；③通过肌肉和跨越关节的肌腱的张力作用支撑关节；④提供代谢环境并产生热量。

骨骼肌是一个包含肌纤维、结缔组织、血管和神经等的器官，其结构如图1-3所示。骨骼肌被一种称为肌外膜的结缔组织包裹，在肌外膜内有许多肌束，它们各自被称为肌束膜的纤维鞘包裹。在肌束膜内，肌纤维各自被肌内膜包裹。骨骼肌所包含的结缔组织——肌外膜、肌束膜和肌内膜都与肌腱相连，使得骨骼肌产生的张力最终传导至肌腱和与其相连的骨上。肌纤维由众多肌原纤维组成，这些肌原纤维也是骨骼肌的收缩成分，每条肌原纤维的直径约1μm（约为一根头发直径的百分之一）。单个肌原纤维被一种称为肌浆的黏性物质包裹，肌纤维被一种称为肌纤维膜的膜包绕。在纵向上，肌原纤维由两类肌丝组成，分别是较粗的肌球蛋白丝（又称粗肌丝）和较细的肌动蛋白丝（又称细肌丝）。肌球蛋白丝和肌动蛋白丝构成了骨骼肌结构和功能的基本单位——肌节，不断重复的肌节构成了骨骼肌纤维连续结构，并通过肌球蛋白丝和肌动蛋白丝之间的相互作用实现骨骼肌的收缩功能。肌丝滑动学说是解释肌肉收缩产生张力的经典理论（其各阶段特征见表1-2），其机制是一对肌球蛋白丝形成横桥结构牵引肌动蛋白丝活动，肌肉产生的瞬时力量取决于此时与肌动蛋白丝结合的横桥数量。

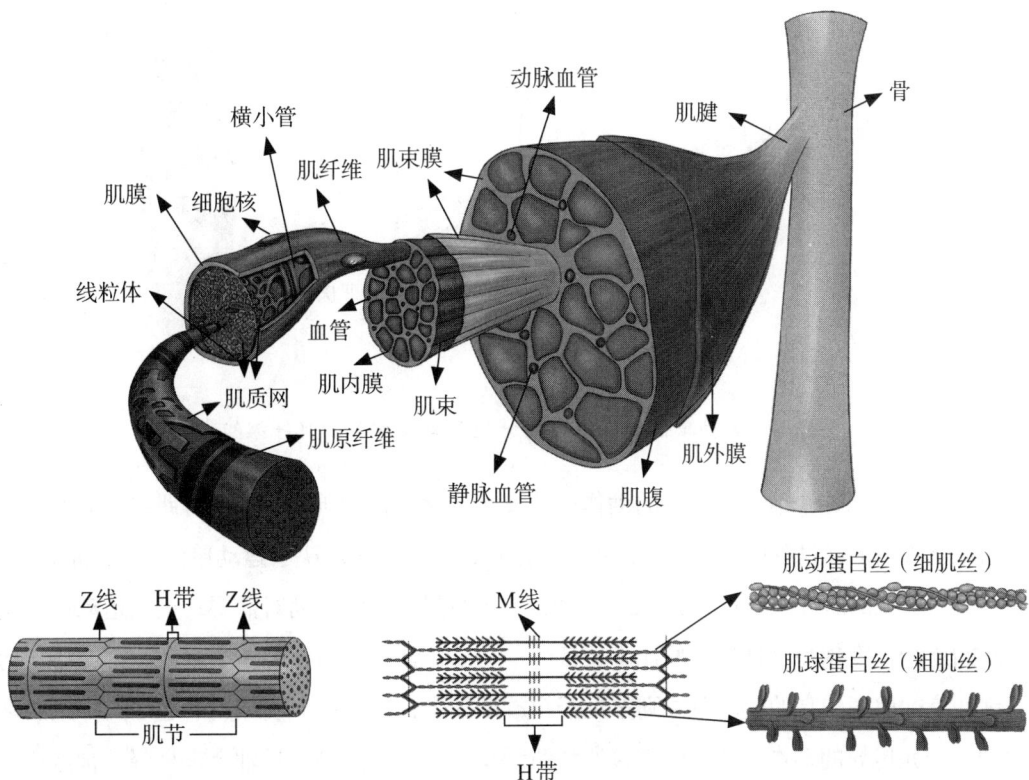

图1-3 骨骼肌的结构

表1-2　肌丝滑动学说的各阶段特征

阶段划分	钙离子分布	横桥连接程度	张力水平
静息	大多在肌质网中	少数横桥与肌动蛋白丝微弱连接	无张力
兴奋-收缩耦联	肌质网释放	大量横桥与肌动蛋白丝迅速连接	产生张力
收缩	肌质网持续释放	横桥与肌动蛋白丝分离后再连接	持续收缩
放松	回收至肌质网	横桥与肌动蛋白丝分离解除连接	放松

不同运动形式对骨骼肌产生的影响具有差异性。运动通过增大肌纤维体积、增厚肌膜和结缔组织来增加肌肉的大小，通过增大肌纤维体积和激活更多肌纤维参与运动来增强肌肉力量。规律性耐力训练可以增加肌肉组织中的血流量，在不改变肌肉成分的前提下提高肌肉的持续工作能力（耐力）。运动可以通过改善神经冲动传导来提高神经肌肉控制能力，从而提高耐力和力量水平。通过训练，运动可以提高肌肉的协调性。它还会增加肌肉的血流量，从而增加肌红蛋白的数量。因此，要想了解如何通过训练改善骨骼肌的收缩功能，还需要深入了解神经系统对骨骼肌工作的影响机制。

2. 神经肌肉系统

骨骼肌的收缩功能通过神经系统进行调控，运动神经元通过其轴突末端的分支支配不同的肌纤维，以电脉冲的形式向肌肉组织传递冲动引起肌纤维收缩。由一个运动神经元与其所支配的肌纤维所组成的结构和功能单位被定义为运动单位（图1-4），运动单位决定了肌纤维的类型、特征、功能和运动参与程度。人体可根据特定动作任务需要自主调节神经肌肉系统工作方式和水平，主要通过改变运动单位工作模式进行自适性调控。

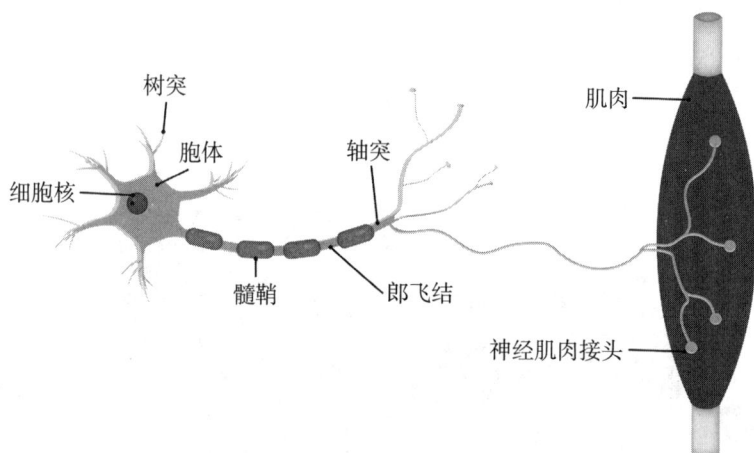

图1-4　运动单位由一个运动神经元与其控制的肌纤维组成

（1）肌肉激活。当一个运动神经元的动作电位发生变化时，其所支配的所有肌纤维同时被激活，并通过一系列兴奋收缩耦联过程产生力。神经系统对肌肉的控制程度取决于运动单位所支配的肌纤维数量。一个运动神经元支配的肌纤维数量为10~2 000个，支配数量越少，运动时需要动员的运动单位越多，神经系统控制的复杂程度越高。这种支配比率较低的运动单位常见于精细动作中，如手部或眼部运动的神经肌肉控制。支配比率较高的运动单位则多见于粗放动作中，如肘关节或膝关节运动的神经肌肉控制。

沿运动神经元传导的动作电位不能直接激活肌纤维，动作电位是通过轴突末梢释放神经递质——乙酰胆碱的形式传递，诱导肌纤维膜兴奋激活所支配的肌纤维的。肌纤维激活遵循全或无原则，即同一运动单位只能控制其支配的所有肌纤维同时收缩并产生张力，更强的动作电位并不能引起更强的收缩。单次动作电位会导致运动单位内肌纤维的短暂激活，其产生的短暂收缩称为单收缩。减少连续单收缩之间的时间间隔可形成更多的横桥，并有利于产生更大的张力。当间隔继续缩短至单收缩叠加并最终融合时，该现象被称为强直收缩，这也是一个运动单位产生最大张力的状态，即等长收缩状态。

（2）肌纤维类型。根据肌纤维的形态和生理特性差异，通常按收缩速度可将肌纤维分为快肌纤维和慢肌纤维两种类型。大多数肌肉都含有这两种肌纤维，但由于遗传、功能以及训练程度等原因，不同部位不同肌纤维类型的含量有所差异。由于运动单位仅由同一种类型的肌纤维组成，因此运动单位也采用同种分类标准（图1-5）。快肌运动单位收缩时间短，收缩和放松迅速；慢肌运动单位收缩时间长，收缩和放松缓慢。

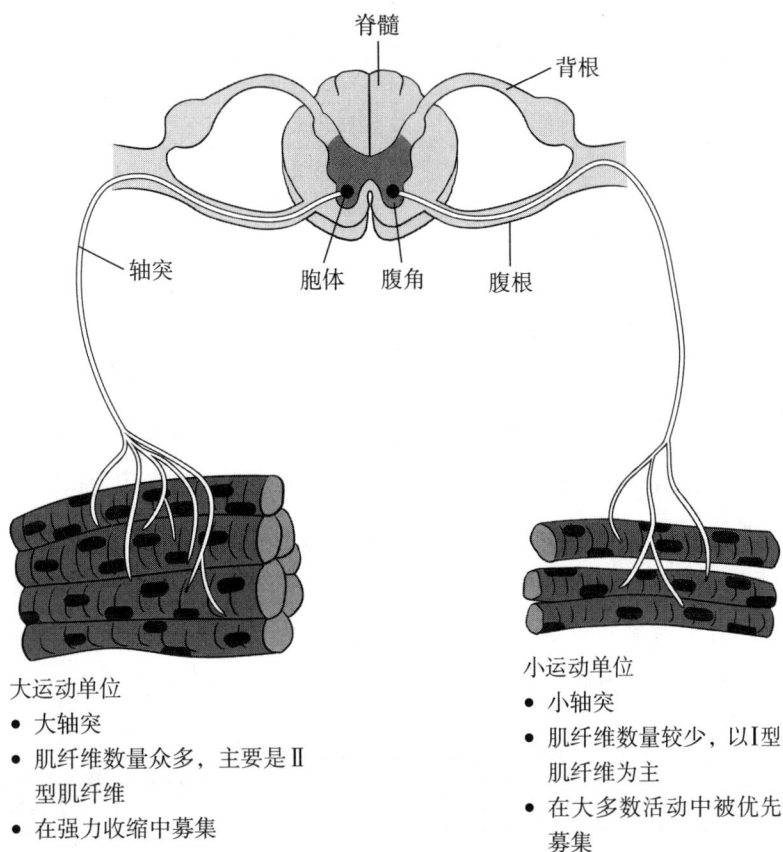

大运动单位
- 大轴突
- 肌纤维数量众多，主要是Ⅱ型肌纤维
- 在强力收缩中募集

小运动单位
- 小轴突
- 肌纤维数量较少，以Ⅰ型肌纤维为主
- 在大多数活动中被优先募集

图1-5 运动单位及其所支配的不同肌纤维类型

通常采用组织化学染色法将肌纤维区分为Ⅰ型（慢肌纤维）、Ⅱa型（快肌纤维）和Ⅱx型（快肌纤维）3种类型。由于Ⅰ型肌纤维和Ⅱ型肌纤维的机理存在差异，所以其功能表现在收缩时能量需求和供应、疲劳等方面有所区别。Ⅰ型肌纤维表现为效率较高且抗疲劳，同时具有较高的有氧能力，但快速产生肌力的能力有限。Ⅱ型肌纤维则表现为低效率、易疲劳、有氧能力差、可快速产生肌力、无氧爆发力强。Ⅱa型肌纤维和Ⅱx型肌纤维的差异主要在于有氧能力，Ⅱa型肌纤维具有更强的有氧能力和更高的抗疲劳性。例如：维持姿态稳定的比目鱼肌中Ⅰ型肌纤维含量较高，而股四头肌则是Ⅰ型和Ⅱ型肌纤维的复合体，使其能同时完成低功率的慢跑和高功率的冲刺。各肌纤维类型的主要特性见表1-3。

（3）运动单位募集。肌肉可根据特定动作任务的需要调控肌力输出的大小，通常采用改变运动单位激活频率和数量两种方式。运动单位单次激活仅能引起肌纤维单收缩，不会产生很大的力，当激活频率提高至产生连续单收缩的叠加或融合时，运动单位便可产生更大的合力。这种提高激活频率的调控方式多见于小肌群，例如手部肌群激活时随频率增加而肌力增大。通过改变运动单位激活数量（即募集数量）来增加肌力的方式多见于大肌群。

表1-3　各肌纤维类型的主要特性

特性	肌纤维类型			特性	肌纤维类型		
	Ⅰ型	Ⅱa型	Ⅱx型		Ⅰ型	Ⅱa型	Ⅱx型
运动神经元大小	小	大	大	有氧代谢酶含量	高	中/低	低
募集阈值	低	中/高	高	无氧代谢酶含量	低	高	高
神经传导速度	慢	快	快	肌质网复杂性	低	中/高	高
收缩速度	慢	快	快	毛细血管密度	高	中	低
放松速度	慢	快	快	肌红蛋白含量	高	低	低
抗疲劳性	高	中/低	低	线粒体大小/密度	高	中	低
耐力	高	中/低	低	肌纤维直径	小	中	大
张力水平	低	中	高	颜色	红	白/红	白
输出功率	低	中/高	高				

不同运动任务因其生理特性的差异而募集不同类型的运动单位（表1-4），差异多以运动单位的激活数量和激活顺序两种形式体现，使得运动单位募集模式与运动任务的需求特点相适应。例如长距离运动项目以募集慢肌运动单位为主，以适应高效率、高耐力和抗疲劳的任务需要；当完成冲刺阶段任务时则需要募集快肌运动单位，但其无法维持较长时间的运动。极限速度或最大用力运动任务中绝大多数运动单位都会参与，但快肌运动单位的募集在其中发挥主要作用。未经训练的机体不可能完全激活所有可用的运动神经元，运动训练可在一定范围内让运动单位募集模式产生适应性改变。通常情况下，较高负荷的抗阻训练、较大的工作肌群横截面积、多关节和多肌群参与的爆发力训练能够提高运动单位的募集水平，运动训练多从这些方面提高力量水平。

表1-4　不同运动项目中不同肌纤维类型的参与程度

项目	Ⅰ型肌纤维	Ⅱ型肌纤维	项目	Ⅰ型肌纤维	Ⅱ型肌纤维
100米短跑	低	高	50米游泳	低	高
800米中跑	高	高	田赛项目	低	高
马拉松	高	低	越野滑雪、冬季两项	高	低
奥林匹克举重	低	高	高山滑雪	高	高
足球、曲棍球	高	高	网球	高	高
橄榄球	低	高	速度滑冰	高	高
篮球、手球	低	高	场地自行车	低	高
排球	低	高	公路自行车	高	低
棒球、垒球	低	高	赛艇	高	高
拳击、摔跤	高	高			

（4）本体感觉。当骨骼肌在神经冲动的支配下实现收缩功能时，并不意味着运动任务能够如愿完成，神经肌肉系统还需借助本体感受器实现运动功能精准化处理。本体感受器是位于关节、肌肉和肌腱处的特殊感受组织，能够灵敏地感受压力和张力变化，为中枢神经系统提供维持肌肉张力和执行复杂协调运动所需的信息。大脑对获得的运动感觉信息或身体各部位相对重力的位置信息进行有意识的感知，并做出潜意识的处理，从而以较高的效率应对维持身体姿态或位置等任务。

肌梭是位于肌纤维处的本体感受器，由被包裹在结缔组织鞘中的几个肌纤维变体组成。这些肌纤维变体被称为梭内肌纤维，与正常肌纤维（梭外肌纤维）平行排列，可感受肌纤维长度和长度变化。当骨骼肌被拉长时，肌梭的拉长形变将激活梭内的感觉神经元（图1-6），使其产生神经冲动并传导至脊髓，脊髓突触与运动神经元形成的连接将激活其支配的运动单位。肌梭可调节肌肉为克服特定阻力所需要被激活的程度，当负荷增加时肌肉拉长幅度随之增大，更多的肌梭参与导致肌肉激活程度增加。在执行精确运动任务中，参与的运动单位越多激活的肌梭越多，以便确保精准控制收缩活动。以常见的膝跳反射为例，当敲击髌下肌腱时股四头肌的梭内肌纤维会拉长，进而诱导梭外肌纤维激活产生主动收缩，即出现膝跳反射。当发生膝跳反射后梭内肌纤维缩短，则肌梭停止产生冲动中断膝跳反射。

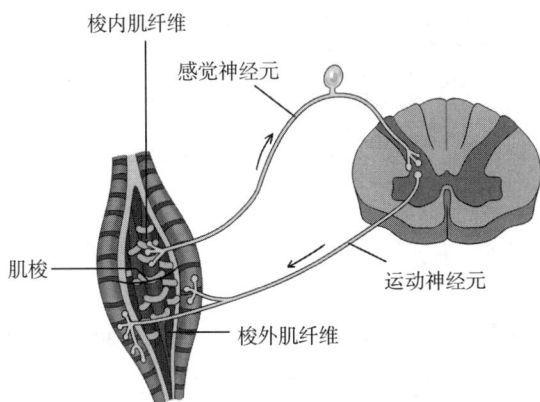

图1-6 肌肉被拉长时产生的肌梭形变激活感觉神经元

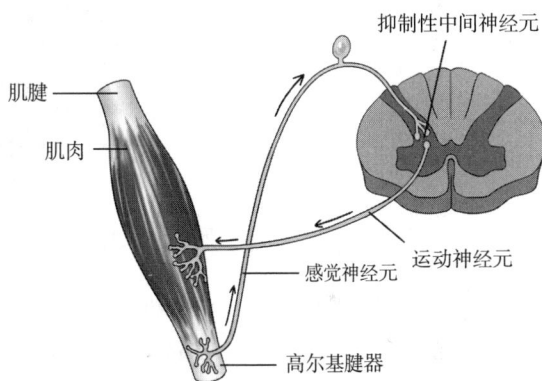

图1-7 肌肉承受极大负荷时，高尔基腱器激活脊髓中的抑制性中间神经元

高尔基腱器（GTO）是位于肌腱的本体感受器，又称腱梭，在肌腱靠近肌肉连接处与梭外肌纤维串联。当与肌腱连接的肌肉被拉长时，GTO被激活，并随肌肉张力增大而增加放电。GTO的感觉神经元与脊髓中的抑制性中间神经元形成突触，抑制性中间神经元抑制相同肌肉的运动神经元，减少肌肉和肌腱内的张力（图1-7）。因此，当肌梭激活肌肉时，GTO抑制肌肉激活被视为防止肌肉产生过多张力的保护机制。GTO的抑制效果在受力较小时是较低的，但当肌肉承受极值负荷时，由GTO传导的反射性抑制则会导致肌肉放松，而高负荷抗阻训练的适应性变化就表现为大脑运动皮层克服抑制的能力增强。

3. 肌筋膜系统

（1）筋膜组织。筋膜组织属于结缔组织，身体所有的细胞都被筋膜包绕，筋膜将细胞与细胞连接起来，它们对机体形成支撑并赋予机体形状。筋膜主要有如下3种作用：包裹、保护、维持姿态。机体的稳态很大程度上依赖于结缔组织的状态。筋膜覆盖机体的所有结构，在分隔它们的同时将其连接起来，使其固定于特定的位置，同时又具有一定的活动性（图1-8）。筋膜覆盖于所有器官表面，对其提供支持并进行保护，分布于不同器官上的筋膜密度是不同的，这使得不同器官的抵抗性、固定性和活动性各不相同。筋膜也参与运动系统维持姿势的稳态，其间的本体感受器——肌梭和高尔基腱器与韧带和关节囊内的环层小体和高尔基小体一同维持身体的张力并调节身体姿势。在这一过程中，肌肉起着非常重要的作用，而筋膜组织负责其中的张力连接。筋膜内存在大量神经纤维的游离末梢，它们是疼痛感受器。筋膜在代谢过程中起着非常重要的作用，因为筋膜决定器官（如肝脏、垂体和肾上腺）的外形，形成包含酶和激素的囊泡（胆囊、淋巴结），筋膜的张力影响着这些器官的功能状态。

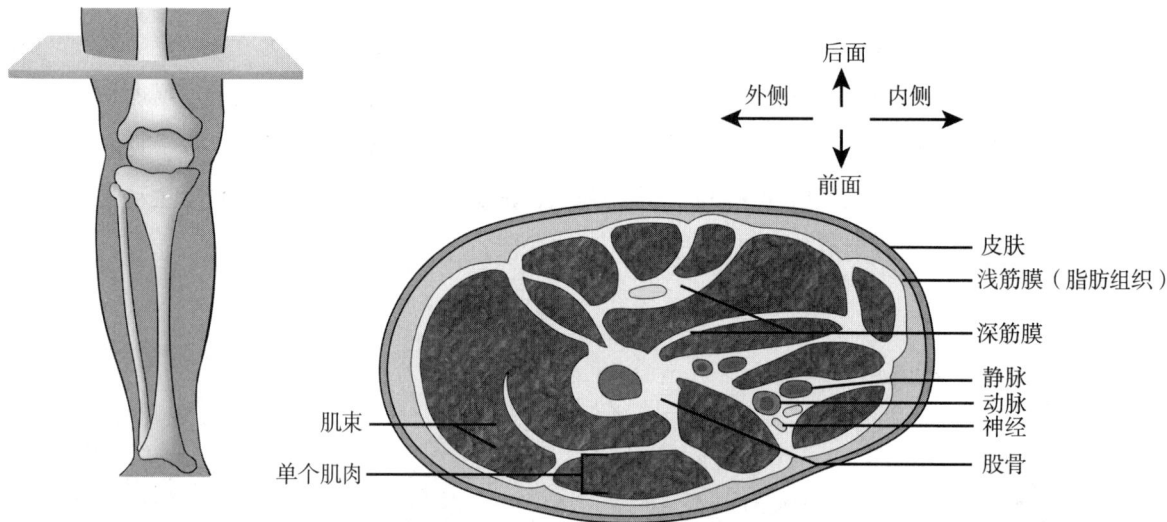

图1-8　股骨周围肌肉及包绕其的筋膜组织

（2）肌筋膜线。在解剖结构上，肌肉具有弹性和收缩功能，筋膜则有可塑性，肌肉-筋膜-骨骼系统是一个整体，应力经由肌肉内和肌肉周围的筋膜传递，并以拉张整体结构发挥作用。托马斯·W.迈尔斯（Thomas W. Myers）据此提出了肌筋膜线的概念（又称解剖列车理论），他用轨道、车站及列车等词语来描述，强调整体性和肌筋膜线相互之间的延续性。肌筋膜线以相同的方向贯穿整个身体，肌肉或筋膜附着于骨骼形成所谓的中继站，身体在纵轴方向共有7条肌筋膜线（表1-5）。肌筋膜线理论并未取代现有的肌肉功能理论，而是一种补充理论。每条肌筋膜线都描述了一条贯穿人体的非常精确的拉力线，大多数复杂性动作都涉及全身的肌筋膜线参与。解剖列车理论有助于专业人士从运动功能视角理解功能解剖学的应用策略。

表1-5　解剖列车理论的7条肌筋膜线

肌筋膜线	姿势功能	运动功能	骨性车站	肌筋膜轨道
后表线	完全直立伸展状态下支撑身体	伸直与过度伸直	• 额骨、眉弓 • 后头脊 • 骶骨 • 坐骨结节 • 股骨髁	• 帽状腱膜/颅顶筋膜 • 腰骶筋膜/竖脊肌 • 骶结节韧带 • 腘绳肌

续表

肌筋膜线	姿势功能	运动功能	骨性车站	肌筋膜轨道
后表线	完全直立伸展状态下支撑身体	伸直与过度伸直	• 跟骨 • 趾骨跖面	• 腓肠肌/跟腱 • 足底筋膜及趾短屈肌
前表线	与后表线保持平衡并提供张力支撑	躯干屈 髋关节屈 膝关节伸 足背屈	• 乳突 • 胸骨柄 • 第5肋骨 • 耻骨结节 • 髂前下棘 • 髌骨 • 胫骨粗隆 • 趾骨背面	• 头皮筋膜 • 胸锁乳突肌 • 胸骨肌/胸肋筋膜 • 腹直肌 • 股直肌/股四头肌 • 髌下韧带 • 趾短伸肌、趾长伸肌、胫骨前肌、小腿前侧肌间隔
体侧线	调整身体前后和左右平衡；还能调节其他表层	参与身体侧屈，即躯干侧屈，髋部外展和足外翻，并调节旋转运动	• 后头脊/乳突 • 第1肋骨/第2肋骨 • 髂嵴/髂前上棘/髂后上棘 • 胫骨外侧髁 • 腓骨头 • 第1跖骨和第5跖骨底	• 头夹肌/胸锁乳突肌 • 肋间外肌和肋间内肌 • 腹外斜肌 • 臀大肌 • 阔筋膜张肌 • 髂胫束/外展肌群 • 腓骨头前韧带 • 腓骨肌和小腿外侧间隔
螺旋线	维持所有平面内的平衡	参与引发、代偿和维持身体扭转、旋转和侧移	• 枕骨嵴/乳突/寰椎/枢椎横突 • 下颈椎/上胸椎棘突 • 肩胛骨内缘 • 外侧肋骨 • 髂嵴/髂前上棘 • 胫骨外侧髁 • 第1跖骨基部 • 腓骨头 • 坐骨结节 • 骶骨 • 枕骨嵴	• 头夹肌/颈夹肌 • 大、小菱形肌 • 前锯肌 • 腹外斜肌 • 腹肌腱膜/腹白线 • 腹内斜肌 • 阔筋膜张肌，髂胫束 • 胫骨前肌 • 腓骨长肌 • 股二头肌 • 骶结节韧带 • 腰骶筋膜，竖脊肌
手臂线	参与特殊性的精细动作	在手法、反应和移动中，手、臂与眼密切配合完成连续性动作	A. 臂前深线 • 第3肋骨、第4肋骨、第5肋骨 • 喙突 • 桡骨粗隆 • 桡骨茎突 • 舟状骨、大多角骨 • 拇指外侧	• 胸小肌/胸锁筋膜 • 肱二头肌 • 桡骨骨膜、前喙 • 桡侧副韧带、大鱼际肌群
手臂线	参与特殊性的精细动作	在手法、反应和移动中，手、臂与眼密切配合完成连续性动作	B. 臂前表线 • 锁骨内侧1/3、肋软骨、下部肋骨、胸腰筋膜、髂嵴 • 内侧肱骨线 • 肱骨内上髁 • 手指掌面	• 胸大肌、背阔肌 • 内侧肌间隔 • 腕屈肌群 • 腕管

续表

肌筋膜线	姿势功能	运动功能	骨性车站	肌筋膜轨道
手臂线	参与特殊性的精细动作	在手法、反应和移动中，手、臂与眼密切配合完成连续性动作	C. 臂后深线 • 颈椎棘突、第1颈椎至第4颈椎横突 • 肩胛骨内缘 • 肱骨头 • 尺骨鹰嘴 • 尺骨茎突 • 三角骨、钩骨 • 小指外侧 D. 臂后表线 • 枕骨嵴、项韧带、胸椎棘突 • 肩胛冈、肩峰、锁骨外侧1/3 • 肱骨的三角肌粗隆 • 肱骨外上髁 • 手指背侧面	• 菱形肌和肩胛提肌 • 肩袖肌群 • 肱三头肌 • 沿尺骨骨膜的筋膜 • 尺侧副韧带 • 小鱼际肌群 • 斜方肌 • 三角肌 • 外侧肌间隔 • 腕伸肌群
功能线	姿态改变时提供稳定性和调节平衡	调节摆动、相向和扭转运动的稳定性和精确性	A. 后功能线 • 肱骨干 • 骶骨 • 股骨骨干 • 髌骨 • 胫骨粗隆 B. 前功能线 • 肱骨干 • 第5肋骨、第6肋骨的肋间软骨 • 耻骨结节及耻骨联合 • 股骨粗线 C. 同侧功能线 • 肱骨干 • 第10肋骨、第12肋骨末端 • 髂前上棘 • 鹅足，胫骨内侧髁	• 背阔肌 • 腰背筋膜 • 骶筋膜 • 臀大肌 • 股外侧肌 • 髌下韧带 • 胸大肌下缘 • 腹直肌外鞘 • 长收肌 • 背阔肌，外侧缘 • 腹外斜肌 • 缝匠肌
前深线	支撑骨盆和保持脊柱的稳定	除髋关节内收和膈肌呼吸运动外，几乎所有动作中的核心稳定控制	最下段共用 • 足底跗骨，脚趾距面 • 胫骨、腓骨上/后侧 • 股骨内上髁 下段后侧 • 股骨内上髁 • 坐骨支 • 尾骨 • 腰椎椎体	• 胫骨后肌，趾长屈肌 • 腘肌筋膜，膝关节囊 • 后侧肌间隔，大、小收肌 • 盆底筋膜，肛提肌，闭孔内肌筋膜 • 前侧骶筋膜，前纵韧带

续表

肌筋膜线	姿势功能	运动功能	骨性车站	肌筋膜轨道
前深线	支撑骨盆和保持脊柱的稳定	除髋关节内收和膈肌呼吸运动外，几乎所有动作中的核心稳定控制	下段前侧 • 股骨内上髁 • 股骨粗线 • 股骨小转子 • 腰椎椎体和横突 上段后侧 • 腰椎椎体 • 枕骨基底 上段中间 • 腰椎椎体 • 枕骨基底，颈椎横突 上段前侧 • 腰椎椎体 • 肋下肌后表面，软骨，剑突 • 胸骨柄后侧 • 舌骨 • 下颌骨	• 内侧肌间隔，长收肌，短收肌 • 腰肌，髂肌，耻骨肌，股三角 • 前纵韧带，头、颈长肌 • 横膈后侧，横膈脚，中央腱 • 心包膜，纵隔，壁层胸膜 • 椎前筋膜，咽缝，斜角肌，中斜角肌筋膜 • 横膈前侧 • 胸内筋膜，胸横肌 • 舌骨下肌群，气管前筋膜 • 舌骨上肌群

（二）功能理论

1. 运动平面与轴

以功能解剖学视角识别人体结构在空间位置中的变化特征时，普遍以标准解剖学姿势为参照，采用运动平面和运动轴等术语进行精准描述。人体在三维空间中被相互垂直的矢状面、额状面和水平面3个平面区分为相应的左右、前后和上下两部分，3个平面相互垂直交叉所形成的交界线即为垂直轴、额状轴和矢状轴，3个运动平面和运动轴共同的交点为人体重心（图1-9）。解剖学描述运动时通常将关节视为轴，将骨及其上附着的肌肉视为运动的刚体，将运动识别为肢体在一个平面内围绕垂直轴发生的运动。例如肘部弯举动作中，上肢在矢状面内绕额状轴进行屈曲运动。依据运动平面和轴的划分方法，以标准解剖位作为动作模式识别的起始空间位置，将运动任务划分为不同平面内的基本运动模式（表1-6），但真实运动过程中运动很少发生在单一平面，往往同时发生在多

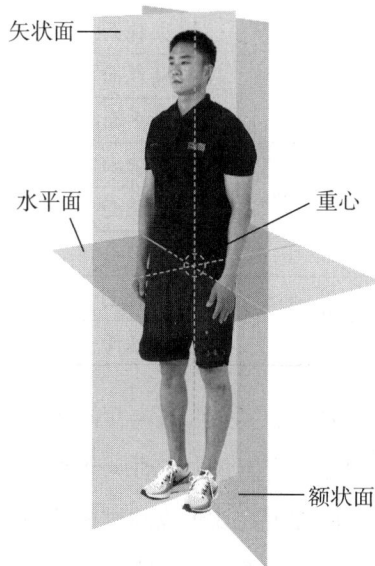

图1-9 重心是3个运动平面和运动轴共同的交点

表1-6 运动平面、运动轴和基本运动模式

运动平面	运动轴	基本运动模式	示例
矢状面	额状轴	屈/伸	弯举、深蹲
额状面	矢状轴	内收/外展	飞鸟、侧弓步
水平面	垂直轴	旋内/旋外	下劈、交叉步

个运动平面内。在体能训练计划安排中，选择训练方法时应注意方法与专项技术的动作模式一致性。

2. 关节转动与杠杆

神经肌肉系统以运动单位为载体产生肌张力，以骨骼肌收缩的方式产生力量，并通过肢体围绕关节的转动实现运动。转动是骨骼肌系统的主要运动形式，肢体依关节运动轴的数量、关节面形态和构成关节的骨的结构特征转动，关节周围的工作肌群与骨遵循杠杆原理产生运动。关节转动的主要运动形式与示例如表1-7所示。

表1-7 关节转动的主要运动形式与示例

关节	运动平面	运动轴	运动形式	示例
腕关节	矢状面	额状轴	屈曲/伸展	篮球投篮
	额状面	矢状轴	尺屈/桡屈	高尔夫球挥杆
肘关节	矢状面	额状轴	屈曲/伸展	铅球投掷
	水平面	垂直轴	旋内/旋外	拳击直拳
肩关节	矢状面	额状轴	屈曲/伸展	杠铃卧推
	额状面	矢状轴	内收/外展	体操十字撑
	水平面	垂直轴	旋内/旋外	网球发球
颈部	矢状面	额状轴	屈曲/伸展	摔跤滚桥
	额状面	矢状轴	侧倾	拳击躲闪
	水平面	垂直轴	旋内/旋外	射击、射箭
腰部	矢状面	额状轴	前屈/后伸	直腿硬拉
	额状面	矢状轴	侧倾	柔道大外刈
	水平面	垂直轴	旋转	链球旋转
髋关节	矢状面	额状轴	前屈/后伸	足球射门
	额状面	矢状轴	内收/外展	速度滑冰
	水平面	垂直轴	旋内/旋外	交叉步移动
踝关节	矢状面	额状轴	跖屈/背屈	跳远踏板
	额状面	矢状轴	内翻/外翻	足球盘带

骨骼、韧带和肌肉共同构成人体杠杆系统从而产生运动。一个关节形成轴（或支点），越过关节的肌肉收缩产生张力移动一个重量或阻力。根据杠杆结构的支点、阻力和动力的位置关系不同，以及动力臂与阻力臂之比形成的机械效率差异，人体杠杆通常被分为3种类型，骨骼肌系统多为第三类杠杆。

第一类杠杆又称平衡杠杆，即阻力和动力分别在支点的两侧，类似钳子或剪刀的平衡结构。第一类杠杆在人体中较为少见，图1-10中的示例为头部与第一颈椎围绕寰枕关节形成的杠杆结构。其中阻力为头部重力，支点为寰枕关节，动力来自附着于颅骨后部的肌肉，如斜方肌等肌肉。

第二类杠杆又称省力杠杆，即阻力位于支点和动力之间，类似手推独轮车的杠杆结构。由于阻力与动力在支点同侧，且由于动力臂大于阻力臂的机械优势，其表现出更佳的力学优势，人体第二类杠杆以踝部最有代表性（图1-11）。

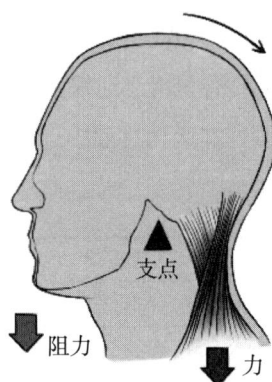

图1-10 第一类杠杆示意

以提踵动作为例，跖趾关节为支点，阻力是身体重力，腓肠肌和比目鱼肌通过跟腱作用于跟骨处，使得人体能够轻松承受2倍体重以上的冲击负荷。

第三类杠杆又称速度杠杆，即动力位于支点和阻力之间，类似于使用铲子的杠杆结构。虽然阻力与动力也在支点同侧，但由于动力臂小于阻力臂的机械劣势，第三类杠杆又被称为费力杠杆。人体杠杆多为第三类杠杆，以肘部屈曲为例（图1-12），肘关节为支点，阻力源自前臂、腕部和手部，动力来自肱二头肌。第三类杠杆虽然存在机械劣势，但由于动力臂较短而有利于形成较快的关节转动速度。

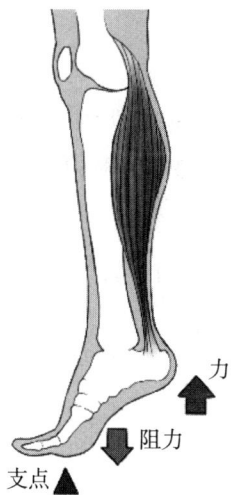

图1-11 第二类杠杆示意

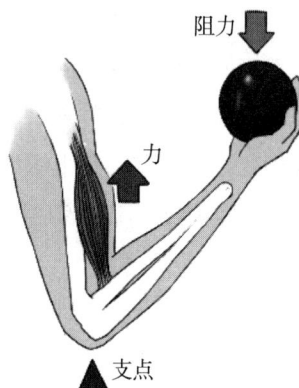

图1-12 第三类杠杆示意

由于人体杠杆的分布特点，大部分骨骼肌都以较大的负机械功率工作，这就导致肌肉和肌腱在运动中的实际承受力远大于作用于机体的外部阻力。因此，在体能训练中应充分重视各关节杠杆系统的工作特征，以避免加大由机械劣势引发的损伤风险。例如在肘关节负重弯举运动中，肱二头肌力臂随肘关节运动角度变化而呈现先增加再减小的变化，在整个运动范围内的屈力矩也表现出相应的变化过程。而在膝关节屈伸运动中，髌骨的存在使得膝关节不是真正的铰链关节，因此转动轴位置会随运动范围的改变而不断变化，股四头肌和腘绳肌活动时的力臂长度也会改变。在伸膝过程中，髌骨的移动有助于防止股四头肌肌腱过于接近转动轴，从而增大伸膝肌群力臂以减缓膝关节机械效率的快速下降（图1-13）。

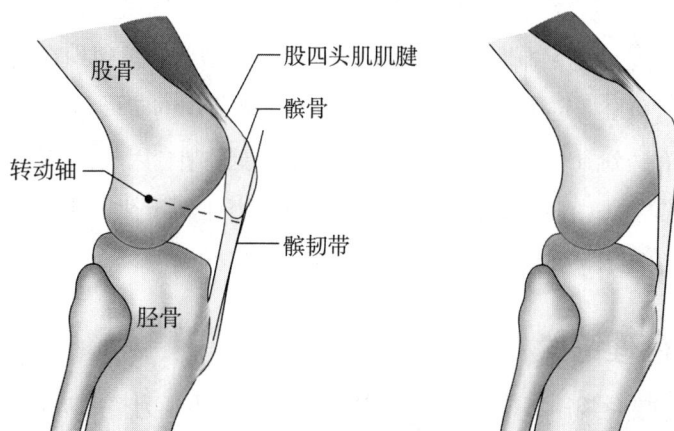

图1-13 髌骨通过保持股四头肌肌腱与膝关节转动轴的距离增加股四头肌机械效率

（三）解剖结构运动适应

人体解剖结构在运动负荷的持续刺激下会发生适应性改变，改变的程度与负荷应力程度和时间长度有关，并且改变是双向性的。这种运动负荷既有组织内部之间的相互作用，也有组织内部与外部约束的共同影响。例如，规律的运动可以促进骨骼和肌肉的生长和强度提升，体力活动缺乏或处于特殊微重力环境则会降低骨骼和肌肉的强度，甚至会导致肌少症或骨质流失等症状。

解释骨组织这种现象和规律的经典理论是德国解剖学家及外科医生尤利乌斯·沃尔夫（Julius Wolff）提出的沃尔夫定律（Wolff's Law），骨的生长、吸收、重建都与骨的受力状态有关，应力增大会促进骨代谢和骨重建，应力减小会减缓骨代谢和骨重塑。沃尔夫定律提出，机械应力与骨组织间存在一种生理平衡，平衡状态下的成骨细胞和破骨细胞的活性是相同的。当应力增大时，成骨细胞活跃引起骨质增生，承载面增大后应力减小以达到新的平衡（图1-14）。当应力减小时破骨细胞再吸收加强，骨组织量下降使应力增大再次达到新的平衡。因此，骨能通过改变自身大小、形状和结构进行功能重建，以适应外部负荷、载荷变化的需要。骨组织如果反应过度，通常可能会形成骨刺（又称骨赘），并由骨赘妨碍运动或压迫邻近神经，致使产生疼痛限制运动或诱导肌肉萎缩，以此达到保护骨正常生长的目的。

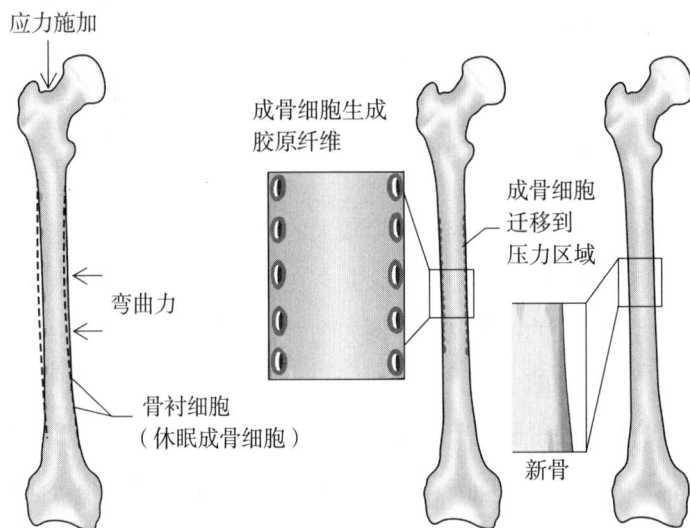

图1-14 骨组织响应机械负荷的适应性变化符合沃尔夫定律

软组织的塑形和再生是通过无弹性的胶原蛋白集合随机形成的，软组织在运动载荷的刺激下也呈现同样的现象和变化规律。戴维斯定律（Davis's Law）提出，软组织的塑形和再生可顺应应力的方向进行，愈合期内的刺激负荷只有达到原有载荷，才能实现软组织功能重塑。因此，在体能训练的技术动作选择、训练负荷设定和训练周期安排中，应充分参考沃尔夫定律和戴维斯定律，使骨骼肌系统在适宜刺激下产生正向适应，安全提升功能水平和促进组织损伤快速恢复。

（四）区域相互依存理论

人体响应运动负荷的变化规律不仅发生在局部解剖结构，也表现为整体功能的协同性变化，并且局部与整体之间会往复出现关联性的变化。维尼尔等于2001年首次提出区域相互依存理论，其核心理念是：身体的一个部分或系统会影响另一个部分或系统，有时还是离得比较远的部分或系统。传统区域相互依存理论是从身体的局部和整体的机械力学角度来考虑的，目前区域相互依存理论更多从功能化视角应用于体能训练和运动损伤防护。例如，张拉整体结构（Tensegrity）、协同支配（Synergistic Dominance）、解剖列车（Anatomy Trains）、功能表现优先（Functional Outcome Prioritization），以及相邻关节假说（Joint by Joint Approach），分别从不同角度诠释了区域相互依存理论的核心理念。

相邻关节假说（表1-8）是体能训练领域普遍接受的应用策略，由体能专家迈克尔·博伊尔（Michael Boyle）和格雷·库克（Gray Cook）所提出。其主要内容为：人体骨骼肌系统虽然由骨骼和肌肉组成，但其本质是相互堆叠的关节系统，这些关节具有"稳定性（Stability）"和"灵活性（Mobility）"两种功能，并且这两种功能交替出现在相邻的两个关节处。在训练不当或是缺乏训练的状态下，在关节之间功能损失（或需要被维持和改善的功能）是相互影响的。所谓"灵活"是指一个关节可以在关节幅度的全程自由移动的能力，包含关节活动度、肌肉和软组织伸缩性；"稳定"是指存在力、张力、负荷和动作的时候在特定环节控制动作的能力，又可以分为"静态稳定"和"动态稳定"两类。"静态稳定"是指在承受负荷或张力的情况下，在所有方向上的等长控制能力，如硬拉过程中的肩关节稳定性。"动态稳定"是指受到其他方向外力的情况下，在特定平面或方向保持关节的排列和完整性的能力，如深蹲向上伸髋时保持髋部力线的排列。事实上人体的关节都需要兼具良好的灵活性和稳定性，这样才能保证有效率地产生各种功能性动作。相邻关节假说并非单纯强调局部关节的灵活性和稳定性，其真正的价值在于指引如何从整体上评估问题和处理问题，而非单一地从局部角度去看待骨骼肌系统的功能问题。

表1-8 相邻关节假说

	灵活性	稳定性
部位	腕关节	肘关节
	肩关节	肩胛胸壁关节
	胸椎	腰椎
	髋关节	膝关节
	踝关节	足

二、人体主要区域的功能解剖

（一）上肢区域

1. 肩关节复合体功能解剖

肩关节复合体包括胸锁关节、肩锁关节、盂肱关节和肩胛胸廓关节（图1-15），涉及胸骨、锁骨、肋骨、肩胛骨和肱骨。肩关节复合体几乎没有单独活动的肌肉，参与关节和骨共同为上肢提供了广阔的活动范围，肩周肌肉组成"群"在不同的关节间完成高度协调的动作，从而提高上肢操纵物体的能力。在近端，胸锁关节让肩牢固地附着在中轴骨上，是肩部所有运动的稳定支点。肩胛骨的整体运动学主要通过锁骨的运动引导，运动路径则由肩锁关节同样重要的额外运动决定，但盂肱关节易在强大的向内和向下的力传递至肩部时发生脱位。肩胛胸廓关节是肱骨所有主动运动的重要力学平台，向上旋转的肩胛骨与胸锁关节和肩锁关节处的力学关联运动一起为肱骨的外展提供稳定而又灵活的基础，并且实现肩峰下空间体积的最大化。盂肱关节是肩关节复合体内最远端且最灵活的关节，盂肱关节外展与肩胛骨向上旋转之间存在自然的运动学节律或发生时间，常用"肩肱节律"来解释这种运动学关系。根据英曼报道，肩关节外展超过30°时这一节律保持恒定的2:1的比例：肩关节每外展3°，盂肱关节外展2°，肩胛胸廓关节向上旋转1°；近180°的肩关节外展是由盂肱关节外展120°与肩胛胸关节向上旋转60°产生的。

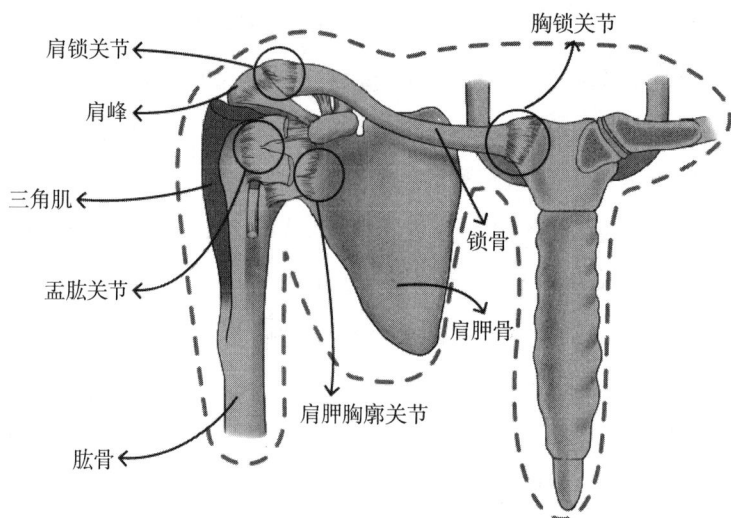

图1-15　肩关节复合体解剖结构

肩锁关节
肩峰
三角肌
盂肱关节
肩胛胸廓关节
肱骨
胸锁关节
锁骨
肩胛骨

16块肌肉控制着肩关节复合体的大范围运动，这些肌肉通常协同配合来增强它们对该区域多个关节的控制，而不会独立发挥作用。例如，在肩胛骨平面中使肩关节外展需要全部肌肉配合，三角肌与肩袖肌群等需要前锯肌与斜方肌的共同激活来有效固定肩胛骨和锁骨。只有当这些肌肉的近端骨附着点能够固定自身时，它们才可以固定肩胛骨和锁骨。这些环节中的任何一处减弱都会削弱肩关节主动外展的力度、自由度与控制准确性。肩部肌肉的合作特性增加了肩关节主动活动的多样性、操控能力和活动范围，外伤或疾病经常使肩部活动受限，进而导致整个上肢的能力显著下降。

2. 肘关节复合体功能解剖

肘关节复合体（图1-16）包括肱骨、桡骨和尺骨3块骨以及肱尺关节、肱桡关节、桡尺近侧关节和桡尺远侧关节4个关节，通过前臂旋转和肘部屈曲与伸展实现调节上肢工作距离、控制精度、做功水平的运动功能。肘关节复合体的运动功能规律遵循"节约定律"，主要聚焦在较小的单关节肌与较大的多关节肌功能之间的等级调节问题。

肘部小功率屈曲或伸展活动，主要由肱肌、肘肌或肱三头肌内侧头控制或发起；只有当需要进行相对大功率的活动时，神经系统才调用更大的多关节肌——肱二头肌与肱三头肌长头。前臂小功率旋转活动，主要由较小的旋后肌或旋前方肌控制；大功率活动则需要肱二头肌与旋前圆肌的帮助。

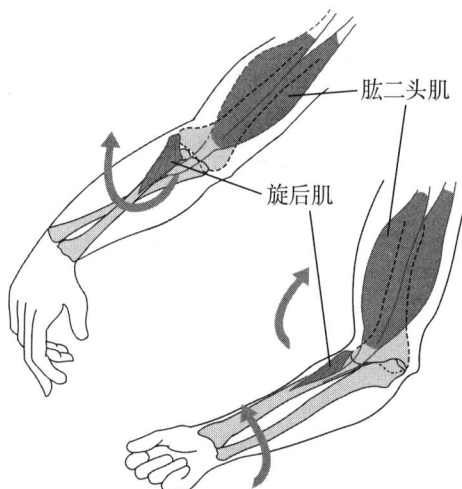

肱二头肌
旋后肌

图1-16　肘关节复合体解剖结构

肘与前臂的任何活动功率的增大都会使整体肌肉活性明显不对称地提高，不仅单关节肌活性会提高，多关节"预备"肌肉和其他中性肌肉活性也会提高。

3. 腕关节复合体功能解剖

腕部包括8块腕骨，它们作为一个整体充当前臂和手之间的功能性"垫片"。除了许多小的腕骨间关节外，腕部还包括桡腕关节和腕骨间关节两个主要的关节，这两个关节允许腕部屈曲和伸展，还允许腕部在外展和内收的运动中从一侧移动到另一侧。腕部附近的桡尺远侧关节由于其在旋前和旋后中的作用，通常被认为是肘关节复合体的一部分，而非腕关节复合体的一部分。

腕关节复合体的位置极大地影响手的功能，这是因为许多用于控制手指的肌肉与手部无关。这些肌肉的近端附着点位于前臂，主动的肌肉收缩以及随后拉伸的韧带所产生的力引导腕部两关节的运动。腕部还与上肢的两个重要功能相关，即负载承受和前臂旋转。首先，腕部必须能够承受影响上肢远端的巨大应力，这与站立或行走时踝部受力的过程类似。其次，桡腕关节在桡侧限制腕骨和桡骨之间的绕轴旋转，这种限制运动使得手被迫跟随前臂旋前和旋后路径。同时，三角纤维软骨复合体充当一个半弹性装置，允许桡骨以及牢固附着在桡骨上的腕骨围绕尺骨远端自由旋前和旋后。腕部所有肌肉都能执行多种运动，其中相对简单的双平面运动，要求相对复杂的肌肉配合完成。例如伸腕时至少需要两组肌肉抑制不需要的外展或内收，做抓握时需要腕伸肌来稳定腕部，否则指屈肌没有近端的稳定性支撑是无法工作的。

（二）躯干区域

1. 脊柱复合体功能解剖

脊柱复合体的结构十分精妙，它可以承受体重与被激活肌肉产生的负荷。吸收与分配这些负荷是椎间盘的主要功能，脊柱的强度和韧性受韧带与肌肉的控制，脊柱的弯曲运动与周围韧带和肌肉一同发挥作用。脊柱各节段的椎骨都有特定的形状，截然不同的形态学产生了具有特异性的脊柱功能。例如，上颈椎处垂直突出的齿状突是头与颈产生大范围轴向旋转的中枢点，与此相对应的第4腰椎的功能是支撑巨大的累加负荷。

典型的椎间关节具有3种要素：作为肌肉与韧带附着点的横突与棘突，负责椎间黏附与振动吸收的椎间关节，以及部分引导每个节段相对运动的关节突关节。关节突关节对理解整个中轴骨骼的运动学来说非常重要，脊柱每个节段允许的独特运动是由关节突关节的矢状面定位来配合的。颈椎段寰枢关节的关节突关节面几乎处于水平位置，在其余颈椎部位，关节面在水平面与额状面之间呈45°，这种特定几何位置使颈椎段具有了在脊柱任何节段内进行三维运动的巨大潜力，这对头部许多特殊感觉源的位置来说十分必要。

胸椎段的24对关节突关节位置接近额状面，但侧屈动作自由度由于肋骨的固定作用而受到限制，这种胸廓的相对刚度对于呼吸机制与心肺保护来说是必需的。腰椎段中间与上部关节突关节定位接近矢状面，这种关节面位置允许脊柱下部进行充分的屈曲与伸展，同时阻止脊柱下部在水平面旋转。由腰椎段脊柱与骨盆（相对于髋关节而言）形成的合并矢状面运动为整个身体提供了屈曲与伸展的铰链点。第5腰椎至第1骶椎关节突关节面位置相对额状面偏移，这为腰椎尾端与骶骨底之间产生的前向剪切力提供了重要的抵抗机制（骨盆在矢状面上的运动见图1-17）。这种前向剪切力随腰椎前屈幅度增加而增加，通常伴有骨盆相对于股骨头的过度前倾。脊柱复合体的末端关节是骶髂关节，为脊柱轴向末端与下肢之间的大负荷传递提供了相对牢固的关节。骶髂关节属于微动关节，其较大的关节面有着天然的稳定性，同时又能进行小范围活动来帮助行走，以及在跑动时分散骨盆环内的应力。

负责脊柱复合体运动功能的肌群集中在躯干部位，通常分为躯干背侧肌群、躯干前侧肌群和其他肌群。脊柱复合体的肌群主要有运动、稳定及协助3种相关联的功能，通过产生扭转力矩使躯干作为一个

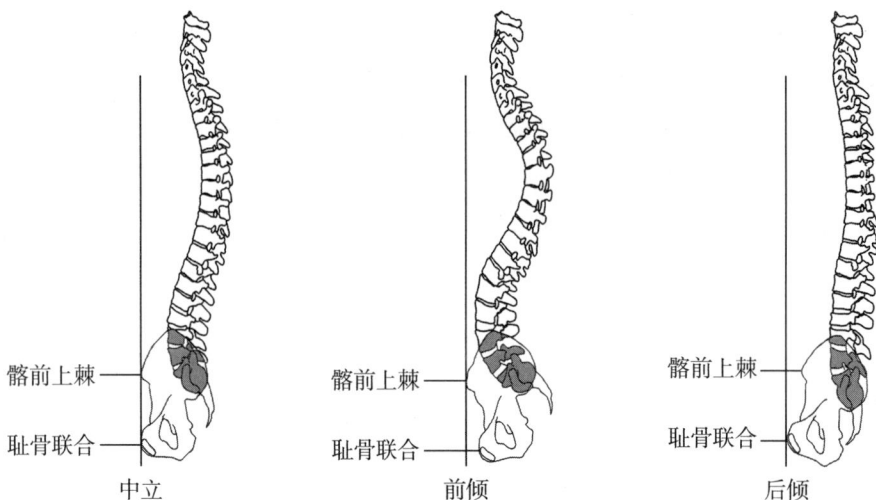

图 1-17 骨盆在矢状面上的运动

整体运动，并辅助头颈部进行精细运动和保持稳定。脊柱周围肌肉跨过身体的多个区域，并且由于解剖结构各异，不同肌肉的长度、外形、肌纤维方向、横截面积和在关节处的扭转力矩存在显著差异，这体现了人体对肌肉系统功能要求的多样性。用于控制脊柱运动的肌肉力线有很大范围的空间定位，这对于特定运动的肌肉或肌群的扭矩大小非常重要。例如，由于躯干部位的肌肉较多呈垂直走向而非水平走向，所以最大扭力产生于额状面，而不是水平面。此外，重力通常可以促进或阻止脊柱的运动。例如，从解剖体位开始，当头部缓慢屈曲运动时会受到颈部伸肌离心运动的控制，此时重力是头部屈曲运动的动力，而颈部伸肌则控制屈曲运动的速度和幅度。当头部迅速屈曲时，由于屈曲运动速度超过了重力单独作用下的运动速度，则该运动过程需要颈部伸肌迅速进行离心运动。

　　躯干背侧肌群又分为浅层、中层和深层3部分。背部浅层肌群主要包括斜方肌、背阔肌、菱形肌、肩胛提肌，双侧肌群同时活动使脊柱邻近部位产生伸展运动，单侧活动则可使该节段产生侧屈运动，并且多数情况下使该节段发生轴向旋转运动。背部中层肌群主要包括上后锯肌和下后锯肌，它们几乎不影响躯干的运动性或稳定性，其功能很可能与肺部通气机制有关。背部深层肌群包括竖脊肌、横突棘肌、短节段间肌群。竖脊肌沿脊柱跨越距离长和横截面积大的特征表明其更适合控制整个脊柱的较大扭矩运动，而非控制某个椎间关节的精细运动，双侧竖脊肌同时收缩可使头颈部、躯干伸展运动和加剧骨盆前倾，单侧竖脊肌收缩可发生躯干侧屈并有助于躯干完成单侧轴向旋转运动。横突棘肌跨越椎间关节数相对较少的特征支持产生相对精细控制的运动并稳定跨越中轴骨的应力，双侧横突棘肌同时收缩时产生的脊柱伸展扭矩会提高腰椎和颈椎前凸程度并降低胸椎后突程度，单侧横突棘肌收缩时躯干仅发生有限侧屈并促进躯干对侧轴向旋转运动。棘突间肌和横突间肌具有高度阶段性，拥有相对高密度的肌梭，非常适用于实现对脊柱的精细控制。

　　躯干前侧肌群包括腹直肌、腹内斜肌、腹外斜肌和腹横肌，具有支持和保护腹部脏器、增加胸腹内压的生理功能，以及使躯干屈曲、侧屈、对侧旋转和骨盆后倾的运动功能。双侧腹肌收缩可以使胸廓和脊柱上腰椎段发生屈曲，或使骨盆发生后倾或使两种运动同时发生。躯干发生侧屈运动通常与躯干屈肌和伸肌的共同作用有关。如抵抗右侧阻力发生侧屈运动时，需要右侧腹外斜肌和腹内斜肌，右侧竖脊肌和右侧腹横肌收缩。这些肌肉同时活动可以增大额状面合扭矩，同时在矢状面内稳定躯干。

其他肌群主要包括髂腰肌和腰方肌，尽管它们在结构上不属于躯干肌，但它们与躯干运动密切相关。髂腰肌对整个脊柱腰椎段、腰骶关节和髋关节有着显著的动力学影响，可将股骨拉向骨盆或将骨盆拉向股骨，并使骨盆发生前倾和提高腰椎前凸程度。在腹肌的协助下，髂腰肌强烈的双向收缩还可以实现在股骨固定的情况下旋转骨盆和邻近的躯干。髂腰肌是与臀部屈肌同等重要的躯干屈肌。腰大肌使脊柱下腰椎段相对于骶骨发生屈曲运动，但不是腰部的主要屈肌，因而其对腰椎前凸程度的直接影响较小，具有垂直稳定脊柱节段的功能。双侧腰方肌收缩具有腰部伸肌的作用，单侧腰方肌收缩时具有相对有利的扭矩，但对脊柱轴向旋转运动的影响较小。当双侧腰大肌和腰方肌强烈收缩时，它们可为整个脊柱基底部提供极佳的垂直稳定性。

2. 呼吸运动功能解剖

通气是由改变胸腔体积的主动力和被动力的合力驱动的。呼吸运动时胸廓的收缩和扩张见图1-18。在吸气过程中，附着在肋骨和胸骨上的肌肉通过收缩增大了胸腔体积，随着胸腔的扩张，已经是负值的胸膜间空间的压力进一步减小，从而产生了扩张肺部的吸力。呼气是将肺部的气体排到自然环境中的过程，通过减少胸腔体积增加肺泡压力，进而将肺泡中的气体排出肺部并排到大气中去。呼吸的运动功能非常复杂。呼吸分为安静呼吸和用力呼吸两种类型，依赖许多肌肉相互配合。此外，除膈肌外的所有通气肌肉通常同时与躯干和头颈区域的运动和稳定性的控制直接相关，并且与上肢和下肢的运动和稳定性间接相关。

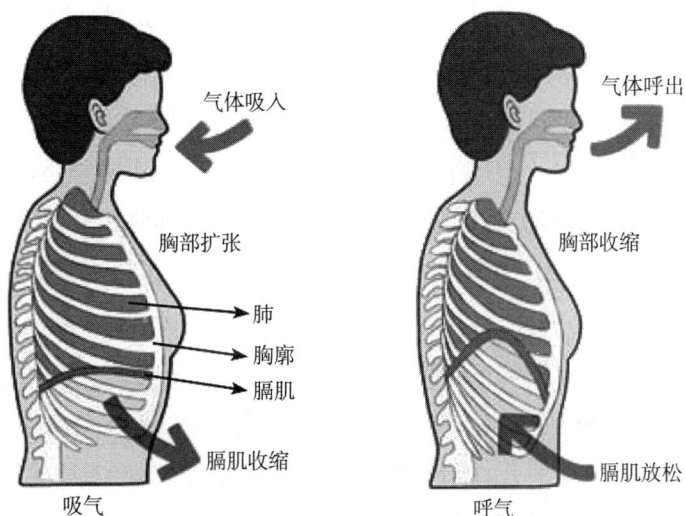

图1-18 呼吸运动时胸廓的收缩和扩张

控制安静吸气的肌肉包括膈肌、斜角肌和肋间肌，这些肌肉在所有工作强度上都处于活跃状态。膈肌的主动收缩完全致力于吸气机制，在吸气过程中60%~80%的做功都是由它完成的。膈肌在吸气过程中的主导作用源于它在垂直、内外和前后3个径向增加胸腔体积的能力。膈肌也是用力吸气过程中神经系统激活的第一块肌肉，当下肋稳定时，初始收缩导致膈肌的顶部下降、变平，下降的活塞运动极大增加了胸腔的垂直直径。这种运动是膈肌增加胸腔体积的主要方法，进一步增加胸腔的体积则需要来自腹部的阻力。与此同时，腹内压增加、腹容量缩小及腹部肌肉（如腹横肌）伸展所产生的被动张力阻止膈肌下降到腹腔内，并可稳定膈肌的顶部，从而使其能够持续收缩来提升下6肋。而后，肋骨升高则在前后和内外方向上扩大了胸腔。双侧斜角肌收缩可通过提高上肋和胸骨来增加胸腔的体积，在每次吸气周期中，斜角肌和膈肌都主动收缩。肋间肌在呼吸过程中的具体运动仍存在一定争议，普遍接受的观点是肋间外肌驱动用力吸气，肋间内肌驱动用力呼气。肋间外肌的吸气效应在胸腔的背侧区域和上部区域最大，并且在腹部到尾骨的方向上减小。肋间内肌的呼气效应在颅骨到尾骨的方向上减小，在胸腔内保持不变。除在吸气过程中扩张胸腔外，肋间外肌的胸骨旁肌的收缩同时增加了胸腔的固定程度，这种稳定功能是呼吸的一个非常重要的组成部分。

用力吸气需要更多的肌肉来支持主要的吸气肌肉，包括上后锯肌、下后锯肌、胸锁乳突肌、背阔肌、胸髂肋肌、胸小肌、胸大肌和腰方肌。这些肌肉通过提升肋骨和胸骨增加胸腔体积，并为膈肌收缩稳定下肋骨。安静呼气通常是一个被动过程，主要受到胸腔、肺部和松弛的膈肌弹性回缩驱动。在用力呼气过程中，需要肌肉主动收缩屈曲躯干和下压肋骨来快速减小胸腔体积，这些肌肉主要包括4种腹肌、胸横肌和肋间内肌的骨间纤维。

（三）下肢区域

1. 髋关节复合体功能解剖

髋关节是中轴骨和下肢的基础关节，也是身体作为一个整体执行运动任务的枢纽。髋关节和骨盆构成的功能复合体在躯体大部分的运动过程中发挥了重要的运动学作用。跨越髋关节的肌肉中有30%在近端附着在骨盆上，在远端附着在胫骨或腓骨上，这些肌肉间的任何不平衡状态都可能影响多环节的姿势和运动功能。髋关节复合体运动的复杂性与腰椎的运动学也有着密切的关系，腰椎或髋关节的运动限制会改变躯干和下肢运动链近端的运动顺序。

在理解髋关节的运动学功能时，通常使用股骨绕骨盆运动学和骨盆绕股骨运动学（图1-19）两种术语，分别解释髋关节与骨盆复合体在三维平面内的运动特征。在股骨绕骨盆运动学中，在矢状面内膝关节完全屈曲时，髋关节平均屈曲120°；当膝关节完全伸展时，腘绳肌张力增加使得髋关节屈曲范围被限制在70°～80°；髋关节在直膝伸展时通常超过中立位20°，但当屈膝伸展时则活动范围减小一半。在额状面内股骨旋转时，髋关节外展40°，内收超过中立位25°。在水平面内股骨旋转时，髋关节在中立位平均内旋35°，髋关节在伸展位平均外旋45°，并且外旋会受到所有内旋肌肉过大张力的限制。

在骨盆绕股骨运动学中，腰椎-骨盆动作节律、骨盆三维空间旋转是主要的运动特征。脊椎通过骶髂关节牢牢附着在骨盆上，骨盆绕股骨的旋转通常改变腰椎的形状，这种重要的运动学关系被称为腰椎-骨盆动作节律。如体前屈动作中，当骨盆和腰椎向同一方向旋转时称为同向动作节律，整个身体相对下肢的角位移达到最大，主要用于提高上肢活动能力。相反，在直体硬拉动作中，骨盆沿着一个方向旋转而腰椎同时向相反方向旋转，称为反向动作节律，这类动作节律的结果是躯干部位（第1腰椎以上部位）在骨盆和股骨旋转时基本保持静止。矢状面内髋关节屈曲可通过骨盆前倾完成，腰椎前屈幅度的增加抵消了额外的躯干跟随运动，在髋关节屈曲90°（直立坐位）时，骨盆能够在被完全伸展的腰椎限制旋转前绕股骨前倾30°，髋关节也可通过骨盆后倾进一步伸展10°～20°。额状面内单腿支撑时，腰椎必须朝着骨盆旋转相反的方向侧屈以保持躯干静止，此时髋关节外展幅度被限制在30°。水平面内单腿支撑时，骨盆绕股骨纵轴旋转15°，以实现非支撑侧与支撑侧髋关节的相向旋转。骨盆绕股骨旋转要求腰椎和躯干跟随骨盆旋转，这也是与腰椎-骨盆动作节律一致的运动特征。

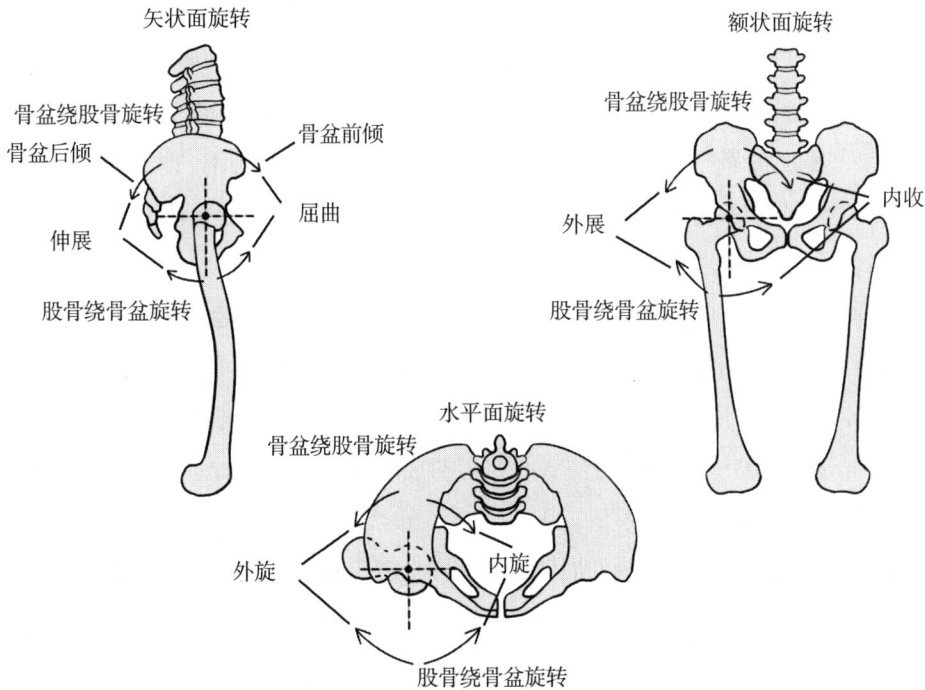

图1-19　股骨绕骨盆运动学和骨盆绕股骨运动学

2. 膝关节复合体功能解剖

膝关节复合体由内、外胫股关节和髌股关节3关节和股骨、髌骨、胫骨、腓骨4块骨构成，具有在矢状面屈伸和在水平面旋转的运动功能。但其运动功能大多在下肢其他关节的配合下实现，特别是跨越膝关节的肌肉大多也通过髋关节和脚踝参与下肢功能的配合。

胫股关节在矢状面内的屈伸运动轴随股骨髁轴线的移动而变化。胫骨绕股骨和股骨绕胫骨运动见图1-20。当胫骨绕股骨伸展时，股骨的关节面在股骨髁上向前滚动和滑动，半月板则被收缩的股四头肌向前拉动。当股骨绕胫骨伸展时，股骨髁在胫骨关节面上同时向前滚动和向后滑动，这种相反的运动可以限制股骨在胫骨上向前平移的极值。膝关节在伸展运动末段的最后30°范围时可见扭转动作，还需要进行10°外旋运动才能稳定在完全伸展的位置。这种联合旋转又被称为"拧紧旋转"，只能与膝关节屈

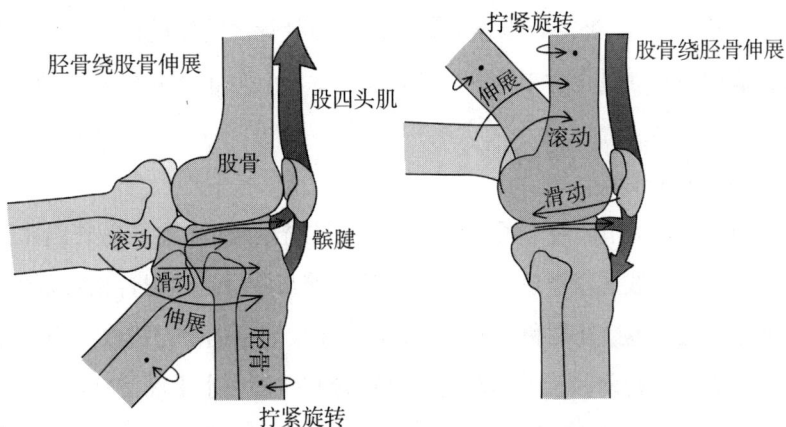

图1-20　胫骨绕股骨和股骨绕胫骨运动

伸运动联系在一起而不能单独存在，其作用在于提高内、外侧胫股关节稳定的一致性。膝关节由完全伸展至解锁状态必须先向内旋转，这一功能主要由腘肌完成。腘肌是膝关节唯一附着在关节囊上的肌肉，也是膝关节重要的内旋肌和屈肌。当伸展且锁定的膝关节准备屈曲时，腘肌提供了内旋扭矩以帮助通过机械力解锁膝关节。腘肌的斜拉力线还为所有屈膝肌肉提供增强杠杆作用，以使伸展的膝关节产生水平面内的扭转力矩，因此又被称为"膝关节的钥匙"。腘肌的另一重要功能是协助膝关节外侧与内侧保持动态稳定性，通过减缓和限制过度外旋来抵抗内翻负荷。

髌股关节是髌骨关节面与股骨滑车之间的滑动界面，当胫骨绕股骨运动时，髌骨相对于固定的股骨髁间沟滑动，髌骨与股骨髁间沟的接触位置随屈曲角度发生变化。屈膝135°伸展时髌骨上端接触股骨，屈膝90°伸展时髌骨与股骨的接触区向下端移动，屈曲60°~90°时髌骨与股骨接触面积最大（但也仅有总接触面积的1/3），屈膝20°~30°伸展时髌骨与股骨的接触区向下端移动，完全伸展时髌骨完全倚靠在髌上脂肪垫上。

膝关节复合体的肌肉在功能上分为伸展肌群和屈曲－旋转肌群。股四头肌在膝关节伸展运动中遵循伸膝内力矩和重力外力矩相互作用的原则。当胫骨绕股骨伸展即开链运动时，重力外力矩从膝关节屈曲90°到0°的过程中不断增大；相反，在股骨绕胫骨伸展即闭链运动时，重力外力矩随膝关节屈曲角度变小而逐渐减小。股四头肌的内力矩与关节角度之间存在关联，最大伸膝内力矩通常出现在屈膝45°~70°的阶段，接近极限屈曲角度与伸展时则力矩最小，这与髌骨移动改变伸膝力臂机制有关。膝关节后部肌群除腓肠肌外均为屈曲－旋转肌群，具体包括腘绳肌、缝匠肌、股薄肌和腘肌。膝关节在屈曲过程中同步发生旋转运动；在伸展结束阶段则处于机械锁定状态，膝关节的主动旋转受到限制。在膝关节屈曲50°~90°时屈肌力臂最大，但在屈膝20°时屈曲力矩最大，并随屈曲角度增加而逐渐减小。膝关节所有旋转肌的平均绕轴旋转杠杆作用在屈膝70°~90°时最大，唯一例外的是腘肌在屈膝40°时内旋力臂最大。

3. 足踝复合体功能解剖

踝部与足部是下肢与地面之间的动态界面，常将两者视为一个统一的复合体，这一部位共有28块肌肉和32个关节控制运动与姿态。踝是指胫骨、腓骨与距骨之间的关节，足包括所有跗骨以及踝的远端关节，足又分为前足、中足和后足3个区域。足踝复合体具有惊人的适应性，既可以吸收重复负荷和适应不规则的接触面，又可以支撑体重以及适应走跑时的肌肉推动力。

踝关节在形态上类似"榫眼"结构，这种结构使得踝部具有自然的稳定性，足以承受腿部与足之间传递的较大的载荷。其中，90%~95%的压缩负荷在距骨和胫骨之间传递，其余5%~10%穿过距骨与腓骨的外侧部分。踝关节旋转轴穿过距骨主体和内外侧踝尖，旋转轴的倾角位置，使得背屈与外展和外翻相关，跖屈与内收和内翻相关。当足处于无负重状态下，背屈时距骨相对腿部向前旋转同时向后滑动，跖屈时距骨向后滚动同时向前滑动。

足部包含距下关节和跗横关节。距下关节旋转轴一般被描述为穿过足跟后外侧并经过距下关节中心，在跟骨和距骨之间形成一个曲线运动轨迹。距下关节的旋前与旋后是在跟骨相对距骨绕垂直旋转轴弧形移动时产生的，旋前运动主要包括外翻和外展，旋后运动主要包括内翻与内收。当足处于有负重状态下，如行走时，距下关节的大部分旋前和旋后运动是通过距骨和腿部在水平面旋转产生的，这种距骨关节面的旋转运动存在结构和功能上的机械耦合。跗横关节由距舟关节和跟骰关节组成，连接后足与中足，是足部功能最多的关节。跗横关节与距下关节具有很强的功能关联性，两者共同作用控制足部大部分的旋前和旋后功能，允许承重足适应各种不规则的接触面。

足踝复合体肌群不仅控制关节的特定运动，还提供运动时必要的稳定性、推动力与震动吸收。矢状面内，胫骨前肌控制背屈运动的同时，趾长伸肌与第三腓骨肌的外翻或外展平衡胫骨前肌的内翻和内收影响；腓骨长肌与腓骨短肌协助小腿三头肌控制跖屈的同时，腓骨长肌与胫骨后肌协同形成支撑足部横弓与内侧纵弓的功能性"吊索"。

三、人体主要动作模式的功能解剖特征

（一）上肢投掷

投掷动作由上臂上举和肩部旋转两个动作阶段组成，又称头上运动模式。将手臂抬到头顶上方的运动，主要有3组肌群参与，分别是盂肱关节处的肩外展和肩前屈肌群、肩胛胸廓关节处的上旋肩胛骨肌群和盂肱关节处稳定肩胛骨的肩袖肌群。盂肱关节处的肩外展肌群包括三角肌前束、三角肌中束和冈上肌，肩前屈肌群包括三角肌前束、喙肱肌和肱二头肌长头。其中三角肌中束与冈上肌在手臂抬升开始时被激活，直至90°外展位置，两块肌肉将肱骨头稳定在关节盂处。在肩胛胸廓关节处外旋肩胛骨是手臂抬高的重要因素，主要参与肌肉有前锯肌、斜方肌上束和斜方肌下束。前锯肌在肩胛骨下角处产生外旋力矩，斜方肌上束通过对锁骨施加向上的拉力使肩胛骨上旋，斜方肌下束通过在肩胛骨内侧缘施加向内下方的拉力使肩胛骨上旋，三者协同构成肩胛骨的上旋力偶。抬高手臂时旋转肌群负责盂肱关节和肩胛骨位置的稳定与运动调节，主要肌肉有肩胛下肌、冈上肌、冈下肌和小圆肌。这些肌肉稳定盂肱关节的上部与后部，将肱骨头稳定在关节窝中央，并在此基础上主动移动肱骨旋转。此外，水平方向上的冈上肌在手臂外展时使肱骨头向上滚动，同时充当限制肱骨头移动范围的肌肉肌腱垫片，而其余肩袖肌群则在下方和肱二头肌长头一同向下拉动肱骨头。

完整投掷动作还包括肩部的内旋和外旋。内旋肌肉包括肩胛下肌、三角肌前束、胸大肌、背阔肌和小圆肌；外旋肌肉包括冈下肌、小圆肌和三角肌后束。高速投掷动作要求内旋肌肉产生较大的扭转力矩。内旋肌肉常被描述为使肱骨相对于固定的肩胛骨进行旋转的肌肉，此时肱骨位于固定位置，肩胛骨绕其自由旋转。外旋肌肉的作用，主要在于投掷结束阶段，通过离心收缩降低内旋速度，外旋肌肉是内旋肌肉的拮抗肌。

（二）躯干卷腹

在多种运动过程中，躯干肌肉之间以及躯干与髋关节之间进行相向运动，常见工作模式为卷腹。其目的是提高腹部肌肉强度和控制能力，通常有利于提高躯干整体稳定性。卷腹动作分为躯干屈曲和髋关节屈曲两个阶段，其中骨盆相对于股骨发生屈曲70°~90°的运动。

躯干屈曲阶段的动力主要来自腹肌收缩，使得胸椎段屈曲、骨盆后倾和腰椎段变直。此阶段屈曲髋关节可增加臀大肌和股中间肌的被动张力，两者的组合效应可协助腹部肌肉维持骨盆的后倾。髋关节屈曲阶段，骨盆和躯干绕股骨前屈、旋转，髋关节屈曲肌群（如髂肌和股直肌）收缩参与促进骨盆前倾。当腹部肌群力量相对薄弱时，脊柱胸腰椎段屈曲幅度相对较小，而骨盆相对股骨过早发生过度屈曲，导致腰椎过度前凸而对椎间盘产生过大的压力。

（三）下肢髋铰链

髋关节铰链（Hip Hinge），简称髋铰链，是指以髋关节为枢纽关节，通过髋关节屈伸运动主导并连接人体上下两部分进行相向运动。髋铰链是人体主要的基础动作模式，其目的在于发展臀肌、腘绳肌和核心肌群的功能，以及腰椎骨盆分离运动，要求执行动作时保持胸椎、腰椎和骨盆处于相对中立位。

髋关节在矢状面内前屈运动阶段，脊柱和骨盆保持中立位，前屈幅度由腰椎屈曲40°和髋关节屈曲70°组成。当躯干从前屈位伸展为直立位时，躯干以髋关节为轴伸展并伴有双膝伸直和腰椎伸展的过程。腰椎通过两种完全不同的运动机制进行屈伸运动：一是躯干上部相对下肢绕髋关节最大限度发生位移，腰椎和骨盆相对股骨以较大弧形轨迹运动；二是躯干位置相对固定且骨盆倾斜角度较小。骨盆与髋关节的这种机械耦联机制可以将髋关节运动与腰椎运动紧密联系起来，使得骨盆相对股骨运动呈现固定的运动节律。

小结

功能解剖学是从事体能训练工作必须掌握的基础知识，是体能训练师理解人体运动规律的主要理论依据和实践原则。功能解剖学将人体解剖结构中的骨骼肌系统、神经肌肉系统和肌筋膜系统视为基础的功能结构，整合运动平面与轴、关节转动与杠杆、解剖结构运动适应和区域相互依存理论作为基础的功能理论，阐明了解剖结构与运动功能之间的相互依存规律。功能解剖学借助对人体主要区域的功能解剖分析，揭示了人体各区域在运动过程中以复合体形式工作的基本规律，并以3种常见动作模式为例示范运用功能解剖学知识指导运动实践。通过本章的学习，将帮助体能训练师提升运用功能解剖学解释人体运动规律的能力，并有助于他们掌握如何通过功能解剖学基础理论指导训练实践。

思考题

1. 下列哪一种物质调节肌纤维的收缩？

    A. 钙离子　　　　　B. 钾离子　　　　　C. 肌钙蛋白　　　　　D. 原肌球蛋白

2. 运动单位的募集模式有哪些？

    A. 募集数量　　　　B. 募集顺序　　　　C. 募集强度　　　　D. 募集密度

3. 骨组织响应运动负荷变化的规律是下面哪一项？

    A. 杠杆原理　　　　B. 戴维斯定律　　　　C. 沃尔夫定律　　　　D. 生理适应性

4. 足球射门动作中，下肢伸髋屈膝后摆，下列哪个结构能感受到拉伸并反射性增强肌肉活动？

    A. 肌梭　　　　　　B. 腱梭　　　　　　C. 帕西尼小体　　　　D. 环层小体

5. 髋铰链动作中，身体由前屈位伸展至直立位时，骨盆在股骨上旋转的运动模式符合哪种腰椎-骨盆动作节律？

    A. 腰椎-骨盆同向动作节律　　　　　　　B. 腰椎-骨盆反向动作节律

第2章

体能训练的生物力学基础

赵焕彬　雷园园

学习目标

➤ 理解人体惯性参数的基本概念，掌握影响人体重心稳定性和人体转动惯量大小的因素。

➤ 理解速度、加速度、角速度、角加速度等概念的物理意义，了解目前流行的测量方法。

➤ 理解力、力矩、动量、动量矩等概念的物理意义，掌握人体内力与外力的关系，了解动量定理、转动定律、动量矩定理的含义。

➤ 理解骨骼肌生物力学特征，掌握骨骼肌长度与收缩力量的关系、肌肉收缩力量与收缩速度的关系、影响肌肉爆发力的因素。

➤ 理解人体运动链的结构与特点，掌握人体骨杠杆类型及不同肌肉工作形式的力学原理、杠杆原理在体能训练中的应用。

➤ 理解抗阻训练动作分类的力学依据，掌握阻力负荷种类和影响因素，并能根据实践需求设计抗阻训练方案。

➤ 理解核心区力量训练、灵敏素质训练、平衡稳定训练的生物力学特征，掌握影响其训练效果的力学因素和训练方法。

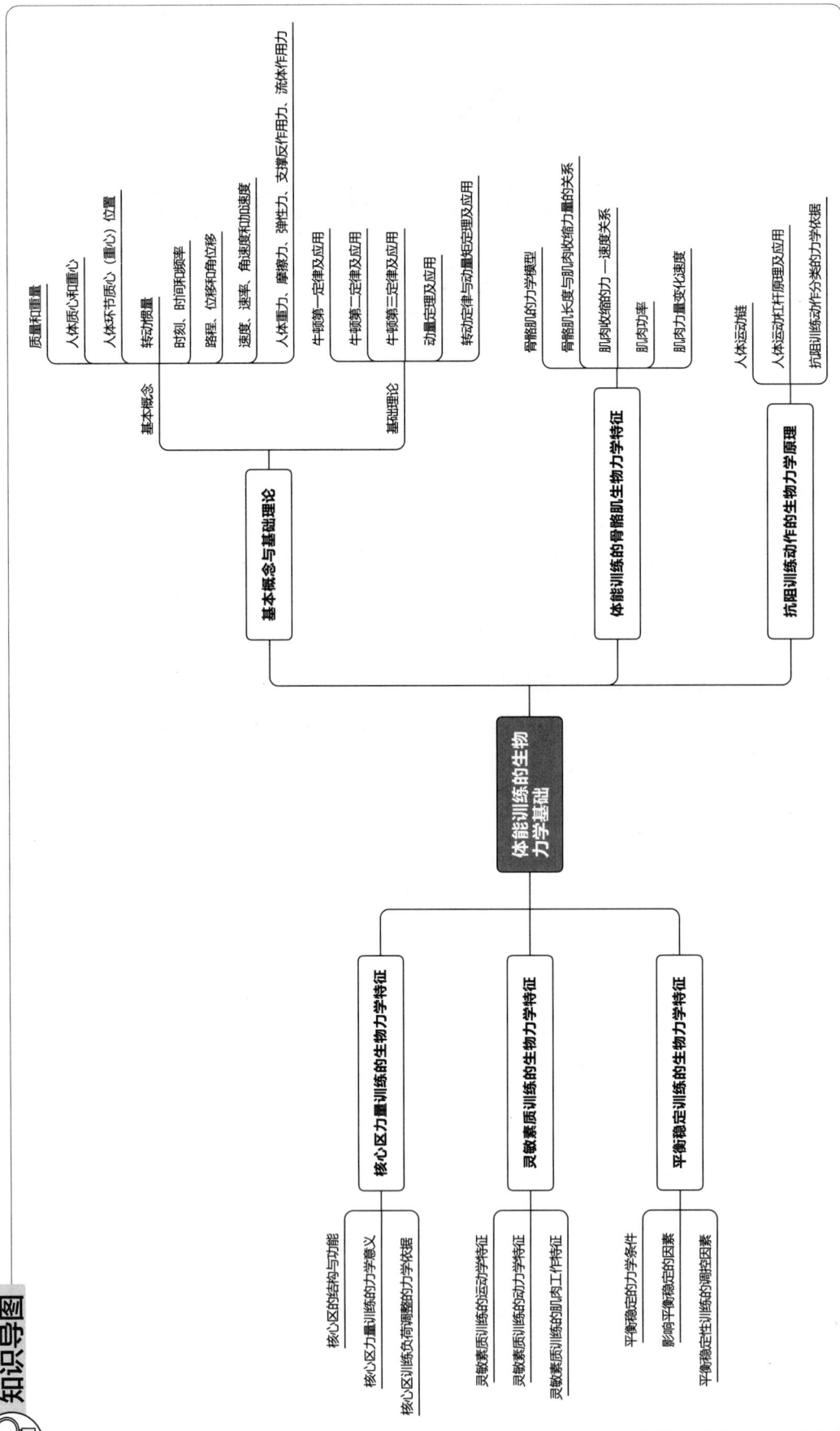

知识导图

导语

　　本章学习的内容是体能训练相关的生物力学知识。人体的运动在意识控制下，一方面遵循力学的普遍规律，另一方面具有特殊的复杂性。通过学习本章内容，学生能够了解人体惯性参数、运动学、动力学的基本内容，正确掌握人体运动的生物力学原理和人体运动链中骨、关节、肌肉的生物力学特性，理解基本参数的物理意义；明确运动生物力学特征参数对于体能训练的重要性，为深入理解体能训练动作技术规律、科学安排体能训练计划奠定理论基础。

一、基本概念与基础理论

（一）运动生物力学基本概念

　　运动生物力学是研究人体运动力学规律的科学，它是体育科学学科体系的重要组成部分。运动生物力学的研究对象是人体的运动和运动当中的人。而人体既是从属于自然科学中的生物人，又是从属于社会科学规律的社会人。运动生物力学研究体育运动中人体所进行的各种体育动作，以及在不同条件下，人体产生运动和运动状态改变的力学和生物学原因。因此，运动生物力学研究应以体育动作为核心，运用力学的理论与方法，研究人体运动器系统的生物力学特征和人体运动动作规律，探寻体能训练动作技术的合理性和最佳化，进而为提出有效的训练手段和发展人体运动能力提供科学的理论依据。

（二）人体惯性参数

　　人体惯性参数是指人体整体及环节质量、质心位置、转动惯量及转动半径。人体惯性参数是建立人体模型、进行运动技术分析和设计体能训练动作的基础数据。

1. 人体惯性参数特征量

　　（1）质量。质量是物体含有物质的多少，它是衡量物体平动惯性大小的物理量，用以描述物体保持原有运动状态的能力。物体质量越大，保持原有运动状态的能力也越强。反之，物体质量越小，保持原有运动状态的能力也越弱。质量是具有大小，但没有方向的标量。

　　人体各环节的质量叫作各环节绝对质量，各环节绝对质量与人体质量之比叫作各环节相对质量。

　　（2）重量。重量是人体受重力的大小，包括人体总重量和人体环节重量。人体环节重量称为环节绝对重量，环节绝对重量与人体总重量之比叫作环节相对重量，又称重量系数。

　　物体的重量为w，物体的质量为m，重力加速度为g，则质量与重量之间的关系为$w=mg$。

　　（3）人体质心和重心。人体质心是指人体整体质量分布的加权平均位置。人体重心是人体各环节所受地球引力的合力作用点。两者物理意义不同，但计算结果一致。理解和掌握人体重心位置的变化规律是体能训练研究中的重要参数之一，也是表征运动员体型特点的指标之一。评定体能动作完成的质量，分析动作技术特征和纠正错误动作等，都需要从训练时人体重心的变化规律去分析，因而，人体重心在体能训练动作分析中占有很重要的地位。

　　（4）人体环节质心（重心）位置。人体环节质心（重心）在各环节中几乎都有一个固定的位置。纵长环节的质心（重心）大致位于纵轴上，靠近近侧端关节。描述人体环节质心（重心）位置一般采用环节质心（重心）半径系数的概念，即近侧端关节中心至环节质心（重心）的距离与环节长度的比值。

（5）转动惯量。环节绕关节轴转动是构成人体运动的基础。转动惯量是衡量物体（人体）转动惯性大小的物理量。

设物体（人体）转动部分由 n 个微小质量 Δm_i 构成，微小质量 Δm_i 距转轴的距离为 r_i。转动惯量 J 的定义式如下。

$$J=\sum \Delta m_i r_i^2$$

由上式可知，人体的转动惯量与人体的质量、质量分布和转轴位置有关。人体的质量越大，转动惯量越大。人体的质量分布远离转轴，转动惯量变大。人体保持标准解剖位置时，其绕额状轴、矢状轴、垂直轴的转动惯量不同。

2. 人体惯性参数的特性

（1）影响人体重心位置的因素。人体重心位置是由各环节的重量及其在空间上的分布情况决定的，因此，其会随着人体局部环节的生长发育、体育锻炼、生活环境等因素的不同而改变。影响人体总重心位置的因素主要有性别、年龄、运动专项、体型、姿势、生理与心理等。

（2）人体转动惯量的特性。人体转动惯量具有可变性、瞬时性。人体转动惯量会根据动作的目的，随着各环节的质量及其在空间分布情况和转轴位置的变化而变化，称其为可变性。人体在运动过程中，姿态与转轴位置随时间而变化，其转动惯量只能说明某一瞬间的情况，称其为瞬时性。正因为人体转动惯量具有可变性和瞬时性，人们可以根据不同的动作目的，调节身体姿势以改变转动惯量，达到自我控制的目的，使动作丰富多彩。

（三）人体运动的运动学

人体运动的运动学是研究人体或器械在空间的位置随时间变化的规律性，研究人体或器械运动的轨迹、速度和加速度等，从而揭示人体运动或器械的外部状况，对运动进行外显特征的比较。

1. 人体运动的运动学特征

人体运动的运动学与空间、时间有着紧密的联系，空间和时间是运动着的人体或器械存在的根本条件。因此，人体运动的运动学特征包括时间特征、空间特征、时空特征。

（1）时间特征。

时刻是人体（器械）位置的时间度量，是时间上的一个点。它用于表示运动的开始、结束和运动过程中许多重要位相的瞬时。例如，分析跳远起跳技术时，时刻可分为着板时刻、最大缓存时刻、起跳离板时刻。

时间是运动结束时刻与运动开始时刻的差值。运动持续时间是运动始末两个时刻的间隔。运动持续时间对评价运动成绩和动作技术的优劣是一个重要的运动学参数。

频率就是单位时间内重复进行的动作次数。频率跟重复性动作中单个动作的持续时间成反比，单个动作的持续时间越长，则频率越低；反之，单个动作的持续时间越短，则频率越高。

（2）空间特征。

路程指人体从一个位置移动到另一个位置时，人体运动的实际路线的长度，也是质点运动轨迹的全长。路程是标量，它只表明大小而不表明运动方向。

位移表示人体或器械在整个运动过程中位置的总变化，直线距离是由初始位至终止位的距离，方向由起点指向终点，既有大小又有方向，是矢量。

角位移是人体整体或环节绕某轴转过的角度。角位移是描述人体转动的空间物理量。角位移可用角度、弧度、周等作为单位。角位移是矢量，用右手螺旋法判定方向，四指指向转动方向，拇指指向矢量方向。

（3）时空特征。

①速度、速率、角速度。

速度指人体所经过的位移与通过这段位移所用的时间之比，是描述人体运动快慢和方向的物理量，是矢量，用v表示。

$$v = \frac{\Delta X}{\Delta t}$$

速率是指人体运动所经过的路程与通过这段路程所用的时间之比，是描述人体运动快慢的物理量，只有大小，不表明方向。

$$v = \frac{s}{t}$$

平均速度是人体在某一段时间间隔内通过的位移与此时间间隔之比。

$$\Delta v = \frac{\Delta \overline{X}}{\Delta t}$$

瞬时速度是人体在某一时刻或通过运动轨迹某一点时的速度。瞬时速度是当时间趋于无限小时平均速度的极限值。

$$\overline{v} = \lim_{\Delta t \to 0} \frac{\Delta \overline{X}}{\Delta t}$$

角速度是指人体或器械在单位时间内转过的角度，用ω表示。其用以表示物体转动的快慢与转向，表征环节转动的时空特征，单位为rad/s。

瞬时角速度是人体在某一时刻或转过一点时的角速度。

$$\omega = \lim_{\Delta t \to 0} \frac{\Delta \varphi}{\Delta t}$$

平均角速度是指某一运动时间内，人体或器械转过的角度。

$$\overline{\omega} = \frac{\varphi_2 - \varphi_1}{t_2 - t_1} = \frac{\Delta \varphi}{\Delta t}$$

瞬时角速度与平均角速度都是研究人体空间转动状态的重要指标。

②加速度。

加速度是指单位时间内人体速度的变化量，是描述人体运动速度变化快慢的物理量，用a表示。

平均加速度为某一时间间隔内速度的变化率。在直线运动中，平均加速度等于人体运动的末速度v_t

与初速度v_0的差值和时间Δt的比值。

$$\bar{a} = \frac{v_t - v_0}{\Delta t}$$

瞬时加速度是指人体运动在某一时刻或某一位置时的加速度。当Δt趋于零时，人体平均加速度的极限值即为瞬时加速度。

$$a = \lim_{\Delta t \to 0} \frac{\Delta v}{\Delta t}$$

角加速度是指转动中单位时间内的角速度变化率。在圆周运动中，由于转轴和曲率半径固定，常常用角加速度表示人体转动时角速度变化的快慢，用β表示。

如人体转动在某一时刻（t_1）的角速度为ω_1，在时刻（t_2）的角速度为ω_2，则**平均角加速度**的公式如下。

$$\bar{\beta} = \frac{\omega_2 - \omega_1}{t_2 - t_1}$$

瞬时角加速度是指人体转动在某一时刻或某一位置时的角加速度。

$$\beta = \lim_{\Delta t \to 0} \frac{\Delta \omega}{\Delta t}$$

2. 人体运动学参数的特征

（1）相对性。人体运动是绝对的，但是要描述运动特性，只有把运动进行相对比较，才能对运动进行分析研究。在研究问题时，位移、速度、加速度等都是相对于选定的参照系而言的，只有确定了参照系，这些量才有确定的意义，这一性质特征可概括为相对性。

参照系指为了描述人体运动所选定的作为参考标准的物体或物体群。坐标系是具有参照原点、参照方向、参照单位的参照系。坐标系是参照系的数学抽象表达。

（2）瞬时性。瞬时性是指人体在某一时刻或通过运动轨迹某一点时的运动学特征。瞬时性运动学参数可以反映出运动关键点的特征与指标，与平均指标相比，一般可反馈出更多信息。

（3）矢量性。在实际运动技术分析过程中，常常需考虑运动学量的大小和方向。通过矢量的合成与分解，深入分析人体或器械的运动学特征。

（4）独立性。任何一个方向的运动都不会因为另外一个方向的运动是否存在而受到影响，这称为运动的独立性原理或运动的叠加原理。

（四）人体运动的动力学

人体运动的运动学阐述了人体在时间、空间上各种运动状态及其变化规律。动力学揭示人体运动状态变化的原因，以及在给定条件下运动的规律。

1. 力的概念与分类

（1）力的概念。力是物体间的相互作用。其效果有二：一是引起物体运动状态发生变化；二是引起物体形变。

（2）力的分类。在力学中，力分为非接触力和接触力。非接触力包括万有引力（重力）、磁力等。接触力包括反作用力（如地面反作用力等）、摩擦力、肌肉力、弹性力、流体阻力、升力和浮力等。

2. 人体内力与外力

在研究人体运动力学问题时，如将人体看作力学系统，则人体内部各部分之间相互作用力称为人体内力，如肌肉、筋膜和韧带的张力，关节作用力，组织间黏滞阻力等。系统以外作用在人体上的力称为人体外力，如重力、反作用力、摩擦力、弹性力、流体阻力、升力和浮力等。人体内力与外力是相对的，其取决于所选定的人体系统。

（1）人体重力。人体重力即地球对人体引力，是人体各部分所受地球引力的矢量合成。人体重力的作用点为人体重心，其方向向下，指向地心。人体每时每刻都受到重力的作用，但由于人体的运动形式不同，重力对人体运动所起的作用也不同。因此，研究重力对人体运动的力学作用时，要具体分析。一般而言，当人体运动方向与重力同方向时，重力起动力作用，如负重深蹲；而当人体运动方向与重力反方向时，重力起阻力作用，如负重起立。体能训练中利用自身体重或额外负荷较常见，如跑跳腿上绑沙袋，负重下蹲、起跳，或穿负重背心跑跳等。

（2）摩擦力。当相互接触的物体做相对运动或有相对运动趋势时，它们之间就有摩擦力。摩擦力是与接触表面的界面平行的力，方向与运动方向相反。摩擦分为分静摩擦和动摩擦。

相互接触的两物体有相对滑动趋势，在尚未产生相对滑动时，在接触面上产生阻止其出现相对滑动的力称静摩擦力。两物体即将滑动时的静摩擦力最大，称为最大静摩擦力。最大静摩擦力与正压力成正比，即$F_{max}=\mu_0 N$。式中，μ_0为静摩擦系数，其大小与接触表面的光滑程度和材料的性质有关。

物体发生相对滑动时，在接触面上所产生的阻碍物体相对滑动的力，称为滑动摩擦力，方向与物体运动方向相反，大小为$F=\mu N$。式中，μ为滑动摩擦系数，N为正压力。

在体能训练中，摩擦力是普遍存在的。摩擦力也常常作为抗阻训练的阻力之一，如推雪橇、助力拖拽雪橇等练习。在摩擦系数一定的条件下，摩擦力与正压力成正比（图2-1）。

（3）弹性力。弹性力产生在直接相互作用的物体之间，是因为物体的形变而产生的。在弹性限度内，物体只要保持弹性，则拉长弹簧的作用力F与弹簧的形变量Δx成正比，即$F=-K \cdot x$，$\Delta F=-K \cdot \Delta x$，

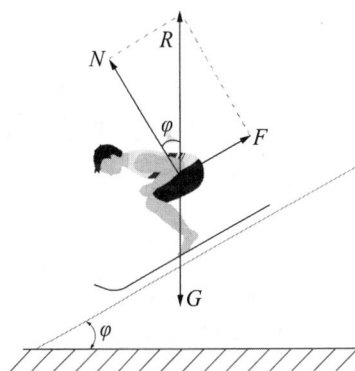

图2-1　摩擦力方向及特征

这称为胡克（Hooke）定律。式中，K叫弹性系数。弹性力在体能训练中普遍存在，如在弹力带训练中，弹性力作用于人体。生物组织（肌肉、筋膜、肌腱和韧带）通常不会超过其弹性限度，在这个限度内，这些组织像猴皮筋一样在被拉长时贮存能量，当加载的力去掉时，弹力释放出来，形成总的肌肉作用力。这种理论在体能训练实践中发展形成超等长训练方法和技术。

（4）支撑反作用力。当人体在地面上运动时，在人体对地面作用时，地面就给人体一个大小相等、方向相反的作用力，叫支撑反作用力。肌肉收缩力是内力，只能使部分身体相对于另一部分运动；没有人体外力，人体将不能改变身体整体的运动状态。根据人体运动状态不同，支撑反作用力有3种情况。当人体站立于地面静止不动时，人体所受支撑反作用力（R）与人体所受重力（G）相等，因而保持人体平衡，这时人体所受支撑反作用力称为静态支撑反作用力。当人体处于支撑状态，而人体局部环节加速运

动，支点给人体的支撑反作用力称为动态支撑反作用力（图2-2）。局部环节加速运动有两种情况：一是加速垂直离开支点，如跳远起跳时摆动腿和臂加速上摆，此时支撑反作用力大于人体所受重力（$R=mg+m_1a+m_2a$）；二是在起跳腿即将离地瞬间摆动腿和臂积极制动，此时支撑反作用力小于人体所受重力（$R=mg-m_1a-m_2a$）。

在体能训练中，通过合理利用摆臂和摆腿调整支撑反作用力大小，进而达到调整抗阻负荷的目的。

（5）流体作用力。当人体或器械在空气或水中运动时，会与流体相互作用，根据其运动状态不同，流体对人体或器械产生的摩擦力、形状阻力、压差阻力、浮力、升力等，称为流体作用力。流体阻力估算公式如下。

$$F_D = \frac{1}{2}C_D\rho AV^2$$

式中，F_D为流体阻力；ρ为流体的密度；C_D为阻力系数，与运动物体的形状有关；A为与流体相对的正面投影面积；V为人体或器械相对于流体的运动速度。

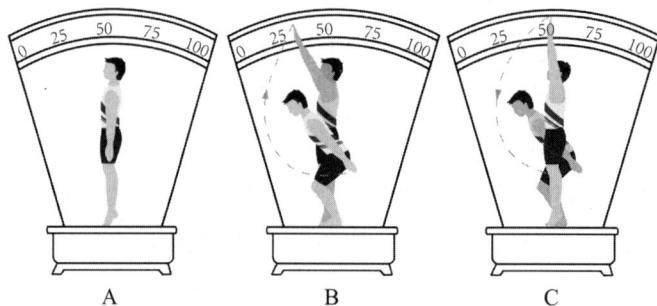

图2-2 动态支撑反作用力

3. 人体动力学原理与应用

人体运动的动力学，是以牛顿力学为基础的，并采用了力学的研究方法。人体的运动受人体的结构、机能状态、心理等诸多因素的影响，有些生物学的因素目前还无法准确地描述，只能通过直接或间接测量，得出一些定性的结论。因此，用单纯的非生命体的机械运动来表示人体运动是有一定局限性的。

（1）牛顿第一定律及应用。任何物体，在不受外力作用时都保持静止状态或匀速直线运动状态，即物体具有保持它原有运动状态不变的性质，这种性质称为惯性。因此，牛顿第一定律也叫惯性定律。

在体育运动中，常遇到惯性问题，如在短跑起跑后，人体跑速不能立即达到最大速度，而在冲刺之后，人体也不能立即停下来，这都是惯性的缘故。掌握了惯性定律，在体育运动中合理地利用惯性，可减小能量消耗，从而提高运动成绩。

（2）牛顿第二定律及应用。当一个物体受到的合外力不为零时，物体运动的加速度与合外力成正比，与其质量成反比，加速度的方向与合外力的方向一致。

$$\sum \vec{F} = m \cdot \vec{a}$$

F的单位是N，m的单位是kg，a的单位是m/s^2。

在理解牛顿第二定律时要注意，式中的$\sum F$为合外力，此关系式为矢量关系式，也表示加速度与合外力的瞬时关系。

在体能训练中，人体的各种动力性动作几乎都具有加速度，有加速度就必然有力的作用。特别是在抗阻训练中，应高度关注加速发力的时机和方法。

（3）牛顿第三定律及应用。若物体A对物体B作用一力F_{AB}，则物体B同时以力F_{BA}反作用于物体A，两力大小相等，方向相反，并作用在同一直线上，即$F_{AB}=-F_{BA}$。牛顿第三定律也叫作用力和反作用力定律，它表明了物体间的相互作用关系。

在各种运动中，作用力与反作用力问题是普遍存在的。弄清它们的关系，才能正确分析体育运动中各力的特点，结合牛顿运动定律进行深入分析。

（4）动量定理及应用。

①动量：速度与质量的乘积，是物体运动量的度量单位。

$$\vec{K}=m\cdot\vec{v}$$

动量描述物体在一定运动状态下所具有的"运动量"。动量是矢量，方向与速度方向一致，单位为kg·m/s。

②冲量：作用于物体的外力与外力作用时间的乘积。

$$\vec{S}=\vec{F}\,(t_1-t_0)$$

冲量是力在一定时间间隔内的累积效应，冲量是矢量，方向与力的方向相同。冲量的单位为N·s。

③动量定理：物体在运动过程中，在某段时间内动量的变化（用$\triangle K$表示）等于所受合外力在这段时间内的冲量。

$$F\cdot(t_2-t_1)=mv_2-mv_1$$

动量定理在体育运动中有着较为广泛的应用。在投掷项目中，若要增加器械的出手动量，应增加最后用力阶段对器械的冲量。这要求在发挥最大力量的同时延长作用时间，可增大器械的出手速度。如果动量的变化是一个常量，即冲量值也是一个常量，这时延长作用时间，就可以减小冲力，起到缓冲作用。在体能训练中，应依据训练目标，延长或缩短作用时间来调整人体所承受的负荷。

（5）转动定律与动量矩定理及应用。

①转动定律：刚体绕固定轴转动时，在外力矩的作用下，所获得的角加速度与外力矩的大小成正比，与转动惯量成反比。用公式表示如下。

$$\sum M=I\cdot\beta$$

转动定律可以看作牛顿定律的转动形式。

②动量矩定理：在人体的转动运动中，力矩与时间的乘积叫冲量矩，它表示外力矩对转动物体作用在时间上的累积效应。转动惯量与角速度的乘积叫动量矩（或角动量），反映了刚体的转动状态。作用在转动物体上的冲量矩等于同一时间内转动物体动量矩的改变量。用公式表示如下。

$$M\cdot(t_2-t_1)=I\omega_2-I\omega_1$$

式中，冲量矩的单位为N·m·s，方向与力矩相同；动量矩的单位为kg·m²/s，方向与角速度相同。

环节绕关节轴的转动是构成人体运动的基础。由转动定律可知，肌力矩大于阻力矩，肌肉做向心收缩，环节做克制性工作；肌力矩小于阻力矩，肌肉做离心收缩，环节做退让性工作；肌力矩等于阻力矩，肌肉做等长收缩，环节处于平衡状态，完成静力性工作。

二、体能训练的骨骼肌生物力学特征

骨骼肌的功能是将化学能转变为机械能，通过肌肉收缩牵拉骨绕关节转动，实现人体环节的运动或使环节运动作用于外界环境，从而使外界环境以反作用力作用于人体实现整体的运动。

1. 骨骼肌的力学模型

1970年冯元桢依据肌丝滑行理论，以单一肌节为对象，建立了三元素模型（图2-3）。

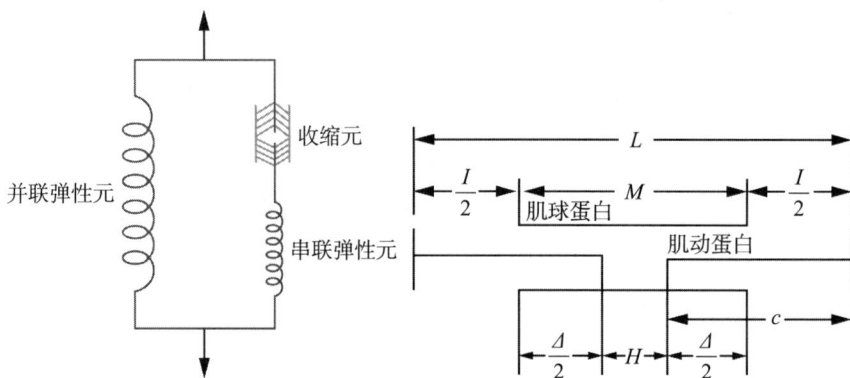

图2-3　骨骼肌的三元素模型及诸元素的几何表示

（1）收缩元：表示可以相对滑动的肌球蛋白和肌动蛋白等。

（2）串联弹性元：表示肌腱、Z线等，与收缩元呈串联。

（3）并联弹性元：表示肌纤维周围的肌外膜、肌束膜、肌内膜等结缔组织，与收缩元呈并联。

三元素模型表示，收缩单位两端肌力的大小是由收缩元、并联弹性元、串联弹性元共同作用的结果。

2. 骨骼肌长度与肌肉收缩力量的关系

骨骼肌长度与肌肉收缩力量的关系，是指肌肉收缩前的初长度对肌肉收缩时产生张力的影响。依据肌肉结构力学模型的性质，肌肉收缩时产生的总张力是由收缩成分产生的主动张力和弹性成分产生的被动张力叠加而成的。

（1）收缩成分的长度-张力关系。肌肉收缩力量的大小，主要取决于参与收缩的横桥数目；收缩成分长度的变化，会影响收缩时起作用的横桥数目。表现最大张力时的长度称为肌肉的静息长度，约为平衡长度（解除一切负荷的肌肉长度）的125%，因为此时粗肌丝和细肌丝处于理想的重叠状态，收缩起作用的横桥数目达到最大，肌肉收缩能产生最大的张力。在肌肉长度大于静息长度时，随着肌肉长度的增加，粗、细肌丝趋向拉开，收缩时部分横桥不起作用，故肌肉收缩时张力下降（图2-4）。

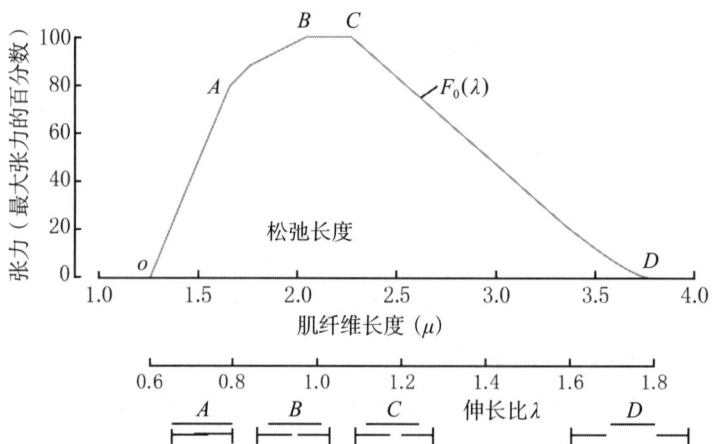

图2-4　收缩成分的长度-张力关系

（2）并联弹性成分的长度－张力关系。并联弹性成分的肌肉结缔组织中的弹性纤维，当肌肉处于平衡长度或小于平衡长度时，处于放松状态。随着肌肉拉长，并联弹性成分开始被动拉长，因而产生被动张力。由于结缔组织具有黏弹性体特点，其随肌肉长度的变化与产生的被动张力之间呈非线性关系，呈现如图2-5所示的指数关系。

由于并联弹性成分的黏弹性特点，拉长产生的被动张力有随时间延长而减弱的特性，这种特性对体育运动实践具有指导意义。在完成各种跳跃动作时，肌肉被拉长后应及时收缩，才能充分利用肌肉弹性成分的被动张力。

（3）肌肉长度－总张力的关系。肌肉的总张力是主动张力和被动张力之生物叠加。因此，将肌肉长度与主动张力和被动张力关系曲线叠加起来，就成为肌肉长度－总张力关系曲线。这条关系曲线描述了肌肉的长度变化对肌肉张力的影响（图2-6）。

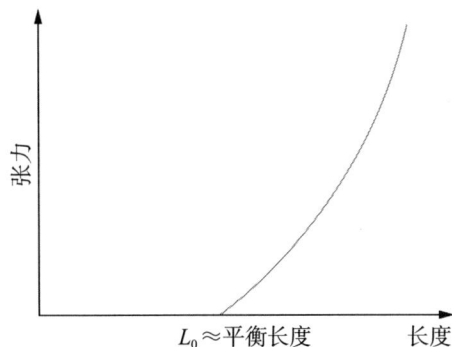

图2-5　并联弹性成分的长度－张力关系

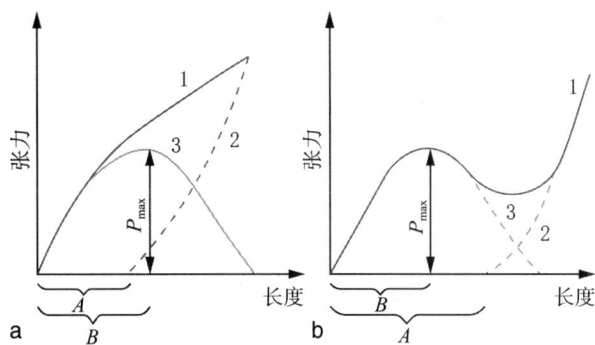

图2-6　肌肉长度－总张力的关系
（A：平衡长度；B：静息长度）

肌肉平衡长度的长短，对肌肉总张力曲线形状的影响较大。如果肌肉结构中结缔组织较多（如羽状肌），则肌肉被拉伸时，并联弹性成分的被动张力能较早地出现，故其被动张力能较早出现，对肌肉总张力的贡献较大。如下肢肌多为羽状肌，其长度－总张力曲线见图2-6a；而上肢肌中羽状肌较少，被动张力出现较迟，其长度－总张力曲线见图2-6b。

肌肉收缩前适度加大肌肉初长度，可以增大肌肉收缩力。例如，在各种跳跃运动中一定幅度的预备反向动作、投掷运动最后用力的超越器械动作等，目的是在肌肉收缩前对其进行一定程度的拉长，为后继的发力动作做好准备。因此，柔韧素质训练不仅可以提高肌肉、筋膜、肌腱等组织的伸展能力，而且对增强肌肉收缩力量具有重要作用。

（4）串联弹性成分对肌肉收缩长度－张力曲线的影响。肌肉等长收缩时，串联弹性成分置于一定张力的作用下，因此它被拉长至一定长度。由于肌肉的整个长度不变，这时的串联弹性成分被拉长的长度等于收缩成分的缩短长度，称为内部缩短。

3. 肌肉收缩的力－速度关系

（1）希尔方程。1938年，希尔取青蛙离体的缝匠肌进行离体实验，得到了肌肉力学中有名的希尔特征方程，导出了具有广泛意义的肌肉收缩的力－速度关系（图2-7）。F为负荷（肌肉收缩力），V为肌肉缩短速率，F_0为肌肉等长收缩最大力量，a和b是实验系数。其表达式如下。

$$(a+F)(V+b)=b(F_0+a)$$

希尔方程的重要意义之一是描述了骨骼肌收缩时，负荷F与肌肉收缩速度V的关系：F增加，V减小；反之，F减小，则V增大。这种关系在体能训练中十分常见，它揭示了人体运动时肌肉克服负荷和发挥收缩速度之间的内在联系，为体能训练实践提供了理论依据。为了发展肌肉力量，应尽可能地增加负荷；为了发展肌肉的收缩速度，应尽可能地减小负荷；为了使肌肉得到最大的功率输出和发展速度性力量，则应考虑到力量和速度的合理组合效应。

（2）肌肉离心收缩的力–速度关系。肌肉离心收缩的力–速度曲线的一般形状见图2-8。随着肌肉被拉长速度的加快，力也增加。可把离心收缩时的力–速度曲线看成向心收缩曲线的延伸，这一关系表明肌肉离心收缩的张力要大于等长和向心收缩的张力。

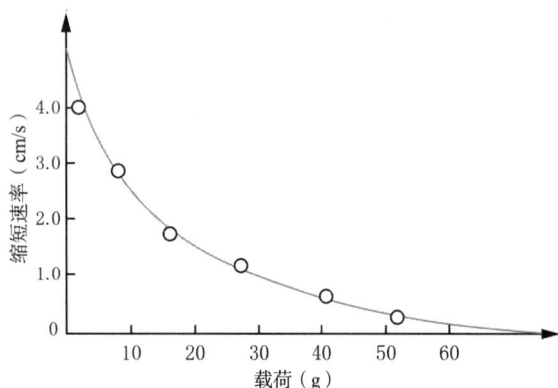

图2-7　肌肉收缩的力–速度关系

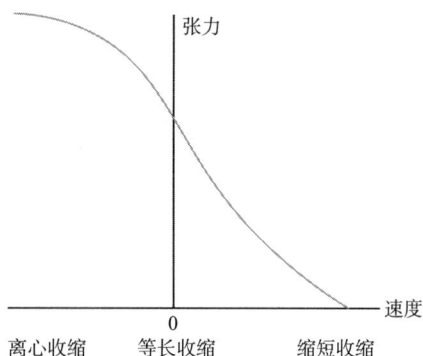

图2-8　肌肉离心收缩的力–速度关系

4. 肌肉功率

肌肉可以将化学能转化为机械能，而对外做机械功。人体运动能力、运动成绩，主要取决于人体运动过程中完成动作的肌肉功率，即爆发力的大小。爆发力是指，人体快速地将生物化学能转换为机械能，对外输出强大机械功率的能力。功率为单位时间内做功的多少，等于力与速度的乘积，即$P=FV$。肌肉功率可依据肌肉的力–速度关系曲线计算。在曲线每一点上的功率等于该点至两坐标轴垂线所围成的面积（图2-9）。肌肉收缩力、速度、功率关系为基础体能训练和专项体能训练的负荷调控提供了理论依据。如

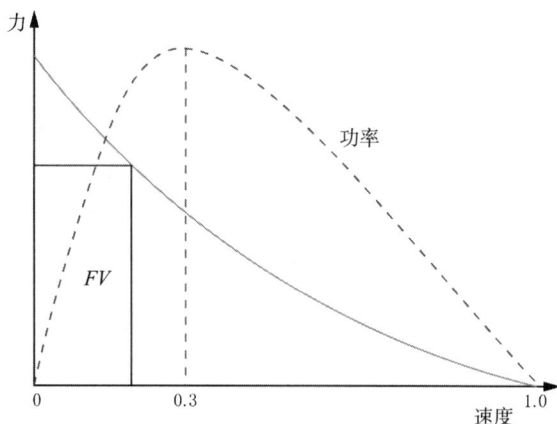

图2-9　肌肉收缩力、速度、功率关系

在爆发式用力的体育项目中，肌肉的力量训练和速度训练必须并重进行；最大力量训练则采用高负荷、低速度；快速力量训练则采用低负荷、高速度。

5. 肌肉力量变化梯度

在很多体育运动中，运动员往往需要在极短时间内发挥出最大力，其一般称爆发用力。这种极短时间内肌力的变化可以用力的梯度加以度量。其数学表达式是$\Delta F/\Delta t$（图2-10）。在量值上表征力的梯度，常用下列两个指标中的一个表示。

（1）达到1/2最大力所需的时间（$\frac{1}{2}t_{max}$），称为力的时间梯度。这种叫法简单方便，但不够精确。

（2）力的最大值与所需时间的比值F_{max}/t_{max}，这个指标叫力的速度梯度，它等于图2-10所示角的正切值。

力的增长速度在快速动作中作用极大。图2-11说明了两个运动员的力随时间变化的曲线，由此容易看出力的增长的实践意义。运动员A的最大力值大，但力的梯度小；而运动员B相反，力的梯度大，但最大力值小。如果运动持续时间长（$t>t_3$），两个运动员都来得及达到自己的最大力值，则力值大的运动员A优势；若运动进行时间很短（$t<t_1$），则力梯度大的运动员B占优势。体能训练师在专项体能训练过程中，必须深入了解不同专项的发力特征，科学安排力量训练计划。

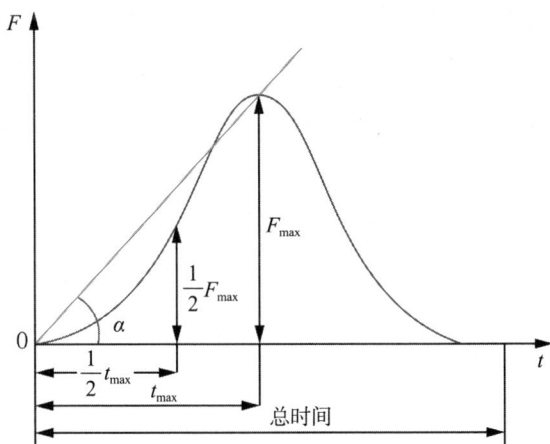

图2-10 力的速度梯度

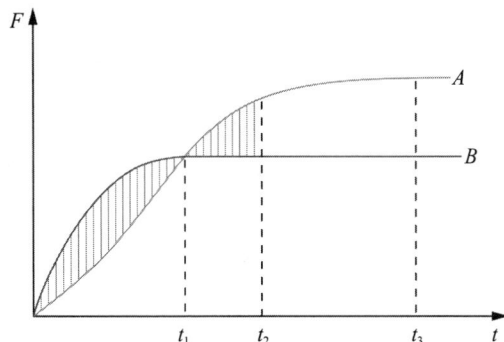

图2-11 两个不同的力随时间变化的曲线

三、抗阻训练动作的生物力学原理

（一）人体运动链

人体所完成的运动动作是在神经系统支配下，在其他系统的共同参与下，由运动器系统来实现的。把运动器系统抽象为人体简化模型，并把这个模型称作生物力学系统。人体各环节的可动性连接，构成人体运动链。

1. 环节、运动偶与人体运动链

（1）环节。两个相邻关节之间的结构称为环节。整个人体可分为头部、颈部、躯干和四肢。如果进一步细致划分，躯干可分为上躯干和下躯干两部分；四肢可分为上肢和下肢；上肢又可分为上臂、前臂、腕和手；下肢又可分为大腿、小腿和足；手还可以分为手掌、手指；手指还可继续细分为若干更小的节段。人体的运动器系统就是由多个环节组成的多环节运动链系统，这种多环节结构使得人体运动器系统能够灵活而自如地运动。

（2）运动偶。运动偶是两个相邻的骨环节之间的可动联结，构成人体运动链的可以运动的部分。人体运动偶的运动能力取决于关节的构造与肌肉的控制作用。

运动偶包括相邻的两个环节和连接这两个环节之间的关节，如上臂、肘关节和前臂构成一个运动偶，大腿、膝关节和小腿也构成一个运动偶。

（3）人体运动链。两个或两个以上的运动偶串联式的链式结构称为人体运动链。在人体运动链中，肌肉是运动的主动部分，骨构成运动的杠杆，关节是运动的枢纽，它们共同传递着力。人体运动链的功能主要体现在能量和力的传递上，其是人体实现各种运动功能的基石。运动链传递力和能量过程中，会产生不同的局部动作，而整体上可产生协调的身体运动，正是依赖于链式结构，人体才可以进行对称性、非对称性以及同时进行不同动作模式的运动。

人体运动链根据其结构特点可分为开放链和封闭链两种。

末端为自由环节的人体运动链称为开放链。开放链每个环节都能发生独立运动，从整体的运动行为来看，发生的运动是许多关节的同时运动或继时顺序运动，但并不排除一个关节独立运动的可能性。例如，手和前臂两个环节在桡腕关节处构成一个运动偶，前臂和上臂在肘关节处构成一个运动偶，上臂和肩带在肩关节处又构成一个运动偶，这3个运动偶串联成为一个运动链。远端的手呈游离状态，构成终末自由环节，这些环节既可以单独地进行运动，也可以同时或继时进行运动。

无自由环节的人体运动链称为封闭链，是指运动链的两端联结在一起，或终末自由环节同其他物体相约束而形成封闭状态。封闭链中每个环节均有两个运动偶。封闭链中，一个环节的独立运动是不可能的，即环节运动是相互牵连的。例如，肋骨同脊柱和胸骨联结构成胸廓，就是典型的封闭链；又如，双脚支撑或双臂悬垂构成封闭的运动链。在这种情况下，一个环节的运动必然引起另一环节乃至若干个环节的连锁运动。

在开放链中，各环节中的任何运动都影响着远端各环节的运动轨迹，以及运动的速度和加速度等。只要终末自由环节直接地或间接地同其他物体相约束，即形成支撑或抓握状态，那么，开放链就可以变为封闭链。

2. 环节的自由度

环节运动的自由度是描述物体运动状态的独立变量的个数。

自由刚体，指没有任何约束的刚体，有6个自由度，即在空间直角坐标系中沿着3个坐标轴方向的平动和绕着这3个轴的转动。如果物体运动受到约束，其自由度将减小。将一个自由刚体的一点固定，它就立刻丧失3个自由度，不能再发生位移。如果有两点被固定，这个物体就只剩下1个自由度，即只能绕两点之间的轴线进行转动。如果不在一条轴线上的3点都被固定，它就丧失了运动的自由度。

运动的自由度也是人体或人体某一环节运动能力的度量，可以分为人体运动的自由度和关节运动的自由度。

人体四肢的关节，可以看作一点被固定，失去了3个方向上的直线运动的刚体，只能做旋转运动。由此可得，三轴性关节有3个自由度，二轴性关节有2个自由度，单轴性关节只有1个自由度。

3. 人体运动链运动的特点

（1）运动链的灵活性，取决于运动链内的关节数量。如果组成两个关节之间的骨是很短的，环节的灵活性就大，所以人类的四肢，越到末端，骨越短小，关节的数量越多。

（2）在一个开放式人体运动链里，自由度可以叠加，如果能叠加成6个自由度，就能接近一个自由刚体。例如，肩关节有3个自由度，肘关节有2个自由度，桡腕关节有2个自由度，它们叠加起来超过6个自由度。因此，手的活动范围为以肩关节为支点，以上肢长为半径。

（3）在一个封闭式人体运动链里，一个环节不能单独运动，一个环节的运动必然引起另一个环节的运动。因此，如果运动链中的一个关节被固定，其他关节的运动必定受到限制。对人体和人体环节的运动自由度的研究，除了要了解各环节运动的可能性以外，还要评定运动的质量和效果、预见运动联系的可能和极限，避免不应有的运动损伤。

（4）人体运动链的运动能力，取决于关节的构造和神经肌肉的控制作用。在肌力的作用下，相邻两环节可绕关节轴转动。关节的构造，以及人体运动偶的联结方式，基本上决定了人体运动链的运动能力，但是并不能完全决定其运动方向和运动幅度，因为神经和肌肉参与了对动作的控制，构成了运动的多样性。

4. 人体运动链关节运动的特征

关节是骨与骨连接成链结构的枢纽，为骨的杠杆作用的发挥提供支点。关节是实现多关节联动，完成人体复杂运动的结构基础。关节的基本功能是传递人体运动的力和保证身体各部分的灵活运动。明确力在各种关节中的传递方式以及关节的运动特点是关节生物力学的主要目标。

（1）关节稳定性。

①关节面形状。相应关节面的吻合及其差异程度，影响关节的稳定性与灵活性。如髋关节的股骨头关节面与髋臼关节面的角度均在180°左右，所以很稳定；而肩关节的肱骨头关节面角度约为135°，关节盂的角度仅有75°左右，两关节面角度差较大，故肩关节稳定性相对于髋关节小，而运动的灵活性较髋关节高。

②韧带松紧度。韧带不仅是骨与骨之间的连接结构，也是动态活动关节的重要稳定结构。韧带对关节在一定方向上的加固与活动起作用，对关节的活动保持在正常的生理范围内有着重要的意义。韧带在加强关节稳定性的同时，也影响着关节的灵活性，关节运动超出其生理范围，便导致了关节韧带的损伤。

③肌肉力量。肌肉既是运动关节的动力，同时又是运动中维持关节稳定的重要因素。肌肉收缩在产生关节运动的同时，对关节也产生加固力量，以对抗外力对关节的牵拉作用（图2-12）。

④关节负压。关节内压低于关节外的气压，关节内外的压差在维持关节的稳定性方面有着重要意义。

（2）关节的力和力矩。关节的存在使骨的杠杆作用得以发挥，而提供骨杠杆转动的力、力矩可来自多方面，如承载的负荷与环节重量、关节韧带牵拉、肌肉收缩等。力的作用对关节所产生的运动效应不仅取决于施力的大小、方向和作用点，还取决于关节的运动方式与状态。因此，对关节的力和力矩的认识，一方面要考虑环节运动的形态、位置及与外力之间的相对关系，另一方面还要充分考虑肌肉拉力线的变化对肌力矩的影响及各功能群之间的相互的影响与作用（图2-13）。

外力矩不仅来自环节本身重量，还来自外界作用下的负荷等。外力矩对环节运动的影响主要取决于环节运动与外力方向之间的相对关系，同时影响着关节运动肌群的工作性质与状态。人体结构的特征是肌肉附着点都在关节附近，因此，肌肉都具有较小的力臂和较小的肌拉力角，一个小的外力（或负荷）作用，可能需要很大的肌力来平衡。

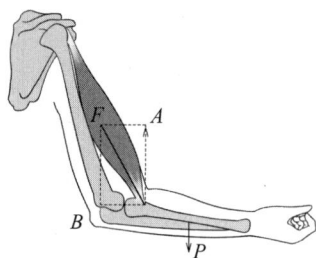

图2-12 肌肉力量对关节的作用
（A：旋转分力；B：加固分力；F：肌力；P：重力）

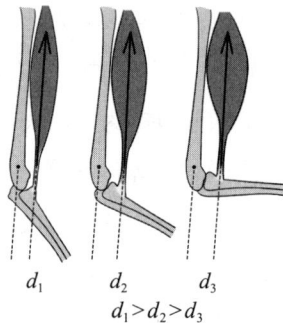

图2-13 肘关节不同角度对肱二头肌力臂的影响

（3）关节的润滑机制。关节主要由关节面、关节软骨、关节囊和关节腔构成，关节腔中充满了起润滑作用的关节液。关节的润滑机制主要与关节软骨和关节液有关。

关节软骨的主要功能是：减小关节活动时的阻力（润滑关节），减小关节面负载时的压强（适应关节面），减轻震动（缓冲）。

①渗透性。实验表明，在恒定的外力下，关节软骨变形，关节液等从软骨的小孔流出，由形变引起的压力梯度就是引起关节液渗出的驱动力。

②黏弹性。关节软骨和关节液具有黏弹性（非线性）的特点，其力学性质与温度、压力等外部环境的关系极为密切。

③时间－形变关系。关节软骨和关节液作为一种黏弹性体，对外部载荷作用的快慢十分敏感，即其形变与外力的作用速度有关。例如，关节软骨的形变是液体流出导致的，关节软骨受到挤压的速度越快，液体流出小孔的阻力也就越大，关节液就越不容易流出；而受到挤压的速度越慢，关节液越容易流出。测量结果表明，当外力作用的时间在1/100s左右时，关节液是同时具有流动性和弹性的黏弹性体，像橡皮垫一样，在关节面之间碰撞时起缓冲作用。当外力作用时间大于1/100s时，关节液像润滑液一样，使关节灵活运动。如果外力作用的时间很短，例如达到1/1000s左右时，关节液不再表现为液体或黏弹性体，而是呈现出固体的特点，对碰撞时产生的冲力不再起缓冲的作用。打球时手指的挫伤往往就是这样造成的。

④关节润滑机制。

界面润滑是依靠吸附于关节面表面的关节液（润滑液）分子形成的界面层来润滑。

压渗润滑：当关节在高负荷条件下快速运动时，关节软骨内的液体被挤压渗出到邻近两关节接触点、面周围的关节间隙。此时，关节软骨表面之间的液膜由压渗出的组织液和原有的滑液组成。这种机制能够有效地保存关节液及其位置，对抗外力。所以，压渗润滑也称为流体动力润滑。

（二）人体运动杠杆原理及应用

1. 肌力矩

力矩表示力对物体作用时产生转动效果的物理量。物体受力以后，绕某点或某定轴转动时，物体的转动效果除了取决于力的大小和方向外，还取决于所绕定点或定轴到力的作用线的垂直距离（该距离称为力臂）。

力矩是一个矢量，记为 $\vec{M}$（图2-14）。力矩的公式如下。

$$\vec{M}=F\cdot d$$

F 为力，d 为力臂，即转动中心 O 至 F 的作用线的垂直距离。

力矩越大，力对物体的转动效果也就越强。从图2-13中可知，当力的大小一定时，若其作用点与方向发生改变就会影响力臂的大小，进而影响力矩。在乒乓球运动中，为了打出高质量的弧圈球，在适当范围内要将力的作用线尽量远离球心，加大力臂，技术上就要求拍面与球体在接触时"相切"的程度更大。

在平面转动中，在 F 的作用下，物体有逆时针转动的倾向，则 M 为正；若在 F 的作用下，物体有顺时针转动的倾向，则 M 为负。力矩单位由力的单位与长度的单位所决定，常用单位为 N·m。

研究人体运动时，由于受力情况不一样，对力矩的称呼也不一样。肌肉拉力矩等于肌肉拉力×肌力臂，外力矩等于外力×外力臂，重力矩等于重力×重力臂（图2-15）。

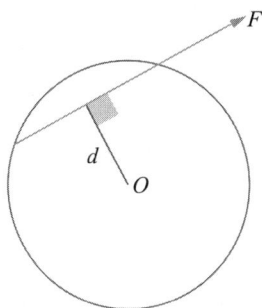

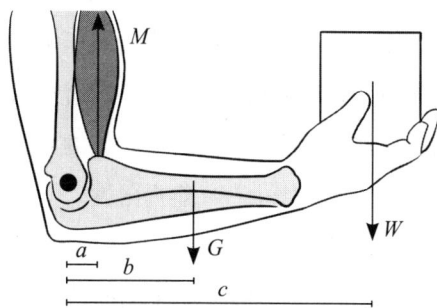

图2-14　力矩　　　图2-15　人体系统中的力和力矩

根据图2-15，以前臂和手为受力分析的对象，肘关节屈肌产生肌力矩（$F\cdot a$），前臂自身的重力产生重力矩（$W\cdot b$），手中的重物产生外力矩（$W\cdot c$）。严格地讲，重力矩也是外力矩。对前臂而言，甚至肌力矩也是外力矩。但为了能清楚表达不同外力的来源，在此进行了术语上的区分。

这三者之间的关系为：肌力矩通常对抗重力矩与外力矩。如果肢体环节处于静止平衡的状态，那么肌力矩等于重力矩与外力矩之和。如果肌力矩大于后两者之和，以图2-15为例，肱二头肌向心收缩，手臂向上完成屈肘的动作。反之，手臂就会向下运动，肱二头肌做离心收缩。所以，在完成哑铃弯举动作时，就是通过肌力矩来完成向心屈和离心伸的动作。事实上，人类的肢体动作本质上都是转动，而转动就离不开各种力矩的相互作用。所以，力矩对于理解人体运动是非常重要的。

2. 肌肉工作形式

肌肉的工作形式分为动力性工作、静力性工作、等动性工作和拉长－缩短周期（stretch shortening cycle，SSC）工作，动力性工作又分为动力性克制工作和动力性退让工作两种形式。

（1）动力性克制工作。动力性克制工作（向心工作）：肌肉收缩力矩大于阻力矩，环节朝向肌肉拉力方向运动，肌肉缩短，肌肉做向心收缩。

在整个运动范围内，肌肉用力最大的点称为"顶点"。顶点的出现主要是因为在此关节角度下骨杠杆效率最低，此外肌肉长度的缩短也损失了一定的力量。因此，在进行向心为主的自由力量训练过程中，要注意关节的全幅度训练，可以按照在正确动作模式下，动作幅度优先的负荷增加原则进行练习。

（2）动力性退让工作（离心工作）：肌肉收缩力矩小于阻力矩，环节背向肌肉拉力方向运动，肌肉拉长，肌肉做离心收缩。

在动作训练过程中，完成离心动作是缓慢的。人体躺下的过程中，慢速躺下时肌肉做离心收缩；快速下躺时，则是重力做功，不费力。在抗阻训练中，离心阶段的肌张力往往比向心阶段大1.75倍左右。离心训练增肌的效果也比向心训练更为明显。离心训练的效果主要是更多地促进远端肌肉增长，而向心训练更多地促进中部肌肉的增长。

（3）静力性工作（等长工作）：肌肉在收缩过程中，肌肉产生张力，但肌肉的外力矩与内力矩相等，肌肉的长度不变，做等长收缩。

等长收缩经常出现在姿势训练中，在运动训练中也经常采用等长收缩的形式进行，比如武术基本功训练中的"站桩"和"桩功"，体操中"十字支撑""直角支撑"等，还有近年来，比较流行的"平板支撑""侧肘撑""臀桥"等动作。等长收缩在体能康复训练中也有广泛的应用。

（4）等动性工作。"等动"就是"恒速"的意思。等动性工作时，在整个关节活动范围内，肌肉始终以某种张力进行收缩，而收缩速度始终恒定。由于等动性工作对肌肉长度和张力都有影响，因此等动力量练习的优点是集等长和等张之所长，避免两者之不足，使运动员肌肉力量在各个关节角度上基本均等，而且都有足够刺激使每个关节角度上的力量都得到提高。肌肉的等动收缩需要在特定的等速训练器上完成，因此等动性工作也有一定局限性。

（5）拉长－缩短收缩。SSC工作最重要的特征之一是，肌肉在被拉长（离心收缩）之前已经被激活。SSC工作最后阶段（向心收缩）的能力有所增强，该结论在持续电刺激自然状态下离体肌肉标本或各种肌肉活动情况下的动物实验以及人体SSC工作最大用力条件等研究中得到了证明。

SSC工作中的牵张反射增强了对力的作用。一个有效的SSC工作需要3个基本条件：离心阶段前适时的肌肉预激活；离心阶段短而快；拉长（离心）和缩短（向心）阶段间的快速过渡（短延时）。

3. 人体运动杠杆类型及应用

（1）骨杠杆。在人体运动链中，环节绕关节轴转动，其功能与杠杆相同，称为骨杠杆。运用杠杆原理对运动进行分析，是运动力学研究的重要途径之一。有关杠杆力学概念如下。

支点是指杠杆绕着转动的轴心点。在肢体杠杆上，支点是关节的运动中心。

力点是指动力作用点。在骨杠杆上，力点是肌肉的附着点。

阻力点是指阻力杠杆上的作用点，阻力是指运动阶段的重力、运动器械的重力、摩擦力或弹力、拮抗肌的张力以及韧带、筋膜抵抗牵张力的力等所造成的阻力。它们在一个杠杆系统中的阻力作用点只有一个，即全部阻力的合力作用点为唯一的阻力点。

力臂是从支点到动力作用线的垂直距离。

阻力臂是从支点到阻力作用线的垂直距离。

（2）人体运动杠杆的分类。根据骨杠杆中支点、力臂和阻力臂的分布位置关系，人体运动杠杆分为平衡杠杆、省力杠杆和费力杠杆（速度杠杆）。

①平衡杠杆：支点位于力点和阻力点中间，主要作用是传递动力和保持平衡，既产生力又产生速度。在人体中，这类杠杆较少。

肌肉向两侧侧向运动特点是易于保持平衡，通常出现在人体中轴部位，比如头部的寰枕关节、脊柱两侧的椎旁关节（图2-16）。

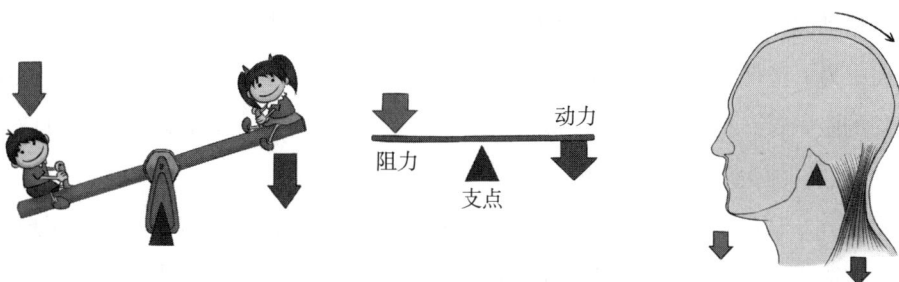

图2-16　平衡杠杆

②省力杠杆：阻力点在力点和支点的中间，其力臂始终大于阻力臂，可用较小的力来克服较大的阻力。

省力杠杆需要耗费肌肉非常大幅度的收缩。而肌肉收缩的幅度恰恰是有限的，是肌肉工作的限制性因素。省力杠杆在人体中不是非常常见的，在人体局部存在，比如提踵足尖站立时足的杠杆（图2-17）。

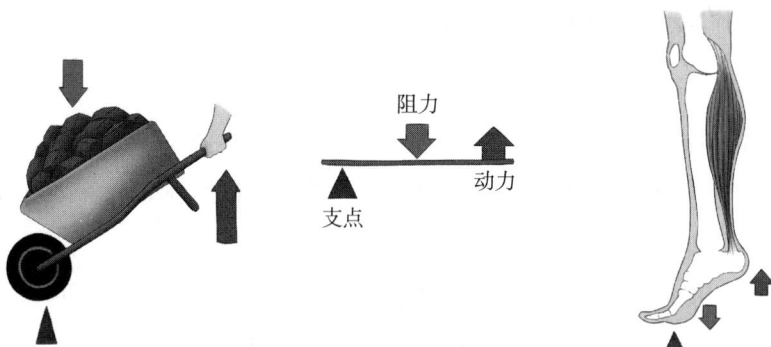

图2-17　省力杠杆

③费力杠杆（速度杠杆）：力点在阻力点和支点的中间，此类杠杆在人体四肢上最为普遍。此类杠杆因为力臂始终小于阻力臂，动力必须大于阻力才能引起运动，特别是人体四肢中此类杠杆的阻力臂远远大于动力臂，肌肉动力必须远远大于阻力才能引起环节运动，故称费力杠杆。由于此类杠杆可使阻力点获得较大的运动速度和幅度，故又称速度杠杆（图2-18）。

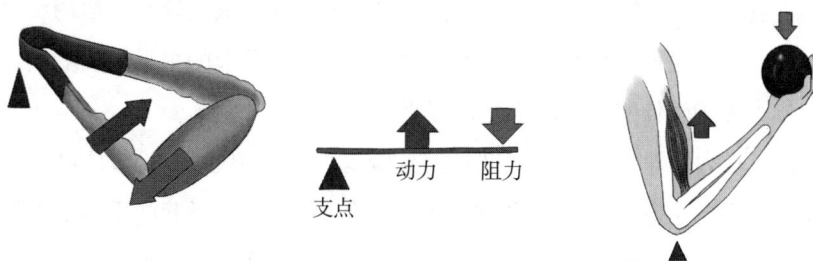

图2-18　速度杠杆

（3）杠杆原理在体能训练中的应用。

①省力。要用较小的力去克服较大阻力，就要使力臂增长或缩短阻力臂。在人体杠杆中肌拉力的力臂一般都短，可以通过籽骨、肌肉在骨上附着点的隆起等来延长力臂。提重物时，重物靠近身体可以缩短阻力臂而省力，举重的技术关键就是让杠铃尽可能贴近身体。

②获得速度。许多动作不要求省力，而要求末端环节获得较大的运动速度和运动幅度，如投掷、踢球等。为使阻力点移动的幅度和速度增大，就要增长阻力臂和缩短力臂。人体四肢杠杆中大多数虽是速度杠杆，但在运动中为了获得更大速度，经常使几个关节组成一个长的阻力臂，如掷铁饼就先要伸展手臂。有时要附加延长的阻力臂，如利用击球棒和球拍的杆来延长阻力臂。在体能训练中，可通过调整环节角度增长阻力臂的方法，加大对肌肉的刺激。

③防止运动损伤。从杠杆原理可知，速度杠杆一般不能省力，而人体骨骼与肌肉组成的杠杆大多属于速度杠杆，所以阻力过大的时候，容易引起运动杠杆各环节，特别是其力点和支点，即肌腱、肌肉止点以及关节的损伤。除通过训练增强肌力以外，还应适当控制阻力及阻力矩，以保护骨杠杆。

④合理调整负荷。人体在运动中，环节的运动形式一般取决于肌力矩和阻力矩关系。当肌力矩等于阻力矩，环节做静力性工作，肌肉做等长收缩。当肌力矩大于阻力矩，环节做克制性工作，肌肉做向心收缩。当肌力矩小于阻力矩，环节做退让性工作，肌肉做离心收缩。因此，在体能训练过程中，教练可以通过调整负重、力臂和阻力臂的长短、肌肉的收缩方式等来调整对肌肉的负荷，丰富力量训练方法。

（三）抗阻训练动作分类的力学依据

1. 体能训练的阻力

体能训练中常见的阻力有重力、惯性力、摩擦力、流体阻力和弹性阻力。

（1）重力。由于地心引力而作用于物体向下的力，也称为物体的重量，等于物体的质量乘以重力加速度。

由物体重力产生的力矩等于负荷乘以物体到轴点（关节）的水平距离。举重时，负荷维持不变，但物体到轴点（关节）的水平距离一直发生变化。当物体在水平方向上靠近关节时，输出的阻力矩减小；而当物体在水平方向上远离关节时，输出的阻力矩增大。例如手臂处于屈曲，前臂水平伸直时杠铃到肘关节的水平位移最大，此时举重者必须输出最大的肌力矩去支撑负荷；当前臂从水平位置屈曲或是向下伸展时，举重者输出的肌力矩减小。当负荷直接在肘部轴点之上或之下时，则无阻力矩。

运动技术可以影响阻力矩的形式，可调节肌群之间的压力。例如在后深蹲练习中，身体前倾使得水平方向上的负荷靠近膝关节，故减小了股四头肌在膝关节上的阻力矩；同时负荷到髋关节的水平距离变大，臀肌和腘绳肌在髋关节处的阻力矩变大。当杠铃置于上背部的最低处时，运动员为了防止跌倒而让身体前倾使得身体质心位于足部力作用线上。因为此时杠铃与髋关节的水平距离变大，而与膝关节的水平距离减小，所以压力集中于伸髋肌，而不是伸膝肌。

（2）惯性力。除了重力之外，杠铃在加速时还会对运动员产生惯性力。重力的作用方向只有向下，惯性力的作用方向却可以是各个方向的。举重运动员向上的力量等于所举起的重量加上惯性力，惯性力等于负荷质量乘以向上的加速度。假如运动员向前后、左右加速，那么产生水平加速度。

所有运动刚开始均由加速度使杠杆从静止状态开始产生向上的速度，上升接近顶点时则减速将杠杆带回静止状态。这种加速度形式在动作开始阶段，肌肉产生的力量要大于负荷的重量，而在接近动作结束时肌肉产生的力量要小于负荷的重量。使杠铃减速的方法有以下两种：①减小主动肌作用于杠铃向上的力，使杠铃向上的力量小于杠铃的重量，可让杠铃的部分或全部重量来减小杠铃向上的速度；②拮抗肌对杠铃产生一个向下的力，使杠铃减速。不管哪种方法，动作末期，速度的减慢使得主动肌承受的阻力减小。

相较于在一定负荷下加速度较小的慢速举重，加速度较大的举重（爆发性举重）在提举开始的阶段对肌肉施加了较大的阻力，而在动作末期这种阻力将减小。然而，和慢速举重相比，爆发性举重能举起更大的负荷，并让参与运动的所有肌肉承受几乎最大的阻力。例如在爆发性举重的力量翻阶段，强壮的腿部肌肉和背部肌肉使负荷的垂直加速变快，所以尽管较弱的上身肌肉无法产生与负荷相等的垂直力量，但仍然可以使负荷持续向上直至最高点。

虽然加速度会改变运动的特性并使阻力施加形式更加复杂，但抗阻训练中的加速度并不使人困扰。因为加速度是运动和日常生活动作的一个特点，抗阻训练中的加速度可能产生令人满意的神经肌肉训练效果。奥林匹克式举重如抓举、挺举和高翻均能有效地提升肌肉克服重力、阻力产生加速度的能力。

加速和减速都是人体运动的自然形式。如冲刺跑时，运动员的手臂和腿部反复进行加速和减速的循环过程。投掷棒球、标枪和铁饼要求以合理的动作顺序使物体加速，而产生较大的离手速度。因为加速是一种特殊的运动形式，进行加速训练可获得特殊的训练效果。这是为什么在以腿部和髋关节提供加速度的运动项目中，要使用力量翻或高位牵拉动作。交叉训练技术是指运动员在平时训练中使用略高或略低于正常负荷的训练负荷，这是一种训练加速度的方法。根据力 - 速度关系曲线，铅球运动员以略高于铅球重量的负荷进行训练时，可在加速阶段发展较大的肌力，这是因为较高负荷的惯性力迫使肌肉以较慢的速度进行收缩；当铅球运动员以略低于铅球重量的负荷进行训练时，负荷较小的惯性力可使运动员对负荷迅速加速，而使负荷产生较大的离手速度。这种训练方法可以训练运动员的神经 - 肌肉系统，这种训练原理也适用于冲刺跑运动，让运动员拉着阻力伞（增大阻力）大阻力慢速跑或拉弹力带小阻力高速跑。

（3）摩擦力。两个互相接触的物体，在接触面上发生的阻碍相对运动或相对运动趋势的作用力，叫摩擦力。以摩擦力为主要阻力来源的运动器械包括皮带式功率自行车和屈腕器等。这些器械的阻力的计算公式如下。

$$F_R = k \cdot F_x$$

F_R 表示阻力；k 表示两接触物体的摩擦系数；F_x 表示正向力，正向力使两物体相互作用。

在物体运动的摩擦系数和维持物体运动的摩擦系数不同，其他变量相同的情况下，两个接触物体之间相互运动的启动比维持更费力。因此，以摩擦力为主要阻力来源的运动器械需要用更大的力来启动运动，而在运动开始之后不管速度如何，只需用固定的力来维持运动。由这些运动器械提供的阻力有时可通过一些机制而转变成正向力，进而调整阻力。

在足球和田赛训练中使用的阻力撬是一种利用力量摩擦力和惯性力来作为阻力的训练器械。由阻力撬惯性产生的阻力与其质量和加速度成正比，而拖着阻力撬跑的运动员与地面之间因摩擦力产生的阻力与两者之间的摩擦系数和阻力撬作用于地面的合力成比例，其中合力等于阻力撬的重量减去作用于配重块向上的力。可增加阻力撬的质量来增加净力，而两者之间摩擦系数可因阻力撬接触的地面不同（如沙地、泥地、干草地和湿草地）而发生改变。因此在户外训练时，此训练器械不可能提供固定的阻力，而其提供的有效水平阻力也是无法由重量推算的。由于静摩擦系数大于动摩擦系数，故启动阻力撬的力量要大于维持阻力撬运动的力量。一旦阻力撬开始运动，则动摩擦系数不变，因此即使速度改变，阻力也不会发生变化。然而，输出功率随着速度的增加而增大，在较快速度和较慢速度过渡期增加的阻力则要归因于加速度。

（4）流体阻力。当推动一个物体穿过流体（液体或气体），或者使流体经过物体或穿过中空的物体时，物体所受到的力，叫流体阻力。流体阻力常见于游泳、自行车、速滑、跳伞、网球、高尔夫和铁饼等运动中。游泳时流体是水，其他运动中的流体指的是空气。与流体阻力有关的运动已成为肌力训练的重要方法，如采用水力或气动训练器材，而游泳运动也日益受到老年人和孕妇的青睐。

流体阻力可分为摩擦阻力（表面曳力由于流体分子经过物体表面所产生的摩擦力）、形状阻力（由于水的黏滞性，运动员游进时在背部和身后产生涡旋和伴流，这是人体消耗一定的能量而形成的阻力）。身体的横截面积影响形状阻力，横截面积越大，受到的形状阻力也越大。流体阻力公式如下。

$$F_D = \frac{1}{2} C_D \rho A V^2$$

根据流体阻力公式也可以描述进行体能训练时利用的流体阻力。大部分流体阻力训练器不能做离心运动。使用自由抗阻训练器时，当拉起重量块时肌肉向心运动，当重量块下降时肌肉做离心运动。而使用抗流体阻力训练器时，进行主要训练时肌肉做向心运动，在回到起始动作时肌肉做离心运动。换言之，在抗阻训练器或自由抗阻训练器练习中，同一块肌肉在交替做向心运动和离心运动时，肌肉没有休息时间；而使用抗流体阻力训练器时，当一块肌肉做向心运动，那么它的拮抗肌做离心运动，每一块肌肉都有休息的时间。抗流体阻力训练中缺乏离心运动，这使其不适合应用于肌肉做离心运动的动作（如下楼、放下箱子等）和肌肉拉长-缩短运动（如跑、跳和投掷运动等）。

（5）弹性阻力。一些运动器械尤其是家用型器械会以弹性装置作为阻力来源，如弹簧拉力器或弹力带等。由于标准弹性体产生的弹力与其拉伸长度成正比，弹性阻力的表达公式如下。

$$F_R = k \cdot x$$

F_R表示阻力，k表示弹性体物理特性的常数，x表示弹性体被拉伸的长度。

弹性阻力较明显的特征在于弹性体被拉得越长，其产生的阻力越大。运动器械采用弹性力作为其阻力来源，其存在的问题是每个训练动作均以低阻力开始，以高阻力结束。这与人体肌力的使用形式相反，因为肌肉在动作末期产生的肌力会减弱。另一个问题在于，阻力的调整能力受到器械弹性体数目的限制。弹力训练器械必须能提供不同的阻力，且在合理范围内能完成所要求的动作重复次数。

通过弹力带为垂直跳提供阻力是一种发展跳跃爆发力的训练方法。然而，跳跃开始阶段，肌群产生很大力量时弹力带提供少许阻力；当运动员腾空时，弹力带提供的阻力最大，其主要作用在于将运动员拉回地面，这将增加运动员对地面的冲击力，从而增加了运动员受伤的可能性。

2. 抗阻训练动作分类

（1）动力性抗阻练习。动力性抗阻练习是指肌肉收缩时长度发生变化，从而使全身或部分肢体产生运动的练习。该练习有助于运动员提高绝对力量、速度力量和力量耐力，主要包括固定阻力练习、等动练习、超等长练习和循环训练。

动力性抗阻练习按功能分为以下练习。

①提高神经支配能力的练习。

特点： 在不明显增加肌肉体积的同时增加肌肉力量，这对绝大多数运动项目而言是极为重要的。研究证明，大重量的力量训练中做功的速度较慢，但做功主要是依赖动员更多的快肌纤维参加工作来完成的。

方案： 1~3RM，重复4~6组，组间休息3~5min。

前提及注意事项：青春期之后，有良好的力量训练的基础；已经熟练掌握的力量训练的技巧；常年坚持力量训练，没有中断；机能状况良好；在身体完全恢复的前提下进行等。

②增大肌肉、发展肌肉力量的练习。

特点：在增强力量的同时，增加肌肉体积。

方案：6~8RM，重复4~6组，组间休息2min，强调发展最大力量；8~12RM，重复4~6组，组间休息2min，以增加肌肉体积为主；12~15RM，重复4~6组，组间休息2min，强调发展速度。

③发展肌肉耐力的练习。

特点：发展肌肉耐力，以动员慢肌纤维参加工作为主。

方案：30RM或至力竭，重复2~3组，组间休息1min。

（2）静力性抗阻练习。静力练习与动力练习相比，能更有效地提高肌肉的张力，改善神经肌肉控制，在相对不疲劳的情况下提高肌肉力量。

方案：肌肉达最大用力程度后，应保持5s以上，每天重复5~10次。

作用：对提高关节的稳定性、有效预防运动损伤，有独到的作用；适合作为受伤后恢复阶段早期重要的康复手段，有改善神经肌肉控制、提高募集能力、抑制肌肉萎缩的作用。

不利影响：静力性抗阻练习虽然能增强肌肉力量，但其不利之处是力量增强只是针对某一特定的关节角度起作用；其另一个缺点是血压容易急剧升高，这对有心血管疾患的运动员而言是十分不利的，可能导致致命的心血管意外（憋气使胸膜腔内压升高）。为避免或将风险降到最低，建议在最大静力收缩时，减少憋气，以防止胸膜腔内压过高。

（3）离心性抗阻练习。离心收缩是指肌肉在产生张力的同时被拉长，即肌肉做退让性工作。离心力量在体育运动中可以起到缓冲、制动、减速、克服重力等重要作用。例如，起跳后的落地缓冲、投掷、网球发球前克服器械的重力、运动中的减速、制动、突然改变身体的运动方向、蹲起运动、下坡跑、下楼梯等，都要有良好的离心力量素质作为基础，才能避免运动损伤。

离心收缩也是提高肌肉力量、改善肌肉功能的有效方法。离心性抗阻练习与传统的抗阻训练配合，在抗阻训练中有以下优点。

①改变力量增长停滞的现象。

②速度较慢的离心性抗阻练习，有利于肌肉体积的增长。

③速度较快的离心收缩，更有利于肌肉爆发力的提高。

④离心性抗阻练习时，参加工作的肌细胞的数量较向心收缩少，因而可对神经肌肉施加超量负荷，而使肌肉力量，特别是最大肌肉力量明显增强。

⑤离心收缩练习可以明显提高肌肉的抗牵拉能力，大大降低肌肉损伤的发生概率。

离心力量练习的方法如下。

①保护性离心练习法。保护性离心练习是指重量或负荷小于本人能承受的最大负荷的离心力量练习，或重复前一次同样或相似负荷的离心练习。实践中经常用到的所谓"快起慢下"的训练方法也是典型的保护性离心练习方法。进行这类练习后，骨骼肌损伤减轻，肌肉酸痛和力量减弱有所缓解，而且恢复速度明显加快。人们称这种现象为重复效应或保护效应。

②打破力量训练平台期的训练方法。生物力学的研究表明，同一肌群的最大离心收缩力量是向心收

缩的1.4~2倍，平均在1.5倍。这一现象揭示了这样一个事实，即在肌肉离心收缩时可以承受更大的负荷。打破力量训练平台期的离心力量练习是指，离心练习时的负荷超过了本人在向心练习时能承受的最大负荷的一类练习。

注意事项：与向心性抗阻练习相比，离心性抗阻练习对肌肉施加了更大的负荷，因而，更容易引起延迟性肌肉酸痛。离心收缩练习时在肌肉的非弹性部分（肌腹肌腱接合部、肌腱）施加了更大的拉力，这也是离心收缩练习容易造成肌肉酸痛的原因。离心力量练习的负荷超过向心练习的极限，因而需要使用特殊的仪器设备，以给运动员提供必要的保护。

（4）快速伸缩复合训练。快速伸缩复合训练是一种快速、高功率的运动，这种运动的参与者预先拉伸肌肉并激活肌肉的拉伸－缩短循环从而产生强大的向心收缩。在练习过程中，因为预先拉伸肌肉，并激活肌肉的（牵张反射）伸缩反射，从而增加了肌肉收缩的速度和力量。练习时肌肉先快速地离心拉伸，紧接着快速地向心收缩，目的是在短时间内，使肌肉产生爆发性收缩。例如，直腿跳。

快速伸缩复合训练增加肌肉收缩速度的可能机制如下：其一，该练习改善了原动肌与对抗肌的协调关系，特别是提升了对抗肌的放松能力，使运动员对快速拉长－缩短循环节奏的适应性提高，从而提高肌肉的爆发力；其二，快速给予神经肌肉复合体离心负荷，使神经肌肉系统适应快速增加负荷；其三，通过改善和发展牵张反射机能，使神经系统能够以最快的速度对肌肉拉长做出反应和控制，使神经肌肉系统的调控更加完善；其四，该练习有助于发展在动态中的离心控制，有利于发展肌肉的爆发力；其五，该练习改变了肌肉的初长度，积累了弹性能量。

快速伸缩复合训练方法如下。

①冲击式练习是以跳深为典型代表的一类超等长练习，迫使肌肉拉长产生离心收缩的力是从高处落下时或摆动物体（如实心球）对人体产生的冲击力。冲击式练习强度大，对发展神经肌肉系统的反应能力、肌肉的爆发力效果显著。

②拉弹式练习是指在练习中，迫使肌肉拉长产生离心收缩的力，使异侧肌群快速收缩产生牵拉力或是克服身体和器械的重力。如持适当重量的杠铃负重转体、负重体侧屈、负重体屈伸，快速蹲起，快速牵拉橡皮筋等都属于此类练习。拉弹式练习较冲击式练习强度小，但牵拉幅度大、反弹效应强，有利于发展肌肉的弹性力量。

注意事项：快速伸缩复合训练必须以传统力量训练为基础，但是不取代传统力量训练；遵循循序渐进的原则，从低强度到高强度，练习的形式从简单到复杂；所有的练习必须以最大努力完成，否则就没有效果；训练必须在身体机能良好，不疲劳的情况下进行；组间必须充分休息，充分的恢复是建立适宜的神经肌肉反射的前提；在具备一定的力量素质后，可适当提高练习的频率及难度，在练习时应掌握正确的技术动作，与专项技术动作密切结合，并且练习应适应年龄、身体、技巧发展的需要。

（5）等速抗阻练习。等速抗阻练习中，肌肉的长度在收缩过程中改变而肌肉收缩的速度不变。理论上，在运动过程中，练习器提供的阻力是最大阻力。在整个关节活动范围内（在关节活动的各个角度）肌肉产生的都是最大张力，因此，可取得很好的训练效果。

（6）循环练习。循环练习是一系列的练习的组合。在练习时多强调低阻力、多次重复。练习者在一定的时间内做完一项练习后迅速进入下一项练习，不管内容是什么都应按要求完成。

循环练习根据目的不同，其组合中练习的内容不同。循环练习大致可分以下几类：力量、柔韧、短期有氧练习；发展专项力量的循环练习；高重复阻力练习。标准的循环练习有8~12种，可按人数的多少安排，共循环2~3次。

①力量、柔韧、短期有氧练习。练习时选择专项最需要的肌群进行练习，如在下肢力量（股四头肌、腓肠肌、足底肌群、大腿后群肌）练习中穿插快速的纵跳、蛙跳、冲刺跑；在腰腹肌力量练习后安排腾空收腹、蛙跳、扣球或模拟扣球练习；在上肢力量（肩带肌、胸大肌、胸小肌、大/小圆肌、背阔肌等）练习后，安排挥臂、扣球、小重量物体（网球、羽毛球、小实心球）掷远练习等。

优点：在发展力量素质的同时，将一般力量素质迅速转向专项素质。

②发展专项力量的循环练习。力量、柔韧、短期有氧练习之间迅速转换，使负荷保持在高强度水平，心率也处于高水平，在发展力量素质的同时，心脏呼吸系统也得到了锻炼。力量、柔韧、短期有氧练习是提高力量和耐力的有效方法。

力量练习无助于改善心肺功能，而循环练习试图弥补这一缺陷。到目前为止，很少有研究证据表明循环练习能提高心脏呼吸系统的耐力。循环练习主要用来提高肌肉力量和耐力。

③高重复阻力练习。这种类型的练习使用轻负荷，使肌肉力量增大或肌肥大的效果较小，这种练习产生较多的乳酸，一般多组练习时以最短的间隔（如：30s）休息。

（7）自由重物练习和器械练习。将自由移动的物体用于力量练习，即自由重物练习，具体来讲是在三维空间内完成的克服自身重量或克服外来阻力的力量练习。自由重量可以包括：体重或人为增加的体重、杠铃、哑铃、壶铃、实心球、投掷器械、铁链等。与器械练习相比，自由重物练习具有更大的挑战性，要求更高的控制力和稳定性。

自由重物练习与器械练习相比，表现出了明显的优势。举重训练和举重训练方法的变化及衍生为运动员提供了更加有效的刺激。器械练习可用于损伤后的康复、增强薄弱肌群、维持肌肉的平衡、改善身体形态，以及健美训练。运动员可以有选择地进行专门器械的练习，有针对性地发展特定的肌群。

3. 运动负荷调整的力学依据

由公式 $F \cdot R = W \cdot D$（F 表示肌肉力量；R 表示肌肉力臂；W 表示重力或负荷；D 表示重力臂）可知，合理调整上述因素，可丰富体能训练方法。

（1）增大阻力臂来增大训练负荷。增大阻力臂来增大训练负荷是抗阻训练中常采用的手段。例如，仰卧起坐中，手臂越向头部方向移动，动作的难度就越大，就是因为增大了手臂这部分重量与支点（髋部）的距离，整个上身的阻力矩增大，这就要求腹部肌群更加用力来克服重力，从而产生更大的肌力矩来平衡重力矩；双手提重物侧平举，使重物距肩关节的距离达到了最大，对三角肌形成强有力的刺激；杠铃负重下蹲，在不改变外部重量的情况下，通过下蹲深度的调整，间接调整了阻力臂，就可以对膝关节和髋关节的伸肌提出不同的收缩力的要求。

优点：人体可根据自身能力，在整个动作过程中不断调整负荷，以达到良好的锻炼效果。

（2）伸展肢体来增大末端（阻力点）速度。在运动训练中，通过伸展肢体来增大肢体的末端速度，也就是阻力点速度。注意，伸展肢体并不能直接增大速度，伸展肢体只是让环节末端或者说阻力点尽可能远离支点，这样可以增大转动半径，并激发肌肉用力，在转动角速度一定的情况下，转动的半径增大，就会使肢体末端的线速度增大。

（3）减小阻力臂来省力和减小负荷。在运动训练中，减小阻力臂可达到省力和减小负荷的目的。在前面增大速度的例子中，人体通过伸展肢体来增大阻力臂，一方面增大了转动半径，另一方面增大了阻力矩，对肌肉用力的要求也就提高了。也就是说，增大速度是以付出肌肉力量为代价的。在体育运动中，有时我们的目标不是增大速度，而是用最小的力量完成某个动作。例如，在举重中，减小杠铃对各关节的阻力矩影响是动作技术的关键，所以从举重的提铃、引膝一直到发力，都要求杠铃要尽可能地贴合人体，减小杠铃对关节的重力臂，从而减小对关节的力矩，达到省力的目的。另外，在一些日常生活中，我们也会自觉地运用这个原理来降低外来负荷，比如上楼梯时，我们会采用躯干前倾的姿势，使重力作用线更加靠近膝关节，从而降低对肌肉的用力要求。

四、核心区力量训练的生物力学特征

（一）核心区的结构与功能

1. 核心区解剖学结构

从解剖学的角度来看，人体的核心既包括腰椎、骨盆和髋关节等骨骼以及它们周围的韧带和其他结缔组织，也包括附着在这些骨骼上的肌肉。它们正好是连接上下肢的部位，具有承上启下的作用。一般认为，核心肌群由33对+1块肌肉构成（表2-1）。其中有7对+1块肌肉的起止点均在核心区域，这些肌肉由慢肌纤维构成，主要起到稳定核心、保持姿态的作用；其余的肌肉则是起点或止点附着在核心区域，在收缩时既起到稳定核心的作用，同时也引起核心或肢体的运动。

表2-1　人体核心部位的肌肉

肌群	肌肉名称		
	起、止点都在核心 （7对+1块）	起点在核心 （25对）	止点在核心 （1对）
盆带肌（8对）		髂肌；腰大肌；梨状肌；臀大肌；臀中肌；臀小肌；闭孔内肌；闭孔外肌	
大腿肌（11对）		股直肌；缝匠肌；阔筋膜张肌；股二头肌（长头）；半腱肌；半膜肌；耻骨肌；长收肌；短收肌；大收肌；股薄肌	
背肌（9对）	回旋肌；多裂肌；棘间肌；横突间肌	背阔肌；下后锯肌；竖脊肌（棘肌、最长肌、髂肋肌）	
腹肌（5对）	腹内斜肌；腹横肌；腰方肌	腹直肌	腹外斜肌
膈肌（1块）	膈肌		

可以形象地把人体的核心想象为一个盒子，上边是膈肌，下边是盆底肌和髋关节相关肌肉，四周则是腹环（图2-19）。腹环由腹壁肌肉、附着在脊柱上的肌肉及各种筋膜构成，腹壁肌肉由外到内包括腹直肌、腹外斜肌、腹内斜肌和腹横肌4层肌肉，这种交织网状的腹壁结构可以更好地收紧腹部，产生腹内压，通过加强邻近脊椎之间的综合受力增加脊柱稳定性。腰背筋膜作用类似于支撑带，包裹着脊椎和竖脊肌、多

裂肌等肌肉（图2-20），帮助稳定脊柱并在运动期间进行力量的传递。

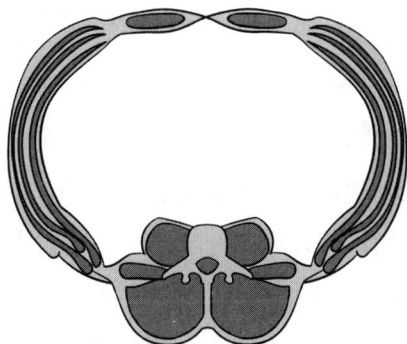

图 2-19　腹环的结构

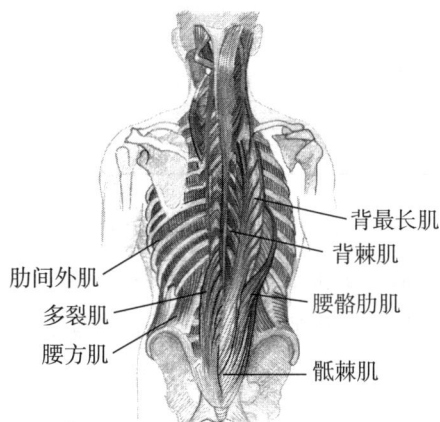

背最长肌
背棘肌
肋间外肌
多裂肌
腰髂肋肌
腰方肌
骶棘肌

图 2-20　核心区域背面解剖结构

2. 核心区的功能

　　任何竞技项目的技术动作都不是依靠单一肌群就能完成的，通常由全身若干环节以运动链的形式共同参与，在大脑的集成控制下形成完整的动作模式。核心区域是运动链上的重要环节（图2-21），主要的功能为保护脊柱、维持身体姿态、传递力量和产生力量。在运动中，核心肌群需不断调整各肌群的张力，保持脊柱的稳定，维持正确的身体姿态，并使运动链一端形成的力量向另一端进行动态传递。在整个过程中，坚实、稳固的核心不仅能够减少能量损失和提升运动链效率，同时可以有效防止运动损伤。

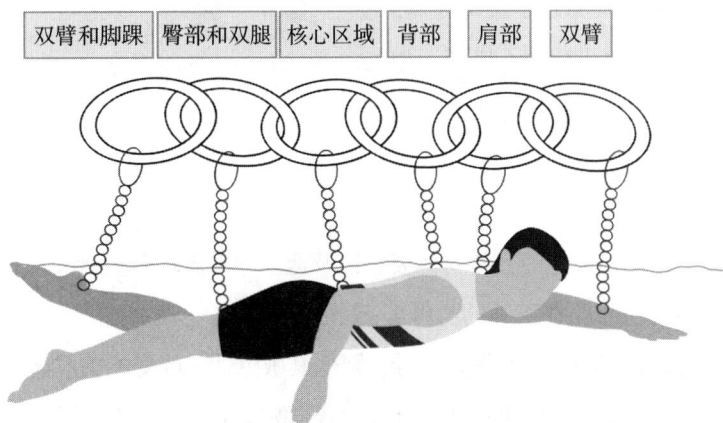

双臂和脚踝　臀部和双腿　核心区域　背部　肩部　双臂

图 2-21　游泳时的人体运动链

　　（1）保护脊柱。核心的稳定程度影响脊柱的稳定程度。脊柱是人体的极其重要的部位，它不仅是上下肢体的结合点，而且是运动神经中枢的所在地。同时，脊柱又是人体骨骼结构中的一个薄弱环节，无论是脊柱本身还是其周围的韧带、其他结缔组织和肌肉在坚固性和力量上都弱于四肢。因此，人体的运动，尤其是高强度的竞技运动，需要首先考虑到脊柱的稳定性问题。

　　根据人体关节依次灵活－稳定理论（表2-2），在所有的训练过程中要始终保持核心收紧，使核心具备一定的刚性，使背部始终保持平直，确保腰椎稳定，尽量降低腰椎之间的活动度。

表2-2　人体关节依次灵活–稳定理论

关节名称	主要功能	关节名称	主要功能
踝关节	灵活性（矢状面）	胸椎	灵活性
膝关节	稳定性	肩胛骨	稳定性
髋关节	灵活性（多平面）	盂肱关节	灵活性（多平面）
腰椎	稳定性		

在高强度运动中，强有力的核心可以很好地保护脊柱。在核心系统中构成局部稳定系统的肌群包括腹横肌、腹内斜肌、多裂肌、骨盆底肌、横膈膜，这些肌肉通过增加腹内压使腰背筋膜产生足够的张力，增加脊椎椎体的刚性，改善节间神经肌肉控制，从而保证脊椎的稳定性。这些局部核心稳定肌直接附着在椎骨上，主要负责维持脊椎之间的稳定性，限制椎骨之间过度压缩、剪切、旋转。在核心系统中构成整体稳定系统的肌群主要包括腰方肌、腰大肌、腹外斜肌、部分腹内斜肌、腹直肌、臀中肌、内收肌，其附着在骨盆至脊椎部分，收缩时可以进一步加强骨盆和脊柱的稳定性，并且在运动过程中提供稳定和有力的核心控制。

针对腰椎的稳定性，同时考虑相邻关节胸椎和髋关节的灵活性问题，这样才能更好地保护脊柱。很多运动员都会受到腰部疼痛的困扰，这些运动员很多情况下是在矢状面用腰椎的伸展替代了髋关节的伸展，这是腰部疼痛的一个主要原因，也应该是体能教练进行核心训练的重点纠正事项之一。缺乏良好的臀肌活动可能是所有核心训练失败的根源以及腰部疼痛的主要原因之一，下背部疼痛与臀大肌活动不良密切相关，髋关节灵活性不足会造成腰椎过度代偿，因此建立良

图2-22　"髋关节铰链"练习之一——壶铃挥摆

好的髋关节铰链运动模式是核心训练的一个重要内容。壶铃挥摆就是一项很好的高级别髋关节铰链练习（图2-22）。

（2）维持身体姿态。核心与人体的日常身体姿态以及运动中姿态均有直接关系，核心对所有运动中的理想动作都至关重要，核心也需要在正确的身体姿态下进行训练。

不良的身体姿态将会抑制核心系统的触觉信号，降低其敏感性，改变相关肌肉的张力和长度，影响人体的自我调整机制，使运动损伤风险增加。比如在进行深蹲练习时，如果背部没有保持平直，而是腰椎屈曲，会增加腰椎间盘后部的负荷，持续对肌肉和韧带中胶原蛋白的张力将会导致其本来刚性的改变，形成腰椎周边肌肉和组织的损伤。在训练过程中，如果运动员没有主动收紧核心、激活相关肌肉，以一种缺乏主动成分参与的松懈身体姿态进行运动，使得人体的核心仅仅依赖于被动成分的支撑，非常容易造成脊柱损伤。

当人体在运动中需要完成上肢击打、投掷或下肢踢、跳等动作时，核心的稳定肌比上下肢运动肌群更早地被激活，使核心成为使上下肢运动稳定的支点，更好地控制肢体远端的运动轨迹，这对保持良好的运动姿态非常重要。因此，良好的核心稳定性可以更好地维持人体正确的身体姿态，在进行核心训练的过程中也强调正确的身体姿态和姿态控制。

（3）传递力量。竞技体育中几乎所有的动作模式都是以运动链的形式构成的，核心区位于人体运动链的中枢位置，将运动链一端的力量和动量矩向另一端进行传递。核心向下延伸与臀大肌、股四头肌、腘绳肌等下肢动力肌群相连接，向上与背阔肌、胸大肌等上肢动力肌群相连接。一个强有力的核心区在力量和动量矩传递时可以通过肌肉的收缩，提高核心的刚性，形成"类刚体"，将力量传递效率最大化，尽可能地减少传递过程中的能量泄漏。刚性较高的核心区对保证力量的传递效率具有重要意义。

（4）产生力量。核心区的刚性可以保障下肢力量有效地向上传递，同时，核心区动力肌群的收缩，使躯干产生屈伸、侧屈和旋转，从而使运动链一端产生的力量在传递的同时，叠加更多的动力，使力量传递的效率更高，从而在运动链的另一端形成更大的力量和更快的动作速度。核心产生力量和传导力量的时机非常重要，必须确保运动链中所有系统在合适的时空状态下按顺序协调运动，才能在末端环节产生良好的动作效果。因此，适宜的核心训练，不仅能够最大限度减少能量泄漏，同时还可以进一步提高动力，使力量效果最大化。

（二）核心区力量训练的力学意义

核心区是人体重心所在区域，是力量产生和传递的中枢区，也是应力的缓冲区。良好的核心力量是调整和维持身体稳定与平衡的基础，是维持良好身体素质和提升运动表现的重要基础体能之一。核心力量训练的主要力学意义如下。

1. 稳定脊柱、骨盆，保持正确的身体姿态

脊柱和骨盆就像是衔接上下身的桥梁，不但会影响四肢的动作，更负有控制全身姿势正确的重责。人体的大多数运动都是多关节和多肌群参与的全身运动，在整体运动中如何将不同关节肌群的收缩力量整合起来，形成符合专项力学规律的肌肉运动链，为四肢末端发力创造理想条件，核心力量发挥着重要作用。核心区域就像是承上启下的枢纽与桥梁，该环节是否稳定，不但决定四肢动作用力的支点是否牢固，还控制着全身动作的正确与否。

2. 力量的传递、组合、控制和平衡功能

运动员在跑动过程中，根据物理学关于转动力矩在封闭的个体中保持恒定的原理，下肢产生一个向前的转动力矩，必然其他部位要产生一个相反的转动力矩，这样才能达到平衡。异侧上下肢的配合就能保持这样的平衡，那么在这个过程中强有力的核心肌群起着承上启下的作用。

3. 躯干加速转动、制动，加大能量输出

核心力量可以提高近端固定的稳定性，增强末端肌肉的发力效果，促进不同肌肉之间的协作，以及动员全身不同环节的肌肉有序地参与运动，加大总体能量的输出。核心区域肌肉系统被视为一个盒子或者汽缸，腹部肌肉在前，背部和臀肌在后，横膈肌作为盖板，盆底肌和环绕髋部的肌群为盒底。当肢体发力时，核心肌群蓄积的能量从身体中心向运动的每一个环节传导。核心部位拥有的肌群最大，产能和储能也最多，无论是短跑技术中的伸髋鞭打扒地，还是跆拳道技法里的后横侧踢击打，看似脚对地面或人体的作用，而实则为来自腰髋肌群的原动力，并向下肢形成有效的动量传递。

4. 提高肢体协调工作效率，降低能量消耗

以强大的核心力量为支撑，躯干得以稳固，四肢的应力也能够减小，由此肢体能够游刃有余地进行更加协调的技术动作，加快力量的传递，整体上提高运动效率。肌电的研究表明：速滑运动员在比赛中为了保持向前的快速度，在蹬离冰面瞬间需要让支撑腿发挥出最大的力量和速度。协调能力强、核心肌群力量大的运动员在滑冰阶段，能够很好地保持身体的平衡，使支撑腿的肌群在滑冰阶段处于适当放松状态，避免无谓的能量损耗，而在蹬冰阶段能够集中动员支撑腿的肌群、充分发力，由此加大了蹬离冰面瞬间的功率，增强了蹬冰效果。另外，上述提到的四肢能够协调工作，这本身也是能量的节省。

5. 预防运动损伤

运动员在进行快速发力动作时，强有力的核心肌群能够确保肢体在动作过程中保持在正常的位置，深层小肌群的稳定功能起到关键的保护作用，预防急性损伤。否则，如果发力不正确，潜在的运动损伤发生的概率会大大提高，比如下背痛、腰部扭伤、骨盆倾斜等，这些损伤会直接影响训练的效果。同时，核心力量还有助于运动员在运动过程中控制身体重心，使脚在落地时的支点与身体重心的投影点处在一个合理的位置，从而降低运动员在落地支撑时的受伤概率。如体操、跳水或自由式滑雪运动员在空中完成了一系列的翻转动作后，在落地瞬间依靠核心力量来调控身体重心的位置，一方面提高了肌肉收缩的力量水平，另一方面还能够减小关节的负荷，达到预防损伤的目的，增加了成功完成动作的把握。

（三）核心区训练负荷调整的力学依据

核心训练和所有力量训练一样，体能教练需要把握好负荷强度。核心训练的负荷强度很难像传统力量训练一样去量化，更多要靠体能教练对核心区训练的理解和对运动员核心能力的了解，并在训练中认真观察。在核心训练负荷强度的调整方面，可以从以下几个方面去考虑。

1. 减少支撑点或改变杠杆力臂长度

这是一种常用、方便的增加核心训练负荷强度的方法，比如平板支撑练习时可以从四点支撑变为三点支撑，再变为两点支撑；下肢动作可以由两腿平行支撑至跪撑再至单腿支撑，逐渐缩小支撑面。逐步增加动作的角度，增加阻力臂，减小动力臂，可达到增加负荷的目的。

通过对同一名运动员在进行基础俯桥练习和锯式俯桥练习（将双肘与双脚之间的支撑距离拉长）时腹部肌肉的无线表面肌电测试，可以观察到在进行锯式俯桥练习时腹直肌和腹外斜肌的放电量远远高于基础俯桥练习（表2-3，图2-23）。这说明在基础俯桥练习中增加支撑力臂的长度后，腹肌的训练强度大幅度增加。

表2-3　在基础俯桥与锯式俯桥练习中腹肌平均肌电振幅数值

平均肌电振幅（μV）	腹直肌上部	腹直肌下部	腹外斜肌
基础俯桥练习	43	49	119
锯式俯桥练习	217	188	157

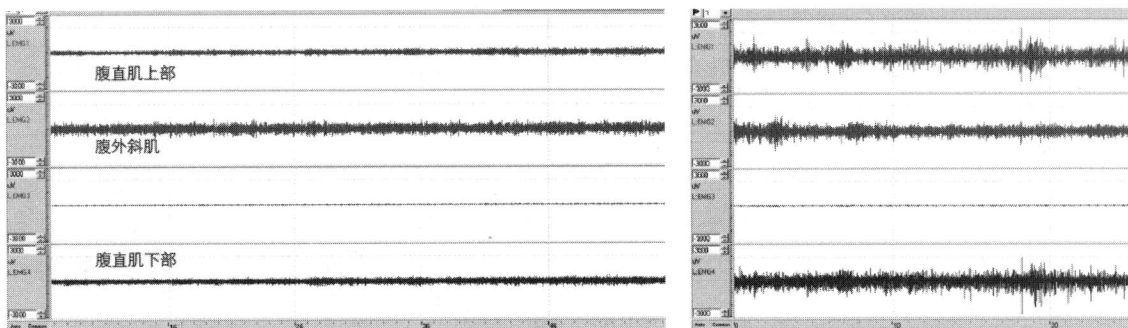

图2-23　进行基础俯桥练习（左）与锯式俯桥练习（右）时同一名运动员腹肌表面肌电图

2. 增加不稳定训练装置

在核心训练中经常会利用平衡盘、瑞士球、悬吊绳等不稳定器械来增加训练的难度和强度，比如同样的俯桥支撑动作，利用悬吊绳固定双脚来完成，强度将大幅度提升。通过对同一名运动员在进行基础俯桥练习和悬吊俯桥练习（将双脚套在悬吊绳上）时腹部肌肉的无线表面肌电测试，可以观察到在进行悬吊俯桥练习时腹直肌和腹外斜肌的放电量远远高于基础俯桥练习（表2-4，图2-24）。这说明增加不稳定因素后，对腹肌的训练强度大幅度增加。

表2-4　在基础俯桥与悬吊俯桥练习中腹肌平均肌电振幅数值

平均肌电振幅（μV）	腹直肌上部	腹直肌下部	腹外斜肌
基础俯桥练习	43	49	119
悬吊俯桥练习	165	159	154

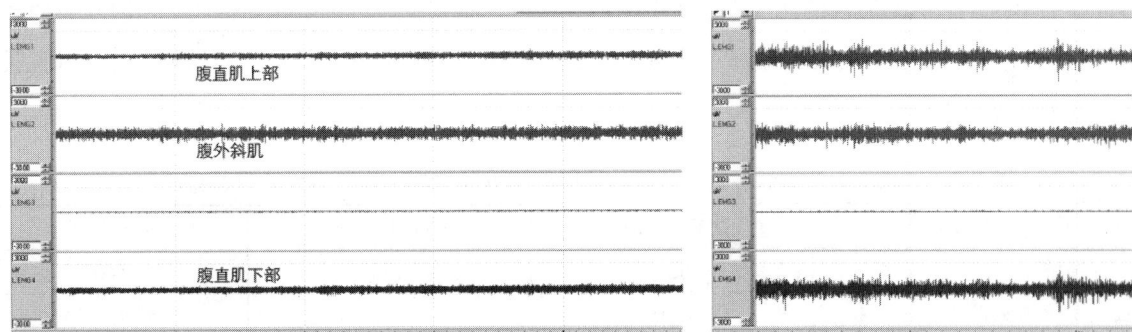

图2-24　进行基础俯桥练习（左）与悬吊俯桥练习（右）时同一名运动员腹肌表面肌电图

3. 从静态稳定练习过渡到动态控制练习

在运动员在对某一个静态稳定性训练已经适应时，可以在原来的基础上增加身体位置的移动距离、躯干的旋转幅度或肢体的摆动幅度来提高动作难度。

通过对同一名运动员在进行基础俯桥练习和滑板动态俯桥练习（双脚放在滑板上进行俯桥练习，将双脚向后滑动，使双臂支撑点与脚的位置拉长然后再回到起始位置，反复进行）时腹部肌肉的无线表面肌电测试，可以观察到在进行滑板动态俯桥练习时腹直肌和腹外斜肌的放电量远远高于基础俯桥练习（表2-5，图2-25）。这说明由静态稳定练习过渡到动态控制练习时，对腹肌的训练强度大幅度增加。

表2-5　在基础俯桥与滑板动态俯桥练习中腹肌平均肌电振幅数值

平均振幅（μV）	腹直肌上部	腹直肌下部	腹外斜肌
基础俯桥练习	43	49	119
滑板动态俯桥练习	570	360	269

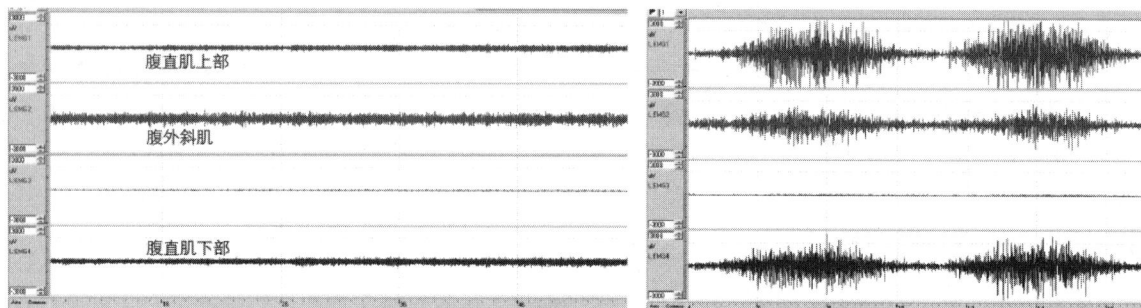

图2-25　进行基础俯桥练习（左图）与滑板动态俯桥练习（右图）时同一名运动员腹肌表面肌电图

4. 在训练中逐渐增加阻力

在核心训练中适当增加阻力，也是一种提高训练强度的方法。不同的核心练习方法，其增加阻力的方式不完全一样。体能教练应该在适宜的时机和合适的部位增加适量的负荷，比如：对于俯桥动作，体能教练可以在能够保持良好身体姿态的运动员背部适当增加负重，提高腹壁肌肉的训练强度；对于核心力量训练轮的跪姿推轮动作，体能训练可以沿着滚轮方向在轮子前方利用弹力带增加阻力，提高对腹壁肌肉的训练强度。

通过对同一名运动员在进行核心力量训练轮跪姿推轮练习和抗阻跪姿推轮练习（在轮子前方增设弹力带增加牵拉）时腹部肌肉的无线表面肌电测试，可以观察到在进行抗阻跪姿推轮练习时腹直肌和腹外斜肌的放电量远远高于跪姿推轮练习（表2-6，图2-26）。这说明在训练中增加一定的阻力时，对腹肌的训练强度大幅度增加。

表2-6　在核心力量训练轮跪姿推轮与抗阻跪姿推轮练习中腹肌平均肌电振幅数值

平均肌电振幅（μV）	腹直肌上部	腹直肌下部	腹外斜肌
跪姿推轮练习	821	468	840
抗阻跪姿推轮练习	1105	626	937

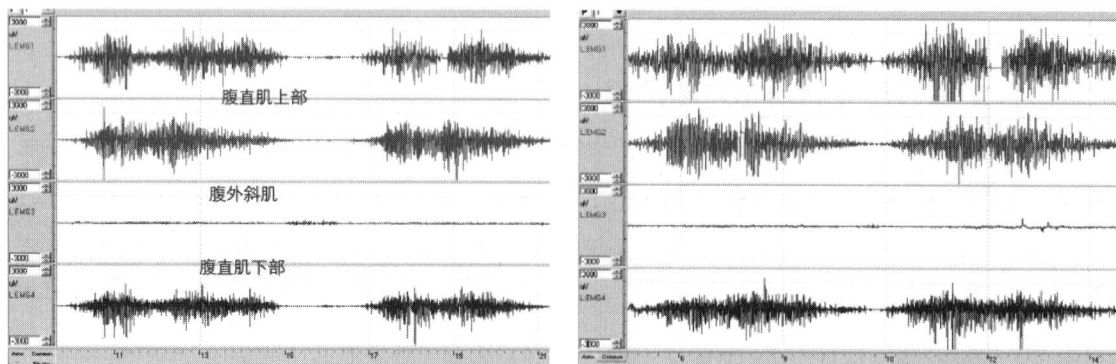

图2-26　进行核心力量训练轮的跪姿推轮练习（左图）与抗阻跪姿推轮练习（右图）时
同一名运动员腹肌表面肌电图

5. 循环组合训练

借助丰富的变化手段，提供多样化的不稳定和动态刺激，将以上各种增加核心训练强度的方法相互组合，进一步提高训练难度和强度，帮助运动员建立强大、非主观意识的稳定控制和适应能力。

通过对同一名运动员在进行基础俯桥练习和悬吊动态锯式俯桥练习（增加了力臂长度、不稳定因素和动态3个变量，双脚放在悬吊绳的把手中进行俯桥练习，同时将双脚向后滑动，使双臂支撑点与脚的位置拉长然后回到起始位置，反复进行）时腹部肌肉的无线表面肌电测试，可以观察到在进行悬吊动态锯式俯桥练习时腹直肌和腹外斜肌的放电量远远高于基础俯桥练习（表2-7，图2-27），也远高于加入单独一种变量时的肌肉放电量。这说明在训练中不断增加适宜变量，对腹肌的训练强度大幅度增加。

表2-7 在基础俯桥与悬吊动态锯式俯桥练习中腹肌平均肌电振幅数值

平均振幅（μV）	腹直肌上部	腹直肌下部	腹外斜肌
基础俯桥练习	43	49	119
悬吊动态锯式俯桥练习	1502	1028	874

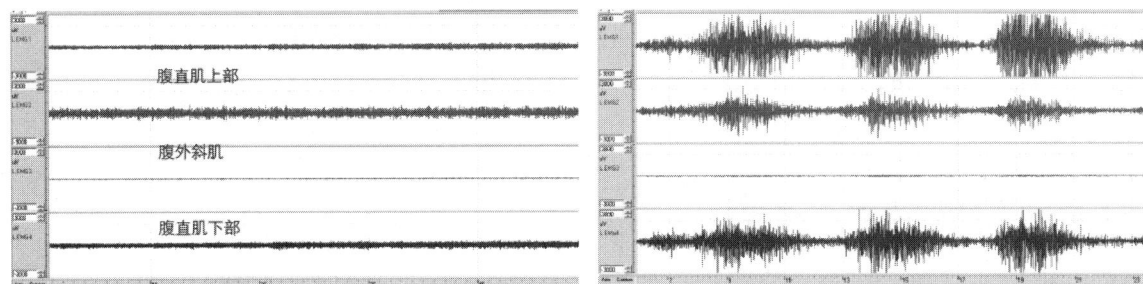

图2-27 进行基础俯桥练习（左图）与悬吊动态锯式俯桥练习（右图）时同一名运动员腹肌表面肌电图

五、灵敏素质训练的生物力学特征

灵敏是指人体在各种条件突然变化时，能够快速、准确、协调、灵活地完成动作的能力，是速度、柔韧、力量等素质的综合反映，是对协调、灵活、准确和应变能力有很高要求的一种综合素质，是加速、最高速度、减速和多方向动作技巧的基础，是运动员的神经反应、运动技能和各种运动素质在运动过程中的综合表现。灵敏训练是运动员训练不可或缺的重要组成部分，也是影响运动员运动表现的重要因素。灵敏至少与以下3种能力相关：判断与决策能力——从接受刺激到开始行动的反应时长；变换动作能力——动作与动作间快速转换的能力；改变方向能力——在运动中迅速改变身体位置和方向的能力，即动作的速度。

美国国家体能协会将灵敏视为快速变向的能力。我国有学者认为变向能力不等同于灵敏素质，它是除感知和决策能力以外，另一个影响灵敏素质的重要因素。变向能力指运动员在预知方向的条件下快速改变运动速度和方向的能力，它包括在短时间内减速、改变方向、再加速的能力。变向动作主要依靠单腿在垂直、水平方向上控制身体完成减速制动、支撑转换以及再加速过程。变向动作主要包括侧切变向动作、横切变向动作和转身变向动作3种类型。侧切变向动作是运动员快速助跑后突然减速，支撑腿着地后，伴随着非支撑腿向支撑腿的对侧方向变向；横切变向动作是运动员快速助跑后突然减速，支撑腿着地后，伴随着非支撑腿跨越身体向支撑腿同侧方向变向；转身变向动作是运动员快速助跑后突然减速，支撑腿着地后，转身向原助跑方向变向。

安德鲁斯等首先提出了变向动作的过程，将变向动作分为减速阶段、支撑和变向阶段以及离地阶段3个阶段。变向过程中的切入角度与切入前接近速度能够影响膝关节负荷、动力学特征、运动学、地面反作用力、肌肉激活水平、重心速度变化、减速与发力水平、技术动作等特征，变向角度与切入前接近速度是影响变向动作力学特征的重要因素。

在减速阶段，运动员以最大速度移动，在变向之前必须立即减速并降低身体重心，减少动量。此时，股四头肌、腘绳肌和腓肠肌提供主要的动力。

在支撑和变向阶段，动量发生改变，髋关节旋转带动躯干转向预定的变向方向。由于支撑腿提供减速的作用，而摆动腿需提供一定的加速度，向变向方向摆动。在支撑阶段，运动员在高速运动中再进行变向跑动作时，髋关节屈曲外展，膝关节外翻，胫骨内旋，踝关节过度外翻，膝关节处于高负荷状态，极易发生膝关节的运动损伤。在完成侧切动作过程中，躯干和骨盆相对于股骨内旋，使运动员加速向新的方向变向。在完成横切动作过程中，躯干和骨盆相对于股骨外旋，使运动员加速向新的方向改变。

在离地阶段，运动员身体重心前倾角度更大，以便能够在新的方向上加速。在加速过程中，在侧切和横切动作的完成过程中，均需通过支撑腿髋关节和膝关节伸展以及踝关节完全跖屈完成向新方向加速的动作。

（一）灵敏素质训练的运动学特征

1. 髋关节

变向动作过程中的下肢运动学特征存在着性别差异。在侧切动作过程中，女性运动员比男性运动员表现出更大的髋关节外展、内旋以及更小的髋关节屈曲角度。女性运动员通过增加髋关节内旋运动、减少矢状面运动来更好地完成变向。女性运动员在完成变向动作过程中更加依赖髋关节额状面和水平面上的运动。男性运动员髋关节最大屈曲角度出现时间比女性运动员显著延迟，这可能与股四头肌在支撑期内做离心运动的时间较长有关。

2. 膝关节

在完成变向动作过程中，女性运动员比男性运动员表现出更大的膝关节外翻角度，触地时刻表现更小的膝关节屈曲角度。女性过大角度的膝关节外翻可能与女性的解剖结构有关。在完成侧切动作过程中女性表现出以韧带支配为主，更多地利用韧带而非肌肉吸收外部的冲击力。所以，在训练过程中，注重神经肌肉控制，可有效降低过度膝外翻造成的膝关节前交叉韧带的损伤风险。

3. 踝关节

横切动作过程中的支撑阶段，踝关节背屈最大角度大约为20°。非预期条件下跳跃—落地后的侧切动作，在整个支撑阶段，踝关节外翻最大角度在14°～20°，踝关节内翻最大角度在7.5°～11°。在完成有防守和无防守队员切入动作中，踝关节内旋最大角度在1.5°～7°。

（二）灵敏素质训练的动力学特征

1. 髋关节

侧切动作中，当女性运动员比男性运动员表现出更大膝关节外翻力矩，髋关节内收力矩显著增大，此时，膝关节在整个支撑阶段都处于外翻的位置。髋关节内收力矩的增大可能是由于躯干向支撑腿方向倾斜，此时身体质心向外侧移动而增大了内收力矩。在预期条件下跳跃—落地的动作过程中，支撑阶段女性运动员比男性运动员髋关节表现出更小的外展力矩。男性运动员表现出更大的伸髋力矩，表明男性运动员能更好地利用伸髋肌来控制侧切动作过程中减速阶段矢状面上的运动。由于臀大肌可使髋关节外旋，所以髋关节伸肌（臀大肌）力量的增加会使男女运动员在髋关节内旋上产生差异。女性运动员可能缺乏矢状面减速所需的力量，所以采用水平面和额状面的近端控制策略。因此，注重伸髋肌群的训练有利于发展正确的变向动作模式，减小运动损伤风险。

2. 膝关节

在侧切动作过程中的减速阶段，女性运动员比男性运动员膝关节外翻力矩更大。在完成侧切过程中的落地动作时，过大角度的膝关节外翻产生更大的侧向地面反作用力，膝关节外翻力矩增大。膝关节外翻力矩的增大也是导致膝关节前交叉韧带损伤的风险因素。

3. 变向动作地面反作用力

在变向动作过程中，地面反作用力峰值的减小被认为是预防运动损伤的重要因素。在侧切动作过程中，过大角度的膝关节外翻会导致侧向地面反作用力的增加，产生的地面反作用力是正常角度的3倍。其原因可能是着地方式不同，膝关节过大角度外翻着地时，支撑腿压心远离了身体质心，侧向地面反作用力分量将会施加到胫骨远端，较长的力臂也会进一步导致侧向地面反作用力的增加，从而在膝关节处产生更大的外翻力矩。膝关节过大角度外翻时，髋关节的外展也略有增加，髋关节外展增加有助于垂直地面反作用力的增加。髋关节外展运动增加会导致压心远离胫骨中心，从而为垂直地面反作用力创造更大的力臂。因此，在变向训练过程中，下肢神经肌肉控制是至关重要的训练内容。

（三）灵敏素质训练的肌肉工作特征

变向跑动作完成的过程中，需要动员的肌肉较为复杂。从膝关节解剖学的特点来分析，矢状面的稳定性主要靠股四头肌和腘绳肌，在膝关节屈曲不超过30°时，股四头肌使胫骨向前移动，从而增加对膝关节韧带的拉力。腘绳肌可使胫骨后移，从而减少对膝关节前交叉韧带的牵拉，同时减小膝关节内收力矩，因此股四头肌和腘绳肌对维持膝关节矢状面的稳定性具有重要作用。另外，肌肉共同收缩可增加关节之间的接触力，从而抵抗膝关节外翻。若膝关节内侧接触力减小，则减小动态活动中对膝关节外翻的抵抗作用，使股骨内侧与胫骨平台间距加大，增加膝关节前交叉韧带的负荷。膝关节的稳定性还受下肢远端肌肉的影响，部分腓肠肌可代偿股四头肌，起到稳定膝关节的作用。下肢近端肌肉和远端肌肉对于维持下肢水平面上的稳定性十分重要，特别是臀大肌和腓肠肌对于维持落地动作中髋关节、膝关节水平面上的稳定具有重要作用。总之，在运动员完成变向跑的过程中，下肢的内外肌群、前后肌群、近远端肌群共同维持膝关节在矢状面、额状面以及水平面的稳定性。

侧切变向跑过程中，女性运动员的股四头肌、腓肠肌外侧肌肉、股直肌活化程度显著高于男性；男性运动员的股四头肌与腘绳肌的协同收缩率明显高于女性运动员。在变向跑中，腘绳肌激活程度通常远低于股四头肌，如果股四头肌的肌肉激活超过了腘绳肌80%，或腘绳肌力量不足，都是产生运动损伤的重要原因。

向心收缩力量训练是提高加速度的主要因素，离心肌肉收缩能力是减速、变速、变向的主要因素。离心肌肉收缩也是缓冲和减震防护的重要因素（起跳落地）。体能训练中强化离心收缩训练可有效防止骨骼肌肉（尤其是大腿、小腿后群肌肉）在进行高强度、快速减速和变向运动时损伤或再伤。

六、平衡稳定训练的生物力学特征

平衡与稳定是身体处于某种姿势及在运动状态或外力作用下能自动调整并维持姿势的能力。平衡稳定能力是人体站立、行走以及协调地完成各种动作的重要保障，特别在较小的支撑面上，人体凭平衡稳定能力控制身体重心，且它还是一切静态与动态活动的基础能力。对体育运动而言，平衡能力是人体完成各种技术动作的基础保障，尤其是在强调保持身体姿势和动作协调的项目中，良好的平衡能力是运动员发挥训练水平、完成技术动作和预防运动损伤的基本要求。

（一）平衡稳定的力学条件

作用于人体的力系可以简化为一个合外力和一个合外力矩，人体平衡的力学条件与物体平衡的力学条件一致，当力系满足下列条件时，人体处于平衡状态。

$$\Sigma F = 0 \qquad\qquad \Sigma M = 0$$

式中，ΣF为人体受到的合外力，ΣM为人体受到的合外力矩。当$\Sigma F=0$时，人体没有平动的加速度；当$\Sigma M=0$时，人体没有转动的角加速度。两个条件同时满足，人体达到平衡。

1. 人体平衡的类型

平衡的稳定性，是指人体抵抗各种干扰作用保持平衡的能力，平衡的稳定性又称平衡的稳定程度或稳定度。人体平衡的稳定度包括两个方面：一是指人体静止时抵抗各种干扰作用的能力，这种能力称为静态稳度；二是指人体重心偏移平衡位置后，干扰因素除去时，人体仍能恢复初始平衡范围的能力，此为动态稳度。

平衡稳定能力对静止和运动中的人体很重要，平衡稳定能力强的人能很快达到平衡的稳定。在体育运动中，人体平衡的稳定性直接影响动作的完成度。如高难度平衡动作的稳定性对体操、技巧、武术的比赛成绩影响很大，往往稳定度很高的结束性动作是获取优异成绩的关键。

根据重心位置是高于、低于，还是介于上下两个支撑点中间，人体平衡可分为上支撑平衡（图2-28）、下支撑平衡（图2-29）和混合支撑平衡3种。

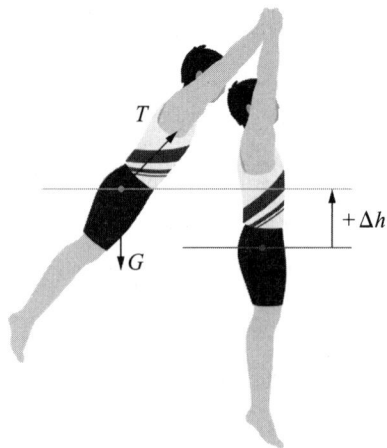

图2-28 单杠悬垂的上支撑平衡

图2-29　下支撑平衡

2. 根据平衡的稳定程度分类

根据平衡的稳定程度，人体的平衡可分为稳定平衡、有限稳定平衡、不稳定平衡和随遇稳定平衡等4种。

（1）稳定平衡。稳定平衡指人体的姿位不论有多大的偏离都能恢复到原来姿位的平衡。

（2）有限稳定平衡。有限稳定平衡指人体姿位的偏离仅在一定范围内能够恢复到原来姿位的平衡。

（3）不稳定平衡。不稳定平衡指人体只要有极小的偏离就一定倾倒的平衡。

（4）随遇稳定平衡。随遇稳定平衡指人体位置无论怎样偏离都能在新位置下始终保持的平衡（图2-30）。

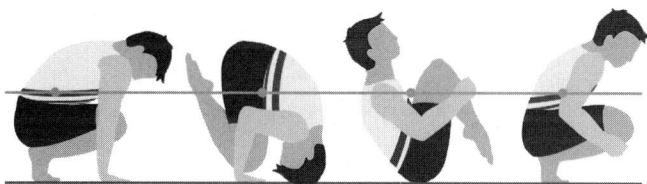

图2-30　前滚翻随遇稳定平衡

通常上支撑平衡，都是稳定平衡，如单杠悬垂动作。下支撑平衡都是有限稳定平衡，这在体育运动中较为常见，如武术中的马步站桩动作。下支撑中的面支撑平衡都是有限稳定平衡，当人体重心投影落在支撑面内时是稳定的；当重心偏离，重力线落在支撑面外时，平衡被破坏。不稳定平衡仅见于下支撑中的点支撑或线支撑，武术中的金鸡独立动作、杂技中自行车定车、走钢丝等是不稳定平衡。它们的支撑面很窄，可近似看作点或线支撑。有限稳定平衡和不稳定平衡都属于下支撑平衡，两者主要区别在于支撑面大小和支撑状态的不同。随遇稳定平衡的特点是物体偏离原来位置时，重心高度不变，如前滚翻动作，可近似看作随遇稳定平衡。

（二）影响平衡稳定的因素

人体在不同状态下保持平衡稳定是一项非常复杂的过程。人体平衡稳定能力的维持受重心、支撑面积、支撑体稳定程度、视觉、肌肉力量及神经系统的感觉统合的影响。通常情况下，重心越低、支撑面积越大、支撑体稳定程度越高，人体维持自身平衡稳定的能力越强；睁眼要比闭眼稳定性强；肌肉力量是维持人体静态和动态平衡的基本条件。此外，人体平衡能力还与环境、年龄、性别等因素有关。

（三）平衡稳定性训练的调控因素

人体在运动中的稳定性，需要通过各种平衡训练获得。对人体来说，平衡训练既要符合刚体的平衡原理，又要具有人体平衡的生物学特征。人体是受高级神经活动控制的杠杆系统。其不仅可以保持平衡，而且在平衡遭到破坏时还能恢复平衡。根据影响人体平衡稳定性的因素，合理制订平衡训练的计划。

1. 调整支撑面积

在下支撑动作过程中，支撑面积越大，人体平衡的稳定性越强。支撑面积由各支撑部位的表面及它们之间所围的面积组成（图2-31、图2-32），当具有多个支撑部位时，它们之间的距离越大，支撑面积也越大，因而稳定性也越强。体能训练过程中，通过减小支撑面积来增加训练难度，进而提高人体平衡的稳定性，如双脚支撑变单脚支撑、俯撑动作由4点支撑变为3点或2点支撑。平衡的稳定性还取决于重力作用线在支撑面中的相对位置。若重力作用线接近支撑面边缘，那么物体在这一侧的稳定性就弱。因此，在体能训练中应根据运动员专项动作技术特征，调控运动平面，提升不同运动平面的平衡能力。

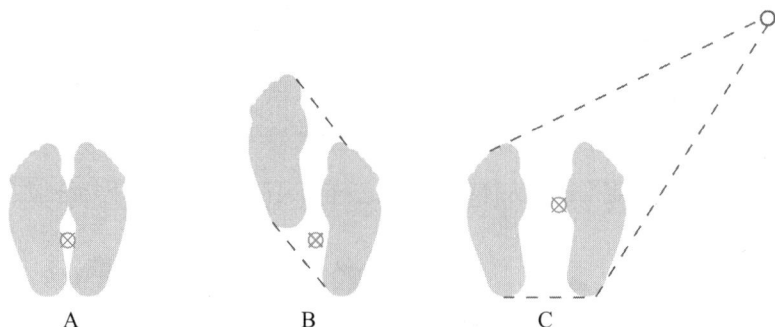

图2-31 支撑面的定义

图2-32 不同静力性动作的支撑面

2. 调控重心高度

重心高低对稳定性也有影响。一般来讲，重心越低，稳定角越大，稳定性就越强。稳定角就是重心垂直投影线（或称重力作用线）和重心至支撑面边缘相应点的连线间的夹角（图2-33）。稳定角越大，物体的稳定程度越高，即物体在某方位上的平衡稳定性越强。稳定角大小受重心高低和支撑面大小影响，支撑面一定的条件下，重心越高，稳定角越小，稳定性越差。在体能训练中，应合理调控重心高低和支撑面积来提升运动员掌控重心的能力，进而提高其平衡稳定能力。

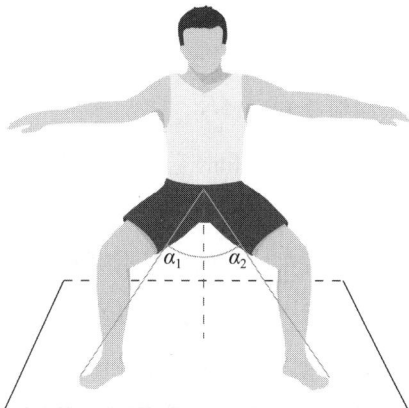

图 2-33 稳定角（α_1 左稳定角；α_2 右稳定角）

3. 调控支撑体的稳定性

支撑体越稳定，维持稳定越容易。体能训练过程中，可以通过改变支撑物体稳定性来调整训练难度。如合理利用平衡垫、海绵或泡沫软垫、瑞士球、悬吊绳、悬空软梯等作为支撑物，设计平衡训练计划，可以有效提升人体平衡稳定能力。

4. 调控视觉条件

视觉条件对平衡稳定性影响较大。在体能训练中，通过睁眼、闭眼或调控环境照明条件进行平衡稳定性训练，可以有效提升平衡稳定能力。

5. 调控关节力矩

在某些静力性或动力性姿势中，维持平衡的不仅有重力和支撑反作用力，重力矩与肌肉、筋膜和韧带的拉力矩共同维持平衡，如燕式平衡。因此，加强肌肉力量训练，注重各关节肌肉力量的平衡发展，强化核心区力量发展，是维持人体平衡稳定的基本条件。在维持静态或动态平衡动作过程中，相关关节肌群多以等长收缩为主。

小结

生命在于运动。人体与重力之间的关系是人体力学结构与运动理论的根基。人体的运动的特点是，在意识控制下，一方面遵循力学的普遍规律，另一方面具有其特殊的复杂性。运动生物力学的最佳用途在于将其转化为改善人体运动的普遍原理。这些原理是生物力学应用的普遍规律，对于所有的人体运动都适用。因此，了解人体运动链中骨、关节、肌肉的生物力学特性，正确掌握人体运动的生物力学原理，是理解和分析人体运动的前提，是科学安排体能训练的基础。

通过本章学习，学员可以理解人体运动链结构与功能、惯性参数，以及骨、关节、肌肉的生物力学特性。了解描述人体运动学、动力学的参数和定律，有助于掌握核心区力量训练、灵敏素质训练、平衡稳定训练的生物力学特征，为深刻理解体能训练原理，掌握正确的体能训练方法，科学地制订基础和专项体能训练计划奠定良好的理论基础。

思考题

1.影响人体重心位置的因素有哪些。

2.影响人体转动惯量的因素有哪些。

3.简述人在跑步过程中，为什么屈腿摆和屈臂摆。

4.简述人体运动过程的时间参数、空间参数和时空参数有哪些，其物理意义如何。

5.简述人体运动学参数的特征。

6.简述人体内力与外力，体能训练过程中主要的负荷有哪些。

7.简述肌肉收缩的长度与肌肉收缩力量之间的关系及其在体能训练实践中的应用。

8.简述肌肉的收缩速度与肌肉收缩力量之间的关系及在体能训练中的指导意义。

9.为什么在爆发式用力的体育项目，肌肉的力量训练与速度训练应并重。

10.详述在投掷动作过程中，做好"超越器械"动作的生物力学意义。

11.人体髋、膝、踝、肩、肘、腕关节各有几个自由度。

12.简述骨杠杆的种类与特点。

13.简述运动负荷调控的力学依据。

14.简述核心区力量训练的力学意义。

15.简述灵敏素质训练的生物力学特征。

16.简述影响人体平衡稳定的力学因素。

第3章

体能训练的生理学基础

汪军　张锋

学习目标

➤ 详细描述能量产生和利用有关的几大系统，如呼吸、血液、心脏、能量代谢系统和骨骼肌等基础知识。

➤ 详细描述长期运动训练导致相应身体各器官系统出现的适应以及力量、速度和耐力运动表现提升的生物学基础。

➤ 描述在体能训练中出现的疲劳及其恢复、停训与赛前减量训练的生理学特征。

知识导图

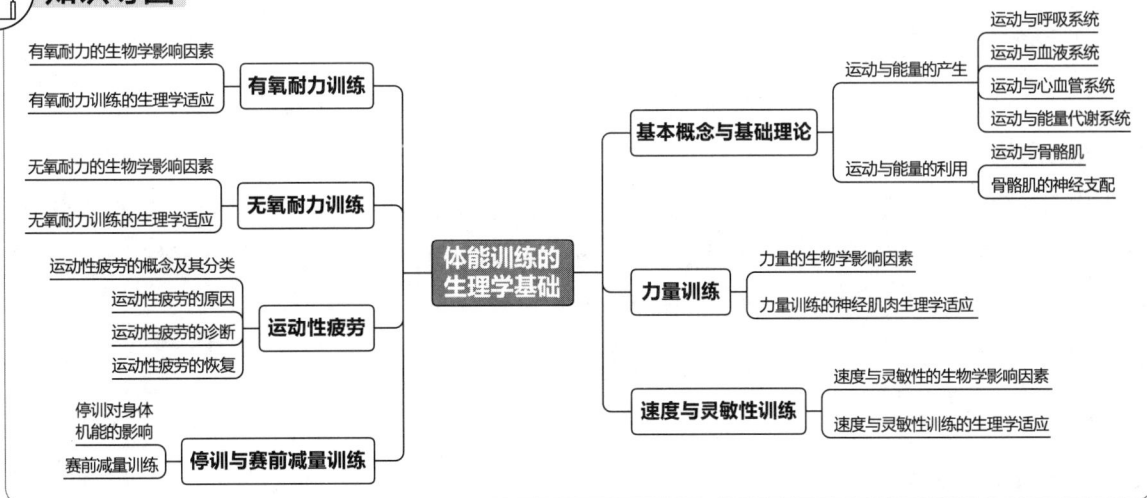

有氧耐力的生物学影响因素
有氧耐力训练的生理学适应 —— 有氧耐力训练

无氧耐力的生物学影响因素
无氧耐力训练的生理学适应 —— 无氧耐力训练

运动性疲劳的概念及其分类
运动性疲劳的原因
运动性疲劳的诊断 —— 运动性疲劳
运动性疲劳的恢复

停训对身体机能的影响
赛前减量训练 —— 停训与赛前减量训练

体能训练的生理学基础

基本概念与基础理论
　　运动与能量的产生
　　　　运动与呼吸系统
　　　　运动与血液系统
　　　　运动与心血管系统
　　　　运动与能量代谢系统
　　运动与能量的利用
　　　　运动与骨骼肌
　　　　骨骼肌的神经支配

力量训练
　　力量的生物学影响因素
　　力量训练的神经肌肉生理学适应

速度与灵敏性训练
　　速度与灵敏性的生物学影响因素
　　速度与灵敏性训练的生理学适应

导语

　　在特定情况下，运动员的运动表现是多种因素共同发挥作用的结果。在大多数运动中，决定运动员运动潜力的因素是他们的遗传基因，比如体形及身体的比例等都是由遗传基因决定的。在很大程度上，身体成分、大部分的心血管特征、肌纤维类型的比例以及整体运动协调性也是由遗传基因决定的。此外，有证据表明，运动训练引起的运动能力的提升幅度也可能受遗传基因的影响。除遗传因素之外，影响运动员运动表现最重要的因素是运动训练及其使人体产生的生物学适应性。

内环境是指细胞外液，其是细胞生活的环境，其物理和化学性质的相对稳定是机体细胞新陈代谢和功能活动得以正常进行的前提条件。人体的生存依赖内环境的相对稳定性。但是，运动训练就是在一定程度上打破内环境的稳定性，譬如温度升高、pH值下降、细胞内外离子浓度的失衡导致的渗透压改变等都是运动训练导致的结果。通过神经和体液的调节，机体又重新恢复到稳定状态，在更高水平形成了新的稳态。这就是长期科学的运动训练使身体出现结构和功能的适应性，也是运动能力提高的生物学基础。

人体运动的外在本质是动作，是在神经控制下的肌肉收缩和舒张运动；内在本质是能量代谢，是人体通过有氧或无氧代谢途径提供肌肉收缩运动所需的能量。力量、速度和耐力都是在能量供应下对动作进行的不同训练方式。运动训练的目的就是发展人体的能量代谢能力，使人体在运动过程中能够更快速地产生更多能量，以及改善人体的动作，以提高动作的灵活性和稳定性、提高能量利用的效率，并降低伤病出现的概率。

没有疲劳的训练是无效的训练，没有恢复的训练是危险的训练。适度的疲劳对运动表现的提升有较大帮助。在正式比赛前的适度停训或者减量训练，既可以使运动员从长期训练造成的疲劳状态中解脱出来，消除机体的部分疲劳，又能尽可能避免因赛前减量而造成运动能力的大幅下降，保持机体的运动能力。

下面具体从几个方面进行重点论述：能量的产生和利用；长期运动训练导致相应身体各器官系统出现的适应性以及力量、速度和耐力的提升；体能训练中出现的疲劳和恢复、停训与赛前减量训练的生物学基础等。

一、基本概念与基础理论

（一）运动与能量的产生

机体在进行新陈代谢的过程中需要大量的能量，而这些能量大部分是通过氧化体内的营养物质（糖、脂肪和蛋白质）而获得。为此，人体必须从外界不断地摄取O_2，通过全身血液循环后，在机体组织进行氧化代谢产生能量。同时，机体还必须将所产生的代谢废物CO_2等排出体外。因此，O_2的摄取与运输、CO_2的排出等是机体生存和运动的关键因素，而此过程需要机体三大系统（即呼吸系统、血液系统和心血管系统）协调运作得以完成。此外，机体除了通过有氧代谢产生能量外，还可以通过无氧代谢途径产生能量以供机体大强度运动。

1. 运动与呼吸系统

（1）呼吸的概念及过程。人体与外界环境之间进行的气体交换，称为呼吸。呼吸的全过程由3个环节组成（图3-1），即外呼吸（肺通气和肺换气）、气体运输和内呼吸（组织换气、细胞内氧化代谢）。肺通气是指人体肺泡与外界的气体交换过程，主要由呼吸肌的收缩或舒张导致胸廓节律性的扩大或缩小而引起

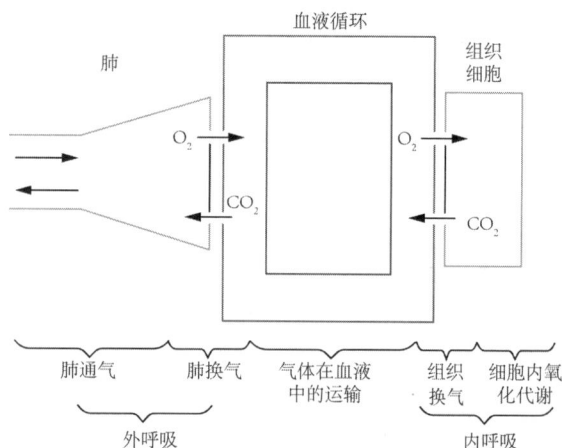

图3-1 呼吸全过程示意图

吸气或者呼气。肺换气是指肺泡气体与肺毛细血管之间的气体交换过程，主要由两个部位的气体分压差形成换气动力。气体运输包括O_2与红细胞中血红蛋白的结合和解离，以及CO_2的运输，其中心脏的泵血功能提供气体运输的动力。内呼吸主要包括组织毛细血管氧气进入组织线粒体，线粒体利用氧气进行有氧代谢产生能量并排出CO_2的过程。

（2）呼吸形式。膈肌舒张和收缩，腹部随之起伏，以膈肌活动为主的呼吸运动称为膈式呼吸或腹式呼吸。肋间肌的活动使肋骨发生提降移动，胸部也随之起伏，以肋间肌活动为主的呼吸运动称为肋式呼吸或胸式呼吸。运动时可通过改变呼吸形式而不影响动作的正常发挥。例如在双杠或地上做倒立的动作，由于臂和肩胸固定，胸式呼吸受到限制，再用胸式呼吸既会影响臂和肩胸的固定，也会造成身体重心的不稳，故在做倒立时可采用腹式呼吸；若做屈体直角动作，腹肌的用力使得腹式呼吸受到限制，此时再用腹式呼吸会造成身体的抖动，影响屈体直角动作的质量，应立即改为胸式呼吸。

（3）运动时合理呼吸。运动时进行合理的呼吸，有利于保持内环境的基本恒定，有利于提升训练效果和充分发挥人体的机能，最终创造优异的运动成绩。可见，合理的呼吸方法应成为运动技能的有机组成部分。以下是几种改善呼吸方法的原则。

①减小呼吸道阻力。正常人安静时由呼吸道实现通气。通过呼吸道呼吸，可以起到净化空气、湿润、温暖或冷却的作用。但在剧烈运动时，为减少呼吸道阻力，人们常采用以口代鼻，或口鼻并用的呼吸。

②提高肺泡通气量。提高肺通气量的方法包括提高呼吸频率和增加呼吸深度两种方式。有意识地采取适宜的呼吸频率和较大的呼吸深度是很重要的。一般来讲，径赛运动员的呼吸频率以每分钟不超过30次为宜。爬泳运动员即使有特殊需要，也不宜超过每分钟60次。因此，运动时（特别是在感到呼吸困难、缺O_2严重的情况下）控制呼吸频率、适当加大呼吸深度的同时注重深呼气，更有助于提高机体的肺泡通气量。

③与技术动作相适应。呼吸的形式、时相和节奏等应与技术动作相适应。比如，选择胸式呼吸还是腹式呼吸？什么动作利于吸气，什么动作利于呼气？在进行周期性运动时，多少步吸一口气，多少步呼一口气？此外，还要合理运用憋气，这样才能确保动作质量，提高运动表现。

2. 运动与血液系统

（1）血液的组成及功能。血液由血浆和血细胞组成，在心血管系统内循环流动。血细胞包括红细胞、白细胞和血小板。血浆除含有大量的水分外，还含有多种化学物质、抗体和激素等。血液具备维持人体内环境的相对稳定、运输、调节、防御以及保护等作用。

（2）红细胞和血红蛋白。红细胞是主要的血细胞，血液中红细胞总体积占血液总容量的百分比称为红细胞比容。一般健康成人的红细胞比容，男子为0.40～0.52，女子为0.35～0.47。红细胞的主要功能是运输氧气，这主要依赖于其中的含亚铁蛋白质——血红蛋白。我国健康成年人血红蛋白浓度有一定的标准，男性通常为120～160g/L，女性通常为110～150g/L。血红蛋白过低或过高都会影响运动员的运动表现。当血红蛋白浓度低于正常值时，会出现贫血症状，氧气和营养物质供给不足，运动能力下降。由于促红细胞生成素（EPO）注射或者血液回输时，血红蛋白浓度过高，血液中红细胞数量和压积增多，会增加血流的黏滞性和血流阻力，增加心脏负担，使血流动力学发生改变，最终会引起身体一系列的不适应和紊乱，甚至猝死。因此，尽量保持血红蛋白浓度在最适合的范围，可使运动员达到最佳机能状态。由于运动员血红蛋白浓度存在个体差异，不能用一个统一的正常值标准来评定所有运动员的血红蛋白含量，应针对每一个体情况进行测定和分析。

（3）血液酸碱平衡的维持。正常人血浆呈弱碱性，pH值为7.35~7.45。人体生命活动所能耐受的最大pH值变化范围为6.9~7.8。血浆pH值经常会维持在一个相对稳定的状态，主要是由于血液中含有几对具有抗酸和抗碱作用的缓冲对，它们统称为缓冲体系。缓冲体系中十分重要的缓冲对是$NaHCO_3$（碳酸氢钠）和H_2CO_3（碳酸）。血液酸碱度的相对恒定，对生命活动的维持具有非常重要的意义。如果血液pH值经常超过正常范围，就会影响机体各种代谢酶的活性，从而导致细胞的新陈代谢、兴奋性及各种生理机能的紊乱，甚至会出现酸或碱中毒现象。

3. 运动与心血管系统

血液循环系统包括心脏和血管系统，它又称心血管系统。血液循环系统的主要目的是保证体内O_2、CO_2、各种营养物质、代谢产物及各种体液调节物质的运输，以维持组织细胞的新陈代谢和内环境稳态，从而保证生命活动的正常进行。

（1）心脏的一般结构与血液循环途径。心脏是一个由心肌组织和瓣膜结构构成的中空器官，其主要功能是通过心肌的收缩推动血液到身体各组织细胞，经由血液完成组织细胞与外界的物质交换过程。人类的心脏通过室间隔分割为完全独立的左心和右心，通过二尖瓣和三尖瓣将左右心分别分隔为左、右心房和左、右心室（图3-2）。左右心室的肌肉在收缩时将血液从左心室射入主动脉，经各级动脉分支后到毛细血管，在毛细血管处血液中物质与组织细胞物质完成交换后，由动脉血转为静脉血，经各级静脉汇集后，分别由上下腔静脉汇入右心房，由右心房进入右心室，完成体循环（大循环）的整个过程。在左心室血液射入主动脉的同时，右心室也会收缩将血液射入肺动脉，血液流经肺毛细血管时与肺部完成气体交换，血液由静脉血转为动脉血，此后经肺静脉流回左心房、左心室，完成肺循环（小循环）的整个过程（图3-3）。在血液循环过程中，心肌的收缩和舒张引起心脏血管各部位压力差，加上房室瓣、动脉瓣、静脉瓣等结构类似单向"阀门"，保证了血液的单向流动。

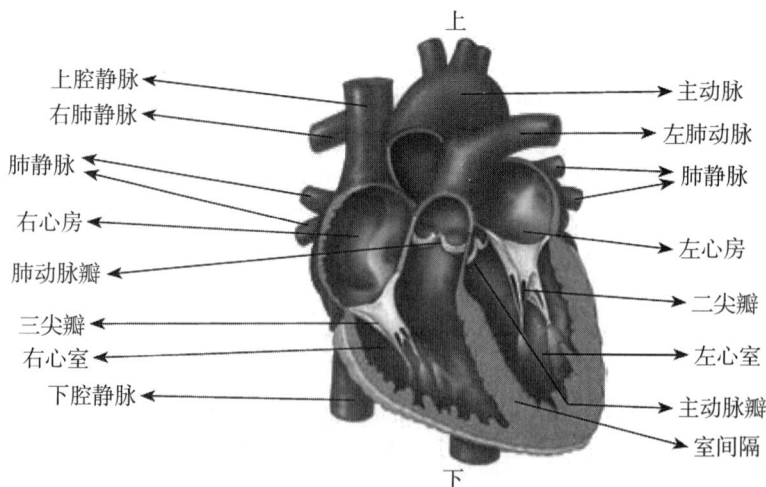

图3-2 心脏的腔室结构

（2）各类血管。血管可分为动脉、静脉和毛细血管。动脉是将血液从心脏往外输送至全身毛细血管的血管，静脉是将全身毛细血管内血液送回心脏的血管，毛细血管则是连接动、静脉血管之间的交换血管。

（3）心脏的泵血功能。

心动周期与心率。心脏收缩和舒张一次的机械活动周期，称为心动周期。心脏每分钟搏动的次数称为心率。心率即指一分钟的心动周期数，二者的关系可表示为如下形式。

心率＝60s/心动周期

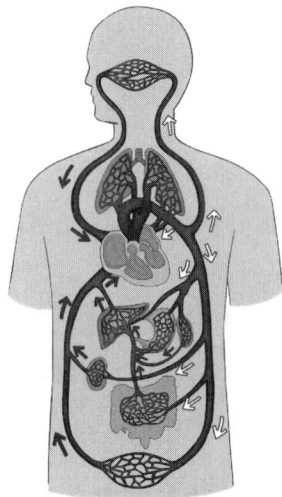

心率是了解循环系统机能的简单易懂指标，亦是反映身体整体代谢水平的重要指标。心率有明显的个体差异，年龄、性别和代谢状况不同，心率都不相同。成人正常安静心率在60~100次/分，若超过100次/分称为窦性心动过速，低于60次/分则称为窦性心动过缓。训练良好的耐力运动员，安静时心率较慢。安静心率、运动时心率增加情况，以及运动后心率恢复速率可用来反映心脏收缩功能、运动强度以及整体机能，心率也是确定运动强度的依据。

图3-3　心血管系统模式图

每搏输出量。每搏输出量指一侧心室每次收缩射入动脉的血量，简称每搏量。左右心室每搏输出量基本相等。每搏输出量是心室舒张末期容积与收缩末期容积之差，正常成年人安静时每搏输出量为60~80mL，随着代谢水平的提高而增加，达到最大值后，如果代谢水平进一步提高，每搏输出量将下降。每搏输出量是反映心脏收缩功能的重要指标。受静脉回心血量和心肌收缩力的影响，一定范围内每搏输出量随着静脉回心血液增加（如身体从立位改为卧位）而增大，这是因为回心血量的充盈增加了心肌纤维收缩的初长度，反射性地提高心肌收缩力，这是通过增加心室舒张末期容积来提高每搏输出量。另外，当心交感神经兴奋、肾上腺素和去甲肾上腺素分泌增加时，心肌纤维收缩性也会明显增强，通过加强收缩、减小心室收缩末期容积（余血量）亦可提高每搏输出量。每搏输出量除以心室舒张末期容积为射血分数，该指标也可以反映心脏的收缩功能。

心输出量。心输出量是指每分钟一侧心室射入动脉的血量，又称为每分输出量，通常以左心室每分射血量来表示。心输出量等于每搏输出量与心率的乘积。心输出量除与机体代谢水平相适应外，还因性别、年龄和生理状况不同而异。正常成年人安静状态下的心输出量约为3~6L/min，在剧烈运动时较安静值提高5~7倍。女性比同体重男性的心输出量约低10%，青年时期的心输出量高于老年时期。心输出量反映机体单位时间的血液循环量，是评定心泵功能最重要的指标之一。

（4）血管生理。

血压。血压是指血液在血管内流动时对单位面积血管壁的侧压力。血压的单位是国际标准压强计量单位kPa（千帕），但人们通常用传统的mmHg（毫米汞柱）来表示血压的高低（1mmHg≈0.133kPa）。

动脉血压。动脉血压指血液对单位面积动脉管壁所产生的侧压力。凡是能影响心输出量、外周阻力和循环系统的血液充盈程度的因素都能影响动脉血压。心室收缩时，血液对动脉管壁的最大压强值称为收缩压；心室舒张时，血液对动脉管壁的最小压强值称为舒张压。收缩压和舒张压之差称为脉搏压或脉压。正常成年人安静时的收缩压为90~140mmHg，舒张压为60~90mmHg，脉压为30~40mmHg。临床医学确定，安静时收缩压超过140mmHg或者舒张压持续超过90mmHg，即可认为是高血压；如舒张压低于60mmHg或收缩压低于90mmHg，则认为是低血压。

静脉血压。当体循环血液经过微动脉到毛细血管动脉端时，其血压值为40~50mmHg，经毛细血管到达微静脉时，血压下降为15~20mmHg。随着血液回流，静脉血压越来越低，右心房作为体循环的终点，血压最低，接近于零。通常将右心房和胸腔内大静脉的血压称为中心静脉压，而各器官静脉的血压称为外周静脉压。中心静脉压高低取决于心脏射血能力和静脉回心血量之间的关系。如果心脏射血能力较强，能及时地将回流入心脏的血液射入动脉，中心静脉压就较低。反之，心脏射血能力减弱时，中心静脉压就升高。

静脉回心血量大小决定了心脏舒张末期心室血量，直接影响心脏每搏输出量。静脉回心血量与体循环平均充盈压、心脏收缩力量、体位和温度改变、骨骼肌的挤压作用和呼吸运动有关。若人体长期在高温环境中处于站立位、运动结束之后马上停下来，都会使回心血量降低，导致血压下降而出现重力休克。

4. 运动与能量代谢系统

人体运动时对能量的需求明显增加，这种增加受制于运动强度、运动持续时间和人体的机能状况等因素。如在100m跑中，活动肌肉的能量输出超过它安静时的120倍或者更高；在低强度运动如马拉松跑中，整个身体的能量需求可达到安静水平的20~30倍。这些差别主要是由于这些运动使用了不同的供能系统提供能量。

（1）骨骼肌收缩的直接能量。肌肉活动的直接能量来源是三磷酸腺苷（ATP）。事实上，人体各种生理活动所需要的能量，基本上都是由ATP供给的。如神经冲动传导时离子的转运、腺体分泌时分泌物透过细胞膜的"出胞"作用、消化道内食物的吸收、肌肉收缩过程等均需要ATP供能（图3-4）。人体ATP最终来源于糖、脂肪、蛋白质的氧化分解。

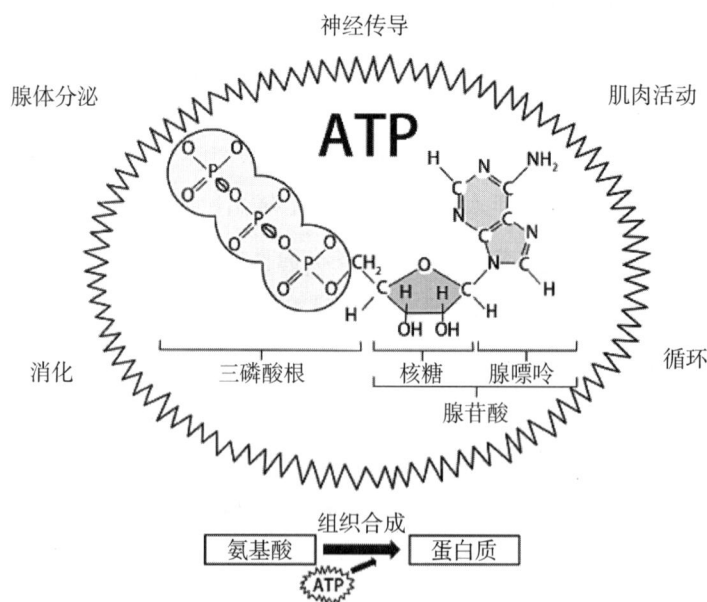

图3-4　高能磷酸化合物–ATP的分子结构及作用

细胞内ATP的浓度很低，但其最大输出功率很高且启动极为迅速。但由于ATP贮量有限，运动中ATP消耗后的补充成为影响运动能力的重要因素。ATP的补充速度决定了运动的强度，ATP的补充量决定了运动的持续时间。

ATP在酶的催化下，迅速分解为腺苷二磷酸（ADP）和无机磷酸（Pi），并释放出能量。

$$ATP+H_2O \rightarrow ADP+Pi$$

$$CP+ADP \rightarrow C+ATP$$

ATP一旦被分解，便迅速补充。这一直接补充过程由肌肉中的另一高能磷酸化合物磷酸肌酸（CP）完成。CP释出能量以将ADP再合成为ATP，同时生成肌酸（C）。肌肉中CP的再合成则要靠三大能量物质的分解。细胞内通过磷酸原系统、糖酵解系统和氧化能系统3个不同的系统产生ATP。

（2）三大供能系统的特征。人体在各种运动中所需的能量分别由三大系统供给，即磷酸原系统、糖酵解系统和氧化能系统，具体见表3-1。

表3-1 人体三大供能系统的特征

供能系统名称	底物	贮量 mmol/kg干肌	可合成ATP量 mmol/kg·s干肌	可供运动时间	供给ATP恢复的物质和代谢产物
磷酸原系统	ATP	24.6	—	6~8s	CP
	CP	76.8	100	（或<10s）	$CP+ADP \rightarrow ATP+C$
糖酵解系统	肌糖原	365	250	2~3min	肌糖原→乳酸
	葡萄糖	365	13 000	1.5~2h	糖$+O_2 \rightarrow CO_2+H_2O$
氧化能系统	脂肪	48.6	不受限制	不限时间	脂肪$+O_2 \rightarrow CO_2+H_2O$
	蛋白质	—	—	—	蛋白质$+O_2 \rightarrow CO_2+H_2O+$尿素

磷酸原系统。磷酸原系统又称ATP-CP系统，其能量物质是CP，CP在肌肉中贮存量很少，但供能速度极快，可作为极量运动的能量。该系统维持运动的时间仅仅6~8s，但却是不可替代的快速能量，同时它不需要氧的参与。此系统在像短跑这样的大强度运动中具有重要的作用。因为体内储存的ATP和CP有限，故当超过磷酸原系统供能的时间以后，肌肉将通过糖酵解系统和氧化能系统产生ATP。

糖酵解系统。糖酵解系统又称乳酸能系统。运动中骨骼肌糖原或葡萄糖在无氧条件下酵解，生成乳酸并释放能量供肌肉利用。该系统不能产生大量ATP，持续运动时间只有2~3min，但在极量运动的能量供应中具有特殊的重要性。糖酵解系统与磷酸原系统共同为短时间高强度无氧运动提供能量，中距离跑等运动持续时间在2min左右的项目，主要由糖酵解系统供能。而篮球、足球等非周期性项目加速、冲刺时的能量亦由磷酸原及糖酵解系统提供。

氧化能系统。氧化能系统需要氧的参与，糖类、脂肪和蛋白质在氧供应充分时，可以氧化分解提供大量能量。该供能系统以糖和脂肪为主，尽管其供能的最大输出功率仅达糖酵解系统的二分之一，但其贮备量丰富，维持运动的时间较长（糖类可维持1~2h，脂肪可维持更长时间）。氧化能系统是长时间运动的主要能量来源。相对于无氧产生ATP，氧化能系统的动员比较慢（脂肪氧化产能速度是糖氧化产能速度的一半），但其具有强大的产能能力。因此，耐力性运动中，有氧代谢是主要的供能方式，同时心血管系统和呼吸系统需要运输大量的氧到肌肉，供其所需。

（3）三大供能系统间的交互作用。在运动时，三大供能系统并非相互独立。当个体从事高强度运动，从短跑（小于10s）到耐力运动（大于30min），所有供能系统都会共同参与机体的能量供应，通常以一个系统供能为主。例如10s内即可完成的百米跑，磷酸原系统为主要供能系统，但糖酵解及氧化能系统也同时供应少部分的能量。而30min内可完成的万米跑，以氧化能系统供能为主，但磷酸原系统和糖酵解系统也参与部分能量供应。磷酸原系统能在最短时间内供能，但总产能最低，因此该系统主要适合给高强度短时间的运动供能。相反，氧化能系统的产能速率较慢，但产能的总量却是没有限制的，因此该系统对于低强度长时间的运动具有重要的作用（图3-5）。

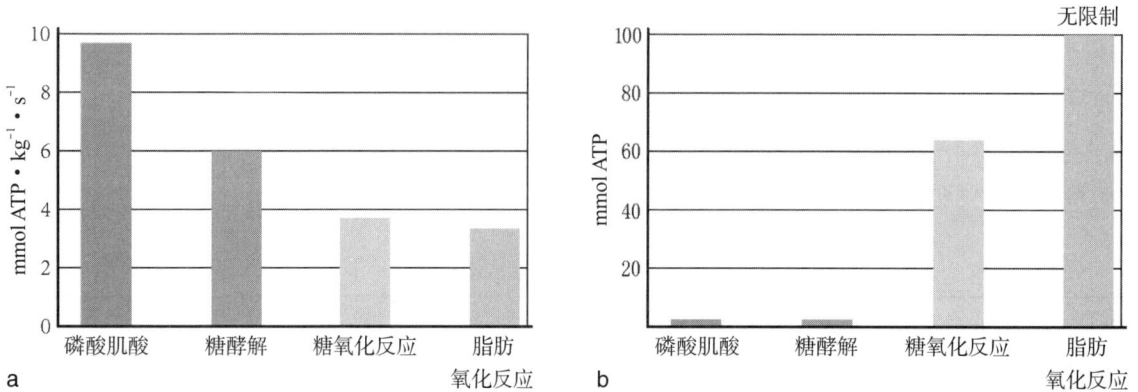

图3-5 不同供能系统产生ATP的最大速率（a）和最大可利用能量（b）

（4）不同运动项目的能量供应。不同运动项目各有技术特点，决定了其能量供应具有各自的特征，但任何项目运动中不存在绝对的单一系统的供能，而是需要三大系统按照不同比例协同供能。针对某一运动项目，三大系统供能比例并不是一成不变的，而是随着运动时间的延长而随时发生变化；其比例也因不同训练水平、不同年龄和不同性别等发生变化。如随着训练水平的提高，马拉松运动员运动中糖酵解系统供能所占比例将进一步增加，有利于满足途中加速和终点冲刺时的能量需求。近年来的研究发现，人体无氧和有氧系统各供能50%的时间区间出现在最大强度运动的1~2min；而许多研究者认为，这个界限最可能出现在最大强度运动的75s左右。

在运动实践中制订训练计划时，应着重发展在该项目运动中起主要作用的供能系统（图3-6）。同时，还要考虑在该项目中起决定作用的供能系统和具体运动员的短板，从而选择合适的有氧、无氧训练安排比例，以最大限度提升运动员运动表现。

（5）运动中能源物质的动员。就人体糖、脂肪、蛋白质三大能源物质在运动中的利用速率来比较，糖的利用速率最快，是一种非常经济的能源。但能源物质的利用情况与运动强度密切相关。一般运动强度在90%~95%最大摄氧量或以上强度运动时，肌糖原利用速率最大。在65%~85%最大摄氧量强度运动时，随着运动持续时间的延长，肌糖原的利用速率会降低。以30%最大摄氧量强度运动时，肌肉主要由脂肪酸氧化供能，很少利用肌糖原。

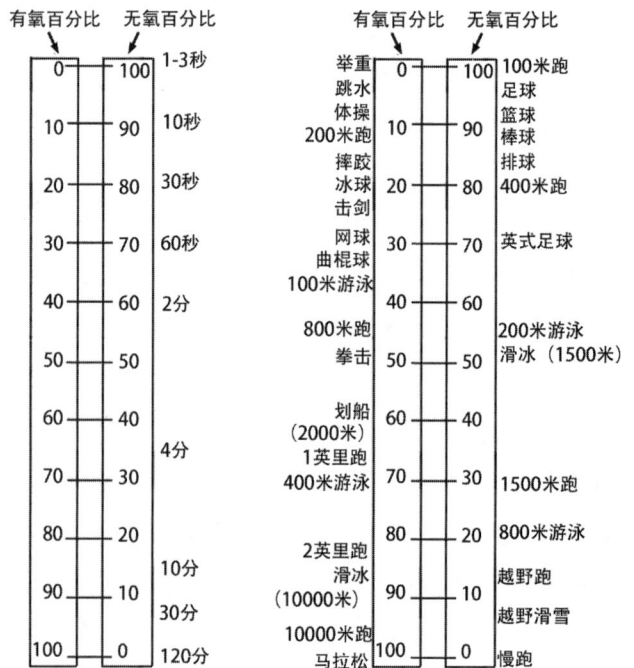

图3-6 能量连续统一体中各运动项目供能比例

运动开始时，骨骼肌首先分解肌糖原，随后肌肉便通过糖酵解方式参与供能；持续运动 5 ～ 10 分钟后，血糖开始参与供能。当运动强度达到最大摄氧量强度时，可达安静时供能速率的 50 倍。随着运动时间的继续延长，由于骨骼肌、大脑等组织大量氧化分解利用血糖，而导致血糖水平降低时，肝糖原会分解以补充血糖，其分解速率较安静时会增加 5 倍。脂肪在安静时即为主要供能物质，在运动达 30 分钟左右时，其输出功率达到最大。脂肪的分解利用对氧的供应有着严格的要求，因此，只有在长时间运动中，当肌糖原大量消耗或接近耗竭，且氧供应充足时，才会被大量动用。蛋白质在运动中作为能源供能时，通常发生在持续 30 分钟以上的耐力项目中。随着运动员耐力水平的提高，可以观察到肌糖原及蛋白质的节省化现象。

（6）氧化能系统在运动中的重要作用。就人体的三个能源系统而言，氧化能系统对运动中人体的能量供应具有十分重要的作用。如前所述，ATP 是人体运动中能量的直接来源，而 ATP 的补充则主要通过有氧氧化过程完成。可以说，人体的有氧代谢过程是无氧代谢的基础。有氧耐力的训练已被耐力运动员，如跑步、自行车和游泳运动员广泛采用，然而其他项目的运动员却常常忽略它。很多非耐力运动员的训练方案中没有考虑有氧耐力因素，他们常认为耐力不是非耐力运动项目的重要训练内容。这是一个训练的误区，因为大部分非耐力运动项目都包含有耐力或有氧成分。以足球为例，运动员和教练可能都没有充分认识到在总体训练计划中加入心肺耐力训练的重要性。显而易见，足球运动包含无氧、爆发性的短时间反复高强度冲刺。即使在短暂休息后的跑步距离也很少超过 30 ～ 50 米，但拥有较高耐力水平的运动员，可能在比赛中表现出更高的冲刺能力，即使在比赛的最后 15 分钟内也会保持充沛的体能。

（二）运动与能量的利用

任何运动都是通过骨骼肌的收缩和舒张活动来完成的，人体运动表现好，除了前面提到的需要有相应系统供能外，还需要骨骼肌本身强大的机能。骨骼肌的机能如最大力量、爆发力和肌肉耐力等是运动表现的基础。

1. 运动与骨骼肌

肌肉收缩是完整机体的主要活动形式之一，许多生理功能都借此得以实现。人体内的肌肉组织包括骨骼肌、心肌和平滑肌 3 种。骨骼肌是体内最多的组织，约占体重的 40%。在运动过程中，骨骼肌收缩提供人体运动的动力，人体各种形式的运动主要是靠骨骼肌收缩活动来完成的。

（1）肌纤维类型。根据肌肉的颜色，肌纤维可划分为红肌纤维和白肌纤维。根据肌纤维的收缩速度，肌纤维还可划分为快肌纤维和慢肌纤维。根据肌纤维的收缩速度及代谢特征，其可划分为快缩糖酵解型（FG），快缩氧化糖酵解型（FOG）和慢缩氧化型（SO）。根据肌球蛋白重链同功型，肌纤维可划分为 I、IIa、IIx（或 IId）和 IIb 型肌纤维（表 3-2，图 3-7）。

表 3-2　肌纤维分类对应表

收缩速度	颜色	肌球蛋白重链亚型	颜色和收缩速度	收缩速度和代谢特征
快肌纤维	白肌纤维	IIb	快缩白	FG
		IIa	快缩红	FOG
慢肌纤维	红肌纤维	I	慢缩红	SO

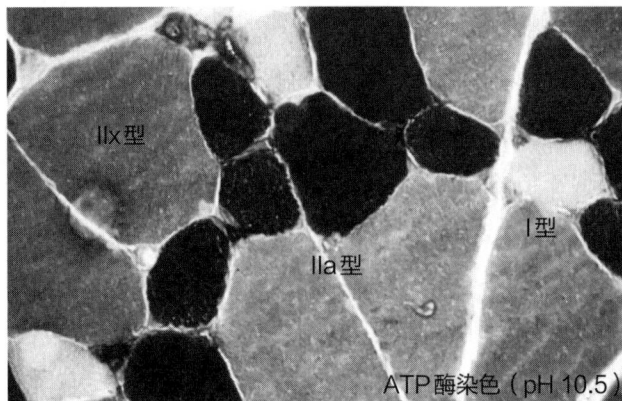

图 3-7 显微照片显示肌纤维类型：I 型、IIa 型和 IIx 型

（2）不同类型肌纤维的形态、机能及代谢特征。

形态特征。不同类型的肌纤维具有不同的形态特征。一般来说，快肌纤维的直径较慢肌纤维大，快肌纤维含有较多的收缩蛋白，肌浆网也较慢肌纤维发达。但慢肌纤维周围的毛细血管网较快肌纤维丰富，并且慢肌纤维含有较多的肌红蛋白，因而慢肌纤维通常呈红色。慢肌纤维含有较多较大的线粒体。在神经支配上，慢肌纤维由较小的运动神经元支配，运动神经纤维较细，动作电位传导速度较慢，一般为 2~8m/s；而快肌纤维由较大的运动神经元支配，其神经纤维较粗大，动作电位传导速度较快，可达 8~40m/s。

机能特征。快肌纤维收缩速度较慢肌纤维收缩速度要快。肌肉收缩的力量大小与单个肌纤维的直径和运动单位中所包含的肌纤维数量有关。由于单个快肌纤维的直径大于慢肌纤维，而且快肌运动单位中所包含的肌纤维数量一般多于慢肌运动单位，因此，快肌运动单位的收缩力量要明显大于慢肌运动单位。另外，不同类型肌纤维的抗疲劳能力不同。慢肌纤维抵抗疲劳的能力比快肌纤维强得多。这是因为慢肌纤维中的线粒体体积大而且数目多，线粒体中有氧代谢酶活性较高，肌红蛋白的含量也比较高，毛细血管网较为发达，因而慢肌纤维的有氧代谢潜力较大。快肌纤维比较容易疲劳，主要是因为快肌纤维的有氧代谢能力较低。快肌纤维含有较丰富的葡萄糖酵解酶，无氧酵解能力较强，所以在收缩时所需的能量大都来自糖的无氧代谢，从而引起乳酸大量积累，最终导致肌肉疲劳。

代谢特征。慢肌纤维中，氧化酶系统的活性要明显高于快肌纤维。慢肌纤维中作为氧化反应场所的线粒体体积大而数量多；快肌纤维中，线粒体的体积小，而且数量少。实验证明，慢肌纤维氧化脂肪的能力为快肌纤维的 4 倍。而快肌纤维中与无氧代谢有关的酶的活性明显高于慢肌纤维，可见快肌纤维的无氧代谢能力较慢肌纤维强。

（3）运动时不同类型运动单位的动员。在运动中，不同类型的肌纤维参与工作的程度依运动强度而定。高耐克等人让受试者以 2/3 最大摄氧量强度运动，发现慢肌纤维中的糖原首先被消耗，继而消耗快肌纤维中的糖原。甚至当慢肌纤维中的糖原消耗殆尽时，快肌纤维中还有糖原剩余。而以 150% 最大摄氧量强度运动时，快肌纤维中的糖原首先被消耗。这说明，在以较低强度运动时，慢肌纤维首先被动员，运动强度较大时，快肌纤维首先被动员。因此，采用不同强度的练习，可以发展不同类型的肌纤维。为了增强快肌纤维的代谢能力，训练计划必须包括大强度的练习；如果要提高慢肌纤维的代谢能力，训练计划就要由低强度、持续时间较长的练习组成。

（4）肌纤维类型与运动项目。一般人上下肢肌肉的慢肌纤维百分比平均为 40%~60%，但在肌纤维组成方面个体差异较大。研究发现，运动员的肌纤维组成具有项目特点。参加时间短、强度大的项目的运动员，其骨骼肌中快肌纤维百分比较从事耐力项目的运动员和一般人高；相反，参加耐力项目的运动员的慢肌纤维百分比高于参加非耐力项目的运动员和一般人。参加既需要耐力又需要速度的项目（如中距离跑、自行车等）的运动员，其肌肉中快肌纤维和慢肌纤维百分比相当。

2. 骨骼肌的神经支配

脑以及脊髓控制着肌肉收缩的力量，但控制肌肉的最终途径是通过运动单位完成的。

（1）运动单位。一个α-运动神经元和受其支配的肌纤维所组成的基本的肌肉收缩单位称为运动单位（Motor Unit，MU）。运动神经元由位于脊髓前角或脑干核内的神经元胞体和从胞体延伸的树突以及从胞体延伸并支配肌肉的部分运动神经的一个运动轴突组成。在骨骼肌内，轴突分成几个分支，每个分支支配一条肌纤维。

运动单位的大小是不同的。一个运动单位中的肌纤维数目因肌肉不同而有所差别。眼外直肌每个运动单位只有5~7条肌纤维，而腓肠肌有200多条肌纤维。一般来说，一个运动单位中的肌纤维数目越少就越灵活，但产生的力量小；而越多则产生的张力越大，但灵活性差。在同一运动单位中的肌纤维的兴奋与运动是同步的，而同一肌肉中不同运动单位的肌纤维的活动则不一定是同步的。

（2）运动单位动员。肌肉收缩时产生张力的大小与兴奋的肌纤维数目有关。肌肉收缩时参与的肌纤维数目越多，产生的张力就越大。由于肌肉中所有的肌纤维都属于不同的运动单位，因此同时兴奋的运动单位数目决定了张力的大小。张力不但与兴奋的运动单位数目有关，而且也与运动神经元传到肌纤维的冲动频率有关。参与活动的运动单位数目与兴奋频率的结合，称为运动单位动员（MUI），也可称为运动单位募集。

当肌肉做持续最大收缩时，运动单位动员可以达到最大水平，肌肉力量会随收缩时间的延长而减弱，但运动单位动员基本保持不变。这说明在最大力量收缩时，肌肉运动单位动员已经达到了最大值，随着疲劳程度的增加不会有新的运动单位再参与工作。由于肌纤维动作电位的产生和传导是相对不疲劳的，因此，在整个肌肉收缩过程中，运动单位动员始终保持最大水平（图3-8上）。但由于肌肉疲劳时每个运动单位的收缩力量相对减弱，因此在持续最大用力收缩过程中，肌肉张力逐渐减弱（图3-8下）。

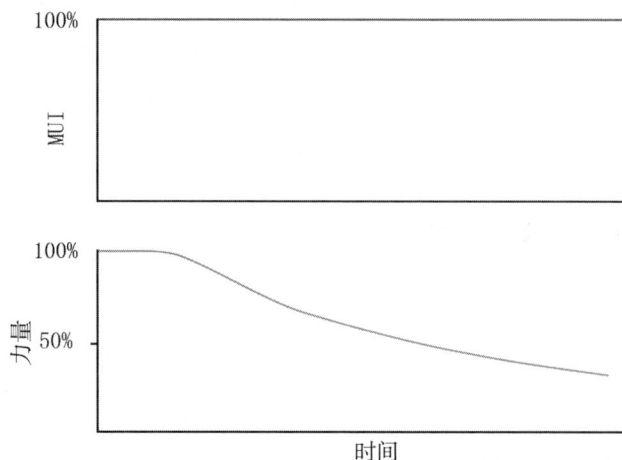

图3-8　肌肉用最大力量收缩时肌力与运动单位动员的关系

如果肌肉保持次最大力量（50%最大力量）收缩至疲劳，可以发现，在持续收缩过程中，肌肉的张力可以基本保持不变（图3-9下），但运动单位动员却逐渐增加（图3-9上）。这是因为在次最大用力收缩中，在开始阶段只需要动员较少数量的运动单位就可以产生足够的力量，随着疲劳程度增加，参与工作的每个运动单位的收缩力量会有所下降。为了维持肌肉力量，就必须动员较多的运动单位参与工作，因此在一定范围内，肌肉力量可以维持，但运动单位动员却随着疲劳程度的增加而增加。

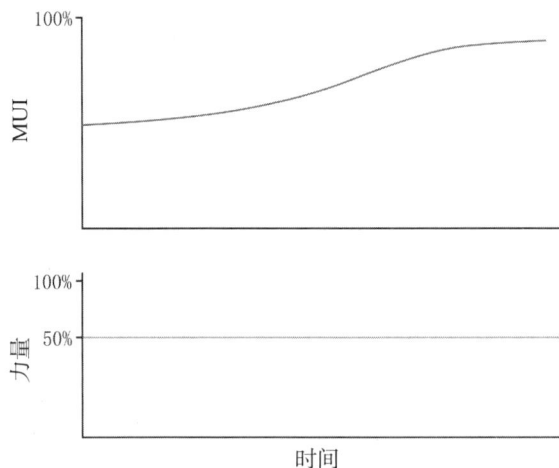

图3-9 肌肉用最大力量的50%持续收缩时肌力与运动单位动员的关系

二、力量训练的神经肌肉生物学原理与生理学适应

力量是人体对抗阻力的能力，是速度、耐力、灵敏和柔韧等身体素质的基础。人体姿势的维持、肢体的移动和克服阻力对外做功等都需要一定水平的肌肉力量。肌肉力量可表现为绝对肌力、相对肌力、肌肉爆发力和肌肉耐力等几种形式。

（一）力量的生物学影响因素

肌肉力量主要有两大生物学影响因素——"肌源性"和"神经源性"影响因素。前者包括肌肉生理横断面积、肌纤维类型、肌肉收缩时的初长度等。如肌肉力量与肌肉生理横断面积、快肌纤维百分比成正比；收缩前牵拉肌肉使力量增加的原因，除初长度改变、活化的横桥数目增加外，还与牵张反射和肌肉的弹性成分有关。后者包括中枢神经系统状态与激活水平、中枢神经对肌肉的协调和控制能力等。此外，年龄、性别、体重等因素通过影响上述因素而影响力量。

（二）力量训练的神经肌肉生理学适应

1. 肌纤维类型及其训练的适应

肌纤维类型按照颜色分为红肌纤维和白肌纤维，按照肌肉收缩速度分为慢肌纤维和快肌纤维，按照肌球蛋白重链同功型分为I型和II型，其中II型又分为IIa、IIb和IIx型。

肌纤维类型主要由遗传决定，但是在运动训练中可以选择性地增加肌肉横断面积，如在长期力量训练中可以选择性增加快肌纤维的横截面积，虽然肌纤维类型数量百分比没有发生明显变化，但是其面积百分比却发生较大变化。肌肉的增粗主要是因为肌肉蛋白质的合成增加，而不是因为肌纤维数量的增多。横截面积增加可以提高肌肉力量，但是并不能使肌肉收缩速度加快。相反，由于肌肉拉伸范围的减小，肌肉的收缩速度受到影响。在增加肌肉横截面积的同时，注意加强肌肉柔韧性的训练。

从分子角度来看，抗阻训练的适应性主要是因为特异性蛋白质合成增加，从而改变细胞特点。骨骼肌的重塑始于特异性负荷刺激，激活一系列细胞内信号传导通路。这些信号介导酶活性、基因表达和蛋白质生物合成，最终调节肌肉蛋白组。因此，抗阻训练导致的功能改变，如肌肉质量增加和代谢改善，与特应性分子反应有关。长期力量训练导致的肌肉肥大适应机制和雷帕霉素复合物1（mTORC1）信号通路有关。骨骼肌蛋白质的合成离不开原材料蛋白质的补充，也离不开促合成激素如睾酮和生长激素等的影响，每种激素的刺激强度都有一定的阈值。只有达到这一阈值的运动，才能使促合成激素分泌增加，以及骨骼肌蛋白质合成。

至于运动训练是否能使肌纤维类型发生转化，行业内有不同的观点。力量训练不能使慢肌纤维变为快肌纤维，即使有少量变化，因为日常的小强度工作，快肌纤维特性也会很快消失。另外，神经交互支配的动物实验可以使快、慢肌纤维相互转化。

2. 肌肉收缩的神经支配与训练适应

运动神经对肌肉收缩的支配主要体现在3个方面。

（1）中枢神经募集作用。其主要表现为增加运动单位募集的数量。当运动负荷较小时，机体主要募集较少的慢肌运动单位参与工作；随着运动负荷的增加，参与工作的运动单位数目增加，而且快肌运动单位也逐渐参与工作。根据负荷大小有序募集运动单位被称为运动单位募集的大小原则。

（2）提高运动单位的兴奋性。肌肉收缩速度的改变首先取决于运动单位的募集数量。肌肉以20%的最大力量收缩时，动员40%的运动单位；肌肉力量达到最大力量的50%时，动员所有应该参与运动的运动单位。此后力量的增加就需要靠提高运动单位的冲动频率，达到完全强直收缩，而不能或很少通过运动单位的募集。高频率的神经冲动使肌肉力量的募集速度加快，并能在最短时间内达到最大力量。

（3）肌内和肌外的协调。其包括一块肌肉内不同运动单位的协调和不同肌肉之间的协调。2~3周的力量训练使最大力量增加，肌肉横断面积不变，主要是肌内和肌外的协调能力的改善。20~30次训练课后，力量发展进入平台期，协调能力的改善对肌肉力量增长的影响逐步减弱，此后主要靠肌肉横断面积的增长。主动肌、协同肌和拮抗肌不同程度的动员可以增加肌肉力量，如：主动肌最大限度地动员、协同肌适度动员可以辅助主动肌的发力；拮抗肌适度收缩可以加固关节，为主动肌的收缩提供条件。

3. 肌肉工作方式与训练适应

爆发力是指在最短时间爆发出最大力量和速度的能力，是力量与速度的综合表现，也就是人体运动时所输出的功率。最大功率出现在力量速度曲线的1/3处，但是该结论是在实验室条件下对单块肌肉研究的结果（图3-10a），而运动实践中的肌肉活动不仅是多块肌肉参与活动，而且是在参与活动肌肉的主动肌、协同肌和拮抗肌等不同作用条件下实现的，该结论只有参考意义。一般最大功率出现在最大力量的30%~60%或者50%~60%处。运动员和普通人的力-速度曲线是一样的，只是运动员的整体水平右移。

不同专项运动员为了发展不同的能力，需要采取不同的训练负荷强度（图3-10b）。如橄榄球和棒球运动员都需要发展爆发力，但是橄榄球运动员需要更大的力量，以力量速度为主，因此训练的负荷强度较大；

而棒球运动员需要更大的速度，以速度力量为主，训练的负荷强度较小而速度较大（图3-10c）。而短跑、跳跃运动员需要更多地发展反应力量，训练负荷强度更小，而更应该注重速度提升。

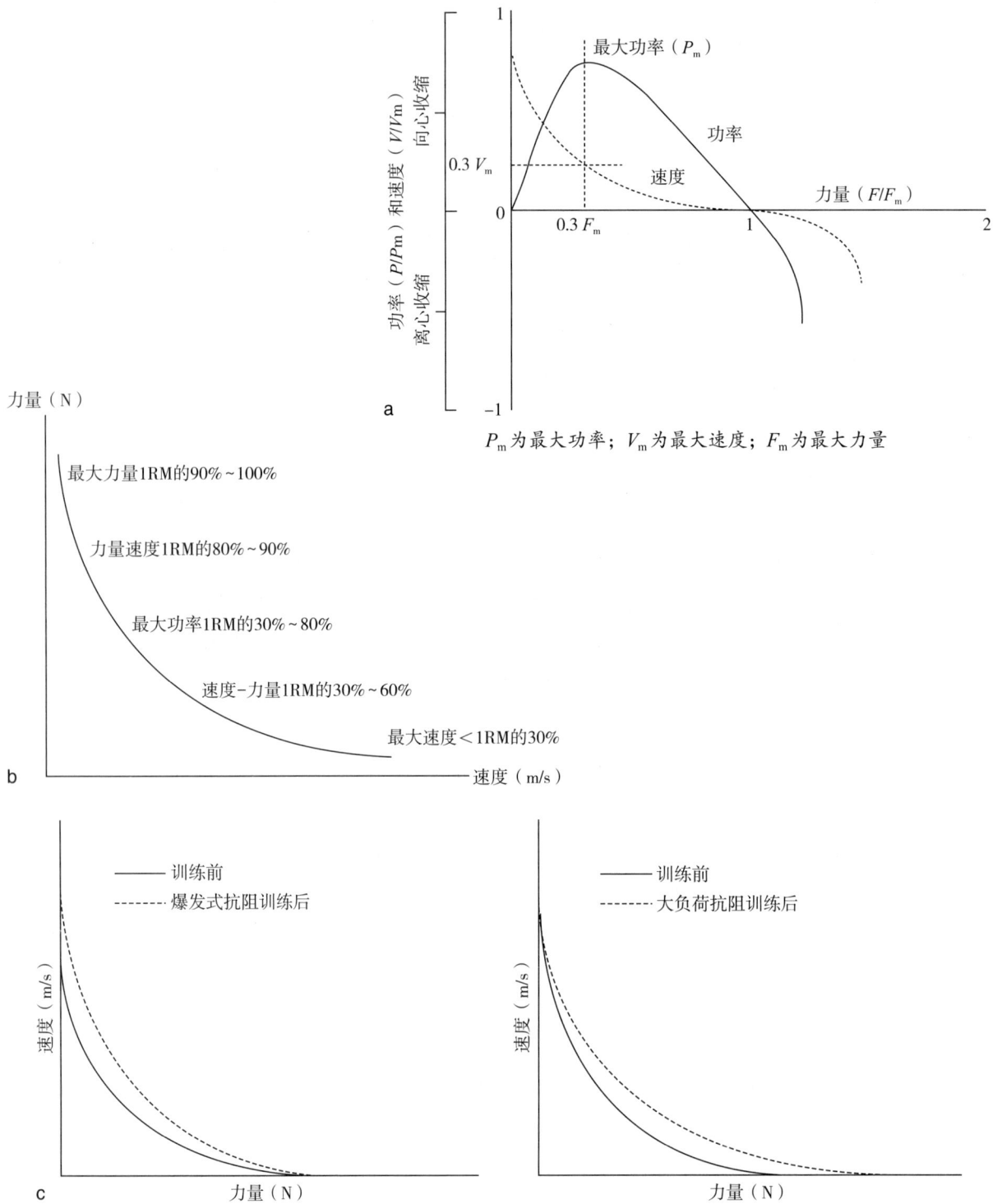

P_m为最大功率；V_m为最大速度；F_m为最大力量

图3-10　力量-速度曲线

三、速度与灵敏性训练的生物学原理与生理学适应

速度素质指人体进行快速运动的能力，或最短时间完成某种运动的能力。其按在运动中的表现可以分为反应速度、动作速度和位移（移动）速度3种形式；其按在运动中的具体形式，又分为直线速度和变向速度两类。在直线上产生高速率，通常表现为冲刺能力，是在需要奔跑的运动项目中获胜的基本要求，但在实际比赛中，运动员主要进行变向移动。因此，运动员的成功在某种程度上依赖于通过快速的、有效的变向来应对不断变化的场上环境。灵敏素质是指在各种突然变换的条件下，人体能够迅速、准确、协调地改变身体的空间位置和运动方向以适应变化的外界环境的能力。它是人体的运动技能、神经反应和力量、速度、柔韧、协调等各项素质的综合表现。速度、变向和灵敏性具有相似性，也有一定的差异性。速度是运动员具有的加速并达到最大速度的能力，而灵敏性是运动员"感知—分析综合—决策"与减速后向目标方向再加速的能力。

（一）速度与灵敏性的生物学影响因素

直线速度、变向速度和灵敏性是在运动中力量产生的动态表现形式，因此影响力量产生的生物学因素也会影响速度与灵敏性。速度与灵敏性的生物学影响因素如下。

1. 大脑中枢放电频率

神经肌肉功能对速度的影响至关重要，因为中枢神经系统与肌肉的活动相互作用，最终影响着肌肉的收缩速度和强度。大脑中枢放电频率的增加可以提高肌肉力量的产生和力量产生速率，可以提高运动的频率，而大脑放电幅值的增加可以增加运动的幅度，两者结合起来可以提高运动速度。譬如力量训练、快速伸缩复合训练等都可以增加大脑中枢的放电频率和幅值，提高运动速度。

2. 离心制动能力

有效制动是灵敏性的表现之一，与神经系统发展有关的高速度、高强度离心收缩应该受到重视。离心收缩中的运动单位募集方式与向心收缩不同，而且离心训练对离心负荷的速度来说具有高度特异性。另外，运动员的灵敏性还涉及感知觉的灵敏、分析综合能力和决策能力，因此灵敏性与视觉、听觉、预判能力、决策能力以及大脑反应时间有关，还与大脑处理战术情况的策略能力有关。

3. 肌纤维类型及其兴奋性

肌肉中快肌纤维占优势，其速度素质一般较高。快肌纤维百分比越大且快肌纤维越粗，肌肉收缩速度则越快。速度性项目运动员肌肉中快肌纤维百分比及横截面积均较其他项目运动员大，因此认为速度型运动员腿部肌肉中快肌纤维较多，使之能获得较大的动作速度。较多的快肌纤维的多少成为获得该项运动优异成绩的先决条件之一。另外，训练水平越高、赛前状态适宜、准备活动充分、心理素质良好，均会使肌纤维的兴奋性增加，从而提高运动员的动作速度和灵敏性。

4. 运动条件反射的巩固程度

运动条件反射的巩固程度对动作速度的大小和灵敏性有较大影响。平时在训练中熟练掌握技术动作，在比赛中稳定发挥技术动作，无疑可提高动作速度和灵敏性。

另外，动作速度还与神经系统对主动肌、协调肌和对抗肌的调节能力有关，并与肌肉的无氧代谢能力有密切关系。

（二）速度与灵敏性训练的生理学适应

速度和灵敏性是决定运动员快速完成各种动作或者变向的能力，是运动员的重要素质。长期进行有针对性的速度和灵敏性训练，可以引起与其密切相关的神经肌肉和代谢的适应性变化。当以最大速度运动时，能量消耗极快，但由于持续时间短且总耗能并不是很多，磷酸肌酸（CP）和糖酵解是主要的供能来源，供能物质主要有肌内CP和糖原，肌外能量物质基本不起作用。

1. 提升神经系统的支配和协调能力

经常性的速度和灵敏性训练有利于运动员迅速建立起大脑皮质中相关中枢之间的暂时联系，具体表现为运动神经的兴奋性提高，加强对拮抗肌的抑制作用、增强协同肌的协同收缩效果。

2. 快肌纤维选择性肥大

快速运动中，骨骼肌以募集快肌纤维为主，系统的速度训练后，快肌纤维会产生适应性的增粗，从而提升了快肌纤维的做功能力。但是，速度训练后产生的肌纤维增粗的效果并不如力量训练明显。另外，运动员能否募集II型肌纤维（尤其是IIx型肌纤维）也很重要，未经训练的运动员通常只能募集有限的IIx型肌纤维，但是通过有效的速度训练可以提高运动员募集IIx型肌纤维的能力。

3. 磷酸原供能能力加强

速度训练能够明显提高肌肉的CP储量和肌酸激酶（CK）的活性，提高运动时ATP、CP分解率和再合成能力。从机能水平上表现为最大功率输出增加和维持时间延长，运动后ATP、CP恢复能力增强。运动训练对ATP的储量影响不大。

4. 糖原酵解酶活性增强

速度训练后可以使肌糖原的分解速度加快，在更高水平的速度上产生ATP，从而使糖酵解供能的输出功率增大。

5. 提高肌肉对乳酸的缓冲能力

肌肉快速收缩过程中通过糖酵解产生大量乳酸，影响细胞内酶蛋白与底物的结合及催化作用，抑制糖酵解限速酶活性；同时，也使肌肉兴奋收缩耦联机制受到影响，抑制ATP的水解，造成运动能力下降。8周的短跑训练可以提高50%的肌肉对乳酸的缓冲容量。机体对酸的耐受和缓冲能力增强，能在较低的pH值内环境中保持糖酵解合成ATP的能力。

6. 提高运动感知能力

良好的灵敏素质可以增强运动感知能力，从而提高身体控制能力。另外，长期的灵敏素质训练可以有效加深运动员对运动场景的了解，让其对突如其来的外界刺激做出快速预判，并能迅速确定处理方案，熟知如何对刺激做出准确的反应，从而提高快速反应能力。

四、有氧耐力训练的生物学与生理学适应

(一)有氧耐力的生物学影响因素

人体运动是一个能量供应和能量利用的过程,运动训练是一个不断提高人体供应能量和利用能量的能力的过程。人体运动所需的能量来自磷酸原、糖酵解和氧化能三大供能系统,其中氧化能系统是有氧耐力专项运动员的主要供能系统。反映有氧供能能力的两大生理学指标主要包括机体摄取和利用氧气的最大能力,也就是最大摄氧量(VO₂max)和在较高VO₂max百分比强度下运动持续的时间(VO₂max百分比利用率、无氧阈AT)。而反映机体能量利用的能力主要是运动经济性。下面就3个指标加以阐述。

1. 最大摄氧量及其影响因素

最大摄氧量(Maximal Oxygen Uptake, VO₂max)是指人体在进行有大量肌群参加的长时间剧烈运动中,当心肺功能和肌肉利用氧的能力达到人体极限水平时,单位时间内(通常以每分钟为计算单位)所能摄取的氧量,也称最大耗氧量(Maximal Oxygen Consumption)。它反映了机体吸入氧、运输氧和利用氧的能力,是评定人体有氧工作能力的重要指标之一。VO₂max是反映有氧工作能力最重要的指标之一,而有氧工作能力被美国心脏病学会列为与呼吸、体温、脉搏和血压同等重要的人体基本生命体征之一。"最大摄氧量"最初是由学者希尔在1923年发现并定义的,其影响因素如下:呼吸系统的通气和换气功能、血液系统运输氧气的能力、心血管系统的泵血功能和骨骼肌组织摄取和利用氧气的能力,当然还包括中枢神经系统对各大组织、器官和系统的统一协调能力等。从理论上来说,几大系统都会影响VO₂max,从而影响有氧工作能力。但在实践应用中,对健康受试者或者运动员来说,由于某些系统功能潜力巨大或者不足,这几大系统并不一定都是他们VO₂max的限制因素,至少在决定VO₂max大小方面不会同等重要;特别是不同水平、不同专项运动员,以及在运动员的不同训练阶段,限制因素并不完全相同。

对于限制VO₂max的生理学因素主要有两种理论:中枢理论和外周理论。前者理论支持者认为血液运输氧气的能力和心脏的泵血功能是最主要的限制因素。他们认为受试者在经过运动训练后,血液量和心脏出现适应性改变,导致每搏输出量和心输出量增加,从而增加VO₂max。而当VO₂max达到一定水平后,即使继续训练导致骨骼肌出现大量有氧供能适应后,VO₂max也不会继续增加。同时他们还认为人体骨骼肌利用氧的能力是人体所测VO₂max的2倍,因此限制人体VO₂max提高的主要因素是氧气运输系统。后者理论支持者认为肌肉利用氧气的能力才是最主要的限制因素。只要肌肉用氧的能力增强,一旦动静脉氧差加大,VO₂max就会相应提高。因此骨骼肌线粒体的大小和数量,以及线粒体氧化酶的活性等是影响VO₂max的主要因素。前人对健康成年人VO₂max的限制因素进行了系统研究,分析已发表的44篇关于VO₂max限制因素的文章,得出结论如下。氧气运输系统(血液、心脏和骨骼肌毛细血管的血液灌注)是VO₂max主要的限制因素,同时骨骼肌用氧能力的增强导致线粒体摄取氧气能力增强,动静脉氧差增加,也对VO₂max的提高有一定贡献;但是随着VO₂max的提高,心输出量加大,血流速度加快,静脉血流经肺泡的时间缩短,导致动脉氧分压下降,部分削弱了由于骨骼肌用氧能力增强所致的静脉氧分压下降,从而使动静脉氧差变化不明显,因而对VO₂max的限制作用减弱。

2. 无氧阈及其影响因素

在递增负荷运动中,血乳酸浓度随运动负荷的递增而增加,当运动强度达到某一负荷时,血乳酸浓度

会急剧增加。血乳酸出现急剧增加的那一点（乳酸拐点）称为"乳酸阈"，这一点所对应的运动强度即乳酸阈强度。它反映了机体的代谢方式由有氧代谢为主过渡到无氧代谢为主的临界点或转折点，也经常叫无氧阈。无氧阈的测试方法有很多种，如测试血液乳酸、通气量、心率或者肌电图也能反映这一拐点。

大部分研究都认为长距离跑步世界冠军获得者都有较高的VO_2max，但也有研究认为非裔少年的VO_2max水平并不比丹麦人高，但其有氧能力却显著强于丹麦运动员。研究者认为他们能在较高最大摄氧量百分比下维持较长时间的有氧运动，也就是有较高的无氧阈。肯尼亚马拉松跑世界纪录保持者可以用VO_2max跑完5000m全程；在10km跑步中，用97%~98%VO_2max的速度跑完全程。也有大量的研究表明，肯尼亚运动员在跑台训练中可以用93%~96%VO_2max的速度跑完10km，心率达到其最大心率的97.3%。这说明运动员除了较高的VO_2max外，更有可能是因为能够维持较大VO_2max百分比完成运动，也就是较高的无氧阈水平。无氧阈水平的高低主要与下列生理因素有关。

（1）肌纤维类型。有大量研究认为耐力专项运动员运动成绩与I型肌纤维呈中到高度相关，而且肯尼亚长跑选手大都有较多的I型肌纤维（超过70%）。但是，南非长跑运动员I型肌纤维百分比较肯尼亚选手的低，他们的长跑成绩并不比肯尼亚选手差。因此很难得出长跑运动员一定具有更多的I型肌纤维的结论。到现在为止，优秀耐力运动员肌肉活检数据并不多见。

（2）骨骼肌线粒体氧化酶活性。骨骼肌中线粒体氧化酶的活性与运动中底物有氧代谢的能力高度相关。如果骨骼肌线粒体越多，运动时肌肉脂肪代谢速度越快；如果氧化酶活性高，则同等强度运动时，血液乳酸浓度越低。如柠檬酸合成酶、琥珀酸脱氢酶和甘油 -3- 磷酸脱氢酶与长跑运动成绩高度相关。

（3）骨骼肌毛细血管。骨骼肌毛细血管是决定骨骼肌氧化能力的一个关键因素，与VO_2max高度相关。毛细血管密度与无氧阈速度高度相关。萨尔廷发现，肯尼亚运动员比其他地区选手有更高的毛细血管密度。在1977年安德森和亨里克松发现毛细血管密度随训练增加。还有研究发现，股外肌内的纤维毛细血管数量和自行车功率计运动时所测的VO_2max有很强的相关性。训练引起的毛细血管密度增加的主要意义，不是为容纳血流量，而是为维持或延长平均通过时间。这可以在高速血流通过时维持（组织）氧摄取能力增强氧运输能力。骨骼肌以此方式适应训练的能力远远超过了肺的适应能力。

3. 运动经济性及其影响因素

另外一个决定有氧耐力的关键因素就是运动经济性（Exercise Economy, EE），其指在一定亚极量强度下运动时消耗尽可能少的O_2，是体现运动能量节省化的重要指标，包括跑步运动员的跑步经济性、自行车运动员的骑行经济性、游泳运动员的游泳经济性和滑冰运动员的滑行经济性等。与高加索人相比，肯尼亚人的慢肌纤维百分比并没有明显区别，但是他们在一定的速度下跑步，肯尼亚人消耗的氧气量更少，这可能与身体围度有关。从生理学方面看，耐力运动是提高跑步者VO_2max、改善跑步经济性的主要手段，但相关研究结果表明，耐力训练虽然能提高低训练水平跑步者的跑步经济性，但耐力训练并不能使高水平中长跑运动员（VO_2max能力已经很高）的跑步经济性得到提高。有研究表明，骨骼肌力量的提高或减弱都能使肌肉的工作效率产生同步变化，进而影响到肌肉运动经济性；力量训练导致活动肌肉运动经济性的提高，与肌肉本身的功能改善有关。

运动经济性是影响耐力表现的因素之一，要提高运动经济性，应结合生物力学等进行综合分析。运动经济性与运动技术、神经系统的协调能力密切相关，与骨骼肌慢肌纤维的分布、线粒体特点、下肢刚度有关，也与更低的呼吸能耗有关。

（二）有氧耐力训练的生理学适应

有氧工作能力的具体训练方法有很多，但是不管这些训练方法如何实施，都是从影响有氧工作能力的主要因素和子因素入手的，如提高 VO_2max、无氧阈和运动经济性等。卡斯滕认为训练提高 VO_2max 的机制主要用 Fick 方程来体现（图3-11）。

$$VO_2max = SV \times HR \times (a-\bar{v}O_2diff)$$

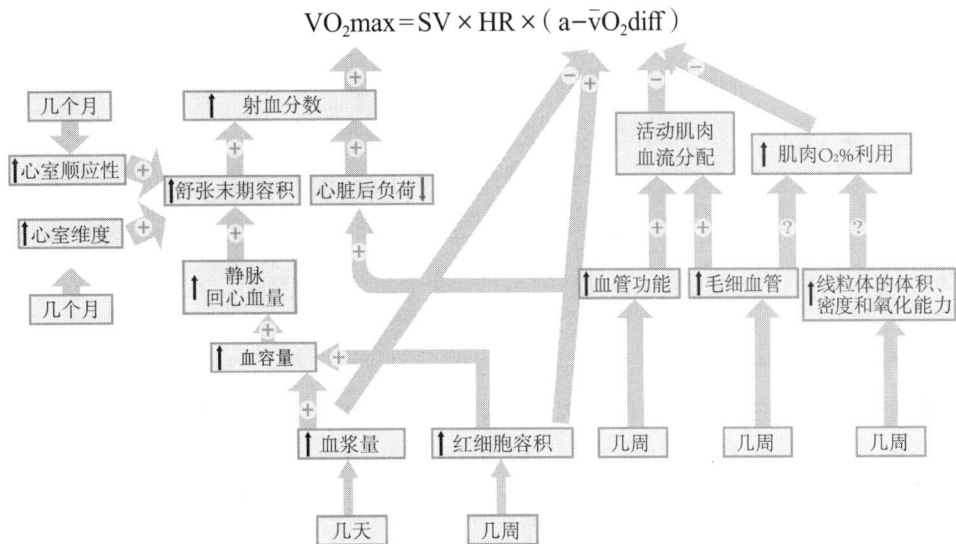

图 3-11　运动训练提高 VO_2max 的生理学机制

（SV=每搏输出量，HR=心率）

资料来源：LUNDBY C，MONTERO D, JOYNER M. Biology of VO_2max: looking under the physiology lamp [J]. Acta Physiologica, 2017，220（2）:218-228.

在运动训练的几个小时至几天内，血浆量增加；数周的训练后，血液红细胞量增加导致血液运输氧气的能力增强；几个月的训练后，心脏出现适应现象，心脏增大和舒张顺应性增加，这些都会增加每搏输出量和射血分数。另外，几周的训练后即出现外周骨骼肌适应，如毛细血管密度增加、线粒体密度和体积加大、氧化能力增强，但因为骨骼肌摄取利用氧气的潜力巨大，骨骼肌适应并没有增加动静脉氧差，因此对 VO_2max 没有明显影响。当然，这些机制只是作者通过分析大量不同研究团队的结果所得出的可能的机制，尚处于理论探索阶段，对于该问题的回答还需要设计统一、精确控制、构思巧妙的长期运动训练实践加以验证。

近期也有研究发现，有些受试者经过耐力训练后，其 VO_2max 并没有明显变化，被称为"训练无反应者"（Training non-Responder's）。"训练无反应者"一词源自遗传家族研究。以布沙尔为首的学者认为训练无反应者可能是基因多态性所导致的；也有部分学者认为训练无反应者可能是训练强度和持续时间不足所引起的，只要训练促进血液出现适应现象，就不会存在训练无反应者。

运动训练可以或多或少地提高 VO_2max 和有氧工作能力，但是如果没有事先找到受试者的具体短板（限制因素），那么设计的训练方法可能没有针对性，也达不到科学训练的效果。这些训练不仅对有氧工作能力的增强没有帮助，甚至还有可能使受试者出现运动损伤。

五、无氧耐力训练的生物学与生理学适应

（一）无氧耐力的生物学影响因素

无氧耐力是指机体在不需要氧的情况下较长时间进行肌肉活动的能力。肌肉内糖酵解供能的能力、缓冲乳酸的能力以及脑细胞耐受酸性环境的能力是影响无氧耐力的关键因素。

1. 糖原含量及其酵解酶活性

糖无氧酵解供能是指由肌糖原无氧分解为乳酸时释放能量的过程。其供能能力主要取决于肌组织中糖原的含量及其酵解酶活性。实验表明，训练可使机体通过糖酵解产生乳酸的能力及其限度提高。不少学者提出用运动后最大乳酸值来评价无氧代谢能力，他们发现最大乳酸值与以多种无氧代谢为主的运动项目的成绩相关。短时间爆发性项目运动员的最大血乳酸值高于耐力项目运动员和一般人。但也有一些研究人员指出，应用最大血乳酸值评价无氧能力有不足之处。如长期大强度训练可以提高运动员成绩，但不能提高最大血乳酸值，故认为最大血乳酸值不是评价无氧能力的指标。

2. 缓冲乳酸的能力

机体缓冲酸的能力是影响无氧耐力的因素之一。正常情况下，安静时人体的血乳酸水平为 $0.5\sim1.3\,mmol\cdot L^{-1}$，血浆的 pH 值保持在 $7.35\sim7.45$，以维持人体内环境的相对稳定。无氧耐力运动时，糖无氧酵解供能增加，肌肉产生的大量乳酸弥散入血，导致血浆 pH 值下降。血液缓冲系统可在一定范围内通过中和入血的乳酸维持血浆 pH 值，血液缓冲乳酸能力越强，对酸性物质的缓冲作用越明显，无氧工作能力就越强。另外，肝脏可以将乳酸重新合成葡萄糖供机体利用，也可以由非工作肌肉对乳酸进行氧化分解，这些也是决定无氧耐力的关键指标。

3. 脑细胞耐酸能力

大量乳酸进入血液后，虽然借助血液缓冲系统，可通过中和乳酸维持血液 pH 值。但当肌肉生成的乳酸过多，超过了血液缓冲系统的缓冲能力时，血液中乳酸仍会不断堆积，使血液 pH 值不断下降。细胞功能的正常发挥有赖于内环境的相对稳定，尤其是脑细胞对内环境变化的敏感度高，当血液 pH 值降低较多时就会引起全身细胞的功能减弱，尤其是脑细胞的工作能力下降，出现疲劳症状。因此，提高机体细胞的耐酸能力，尤其是提高脑细胞对血液酸化的耐受能力，可显著提高机体的无氧工作能力。

（二）无氧耐力训练的生理学适应

常采用间歇训练、高原训练、低氧训练等方法训练无氧耐力，包括最大乳酸训练和乳酸耐酸能力训练等。

机体生成乳酸的最大能力和机体对它的耐受能力直接与运动成绩相关。研究表明，血乳酸浓度在 $12\sim20\,mmol\cdot L^{-1}$ 是最大无氧代谢训练所敏感的范围。采用一次 1min 左右的超极量负荷不可能达到高水平的血乳酸浓度；而采用 1min 超极量强度跑、间歇 4min，共重复 5 次的间歇训练，血乳酸浓度达到一个很高的水平，最高值可达 $31.1\,mmol\cdot L^{-1}$，表明这种训练可以使身体获得最大的乳酸刺激，是提高最大乳酸能力的有效训练方法。为使运动中能产生高浓度的乳酸，练习强度和密度要大，间歇时间要短。练习

时间一般应大于30s，以1~2min为宜。这种练习强度和时间及间歇时间的组合，能最大限度地动用糖酵解系统供能的能力。

乳酸耐受能力一般可以通过提高缓冲能力和肌肉中乳酸脱氢酶活性而获得。因此，在训练中要求血乳酸浓度达到较高水平。一般认为，在乳酸耐受能力训练时血乳酸浓度在12mmol·L^{-1}左右为宜。在重复训练时维持这一水平，以刺激身体对这一血乳酸水平的适应，提高缓冲能力和肌肉中乳酸脱氢酶的活性。

六、运动性疲劳的生理学特征与恢复

（一）运动性疲劳的概念及其分类

运动性疲劳是由运动负荷引起的机体工作能力暂时性下降的一种正常生理现象，是机体对运动负荷刺激的反应。适度的疲劳可以刺激身体机能水平不断提高。当运动性疲劳继续发展，身体和心理均达到疲惫程度时，就会出现运动性力竭或过度疲劳，后者可能会造成机体损伤以致损害健康。1982年在美国波士顿第五届国际运动生物化学会议上，运动性疲劳被正式定义为：机体不能将它的机能保持在某一特定的水平和（或）不能维持某一特定的运动强度。首次将疲劳时各组织、器官的机能水平和运动能力结合起来分析疲劳发生和发展的规律，并提出了评定运动性疲劳的常用生理生化指标和方法。根据多年的研究，一般认为运动性疲劳是运动本身引起的机体工作能力暂时降低，经过适当时间休息和调整可以恢复的正常生理现象。它是一个极其错综复杂的生理、生化反应过程，对人体是一种保护性机制。

由于运动性疲劳的产生原因和机制十分复杂，根据其产生的部位、运动方式和产生机制等可分为以下几种。

1. 中枢性疲劳和外周性疲劳

中枢性疲劳是指发生在从大脑皮质至脊髓运动神经元的疲劳。中枢神经作为产生兴奋、发放神经冲动以及调节肌肉活动的系统，其兴奋性降低会导致人体机能下降而出现运动性疲劳。中枢性疲劳具体表现为：脑细胞功能降低，运动神经元功能减弱。

外周性疲劳主要发生在神经-肌肉接点、肌细胞膜、细胞器和肌肉收缩蛋白等处。另外，当线粒体的结构和功能改变时，如线粒体氧化磷酸化过程减弱，肌肉收缩能力也会下降，出现疲劳。

2. 骨骼肌疲劳、心血管疲劳和呼吸系统疲劳

骨骼肌疲劳是指由运动引起的骨骼肌收缩能力下降而产生的疲劳，如力量练习引起的肌肉酸痛、僵硬和肌力下降等；心血管疲劳是由运动引起的心血管系统功能及其调节能力减弱而产生的疲劳，如运动后心输出量下降、心率恢复减慢、心电图S-T段上抬或下移、T波倒置等；呼吸系统疲劳是由运动引起的呼吸系统机能下降而产生的疲劳，如剧烈运动时呼吸变浅、呼吸频率加快、胸闷、通气量减少等。

3. 快速疲劳和耐力疲劳

快速疲劳是指由短时间、剧烈运动引起的身体机能下降的现象，如短跑、跳跃和拳击等项目运动所引起的疲劳；耐力疲劳是指由低强度、长时间运动引起的身体机能下降的现象，如竞走、长跑、铁人三项等项目运动引起的疲劳。

4.整体疲劳和局部疲劳

整体疲劳是指由运动引起全身各器官机能下降而产生的疲劳,如足球、篮球和马拉松等项目运动引起的疲劳;局部疲劳是指以身体某一局部进行运动导致局部器官机能下降而引起的疲劳,如负重下蹲引起的下肢肌疲劳和卧推引起的上肢肌疲劳等。通常情况下,局部疲劳可发展为整体疲劳,整体疲劳多包含以某一器官为主的局部疲劳。

5.轻度疲劳、中度疲劳和重度疲劳

轻度疲劳即自我感觉有点累,稍事休息即可恢复,属正常现象;中度疲劳即感觉明显的疲乏、肌肉酸疼、心悸;重度疲劳除有上述症状外,还有头痛、胸痛和恶心甚至呕吐等征象,持续时间较长。

此外,疲劳还可分为心理性疲劳和躯体性疲劳。心理疲劳是心理活动造成的疲劳状态,其主观症状有:注意力不集中,记忆力障碍,理解、推理困难,反应迟钝、不准确,等等。躯体性疲劳是由身体活动引起的运动能力下降的现象,主要表现为动作迟缓、不灵敏、动作协调性下降、失眠和烦躁不安等。在运动竞赛和训练中产生的运动性疲劳,包含躯体疲劳和心理疲劳。因此,运动性疲劳是身心疲劳。

(二)运动性疲劳的原因

20世纪70年代以来,随着生命科学的迅速发展,一些先进的实验技术和手段不断被应用到运动生理学研究领域。因此,研究人员从不同角度对运动性疲劳进行了大量的研究,提出了许多新的理论和假说。

衰竭学说(能量耗竭学说):疲劳产生的原因是机体能量物质的大量消耗。实验证明,长时间运动过程中,运动性疲劳产生时常伴有糖原及CP、ATP含量下降,补充能量物质后,运动能力又有一定程度的提高,表明运动性疲劳与体内能量物质的储量有关。

堵塞学说(代谢产物堆积学说):运动性疲劳是运动过程中某些代谢产物如乳酸、氨等在肌肉中大量堆积造成的。

内环境稳定性失调学说:运动性疲劳是血液pH值下降、机体严重脱水导致血浆渗透压及电解质浓度的改变,使细胞内、外离子平衡遭到破坏等造成的。例如,哈佛大学疲劳研究所证实,在高温环境下工作的工人,因出汗过多而产生严重疲劳时,若只饮水则不能缓解疲劳,如饮用0.04%~0.14%氯化钠水溶液则可缓解或消除疲劳。另有研究报道,当机体失水量达体重5%时,肌肉工作能力会下降20%~30%。

保护性抑制学说:巴甫洛夫学派认为,大脑皮层在高强度或长时间工作过程中处于高度持续兴奋状态,导致大脑能量消耗增多,为了防止过度消耗,大脑皮层由兴奋状态转为抑制,即为保护性抑制。

另外还有突变理论、自由基损伤学说和运动环路失调假说等。

疲劳的基本原因有很多种学说,在运动训练实践过程中,需要具体分析该项目训练或比赛中出现疲劳的具体原因(表3-3),才能有针对性地进行恢复。

表3-3 不同代谢类型运动性疲劳的代谢特征

疲劳因素	磷酸原型	磷酸原-糖酵解型	糖酵解型	糖酵解-有氧代谢型	有氧代谢型
ATP下降	30%	90%	20%~30%	30%	不变
CP下降	90%以上	90%	75%~90%	65%	50%
乳酸积累	少	中	最多	较多	少

续表

疲劳因素	磷酸原型	磷酸原-糖酵解型	糖酵解型	糖酵解-有氧代谢型	有氧代谢型
肌pH值下降	少	少	6.6	6.6	少
肌糖原消耗	—	—	少	中	75%~90%以上
肌内离子变化	—	Ca^{2+}下降	Ca^{2+}下降	K^+下降，Na^+上升	离子紊乱

短跑、跳跃是短时间、最大强度的运动（如100m、200m跑等），由于中枢神经系统，尤其是运动皮层细胞高强度、高频率发放神经冲动，造成神经递质的快速消耗和CP耗竭引起ATP转化速率降低，导致神经系统机能下降。加之骨骼肌细胞中CP、ATP的迅速消耗使其供能速率降低，导致骨骼肌收缩能力下降而发生运动性疲劳。

中跑是短时间、次最大强度的运动（如800m跑等），主要以糖酵解系统供能为主，会造成骨骼肌和血液中乳酸大量堆积和pH值降低，导致神经细胞和骨骼肌细胞的兴奋性下降而产生疲劳。

长跑属于典型的有氧运动，有氧系统供能约在80%以上，无氧糖酵解系统供能为5%~15%，磷酸原系统供能约占5%以下。整个运动过程中主要靠氧化糖分解供能，会造成肌糖原和肝糖原大量消耗、血糖浓度下降、体温升高、内环境稳定性失调、循环功能减弱和骨骼肌氧气供应减少，以及神经系统活动能力下降等而诱发运动性疲劳。

球类运动一般是有氧和无氧相结合的运动，运动时间长，加之技术动作复杂和多变，对运动员的速度、耐力、反应、灵敏和意志要求极高。因此，球类运动员产生疲劳的主要原因有：①能量物质的大量消耗，造成ATP的合成和供给速度受限；②脱水引起电解质丢失、体温升高使酶的活性变性，导致机体代谢紊乱；③酸性代谢物的堆积使体液pH值下降、肌质网释放钙离子的速度减慢，影响骨骼肌的收缩能力；④呼吸、循环系统机能下降，造成氧供应不足；⑤中枢神经系统长时间高度紧张，最终出现保护性抑制等。

（三）运动性疲劳的诊断

不同的运动性疲劳具有不同的生理特征，因此，判断疲劳的方法具有多样性，在运动实践中经常会根据疲劳的部位和原因进行有针对性的测试和诊断。譬如运动系统疲劳主要用肌肉力量判断；呼吸和心血管系统疲劳主要用肺活量、基础心率等判断；感觉器官疲劳的评价指标经常有反应时测定、闪光融合频率等；利用生物电如心电、肌电和脑电判断疲劳；主观用力程度（RPE）判断疲劳；现在主要用生化指标如血常规、血尿素氮、血清睾酮/皮质醇（T/C）比值、血乳酸、尿蛋白、尿胆原等指标应用于运动性疲劳的判断。

（四）运动性疲劳的恢复

恢复过程是指人体在运动过程中和运动结束后，身体生理机能和运动中消耗的能量物质逐渐恢复到运动前水平的过程。在运动时消耗的物质，在恢复期完全恢复后，人体机能才能提高；反之，将会出现过度训练或过度疲劳，使得运动能力下降，甚至出现运动损伤。因此，在运动训练和运动健身实践中，恢复过程与运动过程同等重要，只有机能得到充分的恢复才能取得良好的训练和健身效果。恢复不仅是指训练或比赛后的恢复，而且包含训练或比赛过程中的恢复。在当代运动训练中，恢复的重要性已经得到广泛的认同，有效的负荷刺激必须建立在可以恢复的基础之上，在设计阶段研究训练负荷时就必须考虑到恢复。恢复已经成为运动员，尤其是高水平运动员训练的有机组成部分，其在很大程度上也是一种运动"能力"，这种能力与其他能力一样也需要被专门重视和训练。对恢复问题的高度关注也给运动训练提出了更高的要求，教练不仅要考虑负荷刺激的设计，而且还要注意刺激后机体的疲劳以及疲劳的消除。

恢复性手段有很多种，如运动性手段、营养学手段、中医学手段、冷热水浴和一些心理学手段等。尽管现在的恢复手段和恢复设备层出不穷，但是一定要根据运动员的具体疲劳原因进行有针对性的恢复，如果没有找到具体疲劳原因而进行恢复，往往效果并不理想。

七、停训与赛前减量训练的生理学特征

（一）停训对身体机能的影响

停训（Detraining）又称脱训，是指由于运动训练停止或运动负荷减少，先前训练所产生的解剖、生理适应和提高的运动成绩完全或部分消退。研究发现，短期的休息或减少几天训练不会引起运动能力下降，还有可能对运动能力有促进作用。而长时间减少训练或完全停训会导致身体机能和运动能力下降，甚至出现停训综合征。停训综合征是指从事长期训练的运动员，突然中断有规律的运动训练而出现的各种症状，主要包括眩晕、心前区不适、心悸、心律不齐、头痛、食欲下降、胃肠功能紊乱、失眠、焦虑及忧郁等。

1. 对心、肺功能的影响

较为长期的运动训练或健身锻炼可以明显增强心、肺功能，提高机体的氧运输能力，而停训会使心、肺功能显著减弱。图3-12显示连续84天停训者，其VO_2max、心输出量、每搏输出量等指标的变化情况。研究发现，受试者的VO_2max越大，停训后其下降的幅度也越大，并且停训导致的心、肺功能减弱比同期出现的肌肉力量、功率的下降更明显。当训练频率和时间减少到原来的三分之一时，有氧工作能力才会明显下降，从保持训练效果的角度考虑，保持训练强度对于维持有氧工作能力的作用明显。有人指出，至少应保持70%最大摄氧量水平。因此，运动员在非比赛期应特别注意保持耐力运动水平，一旦心、肺功能明显减弱，则需要长时间的训练才能恢复到巅峰状态。

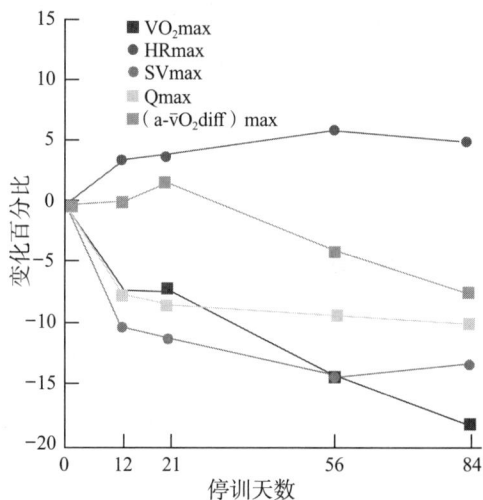

图3-12 停训后，VO_2max与心血管变量关系的时间变化流程图

资料来源：COYLE EF, MARTIN WH 3rd, SINACORE DR, JOYNER MJ, HAGBERG JM, HOLLOSZY JO. Time course of loss of adaptations after stopping prolonged intense endurance training [J]. Journal of Applied Physiology, 1984, 57(6):1857-64.

2. 对不同身体素质的影响

停训后，运动员的肌肉力量和功率会下降，但这种变化在最初的几个月并不明显，主要原因是肌肉废用性萎缩、神经刺激频率降低、肌肉的募集能力受到影响等。停训2周后，肌肉耐力就开始下降，主要原因是糖原储备减少、酶活性降低、肌肉血流量减少、缓冲酸的能力下降等。速度和灵敏素质的退化相对较慢，柔韧性下降却很快，后者的下降更容易导致运动员发生损伤，所以运动员应全年进行柔韧性练习。

3. 停训后身体机能的变化特征与注意事项

训练有素者比初训者在停训后有更大的损失，即从训练中得到的越多，停训后失去的越多。停训后，心、肺功能的下降幅度远大于肌肉力量、耐力和功率的下降幅度。因此，为保持心、肺功能和有氧耐力，每周至少应训练3次，训练强度至少应达到原来正常训练强度的70%。停训会引起骨骼肌萎缩、肌力和功率的下降。但是，在停训期，只要很少的运动刺激就可以保持骨骼肌力量和功率的稳定。

（二）赛前减量训练

1. 赛前减量训练的概念

赛前减量训练是指运动员在参加大赛前的最后几天降低训练负荷，从而减少在训练中的生理和心理压力，以达到最佳竞技状态的训练。降低训练负荷包括：降低训练强度和训练频率、减少训练持续时间等。赛前减量训练期可以是4~28天，甚至更长，这主要取决于运动项目的特点、运动环境及运动员的机能。但是，尖峰状态训练不一定适合所有的运动项目，典型的运动项目（如田径、游泳、自行车、帆船以及铁人三项）较为适用。而对那些参赛频率小于一周的运动项目，休息可能效果更好。通过尖峰状态训练，肌肉力量可以提升，能量储备得到恢复，VO_2max维持平衡，运动成绩得以提高。

2. 赛前减量训量的生理学基础

赛前减量训练主要有两项任务：通过赛前减量训练将运动员从长期训练造成的疲劳状态中解脱出来，消除机体的疲劳；尽可能避免赛前减量而造成运动能力的下降，及保持机体的运动能力。其实质就是疲劳消除与能力消退之间的博弈。赛前减量训练的生理学基础是痕迹效应。

3. 赛前减量训练的主要结构

赛前减量训练安排根据比赛目标设定。赛前减量训练持续时间一般为2~4周，高水平运动员赛前减量早，每周减量幅度小；速度和爆发力项目，赛前减量训练时间要短于耐力项目，运动员个体恢复能力和适应消退速度是影响赛前减量训练时间长短的重要因素，男女运动员赛前减量训练时间无差别。赛前减量训练模式有渐进式减量和非渐进式减量，其中又分为台阶式减量、线性减量、曲线快速和曲线慢速减量。但是哪一种效果好还没有定论。赛前减量训练还需要科学地监控：可以对身体机能状态进行诊断、调整和控制，如T/C比值、红细胞、红细胞比容、血红蛋白、CK、运动经济性、力量、耐力、速度、柔韧性、心境、活力、动机和睡眠等。

4. 赛前减量训练理论对训练实践的指导意义与作用

通过对近年赛前减量训练研究成果的分析与总结，得到以下结论和规律。其对运动训练实践具有重要指导意义和作用。

（1）尽管赛前减量训练受到若干因素的影响，但该训练是一个与训练负荷和机体生理、心理水平密切相关的、可以进行科学控制的过程。把握好减量与疲劳消除之间和减量与适应能力下降之间的关系，是赛前减量训练的关键。

（2）科学地检测和诊断是运动员赛前减量训练成功的保障，主要包括运动能力测试、机能水平测试和心理状态测试3个方面。赛前减量训练的主要任务是使运动员达到最佳的竞技状态，该状态是一个以训练负荷为杠杆的生理和心理调控问题，可以应用各种科学的手段进行检测、分析和评定。

（3）赛前减量训练模式应该形成于平常的训练中。教练和运动员应该将赛前减量训练作为平日训练的一项内容进行研究和演练，建立运动员训练负荷与疲劳程度之间的关系模型，实现对赛前竞技状态的预测和控制。

（4）赛前减量训练应尽可能保持训练的强度。为了避免体能消退，赛前调整过程中必须保持训练的强度。其主要原因在于：首先，训练强度是维持有氧功率、调动无氧激素、维持速度和力量的关键因素；其次，主要受中枢神经支配的速度和爆发力素质的训练"痕迹效应"很短暂，只能维持5天左右，如果在赛前减量训练中大幅度减小训练强度，则不利于速度和爆发力素质的保持。

（5）赛前减量训练应减少训练的负荷量。赛前准备期负荷的减少主要为训练的负荷量减少，相当一部分世界高水平运动员通常将训练负荷量降到原训练量的41%～60%。

（6）赛前减量训练应保持或降低训练的频率。在赛前减量期间，尽管运用减量前训练频率的30%～50%就可以保持运动员的体能和运动水平，但是，对那些参加对技术要求高的运动项目的运动员来说，训练频率的降低也许会加大运动感觉下降的风险。

小结

在特定情况下，运动员的运动表现是多种因素共同发挥作用的结果。除遗传因素之外，影响运动员运动表现最重要的因素之一是运动训练及其产生的适应性。细胞生存的内环境必须保持相对稳定，而运动训练就是在一定范围内打破稳定，在更高水平形成新的稳态。这就是长期运动训练使身体出现的适应性，也是运动能力提高的生物学基础。人体运动的外在本质是动作，是在神经控制下的肌肉收缩和舒张运动；内在本质是能量代谢，是人体通过有氧或者无氧代谢途径提供肌肉收缩运动所需的能量。运动训练的目的就是发展人体的能量代谢能力，使人体在运动过程中能够更快速地产生更多能量，以及改善人体的动作，以提高动作的灵活性和稳定性，提高能量利用的效率，并降低伤病出现的概率。运动训练就是从神经肌肉和能量代谢方面产生特异的适应性改变，从而提高力量、速度和耐力运动表现。

运动训练造成的适度疲劳是人体产生适应的前提，而恢复是产生良好适应的保证。在正式比赛前的适度停训或者减量训练，既有助于运动员从长期训练造成的疲劳状态中解脱出来，消除机体的疲劳；又能尽可能避免赛前减量而造成运动能力水平的下降，保持机体的运动能力。其实质就是疲劳消除与能力消退之间的博弈。

思考题

1.以下哪一种物质不是人体运动时的能量底物？

A. 糖   B. 脂肪

C. 蛋白质   D. 维生素

2. 在运动中感到呼吸困难、缺氧严重的情况下，应该如何调整呼吸？
    A. 加快呼吸频率，加大呼吸深度　　　　B. 节制呼吸频率，加大呼吸深度
    C. 节制呼吸频率，减小呼吸深度　　　　D. 加快呼吸频率，减小呼吸深度

3. 在反映心脏功能指标中，以下哪一个不正确？
    A. 优秀运动员安静时每搏输出量较普通人大
    B. 优秀运动员最大强度运动时每搏输出量较普通人大
    C. 优秀运动员安静时心输出量较普通人大
    D. 优秀运动员最大强度运动时心输出量较普通人大

4. 在三大能量代谢系统中，以下哪一个观点不正确？
    A. 磷酸原系统是无氧代谢，会产生乳酸　　B. 糖酵解系统是无氧耐力的基础
    C. 氧化能系统是长时间运动的主要能量来源　D. 在运动时三大供能系统不是相互独立的

5. 以下哪一项不是长期抗阻训练产生的神经肌肉适应？
    A. 中枢神经募集作用增强　　　　B. 提高运动单位的兴奋性
    C. 肌内和肌外的协调能力增强　　D. 神经中枢放电持久、稳定

6. 爆发力是力量与速度的综合表现，关于力量速度曲线，以下哪一项说法不正确？
    A. 不同专项运动员为了发展不同的能力，需要采取不同的训练负荷强度
    B. 橄榄球运动员需要更大的力量，以力量速度为主，因此训练的负荷强度较大
    C. 棒球运动员需要更大的速度，以速度力量为主，训练的负荷强度较小而速度较大
    D. 短跑、跳跃运动员需要更多地发展反应力量，训练负荷强度更大

7. 以下哪一个不是反映有氧耐力的指标？
    A. 最大摄氧量　　　　B. 最大氧亏积累
    C. 乳酸无氧阈　　　　D. 运动经济性

8. 以下哪一个不是400m跑步运动员疲劳的主要原因？
    A. 乳酸堆积导致pH值下降　　B. 神经细胞和骨骼肌细胞的兴奋性下降
    C. 磷酸肌酸耗竭　　　　　　D. 糖原耗竭

9. 关于停训的有关理论，以下哪个观点不正确？
    A. 训练有素者比初训者在停训后有更多的损失，即从训练中得到的越多，停训后失去的越多
    B. 停训后，心、肺功能的下降幅度远大于肌肉力量、耐力和功率的下降幅度
    C. 为保持心、肺功能和有氧耐力，每周至少应训练3次，训练强度至少应达到原来正常训练强度的70%
    D. 停训会引起骨骼肌萎缩、肌力和功率的下降。因此，在停训期，需要很大的运动刺激才可以保持骨骼肌力量和功率的稳定

第4章
体能训练的营养学基础

邱俊强

学习目标

➤ 了解运动营养的重要性，理解运动营养与体能训练的关系。

➤ 理解和掌握宏量营养素与运动表现的关系。

➤ 理解体能训练中影响运动表现的主要营养因素。

➤ 理解在力量训练、速度训练、高强度间歇训练、耐力训练期间的营养需求，并能够掌握相关营养理论在不同类型体能训练中的应用要点。

➤ 了解体能训练中常用运动营养补剂的功能，掌握运动营养补剂的使用方法。

➤ 理解运动员营养评估的相关知识，掌握运动员营养计划制订方法。

知识导图

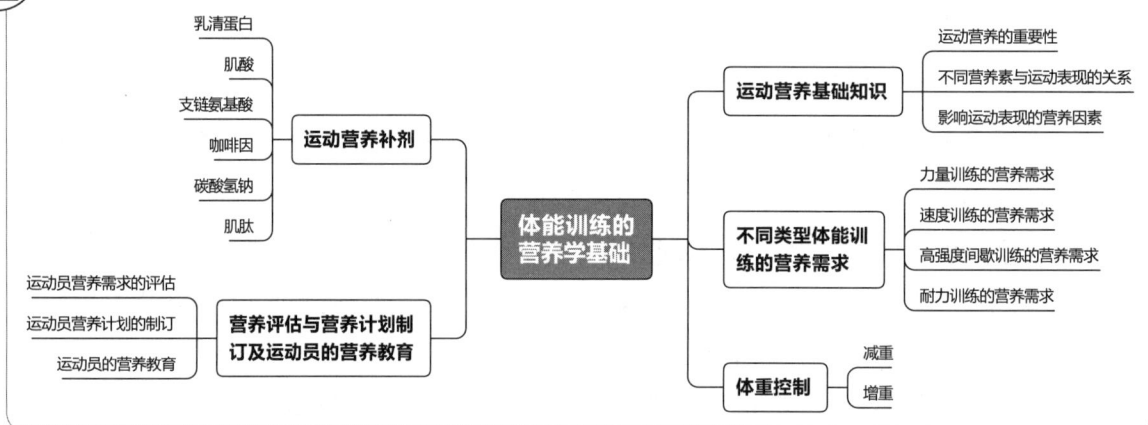

导语

本章主要介绍体能训练相关的营养基础知识，主要包括营养与运动表现的关系、影响体能表现的营养因素等；阐明不同类型体能训练的营养需求，以及如何运用合理的营养手段获得良好体能，并针对体能训练中常见的运动营养补剂进行介绍；介绍运动员合理减控体重及增重过程中的营养措施，以及营养评估的相关知识。

一、运动营养基础知识

（一）运动营养的重要性

摄入足够的营养和保持健康对运动表现提升至关重要。对运动人群而言，在遵循合理运动训练方法原则的基础上，运动表现的提升离不开合理的运动营养方法。尽管运动营养不能完全取代训练，但能够满足运动员取得良好运动表现需要的运动营养需求。运动员通过摄入、消化、吸收营养物质并转化为可供机体组织运动时消耗的能量，进而维持良好的身体代谢机能；延缓中枢性疲劳，保持良好精神状态；增强肌肉功能，提高力量耐力素质；减少运动损伤，提高身体免疫力；促进运动后能量物质的恢复；等等。运动中，基本营养物质作为不同供能系统的底物，在有氧/无氧条件下进行分解供能，微量营养素和功能活性因子的调节作用对于维持机体代谢平衡、促进身体机能改善具有重要作用。同时，为了支持训练和提高运动表现，需要制订科学合理的营养策略，例如：恢复期的营养补充，对于补充训练期间耗尽的营养储备至关重要；搭配膳食时，必须考虑相关运动项目的具体能量需求，以及运动员的日常训练量、年龄、性别和饮食偏好等；关注个体消耗量和摄入量之间的关系，维持动态能量平衡。当科学的运动营养与科学的运动有机联系起来，必然会提升运动表现。

（二）不同营养素与运动表现的关系

运动时，人体内能量消耗大大增加，尤其是骨骼肌内。ATP是肌肉工作时的唯一直接能量来源，肌肉工作时ATP首先水解，但是它的含量很少，如果要维持能量的供给，就必须先分解代谢其他能量物质再合成ATP。

运动中的供能由三大系统——ATP-CP系统、糖酵解系统、氧化能系统完成。前两个系统的代谢过程是不需氧的，故又合称为无氧代谢供能系统，第三个系统需要氧气参与代谢，故称有氧代谢供能系统。3个系统的作用速率、时间和ATP产生量有所差异，对于任何形式的运动，三大系统都会参与供能，但是针对运动的能量需求，每个系统会呈现不同的供能比例以应对不同运动模式所需的能量输出。

三大系统供给的能量主要来源于摄入的食物中营养成分。宏量营养素，如碳水化合物、脂肪（包括脂肪酸和胆固醇）、蛋白质（包括氨基酸），是指在日常饮食中需要大量摄入的营养素。因此，充足的营养素摄入和营养需求的满足是保证良好运动表现的必要前提。

1. 碳水化合物与运动

碳水化合物是人体最重要的宏量营养素之一，能在任何运动场合参与ATP合成。肌糖原能以1 500kcal/h（1kcal约为4186J，此后不再一一标注）的高速率进行无氧代谢供能，维持1min左右的高强度运动；也能以700~800kcal/h的速率进行长时间有氧代谢供能，也是持续2~3h中等强度有氧运动中肌肉的优质燃料；血糖的氧化速率相对较低，为50~250kcal/h，但它是中枢神经系统的基本供能物质。

人体很多重要功能，都依赖于碳水化合物供能来完成。就能量代谢和运动表现来说，在不同组织中碳水化合物具有以下重要功能。

- 在爆发力、速度类运动后，肌糖原提供CP恢复所需的能量。
- 在大强度运动中，肌糖原为主要供能物质。
- 在持续性耐力运动中协助脂肪供能。
- 在糖储备充足时运动，体内蛋白质降解减少。
- 维持运动中血糖（葡萄糖）良好水平，可以缓解中枢神经性疲劳。
- 血糖（葡萄糖）是红细胞的唯一能量来源。
- 充足的碳水化合物补充可增强机体免疫功能。

对耐力型运动者来说，碳水化合物的充足摄入特别重要。1h的高强度有氧运动会使肌糖原减少55%，2h的高强度运动可以几乎耗尽肝脏和活动肌肉中的糖原。耐力运动疲劳的主要原因是肌糖原耗竭。在运动前增加肌糖原储备，可延长20%的肌糖原消耗时间。运动时长大于90min时，运动前增加肌糖原储备有助于提升运动表现。45min或更长时间的运动中，碳水化合物的补充有助于维持运动中的血糖水平和提升耐力运动表现。

2. 脂肪与运动

脂肪（甘油三酯）作为人体的基本能量来源，在人体内有丰富的储量。一名相对较瘦的专项或职业运动员（脂肪占身体的15%）约有10kg的甘油三酯，它们存储在脂肪组织中，能够提供约90,000kcal的能量。这些能量足够一个人完成多个马拉松赛跑和大量的抗阻训练。此外，肌内脂肪中也含有大约300g（2700kcal）甘油三酯。

不同类别的脂肪在体内具有不同的生理学作用，脂肪在人体内的重要功能如下。

- 储备能量。
- 保护重要器官。
- 隔热保温。
- 作为脂溶性维生素的载体。

脂肪是安静和低强度运动时骨骼肌的主要燃料之一。营养充足的个体在静息时，脂肪提供了80%~90%的能量需求。在长时间、低强度的运动（如马拉松长跑、铁人三项等）中，身体所需的大部分能量由脂肪提供。从能量储备量比较，体内的碳水化合物仅能支持约1.6h的高强度跑步，而脂肪储备的能量则可以维持人体持续跑动约120h。但脂肪酸在氧化时耗氧量较高，与糖相比，脂肪在能量相同的情况下比糖的耗氧量高11%。此外，脂肪氧化供能具有减少蛋白质和消耗糖的作用；当脂肪氧化供能能力提高时，则与糖一样，具有减少蛋白质消耗的作用。而高水平耐力型专项或职业运动员也具有较强的脂肪氧化分解能力，运动时机体增大脂肪供能的比例，同样可减少糖的消耗，有效地提高运动成绩。

膳食中的脂肪60%以上来源于动物性食物，40%以下来自植物性食物；从健康角度讲，饱和脂肪的个人摄入量建议不超过10%，全部脂肪的摄入量建议不超过30%。在美国，约15%的热量来自饱和脂肪。鱼油是有益的。经常食用富含ω-3的多不饱和脂肪酸可降低患心脏病的风险、降低患炎症性疾病的风险及获得其他益处，此脂肪酸有益于一般人及运动人士。

3. 蛋白质与肌肉功能

蛋白质是人体必需的主要营养物质，对跑者的主要好处如下。

- 维持组织和细胞的生长、更新和修复。
- 参与多种重要的生理功能，如内分泌调节、体液平衡、酸碱平衡、营养素转送等。
- 促进结构蛋白合成，增强肌肉力量。
- 参与运动供能，有助于提高运动持久性。
- 提高饱腹感，帮助减重。
- 促进抗体、补体和白细胞的形成，提高免疫机能。

蛋白质是构成肌肉的结构基础，同时机体骨骼肌收缩蛋白是人体最大的蛋白储存库，可在禁食、应急和一些极端条件下提供氨基酸和供能。必需氨基酸——亮氨酸，可刺激肌肉蛋白质合成（MPS），这是合成肌纤维必需步骤。然而，长期耐力运动会增进氨基酸（亮氨酸为主）的氧化分解，抑制蛋白质合成、加快骨骼肌蛋白的流失；同时，蛋白质摄入不足以满足日常需求会导致蛋白质负平衡，引起骨骼肌的萎缩、生长抑制和功能减弱，阻碍提升运动表现和增强骨骼肌功能。所以，运动员和健身者比正常人更需要增加蛋白质的摄入。运动员对蛋白质的需要量比一般人高，通常为每日 1.2~1.7g/kg bw，占每日总能量的 12%~15%；力量训练或高强度训练时，适当增加到 2.0g/kg bw。

4. 微量营养素与运动

微量营养素，即维生素、矿物质及其他对生长或新陈代谢来说必不可少的物质，指的是人体需要较少的营养素。运动会加速微量营养物质的代谢，长期训练适应，会使人体对微量营养物质的摄取需求增加。微量营养素短期摄入不足是体内酶活性降低和营养素浓度降低，进而导致机体功能障碍，运动能力减弱的原因之一。另外，在骨骼肌收缩过程中，部分氧分子在还原反应中会转变为自由基，过多的自由基会对细胞膜和线粒体造成攻击，在缺少抗自由基、抗过氧化保护机制的情况下会引发氧化应激的损伤，而足够大强度的运动可诱导脂质过氧化（潜在氧化应激）水平上升，对机体造成潜在损伤。

维生素可根据溶解度分为脂溶性维生素和水溶性维生素。大多数维生素参与肌肉收缩过程，与骨、肌肉的合成分解、调节三羧酸循环和能量代谢相关；部分维生素和矿物质共同参与调节糖酵解、氧化磷酸化过程，生成血红素。研究表明，摄入充足B族维生素与肌肉组织的修复、生成是相关的，B族维生素的严重缺乏也会影响到有氧耐力的运动表现；维生素C、E等具有抗氧化作用，可对抗自由基增加产生的过量氧化损伤，减轻运动恢复期的肌肉酸痛；维生素D的补充可促进钙离子的充分吸收，可以减少骨质的流失，预防骨质疏松；维生素D受体存在于肌肉中，维生素D受体可能与肌肉组织功能密切相关。然而，运动员群体维生素D摄入不足是普遍的，应加以重视。

矿物质属于无机化合物，对维持机体酸碱平衡十分重要。运动出汗会造成电解质、矿物质（钠、镁、氯）的流失，矿物质的流失增加引起运动后矿物质摄入需求增加。另外，铁元素是构成血红蛋白和肌红蛋白携氧分子的重要元素，对红细胞的生成具有重要作用，尽管运动员群体中缺铁性贫血的发病率较低，但铁是运动员最常见的缺乏的营养素之一。长期的铁缺乏、铁储备减少会影响个体有氧能力，缺铁性贫血更是会显著降低机体有氧能力。

具有抗氧化作用的维生素，可以和某些矿物质参与形成抗氧化缓冲体系，作为膳食外源性氧化剂和机体内源性氧化剂共同抵抗自由基增加产生的过量氧化损伤。对于抗氧化剂的补充，先前认知存在一定误区：认为补充抗氧化剂可以充分防止运动中的氧化应激带来的可能损伤。然而实际上，长期的运动适应可使机体产生过氧化抗性，相对于训练初期人群，训练有素的运动员并不一定需要补充抗氧化剂，而且补充过量的抗氧化剂反而会破坏机体抗氧化系统的平衡，不利于训练恢复。尽管在充足营养的基础上增加微量营养素的补充并不一定会提升运动表现，但微量营养素的临界缺乏也会对个体运动能力造成影响。研究建议，尽量通过膳食途径摄入足量微量营养素，而非直接补充补剂。因为微量营养素过多摄入非但可能对机体无益，反而有害。

（三）影响运动表现的营养因素

1. 供能物质储备与运动表现

供能系统的能量物质可以从膳食的营养素中获取。但持续运动会不断消耗机体能量物质产生ATP从而维持一定强度下的运动，随着时间的延长必然会出现能量物质的大量消耗、浓度降低，从而引发运动性疲劳，影响运动表现。

在极限强度运动下，磷酸原会在短时间内大量消耗。10s以内爆发力和冲刺运动限制运动表现的主要因素是磷酸原耗竭。磷酸肌酸的含量可通过训练得到一定提升。此外，肌酸是重新合成磷酸肌酸的前体物质，为了维持更长时间肌肉高功率输出，可通过补充肌酸增加肌肉磷酸肌酸储备量。对于提升大强度运动表现，肌酸负荷是有意义的。

肌糖原储备是长时间大强度运动表现的主要影响因素。人体肌糖原储备量相对较小（500g左右），且运动员肌肉活动又十分依赖肌糖原。因此在运动开始前保证充足的糖原储备，能够避免低血糖、延缓运动性疲劳的发生。

2. 肠胃紊乱与运动表现

肠胃紊乱的产生原因可以追溯到运动本身（过大的运动强度，急性的、不适应的运动等）、摄入食物、气候和慢性病等。肠胃紊乱会产生不适和无力等副作用，对于营养物质的消化吸收也会造成很大影响、打乱营养计划。个体状态不佳、营养缺乏等长期健康不良等症状，不利于运动表现的提高。

为避免运动中肠胃紊乱的发生，需考虑是否有对食物产生不良反应（食物过敏和食物不耐受）的运动员群体，为该群体排除、尽可能减少可能产生相关不良反应的食物来源，调整食物成分使之更加适应肠道环境、减轻消化不适。另外，可采取适当肠胃训练方法改善运动员肠道功能。例如，制订竞赛期液体和碳水化合物摄入计划，改善胃肠道耐受和消化这些营养物质的功能，增强对多来源食物的耐受性。

3. 水合作用与运动表现

水合状态指的是充分饮水维持机体良好的水和电解质代谢平衡状态。无论机体处于超水合状态还是正常水合状态，只要液体摄入量不能补偿丢失量而造成的体液丢失动力学失衡就叫脱水（dehydration）。脱水在运动员群体中是常见的，运动中、气温、运动量和时长、代谢和排汗量等因素会导致不同程度的体液损失。研究显示，缺水会导致力量、爆发力、耐力、身体机能的下降；当机体减少体重2%的水分，同时伴随着电解质的流失，肌肉力量会出现显著下降。另外，当处于脱水状态运动时，机体更易疲劳；

机体脱水引起血容量降低，影响运动表现；无法维持水合状态也会导致皮肤散热量降低、体内热量积聚引起核心温度过高的热病。

当运动员在脱水状态时，光通过训练身体是无法提高成绩的。在所有训练和比赛中都应采用适当的水合方案，以确保最佳的健康和运动表现。"水合作用训练"等同于"体能训练"。运动员必须在训练中执行他们的补水方案，以最大限度地减少比赛中由于不熟悉的条件而引起的胃部和肠道不适的风险。水合作用训练应该像体能训练一样被认真对待。

运动员应将汗液和尿液的排出量与摄入的液体量相匹配，以确保体重减少量控制在2%以下。建议根据每个运动员的出汗率、汗液成分、运动时间、服装和环境条件进行个性化补液。

4. 体液酸化

高强度运动时，机体无氧代谢比例较高。短时间剧烈运动中，ATP水解产生大量氢离子，同时伴随乳酸等酸性代谢产物的生成，造成局部肌肉酸化。机体产生的酸性物质可通过缓冲系统（血液中的碳酸氢根离子等）和通气作用进行调节，但超出缓冲限度便会引起细胞内和细胞外H^+的过量积聚，造成骨骼肌和血液中pH值下降，进而诱导代谢性酸中毒的发生。酸中毒条件下，肌肉细胞能量代谢紊乱、ATP产生减少、能量物质动员受到抑制，最终使运动性疲劳出现。

机体对于运动中酸性代谢产物的缓冲能力是决定个体无氧运动能力的关键因素，除了通过训练提高缓冲能力和对酸性代谢产物堆积的适应能力之外，还可通过营养手段加以调节机体酸碱平衡。通过补充运动营养补充剂，可以实现延缓运动性疲劳、增加无氧糖酵解系统的供能时间。

5. 中枢性疲劳

运动中发生疲劳现象是常见的，从肌肉到中枢神经系统等因素都可能导致运动性疲劳。运动性疲劳根据发生的部位可分为中枢性疲劳和外周性疲劳，中枢性疲劳是指发生在从大脑皮质至脊髓运动神经元的疲劳。发生疲劳时，大脑皮质细胞内ATP水平降低，兴奋性削弱，中枢神经系统的整体活动能力都会对运动能力产生影响。中枢性疲劳的发生机制和5-羟色胺、多巴胺和去甲肾上腺素的生成和代谢有关。随着运动时间的延长，抑制性神经递质5-羟色胺分泌过剩反而会进一步抑制中枢神经元的兴奋性；多巴胺和去甲肾上腺素属于单胺类神经递质，能对脑内神经元兴奋性起到一定的调节作用。多巴胺和去甲肾上腺素在疲劳时合成减少，中枢神经元兴奋性降低，引发中枢性疲劳。通过补充支链氨基酸（BCAA，由亮氨酸、异亮氨酸和缬氨酸等组成）可有效抑制中枢性疲劳相关的神经递质5-羟色胺的合成，从而减轻中枢性疲劳和改善运动表现；补充谷氨酰胺对改善中枢性疲劳有一定的作用，同时也有抗疲劳的潜力；补充咖啡因，可起到增强机体代谢、有效刺激中枢神经系统，减少与运动有关的努力、疲劳和疼痛的感觉，从知觉角度上改善疲劳感知；另外，糖类补剂也可以延缓中枢性疲劳的发生。

二、不同类型体能训练的营养需求

（一）力量训练的营养需求

在力量训练过程中充足的蛋白质摄入有利于肌肉合成代谢，从而使得肌肉出现正增长。力量训练的目的通常是获得较高的肌肉占比，力量性项目通常持续的时间较短，以磷酸原供能为主，日常的训练中，训练时间较长，也需要有氧供能来促进磷酸原的恢复。力量训练通常关注的问题是如何增肌以及维持肌肉含量。

蛋白质的摄取和补充在力量训练期间需要得到重视，机械信号（抗阻训练）和营养信号（蛋白质）在促进蛋白质合成方面存在协同作用，两者可以相互促进。大强度的力量训练后肌肉会出现细微损伤，之后肌肉修复与重建是肌肉增长的关键，肌肉修复的重要原料就是氨基酸，因此在力量训练中蛋白质是必不可少的。

一般推荐力量训练期间蛋白质摄入量是每天1.5~2.0g/kg bw，要保证蛋白质每日供能占到15%~20%，碳水化合物（CHO）每天6~10g/kg bw就可以满足日常的能量消耗需要，供能需占比50%~60%。人体摄入蛋白质首选必需氨基酸和富含必需氨基酸的优质蛋白，这是实现蛋白质合成速度最大化的关键。对于全天的蛋白质摄入来说，要保证三餐蛋白质的均衡摄入，均衡的蛋白质摄入有利于全天的蛋白质合成。在高蛋白摄入的同时应该注意保证充足的CHO的摄入，否则会有更多的蛋白质参与供能而不是肌肉合成。

训练期间，运动前、中、后补充蛋白质或氨基酸可以提高人体对训练的适应性。运动前补充蛋白质会使得血液中的氨基酸浓度增加，对减少肌肉分解代谢可能存在益处。在运动前同时补充CHO和蛋白质，有助于肌肉蛋白的合成，可以尝试35gCHO和6g必需氨基酸的组合。在训练结束后，CHO与必需氨基酸的组合（与运动前补充的配比一致）相比于单一补充，肌肉合成效果更明显，在运动后即刻补充效果更佳，推荐0.25g/kg bw优质蛋白质。如果在训练后3h以后进行补充，对于促进蛋白质合成和减少蛋白质分解的效果就会减弱。

力量训练中，迫切的需求是增加肌肉力量，日常充足的优质蛋白质的摄入和全天蛋白质的均衡摄入可以促进蛋白质的合成。抗阻训练结束后，是促进肌肉合成的额外蛋白质补充的营养摄取窗口期。

（二）速度训练的营养需求

速度是指人体快速运动的能力。速度训练一般运动时间较短，10s以内的冲刺性运动以磷酸原供能为主，随着时间延长，糖酵解供能和有氧供能的比例会逐渐加大。在日常长时间的训练中，磷酸原的快速恢复需要CHO的参与，所以充足的CHO摄入十分重要。由于需要较大的快速力量，往往需要较高的力量-体重比，且神经冲动的传导速度要快。

通常，速度训练的营养目的包括：在训练过程中保持充足的能量供应；训练后快速恢复；增加力量-体重比，保持低体脂；在训练中保持专注，缩短反应时间。

一般推荐每日CHO的摄入量为4~6g/kg bw，每日蛋白质的摄入量为1.5~2.0g/kg bw。与力量训练一样，应保证CHO和蛋白质的摄入。摄入高脂食物会对力量-体重比产生负面影响，应避免大量摄入。肌酸也可以从膳食中获得，在猪肉、牛肉和鱼肉中含量比较丰富，定期摄入此类物质可以促进体内肌酸的合成。

运动前1~2h补充200mg/kg bw的碳酸氢盐可以改善运动表现（对1min以内的运动可能无效，对1~7min的运动是有效的，一般在400m跑前补充），小于100mg/kg bw的剂量被认为是不够的，300mg/kg bw似乎是最佳剂量，也是大多数运动员耐受度的上限。B族维生素与神经功能及肌肉收缩密切相关，维生素B1推荐1.5~3mg/d，维生素B2推荐1.1mg/1000kcal，补充的量应依据所摄入的总热量而定。速度训练在日常训练中，与高强度间歇运动的日常训练较相似，运动前、中、后可以参照高强度间歇训练。

在进行长时间的日常训练中，保持良好的水合状态对于运动表现的维持十分重要。速度训练对于力量－体重比有着较高的需求，在进行速度比赛时，通常比赛时间较短，研究表明，在2%～3%体重下的脱水并不会影响冲刺的表现，但是可以增加力量－体重比，不过应根据个人的实际情况，慎重选择脱水后进行比赛。速度训练后通常具有较高的力量－体重比，CHO的摄入足够支撑日常的训练即可，不需要额外的糖原储备，应摄入含肌酸较多的食物，促进体内肌酸的合成，增加磷酸肌酸的储备。

（三）高强度间歇训练的营养需求

在高强度间歇训练期间，在练习中，以无氧代谢为主，在后几次训练中有氧代谢逐渐增加，在间歇期间，主要为有氧代谢。在高强度间歇训练期间，不同的间歇时长和运动强度使训练期间主要的能量供给方式在训练中发生变化。常见的高强度间歇运动项目有篮球、足球等，在这类运动中，通常是高强度运动伴随着低强度运动，同时需要无氧能力来维持运动中的爆发力，也需要有氧能力来促进间歇期间的能量物质的恢复。在高强度运动期间主要依靠ATP、磷酸肌酸和肌糖原供能，低强度运动期间主要依靠肌糖原、血糖、脂肪和小部分蛋白质供能。在进行此类训练时，应该关注CHO的充足摄入和运动过程中的水合状态。

高强度间歇训练的一般营养原则如下。

- 糖原储备量很大程度上决定了高强度运动的能力，每日CHO的摄入量应为7～8g/kg bw。
- 每日蛋白质摄入量应为1.5g/kg bw，这对肌肉的恢复和肌酸合成是非常重要的。
- 良好的水合状态有利于糖原的储备增加和运动能力的提高。
- 摄入足够的能量以确保糖原的储备和促进肌肉功能恢复。

在进行高强度训练时，建议训练前2.5～3h摄入CHO含量相对较高，并含有优质蛋白质和少量脂肪的食物，理想的情况是摄入含淀粉较多的食物（例如面包、意大利面、土豆等），避免纤维含量高的食物，以免影响胃肠道功能。在进食结束后和训练开始前，应每10～15min喝一口运动饮料，保证良好的水合状态和血糖水平。在训练结束后即刻和30min内，应补充200～400kcal的能量，其中CHO的摄入量约为1.5g/kg bw，并每两个小时应该重复以上剂量的摄入；在训练后的几小时内，摄入25～50g的蛋白质以减轻肌肉酸痛和促进肌肉恢复；还应摄入足量的液体，以保证在下次训练前体重恢复到每次训练前的水平。推荐在运动后食用巧克力牛奶，其中包含CHO、蛋白质和液体，容易摄入且味道佳。

（四）耐力训练的营养需求

耐力训练的手段有很多，包括跑步、游泳、骑自行车等。耐力训练时间通常较长，运动强度相对较小。能量代谢以有氧代谢为主，脂肪供能在训练后期逐渐增加。耐力训练对能量的储备和训练后高效补充有着很高的要求，及时的营养补充对于改善运动能力至关重要。此外由于耐力训练时间较长，补液是此类运动中需要考虑的问题。

1. 耐力运动的补糖策略

对耐力训练来说，糖原储备十分重要。日常膳食的主要目的就是促进糖原恢复和增加糖原储备。通常推荐每天CHO的摄入量为7～10g/kg bw，一般推荐CHO供能占比为50%～60%，大运动量训练期间可增加到60%～70%。

耐力训练由于时间较长，消耗能量较多，且运动员脱水情况很常见，因此运动中合理补充能量物质对于运动表现改善至关重要。耐力运动前、中、后的营养需求见表4-1。

表4-1 耐力运动前、中、后的营养需求

时间点		营养需求
运动前	运动前1~4h	1~4g/kg bw 的 CHO
	运动前1h内	不建议补充CHO
	运动前15~30min	食用能量胶、能量棒、运动饮料等
运动中	≥60min	每小时补充30~60g的6%~8%CHO的溶液（使用不同类型的糖）
运动后	15~30min内，最迟不超过2h	1.5g/kg bw 的 CHO

2. 糖原负荷法

采用糖原负荷法可以有效地增加肌糖原储备。在比赛的前一周，往往会通过高CHO的摄入，以达到糖原储备最大化的目的，这就是经典的糖原负荷法。一般分为7天，包括3~4天的大强度训练和低CHO的摄入（以达到糖原耗竭的目的），以及3~4天的高CHO摄入和运动量逐渐减少的训练（这样可以使得肌糖原超量恢复，并有助于在一些时长在90min以上的运动中表现出色）。

3. 耐力运动员补液策略

在耐力训练中，良好的水合状态是保证良好的竞技状态的关键因素。在耐力运动的后期，会存在大量脱水的情况。所以在耐力运动中，水分的补充是十分重要的，应选择补充电解质水，美国运动医学学会建议每小时补充0.5~0.7g/L的钠。

耐力训练中，长时间的运动会导致体液的大量丢失，同时伴随着电解质的丢失。在时长不同的训练过程中，所需要补充的液体的种类和成分也是不同的。一般认为丢失2%体重的水分就会影响到运动能力，所以如何保持良好的水合状态是体能训练师所需要关注的重点。耐力训练时长与补液建议见表4-2。

表4-2 耐力训练时长与补液建议

训练时长	补液	备注
<30min	不需要额外补充液体	• 补液的量不应超过出汗量，否则会增加运动中的体重 • 在长时间的运动中过量补充水分可引起低钠血症 • 避免摄入高浓度的液体，否则脱水的风险会增加 • 需定时摄入，保持胃容量，促进液体的吸收利用
30~60min	补充10~20℃的液体（可添加CHO，每小时30~60g），使用含糖饮料漱口	
1~2.5h	补充10~20℃的运动饮料（添加CHO，每小时应摄入30~60g）	
>2.5h	补充10~20℃的运动饮料（添加CHO，每小时应摄入30~90g），每小时补充0.5~0.7g/L的钠	

三、体重控制

体重和身体成分与许多运动项目的运动表现密切相关，一直以来都是运动员、教练以及体育科研服务人员重点关注的话题。体能训练师需要掌握与体重控制相关的基本科学知识，了解能够让运动员在不损失肌肉和力量的情况下获得理想体重的科学方法。

（一）减重

1. 减控体重的意义与调控原则

减控体重对许多运动员而言，是职业生涯中不可避免的经历，因为除了常见的体重分级项目（如柔道、拳击、举重等）外，许多难美类项目（例如艺术体操、花样游泳、跳水、花样滑冰、蹦床等）也因为技术和审美的需要，对选手的体重有严格的要求。总体重与运动技能的展现密切相关，尤其是需要克服自重、外力的技术型运动。除体重外，身体成分会影响运动员的体型，其中肌肉含量在很大程度上会影响运动员的肌肉力量。因此，制订合适的体重和身体成分目标并针对目标实施适当的营养策略至关重要。

体重管理背后的科学原理十分复杂，减控体重的关键是依据能量平衡原理（即能量摄入与能量消耗之间的关系）制订合适的膳食营养调控策略。当机体摄入的能量（食物、饮料）少于消耗的能量（基础代谢、身体活动、食物热效应）时，能够实现能量负平衡，进一步实现减重。对运动员而言，减控体重的主要目标是通过合理的膳食营养策略配合运动训练以达到减少体脂和体重的效果，同时应避免瘦体重的丢失。

2. 常见减控体重的策略

限制性饮食是目前较为常见的减控体重策略，除了单纯的热量限制饮食外，依据禁食时间、进食频率等还衍生出了多种间歇性能量限制策略。

热量限制饮食仅对摄入的能量进行限制，营养师可以依据减重目标和周期选择合适的能量缺口，并依据运动员每日的能量消耗确定能量摄入。一般而言，能量负平衡（能量消耗−能量摄入）的数值达到500kcal左右能够达到较为理想的减重效果，逐步减少能量摄入能够避免突然出现大量的能量亏空。除了关注能量摄入的量外，在食物的种类选择方面需要保证营养素摄入均衡，尽量选择高营养素密度、低能量密度的食物。

间歇性能量限制饮食是指在一定时间内只摄入很少或不摄入能量并与正常进食进行交替循环的饮食模式。在一般人群中，间歇性能量限制饮食已被认为是有效且具有较高依从性的减重策略；但是对运动员来说，目前的研究证据尚不充足，甚至可能存在负面影响。要实施适合运动员的间歇性能量限制饮食，应该通过优化每日的进餐时间和总热量，在摄入维持机体正常生理功能和运动的能量的前提下，依据训练时间实行少食多餐，优化全天的能量摄入分布。

对运动员而言，日常需要维持充足的糖原储备以保证完成日常训练和比赛，而禁食则会导致机体在一段时间内的能量负平衡，进而影响糖原储备和能量代谢。因此，运动员减控体重的较好方法是运动训练结合热量限制的膳食干预。

3. 减控体重的方案制订与实施

尽管减控体重的策略众多，但并非全部适用于运动员。一般情况下，建议运动员选择非赛季来实施减重计划，同时定期监测身体成分和运动表现的变化情况。体能训练师需要帮助运动员保持身体健康，并尽量减少其采用快速减重的方法和可能导致机能下降的其他方法，从而减少其患慢性疾病的概率。对于体重和身体成分的管理，需要较长时间，在此期间需要不断地更改训练方法。

在制订长期减控体重计划前，应依据减重目标确定减重的周期，一般来说，减控体重控制在5%～10%现体重的范围之内，每周减重0.5～1kg bw为较为合适，不超过1.5kg bw。在确定每日推荐的能量摄入剂量时，应参考通过科学监控手段计算的每日的能量消耗数据。在减控体重过程中，应定期测量体重和身体成分，同时膳食营养和训练计划也要根据实际情况适当调整。运动员的每日膳食应保证充足的优质蛋白质摄入（1.5～2g/kg bw），同时需要摄入足够的碳水化合物，建议优先选择膳食纤维含量丰富、较低血糖生成指数（GI）的食物。选择食物时建议以营养密度高、能量密度低的食物为主，同时要保证摄取足够的维生素和矿物质。在减重期间需要提醒运动员及时补水，保证良好的水合状态并且保证充足的睡眠。此外，适当的运动训练配合膳食干预，能够进一步改善身体成分。

4. 赛前急性控体重的方法与可能危害

在体重分级或体重限制的运动项目（例如摔跤、柔道、拳击、举重等）中，运动员一般都需要在赛前一日至几日内将体重迅速减控至目标范围。体能训练师应掌握急性控体重的策略，帮助运动员调整训练和膳食计划，完成安全、有效的减重。

目前常见的急性控体重策略主要包含限制能量摄入、限制液体摄入和出汗等（表4-3），其主要目标一般是在不影响肌肉质量和力量、运动表现的情况下，通过降低体脂和减少体液来减轻体重。但是，现有的研究提示，急性减控体重可能会对运动员的生理、心理健康以及运动表现产生影响。脱水是许多运动员在赛前常见的减重方法，但研究提示使用这种方法减重可能会引起电解质丢失和紊乱，影响运动表现及恢复，其影响程度与脱水方法、减重的数值有关。与脱水相比，限制液体摄入的风险较低且可以保留更多的电解质。除此之外，限制能量摄入也是常见的减控体重策略，能量缺口过大会影响瘦体重的保持，对肌肉力量和速度也会有不同程度的负面影响。此外，急性减控体重会对运动员的认知功能以及主观情绪产生一定的负面影响，部分运动员会感到反应迟钝、注意力难以集中并且容易感到疲劳。因此，在制订减重策略时，应密切关注运动员的主观感受和机能状态。

表4-3　急性控体重的策略、具体做法与优缺点

策略	具体做法	优点	缺点
限制能量摄入（低渣膳食法）	在赛前2～3天短期内食用低量或微量残渣，限制纤维摄入	有助于减少肠内容物，使得体重减少300～700g；对营养状况和运动表现影响较小	可能造成不良反应，如便秘、大便减少、腹胀等； 不适用于全部运动员，且可能会引起情绪变化，如烦躁易怒
出汗	主动出汗：通过运动增加排汗量 被动出汗：增加排汗量，如蒸桑拿、热水浴等	可以迅速减重，完成减重的目的	被动出汗会降低血容量；如果不能及时恢复，对运动表现和肌肉功能都会造成影响
限制液体摄入	限制液体摄入以及高水分食物摄入，液体摄入总量最低为1 000mL/d	脱水程度在1%～2%，相较于出汗，更少出现生理紊乱现象	运动员主观的口渴感觉增加

（二）增重

1. 增重的膳食营养调控原则

在许多竞技运动项目中，运动能力和表现与运动员的肌肉质量和力量密切相关，尤其是在一些注重体型优势或按体重分级的运动项目中，运动员需要通过增加体重来提高自己的竞争力。对需要增重的运动员而言，其主要目标应为：通过合理的膳食营养策略配合运动训练以达到增加瘦体重的效果，同时应避免体脂的大幅增加。

依据能量平衡的原理，为了达到能量正平衡，运动员摄入的能量需要多于消耗的能量，最终才能实现体重的增加。总体而言，应首先明确增重目标以确定实施增重计划的周期，再依据科学的监控手段计算每日的能量消耗，进一步确定合适的能量摄入量。运动员的每日膳食应保证充足的优质蛋白质摄入，同时需要摄入足够的碳水化合物（谷物、豆类等）、维生素和膳食纤维。此外，适当的增肌训练配合营养补充，能够进一步提升增重（肌）效果。在增重过程中，应定期测量体重和身体成分，并依据实际情况对膳食营养和训练计划进行调整。

2. 常见增重策略

（1）增加膳食能量摄入。

①选择适量、适当的食物。在增重阶段，应依据增重目标和能量消耗确定每日的能量摄入。一般而言，能量正平衡（能量摄入－能量消耗）的数值应在400kcal左右，如果需要快速增加体重，则这一数值可以增加到700~1 000kcal。

在蛋白质摄入方面，建议摄入1.4~2g/kg bw的蛋白质。主要摄入优质蛋白质（如瘦牛肉、鱼、虾、奶、蛋、黄豆等），这些蛋白质含有的必需氨基酸种类多，营养价值较高。在选择碳水化合物时，可以优先考虑中等或高血糖生成指数的食物（如意大利面、米饭、全麦面包、燕麦片等）。在选择高脂肪的食物时，建议优先选择全脂牛奶、坚果、橄榄油等相对健康且能量密度高的食物，避免食用加工食品和膨化食品。这类食物虽然能量密度高却不能够为运动员提供足够丰富的营养素且对于改善身体成分毫无益处。摄入足够的能量并不像人们想象中的那么简单，增重的另外一个误区是过度食用水果和蔬菜，因为其中的纤维很可能会让运动员过早产生饱腹感，从而不能摄入足够的能量。

②提高进食频率。对能量消耗比常人更高的运动员来说，仅靠早餐、中餐、晚餐很难满足一整天的能量需要，更难以完成增重的目标。一日三餐的膳食模式使得运动员在进餐时需要一次性摄入大量能量，而在午餐或晚餐前又感到饥饿，在一日内某些时刻机体的能量过剩或能量缺口数值过大都会产生一定的负面影响。

相比之下，一日多餐制既可以帮助运动员保持一日内的能量平衡，也能够帮助其摄入更多的能量。其中需要注意：每一餐的能量摄入比例，用餐时间和训练时间的间隔，以及睡前进食的时间。一般来说，当训练与进食时间接近时，运动员需要摄入能量密度和营养密度高且体积较小、较容易吸收的食物；而在训练或比赛后需及时摄入足够的能量。睡前进食尽管已被证实不会对机体造成严重的负面影响，但是可能会影响一些运动员的睡眠质量，而睡眠对于机体恢复以及肌肉生长均十分重要，因此需要依据实际情况确定。

③摄入液体食物能量和添加辅料。为实现理想的增重目标，除了需要摄入充足的能量外，还需要特别注意摄入充足的水分。一方面，良好的水合状态对机体小到营养物质的吸收消化，大到肌肉健康和运动表现都有至关重要的作用；另一方面，和固体食物相比，液体食物能量摄入可以在带来更少的饱腹感情况下摄入更多的能量和水分。在日常膳食中可以使用全脂牛奶代替脱脂牛奶，用奶咖代替黑咖啡；在餐间或运动前后食用奶昔或蛋白水，在训练、运动中饮用运动饮料，均能够帮助运动员摄入更多的能量。此外，在常吃的食物或饮品中添加辅料也能够增加热量摄入，如在酸奶中增加蜂蜜、坚果、果干，在面包上增加果酱、花生酱、奶酪碎等。

（2）合理使用营养补剂。除了增加膳食能量摄入，合理地使用营养补剂也能够进一步帮助运动员增加瘦体重，目前使用较多的包括蛋白质营养补剂、运动饮料、肌酸等运动补充剂。国际运动营养学会（ISSN）指出，对有意通过肌肉蛋白质正平衡来维持和增加肌肉量的大多数运动个体来说，每日蛋白质的推荐摄入量为1.4~2.0g/kg bw。一般每餐蛋白质的推荐摄入量为0.25g/kg bw优质蛋白质（或绝对剂量为20~40g），该推荐剂量是考虑到在理想情况下，蛋白质应该在一天内每隔3~4h均衡摄入。如果不能够满足如此高的补充频率，那么应至少保证每日三餐中都补充充足的蛋白质，从而达到全天净蛋白质正平衡。此外，体能训练师应该时刻注意，永远不要让运动员感觉到饥饿，饥饿状态下机体内会存在净蛋白质负平衡，从而导致肌肉分解代谢的增加。

最后，合理营养补充也需要配合运动训练的安排，从而进一步帮助运动员增加瘦体重，以达到理想的增重目标。一方面，运动训练能够提高肌肉代谢的速率，在训练后摄入能量尤其是蛋白补剂、蛋白棒、运动凝胶等，能够促进骨骼肌修复与生长；另一方面，运动训练能够促进脂肪氧化，避免脂肪的过度堆积引起体脂增加，促进多余的能量进入肌肉参与供能以及合成代谢，增加肌肉质量。在训练方式的选择方面应依据运动专项进行合理安排，抗阻训练与有氧训练均能有效提高瘦体重、控制体脂，关键在于要与营养策略进行配合。

四、运动营养补剂

（一）乳清蛋白

乳清蛋白（Whey Protein, WP）一般从牛奶中提取获得，包含人体必需的8种氨基酸，各种氨基酸占比合理且接近人体所需比例，易被人体吸收，因而乳清蛋白营养价值高，属于一种优质蛋白质。乳清蛋白补剂通常呈粉末状，在体能训练中应用广泛，尤其是抗阻训练。当前研究认为，补充乳清蛋白可有效促进肌肉量与肌肉力量增加，并且有助于运动后恢复。

乳清蛋白的功能如下。

• 促进肌肉蛋白质合成，增加肌肉体积，提高肌肉力量。

• 促进运动后肌肉蛋白重塑，并且结合糖补剂可有效促进糖原恢复。

推荐补充方案：一般情况下，健康成年人蛋白质推荐摄入量为0.8g/（kg·d）。对大多数运动锻炼者来说，蛋白质摄入一般推荐量为1.4~2.0g/（kg·d），即可增加肌肉质量、维持肌肉量平衡。如果是日常从事抗阻训练的人，蛋白质的推荐摄入量可高于3.0g/（kg·d）。合理安排蛋白质的摄入能有效促进运动后恢复，并尽可能最大限度地刺激肌肉蛋白质合成，同时将氨基酸氧化的影响降至最低。研究认为，当蛋白质的摄入量超过机体蛋白质的需要量时，多余的蛋白质会由氧化分解产生尿素，后随尿液排出体外。目前认为，摄入0.25g/kg蛋白质能很好地刺激运动爱好人士或训练良好的个体有氧运动后蛋白质合成。

蛋白质补充的最佳时机因个体耐受性而有所差异，一般认为，在运动前或运动后补充蛋白质效果最为理想。在运动前60min补充蛋白质有利于运动后肌肉重塑。而运动后补充蛋白质可有效促进肌肉蛋白合成与净蛋白质平衡，从而有利于运动训练营养恢复。若是希望达到肌肉重塑最快速度，可在运动后即刻摄入蛋白质，之后每隔3~4h摄入一次。

（二）肌酸

肌酸（Creatine, CR）由甘氨酸、甲硫氨酸和精氨酸组成，在日常饮食中可以从肉类中摄取，机体也能在肝脏、肾脏和胰腺中自行合成。由肌酸形成的磷酸肌酸在肌肉收缩期间合成ATP，是机体运动过程中能量供给的重要来源。因此，肌酸在运动补剂领域十分重要，主要功能在于提高运动能力、增加瘦体重。常见的肌酸补剂一般是白色粉末状的结晶，可用温水溶解。肌酸本身无味道，可配合果汁一起冲服。值得一提的是，补充一水肌酸，能有效缓解因单纯补充肌酸导致的肌肉紧张。

肌酸的功能如下。

- 提高安静状态下肌酸池水平，为运动中能量供给提供保障。
- 促进ATP再合成与ATP转运，为机体提供能量。
- 促进磷酸肌酸供能，减少乳酸的堆积，有效缓解运动性疲劳。
- 促进运动后磷酸肌酸的恢复。
- 增加肌肉量，提高肌肉力量。

推荐补充方案：根据肌酸在体内的吸收与排泄规律，常见的是采用负荷剂量和维持剂量相结合的方法。具体来说，每天分4~5次摄入20g左右（成年人0.2~0.3g/kg bw）连续补充4~6天。当总肌酸池水平达到上限的时候，可采用小剂量、多次服用的方法，即每天摄入2g（成年人0.02~0.03g/kg bw），连续补充4周，使肌肉中的肌酸在连续数周的时间里保持在一个较高的水平。

注意事项：补充肌酸可能会导致副作用。有些人在补充肌酸后出现恶心、呕吐等胃肠道不适的现象，这可能与肌酸补充的时间以及肌酸合剂中的其他物质有关。若补充肌酸时单糖摄入过多，会导致血糖急剧上升引发恶心、呕吐，因而可以采取少量多次的方法进行补充（如将100g糖与5g肌酸分两次服用），或调整摄入糖的种类（如增加低聚糖比例）。需要注意的是，一次性补充过多肌酸会影响胃排空与肠吸收，因此，在大强度运动前或运动过程中不宜摄入大量肌酸。除此之外，补充肌酸过多可能使机体内源性肌酸合成受到抑制，因此锻炼者或教练需要切实把握补充肌酸的最适剂量与最佳时间。补充肌酸可能会引起体重增加、肌肉酸胀僵硬等其他问题，均需予以重视。

（三）支链氨基酸

支链氨基酸（Branched Chain Amino Acid, BCAA）是常见的亮氨酸、异亮氨酸和缬氨酸这3种氨基酸的统称，属于必需氨基酸。支链氨基酸的主要代谢场所位于骨骼肌。支链氨基酸补剂通常为粉剂或胶囊的形式，两者没有实质性的区别，锻炼者可根据自身所处环境，是否方便冲泡等自行选择补充方式。

支链氨基酸的功能如下。

• 在长时间的有氧运动中参与氧化供能。

• 血液中支链氨基酸竞争性抑制色氨酸与芳香族氨基酸通过血脑屏障，从而降低大脑中色氨酸羟化生成的5-羟色胺和芳香族氨基酸脱羧产生的胺类物质，以此延缓运动性疲劳的发生。

• 减少运动引起的肌肉损伤。

• 补充支链氨基酸能有效抑制肌肉蛋白降解、促进蛋白质合成、降低运动造成的炎症因子水平，缓解延迟性肌肉酸痛。

推荐补充方案：一般认为，每天摄入5~10g支链氨基酸即可满足人体的正常需要。有研究报道，运动前摄入77mg/kg bw的支链氨基酸可提高运动时细胞核循环系统中支链氨基酸水平，并有效抑制内源性肌肉蛋白分解。也有研究发现，每天摄入12g支链氨基酸，运动前后额外补充20g，持续2周，能有效抑制运动后数天内血清肌酸激酶活性增加。

不同的支链氨基酸补充时间不仅能有效提升受试者运动表现，还能减少肌肉损伤。然而，关于支链氨基酸的具体补充时机（运动前/运动后）及其效果在学界仍然存在争议。有研究报告称，运动前补充小剂量或中等剂量的氨基酸，能提高血液中的支链氨基酸水平，并且这种效果可延续至运动后。但是另有研究指出，与运动前摄入支链氨基酸混合物相比，在运动后摄入能更有效地降低受试者炎症因子水平、抑制蛋白质分解，进而起到缓解延迟性肌肉酸痛的作用。

（四）咖啡因

咖啡因（Caffeine）是一种天然生物碱化合物，能提高机体中枢神经系统兴奋性。咖啡因的来源有很多，包括茶、咖啡、巧克力等。世界反兴奋剂机构已于2014年将咖啡因从禁用名单中剔除，其目前可作为运动员或锻炼者日常生活中的补剂。咖啡因补剂有助于发展肌肉耐力和肌肉力量、提高运动速度等，尤其是增强耐力素质。

咖啡因的功能如下。

• 咖啡因能与组织腺苷和腺苷受体结合，提高中枢神经系统兴奋性，并促进乙酰胆碱、多巴胺等神经递质的释放，这有助于机体运动单位募集、增强肌肉兴奋收缩耦联，最终使得运动表现提升。

• 有氧运动中补充咖啡因可延长运动至力竭的时间，缓解运动性疲劳，并有效减轻肌肉疼痛。

• 咖啡因能加快糖在胃肠道中的吸收，在运动后期使糖氧化速率增加26%，促进糖原再合成。

• 运动前补充含咖啡因的饮料对提高有氧、无氧运动能力均有帮助。

推荐补充方案：通常情况下，摄入3~6mg/kg bw咖啡因就能很好地提升运动表现。咖啡因的摄入量应予以控制，目前对于摄入咖啡因剂量的范围尚不清楚，最小摄入剂量可能是2mg/kg bw。高剂量的咖啡因摄入（如6~9mg/kg bw）可能带来失眠、焦虑、胃肠道紊乱等副作用。咖啡因的补充时间一般为运动前1h，而其最佳摄入时间取决于咖啡因的来源。例如，与咖啡因胶囊相比，含咖啡因口香糖从服用到起效的时间更短。

注意事项：若服用咖啡因剂量超过200mg（对于耐受力低的人群可能是更低的剂量），会导致一些副作用，如神经过敏、焦虑、失眠、头晕、头疼，或是兴奋增盛、心律失常、心悸、震颤、广泛性抑制、饥饿感增加、尿量增多等。

（五）碳酸氢钠

人体的血液呈碱性（pH值为7.5左右），其中HCO_3^-/CO_2系统构成了机体重要的缓冲机制。高强度运动使内环境酸化，通过摄入碳酸氢盐可以降低血液pH值。碳酸氢钠作为促进机体健康的辅助药物，补剂通常以家用产品"苏打"的形式摄入。

碳酸氢钠的功能如下。

- 短时间剧烈运动产生大量H^+，内环境酸碱平衡被打破，阻碍细胞正常生理代谢并抑制ATP再合成，补充碳酸氢钠可维持酸碱平衡。

- 摄入碳酸氢钠后血液HCO_3^-浓度升高，由此加快了肌细胞内H^+进入血液的进程，即加速H^+的清除，增加pH值，缓解体内酸环境，促进磷酸肌酸和糖原的利用。

- 长期补充碳酸氢钠一方面能增加机体碱储备以及对内环境中酸的缓冲能力，另一方面可缓解运动导致酸中毒使氧化磷酸化受抑制的问题，同时利于无氧和有氧运动能力的发展。

推荐补充方案：通常情况，摄入0.2~0.5g/kg bw的碳酸氢钠即可有效提升肌肉耐力，满足高强度自行车、游泳、跑步等运动的需要。在单剂量补充方面，0.2g/kg bw被认为是有效改善运动表现的最小剂量，而碳酸氢钠的最佳摄入剂量为0.3g/kg bw。一般建议补充碳酸氢钠的时间是在运动前60~180min。

注意事项：碳酸氢钠补充过多会导致副作用，可能引起胃肠道不适，包括胃痛、腹泻、呕吐等。需要提醒的是，个体服用碳酸氢钠补剂造成胃肠道紊乱可能使运动表现不佳。

（六）肌肽

机体内β-丙氨酸和组氨酸形成肌肽，肌肽在运动中发挥重要作用，主要存在于大脑和肌肉（尤其是II型肌纤维）中。这里将β-丙氨酸与其母体化合物肌肽作为一种补剂进行阐述。β-丙氨酸是一种非蛋白质氨基酸，主要由肝脏产生，也可从肉类等食物中获得。β-丙氨酸作为运动补剂通常以胶囊或粉末的形式呈现，可配合水服用。

肌肽的功能如下。

- 防止肌肉酸化，维持酸碱平衡。
- 释放调节因子，促进能量代谢。
- 提高肌肉钙处理效率，增加肌肉兴奋收缩耦联。
- 增强免疫力与抗氧化能力。

推荐补充方案：一般采用长时间持续性补充β-丙氨酸的方法。目前认为，每天摄入5~6g（约65mg/kg bw）β-丙氨酸能显著提高肌肉的肌肽含量，连续补充4周后可增加约60%，10周后增加80%，并且摄入β-丙氨酸的总质量与肌肽的相对和绝对增加值呈线性相关。国际奥组委对专业运动员提出了β-丙氨酸的补充策略，对专业运动员来说，每日β-丙氨酸摄入量不应超过65mg/kg bw。参考β-丙氨酸的代谢动力曲线，β-丙氨酸的最佳补充剂量为每3~4h补充0.8~1.6g，补充频率为10~12周一次。需要注意的是，从事不同运动专项的人群的具体补充方案，需要更多的研究证据予以支持。

五、营养评估与营养计划制订及运动员的营养教育

（一）运动员营养需求的评估

不同运动项目具有不同的供能特征、能量消耗和技术特点，体能训练师在与运动员合作制订个性化营养计划前，需要评估运动员的营养需求。

1. 测量身体成分

通过测量体重和身体成分，可以判断运动员是否处于最适体重/身体成分（健康；满足项目需求；最佳运动表现），并依据一段时间的追踪结果制订适当的体重管理营养策略。测量身体成分的目的是确定运动员身体中的瘦体重（也叫去脂体重）的相对比例以及身体中的脂肪重量。不同身体组织的密度不同，使用体重或体重指数评价可能将高肌肉含量的运动员判定为超重或肥胖，此时就需要通过身体成分的测量进一步判断。体脂包含人体组织、器官（如脑、神经、骨髓等）维持正常生理过程不可缺少的必需脂肪和储存脂肪。健康成年女性的身体必需脂肪在体重总量中所占比例为12%~15%，健康成年男性仅为3%~5%；储存脂肪的重量约占健康成年男性和女性体重的11%~15%。

目前公认的评价身体成分的标准方法是双能X射线吸收法，其能够提供身体不同部位（上肢、下肢、躯干）的脂肪和肌肉组织分布的情况以及骨密度，在评估运动员两侧肢体肌肉和脂肪分布的均衡性时能够提供重要信息。此外，生物电阻抗法也是常用的评价手段，测试费用相对较低且更为简单便捷，但其结果受机体水合状态的影响。尽管测量的方法众多（表4-4），但是给运动员进行身体成分评价时，应尽量使用同一手段进行测量，避免测试结果的差异给运动员带来困扰。

表4-4　身体成分评价方法

方法	测量指标	优势	不足
水下称重法	直接指标：身体密度 间接指标：体脂率	测试身体成分的经典方法；测量结果准确	费用高；测试程序相对复杂（时间长；运动员需要完全进入水中）
气体置换法	直接指标：身体体积/身体密度 间接指标：体脂率	测试身体成分的经典方法；测量结果准确	费用高；测试程序相对较为复杂（对测试服装有要求）
双能X射线吸收法	直接指标：肌肉量、脂肪量、骨矿量	测量身体成分的标准方法；可测量局部身体成分（左右侧、上下肢、躯干）	费用高；少量辐射暴露；对身高过高或体型过大的运动员而言，扫描范围受限
生物电阻抗法	间接指标：瘦体重、脂肪量、体液组分	测试费用适宜；测试简单、速度快；仪器便于携带，可现场测试；可以测量上肢、躯干、下肢的脂肪和肌肉的分布情况	测试结果受机体水合状态影响；误差高于双能X射线吸收法
皮褶厚度测量法	直接指标：皮褶厚度 间接指标：体脂率	测试费用低；仪器便于携带，可现场测试	需要熟练技术人员；推测公式适用于一般人群（非运动员）

2. 了解运动项目相关特征

营养需求与运动项目特征（供能特征、能量消耗和技术特点等）密切相关。在团队项目中，场上位置不同，相应特征也不尽相同，如足球的前锋和守门员。因此，体能训练师在帮助运动员制订营养计

划前，除了考虑体能训练计划外，还应结合项目类型、运动员的场上位置、运动员在赛期与休赛期的营养需求进行评估。此外，训练适应理论是周期化训练的重要理论依据，除了体能训练外，专业人员还需要认识到的是营养对训练适应和竞技表现的影响至关重要。在赛季阶段性训练计划中，应按不同训练阶段的训练安排推荐能量摄入和宏量营养素需求，有计划、有目的地采取特定的营养干预措施，以达到增强训练适应的能力或提升竞技表现等效果。

3. 生理、生化指标分析

定期测量与评价生理、生化指标能够帮助体能训练师了解运动员的健康水平与机能状态。在协助营养评估方面，较为关键的指标（表4-5）主要包括：评价氧转运系统及运动性贫血的相关指标（铁蛋白、血红蛋白等）；反映合成、分解代谢的激素（睾酮、皮质醇等）；评定骨骼肌与组织损伤的指标（肌酸激酶等）；反映物质能量代谢及代谢能力的指标（血尿素氮、尿蛋白等）。除了在制订营养计划时需要参考运动员的生理、生化指标外，随着训练的进阶以及赛季的临近，还需要依据指标的变化随时调整营养策略。比如，大强度的运动训练后运动员的骨骼肌与组织损伤相关指标数值升高，此时应适当增加促进恢复和合成的食物和补剂；对于有贫血风险的运动员，应该依据贫血程度，适当使用补剂并持续监测。此外，对所有运动员而言，良好的水合状态对健康机体和良好的运动表现都至关重要，因此需要对水合状态进行评价，并在营养策略中明确饮水、补水的正确方式和重要性。

表4-5　协助营养评估的常用生化指标

指标作用	指标名称	正常值	指标选取/变化意义
反映合成、分解代谢	睾酮	男性：270~1000ng/dl 女性：10~100ng/dl	睾酮在运动恢复期对糖原的超量恢复具有重要作用，其是调节代谢的激素，能够促进蛋白质合成、促进肌纤维增长、刺激红细胞生成素分泌，并能加速体内抗体形成，增强免疫功能和抗感染能力
	皮质醇	6.4~22.8ug/dl	在运动后恢复期，为避免能量物质消耗过多，皮质醇应尽快降到正常值范围内。当出现情绪紧张、伤病、疲劳、生病、训练负荷大的情况时，皮质醇都有上升的可能
反映肌肉损伤	肌酸激酶	男性：50~300IU/L 女性：30~200IU/L	主要反映骨骼肌的受损状况，并与运动强度高度相关（活性越高，表示运动强度越大）
反映氧转运系统及运动性贫血	铁蛋白	15~200ug/L	铁蛋白是储存铁的主要形式，是诊断早期缺铁性贫血的主要指标，可作为评价铁营养状况的主要依据。其降低表示隐形铁缺乏
反映氧转运系统及运动性贫血	血红蛋白	男性：120~160g/L 女性：110~150g/L	运动导致的血红蛋白低于正常值会引起运动性贫血。该指标值可反映机体内氧的运输能力和血液酸碱平衡状态，其变化显著依赖于运动量的改变
反映物质能量代谢及代谢能力	血尿素氮	1.8~8.9mmol/L	血尿素氮是评价机能状态和反映机体疲劳程度的重要指标。另外，血尿素氮的水平在体重控制期间和高蛋白饮食后会偏高，这与训练导致的升高有所区别
	尿蛋白	<0.1g/L	运动负荷（尤其是运动强度）可影响运动性蛋白尿的数量。大量高蛋白食物的摄入也会造成一过性蛋白尿的出现
反映水合状态	尿比重	1.015~1.025	在运动训练及日常锻炼中，常使用尿液的相关指标监测机体的水合状态。一般将尿比重=1.020作为水合状态的临界数值，过高提示身体的水合不足，过低则提示水合过度

4. 调查运动员营养知识、膳食习惯与个体需求

除了客观指标评价外，了解运动员的营养知识和膳食习惯也非常重要。膳食习惯包括：目前的膳食摄取情况（使用24h或3天的膳食回顾方法）；饮水情况；每日用餐次数；喜好/厌恶的食物；服用的补剂/药物；过敏史；等等。此外，在进行营养需求评估的过程中，运动员的主诉与个体需求是不可忽略的。在与运动员交流和了解他们的饮食习惯的过程中，与他们建立联系，了解他们对营养知识的认知程度，从而为干预和营养教育工作的进一步开展打下基础。

（二）运动员营养计划的制订

经过测试与评估了解运动员的营养需求后，体能训练师需要为不同的运动员制订个性化的营养计划并定期进行跟踪与调整（表4-6）。合理的营养计划需要将运动员日常生活中的膳食营养、水合以及日常训练和恢复进行结合，同时针对比赛日和重要训练日专门制订计划。在营养计划实施后，需要定期对运动员进行营养评估与追踪，并依据评估结果对营养计划进行及时调整。

表4-6 运动员营养计划的制订与追踪

分析运动员营养需求	• 测量身体成分，确定理想体重/身体成分目标：选择适合运动员的评价身体成分的测试方法。理想体重/体成分可参考：运动员取得最佳运动表现时的数据；体重分级或体重限制项目，需要参考运动员的参赛组别；运动员的个体目标
	• 依据运动项目的类型、运动员的场上位置、所处赛季节点，明确不同阶段的营养需求
	• 通过对生理、生化指标的定期测量和评估，明确运动员机能水平和生理状态
	• 对运动员进行营养知识与膳食习惯调查，同时明确运动员个体目标、喜好与药物使用情况
制订营养计划并长期追踪	• 依据运动员营养需求制订周期化营养策略，提供运动员训练日与比赛日的营养素与营养时期建议
	• 使用同一种身体成分评价方法对运动员进行定期评价，记录体重和身体成分变化
	• 监测运动员运动表现变化
	• 对运动员的健康状况和能量可用性进行监测，对女性运动员的月经进行监测
	• 帮助运动员改善个人的生活方式，了解自身的状况，学习营养相关知识

一般情况下，训练期的营养计划制订除了需要参考运动员的营养需求（表4-7）外，还需要依据训练计划进行安排，其中特定的训练目的和特殊训练环境（高原、低氧）也需要纳入考虑。训练期的营养措施和策略取决于运动员的参赛目的，以及产生的特定的训练适应。例如，在某些情况下，运动员需要在低糖原储备条件下进行训练，以锻炼肌肉特定的适应能力。

比赛期间或是重要训练日的膳食和液体补充则是一种特殊的短时营养策略，目的就是要使运动能力在特定时间内最大化。赛期营养策略根据补充时机可分为赛前、赛中和赛后补充策略，但在具体实施过程中由于项目和个体之间存在差异，因此需要根据实际情况进行个性化定制。在比赛期间选择食物和饮料时，不必考虑长期的营养目标；不过对于某些竞赛项目，因为赛期相对较长，如环法自行车赛或多日连续赛跑等极限型耐力比赛项目，可另当别论。根据大多数比赛的情况，均衡饮食并不是主要要求，赛时补充营养的主要目的是最大限度地减少或减弱造成疲劳和使运动能力下降的影响因素，并以提升运动成绩为重点。表4-8为运动员在比赛期间的营养需求。

表4-7 训练期间的日常营养需求

营养素		摄入推荐	考虑因素
宏量营养素	CHO	• 低强度或技巧运动：3~5g/(kg•d) • 中等强度运动（约每天1h）：5~7g/(kg•d) • 耐力运动（如每天1~3h中至高强度运动）：6~10g/(kg•d) • 超高强度运动（即每天4~5h中至高强度运动）：8~12g/(kg•d)	• 大训练量或大强度训练时，每日的CHO摄入量应满足训练对能量和糖原恢复的需求 • 一般推荐量应根据下列情况进行微细调整，即个人能量总需要、特殊训练的需求、训练成绩的反馈 • 由于训练任务因比赛周期而改变，因此运动员每天的CHO摄入量也应随之改变。在一天的训练中，可以按训练内容，定时摄入CHO，或只要总能量的需求得到满足即可 • 正餐/加餐的模式可以简单地根据方便性和个人喜好来确定 • 富含蛋白质和其他营养素的CHO或膳食组合，可满足运动员短时或远期的其他运动营养要求
	蛋白质	1.2~2.0g/(kg•d)	• 运动员对蛋白质的需求量比普通人更高 • 短期强化训练和（或）通过饮食减少能量摄入则需要更高的剂量
	脂肪	脂肪的每日摄入量至少占总能量摄入的20%	• 脂肪含量过低的饮食有可能损害脂肪摄入，因为它会减少肌肉对脂溶性维生素的吸收和糖原的储存 • 在需要提高训练适应的阶段可以有计划地安排高脂肪饮食（>总能量摄入的30%），否则摄入这种营养可能会以较低的CHO摄入量为代价，并对训练成绩产生负面影响
微量营养素		建议运动员摄入的微量营养素至少应达到膳食营养素推荐供给量（RDA）和适当摄入量（AI）水平	• 建议运动员多食用营养丰富的食物
补液		• 适度体力活动：每日需水量应从2~2.5L增加到约3.2L • 生活在温暖环境中且更活跃的成年人，每日需水约为6L	• 日常评估水合状态的常用手段是检测每天第一次排尿的颜色

表4-8 比赛期间的营养需求

营养素		补充时机	摄入推荐	考虑因素
宏量营养素	CHO	赛前	• 36~48h内摄入10~12g/(kg•d)的CHO（超过90min的比赛） • 1~4h内摄入1~4g/(kg•d)的CHO	• 根据运动员的耐受力和个人喜好进行调整 • 低脂肪、低纤维和低-中等蛋白质含量的食物是赛前菜单的首选，且赛前餐应由运动员常吃的食物组成，以避免许多运动员在大型赛事前出现的胃肠问题 • 一些运动员在运动前1h内补充CHO可能会出现不良反应（由胰岛素分泌增加引起的低血糖），从低GI的CHO食物中选择赛前膳食可有效避免这一问题

营养素	补充时机	摄入推荐	考虑因素
宏量营养素	CHO / 赛中	• 30~60min运动：整个比赛中少量补充，包括含漱糖水 • 1~2.5h运动：30~60g/h • >2.5h运动：90g/h	• 当肌糖原不需要补充时，即使口中含漱糖水，大脑也会对口腔接触CHO产生反应 • 对于以较低绝对强度（或速度）进行竞赛的运动员，补充CHO的推荐量可以向下调整 • 运动中补充多通道吸收的CHO（如葡萄糖、果糖混合物），可以使吸收的CHO产生高氧化供能速率 • CHO可以固体、半固体（胶状）及液体的形式补充，也可以混合补充
	CHO / 赛后	• 距离下一场比赛<72h：1~1.2g/（kg·h）CHO（4h内）或0.8g/（kg·h）CHO+0.4g/（kg·h）蛋白质 • 距离下一场比赛>72h：达到总体营养目标	• 在CHO依赖性赛事的两场比赛之间，要优先考虑第二场比赛的表现 • 考虑个人喜好的类型和摄入时间 • 营养素密集形式的CHO（即富含CHO的食物和食物组合，也可提供蛋白质和微量营养素）可以促进恢复及实现其他营养目标，实现整体健康
	蛋白质 / 赛前	0.25~0.4g/kg	• 如果运动的持续时间相对较短（≤60min），那么运动前摄食可能会提供氨基酸来源，促进运动后即刻的肌肉蛋白质重塑 • 使用完整蛋白质，而不是BCAA的组合 • 在可能会导致大范围肌肉损伤的高强度比赛阶段，赛前摄入蛋白质应该是优先考虑的，尤其是在每周多场比赛的情况下
	蛋白质 / 赛中	尚未达成共识	• 对蛋白质有特殊需求的关键时期主要是比赛后的阶段
	蛋白质 / 赛后	0.25~0.4g/kg	• 蛋白质的摄入应及时 • 蛋白质摄入的模式会影响在恢复期内肌肉蛋白质重塑的有效性。例如，在一次性抗阻训练后的12h恢复期内，与每1.5h摄入10g或每6h摄入40g蛋白质相比，每3h重复摄入20g蛋白质所引起的肌原纤维蛋白合成率高和实现全身蛋白正平衡 • 旨在最大化肌肉重塑速度的运动员，应该在比赛后立即摄入目标量的蛋白质，之后每隔3~4h再次摄入
	脂肪 / 赛前	通常建议在运动前膳食中保持低脂肪水平，以避免干扰胃排空或引起胃肠问题	
	脂肪 / 赛中	不建议（摄入中链甘油三酯存在的肠胃紊乱的问题实际上可能会带来损害运动能力的风险）	
	脂肪 / 赛后	如果摄入足够量的CHO和蛋白质，摄入低至中等量的脂肪不会损害糖原或肌肉蛋白质的再合成，但过多的脂肪可能会在运动员能量需求和胃部舒适范围内取代CHO食物，从而间接干扰糖原的储存	

续表

营养素	补充时机	摄入推荐	考虑因素
微量营养素		• 运动员通过充足和均衡的膳食摄入来满足其不断增加的能量需求，往往会摄入足够的量。在此基础上如果有特殊需要（如体重管理的运动员），可考虑在营养师的指导下补充相应补剂 • 为补偿汗液损失造成的电解质流失，可参照补液策略进行补充	
补液	赛前	• 比赛前一天多喝水 • 运动前4h内缓慢补充：5~7mL/kg • 在运动开始前2h，若没有尿液或尿液颜色较深，需再增加3~5mL/kg的液体量	• 长时间在高温下比赛或一天内参加多个项目时易出现脱水 • 热身后再次进行小剂量补液，以补充这一阶段流失的汗液 • 增强液体的可口性 • 优选的水温通常在15~21℃ • 运动前摄入含钠饮料（460~1150mg/L）和（或）食物对液体潴留有积极作用
	赛中	• 若机会不允许：随机，尽可能摄入可弥补汗液损失的液体 • 若机会允许：每隔15~20min补充一次体积为150~300mL的饮料（CHO浓度应在6%~8%）	• 运动员需了解自己的出汗量，以定制个人补液策略 • 补液量和速度取决运动员的耐受力、经验和饮用液体的机会 • 饮料中是否需要电解质取决于具体的比赛任务（如强度和持续时间）和天气条件，如在高温下进行比赛时，应考虑摄入添加少量盐的冷饮 • 摄入足够的液体以弥补汗液流失，使体液总亏空控制在<2%的体重 • 钠、钾可以弥补汗液中电解质的流失，而钠还可以刺激口渴并帮助CHO提供能量。这些成分也可以从非流体食物（如凝胶、能量棒、口香糖和其他食物）中摄入 • 增强液体可口性
	赛后	每丢失1kg bw摄入1.25~1.5L液体（摄入125%~150%的液体损失）	• 液体应该长期摄入（并含有足够的电解质），而不是大剂量摄入，以最大限度地保留液体 • 在恢复时间和机会允许的情况下，食用正餐和零食的同时摄入足量的白水和钠，足以使水合作用得到充分恢复 • 由于液体摄入不足引起的脱水并不是唯一的问题，过量饮水导致的水合过度也需要注意 • 由于酒精的利尿作用，在恢复期不宜饮酒

（三）运动员的营养教育

营养评估与营养计划制订的最终目标都是帮助运动员实现理想的运动表现，同时了解良好的膳食行为的重要意义。一份理想的营养计划不应该局限于食物摄入量的推荐，随着营养评估的持续开展以及营养计划的实施，专业人员应该帮助运动员提高营养知识水平，主动改善生活、饮食方式，意识到正确的营养策略对于运动表现以及身体健康的重要性。其中，应该让运动员首先意识到，在使用五花八门的运动补剂之前，从膳食中摄入基本营养素和保持良好的水合状态是十分重要的；其次是关注如何通过合适的营养策略提升运动表现，这里的营养策略不仅仅是指补剂，膳食中各营养素比例的调整、营养时机的选择都非常重要；最后，才是了解和应用适当的补剂（图4-1）。总之，对体能训练师而言，其要做的远不只提供训练指导和营养建议。只有帮助运动员学习、建立良好的知识体系，才能帮助运动员实现理想的运动表现，职业的道路上走得更远。

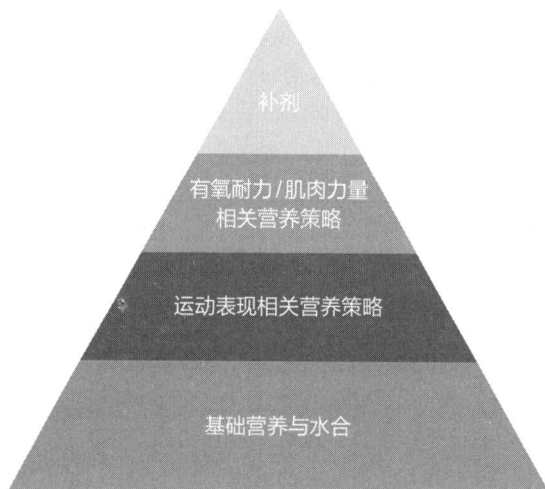

图4-1 运动员营养知识与计划中的主要部分

资料来源：美国国家体能协会，比尔•I.坎贝尔，玛利亚•A.斯帕诺. 美国国家体能协会运动营养指南[M]. 黎涌明，邱俊强，译. 北京：人民邮电出版社，2023：239.

小结

除了科学的训练策略外，运动成绩的提高还需要合理的营养手段介入。因此，体能训练师需要掌握运动营养学的基础知识和实际应用方法。

由于不同运动项目的供能特点各异，因此从事不同项目的人群在日常训练和运动中的营养需求有所差异。从事耐力训练要关注碳水化合物的补充，增加糖原储备；从事力量训练需要注重蛋白质补充时机和补充剂量问题；从事速度训练需要通过膳食合理地控制力量-体重比；从事高强度间歇训练则需要保证训练期间充足的营养物质供应。此外，不同的项目对体重和体型有不同的要求，理想的体重和身体成分可以帮助运动员维持良好的生理机能和技术水平。体能训练师需要定期监测运动员的体重和身体成分，并制订适当的营养和训练策略。

在运动过程中，人体调用三大供能系统来获取运动所需能量，常量营养素蛋白质在增强肌肉功能、抑制肌肉分解、促进肌肉合成修复方面有重要作用；微量营养素的摄入有助于人体达到更好的运动状态，需要注意科学合理地补充；个体能量物质储备量、水合作用和运动性疲劳等因素均会影响运动表现，而以上因素可采取运动营养手段进行调整，使机体以充分健康、充足能量储备和最佳的运动状态完成运动。乳清蛋白、肌酸、支链氨基酸、咖啡因、碳酸氢钠和肌肽均是体能训练中常见的运动补剂。需注意，应根据训练项目、训练目的，同时结合训练者自身情况和训练安排，选择合适的运动补剂，制订有效的补剂方案。

思考题

1. 以下不属于能量物质的营养成分的是（　　）。

    A. 碳水化合物   B. 脂肪

    C. 蛋白质   D. 维生素

2. 以下可能会影响运动表现的营养因素有（　　）。

    A. 肌糖原耗竭   B. 磷酸肌酸耗竭

    C. 氢离子堆积   D. 脱水

3. 以下关于训练和比赛期间营养重点的说法，正确的是（　　）。

    A. 比赛期间补充食物和液体是一种特殊的短时营养策略

    B. 赛时补充营养的主要目的是以提升运动成绩为重点

    C. 训练期的营养措施和策略取决于运动员的参赛目的，以及产生的特定的训练适应

    D. 在任何情况下都应在高糖原储备下进行训练

4. 训练者想发展耐力素质，最好选择（　　）。

    A. 乳清蛋白   B. 肌酸

    C. 咖啡因   D. 碳酸氢钠

5. 以下关于运动员的体重管理策略的说法，正确的是（　　）。

    A. 运动员的理想体重与运动项目、个体目标等多方面因素有关，没有统一的标准

    B. 体重控制只需要关注体重

    C. 比赛前的急性减控体重不会对运动表现造成损害

    D. 运动员增重需要摄入充足的能量，建议摄入高脂肪的食物

第5章

体能训练的心理学基础

高志青　张连成　卜丹冉

学习目标

➢ 理解动机、情绪、注意等心理学概念，并掌握影响这些概念的主要因素和调节方法。

➢ 理解节奏策略、适应理论、自我控制理论、多通道学习策略等基本观点，并能够掌握这些理论在体能训练中的应用要点。

➢ 了解和掌握沟通、放松、表象等心理技能概念和作用。

➢ 理解心理训练和体能训练整合的策略和原则。

➢ 理解运动员心理评估内容和主要方法。

➢ 理解和掌握运动员比赛心理准备主要内容及赛前行为程序制订方法。

知识导图

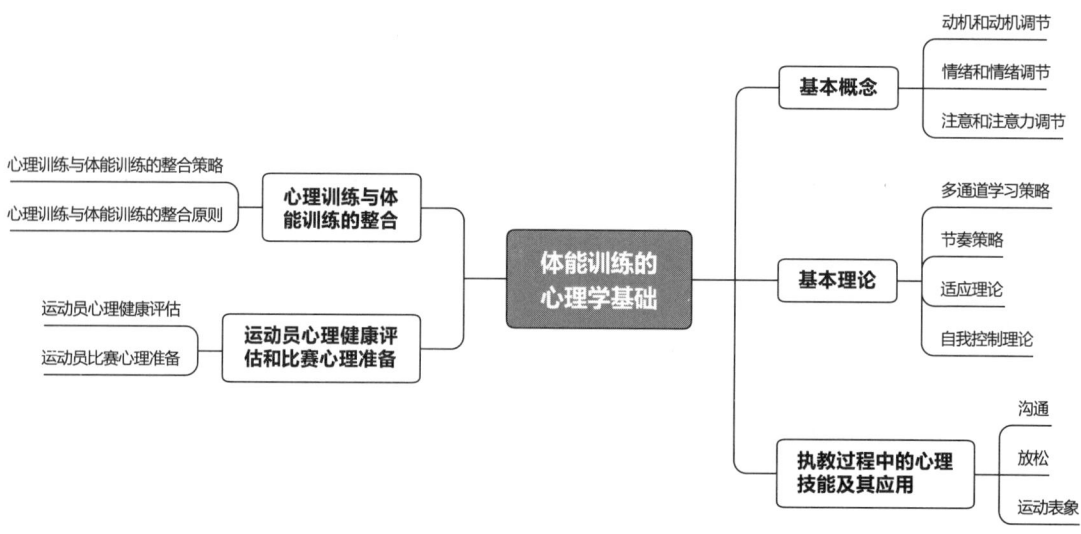

随着近年国内体能训练实践和其相关训练理论研究及技术的快速发展，体能训练中心理相关因素越来越受到广大教练的重视。运动心理学是将心理学原理应用于运动训练或者锻炼情景，提升训练效果和运动表现的科学，主要研究心理因素对运动成绩和训练效果的影响，同时也研究竞技运动和体育锻炼对心理因素的影响。

本章内容旨在：帮助教练从训练科学角度而不仅从经验角度理解运动员的心理问题和心理现象；帮助教练分析自己执教过程中的言行是否符合心理学原理，了解和分析自己的执教行为对训练效果和比赛表现的影响；帮助教练掌握一定的心理技能和基本理论，并将其应用于训练和比赛实践，逐渐认识到心理技能与运动技能训练和身体训练一样，需要系统训练并有机融入日常训练之中才能发挥最大效果。

一、基本概念

（一）动机和动机调节

1. 动机的概念

动机是一个人进行活动的心理动因和内部驱力，是对所有引起、支配和维持生理和心理活动的过程的概括。

2. 影响运动员动机的主要因素

影响运动员动机水平直接的因素来自其对训练成绩和比赛表现目标是否实现的评估。在训练过程中，教练的行为习惯、训练策略、组织教法、讲解示范都会影响运动员的动机水平，当然训练本身的时间、强度以及比赛的难度、规模、激励体系以及所在团队氛围等也会对运动员的动机产生影响。此外，运动员的动机亦受到其个性、年龄、文化程度、家庭背景、社会环境等因素不同程度的影响。

3. 激励和保持动机的方法

运动员动机水平是动态变化的。激励动机的工作必须是长期的，不会一劳永逸，也不会一蹴而就。

（1）了解运动员的动机和需要。取胜是运动员十分重要的动机和需要，但不是训练的唯一动机。赞许、自主、表现、成就、独立、正面关注、情感需求等，教练需要了解和关注。

①乐趣和挑战性。乐趣是人感到快乐的趣味，是你能去做，并把事做好且在做的过程中产生快乐。教练的执教方式对运动员乐趣和挑战性的满足至关重要。传统训练方式、相对单一、以简单重复性练习为主，很容易让训练变得单调和枯燥，挑战性不足，容易导致运动员从训练中得到的乐趣减弱，训练动机不足。获得训练乐趣的重要方法就是以比赛需要的方式去组织训练，让训练充满挑战。表5-1列出了比赛方式教学与传统方式教学的区别。

表5-1　传统方式教学和比赛方式教学的比较

传统方式	比赛方式
采用主要为了训练基础能力的练习	基础能力练习与比赛所需专项技术动作相结合的训练方式

传统方式	比赛方式
将比赛需要的素质分解练习，然后主要依靠运动员在比赛中自行进行整合	既保留基础的素质练习，又重视比赛所需整体素质的练习
以项目特征和教练为中心组织训练	兼顾项目特征和运动员个体特征组织训练
练习是熟悉和枯燥的	练习是充满挑战和乐趣的
运动员高度依赖教练，不参与训练计划制订	运动员参与训练计划制订和实施，自觉和主动性及独立性强
通过大量重复性练习，以期提高运动员比赛时的自动化反应水平	设计符合专项比赛特征的练习，提高运动员比赛所需技战术运用的能力
教练对训练投入多，运动员对教练工作投入少或基本不投入	运动员对训练大量投入，对教练工作大量投入，并能帮助教练开展训练
是命令型教练主要采取的方式	是合作型教练主要采取的方式

资料来源：MARTENS R, 2004. Successful coaching [M]. Champaign: Human Kinetics.

②赞许、正面关注、情感需求。运动员不是执行训练计划的机器人，是充满丰富情感的人。在训练过程中，尤其是训练的艰难阶段，运动员期望得到教练和队友的认可、希望被爱和被尊重、希望与教练进行情感上的交流，这些需求都需要教练积极关注才能满足，而不是简单地命令、指责、讽刺、抱怨、漠视。教练通过语言和行为，积极肯定运动员的进步，设身处地为运动员考虑，关注运动员的职业发展，消除运动员"被工具化"意识，都可以激发运动员的训练动机。

③成就、表现需求。运动员对于成就和表现的需求，易于通过运动表现进行观察。在保证训练目标实现的前提下，教练选择和使用更为丰富有效的训练方法和手段，易于观察训练效果，为每个运动员提供表现自我的机会，有利于激发运动员的训练动机。

④独立、自主的需求。运动员在训练过程中，需要展示自己的个性，并为自己的行为负责。教练在训练实践中要充分尊重运动员独立和自主的需求，充分发挥运动员训练和比赛的主观能动性，这既是运动员自身的需求，同时也是训练规律的内在要求。表5-2列出了运动员需求和满足方法。

表5-2　运动员需求和满足方法示例

需求种类	语言和行为示例
乐趣和挑战	选择具有丰富变化的训练方法和手段；充满挑战的训练方式
赞许	肯定和表扬运动员训练过程中的态度、动作质量、任务完成状况等
正面关注	每周争取和每个运动员一对一交流，让运动员通过教练的个体指导感受到被关注
情感需求	运动员不是教练证明自身价值和牟取利益的工具，教练和运动员要进行情感交流，形成"师徒""工作伙伴"关系
自主需求	在符合训练要求的前提下，可以保持运动员自身的动作风格和训练方式
独立的需求	鼓励和允许运动员追求符合自身个性特点和训练要求的训练方式
成就需求	树立运动员自己和自己比的心态，取得自己认可的训练效果
表现需求	在训练中，提供运动员表现自我的机会，鼓励运动员展现自己的训练成果

（2）执教过程中使用目标设置策略。目标是行动所需达到的境地或标准，又是引起需要、激发动机的外部条件刺激。心理学称之为诱因，行为学称之为目标。适宜的目标设置不仅可以激发运动员动机，还

可以帮助运动员区分训练和生活中重要事项的顺序、明确训练的方向、增加对训练的投入、增强自信。

根据目标实现时间的长短，目标可以分为长期目标与短期目标。长期目标指拟定在若干年之后实现的目标；短期目标指拟定在一周或几个月内实现的目标。按照目标清晰与否，其可以分为具体目标（明确、可进行数量分析的精确目标）与模糊目标。按照能否实现，目标分为现实的目标和不现实的目标。前者指通过艰苦努力可以实现的目标；后者是指无论如何努力也不可能实现的目标。按照目标定向，其可以分为任务定向的目标和自我定向的目标。前者强调掌握特定技能、完成特定任务，使自己与自己相比不断进步；后者强调自己与他人相比，注重社会参照，超过他人。按照目标指向，其可以分为过程目标和结果目标。前者是指运动员将注意力集中于一个要完成的技术动作的标准上；后者是指运动员或教练将注意力集中于最终是否能够获胜的结果上。研究表明，运动员最佳表现的取得基本上是各种类型目标的结合使用结果。当你希望运动员专注于过程时，并不说明结果目标不重要了；运动员如果没有取胜的结果目标，那么也很难专注于过程。判断目标的好坏标准在于运动员的注意力和精力是否专注于设置的目标。

体能训练中，教练一定要帮助运动员设置明确的目标和实现目标的途径。好的目标设置通常有以下几个特征。

①设置明确、具体、可测量且容易观察的目标。②设置既有困难又有可实现性的目标。③长期目标与短期目标相结合。④过程目标与结果目标相结合。⑤教练和运动员共同参与目标的制订。⑥列明时间限制，定期检查和评估目标完成进度。

以一名排球运动员减脂为例，说明目标设置在训练中的具体应用，详见表5-3。

表5-3 一名排球运动员减脂训练目标设置示例

目标种类	具体内容
长期目标和结果目标	减掉体内多余的脂肪，改善身体成分
短期目标和过程目标	第一个月内减掉2kg脂肪，完成每天训练计划
可测量和检查目标	每周进行身体成分测试，了解体内脂肪变化情况
中等难度的目标	每个星期减掉0.5kg脂肪，研究证明是可以实现的
可操作的目标	制订具体的减脂训练计划和膳食摄取指南
有期限的目标	3个月将脂肪所占身体比例从20%降至12%

（3）合理使用强化手段。本章中的行为强化特指运动员表现适当或者做出正确的行为后给予一定奖励，表现不当或者做出错误行为时给予一定惩罚，促使其正确行为强化、错误行为改变的处理过程。同时，行为强化也是训练后获知训练结果，使运动员得到回馈的教学训练安排，是运动员训练形成好的行为习惯的措施或条件。设置光荣榜、奖励、惩罚、评优等都是体能训练中经常使用的行为强化手段。体能训练中常见问题和强化方法如表5-4所示。

表5-4 体能训练中常见问题和强化方法

问题示例	强化方法
训练迟到	公开奖励守时的队员；制订全体队员一致的到达训练场时间，包括教练在内；制订惩罚措施
训练拖延	制订含有完成时间的训练计划；训练过程中进行时间提示；奖励按时完成训练的队员，同时惩罚训练拖延的队员；将守时和不守时运动员混合编组，发挥队员间相互促进和监督作用；对于不能按时完成的制订惩罚措施

续表

问题示例	强化方法
动作完成不标准	动作不标准时，及时停止训练，进行提示，示范和讲解正确动作；树立榜样；讲解错误动作的危害，重申训练目标
身体在正常情况下不能完成训练计划	教练在运动员训练遇到困难时及时给予鼓励和帮助；讲解训练目标和训练计划之间的关系；停止训练，询问情况；让运动员选择替代当前训练内容的方法
训练时疲倦	教练可以采取分组（人）练习赛或者实战的方式，组织训练；制订具体的奖惩办法
训练主动性差	教练可以适当允许运动员参与训练计划的制订，调动运动员自己解决问题的积极性和主观能动性

（二）情绪和情绪调节

1. 情绪的基本概念

情绪是以生理唤醒水平、面部表情、姿势和主观感觉的变化为特征的某种状态。

情绪具有动机作用，在体能训练中，情绪可以激发、组织、维持、导向适宜训练行为。情绪的生理机制研究表明，情绪启动行为的速度远远大于认知调节行为的速度，教练与运动员的互动和训练环境的改善，可以引导运动员处于积极情绪状态中，保持高水平训练动机。

影响运动员竞技表现常见的情绪是焦虑和过度紧张，而枯燥、单调、倦怠等情绪主要与日常训练密切相关。

2. 影响运动员情绪的主要因素

运动员自身的体能状况、生理状况、性格、认知特点、对训练和比赛的态度等会直接影响运动员的情绪。教练的执教方式、与运动员的关系以及训练组织安排等，也会对运动员的情绪产生影响。

3. 情绪调节的方法

运动员在一次情绪愉快的训练中，很可能精力是充沛的、感觉是积极的、表情是愉悦的，训练导致的肌肉和心理不适反应是可以接受的。情绪的调节可从认知因素（认知过程）、生理因素（生理状态）、刺激因素（环境影响）3个方面考虑。表5-5列出了情绪影响因素和调节方法。

表5-5　情绪影响因素和调节方法示例

影响因素	调节方法
认知因素	①暗示：通过语言、手势、表情等对心理活动施加影响的过程。暗示的作用既可以是积极的，又可以是消极的，取决于语言的内容、表情表达的意思，肯定的言语和表达关心的表情能够传递积极情绪。②理性情绪疗法：通过改变对刺激的认知来调节情绪，去除消极思维模式。例如牢固"力量训练产生肌肉的疲劳和酸痛是正常现象"的信念，有助于提高运动员忍受疼痛和疲劳的能力。③积极心理学：通过强化事物的积极方面调节情绪的方法
生理因素	①深呼吸：当消极情绪产生时，缓慢吸气和呼气，可以迅速缓解消极情绪产生的身心不适感觉。②身体活动调节：强度小、幅度大、速度和节奏慢的动作练习可以缓解紧张。③表情调节：基于外部表情和情绪相互影响的原理，有意识改变自己面部表情和身体姿态可以调节情绪

续表

影响因素	调节方法
刺激因素	①音乐调节：音乐具有产生兴奋、镇定、平衡3种情绪状态的作用。例如力量训练时听节奏感强的音乐可以促使神经处于兴奋状态；放松拉伸时听舒缓轻柔的音乐可以促使神经系统处于放松的状态。②颜色调节：应用联觉原理，通过颜色调节人的情绪。例如蓝色可以给人舒适和安静之感。③气味调节：不同气味可以诱发不同的情绪反应。例如薄荷精油可以促进注意力集中
认知、生理、刺激因素综合应用	①人际关系：训练中团结友善的人际关系可以促使积极情绪的发生和发展。②正念疗法：认为逆境是正常的，承认并接受所发生的一切。③通过呼吸训练、表象训练、音乐疗法等提高自我的觉察能力；对生理和心理的刺激不判断、不反应，将注意力集中于当前要做的动作

（三）注意和注意力调节

1. 注意的基本概念

注意是对一定事物的指向和集中的能力，是个体对情境中众多刺激，只选择一个或者一部分去反应，从而获得知觉经验的心理活动，对注意之外的刺激则视而不见、听而不闻的现象。

2. 影响运动员注意的主要因素

注意既会受到个体情绪、兴趣、态度等影响，也会受到训练和比赛外在环境因素影响。

3. 注意力的调节方法

体能训练中注意力调节具体可从以下3个方面进行：一是疲劳、疼痛、担心等导致运动员分心和走神；二是配合专项需要的注意力训练；三是教练指导运动员和运动员自我指导。

注意力是有限的，一次给予个体过多的信息和刺激，完成任务就会困难。注意在一天之中存在高峰和低谷，其是大脑基本休息活动周期循环（Basic Rest Activity Cycle）的主要组成部分，每次持续90~110min。这可以从时间上解释为什么我们时而容易专心，时而容易松懈的现象。

（1）预防和避免体能训练中分心的方法。

①根据大脑基本休息活动周期循环特征，一次体能训练课时间不宜超过2h。

②设计并使用关键线索词，可以是动作完成的线索词，也可是调动情绪、动机的线索词。比如"腰部发力""腹部收紧""保持头部正直"等线索词，有利于运动员专注于当前的动作；再比如"坚持一下，最后一组""想象自己在全运会上准备最后一跳，发力"等有利于调动运动员的情绪。教练要及时、准确使用线索词，尤其是困难情境下，比如每组动作的最后几次，充满激情的语言和表情，会带动运动员克服疼痛和疲劳造成的不适感，高质量完成当前的动作。

③根据训练目标，利用无意注意的特征，不定期选择不同的训练方法和手段及组织训练方式，保持训练的新鲜感，有助于提高训练时运动员的专注程度。

④讲解训练的目标和要求，调动运动员的动机和情绪，可以提高运动员有意识注意的能力。尤其是在高强度训练中，明确的目标和积极的情绪有助于克服训练产生的身心不适感觉，帮助运动员将注意力集中于当前的动作任务。

⑤训练过程中，保持训练环境相对封闭和稳定，减少新异刺激，避免与训练无关的刺激对运动员的干扰。

（2）配合运动专项需要，提高注意力的方法。

①感觉通道的注意力训练，包括视觉搜索和集中（一点）能力训练、听觉集中（一点）能力训练、呼吸训练、表象集中（一点）能力训练、干扰情境下集中（一点）能力训练。这些训练可以和体能训练的具体方法结合，通过适当的外部语言和内部语言提示，要求运动员专注于自己的动作（动作要领）；也可根据运动员自身情况和专项需要进行设计，每天安排20~30min进行训练。例如，排球运动员俯卧撑训练时，可以在运动员眼睛正下方放置四角写着单词的卡片，要求运动员每次俯卧撑时，沿着顺时针方向依次注意卡片四角的单词，提高运动员运动过程中的注意集中能力[13]。又如，在安排跳跃练习时，可以在运动员视线水平方向（距离依项目和训练场地而定）设置不同词语和不同颜色的卡片，要求运动员跳起同时按不同顺序和方向（左右、上下、顺逆）读出词语，提高运动员在动态中视觉搜索和观察能力。

②根据运动项目特点，设计针对性训练方法，提高注意能力。例如，提高排球运动员脚下移动能力的训练，可以利用灵敏灯设备，通过距离和灯光呈现频率的变化，设计体能训练计划，提高排球运动员手脚配合情况下的移动能力，训练运动员不同方向、不同间隔发现运动目标的能力和移动能力；结合训练和比赛情境，设计适合运动员的提示语，教练在场地实际训练时予以提示，强化运动员脚下移动的意识。

（3）教练指导运动员和运动员自我指导过程中的注意力调节方法。

①教练一次指导内容不宜过多。对运动员进行体能训练指导时，一次给予过多内容，就可能导致运动员忘记要点。当任务占用注意容量低时，运动员就可能同时注意几个事物。若某一任务需要占用注意容量高时，运动员就只能注意这项任务，而削弱对其他任务的注意。

②教练要随时观察运动员的注意力方向。例如体能训练中，面对一位处于焦虑状态的运动员，此时教练要指导其完成一个复杂动作，如果不首先缓解其焦虑情绪，那么具体的动作指导通常是没有作用的。因为运动员此时的注意力更多指向内部情绪，且焦虑情绪所占的注意资源远大于具体动作指导所占的注意资源。

③运动员在完成体能训练时，要根据训练的基本要求，调节自己的注意力指向。例如一位柔道运动员利用超级弹力带练习背负投动作，解决其转体过程中腰部发力差的问题，教练就要提醒运动员完成动作时反复体会腰部发力的感觉。

二、基本理论

（一）多通道学习策略

1. 运动员的学习类型

多通道学习（Multimodal Learning）是利用两种以上感知通道记忆的方式。人在认知和学习时，协同听觉中枢神经、视觉中枢神经、语言中枢神经和运动中枢神经等进行认知记忆，有着良好的记忆效果。运动员由于遗传因素和后天环境的共同作用，依据多通道学习策略，形成了动觉型、视觉型、听觉型、混合型等不同学习类型。关于记忆的研究表明，视觉、嗅觉、听觉和触觉等综合利用，有助于形成比单一训练方式更为复杂和丰富的神经肌肉记忆。即便是天才型运动员，同样需要机会不断讨论、分享、思考、反省，向队友和教练重新讲解他们的训练体验，以保持他们对技战术动作的精确感知和熟练运用。

2. 多通道学习策略在体能训练中的应用建议

（1）在体能训练教学实践过程中，教练要尽可能丰富训练指导和反馈的手段，采用示范、讲解、放录像、辅助模拟等多种方式进行教学，使不同学习类型的运动员得到充分的、适合的训练指导和表现机会，从而改善训练效果。

（2）体能训练的实践证明，实现一个训练目标存在多种训练方法和手段。训练方法和手段及它们之间组合的变化，会给训练带来新的变式，会极大增加训练本身的乐趣和激发运动员强烈的训练动机及改善训练效果。

（3）体能训练过程中，定期组织运动员和教练对训练计划、训练方法和手段、训练效果进行讨论，这种讨论可以是口头的，可以是书面的，还可以是现场演示的。其目的在于提高运动员对训练方法和手段及训练要求的认知程度，改善训练效果。

（4）在体能训练场地安装镜子、音乐播放和现场视频摄制设备等，利于丰富教练反馈方式和提供更多的环境信息，有助于增强运动员的记忆力，提高运动员重新激活技术动作神经回路的速度。

（5）体能训练结束后，可通过表象回忆完成动作的精细感觉和思维控制过程，尤其是那些需要付出极大努力才完成的训练任务。因为表象具有的运动神经通路激活功能，有助于强化已经建立的神经肌肉调节模式。

（二）节奏策略

1. 节奏策略的概念和基本观点

节奏策略是为了使运动表现达到最佳水平，在不对生理系统造成不可恢复的损害前提下，机体根据预定的计划对能量输出进行有意识或潜意识调节的策略，其实质是中枢神经系统的一种"疲劳管理策略"。

运动员会因具体训练时间的长短、训练时的外部环境、动机水平、训练知识与经验以及生理状况，而采取最适宜的节奏策略，完成训练任务。

2. 节奏策略在体能训练中的应用建议

疼痛和疲劳是机体的适应性保护反应，它的出现防止了机体被进一步破坏。体能训练的目的在于打破机体现有平衡状态，通过提高适应水平来实现运动能力的增强。节奏策略对加大运动负荷、克服疲劳和疼痛感有一定制约作用。在体能训练中，教练可以采用如下步骤，帮助运动员延迟（管理）疼痛或疲劳的感觉出现，提高运动员忍受疼痛和疲劳的能力。

（1）测定运动员当前对疼痛与疲劳的忍受性，并帮助其了解自己的疼痛与疲劳承受能力。

（2）教育运动员理解有关疲劳的机制以及人类的潜能的科学知识。

（3）实施关于疲劳与疼痛忍受性的认知信念训练程序：强化运动员关于"人类有能力掌握身心间的联系，并排除强度障碍，突破当前极限"的信念。

（4）实施综合性的疲劳控制训练程序（呼吸调节技能、肌肉放松技能、表象技能、自我暗示技能），来帮助提高运动员在极限负荷下的心理承受能力。

（三）适应理论

1. 适应理论的概念和基本观点

适应水平是引起机体某种反应或是机体产生中性反应的刺激值。机体受刺激作用产生的有益于提高运动能力的心理效应和生理效应，一方面取决于刺激物体的特性——训练负荷的特性，另一方面取决于机体的适应水平。

训练负荷作为刺激，当其达不到或者超出了神经系统协调和控制的范围，即超出了机体的适应水平，机体就对该刺激不做出反应或出现负反应。体能训练的过程是寻求适应训练方法，无限接近适应极限的过程。

2. 适应理论在体能训练中的应用建议

根据适应理论的基本观点可知，训练实践的过程就是在运动员适应水平的范围内，不断寻求临界训练负荷的过程。训练过度和训练不足是体能训练中负荷安排的常见问题，在体能训练实践应用中，训练负荷安排遵循以下几个原则。

（1）实践中尽可能根据运动员综合体能评估结果，分类分组安排训练负荷。

（2）一种训练手段及训练计划可以导致多种适应的出现，即导致不同的训练效果；多种训练手段及训练计划，可以产生相同的适应，即可以导致相同的训练效果。合理评估训练手段及训练计划作用非常必要。

（3）适应是多层次的，包括心理、生理、环境等，故训练手段及训练计划设计和实施时应考虑上述因素，提高训练的有效性，即提高"比赛－训练"结合程度。

（4）鉴于不同年龄的机体具有不同的能力和不同的发展空间，体能训练中，尤其是青少年体能训练中要优先发展灵敏、协调、平衡、稳定等能力，然后再发展力量和耐力等能力。成年运动员要协调好抗阻训练和功能性力量训练的关系，因为功能性力量训练可以提高神经支配多块肌肉的能力，而抗阻训练可以有效提高每一块肌肉的能力，从而在整体上增强神经－肌肉系统的功能。

（四）自我控制理论

1. 自我控制理论的基本观点

个体要控制自己的注意、思维、情绪、行为时，必然消耗一定能量来遏制自己固有的冲动、习惯及定势，而自我的资源是有限的，一旦被损耗，人们控制自己后续行为的能力就会下降，这种现象叫作自控损耗。自我控制的力量模型有5个基本假设：第一，自控能量对自我执行成分来说是必需的；第二，自控能量是有限的；第三，自控的所有执行功能使用同源的能量；第四，自控的成功与失败取决于一个人自控能量的多少；第五，自控能量在实施自控的过程中会损耗。

自我控制是一个具有冷热双向特征的系统，其中冷系统是认知控制系统，负责指导、监控、计划等事件记忆或者语义记忆、元认知、问题解决，具有情绪中立、精细思考、灵活、整体化、逻辑性、慢速和策略性等特点，是自我控制的核心。热系统则是情绪控制系统，负责饮食睡眠、危险规避等生存功能、体现本能冲动、要求即时满足，由先天释放性刺激控制，具有破坏自我控制的作用。

2. 自我控制理论在体能训练中的应用建议

严格执行训练计划是训练效果取得的基本前提。根据自我控制的概念和基本观点，可从以下几个方面提高运动员的训练计划执行能力。

（1）根据自我控制能量有限的观点，在确保运动员训练质量前提下，体能训练的时间不宜超过2h，避免训练时间过长导致的运动员训练动机减弱和训练质量降低现象。

（2）在体能训练计划执行过程中，教练应尽量减少不必要的控制，比如运动员完成动作过程中尽量减少不必要的语言提示；尽量在训练过程中不做无关于训练和人的随意评价。教练可以通过积极语言（聚焦"做什么"，而不是"不做什么"）、积极暗示等方法诱导运动员产生积极情绪，减少和补偿自我控制损耗，间接提高动作完成质量。

（3）在制订体能训练计划中设置放松单元，可以与训练后拉伸单元相结合，加快运动员自我控制资源的恢复速度。

（4）习惯性行为比较节省能量，因此，良好的行为习惯和思维习惯、比赛前的程序化行为以及"如果……我就……"这样的执行意向均可以节省能量，减少自我损耗。对不确定性信息如比赛结果的关注会使人产生焦虑、消耗能量，因此，将注意从这些干扰信息转向可控信息，有助于减少自我损耗。

（5）自我控制双系统模型提示我们，当运动员的压力越大，唤醒水平越高，个体成熟程度越低时，运动员的身体会倾向于进行热系统启动，处在热系统控制下时，要及时且有意识地启动冷系统控制；反之，当运动员的压力越小，唤醒水平越低时，运动员的身体会倾向于进行冷系统启动，处在冷系统控制下时，要及时且有意识地启动热系统控制，动态调整两个系统之间的平衡。

三、执教过程中的心理技能及其应用

心理技能与体能及技战术训练一样，是教练和运动员训练和比赛需要的基本能力。

（一）沟通

1. 沟通的概念

沟通是有关使用信息生成意义的过程。体能训练中的沟通特指体能训练师与运动员、其他教练、队医、科研人员等辅助人员之间思想观念表达与交流、知识信息传递、情感交流的过程。沟通的形式包括语言沟通和表情、肢体动作等非语言沟通等。

2. 沟通的作用

有效的沟通是一种能力，是双方信息的交流，既是信息的准确传递，又是情感的充分表达。

运动员与教练之间良好的沟通，有利于教练得到反馈，调整训练计划，达到良好的训练效果。运动员之间有效、良好的沟通有利于提升团队凝聚力，改善训练效果，提高比赛成绩；还有利于增进队员之间相互了解，消除矛盾和隔阂，形成良好的人际关系。

3. 沟通能力评价

沟通能力是指能在一定情况下维持或增进关系，并借此实现自己的目标的能力。对现有沟通和倾听能力的有效评价是提高沟通技能的关键。表5-6列出了评估沟通能力的简要方法和提升沟通能力需要关注的内容；如果你的得分低于30分，说明你亟待提高自己的沟通能力，可进行针对性练习加以改善。

表5-6　沟通能力自我评价表

序号	评价内容	评分（1~5分）	序号	评价内容	评分（1~5分）
1	在讲话之前思考我要说的话		6	我鼓励运动员讨论事情	
2	我的倾听和讲话一样多		7	通过适当的方式检查他人理解的程度	
3	想到运动员也有话要说		8	没有计划好要说的话时进行倾听	
4	清楚地知道他人如何理解自己的话		9	能意识到讲话的音量和语气	
5	我每天采用的交流方式都是一致的		10	我的语气、表情和我的身体语言保持一致	

（二）放松

1. 放松的概念

放松是调整视觉、听觉、触觉、味觉、嗅觉5种感觉通道接受刺激的质量和数量，促进机体从高度唤醒后恢复到平衡状态的技术。

2. 放松的作用

训练和比赛可以引起中枢神经系统的过分唤醒，尤其是大负荷体能训练后，运动员可以通过腹式呼吸、渐进放松、听音乐放松等方法，降低训练导致的中枢神经系统和交感神经系统的兴奋性，使过分紧张的肌肉适度放松，促进食欲，还可以降低机体能量的消耗。系统的心理行为干预可以减少运动训练导致的外周血糖皮质激素反应，一定程度上降低了训练过程中生理和心理能量消耗，促进中枢系统疲劳的消除和睡眠质量的提高。

3. 放松的练习方法

放松的方法很多，可根据视觉、听觉、触觉、味觉、嗅觉5种感觉通道进行设计。放松训练可以由运动员自主安排，也有必要在体能训练计划中体现，如同准备活动和肌肉拉伸一样，成为训练计划的有机组成单元。放松训练可以被安排在训练计划的开始和结束部分及训练间歇中。表5-7列出了主要的放松方法和操作要点。

表5-7　主要放松方法和操作要点

方法	操作要点
腹式呼吸	选择舒适姿势，慢而深地吸气和吐气；集中注意力于呼吸上；伴有腹部运动
冥想	选择舒适姿势。排他性冥想通过多次重复感受一种信息，比如语言声音、思想念头、表象物体、呼吸；包含性冥想通过客观观察大脑中的任何想法，不做判断和反应，如正念
瑜伽	包括做出姿势、保持姿势、解除姿势3个部分；练习过程中与呼吸相配合
音乐治疗	选择适宜的乐曲；选择适宜的环境；选择舒适的姿势

续表

方法	操作要点
按摩疗法	对皮肤、肌肉、韧带、穴位进行接触刺激，可以通过手、水等多种形式实现
渐进式肌肉放松	选择舒适姿势；调节呼吸；集中注意，从头部至脚部，依次体验身体各部位肌肉的紧张和放松感觉
表象放松	寻找一个舒适的地方，选择舒适的姿势；选定表象的主题；注意力集中于表象主题

（三）运动表象

1. 运动表象的概念

运动表象是在运动感知觉的基础上所产生的，在头脑重现动作形象或运动情境，常常包括视觉、听觉、动觉甚至情绪方面的信息。运动表象训练就是在暗示语的指导下，在头脑中反复想象某种运动动作或运动情境的训练。

2. 运动表象训练的作用

运动表象训练有助于运动员积累训练和比赛经验，同时有利于运动员掌握和改进动作技能。此外，运动表象训练可以和比赛心理调节相结合，针对比赛心理调节内容和情境，进行针对性演练，提升情绪控制能力和注意力，提升运动员比赛表现。

3. 表象训练的基本程序和具体方法

（1）表象训练的基本程序。进行表象训练，首先通过测验来评价运动员的表象能力，测查表象的清晰性和控制性，以及表象中出现的视觉、听觉以及相应情绪状态的清晰度或强度；然后再传授表象知识，如运动表象的含义及特征，表象训练的作用及实施程序，等等；接下来做基础表象训练和结合专项的表象训练。

（2）表象训练的具体方法。

①一般性表象练习。

表象清晰训练——清楚地回忆某个训练场景（比如力量房）或者事物（比如杠铃），如果不走神，而且细节清晰，第一阶段大功告成。

表象操作训练——对所注意的表象进行加工，比如把涂有油漆的正方体木块切一半，然后再继续切……你可以在头脑中完成这个过程。

②结合运动专项的表象练习。可以在训练前、训练中、训练后和比赛前、比赛后、运动损伤康复期开展表象练习，具体程序如下。

A. 从选择安静地点逐步过渡到训练场和赛场。B. 集中注意力于呼吸，腹式呼吸为佳，进入相对放松状态。C. 想象进入放松的一个场景中，感受场景中的细节；想象自己分解动作或者完成整套动作，感知觉尽可能与实际训练一致；想象在比赛中成功完成动作场景，感知觉尽可能与实际比赛一致。D. 停止想象，注意力集中于呼吸并放松。E. 重复C。F. 重复D。

四、心理训练与体能训练的整合

尽管教练都认可运动心理学是运动训练重要组成部分，但教练在制订和实施训练计划时，对如何把运动心理学方法和手段作为有机部分融入其中，仍不清楚或者不够重视。下面将讨论在体能训练计划制订和实施过程中，如何将心理技能训练和心理学基本理论及方法应用融入训练计划和教练执教过程中。

（一）心理训练与体能训练的整合策略

心理训练与体能训练的整合策略可以分为宏观和微观两个方面。宏观方面从训练周期原则出发，并结合运动训练阶段。其中：一般准备阶段以低强度运动、重复训练、单一负荷、高难度大量训练为主要特点，心理训练重点为放松训练和动机激励及表象训练；专项准备阶段以训练强度增大、重复次数显著减少为主要特点，心理训练重点在一般准备阶段内容基础上，更加注重注意力和情绪管理相关心理技能训练。微观方面从一堂体能训练课计划制订和实施出发：在准备活动阶段可以安排情绪管理、放松训练、表象训练等内容；在训练主单元阶段可以结合具体训练内容融入动机激励和注意力训练及疼痛疲劳管理等内容；在整理活动阶段，可以安排放松训练和表象训练等内容。

（二）心理训练与体能训练的整合原则

心理训练和体能训练整合应与训练计划制订、实施、效果评估3个环节的要求和具体内容相结合，确定不同阶段的心理训练主要内容。

制订训练计划是运动（体能）训练的起始环节，包括诊断运动员状态、确定训练任务和指标、划分训练阶段、选择训练方法和手段、确定运动负荷、确定恢复措施等内容。与这些内容相对应，运动员个性评估（状态诊断、选择训练方法和手段）、目标设置（训练任务和指标制订、阶段划分）、适应理论（确定训练负荷）、放松技术（恢复措施）等运动心理学相关知识和原理均可应用于训练计划制订过程中。

实施训练计划过程中，由于运动员的生物属性和社会属性制约，如运动员个人对运动负荷的适应能力、教练与运动员关系问题、运动员训练投入问题等，给训练计划的实施和执行带了很多不确定性，故沟通、动机激励、情绪管理、注意力集中、目标设置、放松等运动心理学相关技能的熟练运用，对于改善和提高教练执教技能及运动员执行训练计划的能力，帮助运动员取得预期的训练效果，均有帮助。

训练效果的主客观评估，除了本书第6章提到的体能测试方法外，还可从运动员放松效果、表象运用、情绪自我管理、注意力集中程度、教练和运动员沟通效果等方面对教练自身和运动员的心理技能掌握及运用情况进行评测。

五、运动员心理健康评估和比赛心理准备

运动员比赛准备阶段，技术要求提高，训练重复次数减少，训练的总时间减少，比赛压力导致的应激反应增加。关注运动员赛前心理健康，做好比赛心理准备，是运动员形成适宜竞技状态和在比赛中取得优异表现的前提。

（一）运动员心理健康评估

运动员心理健康问题日益严重，大量研究表明其对运动表现和个人发展产生了负面影响。运动员常见的心理健康问题表现为焦虑、抑郁、进食障碍、物质使用障碍、睡眠障碍等。诱发运动员心理健康问题的常见的风险因素包括伤病、情景压力、职业发展和社会文化与环境因素等。

鉴于对中国高水平运动员尚未开展普遍的心理健康筛查工作以及近期的研究，我们不能忽略或低估当前中国运动员的心理健康问题，用来评价运动员心理健康消极维度的90项症状自评量表（Symptom Checklist 90, SCL-90）和心理健康测查表（Psychological Health Inventory, PHI）仍然是可以使用的。国际奥林匹克委员会工作组（IOC Work Group）发展并检验了运动领域心理健康评估工具1（the Sport Mental Health Assessment Tool 1, SMHAT-1）。该工具包由1份分流工具（运动员心理压力问卷，APSQ）和6份心理疾病或障碍的筛查工具［病人健康问卷-9（PHQ-9）；广泛焦虑障碍量表-7（GAD-7）；运动员睡眠筛查问卷（ASSQ）；酒精使用障碍识别测试（AUDIT-C）；减药、因批评而恼怒、内疚感和含有药物的助醒物（CAGE-AID）；运动员简明进食障碍问卷（BEDA-Q）］构成。使用程序包括3个步骤：分流、筛查以及临床评估（图5-1）。SMHAT-1的使用者主要为运动医学工作者和其他具有资格的健康专业人士（受过临床训练的运动心理学家）。不具备上述资格的从业者，需要接受相应的指导和训练，与运动医学工作者合作使用。该工具也可用于检验运动员身边相关人员（教练、队友、家庭成员、朋友等）的心理健康问题。

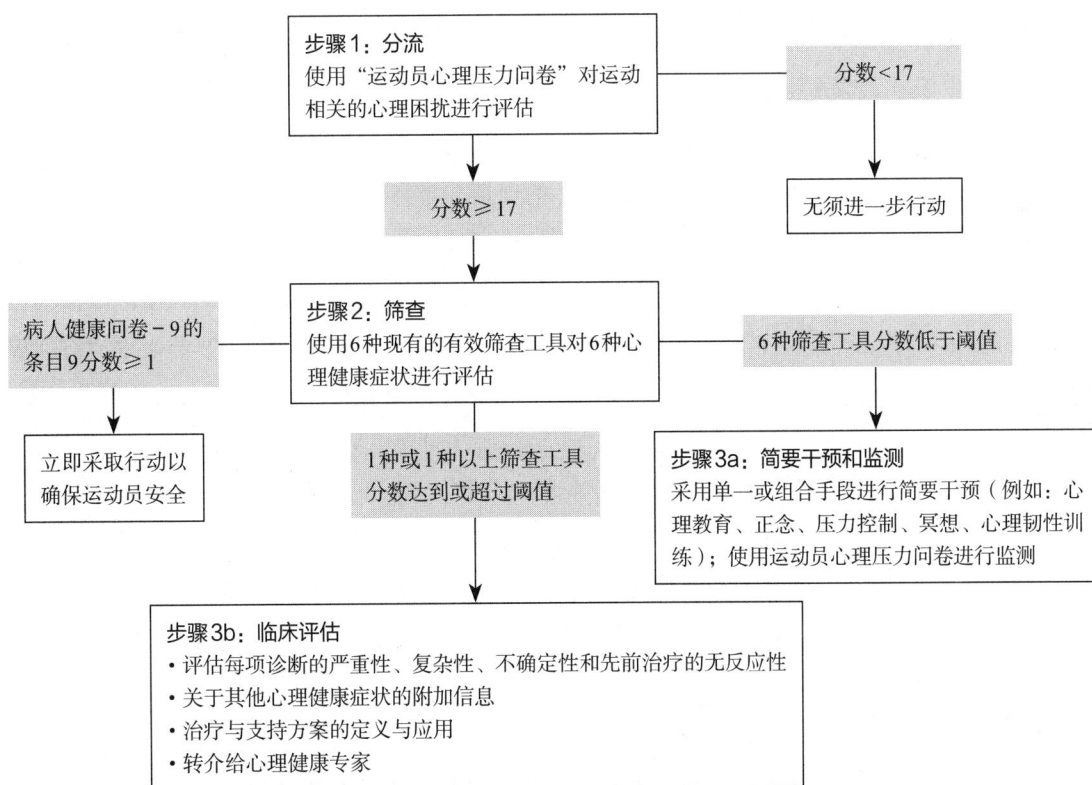

图 5-1　SMHAT-1 使用流程

资料来源：GOUTTEBARGE V, BINDRA A, BLAUWET C. International Olympic Committee(IOC) Sport Mental Health Assessment Tool 1(SMHAT-1) and Sport Mental Health Recognition Tool 1(SMHRT-1): Towards better support of athletes' mental health [J]. British Journal of Sports Medicine, 2021, 55(1): 30-37.

如何应对运动员心理健康和心理问题？心理健康以促进为主（Promotion of Mental Health）；而心理问题，则主要注重预防与治疗（Prevention and Treatment）。

（二）运动员比赛心理准备

运动员比赛心理准备旨在综合应用体能、技术、心理等多种手段和方法，有效调节生理唤醒水平、减轻压力和焦虑，帮助运动员形成适宜竞技状态。

1. 运动员比赛心理准备原则

比赛心理准备的原则之一是帮助运动员建立"逆境成功应对策略"，强化"逆境是正常的，顺利是意外的"的观念。具体而言，要帮助运动员从以下几个方面进行准备：一是确定与预见典型逆境；二是找出合适的应对逆境方法；三是实施个人化的训练；四是评价训练效果。比赛心理准备的原则之二是帮助形成适宜比赛心态，即通过积极的情绪选择、与比赛和个人及参赛环境相适宜的赛前减量训练安排等促进适宜比赛心态的形成。具体而言，要帮助运动员从以下几个方面进行准备：一是对于比赛结果适宜的心理定向；二是正确技战术动作和应用的巩固；三是正向语言的应用；四是教练和运动员和谐关系的建立和维持。

2. 运动员比赛心理准备内容

运动员比赛心理准备主要包括两个方面：制度赛前行为程序和应对突发事件。

运动员常规的赛前心理内容准备可以通过制订赛前行为程序（Pre-Performance Routine）进行，这也是当今运动心理学家在该领域提供的最常见的干预手段之一。

赛前行为程序是指一套从时间到内容预先安排，用来帮助稳定与调节运动员赛前思维、情绪及行为的行为模式。根据具体的项目特征来进行赛前行为程序的规划。赛前行为程序一般来说可以分为3类：赛前规划类行为程序，技能操作类行为程序和赛中调整类行为程序。

（1）赛前规划类行为程序。赛前行为程序包含的范围很广，运动员的赛前行为程序可以从到达比赛城市开始。以封闭式项目行为程序为例，即从开始做准备活动到上场的前一刻。赛前规划类行为程序一般包含以下内容（图5-2）。

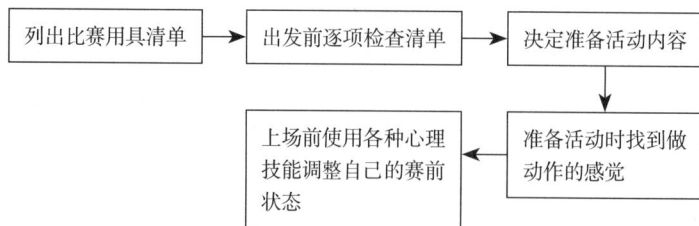

图5-2　赛前规划类行为程序流程

资料来源：赵大亮.封闭式项目竞赛行为程序的建立[J].中国运动医学杂志,2010,29(4):481-484.

（2）技能操作类行为程序。技能操作类行为程序主要是针对单个封闭式动作技能和整套动作制订的。单个封闭式动作技能如羽毛球发球、跳水的一个动作等。整套动作是指那些个人表演类项目，如武术套路、蹦床等个人项目。针对单个封闭式动作技能的行为程序，这类行为程序一般都包括心理技能和与特定技能相关的行为。制订这类行为程序时需要考虑3个方面的因素：任务特点、技能水平和个人偏好。任务特点是指行为程序要包括与实施这个动作技能相关的行为，并且心理技能的选择也与特定的技能相关。例如，对于发球，行为程序可能会包括挥拍和呼吸调控，但对举重来说，行为程序可能会包括抓扛和提气。技能水平是指根据运动员动作技能形成的不同阶段选择不同的行为程序。个人偏好是指行为程序的制订需要考虑个人特点，为容易焦虑的运动员制订以放松为主的行为程序，而为注意力容易分散的运动员制订强调注意力集中的行为程序。

（3）赛中调整类行为程序。在封闭类运动项目中，很多时候运动员不只是成功完成一套动作，而是需要成功完成多套动作，运动员需要在项目与项目之间有较长间隔时间的情况下完成整个比赛。这就要求运动员在做下一套动作之前都调整至良好的心理状态，运动员需要发展一套在赛中的非竞赛过渡阶段调整自己心理状态的行为程序。研究者发展了一套4R（Rest、Regroup、Refocus、Recharge）行为程序帮助运动员进行赛中调整。第一个R代表放松，运动员在上一个项目结束后就积极休息，争取从刚才的比赛中恢复过来，并为即将到来的下一次竞赛做好准备。第二个R代表调整情绪，上一个项目结束后所产生的情绪对运动员完成后面的项目会产生影响，运动员一方面需要消化已产生的消极情绪，另一方面需要调整自己以积极情绪面对即将到来的竞赛。第三个R代表注意力再集中，在这一阶段，运动员不要把注意还集中在已经过去的竞赛中，这样不利于后面的比赛。运动员需要先评估当前的情况，然后把注意力集中到将要到来的下一次竞赛。第四个R代表再启动，运动员在进行比赛之前，如果觉得自己的身体太紧张，可以通过慢跑、深呼吸来调整。如果运动员觉得自己的身体不够紧张，可以通过快跑、加快呼吸节奏、小跳来调整。4R行为程序的核心理念有两点：一是回避已经发生的事情对情绪和注意的影响；二是把更多的注意力放到将要到来的比赛中去。

3. 突发事件心理对策库

除了常规的行为程序之外，还建议运动员准备突发事件心理对策库。

（1）赛前心理准备对策库的建立。教练结合比赛中主要心理现象或者需要面对的问题，以"现象（问题）-对策（答案）"的形式，以提问的形式对运动员可能遇到的问题进行逐条讨论。具体可从自身因素、外界因素、比赛进程等几个维度进行讨论，如表5-8所示。

表5-8　可能遇到的问题

维度	问题
自身因素	赛前出现失眠、焦虑、精力消耗怎么办 如果出现大脑空白怎么办 赛前如何放低姿态，以冲击式的心态去比赛
外界因素	赛前大家都说看好你，都说你没问题怎么办 赛前遇到不愉快的事情怎么办 赛前突然出现了身体不适怎么办 比赛场地和平时训练场地不一样怎么办 如果班车晚点怎么办
比赛进程	过度紧张怎么办 在过去的某一场/某一组/某一局的比赛结果不太好怎么办

（2）赛前心理准备对策库的应用。教练和运动员结合项目特点和个人特点，因地制宜和因人而异建

立符合比赛实际需要的赛前心理准备对策库。以我国射击运动员王义夫在第28届奥运会前的准备为例说明。他将比赛态度、比赛进程及比赛中可能遇到的问题和与之对应的积极思维、行为对策列出（表5-9），并形成比赛方案，在赛前减量训练中执行，不断完善，烂熟于心，王义夫的赛前心理准备对策库已成为参赛行为的蓝本。

表5-9　王义夫在雅典奥运会前的心理准备对策库

维度	问题	积极思维与行为对策
比赛指导思想	强烈获胜欲望； 想为自己的运动生涯画上圆满句号； 太过在意比赛胜败结果； 舆论压力大； 比赛氛围紧张； 环境挑战	• 欲望需要通过努力实现，要的是饱满的精神、坚定的信念、正确的指导思想； • 专心于比赛准备，控制好比赛中的行为，回避媒体； • 全身心享受比赛带给自己的无限乐趣，感受比赛过程中的种种刺激，有压力才有动力； • 无数的比赛经验告诉我：只要思想准备充分，有适当的方法与措施，一定能应对环境带来的挑战
赛前准备	有时有懈怠、动作准备粗糙的现象； 有时有精力不够集中，容易出现注意力分散的现象； 个别击发的处理存在侥幸心理	• 从思想上认识到各国运动员的水平提高很快，不能有自大心理； • 动作上注意整体力量、把握力量的一致性； • 可采取分段式练习，打20~40发停一停，将精力收一收再重新开始，继续下面的射击，也可临时以要求射击进行调整； • 提醒自己：以单发为单位，把握好每一发
资格赛	试射时是否修正标尺； 换记分后击发困难； 连续出9环或出远弹； 最后几发如何打	• 注意观察风向，调整好动作的自然指向，多打几发密度，根据密集动作状况修正表尺，最后几发以记分制要求打； • 精力集中到动作中去，打出10环的瞄区和动作感受，不勉强击发，不急于击发，沉住气不着急； • 主动停下来重新调整，静心稳神； • 处理要果断，不随意延长瞄准时间，坚持动作标准
决赛	情绪更紧张； 击发动作要求高	• 不把自己吓住，都是一样的人，一样的心情。动作按正常程序走，击发坚决果断。不勉强发射，可以二次瞄准。心静力稳，用第一稳定期完成击发。不追求小数点，在瞄区内协调击发就行
可能遇到的问题	气候、光线（地中海气候、风大、酷热、光线强）； 开头不顺的被动局面； 出现预报不出的射击及远弹； 年龄偏大	• 每个参赛选手的条件一致，是公平的，就要主动接受，主动处理； • 做好足够的思想准备，保持足够的耐心。保持清醒的思路、冷静的头脑、拿得起、放得下，一切从头来； • 从心态下手，思想纯粹，情绪平静。坚持自己的打法，可以一停二看三预习，也可离开射击位置与教练沟通，调整好心情及动作后再继续射击； • 在国际比赛中大龄选手为数不少，我自认为仍然处于运动成绩的高峰期。但不盲目自信也不保守，真正做到从零开始。不与别人比，只跟自己比，挑战自我、战胜自我

资料来源：刘淑慧.刘淑慧文集：射击比赛心理研究与应用[M].北京：北京体育大学出版社，2006：106-107.

小结

　　随着近年国内体能训练实践和训练理论研究的快速发展，运动心理学越来越受到广大教练的重视。运动心理学独有的对人思想、意识、行为进行研究和应用的属性和功能，与当前体能训练面对的问题解决方案高度契合，诸如提高教练和运动员沟通能力、强化广大教练主动学习和研究体能训练的动机、提高运动员参加体能训练自觉性、提升运动员动作质量、改善训练效果、增强运动员训练计划执行力等。

　　了解和应用本章介绍的动机、注意力、情绪、沟通、放松、表象等心理概念和心理技能，有助于教练和运动员应对运动训练过程中需要面对的问题，比如系统看待和处理技战术训练与体能训练的关系，教练和运动员良好的"教学训练"关系的建立、运动员训练动机的激发和保持、运动员积极情绪状态的形成和保持、运动员强大的训练计划执行和自我管理能力的培养。心理训练和体能训练整合，有助于教练和运动员系统理解运动训练相关要素的功能，有利于高效组织训练，取得更好的训练效果。运动员赛前心理健康的相关知识和比赛心理准备的内容，有助于教练和运动员形成适合训练和比赛、执教和训练的思维习惯和行为习惯，提升运动员的运动表现。

思考题

（一）单项选择

　　注意力是对一定事物的指向和集中，注意从是否需要意志努力可以分为有意识注意和_____注意。

A. 无意识　　　　　　　　　　　B. 内部

C. 外部　　　　　　　　　　　　D. 任务

（二）多项选择

　　1. 放松是调整_____感觉通道接受刺激的质量和数量，促进机体从高度唤醒后恢复到平衡状态的技术。

A. 视觉　　　　　　　　　　　　B. 听觉

C. 触觉　　　　　　　　　　　　D. 味觉

E. 嗅觉　　　　　　　　　　　　F. 本体感觉

　　2. 运动员由于遗传因素和后天环境的共同作用，依据多通道学习策略，形成_____等不同学习类型。

A. 动觉型　　　　　　　　　　　B. 视觉型

C. 灵活型　　　　　　　　　　　D. 混合型

E. 听觉型

　　3. 情绪具有动机作用，在体能训练中，情绪可以_____训练行为。

A. 激发　　　　　　　　　　　　B. 组织

C. 维持　　　　　　　　　　　　D. 导向

E. 巩固

第6章

体能测试的基本方法与结果分析

闫琪

知识导图

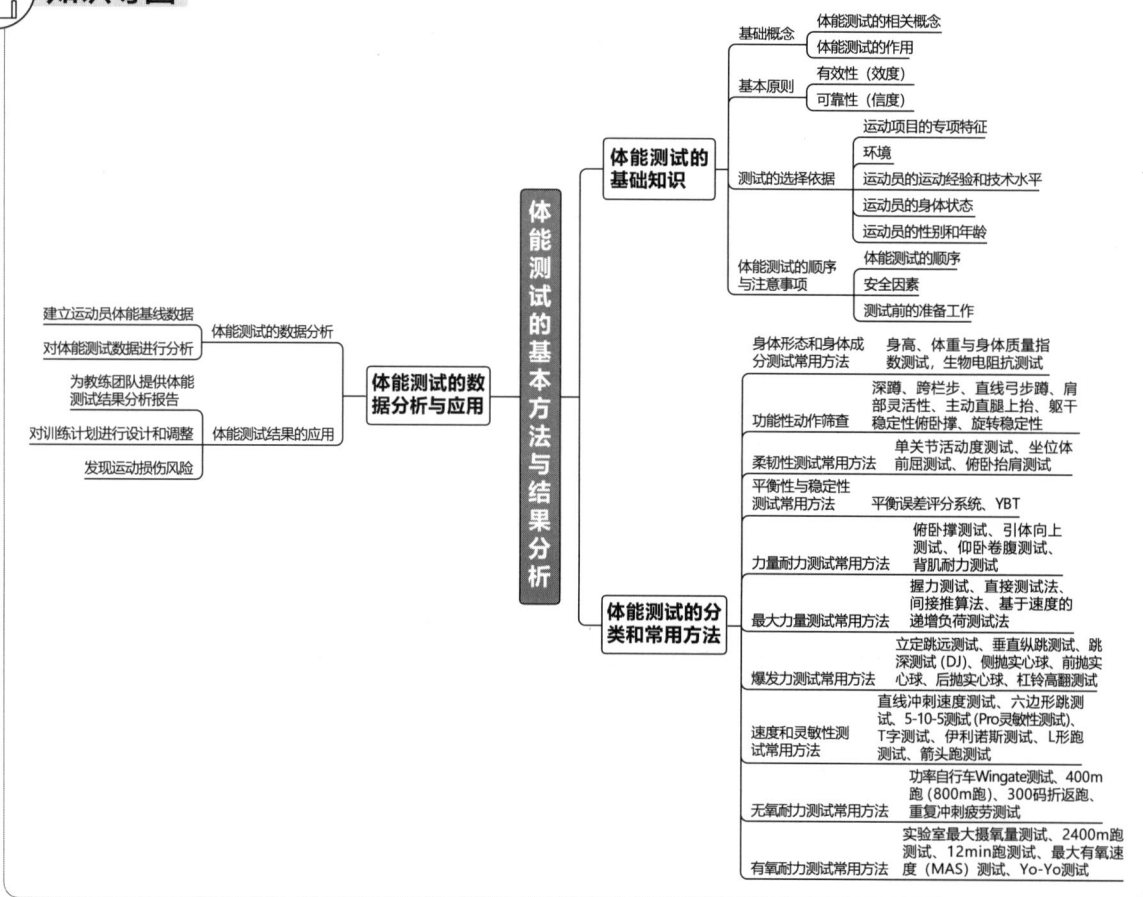

导语

体能测试是体能训练的起点，也是调控和评价训练计划的重要工具。能够对一个专项运动员设计合理的测试方案、进行体能测试以及对结果进行分析反馈，是一名体能训练师的重要技能。本章重点介绍体能测试的基础概念与基本原则、体能测试的分类和常用方法、体能测试的数据分析与应用等内容。

一、体能测试的基础知识

（一）基础概念

1. 体能测试的相关概念

体能测试是指用特定的、可量化的科学方法评价某种体能要素的过程。评估是指对体能测试结果进行分析并做出判断和决策的过程。体能测试从时间维度上可以分为前期测试、中期测试和后期测试。前期测试是指在训练开始前进行的体能测试，用来确定运动员体能水平的基线，能够为设计合理的训练计划提供重要信息；中期测试是指在训练过程中进行一次或者多次的体能测试，对训练的过程进行评估，如果与目标产生偏差，可以根据测试结果对训练计划做出及时调整，使训练效果达到最佳；后期测试是指在一个完整阶段的训练结束后进行的体能测试，用来对体能训练的效果进行检验，确定预期目标是否实现。

2. 体能测试的作用

体能测试是体能训练的起点，对各个级别运动员的体能训练都能够起到重要的作用。

第一，体能测试有助于建立运动员的体能档案，让教练对运动员的体能水平深入了解。

第二，教练通过体能测试可以对运动员的体能特点进行分析和评估，确定运动员在体能方面的优势和不足，为体能训练计划设计提供信息（图6-1）。

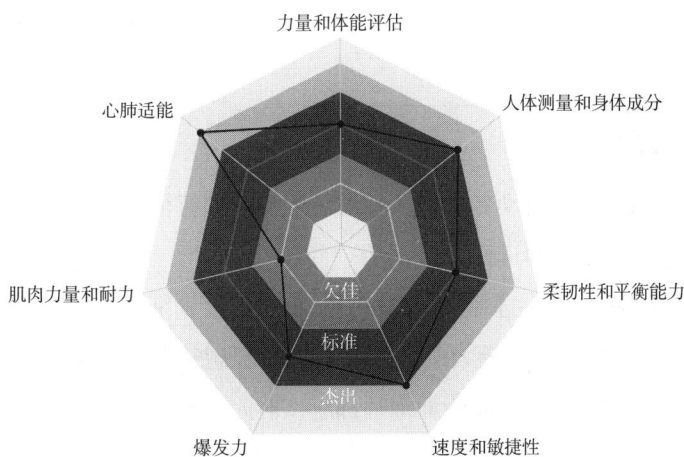

图6-1 通过体能测试的结果分析运动员的体能特点

第三，教练通过前期测试可以明确运动员的体能水平基线，并在此基础上设置合理的训练目标。

第四，教练通过中期测试和后期测试，可以发现训练计划可能存在的问题，评估体能训练计划的效果。

第五，随着目前数字化科技设备的应用，在训练过程中融入多维度的精准体能测试，对提升体能训练质量和效率具有重要意义。

（二）基本原则

1. 有效性（效度）

有效性（效度）是选择体能测试项目最重要的原则之一，是指一个测试结果在多大程度上反映测试的指标。对于竞技体育的体能测试要从两个维度来考虑测试的有效性：一方面是考虑针对运动能力的测试有效性，例如测量一名运动员下肢爆发力水平，选择立定跳远或反向跳（CMJ）是具备有效性的，但如果选择12分钟跑测试，显然是不具备有效性的；另一方面是针对运动专项特征的测试有效性，例如用最大摄氧量去测量一名短跑运动员的专项体能水平，是无法准确反映其专项体能水平的，缺乏测试的有效性。

2. 可靠性（信度）

可靠性（信度）也是选择体能测试项目的主要原则之一，是评估测试准确性和稳定性的指标。一个运动员在身体能力没有变化的情况下，进行两次同样的测试，如果测试的可靠性高，那么结果应该相同。和测试可靠性密切相关的因素包括测试时间、测试环境、测试设备、测试顺序、测试前准备活动、测试要求、运动员身体状态等。例如CMJ测试是一个经典下肢爆发力测试，但是如果在第一次测试选择了使用电子纵跳垫，而第二次测试选择了使用拨片式摸高器，那么前后两次测试的数据可能出现明显偏差，这是测试设备不同带来的系统误差，缺乏测试的可靠性。

（三）测试的选择依据

开展体能测试需要对运动员的多种体能要素进行测试，包括身体形态、肌肉力量、肌肉耐力、爆发力、速度灵敏性、柔韧性、平衡性、能量代谢系统等方面，所涉及的测试方法种类繁多。在选择测试方法时，需要考虑多方面的因素，包括运动项目的专项特征、环境，以及运动员的运动经验、技术水平、身体状态、年龄、性别等。

1. 运动项目的专项特征

每一个运动项目都有其显著的运动专项特征。对于运动专项特征，需要从能量代谢系统的专项性和生物力学结构模型的专项性两个方面进行分析。

（1）能量代谢系统的专项性。在选择体能测试方法前，体能训练师应该对运动专项的能量代谢特征进行深入分析。选择的体能测试项目与运动专项能量代谢特征越符合，测试的效度越高，测试结果对设计训练计划越有参考价值。因此每一名体能训练师都应该对人体的能量代谢系统进行深入学习，同时要对所执教的运动专项有足够的了解。

（2）生物力学结构模型的专项性。体能测试项目的选择除了考虑能量代谢系统的专项特征以外，生物力学结构模型的专项特征也是同样重要的。所选择的体能测试动作与运动专项技术的动作结构相似度越高，则测试与专项运动表现的相关性越大，测试的效度越高。体能训练师应该清晰地了解专项技术动作的关节运动、参与的肌肉、肌肉的收缩形式、肌肉收缩速度等，才能设计出更符合专项生物力学结构的体能测试方法。例如，反向跳（CMJ）与静态半蹲跳都能够用来评估运动员的下肢爆发力。但是对短跑运动员来说，因为短跑不包含反向动作，所以静态半蹲跳更能反映运动员起跑时的下肢爆发力。

2. 环境

选择体能测试方法时需要考虑环境。高温、潮湿的环境会损害运动员耐力性运动能力，会降低有氧耐力能力测试的有效性，也会增加中暑和脱水的风险。当气温超过30℃、湿度超过50%时，运动员的有氧耐力水平会受到极大影响。测试地点的海拔虽然对力量和爆发力影响不大，但是会对有氧耐力产生较大影响。有研究表明，当海拔超过2 743m时，海拔每上升910m，最大摄氧量下降约5%。海拔越高，最大摄氧量下降得越快。

3. 运动员的运动经验和技术水平

在体能测试方法选择时，需要考虑运动员的运动经验与测试动作的技术水平。对训练年限较短、体能训练动作质量不佳的运动员来说，应尽可能避免采用超出其自身能力范围之外的测试方法。一个对技术要求较高且难度较大的体能测试项目可能对一名有着丰富训练经验的运动员来说是合适的，而对一名年轻运动员来说可能无法有效反映其真实的体能水平，甚至带来一定损伤风险。例如，在深蹲的1RM力量测试时，运动员的技术动作不佳会造成测试成绩不理想，无法反映运动员真实的体能水平，还可能会引发运动员损伤。

4. 运动员的身体状态

一般在体能测试时要考虑运动员的身体状态，不要在运动员的疲劳期进行测试，因为此时运动员无法发挥最佳体能水平；不要在运动员有伤病的情况下进行测试，否则不仅测试结果不准确，还可能会导致运动员伤病加重。在进行阶段训练效果检验时，尤其要注意前后测试时运动员的身体状态水平基本相似，否则会造成测试结果的偏差，无法观察到真正的训练效果。

5. 运动员的性别和年龄

选择体能测试方法时需要考虑运动员的性别差异，例如男性与女性在身体结构上存在一定差异，女性上肢力量相对较弱。引体向上测试可以有效地反映男性上肢的肌肉耐力，但由于女性上肢力量相对较弱，很多女性运动员难以完成标准的引体向上动作，因此引体向上测试可能无法有效评估女性运动员的肌肉耐力。因此，评估女性运动员的上肢肌肉耐力，采用以自身体重的百分比作为阻力负荷的高位下拉测试可能更适合。

选择体能测试方法时需要考虑运动员的年龄差异。例如对成年运动员来说，深蹲1RM力量测试能够有效评估他们的下肢最大力量水平；但是该测试对还处于青春期的运动员来说并不合适，因为他们的脊柱还处于生长发育阶段。

（四）体能测试的顺序与注意事项

1. 体能测试的顺序

学习相关的运动科学知识，有助于体能训练师合理安排不同测试的顺序，合理调整运动员的休息时间，让运动员测试时保持良好的状态，确保测试安全和效度。比如，在完成一次需要1RM最大力量的测试后，要安排3~5min的休息时间以恢复体能；而在完成一次需要无氧糖酵解系统供能的测试之后，要安排6min以上的休息时间，运动员才能完全恢复。因此，测试过程中如果需要完成高难度动作如反应和协调性测试，不要让运动员在神经肌肉系统处于疲劳的情况下进行测试。虽然测试过程中经常会出现变数，不过一般情况下应该尽量按照以下顺序完成测试。

①非疲劳测试（如身高、体重、身体成分、功能性动作筛查、柔韧性、垂直纵跳等测试）。②灵敏性测试（如5-0-5测试、T形跑动测试）。③最大力量或爆发力测试（如1RM卧推测试、深蹲测试、1RM高翻测试）。④速度测试（如30m冲刺）。⑤肌肉耐力测试（如俯卧撑、引体向上、背肌耐力测试）。⑥无氧耐力测试［如400m跑、300码（1码约为0.91米，此后不再一一标注）折返跑］。⑦有氧耐力测试（如2400m跑、最大摄氧量测试）。

一个单元的测试内容不要过多，时间不要过长，否则运动员会产生疲劳和厌倦，神经系统兴奋性会下降，对后面的体能测试会产生一定影响。如果测试内容较多，建议分成2个或3个单元进行测试，保证测试的信度和效度。

2. 安全因素

测试过程中，体能训练师需要密切关注运动员的健康和安全，尤其是在做高强度或者大负荷测试时，比如最大摄氧量测试和1RM最大力量测试。如果运动员存在损伤风险，比如有陈旧性损伤、身体功能障碍，就不要勉强进行测试，测试数据无法真实反映运动员的体能水平，同时也可能会导致旧伤复发或者产生新的损伤。如果在测试过程中运动员出现恶心、头晕、呕吐等症状应立即停止测试，让运动员休息。如运动员出现昏厥、中暑等较严重的症状，要及时送往医院治疗。

3. 测试前的准备工作

体能测试前需要对测试者进行培训，准备好所需测试器材的清单，以及写好测试方法、步骤，以防测试过程中出现问题，同时便于测试者能够熟悉测试的过程和方法；保证测试指导语和测试执行过程尽量保持一致，否则会影响测试的信度。例如一名测试者在测试时对被测试的运动员进行语言激励，而另一名测试者测试时没有进行语言激励，则测试的信度会受到一定影响。

测试者在测试开始前应该让运动员了解测试目的和测试方法，让运动员提前做好相应的准备。测试前的准备活动要让运动员的身体能够充分适应测试的要求，测试的强度和比赛的强度尽量统一，这样可以使运动员在测试时发挥最佳运动水平，并确保测试的信度。

二、体能测试的分类和常用方法

（一）身体形态和身体成分测试常用方法

运动员身体形态学的外部特征主要包括身体姿态、身高、腰围、体重等方面。形态学指标在一定程度上反映出运动员先天身体条件、对自己身体的管理水平、代谢水平以及身体对体能训练产生的适应性变化。不同运动项目对运动员身体形态和身体成分的要求有所不同。

1. 身高、体重与身体质量指数测试

（1）身高。

测试目的：测试运动员的身体高度。

测试器材：身高测试仪。

测试方法：受试者赤足，足跟并拢，足尖分开成60°，以立正姿势背靠立柱站在身高测试仪的底板上，上肢自然下垂，躯干自然挺直，眼睛正视前方，足跟、骶骨部及双侧肩胛间与立柱保持接触。以米为单位，精确到小数点后两位数。

注意事项：头部需要摆正，但不必紧靠立柱，双眼平视前方，保持耳屏上缘与眼眶下缘处于同一水平，要保证水平读取测试数据。

（2）体重。

测试目的：测试运动员的身体重量，体重可以反映运动员身体的营养状况和训练情况。

测试器材：体重秤。

测试方法：受试者赤足，站立在体重秤上，保持静止，直到体重秤显示准确读数为止。以kg为单位，精确到小数点后两位数。

注意事项：注意测试的时间要保持一致。一般安排在早上早饭前进行测试，便于纵向比较。

（3）身体质量指数。

身体质量指数（Body Mass Index，BMI）是判断运动员身体状态的简便易行的指标，单位是kg/m²。BMI的计算公式如下。

$$BMI = 体重/身高^2$$

不同运动项目的运动员BMI标准不同，不能以普通人的标准来评价运动员的身体状态。表6-1是部分运动项目运动员BMI和体脂的参考数据。

表6-1　部分运动员的BMI与体脂的参考数据

运动员	男子		女子	
	BMI（kg/m²）	体脂（%）	BMI（kg/m²）	体脂（%）
篮球运动员	26.0	12.7	24.5	20.7
摔跤运动员	25.2	10.4	—	—
橄榄球运动员	28.1	13.9	—	—
赛艇运动员	—	—	24.2	26.4
非运动员	26.0	17.7	23.4	28.5

2. 身体成分测试——生物电阻抗测试

测试目的：测试运动员的身体成分，包括脂肪比例、肌肉含量、脂肪含量等指标。

测试器材：生物电阻抗测试器材。

测试方法：受试者赤足，站立在测试器材上，保持静止，双手握住手柄，直到测试器材显示准确读数为止。以kg为单位，精确到小数点后两位数。

注意事项：该测试方法是利用电流在身体各个器官、组织的传导速率不同的特性来推算人体各组织

的含量。这种测试方法对身体不同组织的水分十分敏感，生物电波在水分高的组织里穿过几乎没有阻碍，而在水分少的组织里穿过则会受到一定阻滞，所以测试的时间应尽量保持一致，建议在清晨空腹情况下或者进食2h以后进行测试。

（二）功能性动作筛查

功能性动作筛查（Functional Movement Screen, FMS）是由格雷·库克等设计的一种评价动作质量的方法，由深蹲、跨栏步、直线弓步蹲、肩部灵活性、主动直腿上抬、躯干稳定性俯卧撑、旋转稳定性7个筛查动作组成，另外还有4个排除性检查。应用FMS方便收集受试者完成基本动作的质量、动作模式中的运动神经控制和基础动作能力3方面的信息，可以找到运动员的不对称性和功能受限问题，发现动作中的薄弱环节，然后通过纠正性练习进行功能提升，以达到预防运动损伤、消除功能障碍和改善运动表现的目的。

功能性动作筛查的器械简单，动作也不复杂，每一个动作都有明确的评价方法，非常适合体能训练师在运动队和健身人群中开展。建议体能训练师要接受正规的FMS培训，这样才能提高筛查的信度，提高筛查的准确性，并进一步给出合理的纠正性练习计划。FMS的评分原则简单易懂，具体评分方法如下：

3分——能正确且高质量地完成功能性动作；

2分——能够完成功能性动作，但是有代偿，完成质量不高；

1分——不能完成功能性动作；

0分——完成功能性动作时出现疼痛。

FMS 评分表

姓名：_____ 性别：_____ 年龄：_____ 出生日期：_____

筛查日期：_____ 胫骨高度：_____ 手长：_____

足长：_____ 惯用手/脚：_____

测试		原始评分	最终评分	评述
深蹲				
跨栏步	右			
	左			
直线弓步蹲	右			
	左			
踝关节排除测试-疼痛	右			
	左			
踝关节排除测试-灵活性	右			
	左			
肩部灵活性	右			
	左			
肩部排除测试	右			
	左			
主动直腿上抬	右			
	左			
躯干稳定性俯卧撑				
伸展排除测试				
旋转稳定性	右			
	左			
屈曲排除测试				
总评分				

每个功能性动作筛查时受试者最多可以进行3次，以完成质量最好的一次动作作为最后评分；在左右双侧评分的筛查动作中，最终得分按照较低一侧的分数来判定，比如肩部灵活性动作筛查中右侧得分

为1分、左侧得分为2分，那么最终得分就应该是1分；测试中只要出现疼痛，无论完成质量如何都将评为0分；在排除性检查中，如果出现疼痛，该筛查动作最终得分为0分。最后将7个筛查动作的得分相加，得到FMS的最终得分，满分为21分。

在筛查前应该告诉受试者在完成7个测试时，出现以下问题请告诉测试者：

完成以下动作的过程中，如果感到疼痛请告诉我；

在筛查过程中任何时候有不清楚，请打断我让我解释明白；

做动作时每次只做一下，尽可能流畅地、有控制地做，而且每次都应该重新回到正确的起始位置上，再开始做下一次动作。

1. 深蹲

筛查目的

深蹲动作模式是许多功能性动作的组成部分，它充分反映了四肢灵活性、姿势控制能力、骨盆和核心稳定性，以及在对称姿势下髋关节和肩关节的功能。测试者通过深蹲动作模式可以观察到受试者发挥全身协调性和对自身神经肌肉控制的能力，可评价髋、膝、踝两侧的灵活性和稳定性，以及骨盆和核心在整个动作过程中保持稳定的能力；通过长杆举过头顶的动作可以观察受试者肩关节和胸椎的灵活性，以及肩胛胸廓关节的稳定性。

筛查器材

FMS套件。

筛查步骤

①双脚朝前与肩同宽，挺胸站立；双手握杆，将长杆举起至头顶正上方。②上身挺直，双膝和长杆保持稳定，尽量往下蹲。③蹲到最低点后保持1s，然后回到原来的站立姿势。④共有3次完成动作的机会，按照最好的一次记录分值。⑤如果没有得到3分，那么在脚跟下垫测试板重新完成测试。

评分原则

满足以下各项要求可得3分（图6-2）。

①躯干与胫骨平行或更倾向于垂直于地面。②股骨低于水平面。③膝关节活动轨迹没有在双脚内侧。④长杆在脚的正上方，并保持水平。

脚跟下垫测试板进行深蹲动作，满足以下各项要求得2分（图6-3）。

①躯干与胫骨平行或更倾向于垂直于地面。②股骨低于水平面。③膝关节活动轨迹没有在双脚内侧。④长杆位于脚的正上方，并保持水平。

脚跟下垫测试板，出现以下一项即为1分（图6-4）。

①胫骨与躯干不平行。②股骨没有低于水平面。③膝关节活动轨迹在双脚内侧。④长杆不在双脚正上方。

测试过程中身体任何部位出现疼痛，即为0分。

图6-2　3分的深蹲动作

图6-3　2分的深蹲动作　　　　图6-4　1分的深蹲动作

2. 跨栏步

【筛查目的】

跨栏步是移动和加速运动中必不可少的动作模式。测试者通过跨栏步动作模式可以观察受试者单腿站立时的稳定性和运动控制能力，这一动作要求左右侧下肢在运动中相互协调、保持稳定的能力较强。受试者将长杆水平置于肩部后侧，双手握住长杆保持不动，让测试者能更容易地观察到受试者在跨栏步动作中上身是否保持不动。测试者通过跨栏步动作模式可以评估双侧下肢的灵活性和稳定性，可以观察到受试者在单腿站立姿态下，进行迈步运动的能力。

【筛查器材】

FMS套件。

【筛查步骤】

①评分中的左右侧依抬起一侧腿的左右而定。②双脚并拢站直，双脚脚尖轻触测试套件。③双手握住长杆，将长杆举起至头顶正上方，然后将长杆放于后颈，贴在肩膀上。④保持上身挺直，抬起左腿，跨过栏架，抬腿时注意脚尖向上勾起，保持左脚与左踝、左膝、左髋在矢状面上成一条直线。⑤左脚脚跟轻轻触地，然后保持左脚与左踝、左膝、左髋在矢状面上成一条直线，将左脚移回原位。⑥共有3次完成动作的机会，按照最好的一次记录分值。⑦按照相同的方式进行另一侧的动作筛查。

【评分原则】

满足以下各项要求，可得3分（图6-5）。

①髋、膝、踝关节在矢状面上成一条直线。②腰部没有明显的移动和晃动。③长杆与栏架保持平行。

出现以下任何一项，即为2分（图6-6）。

①髋、膝、踝关节在矢状面上不成一条直线。②腰部有明显的移动或晃动。③长杆与栏架没有保持平行。

出现以下一项，即为1分（图6-7）。

①脚碰到栏架。

②身体失去平衡。

测试过程中身体任何部位出现疼痛，即为0分。

图6-5　3分的跨栏步动作

图6-6 2分的跨栏步动作

图6-7 1分的跨栏步动作

3. 直线弓步蹲

筛查目的

直线弓步蹲是减速、变向运动必不可少的基础动作模式。在直线弓步蹲动作模式下，受试者双侧下肢处于分腿站立姿势，同时保持上肢呈相反或相对模式，模拟了上肢与下肢在自然状态下的交互动作，对脊椎稳定有特殊要求；两脚在一条直线上，要求受测者身体局部的稳定性较强，并能在髋部不对称的姿势下使髋部两侧平均受力，持续稳定地控制骨盆和核心。测试者通过直线弓步蹲动作模式可以评估髋关节的灵活性和稳定性、膝关节的稳定性、股四头肌的柔韧性以及踝关节的灵活性和稳定性。

筛查器材

FMS套件。

筛查步骤

①评分中的左右侧依前侧腿的左右而定。②动作过程中长杆始终保持垂直，并与头、背、臀接触。③前脚脚跟不离开测试板，恢复到初始姿势时，后脚始终与测试板接触。观察受试者是否失去平衡，在直线弓步蹲中，失去平衡指的是脚离开测试板。④与受试者保持较近距离，以防受试者完全失去平衡。⑤如果受试者膝盖无法接触到测试板或者地面，那么他不能完成动作模式，评分为1分。⑥共有3次完成动作的机会，按照最好的一次记录分值。⑦按照相同的方式进行另一侧的动作筛查。

评分原则

满足以下各项要求，可得3分（图6-8）。

①长杆始终与身体接触。②长杆保持垂直。③躯干没有明显移动。④长杆与双脚保持在同一矢状面。⑤后侧腿膝关节触碰到测试板中央。⑥前脚保持在起始位置。

出现以下一项，即为2分（图6-9）。

①长杆未能始终与身体接触。②长杆未能保持垂直。③躯干移动。④长杆和双脚未能保持在同一矢状面。⑤后侧腿膝关节未触碰到测试板中央。⑥前脚没有保持在初始位置。

出现以下一项，即为1分（图6-10）。

①双脚不能摆到正确的起始位置。②身体失去平衡，脚离开测试板。③无法完成动作。

图6-8 3分直线弓步蹲动作

图 6-9　2 分直线弓步蹲动作 　　　　　　　图 6-10　1 分直线弓步蹲动作

测试过程中身体任何部位出现疼痛，即为 0 分。

【踝关节排除性检查】

踝关节排除性检查的重要目的是发现可能存在的踝关节疼痛，确保踝关节的灵活性不是限制动作模式完成的因素。当踝关节处于疼痛和（或）存在功能障碍/受限时，下肢的动作控制就会受到不良影响。许多运动模式的完成都需要运动控制，而正常的、无痛的、足够的灵活性是动作控制的先决条件。

①受试者应系紧鞋带，将右脚外侧紧贴在测试板边上；将左脚放在右脚前面，脚跟抵住右脚脚尖，同时紧贴测试板，可以使用长杆来保持平衡。②测试者调整测试板，使红色的起点线和受试者的内踝前侧平齐。③保持脚跟触脚尖的姿势，向下蹲，弯曲后膝，保证脚跟不抬离地面，尽可能多地向脚尖前方屈膝。④当弯膝至最大限度时，测试者应测量膝关节前侧在地面的投影点，观察投影点的位置，并询问受试者在测试过程中有没有出现任何疼痛。⑤受试者可以进行 3 次测试，以保证测试结果的一致性。

记录踝关节排除性检查的结果，有以下 3 种。

①绿灯（图 6-11）。

• 膝关节超过前腿的内踝，同时脚跟保持与地面接触。

这表明踝关节有足够的灵活性。

②黄灯（图 6-12）。

• 膝关节位于前腿内踝的范围内，同时脚跟保持与地面接触。

这表明踝关节存在潜在的灵活性受限问题。踝关节排除性检查未通过，需要解决踝关节灵活性问题。

③红灯（图 6-13）。

• 受试者的膝关节没有到前腿的内踝位置，同时脚跟保持与地面接触。

这表明踝关节存在明显的灵活性受限问题。踝关节排除性检查未通过，需要解决踝关节灵活性问题。

图 6-11　排除性检查绿灯动作　　　图 6-12　排除性检查黄灯动作　　　图 6-13　排除性检查红灯动作

在排除性检查过程中如果出现疼痛，则检查结果为阳性，建议将受试者转介给医疗专业人士。如果没有疼痛，但是有明显的牵拉感或者紧绷感，需要进行软组织放松或拉伸；如果处理后仍然没有改善，则需要医疗专业人士进行进一步的评估。

4. 肩部灵活性

筛查目的

测试者通过肩部灵活性筛查动作可以观察上肢的交互动作模式，观察肩胛胸廓关节、胸椎、胸廓在上肢相对的肩部动作中是否存在功能障碍，还可以观察到胸椎、肩胛骨的协调情况以及肩关节和上肢的运动控制能力。上肢动作是早期动作发育顺序中滚动和爬行的组成部分，上肢的交互动作和控制能力是许多运动的基础。肩部灵活性动作模式可用以评估双肩的活动范围、内收肌的内旋与外展肌外旋的综合能力，以及评估肩胛骨的稳定性和胸椎的伸展能力。

筛查器材

FMS套件。

筛查步骤

①受试者双脚并拢站直，两臂自然下垂；双手握拳，四指包住拇指。②将右拳举过头顶，然后沿着背部尽可能地压低，同时将左拳沿着背后部尽可能地往上提，动作要连贯完成；双手一次到位后不得再移动。③用长杆测量受试者手腕远端腕横纹到中指指尖的长度，此为手长，并作为之后的评分标准。④交换双臂进行测试，以得分低的一侧为准。

评分原则

两拳间距小于一只手的长度，得3分（图6-14）。

两拳间距小于一个半手掌的长度但大于一只手的长度，得2分（图6-15）。

两拳间距大于一个半手掌的长度，得1分（图6-16）。

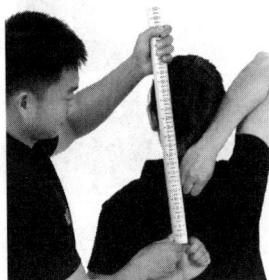

图6-14　3分的肩部灵活性动作　　图6-15　2分的肩部灵活性动作　　图6-16　1分的肩部灵活性动作

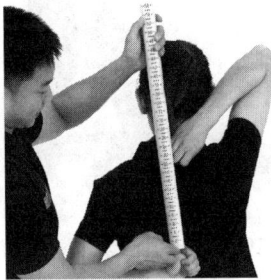

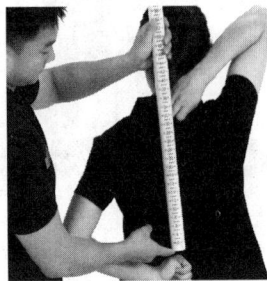

测试过程中身体任何部位出现疼痛，得0分。

【肩关节排除性检查】

在肩部灵活性筛查结束后，还有一个排除性检查（图6-17）。不需要进行评分，但需要观察受试者疼痛反应。如果受试者产生疼痛，测试者就在评分表上记录下阳性（＋），整个肩部灵活性测试得0分。

受试者将手掌放在对侧肩上，保持手掌与肩的接触，尽可能高地上抬肘部。这个排除性检查是很有必要的，因为仅仅采用肩部灵活性筛查动作，有时无法准确发现肩峰撞击的问题。

两侧肩关节均须进行排除性检查。即使受试者排除性检查的结果为阳性，两侧肩部灵活性筛查的分数也都要记录，以备将来参考。

图6-17 肩关节排除性检查

5. 主动直腿上抬

筛查目的

测试者通过主动直腿上抬动作模式不仅可以观察受试者保持骨盆和核心稳定时的下肢的分离能力，也可以识别髋关节屈曲的主动灵活性，还可以评估在完成此动作模式时的核心稳定性以及另一侧髋关节的伸展能力。

筛查器材

FMS套件。

筛查步骤

①平躺，双膝后部压在测试板上，双脚并拢，脚趾朝上。②两臂放在身体两边，手掌朝上。③右腿保持平直，膝关节后侧保持与测试板接触，尽可能地抬高左腿。④换另一侧腿进行同样的测试，以得分低的一侧为准。

评分原则

外踝中点的垂线落在另一侧大腿中点以上位置，得3分（图6-18）。

外踝中点的垂线落在另一侧大腿中点与膝关节之间，得2分（图6-19）。

外踝中点的垂线落在另一侧腿膝关节以下位置，得1分（图6-20）。

图6-18 3分的主动直腿上抬动作　　图6-19 2分的主动直腿上抬动作　　图6-20 1分的主动直腿上抬动作

测试过程中身体任何部位出现疼痛，得0分。

6. 躯干稳定性俯卧撑

筛查目的

躯干稳定性俯卧撑动作模式主要用来观察在上身对称的闭链运动中，脊柱在矢状面保持稳定的能力，而并非测试上肢力量。受试者从地面俯撑的伸展位开始，然后在推起自己的同时，保持躯干的姿势，抵抗伸展的力量。对于躯干稳定性俯卧撑动作的起始姿势，男女有所不同，因为男女的上肢围度和力量是有差别的。

筛查器材

FMS套件。

筛查步骤

①受试者俯卧在垫子上，两臂伸展过头顶，双手分开与肩同宽。②双手下移，使拇指与额头（男性）或下颌（女性）平齐。③双腿并拢，脚趾勾起，双膝伸展，然后将双肘轻轻抬离地面。④保持躯干稳定，将身体整体撑起呈俯卧撑状。

评分原则

①3分的躯干稳定性俯卧撑动作（图6-21）。男性受试者拇指与前额顶端平齐完成一次动作。女性受试者拇指与下颌平齐完成一次动作。受试者将身体整体撑起，脊柱未弯曲。

图6-21 3分的躯干稳定性俯卧撑动作

②2分的躯干稳定性俯卧撑动作（图6-22）。男性受试者拇指与下颌平齐完成一次动作。女性受试者拇指与锁骨平齐完成一次动作。受试者将身体整体撑起，脊柱未弯曲。

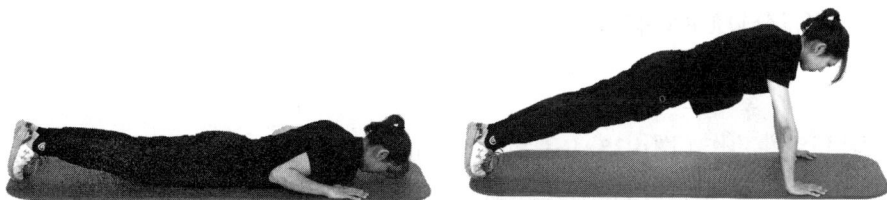

图6-22 2分的躯干稳定性俯卧撑动作

③1分的躯干稳定性俯卧撑动作（图6-23）。男性受试者无法在拇指与下颌平齐的姿势下完成一次动作。女性受试者无法在拇指与锁骨平齐的姿势下完成一次动作。

图6-23 1分的躯干稳定性俯卧撑动作

④测试过程中身体任何部位出现疼痛，得0分。

【脊柱伸展排除性检查】

在躯干稳定性俯卧撑测试之后，需要进行排除性检查（图6-24）。不对这个动作评分，只观察受试者有无疼痛反应。受试者应俯卧在垫子上，双手掌心向下，置于双肩下面；下肢不动，伸直双臂，将胸部尽可能远地推离地面。

图6-24　脊柱伸展排除性检查

如果产生疼痛，测试者就记录下阳性（＋），躯干稳性俯卧撑动作得0分。即使检查结果呈阳性，也需要记录躯干稳定性俯卧撑动作的得分，以备将来参考。

7. 旋转稳定性

筛查目的

在旋转稳定性动作模式下，测试者通过上下肢配合动作观察受试者在多平面内的骨盆、核心、肩带稳定性。这一动作模式能够反映水平面的反射性稳定和重心转移能力，可以体现爬行运动中身体各部位灵活性和稳定性的协调能力。

筛查器材

FMS套件。

筛查步骤

①受试者双手双膝横跨测试板，双手拇指、双膝、双脚脚趾必须与测试板的侧面接触。②双手置于双肩关节的正下方，双膝在髋关节的正下方，脚趾指向后方。③身体微微侧移，流畅并有控制地抬起同侧的手臂和下肢；将手向后够，触碰外踝，不要碰地。④向前伸展手臂，向后伸展同侧的下肢，完全伸直膝关节和肘关节。⑤再向后够，碰外踝，然后恢复到起始姿势。⑥共有3次测试机会；一侧测试后对另一侧进行测试，以得分较低的一侧为准。

评分原则

①3分的旋转稳定性动作（图6-25）。手和膝关节同时离开地面，保持手臂和腿成一条直线，并在与测试板平行的情况下，完成该动作模式。手指触碰外踝，膝关节和肘关节完全伸展。

图6-25　3分的旋转稳定性动作

②2分的旋转稳定性动作（图6-26）。手和膝关节没有同时离开地面，不能保持手臂和腿成一条直线并与测试板平行。手指触碰外踝，膝关节和肘关节完全伸展。

③1分的旋转稳定性动作（图6-27）。手和膝关节不能同时离开地面，失去平衡，手没有碰到外踝，膝关节和肘关节不能完全伸展，不能恢复起始姿势。

图 6-26 2分的旋转稳定性动作

图 6-27 1分的旋转稳定性动作

④测试过程中身体任何部位出现疼痛，得0分。

【脊柱屈曲排除性检查】

在旋转稳定性测试之后，进行一次排除性检查（图6-28）。对这个动作不评分，只观察受试者有无疼痛反应。受试者处于旋转稳定性的起始动作姿势，降低重心，臀部向后坐到脚跟上，降低胸部高度贴近双膝，双手在体前尽可能地前伸，以此来检查脊柱弯曲。

图 6-28 脊柱屈曲排除性检查

如果受试者产生疼痛，测试者就在评分表上记录下阳性（+），并使整个旋转稳定性测试得0分。即使检查结果呈阳性，也需要记录旋转稳定性筛查动作的得分以备将来参考。

（三）柔韧性测试常用方法

1. 单关节活动度测试

关节活动度，又称关节活动范围，是指关节运动时所通过的运动弧（角度）。关节活动度又分为主动和被动关节活动度。主动关节活动度指人体自身的主动随意运动而产生的关节活动幅度，被动关节活动度指人体被施加外力而被动产生的关节活动幅度。测量关节活动度可以确定活动受限的关节部位、关节受限的程度、寻找和确定关节活动受限的原因，以及为确定运动康复和功能训练的目标、为选择适当的治疗训练方法提供客观依据。计量单位为度，计数精确到整数。

测试目的

测试运动员单个关节的活动幅度，评估关节周围软组织的柔韧性。

测试器材

关节角度测量尺或量角计，记录表。

肩关节、髋关节活动度的测试方法分别见表6-2、表6-3。

表6-2　肩关节活动度的具体测量

关节	运动	体位	量角计摆放			正常值
			轴心	固定臂	移动臂	
肩	屈伸	坐/立位	肩峰	腋中线	肱骨长轴	屈0°~180° 伸0°~60°
	内收 外展	同上	盂肱关节前或后方	肩峰与地面的垂直线	同上	内收0°~45° 外展0°~180°
	水平内收外展	坐位肩屈90°并内旋	肩峰顶部	与肱骨长轴平行并与躯干垂直	肱骨长轴	水平外展0°~90° 水平内收0°~30°
	内外旋	仰卧位	尺骨鹰嘴	与地面垂直	尺骨	0°~90°

表6-3　髋关节活动度的测量

关节	运动	体位	量角计摆放			正常值
			轴心	固定臂	移动臂	
髋	屈	仰/侧卧，对侧下肢伸直	股骨大转子	与身体纵轴平行	与股骨纵轴平行	0°~125°
	伸	侧/俯卧，被测下肢在上	同上	同上	同上	0°~30°
	内收 外展	仰卧	髂前上棘	左右髂前上棘连线	髂前上棘至髌骨中心的连线	各0°~45°
	内旋外旋	仰/俯卧，两小腿于床沿外下垂	髌骨中心	与地面垂直	与胫骨纵轴平行	各0°~45°

2. 坐位体前屈测试

测试目的

测试运动员身体后侧软组织的整体柔韧性。

测试器材

坐位体前屈计，记录表。

测试方法

受试者坐在垫子上，两脚抵住测试计，膝关节伸展，向前慢慢屈体，用双手中指指尖向前推动器材的滑片，直到最远距离（图6-29）。

注意事项

过程中不能突然发力将滑片向前推送，双膝也不能弯曲，有明显技术质量问题的重新进行测试。计量单位为厘米（cm），

图6-29　坐位体前屈测试

计数精确到整数。受试者膝关节不得弯曲，动作质量达不到要求不能记录成绩，应按照要求重新进行测试；有伤病的运动员不要进行测试。

3. 俯卧抬肩测试

测试目的

测试运动员在进行举杆过顶动作时肩部和胸部的柔韧性。

测试器材

长杆，米尺，记录表。

测试方法

①俯卧抬肩测试的受试者双臂自然下垂，双手与肩同宽握住长杆，用米尺测量肩峰到长杆的垂直距离，精确到厘米；②受试者俯卧在垫子上，将腹部和胸部贴在垫子上，双臂举过头顶，同时双手与肩同宽握住长杆，掌心向下；③受试者下颌与垫子接触，双臂保持伸展尽量向上抬起，稳定后测试者测量双手中间的长杆与垫子的距离；④重复两次测试，记录最大值，精确到厘米。

注意事项

受试者要保持下颌与垫子接触，不允许抬起；双臂要保持伸展，肘关节不允许弯曲；动作质量达不到要求不能记录成绩，应按照要求重新进行测试；上肢有伤病的运动员不要进行测试。抬肩分数计算公式为抬肩分数=（抬肩高度/臂长）×100。

（四）平衡性与稳定性测试常用方法

1. 平衡误差评分系统

测试目的

测试运动员身体的平衡能力。

测试器材

泡沫平衡垫，秒表，记录表。

测试方法

①平衡感误差计分系统（BESS）测试（图6-30）包括3个站立动作：双脚并拢站立、单脚站立时非惯用侧膝关节屈曲约90°、惯用脚脚跟与非惯用脚脚尖接触站立。②保持闭眼、双手叉腰的姿势完成所有动作，每个姿势维持20s。③运动员应尽可能保持稳定，如果失去平衡，要尽快复位。④测试的错误动作包括以下内容：a. 手离开身体；b. 睁开眼睛；c. 前脚掌或脚跟抬起；d. 脚部有明显移动；e. 髋关节发生大幅度弯曲（向任何位置倾斜超过30°）；f. 无法保持姿势超过5s。以上所述错误动作，每出现一次计1分，每项测试错误得分最多为10分。⑤BESS测试中，最终错误得分相加即为最终得分。

注意事项

平衡感误差评分系统（BESS）参考标准见表6-4。

测试者应该进行严格培训后才能进行此项测试，从而保证测试的信度；受试者动作质量达不到要求不能记录成绩，应按照要求重新进行测试。

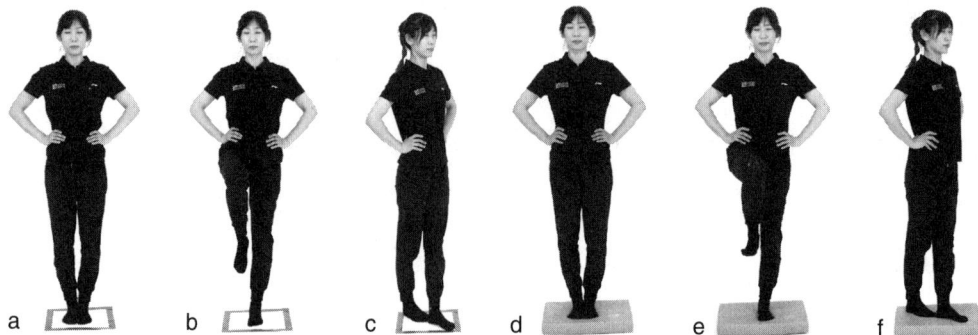

平衡感误差计分系统（BESS）测试：（a~c）坚硬地面状态；（d~f）软地面状态

图6-30　BESS测试方法

表6-4　平衡感误差评分系统（BESS）参考标准

年龄	女性	男性	年龄	女性	男性
20~29	11.9±5.1	10.4±4.4	55~59	16.7±8.2	16.4±7.2
30~39	11.4±5.6	11.5±5.5	60~64	19.3±8.8	17.2±7.1
40~49	12.7±6.9	12.4±5.7	65~69	19.9±6.6	20.0±7.3
50~54	15.1±8.2	13.6±6.9			

2. YBT

【测试目的】

Y型平衡测试（Y Balance Test，YBT）是多年下肢损伤预防研究的成果之一，其可以用于对受试者进行简单、快速的损伤与功能对称性评估。测试者利用YBT可以对人体执行相关动作时所需同时具备的核心稳定性、关节灵活性、神经肌肉控制、动作活动幅度、平衡和本体感觉等综合能力进行精确量化测试，一般在人体稳定性受限的前提下进行测试，并且YBT能帮助确定运动员的受伤风险和所存在的问题，建议配合FMS使用。测试者利用YBT可对运动员进行康复前与康复后测试，改良体能训练计划，帮助运动员尽早恢复到最佳竞技状态。

【测试器材】

YBT套件，记录表。

【测试方法】

（1）上肢YBT（图6-31）。当向受试者说明测试须知之后，受试者可以在正式测试之前进行练习。每只手臂按顺序完成两次三个方向的练习。

正式测试时，受试者采用俯卧撑的姿势，双脚分开与肩同宽，右手拇指与红线平行且放在红线之后。受试者用左手顶住滑盒的目标区域，将滑盒朝着内侧的方向尽可能远地推开。之后保持相同的姿势，用左手将下外侧的滑盒也尽可能远地推开。最后，将上外侧的滑盒也尽可能远地推开。整个测试过程中，移动手不能接触到地面。受试者休息的时候，测试者记录各个滑盒的读数。之后，受试者继续用右手支撑，重复完成2次上述的练习步骤。接下来换成左手支撑，按照相同的方法完成3次测试。与下肢YBT不同的是，每次测试时受试者都要连续完成3个方向的伸展。在转换到不同方向时，移动手不能接触到地面。完成一次测试之后，受试者可以回到起始位置休息，准备下一次测试。

图6-31 上肢YBT

当正式测试的时候，受试者先用右手支撑在站立板上。每次测试都要按顺序完成3个方向的伸展。以滑盒靠近受试者一侧的边缘为标准来读取数据，精确到0.5cm（如68.5cm、69cm和69.5cm）。记录了每侧上肢在3个方向的读数之后，要对每个方向上的最佳成绩进行分析。如果某次测试失败了，则重新进行一次测试，但每侧手臂最多进行6次测试。如果受试者失败的次数大于4次，则测试结果记为0。

测试的是支撑手。测试结果只代表了这一动作模式的功能能力，并不代表身体这一侧的功能能力。根据支撑手来对伸展的方向进行命名。

测试顺序如下。

①右侧内侧伸、右侧下外侧伸、右侧上外侧伸。②左侧内侧伸、左侧下外侧伸、左侧上外侧伸。

出现以下任意一种情况，则该次测试判为失败。

①猛推滑盒。②无法有控制地回到起始姿势。③在尚未完成一次测试时，移动手触摸到了地面。④移动手撑在了站立板上。⑤双脚无法始终与地面接触。

（2）下肢YBT（图6-32）。在给受试者讲解了练习步骤之后，在正式测试前，让其在3个方向上进行6次练习。受试者站在站立板上，脚趾的最远端在红线之后；保持单腿站立的姿势，用移动腿向3个方向（前侧、后内侧或后外侧）伸展，然后再回到起始位置。开始正式测试的时候，受试者的右脚站在站立板上，右腿先向前侧伸展3次。接下来换左脚站在站立板上，用右脚完成3次向前的伸展。之后依照相同的步骤，完成右腿和左腿在后内侧和后外侧的各3次测试。这种交换支撑腿的方式可以保证受试者的

图6-32 下肢YBT

下肢得到充分的休息，来获得准确的结果。

以滑盒靠近受试者一侧的边缘为标准读取伸展距离，精确到0.5cm（如68.5cm、69cm和69.5cm）。每条腿每个方向要完成3次测试，并选择最远一次的距离进行分析。如果某一次测试失败了，则继续进行下一次测试，每条腿每个方向最多测试6次。如果受试者在某个方向上失败了4次以上，那这条腿这一个方向的成绩记为0。

测试的是支撑腿。测试结果只代表了这一种动作模式的情况，并不能说明身体这一侧的功能能力。根据支撑腿的方向来对测试方向进行命名。

完整的测试顺序如下。

①右侧前伸（3次）。②左侧前伸（3次）。③右侧后内侧伸（3次）。④左侧后内侧伸（3次）。⑤右侧后外侧伸（3次）。⑥左侧后外侧伸（3次）。

每条腿每个方向进行3次测试，选择3次测试中最好的一次成绩用于后续的分析。

出现以下任意一种情况，则该次测试判为失败。

①把滑盒踢出去了。②无法有控制地回到起始姿势。③伸展过程中脚碰到地面了。④移动腿撑在滑盒上了。

（3）测试数据分析。上肢长度测量：将肩关节在矢状面内抬高到成90°，测量从第七颈椎棘突到最长手指指尖的直线距离，以厘米为单位，精确到0.5cm。下肢长度测量：受试者站立保持骨盆水平位，测量由髂前上棘下端至内踝远端直线距离，以厘米为单位，精确到0.5cm。

计算每个方向左右侧触够距离的差值。差值超过4cm，表明左右两侧的平衡控制能力存在较明显差异，有运动损伤风险。

YBT的总分为3个方向触够距离的最大值之和除以3倍的上（下）肢长度乘以100。

注意事项

测试者应该进行严格培训后才能进行此项测试，从而保证测试的信度；动作质量达不到要求不能记录成绩，应按照要求重新进行测试；有伤病的运动员不要进行测试。

（五）力量耐力测试常用方法

1. 俯卧撑测试

测试目的

测试运动员上肢推起动作的力量耐力，适用于各年龄阶段的运动员。

测试器材

垫子，记录表。

测试方法

①俯卧撑测试（图6-33）的测试者以俯卧撑起姿势开始，双腿伸直，脚尖触垫，背部保持平直。保持手臂伸直，双手撑于垫面，与肩同宽。②保持背部和腹部收紧，身体挺直，下降身体直至胸部贴近垫面。③在保持动作质量的同时，尽可能多地重复动作，直至不能继续完成。

图6-33　俯卧撑测试

注意事项

动作质量达不到要求不能计数，并用语言提醒受试者；有伤病的运动员不要进行测试。

2. 引体向上测试

测试目的

测试运动员上肢上拉动作的力量耐力。

测试器材

单杠，测试表。

测试方法

①受试者双手正握杠，双臂伸直。②受试者将身体向上拉起直到下颌超过单杠。③回到起始姿势。

注意事项

在过程中身体不要出现摆动。动作质量达不到要求不能计数，并用语言提醒受试者；有伤病的运动员不要进行测试。

3. 仰卧卷腹测试

测试目的

测试腹部肌群的力量和耐力，各个级别的运动员都适合进行测试。

测试器材

垫子，节拍器，测试表。

测试方法

①在地板上放置两条相距10cm的平行线。②受试者躺在垫子上，屈膝，手臂完全伸展并触碰到第

一条线。③受试者保持双脚不动，卷起上身使双手的中指都触碰到第二条线，以20次/分钟的速度重复完成动作，直到不能完成。

注意事项

动作质量达不到要求不能计数，并用语言提醒受试者；有伤病的运动员不要进行测试。

4. 背肌耐力测试

测试目的

测试运动员的背部肌肉的力量耐力。

测试器材

有一定高度的按摩床、跳箱或者长凳，测试表。

测试方法

①背部耐力测试（图6-34）的受试者俯卧在按摩床上，身体伸展，髂前上棘位于按摩床边缘，将躯干伸出，位于按摩床外面，两只前臂交叉放置在胸前。②测试者用双手压住受试者小腿下半部。受试者抬高身体，使躯干尽量到达水平位置。③如果测试过程中受试者身体不能保持在水平位置，测试者应进行语言提示。如果受试

图6-34 背部耐力测试

者不能达到正确动作要求，则测试者停表计时；如果受试者稳定支持时间超过180s，则测试者可以结束测试。

注意事项

动作质量要求要严格，若受试者动作不标准，测试者要用语言明确提醒受试者，受试者仍然达不到正确动作要求就立即停表结束测试；有伤病的运动员不要进行测试。

（六）最大力量测试常用方法

1. 握力测试

测试目的

测试运动员上肢的抓握能力，各个级别的运动员都适合进行此项测试。

测试器材

握力计，记录表。

测试方法

①握力测试（图6-35）的测试者正常站姿，用优势手握住握力计，伸直手臂放于体侧，手臂不要接触躯干。②身体保持直立，全力握紧握力计，手臂不允许弯曲

图6-35 握力测试

和接触躯干。③每名测试者左右侧各进行2次测试，分别记录最好成绩。

注意事项

手臂不能接触躯干，不能屈肘，动作质量达不到要求不能记录成绩，应按照要求重新进行测试；有伤病的运动员不要进行测试。

2. 直接测试法

测试目的

测试运动员的最大肌肉力量。

测试器材

深蹲架，标准杠铃，辅助保护人员，记录表。

测试方法

①受试者进行充分的一般热身运动。②按照测试动作，采用8~10RM的重量进行1组热身运动，休息2min。③增加重量进行测试，采用4~5RM的重量，推起2~3次；然后休息3min。④增加重量，采用2~3RM的重量，推起1次；然后休息3~4min。做上肢力量动作时每次加5kg；做下肢力量动作时每次加10kg。⑤增加重量，试举1RM的重量。做上肢力量动作时每次加5kg；做下肢力量动作时每次加10kg。如果成功，休息3~4min，继续增加重量进行测试。如果失败，休息3~4min，再以以下方式进行减重。做上肢力量动作时每次减2.5kg；做下肢力量动作时每次减5kg。⑥继续加重或减重，直到可用正确动作完成一次测试。受试者最好能在5次测试中，测出1RM的重量。

注意事项

辅助保护人员要经过专业训练，确保受试者的安全；受试者动作质量达不到要求不能记录成绩，应按照要求重新进行测试；有伤病的运动员不要进行测试。

3. 间接推算法

测试目的

用间接推算法获取运动员的最大力量数据，相对安全，操作简洁。

测试器材

深蹲架，标准杠铃，记录表。

测试方法

①受试者进行充分的一般性热身运动。②按照测试动作，采用8~10RM的重量进行1组热身，休息2min。③增加重量进行测试，采用3~6RM的重量，尽力推起最大次数。④根据%1RM与最大重复次数的关系（表6-5）推算最大重量。最大重复次数越小，推算结果越准确。例如：运动员在85kg的负重下完成卧推最大次数是6次，6次重复对应的是85%1RM，那么则可以推算出这名运动员1RM最大卧推力量为100kg，其计算公式：$1RM = 85/85\% = 100$（kg）。

表6-5　%1RM与最大重复次数的关系

%1RM	最大重复次数	%1RM	最大重复次数	%1RM	最大重复次数
100	1	85	6	70	11
95	2	83	7	67	12
93	3	80	8	65	15
90	4	77	9		
87	5	75	10		

注意事项

动作质量达不到要求不能计数，应语言明确提醒受试者，避免其浪费体力；有伤病的运动员不要进行测试。

4. 基于速度的递增负荷测试法

测试目的

应用"基于速度的训练（VBT）"方法，在安全的情况下精确地获取运动员的最大力量数据。

测试器材

杠铃杆，杠铃片，深蹲架，GymAware爆发力测试仪或者其他精密测试设备。

测试方法

①将仪器按照标准固定在杠铃杆上。②根据受试者力量水平选择适宜的负荷，至少选择3个负荷。轻负荷下的动作速度要高于1.0m/s，高负荷下的动作速度要低于0.5m/s，中间负荷的动作速度在0.5~1.0m/s。③受试者每次测试都要用最快的动作速度完成，仪器自动记录测试数据。如果有明显的动作技术质量问题，深蹲不计数。④根据测试结果，仪器设备自动绘制力速曲线，推算受试者的1RM最大力量数值，同时还会给出最大功率和最大功率对应的负荷。

注意事项

不论负荷大小，在每一级测试中都应用最快速度推起杠铃；在高负荷测试时需要对受试者进行保护；如果动作质量达不到要求（比如深蹲幅度不够）不能记录成绩，应按照要求重新进行测试；有伤病的运动员不要进行测试。

（七）爆发力测试常用方法

1. 立定跳远测试

测试目的

立定跳远（图6-36）是一种简便易测的下肢爆发力测试方法。

测试器材

平坦、有弹性的场地（比如橡胶地面、足球场等），米尺，记录表。

测试方法

①在平坦的场地上（室内场地、塑胶跑道、人工草坪等均可），画一条起跳线。②受试者在熟悉了测试流程后，进行5min左右的热身。这一测试对下肢肌肉和关节要求比较高，因此充分的热身非常重要。之后，运动员可以试跳几次。③开始测试时，运动员双脚位于起跳线后，进行预摆下蹲动作后尽力向前跳跃。标记运动员距离起跳线最近的一只脚跟的位置，测量其与起跳线的距离。④记录3次试跳的最好成绩，精确到厘米。

图6-36 立定跳远测试

注意事项

动作质量达不到要求不能记录成绩，应按照要求重新进行测试；有伤病的运动员不要进行测试。

2. 垂直纵跳测试

测试目的

垂直纵跳（图6-37）是针对下肢爆发力常用的测试方法，可用来测试从事不同项目的运动员的能力，因为下肢爆发力对各个运动项目都非常重要。垂直纵跳测试有很多方法，大多数简单易行，而且测试结果可以直接应用于很多涉及跳跃和对下肢功率输出要求非常高的项目，如短跑、跳跃等。垂直纵跳测试包括摆臂纵跳、反向跳（CMJ）、蹲跳（SJ）和助跑纵跳。

图6-37 使用纵跳摸高器进行垂直纵跳测试

测试器材

纵跳摸高器,记录表。

测试方法

①测量并记录受试者的站姿摸高高度。测试时,受试者站在纵跳摸高器的正下方,用优势手在脚跟不离地的情况下尽可能高地去触够纵跳摸高器的叶片。②受试者熟悉测试流程和纵跳摸高器后,首先进行5min左右的热身,然后受试者可以进行几次试跳,从而熟悉下蹲跳动作。③在做动作时,受试者需要原地快速下蹲、摆臂,之后快速起跳并用优势手尽量向上触够纵跳摸高器的叶片。④3次试跳,记录最好成绩。

【测试结果计算】

纵跳高度=最高高度−原地摸高高度,单位为厘米。纵跳功率转换公式为塞耶斯公式(1999):峰值功率=(60.7×纵跳高度+45.3×体重−2055),单位为瓦特。

【测试方法的变化】

除了摆臂垂直纵跳,测试者还可以根据测试目的安排受试者进行不摆臂的反向跳(CMJ)、没有离心阶段的蹲跳(SJ)和加上助跑的垂直摆臂纵跳等。

进行蹲跳测试(图6-38)时,除了受试者在纵跳时不能做出反向动作之外,测试的基本程序与反向下蹲跳相同。受试者首先要双手叉腰、降低重心至全蹲的姿势,保持全蹲姿势1~2s,听到口令后,受试者在不做反向动作的前提下尽可能高地往上跳。除了纵跳摸高器,还可以采用测力台、加速度计或电子纵跳垫等设备测量纵跳高度。

图6-38 蹲跳测试

助跑垂直摆臂纵跳测试时,受试者在进行最大用力的垂直纵跳之前会有一步或者几步助跑,由于与专项爆发性动作相近,很多教练会使用这种方法测试。在测试时,教练应该采用一致的测试方法,保证测试的信度。

注意事项

要使用同样的测试方法和测试设备,保证测试的信度;动作质量达不到要求不能记录成绩,应按照要求重新进行测试;有伤病的运动员不要进行测试。

3. 跳深测试（DJ）

测试目的

在大多数运动项目中，运动员在完成爆发性动作时会利用人体的肌肉-肌腱复合体的拉长-缩短周期（SSC）特性，这种反射性收缩的方式就是反应力量的表现。在进行快速伸缩复合训练和离心练习后，人体神经肌肉会产生适应性变化，进而提高肌肉-肌腱复合体的刚度。

在体能测试中一般采用跳深动作测量运动员的反应力量指数（图6-39）。其可以用来评定人体进行拉长-缩短周期的能力，也可以用来评价快速伸缩复合训练的阶段效果。

测试器材

测力台或者电子纵跳设备，记录表。

图6-39　用跳深动作测试反应力量指数

测试方法

①跳深测试（图6-39）需要准备不同高度或可调高度的跳箱。受试者要充分进行热身，这一测试对下肢肌肉和关节要求比较高，因此充分的热身非常重要。热身后受试者需要进行几次试跳。②开始正式测试时，受试者站在跳箱上，从跳箱迈步跳下，双腿同时落地，然后尽可能高地向上跳跃。特别需要强调的是，在完成动作时，应尽可能在进行向心收缩前减少离心收缩以及触地时间。③受试者进行2~3次测试，间歇时间至少90s。

【测试结果计算】

①有些设备会直接给出RSI；有些设备会记录受试者的跳跃高度和触地时间，触地时间为落地至起跳后离地的时间；还有些设备只给出滞空时间和触地时间。使用滞空时间，我们可以计算出运动员的跳跃高度，其公式为：跳跃高度$=9.81 \times$滞空时间$^2 \div 8$。

②反应力量指数（RSI）计算公式为：反应力量指数=跳跃高度/触地时间。

注意事项

要使用同样的测试方法、测试高度和测试设备，保证测试的信度；动作质量达不到要求不能记录成绩，应按照要求重新进行测试；有伤病的运动员不要进行测试。

4. 侧抛实心球

测试目的

测试受试者旋转的功能性力量，此测试适合各年龄段的运动员。

测试器材

3~5kg实心球（男性）或2~4kg实心球（女性），米尺，胶布，记录表。

测试方法

①侧抛实心球测试（图6-40）的测试者双手持实心球侧向站立在标志线一侧，双脚连线与标志线平行。②向侧后转体，双膝略微弯曲，迅速蹬地转体用全身的力量将球尽力向前抛出，双脚不得超过标志线。③测量球落点与标志线的垂直距离；每名测试者左右侧各进行3次测试，分别记录最好成绩，距离越远则旋转功能性力量越强。

图6-40　侧抛实心球测试

注意事项

测试结束后脚不得越过标志线；动作质量达不到要求不能记录成绩，应按照要求重新进行测试；有伤病的运动员不要进行测试。

5. 前抛实心球

测试目的

测试受试者向前抛掷的功能性力量，此测试适合各年龄段的运动员。

测试器材

3~5kg实心球（男性）或2~4kg实心球（女性），米尺，胶布，记录表。

测试方法

①前抛实心球测试（图6-41）的测试者站立在标志线一侧，双脚连线与标志线平行，双手持实心球在胸前。②双膝略微弯曲，一侧腿向后退一大步，身体先前倾，然后向后伸展躯干形成反弓，随后迅速蹬伸用全身的力量将球尽力向前抛出，双脚均不得超过标志线。③测量球落点与标志线的垂直距离；每名测试者左右侧各进行3次测试，分别记录最好成绩；距离越远则说明向前抛掷的功能性力量越强。

图6-41　前抛实心球测试

注意事项

测试结束后脚不得越过标志线；动作质量达不到要求不能记录成绩，应按照要求重新进行测试；有伤病的运动员不要进行测试。

6. 后抛实心球

测试目的

测试受试者后抛的功能性力量，此测试适合各年龄段的运动员。

测试器材

3~5kg实心球（男性）或2~4kg实心球（女性），米尺，胶布，记录表。

测试方法

①后抛实心球测试（图6-42）的测试者背向站立在标志线一侧，双脚连线与标志线平行，双手持实心球。②双膝略微弯曲，身体前倾，迅速蹬伸用全身的力量将球尽力向后抛出，双脚不得超过标志线。③测量球落点与标志线的垂直距离；每名测试者左右侧各进行3次测试，分别记录最好成绩；距离越远则说明后抛的功能性力量越强。

图6-42 后抛实心球测试

注意事项

测试结束后脚不得越过标志线；动作质量达不到要求不能记录成绩，应按照要求重新进行测试；有伤病的运动员不要进行测试。

7. 杠铃高翻测试

测试目的

测试运动员的全身爆发力水平，此项测试适合有较扎实力量训练基础的运动员。

测试器材

标准杠铃。

测试方法

①受试者进行充分的一般热身运动。②按照测试动作，采用8~10RM的重量进行1组热身，休息3min。③增加重量进行测试，采用4~5RM的重量，进行2~3次练习；然后休息3~5min。④增加重量，采用可完成2~3RM的重量，推起1次；然后休息3~5min。⑤增加5kg重量，进行1RM高翻的测试，如果成功，休息3~5min，继续增加5kg重量进行测试；如果失败，休息3~5min，再减去2.5kg重量进行测试。⑥继续加重或减重，直到可用正确动作完成一次测试。受试者最好能在3~4次测试中测出1RM的重量。

注意事项

动作质量达不到要求不能记录成绩，应按照要求重新进行测试；有伤病的运动员不要进行测试；高翻动作没有熟练掌握的运动员不要进行测试。

（八）速度和灵敏性测试常用方法

1. 直线冲刺速度测试

测试目的

对于处于不同发育阶段的运动员，可以采用不同距离的冲刺跑来测试速度能力。处于青春期之前的运动员，可以使用较短的冲刺跑距离，如15~20m；进入青春期的运动员，可以将冲刺跑距离增加到30~40m；处在青春期之后的运动员，可以采用40m和60m的冲刺跑距离。

在速度测试中，建议重复冲刺3次，每次冲刺之间至少有5min的恢复时间。在40m和60m测试中，应采用分段计时的方法记录加速度和最大速度的最好成绩。在10m、30m和终点处分别设置一个计时点，分别记录0~10m、0~30m、10~30m和全程的时间。

下面以40m测试为例。

测试器材

田径场或可以测距的场地，电子计时设备（或者秒表），米尺，标志盘。

测试方法

①运动员立于起跑线后。根据专项可以选择不同的起跑姿势，如半蹲式起跑、3点起跑或4点起跑。②运动员做好准备后，教练可以发令使运动员启动，也可以采用倒计时的方式提醒运动员启动。如果使用电子计时设备，可以设置倒计时。③重复进行3次测试，每次测试之间运动员要休息至少5min，保证运动员充分恢复。④如果使用秒表计时，测试者应在运动员做第一个动作时开始计时。计时精确到0.01s。与电子计时相比，手动计时的成绩往往更好，因此，在进行多次测试时，要采用统一的计时方法。⑤安排测试者于起点处、10m处、30m处及终点处记录以下成绩：a. 0~10m（加速）；b. 0~30m（高速）；c. 10~30m（最大速度）；d. 0~40m（速度保持）。

注意事项

测试场地、方法和设备需要统一，保证测试的信度；动作质量达不到要求不能记录成绩，应按照要求重新进行测试；有伤病的运动员不要进行测试。

2. 六边形跳测试

测试目的

测试运动员的灵敏性和协调性。

测试器材

六边形测试器或者用胶布贴出边长为24英寸（1英寸约为2.5厘米，此后不再一一标注）的六边形，秒表，米尺，平坦、摩擦力强的场地，记录表。

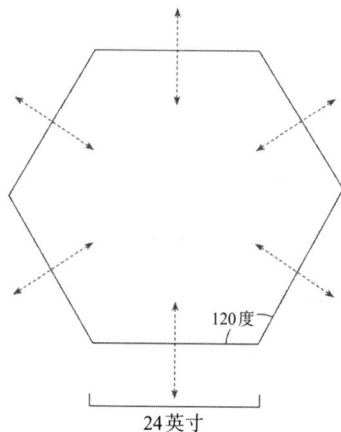

图6-43　六边形测试图示

测试方法

①进行六边形测试（图6-43）前运动员先自主进行准备活动，并进行次最大速度的适应练习。②运动

员以适当的准备姿势站在六边形中央，听到信号后运动员以顺时针方向双脚从中央跳过每个边，再跳回中央，共3圈。在跳跃过程中面部始终朝向一个方向。③若出现双脚没有越过边线、面部方向改变、失去平衡、多做一步等中的任何情况，则需要重新测试。④测试3次，取最佳成绩，精确到0.1s。

注意事项

动作质量达不到要求不能记录成绩，应按照要求重新进行测试；有伤病的运动员不要进行测试。

3.5-10-5测试（Pro灵敏性测试）

测试目的

测试运动员的灵敏性和协调性。

测试器材

3个标志盘，电子计时设备（或者秒表），平坦、摩擦力强的场地，米尺，记录表。

测试方法

①进行5-10-5测试（图6-44）前运动员面向前方跨立于中线。②当运动员做好准备后，测试者可以发令使运动员启动，也可以采用倒计时的方式提醒运动员启动。如果使用电子计时设备，可以设置倒计时。③运动员首先向左跑5码，之

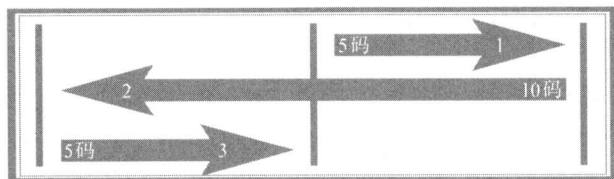

图6-44 5-10-5测试示意

后变向并向右跑10码，再变向并向左跑5码。运动员每次变向都要用脚触到标志线。④重复进行3次测试，每次测试之间要休息至少5min，保证运动员充分恢复。⑤在起点和终点安排测试者。本测试的起点和终点在同一条标记线上。⑥如果使用秒表计时，测试者应在运动员第一个动作时开始计时。计时精确到0.01s。与电子计时相比，手动计时的成绩往往更好，因此，在进行多次测试时，要采用统一的计时方法。⑦测试者可以根据专项来调整测试方式，如橄榄球运动员手持橄榄球进行测试，或采用3点或者4点式起跑方式等。但在进行多次测试时，要采用统一的测试方法。

注意事项

如果变向时脚没有触到标志线则不能记录成绩，应按照要求重新进行测试；有伤病的运动员不要进行测试。

4.T字测试

测试目的

测试运动员的灵敏性和协调性。此项测试适合篮球、排球等球类项目的运动员，可以作为基础体能中灵敏性的测试方法。

测试器材

4个标志桶，电子计时设备（或者秒表），平坦、摩擦力强的场地，米尺，记录表。

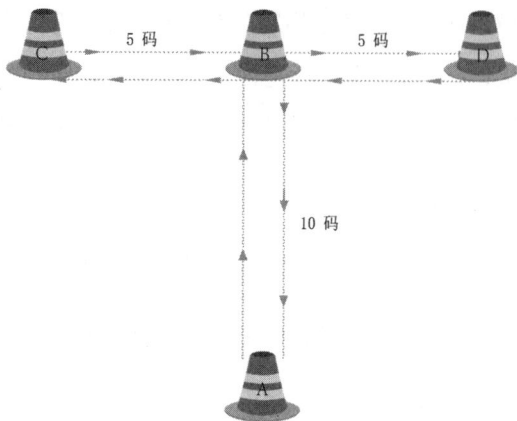

图6-45 T字形灵敏测试示意

测试方法

①进行T字形测试（图6-45）前运动员进行充分的准备活动，并进行次最大速度的适应练习。②运动员以适当的准备姿势站在A处，听到信号后冲刺到B处，并用右手触及B标志顶端；然后侧向移动到C处（侧向移动，双脚不交叉），用左手触及C标志的顶端；接着侧向移动到D处，用右手触及D标志顶端；然后侧向移动到B处，用左手触及B标志顶端；然后后退到A处（为了保证安全，可在A标志后方放置体操垫等安全保障设施）。

注意事项

当运动员的手没有触到标志桶、面部没有向前、双脚交叉中的任何一种情况时，不能记录成绩，应按照要求重新进行测试；有伤病的运动员不要进行测试。测试3次，取最佳成绩，精确到0.1s。

5.伊利诺斯测试

测试目的

测试运动员的灵敏性和协调性，此项测试适合足球、曲棍球、橄榄球等球类项目的运动员。

测试器材

标志桶，电子计时设备（或者秒表），米尺，平坦、摩擦力强的场地，记录表。

测试方法

①进行伊利诺斯测试（图6-46）前运动员先自主进行准备活动，并进行次最大速度的适应练习。②运动员以适当的准备姿势位于A处，听到信号后快速冲刺到B处，然后冲刺到1号标志桶，并按照1—2—3—4—3—2—1的顺序8字形变向，然后冲刺到C处，最后冲刺到D处。

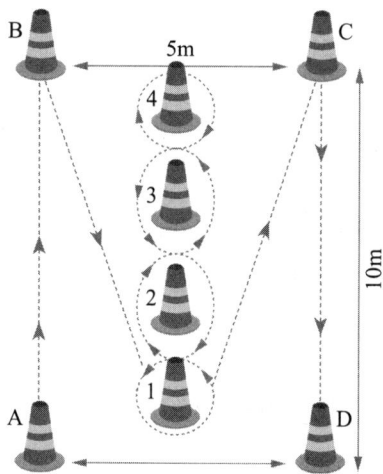

图6-46 伊利诺斯测试图示

注意事项

如果没按规定路线完成测试，不能记录成绩，应按照要求重新进行测试；有伤病的运动员不要进行测试。测试3次，取最佳成绩，精确到0.1s。

6.L形跑测试

测试目的

评估运动员在快速冲刺中进行变向的能力，此项测试适合足球、曲棍球、橄榄球等球类项目的运动员。

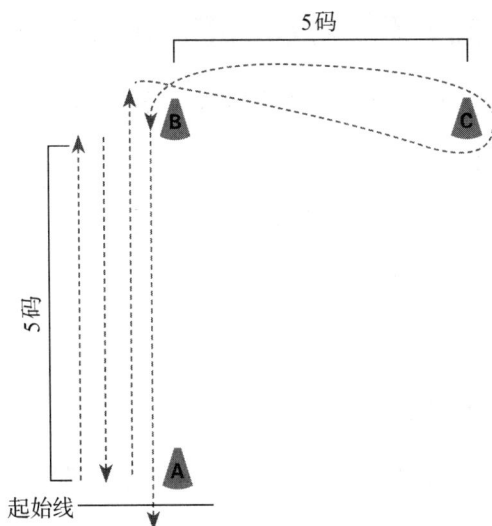

图6-47　L形跑测试

测试器材

标志桶，电子计时设备（或者秒表），平坦、摩擦力强的场地，记录表。

测试方法

①进行L形跑测试（图6-47）时运动员采用站立起跑姿势。②运动员听到启动口令后，从标志桶A冲刺至标志桶B，用手触摸标志桶B。③转身冲刺回标志桶A，用手触摸标志桶A。④折返至标志桶B，并绕过标志桶B跑向标志桶C。⑤再绕过标志桶C经标志桶B回到标志桶A。⑥进行3次测试，取最好成绩，每两次测试之间休息3~5min。

注意事项

如果没有触到标志物，不能记录成绩，应按照要求重新进行测试；有伤病的运动员不要进行测试。

7. 箭头跑测试

测试目的

测试运动员的灵敏性和协调性，此项测试适合足球、曲棍球、橄榄球等球类项目的运动员。

测试器材

标志桶，电子计时设备（或者秒表），平坦、摩擦力强的场地，记录表。

测试方法

①按照图6-48所示摆好标志桶，用电子计时设备进行计时。②向右转身灵敏性测试。听到口令后，由A点快速跑向B点，向右绕过B点快速跑向C点；绕过C点后快速跑向D点；绕过D点后全力跑向A点；跑过A点停止计时。③向左转身灵敏性测试。听到口令后，由A点快速跑向B点，向左绕过E点快速跑向D点；绕过D点后快速跑向A点；跑过A点停止计时。每个运动员每个方向测试3次，记录最好的成绩，精确到0.1s。用时越短的运动员，灵敏性越好。

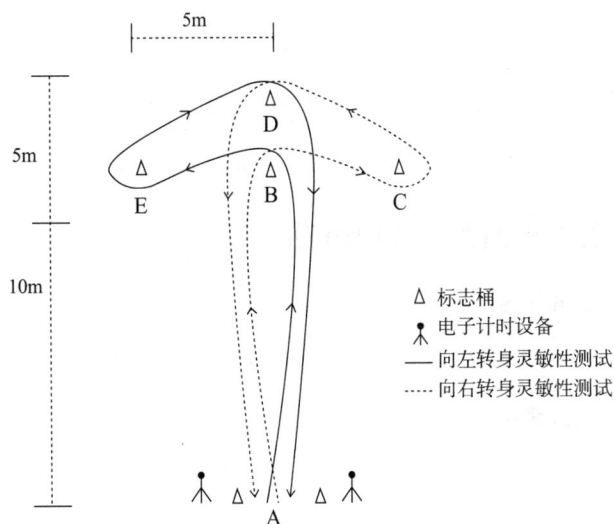

△ 标志桶
👤 电子计时设备
—— 向左转身灵敏性测试
---- 向右转身灵敏性测试

图6-48　箭头跑测试示意

注意事项

如果将标志杆碰倒不能记录成绩，应按照要求重新进行测试；有伤病的运动员不要进行测试。

（九）无氧耐力测试常用方法

1. 功率自行车Wingate测试

测试目的

测试运动员的无氧耐力，此项测试适合所有项目的运动员。

测试器材

实验室，测试用的功率自行车。

测试方法

①运动员应首先进行充分的基本热身和几分钟蹬功率自行车的热身，心率要达到每分钟150~160次。②休息3~5min后，准备开始测试；当运动员听到开始的口令后，用全力尽可能快地踩踏30s。在最初的几秒内，阻力负荷被调整到预先确定的水平；测试结束后不要直接停止，要放松踩踏2~3min后再逐渐停止。③采用瑞典Monark功率自行车时，通常采用每千克体重75g的阻力。力量型运动员或者自行车专项运动员通常会使用较高的阻力，而其他项目的运动员使用相对较低的阻力。④测试结束后，功率自行车会自动显示测试过程中的最大无氧功率（一般在测试的前5s间隔内出现，以瓦特表示）、相对最大无氧功率（最大无氧功率除以体重，表示为W/kg），功率自行车还可以显示测试的平均功率、最小功率和根据功率下降计算出的疲劳指数。

⑤指标说明如下。最大无氧功率：a. 30s测试过程中最大的5s输出功率；b. 能量来自ATP及CP分解。平均无氧功率：a. 30s负荷，6次5s功率的平均值；b. 能量来自ATP、CP及糖酵解。无氧功率递减率（疲劳指数）：a. 无氧供能时的疲劳程度；b. 疲劳指数=（最大5s功率−最小5s功率）/最大5s功率×100%。

注意事项

①自行车蹬踏负荷，成年男性0.083千磅力每千克体重，儿童和女子0.075千磅力每千克体重（1千磅力约为4448牛）。②测试前一定要进食，避免低血糖。③运动员要以最快速度全力蹬踏。④运动中若有不适感要停止测试。⑤有伤病的运动员不要参加测试。

2. 400m跑（800m跑）

测试目的

测试运动员的无氧耐力，此测试适合所有项目的运动员。

测试器材

田径场，秒表，记录表。

测试方法

①运动员站立于起跑线后。②听到出发口令后，用最快速度跑完400m或者800m。

注意事项

运动强度大，运动员要充分热身；有伤病的运动员不要进行测试。成绩精确到0.1s。

3. 300码折返跑

测试目的

测试运动员的无氧耐力，此测试适合集体球类的运动员。

测试器材

秒表、记录表、平坦和摩擦力强的场地。

测试方法

①进行300码折返跑（图6-49）时运动员站在起跑线后并面向另一条线。②听到开始信号后，运动员冲向场地的另一侧，脚触及边线，然后立即往回冲刺，脚触及起跑线，再重复。共6次折返，尽量全速，没有停顿。③第一次测试完成之后，记录时间，精确到0.1s。休息5min。④休息之后，按照相同流程再测试一次。

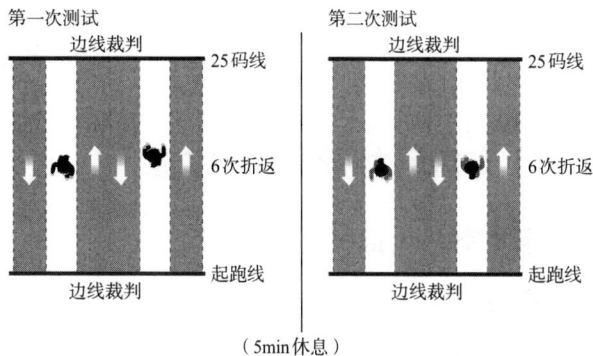

图6-49　300码折返跑示意

注意事项

运动强度大，运动员要充分热身；在折返变向时如果脚没有接触到边线，不得记录成绩；有伤病的运动员不要进行测试。取2次测试的平均成绩，精确到0.1s。

4. 重复冲刺疲劳测试

测试目的

测试运动员的无氧耐力，此测试适合足球、曲棍球、橄榄球等集体球类的运动员。

测试器材

电子计时器，记录表、平坦和摩擦力强的场地，米尺，记录表。

测试方法

①进行反复冲刺疲劳测试（图6-50）前需要先测量长30m的跑道，在两端进行标记，并额外标记缓冲/恢复区。②运动员进行一般热身，在测试开始前要有3min以上的充分恢复时间。③运动员位于一端的起跑线后，测试者可采用"3，2，1，出发"的口令指示运动员出发，并用2个秒表同时开始计时。④运动员需全力冲刺30m至另一端终点线，并停止一个秒表的计时，记录冲刺时间（记录每次30m冲刺的时间），另一个秒表则始终保持计时。⑤运动员到终点线后，短暂调整，并在此线后就位，此线作为下一次冲刺的起跑线。当保持计时的秒表到达30s时，则再次出发。⑥每30s开始一次冲刺，直至完成10次30m冲刺。记录每次成绩，精确至0.01s。⑦计算疲劳指数（FI）：（前3次平均成绩＋后3次平均成绩）×100%。

注意事项

运动强度大，运动员要充分热身；运动员每一次冲刺都要全力进行，不得故意保留能力，导致疲劳指数的信度和效度偏低；有伤病的运动员不要进行测试。

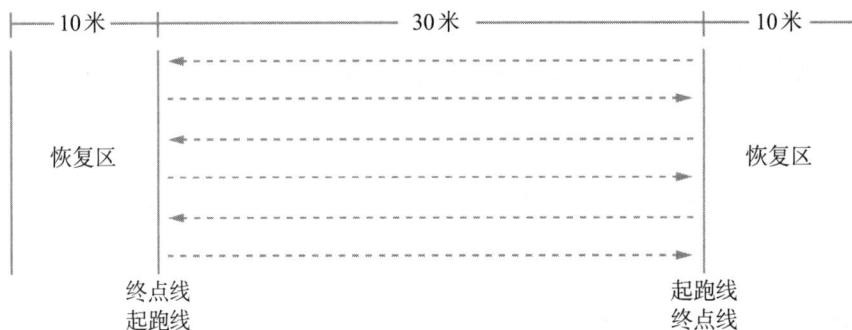

图6-50 反复冲刺疲劳测试

（十）有氧耐力测试常用方法

1. 实验室最大摄氧量测试

测试目的

精确测量运动员的有氧耐力。

测试器材

气体代谢分析仪，跑台，专业测试者。

测试方法

通过在跑台上进行递增负荷提高跑速的方式进行测量。运动员在跑步过程中需要佩戴采集吸入和呼出气体成分的口罩和采样器，测试者通过通气量、吸入和呼出气体的浓度，精确计算最大摄氧量，受试者需要在实验室和专业测试者指导下进行测试。不同耐力水平的运动员的起始速度是不一样的。除了最大摄氧量以外，测试还可以给出最大摄氧量跑速、最大摄氧量心率、无氧阈、无氧阈跑速、无氧阈心率等多项重要有氧能力指标。最大摄氧量测试速度设定如下：①男子长跑运动员——以10.0km/h开始，每过1分钟增加1.0km/h；②女子长跑运动员——以9.0km/h开始，每过1分钟增加0.8km/h；③其他项目运动员和长跑爱好者——以7.0km/h开始，每过1分钟增加1.0km/h。

注意事项

运动强度大，运动员要充分热身；有伤病的运动员不要进行测试。

2. 2400m跑测试

测试目的

评估运动员的有氧耐力，对最大摄氧量进行估算。

测试器材

秒表、标准田径场，记录表。

①在标准田径场，测试前运动员进行充分伸展与热身。②计时者与记录者应该认识每个运动员，且每个运动员身上应配备一块号码布。③开始后指导运动员尽可能以稳定的步伐并尽可能快地跑完全程。④将运动员完成测试所用的时间详细记录到表格中。⑤估算最大摄氧量，公式如下。

$$VO_2max = 91.736 - 0.1656 \times 体重 - 2767 \times 时间（男性）$$

$$VO_2max = 88.020 - 0.1656 \times 体重 - 2767 \times 时间（女性）$$

其中，VO_2max 的单位为 mL/（kg·min），体重的单位为 kg，时间的单位为 min。

运动强度大，运动员要充分热身；有伤病的运动员不要进行测试。

3. 12min跑测试

评估运动员的有氧耐力，对最大摄氧量进行估算。

秒表，米尺，标准田径场，记录表。

①在标准的200m或者400m田径场地，每50m为一个单位，从起点至50m标记为区域1（即区域编号为1），从50m至100m标记为区域2（即区域编号为2），依次类推，分为4或8个区域。②运动员做完准备活动后，在起跑线由测试者喊口令"开始"按表计时，记录跑圈数。③12min时间到时，测试者立即鸣哨，运动员听到后立即停止跑步，可在原地活动；测试者记录成绩（跑圈数）。④在200m跑道测试时，将跑圈数代入200×（圈数）+50×（区域编号）=12分钟跑的距离；在400m跑道测试时，将跑圈数代入400×（圈数）+50×（区域编号）=12分钟跑的距离。

最大摄氧量推算公式如下。

$$VO_2max = （距离 - 504.9）\div 44.73$$

$$VO_2max = 22.35 \times 距离 - 11.28$$

其中，VO_2max 的单位为 mL/（kg·min），距离的单位为 km，体重的单位为 kg。

运动强度大，运动员要充分热身；有伤病的运动员不要进行测试。

4. 最大有氧速度（MAS）测试

测试运动员的有氧耐力，对最大摄氧量进行估算。

秒表，米尺或者GPS设备，标准田径场，记录表。

①测试前，运动员进行至少20min的充分伸展与热身。②进行1500~2000m计时跑。测试时，一定要保证运动员以100%最大努力程度进行，这样才能保证测试的准确性。③最大有氧速度计算公式：MAS（m/sec）＝距离（m）/时间（s）。④最大摄氧量推算公式：$VO_2max=1.43×MAS×3.6+29.2$（非跑步运动员），$VO_2max=1.95×MAS×3.6+26.6$（跑步运动员）。其中，$VO_2max$的单位为ml/（kg·min）。

5. Yo-Yo测试

Yo-Yo测试包含间歇耐力测试（Intermittent Endurance Test, Yo-Yo IE）和间歇恢复测试（Intermittent Recovery Test，Yo-Yo IR）两种类型，这两种类型又分别有两个等级：Yo-Yo IE1、Yo-Yo IE2和Yo-Yo IR1、Yo-Yo IR2。其中Yo-Yo IE测试要求运动员在距离为20m的两个标志物之间，以不断增加的跑速进行带有间歇的往返跑，在完成每次2×20m后有固定的5s的间歇。Yo-Yo IR1测试在前4个回合中的速度在10~13km/h（0~160m），另7个回合的速度在13.5~14km/h（160~440m），然后下一阶段每8个回合速度（760m、1080m、1400m、1720m等）提高0.5km/h直到力竭。这个测试在2m宽、20m长的室内跑道进行，两侧放置标志物。每一回合间有10s的间歇时间，其中包括2×5m的慢跑。

标志桶等标志物，至少30m长的皮尺，Yo-Yo测试的音频软件和播放器，记录表、平坦和摩擦力强的场地。

进行Yo-Yo测试（图6-51）前需要先利用标志桶标志出20m的距离，其中一端为起跑线，一端为折返线，在起跑线后方5m处放置标志作为缓冲区。运动员自主热身，并用非最大速度进行适应练习。测试开始时，运动员站在20m区域一端面对另外一端，根据信号以不断增加的速度进行带有间歇的折返跑，每完成一个2×20m有5s间歇。

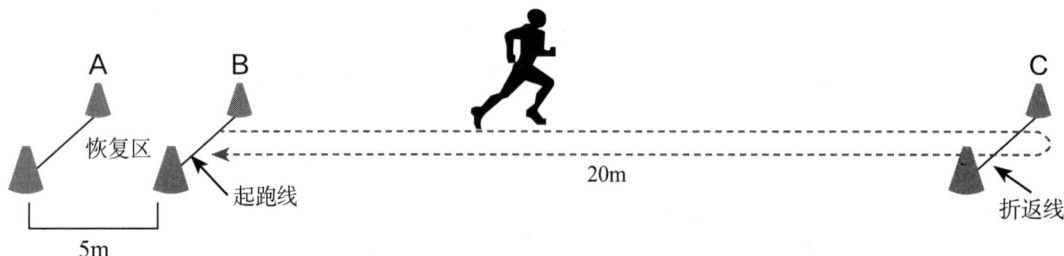

图6-51　Yo-Yo测试场地示意图

从起跑线起跑，听音频信号控制速度，每一级速度有3声音频信号提示。第一声表示开始，第二声表示时间已过一半，第三声表示结束。每一个来回有10s的恢复时间。当运动员不能在结束音频信号响起回到起跑线时，警告一次。两次警告后结束测试。记录最后完整跑完的那一等级距离。

三、体能测试的数据分析与应用

（一）体能测试数据的分析

1.建立运动员体能基线数据

为了更好地应用体能测试数据，需要建立运动员的体能基线数据和评价标准。虽然有些经典体能测试方法具有可参考的数据，但是不同运动项目、不同水平的运动员的基准值是不同的，只有通过具有效度和信度的体能测试方案建立运动队的基线数据，才能够为后期应用体能测试数据分析运动员的体能特点、评价阶段训练效果打好基础。

一般建议在运动队组建初期或者适应期后就进行前期测试，建立运动队的基线数据。这些基线数据有助于教练初步了解每个运动员的体能特点，为教练排兵布阵提供基础信息，也为教练设计体能训练计划提供有效的信息，并且这些基线数据可以作为一个特定阶段的起点，便于教练观察运动员体能水平的纵向变化，也可以评价一个训练阶段的效果。

2.对体能测试数据进行分析

体能训练师通过精心设计的体能测试收集到数据后，需要对数据进行合理分析才能得到更多的信息。体能测试数据分析包含以下几个方面。

①针对一次测试，通过队内成绩排序、计算平均值和标准差，可以进行横向比较，分析某位运动员的测试成绩在全队处于何种水平，了解每位运动员的体能特点，并为其制订阶段训练目标。

②针对多次测试得到的数据，需要对数据进行纵向分析。对个体数据可以采用变化增量和变化百分比来进行分析；对团队数据可以采用配对T检验等方法进行统计分析，以确定特定体能训练阶段运动员个体和全队体能成绩的变化情况，确定阶段训练的效果。如果成绩变化情况与原定训练目标产生较大的差距，可以重新回顾训练及分析原因，并及时对训练计划和训练方法做出调整。值得注意的是，训练水平高的运动员经过一个阶段的体能训练后，运动能力的进步水平要小于训练水平低的运动员。因为后者各种体能测试指标的进步空间会更大。

③对重点运动员可以根据其运动水平和发展目标，将运动员的体能测试成绩与更高水平运动员的体能成绩进行对比，寻找其体能差距，确定运动员体能发展的可量化指标。

（二）体能测试结果的应用

1.为教练团队提供体能测试结果分析报告

体能测试数据和结果并不仅仅供体能训练师使用，还会及时反馈给教练团队，这些信息对运动康复师、科研人员和专项教练都非常有用。体能测试结果分析报告反馈越快越好，一般情况下在测试完成后的72h内，体能训练师应将体能测试结果报告给教练团队。如果时间过长，会降低体能测试结果的应用效率，甚至可能浪费许多有效信息。

体能训练师应该及时有效地提供体能测试结果分析报告，并为教练和运动员提供针对性的建议。一份体能测试结果分析报告应该包含数据表格、文字描述和可视化图形等元素，简洁明了，直观易懂（图6-52）。

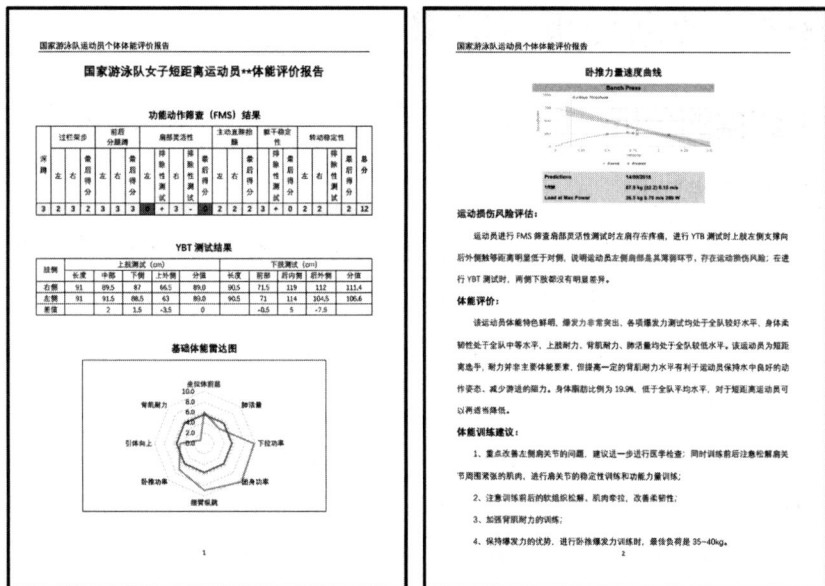

图 6-52　体能测试结果分析报告示例

制作可视化图形的方法很多，图形和表格通常是把数据呈现给教练和运动员的好形式。可视化图形可以向教练和运动员展示一名运动员的表现排在整个团队的哪个位置。用雷达图把测试数据可视化，可以形象地描述一名运动员相对于整个团队的强项和弱点，并且这对于制订一个以改善这些弱点为核心的针对性训练计划来说十分有用。下面介绍STEN分数雷达图的制作方法。运用这种方法可以建立一个标准的数据模型，可以在一个雷达图上展示一个运动队的多组测试数据，可视化效果好，数据展示清晰直观。

①首先计算出z分数：z分数=（运动员成绩−全队平均成绩）/标准差。

②计算STEN：STEN=（z分数×2）+5.5。

③使用Excel软件的制图功能，选择雷达图，并选择合适的参数即可制出可视化雷达图（图6-53）。

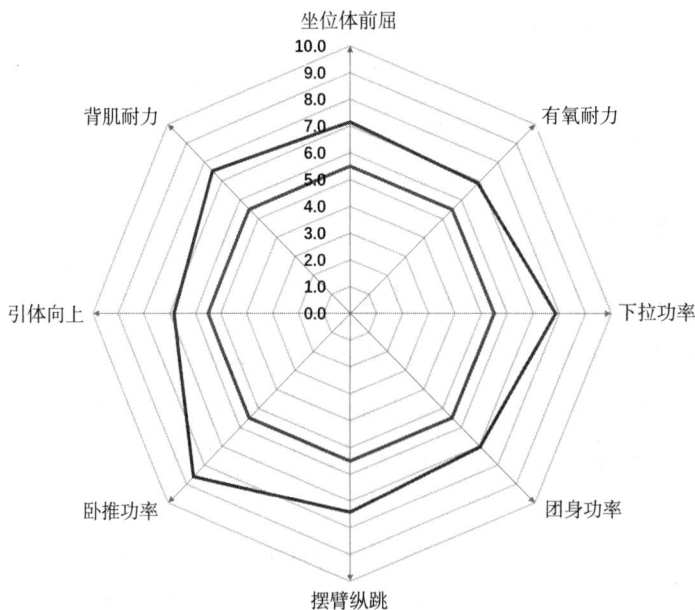

图 6-53　可视化雷达图

2. 对训练计划进行设计和调整

当得到运动队的体能测试数据并对其进行分析后，体能训练师应该结合专项教练设定的专项周期计划来确定体能训练计划。在设计的体能训练计划中应该表现出体能测试数据提供的信息，比如如果全队在体能测试中表现出爆发力不足，那么在训练计划中应该突出对于爆发力的训练；或者测试结果反映全队损伤较多、功能性动作质量较差，那么应该先着手减轻伤病和强化身体功能，为体能训练和专项技术训练打好基础。

在体能训练计划执行了一个阶段后，再次进行体能测试，对比分析运动员测试成绩的变化，观察经过这个阶段训练是否达到预期目标。如果主要目标能力有明显提高，达到预期效果，那么说明训练计划是有效的，可以继续执行或进一步增加强度；如果主要目标能力没有提高，甚至反而有退步，那么要对体能训练计划进行重新评估，并回顾训练过程，分析其影响因素，对训练计划做出调整或重新制订训练计划。

应用阶段性的体能测试可以很好地监控体能训练计划实施的效果，一般建议4~6周进行一次针对主要目标能力的测试。不需要对体能测试方案中所有内容都进行测试，只针对本阶段主要的目标能力即可，这样便于及时观察和调整训练计划。

3. 发现运动损伤风险

运动风险筛查对任何级别的运动员都非常重要，对减少运动员训练比赛中的损伤风险和延长运动寿命都起到至关重要的作用。竞技体育各个运动专项中都存在着运动损伤的风险，对运动损伤风险的控制是教练团队重要的任务之一。

竞技体育中运动损伤的风险分为不可预测和可预测两种。不可预测的损伤风险主要是比赛中的偶然事件，比如场地原因、对手冲撞等；可预测的损伤风险主要包括运动员的先前损伤、身体功能障碍、不良的动作模式、错误的训练安排等。体能测试中的运动风险筛查主要针对身体功能障碍和不良的动作模式等与当前运动员密切相关的身体功能状态。如果能及时发现运动员身体功能存在的风险因素并进行纠正，不仅可明显降低运动员的损伤风险，还可以提高动作质量，提高体能训练和专项训练的效率。

小结

能够为一个运动专项设计合理的体能测试方案、组织测试的实施以及对结果进行分析和评估，是一名体能教练重要的职业技能之一。在设计运动专项的体能测试方案时，体能教练需要深刻理解体能训练的重要意义，认识到体能训练对于调整和改变训练计划的重要作用；需要熟练掌握身体功能、基础体能和专项体能分别对应的测试方法；需要理解不同运动专项之间的共性和特异性，清晰地理解各种体能测试方法，并根据运动专项特征进行筛选，设计出一份合理的运动专项体能测试方案。

随着科技的快速发展，体能测试的理念、方法、设备在不断进化，体能测试的重要性更加凸显，体能测试设备越来越小型化、精密化和便携化，体能测试的过程与体能训练的过程逐渐融合，体能训练的同时也是不断对运动员的体能进行测试和评估的过程。数字化体能训练其实就是应用现代科技方法在运动员进行体能训练的过程中通过实时测量的数据来监控训练质量，并根据测试数据对体能训练过程实施现场调控的一种训练方式。"训练=评估"，这是数字化体能训练的核心理念，其已用以指导精英运动员的训练实践，正在深刻影响着体能训练的未来发展。

思考题

1. 简述体能测试对于体能训练的重要性。

2. 简述体能测试的两个基本原则。

3. 举例说明体能测试的顺序。

4. 简述体能测试主要包含哪几个方面。

5. 功能性动作筛查（FMS）的目的和意义。

6. 简述功能性动作筛查（FMS）包含哪几个动作。

7. 简述最大力量测试的3种方法。

第7章

基础力量训练的基本方法与计划设计

李山

学习目标

➢ 理解力量、力量耐力、增肌、最大力量概念。

➢ 理解并掌握基础力量训练的基本原则及内在关系。

➢ 理解力量耐力、增肌以及最大力量训练的基本方法，并能够对不同训练方法与目的进行辨析与应用。

➢ 理解基础力量训练动作技术与保护方法。

➢ 理解基础力量训练计划制订的基本要素、原理、方法与模型。

知识导图

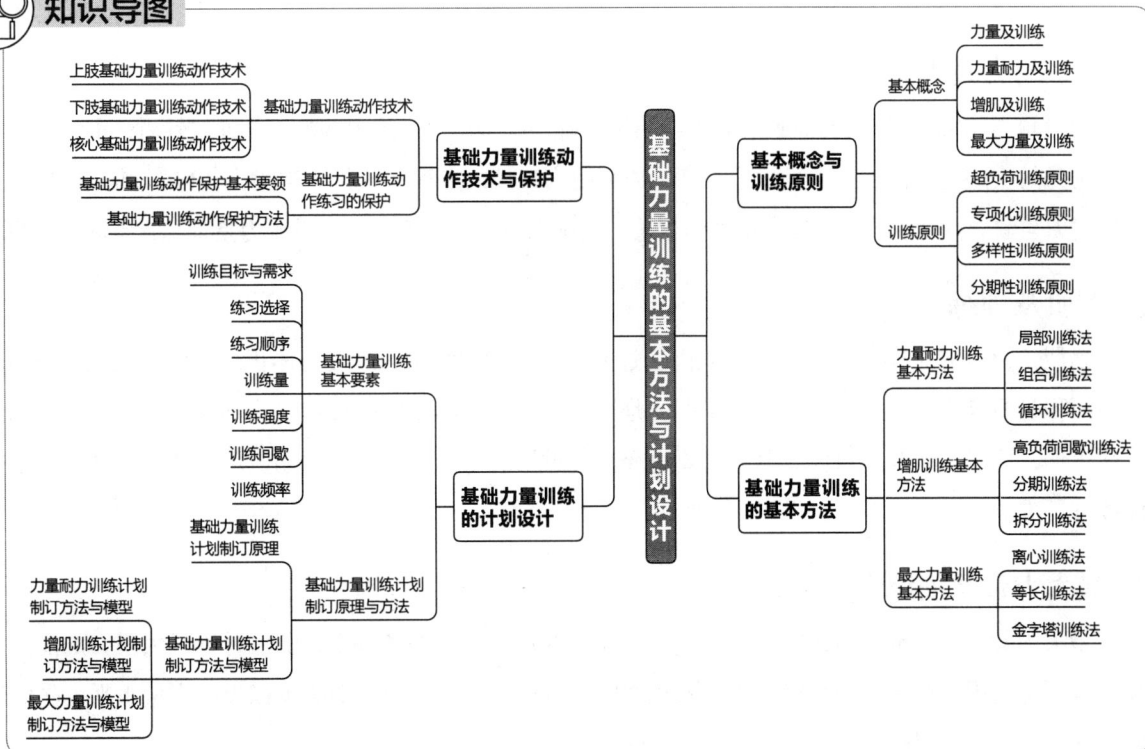

导语

基础力量训练是体能训练重要的组成部分。基础力量水平直接或间接地决定了爆发力、速度和灵敏等专项性运动表现。基本概念是基础力量训练科学化的基础与出发点。加强对相关概念之间的关系认知与区别辨析，会使基础力量训练思路更清晰，训练目标更明确，训练效果更突出。

因此，体能训练师应在深刻理解基础力量概念及其关系的基础上，进一步掌握基础力量训练的方法论与底层逻辑。具体而言，运动训练的基本原则为基础力量训练提供最为直接的训练思路，从而解决了在过程中遇到的适应与恢复、基础与专项、单一与多元、阶段与长期等训练问题。

在操作层面，体能训练师在遵循基本训练原则的前提下，应对不同基础力量的训练方法有着清晰的认识与把握，以便在实践中处理好训练顺序、负荷结构、方法应用与手段组合等具体问题。在掌握基础力量训练方法后，还要全面考虑不同运动项目、运动员个体差异以及训练目标。在长期训练背景下，应合理规划各种训练要素的关系、比例与过程控制，制订以目标为导向的训练计划，并在实施过程中根据训练反馈与效果，进行不断调整与优化，最终实现科学化训练的目的。

一、基本概念与训练原则

（一）基础力量的基本概念

1. 力量及训练

力量（Strength）是神经肌肉系统产生的克服阻力的能力。力量训练（Strength Training）是人体运动系统克服各种外界阻力的练习方式，其中阻力形式不仅包括杠铃、哑铃、壶铃等自由重量，还包含身体自重、弹力、气阻、水阻等。

2. 力量耐力及训练

力量耐力（Strength Endurance）是神经肌肉系统连续多次克服阻力的能力。通过针对性训练方法提高力量耐力的实施过程被称为力量耐力训练。力量耐力直接的表现形式是肌肉耐力（Muscular Endurance），力量耐力与耐力性运动员的运动表现密切相关。在基础力量训练阶段，力量耐力是训练重点和主要目标。

3. 增肌及训练

增肌（Muscular Hypertrophy）是肌肉通过专门性力量训练增大维度与体积的适应过程。肌肉维度或横截面积是肌肉力量的物质基础，增肌训练是增大肌肉体积与维度的过程，这不仅是最大力量训练的准备性工作，同时也是改善身体成分的重要途径。通过增肌与减脂训练，运动员可以达到合理的专项化身体成分标准。

4. 最大力量及训练

最大力量（Maximal Strength）是神经肌肉系统在动态或静态条件下，克服外界最大阻力的能力。最大力量训练是提高神经肌肉系统克服极限阻力的适应过程。最大力量训练可以提高力量水平，是促进爆发力和力量耐力发展的有效途径。

（二）基础力量训练的基本原则

1. 超负荷训练原则

超负荷原则指在训练中教练必须不断提高对运动员的训练要求。当训练负荷增加时，运动员必须进一步挖掘潜力去适应训练，形成新刺激下的新适应。运动成绩的提高与变化训练内容、增加训练难度密不可分。在力量训练中，超负荷的直接表现就是增加负重，当肌肉克服更大的阻力时，新的适应才有可能实现。此外，还可以通过提高训练频率，增加训练组数、次数，提高练习动作难度，以及缩短组间或练习间间歇时间等做法实现超负荷。

超负荷的目的是给机体施加更高的负荷，打破内平衡，重建新平衡。在力量训练中，如果合理运用好超负荷原则，就可以进一步产生训练适应。实现超负荷的基本途径有四条。第一，运动员必须有意识地投入训练。如果只完成规定的次数，那是远远不够的。运动员应该有意识地将精力集中到每项训练任务上去。第二，根据训练计划的整体目标和任务来增加训练负荷。如果不能确定完成某项训练任务能否有助于实现训练目标，那么就要重新进行评估，既可以换别的任务，也可以放弃该任务。第三，训练负荷的增加应该足够大，即增加的负荷应能够激活运动员的潜力来适应新的训练要求。第四，增加某项训练负荷要和其他训练相互配合。各种训练负荷不仅不能同时增加，还要权衡彼此间的关系。牺牲其他必要训练而过度强调某项训练，会因为缺乏多样性而达不到预期的训练效果。

超负荷是力量训练时需要重点考虑的原则，超负荷安排要有系统性，并遵循渐进及多样性训练原则。在实现超负荷时，必须给运动员留出充足的时间，使其逐渐适应新的训练刺激。

2. 专项化训练原则

专项化（Specificity）概念最早由德洛姆在1945年提出，具体是指运动员通过专门训练形成专门的适应或训练结果。在力量训练中，专项化表现在肌肉参与、动作模式以及肌肉收缩形式（例如动作速度、用力程度）等上，但专项化训练并不一定同时满足上述所有标准。也就是说，根据力量训练所谓的专项化训练原则，并非完全符合专项运动特征的训练才称作专项化训练。例如，负重下蹲与纵跳成绩就高度相关，因为二者的动作模式十分相近，动员的肌肉也基本相同。相反，二者在动作速度和用力程度上却有很大区别。

通常专项化也被称为特定刺激产生的专门适应。刺激的性质决定了适应结果。例如，运动员在完成爆发性快速动作时（如棒球击球、网球发球等）需要在最高动作速度下动员或激活参与动作的运动单位。换句话说，参与动作的运动单位是一样的，但是必须在高速条件下激活。另外，力量训练专项化程度与运动员所处的赛季有关。运动员从季前、赛季到季后赛的训练过程也是专项化程度逐渐提高的过程。尽管针对运动项目的训练是有效、直接的专项训练，但专项化训练效果也体现在与专项特征相似的训练对专项成绩所产生的积极迁移作用上。

运动训练具有很强的专项特征。这就是说，身体对运动性刺激产生的适应程度与运动内容和形式高度有关，即"练什么，长什么"。例如，长跑训练对卧推成绩的影响微乎其微或者根本没有。同样，运动的专项性特征也影响着力量训练的适应结果。具体来说，练力量时，静态力量与动态力量表现之间的相关性很弱。人们就一种力量训练对其他形式（或性质）力量的影响进行了大量研究。结果表明，在力量训练中也是"练什么，长什么"。举例说明，负重训练后负重成绩的提高要明显高于等动测试成绩的提高。同理，静态力量训练对相同肌肉（群）自由力量表现的影响几乎为零。因此，力量训练的效果与练习时肌肉活动形式密切相关。此外，力量训练适应的专项性还表现在肌肉收缩速度上。也就是说，在力量测试时，如果测试速度与训练速度越接近，那么测试成绩就越好。在提高肌肉爆发力上，超等长训练要比慢速、大强度负重训练的效果好。与单关节力量练习相比，多关节力量练习在动作的生物力学特征及肌纤维募集模式上与专项动作更加相似，因此，训练效果更为明显。

3. 多样性训练原则

多样性训练原则是指在力量训练过程中，不断对负荷、强度、训练频率、间歇时间以及动作速度等训练要素进行调整的原则。为了保证身体对训练的长期适应，训练要素搭配的多样性就变得异常重要。

多样性在训练分期背景下才能得到充分的应用（图7-1）。训练分期是通过阶段性安排各种训练要素来达到在特定时间产生最佳训练效果的设计。如果训练计划没有处理好训练多样性，可能会出现训练效果停滞或减退，或是出现"单一性过度训练"。但是，力量训练中的多样性原则的应用不应该毫无章法，而是要围绕某一既定目标在一定范围内合理调整训练内容、训练负荷结构以及训练方法等。可以说，多样性只有结合远期或阶段目标，才能更好地发挥作用。

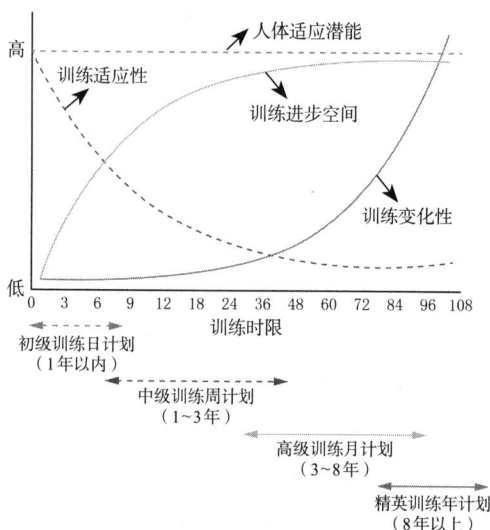

图 7-1　训练适宜多样性示意

4. 分期性训练原则

分期性训练原则是指在力量训练过程中要合理安排阶段性训练顺序的原则。分期训练不仅可以保证某个阶段某一训练目标的实现，同时有利于处理好不同运动能力发展之间的关系。与缺乏变化的训练计划相比，合理的分期训练可以有效保证训练效果。

例如，运动员想要提高速度，那么在训练过程中可以先安排力量训练，随后安排爆发力训练，在充分利用迁移效应的基础上，再过渡到速度训练。对于耐力性运动员，准备期的力量训练也可以将训练过程划分为肌肉耐力、肌肉力量和快速力量与肌肉耐力等几个板块分阶段进行训练。

二、基础力量训练的基本方法

（一）力量耐力训练基本方法

实践证明，基础阶段的力量储备越多，对竞赛期力量水平的保持与发挥越有利。从力量角度讲，竞赛期运动成绩的进步依赖于建立在准备阶段所获得的身体机能水平，其水平越高，运动成绩提高的潜力越大。所以，基础力量不仅需要在训练早期着重发展，而且在准备期同样要重点加强。无论是快速力量性项目还是肌肉耐力性项目，为了提高专项爆发力和力量耐力，都应该在准备期花费必要的时间和精力建立坚实可靠的肌肉力量基础。

在以发展力量耐力为主的基础训练中，青少年需要更多的时间打好基础，提高机体适应能力。高水平运动员则不需要安排太长的时间。此外，低水平运动员的负荷强度、循环组数、组间休息时间、总训练时间以及训练频率要求都应比高水平运动员低。

1. 局部训练法

力量耐力训练课应该安排针对目标肌肉或专项动作的练习，同时也应该安排辅助性力量练习以提高协同肌、稳定肌、对抗肌的能力。力量耐力练习尽量以多关节动作为主，这样可以提高所有参与完成动作的肌肉间的协调能力。

力量耐力训练的目的是使各个肌群均衡发展。通常而言，基础准备期的力量耐力训练以非专项性动作为主，包括上肢、下肢、腰腹及全身力量练习。力量练习可以采用多种训练形式，包括各种肌肉收缩形式（动力、静力）和负重形式（克服外加阻力、自身体重）。教练不仅要注意不同身体部位的练习应交替进行，还要注意练习完成的时间和数量，并且严格要求动作质量。

局部力量耐力训练解决了竞赛期过多的专项性力量训练造成的肌肉发展不平衡，可以弥补对抗肌相对滞后的弱势，有助于关节、韧带、支撑运动器官的健康成长。

具体而言，负荷强度一般控制在70%1RM以下，一种练习重复3~4组，次数为12~20次，组间休息一般不超过1min。速度性及快速力量性田径项目的负荷强度可控制在50%~70%1RM，而耐力性项目采用较低负荷（30%~50%1RM），重复次数有所增加，组间休息时间更短。

2. 组合训练法

组合训练法是指按一定顺序安排两个或多个不同练习连续完成的方式。通常可以将主动肌与对抗肌安排在一起形成"超级组"，例如卧推与卧拉、俯卧撑与引体向上、卷腹与背起。

如果采用多关节练习，负重强度可控制在40%~60%1RM，每个练习分别完成15~20RM。如果进行局部或徒手练习，可以适度增加练习次数（如20次以上）或适当增加完成时间（如1min以上）。组合性力量耐力训练，有助于保证不同肌肉之间力量耐力的均衡化发展。

3. 循环训练法

循环训练法是按一定顺序长时间或多次数依次完成多个不同练习而提高力量耐力的训练方式。循环训练不仅有助于耐力性运动员发展肌肉耐力，即便是速度爆发类运动员也可以将循环训练当作提高做功能力以及改善体成分的重要工具。循环训练，尤其是训练内容的变换可作为一种训练调节形式。集体项目或训练人数较多时，循环训练能有效克服场地器材数量不足的问题，让所有人能在同一时间进行训练。

首先，设计循环练习手段时应考虑个体差异及薄弱部位，如核心区或后群肌。保证每个练习动作尽可能动员较多的肌肉。同时，练习动作不能太复杂，难度要适中；为每个练习设计相应的标准，如幅度、距离或速度节奏等；避免练习"偏见"，练习手段应多元互补。其次，实践中，可以规定每个站点完成的次数，依次进行；也可以规定每个练习完成的时间和间歇时间，记录完成次数，或是记录完成规定次数花费的时间。

除了练习重复次数、练习时间以及间歇时间外，练习手段以及练习顺序也十分重要。原则上，每轮循环训练中的练习手段各不相同，练习手段的选择要考虑发展受训者的薄弱环节，如后群肌、核心稳定肌和非专项肌群等，因此在手段选择上要突出补偿性与均衡性。当然，还可以设计与专项联系紧密的专门性或专项性练习手段，例如，分别设计与跑有关的下肢、上肢与核心等多个专项力量模拟动作。

（二）增肌训练基本方法

肌肉的绝对肌力很大程度上取决于该肌肉的生理横断面积。肌肉的生理横断面积越大，肌肉收缩时产生的力也越大，两者接近正比关系。多组1min间歇的10RM力量训练可以最大限度地提高血乳酸和生长激素水平，还有助于肌肉体积的增大。

为了对肌肉组织产生深刻的代谢性刺激，训练中一方面要有足够的负荷强度，另一方面还应有足够的重复次数和组数，从而不仅使较多的肌纤维参加做功，还尽量使它们在做功中达到力竭（表7-1）。只有这样，才能达到增加肌肉体积的目的。增肌训练的主要目的是发展原动肌体积。发展同一肌群的练习手段有很多种，不同的练习手段对目标肌的刺激部位及刺激深度不尽相同。在训练中应注重练习的多样化，选择几种有效的练习手段有针对性地发展专项所需的肌肉体积。

表7-1　增肌及基础力量训练负荷基本结构

练习目的	增肌	力量	力量/爆发力	最大力量
组数	3~5	3~5	3~5	3~5
重复次数	8~12	6~8	4~6	2~4
强度	60%~75%1RM	80%~85%1RM	85%~90%1RM	>90%1RM

运动项目不同，重点发展的肌肉部位有所不同。例如，投掷运动员应重点发展上肢、下肢及腹背肌质量和体积。身体较单薄或力量素质较低的运动员可以根据专项需要或自身情况确定原动肌或薄弱肌群，并由此设计或选择练习手段。

1. 高负荷间歇训练法

高负荷间歇训练法要求在每组训练中，重复次数几乎达到极限，使肌肉重复收缩至力竭。训练形式有：完成的组数不多，但每组达到力竭；完成多组数，只在最后一组达到力竭；完成多组，每组均达到力竭。

高负荷间歇训练的负荷特点为：每次训练课完成6~9个练习，每个练习完成组数为3~5组，负重在60%~80%1RM，每组完成练习动作的次数为6~12次；每次练习动作速度应控制得慢一些，通常用2~4s完成；组间休息时间为1~3min每周训练2~4次，总持续时间为4~6周。

2. 分期训练法

运动员依次进行"增肌训练—最大力量训练—增肌训练"。增肌训练需要不断提高负荷强度和负荷量，主要练习手段的最大力量影响着增肌训练的负荷量。

当最大力量水平提高后，可以进一步提高增肌训练时的负荷强度。同时，肌肉体积增加均需要一定时间的持续刺激。只有在量的积累中，才能实现力量水平的提高。所以，分期式增肌训练应以发展最大力量训练作为前提。在长期训练过程中，增肌训练的重点、内容、方法应不断发生变化。这种变化则反映出增肌训练的阶段性发展与变化特点。

3. 拆分训练法

对训练频率高、训练负荷大的高水平运动员而言，其在增肌训练中可以采用拆分训练，即对上下肢或前后肌群连续2天或多天进行训练。

例如，可以将以"推"为主的上肢肌群练习安排在周一，将以"拉"为主的上肢肌群练习安排在周二，将下肢"推"为主的练习安排在周四，将以下肢"拉"为主的练习安排在周五。此外，也可以将上下肢不同肌群进行组合式拆分训练。例如，周一安排上肢推+下肢拉，周二安排上肢拉+下肢推，周三休息，周四和周五分别重复周一和周二的练习内容。

（三）最大力量训练基本方法

最大力量训练的主要任务是提高肌肉间、肌肉内协调性，增加快肌纤维募集数量，提高运动单位之间的同步化水平，降低中枢神经系统（CNS）的保护性抑制水平等，最终提高力量水平。最大力量训练期训练负荷强度较大，应控制在80%~100%1RM。目的是加强对神经系统的良性刺激，使更多的快肌运动单位在同一时间收缩发力产生更大的力。发展最大力量的训练方法不同，其负荷特征各异。

1. 离心训练法

离心训练（Eccentric Training）法也称退让训练法，是肌肉在被动拉长过程中克服阻力的练习方法。与单纯的向心训练相比，离心训练可以克服更大的负重，会募集更多的快肌纤维，是发展肌肉力量十分有效的训练。此外，离心训练能够有效发展制动、缓冲和减速能力。自重或小负重的离心训练也是重要的康复训练之一。

在应用离心训练法时需要注意以下几点：第一，练习前要激活核心，保证在核心稳定的前提下完成相应的离心练习；第二，保证练习速度稳定缓慢；第三，负重强度较大时，需要有人保护；第四，负重强度较低时，在离心放下过程中可以保持呼气、还原时吸气，负重较大时，可先吸半口气进行慢放退让，然后在短促呼吸与短促憋气相交替中完成练习。实践中，结合训练目标、运动员实际需要以及训练阶段，在离心训练中可以采用不同梯度的负荷强度区间（表7-2）。

表7-2 离心训练法的负荷特征

负荷强度	60%~65%1RM	70%~75%1RM	80%~85%1RM	90%1RM以上
练习目的	发展力量耐力	发展最大力量	发展最大力量	发展最大力量
次数	6~8	4~6	3~5	2~3
组数	5~6	3~5	3~4	2~3
每次持续时间（s）	6~8	6~8	5~6	2~5
每组间歇（min）	2~3	2~3	3~4	3~4

2. 等长训练法

等长训练（Isometric Training）法也称静力训练法，是肌肉在紧张用力时长度不发生变化的力量练习。静力训练不仅对提高最大力量作用明显，还可以发展静力性力量和静力性耐力，如各种支撑动作。研究证实，静态力量是动态力量（包括快速力量）的基础。静力练习正是发展静态力量的有效手段之一。

静力练习不仅适用于发展最大肌肉力量，也适用于加强薄弱肌群或特定技术。例如：举重挺举中的预蹲、体操中的倒立、十字支撑以及射击中的持枪射击等。此外，静力练习也可用于损伤后的康复训练。

等长训练法一般采用较大负荷，可采用递增重量的方法进行练习（表7-3）。

表7-3　等长训练法的负荷特征

负荷强度	50%1RM以下	50%~70%1RM	70%~90%1RM	90%1RM以上
练习目的	发展力量耐力	发展力量耐力	发展最大力量	发展最大力量
次数	8~12	6~10	4~6	1~5
组数	3~5	3~5	3~5	3~5
每次持续时间（s）	10~20	5~15	4~10	3~6
每组间歇（min）	3~4	2~3	2~3	3~4

在应用等长训练法时需要注意以下几点：第一，练习角度要一步到位，即在负重条件下快速制动，在某一角度后开始等长练习；第二，练习时要与动力性练习相结合；第三，练习动作应与技术动作相一致；第四，等长练习角度应尽量全面，研究表明，等长练习角度的适宜范围在练习角度的±5°；第五，关于呼吸，可在练习前做一次深吸气，坚持数秒后慢慢呼出。

3. 金字塔训练法

金字塔训练法是指，力量训练开始的强度不低于65%1RM，然后逐渐提高强度，减少重复次数，直至最大强度。例如，85%1RM（5次）-90%1RM（3次）-95%1RM（1次）的训练负荷结构。

三、基础力量训练动作技术与保护

（一）基础力量训练动作技术

1. 上肢基础力量训练动作技术

平板卧推

练习目的

主要发展肱三头肌外侧头以及胸大肌、三角肌的力量。

练习步骤

仰卧在卧推架上，正手握住杠铃，双侧手臂与杠铃垂直。两臂伸直，将杠铃举于胸前，然后下放至胸部，同时两肘外展，随后胸大肌和肱三头肌等肌群发力推起杠铃。

注意事项

下放杠铃时速度要慢，触及胸口后适度快速发力并保证匀速推起杠铃。

肩上推举

练习目的

主要发展三角肌中束及肱三头肌力量。

练习步骤

肘部弯曲，上臂与地面接近垂直。动作开始时躯干保持稳定，不可前倾、后仰，手腕固定；吸气后向上方推起杠铃置于头顶，直至手臂伸直，完成动作过程中呼气，随后吸气下放杠铃复位。

注意事项

下放杠铃时速度要慢，至最低点后适度快速发力并保证匀速推起杠铃。

杠铃弯举

练习目的

主要发展肱二头肌力量。

练习步骤

两脚分开，站立于地面，背部保持挺直。双手反握杠铃（握距略比肩宽），保持肘部微屈。动作开始时躯干保持直立稳定，上体不前倾、后仰；上臂、手腕固定，吸气后肘关节屈曲将杠铃弯举至胸前，完成动作过程中呼气，随后吸气缓慢下放杠铃复位。

注意事项

弯举及下放杠铃时动作速度要慢。

杠铃颈后屈伸

练习目的

主要发展肱三头肌力量。

练习步骤

采用站姿或坐姿，腰背挺直，核心收紧，双脚踩实地面，双手握住杠铃杆中部，肘关节固定，并向上伸直。屈肘下放杠铃，

至肘关节完全屈曲后缓慢还原，动作开始前吸气，向上伸展时呼气。完成动作时，避免身体晃动，肩部与上臂始终保持稳定。

注意事项

手臂屈伸时动作速度要慢。

2. 下肢基础力量训练动作技术

深蹲

练习目的

主要发展股四头肌、股二头肌、臀大肌力量以及伸膝肌群的力量。

练习步骤

站立，核心收紧，两手握杠，将杠铃放置于颈后肩上屈膝下蹲至大腿低于水平面，随后向上发力还原。做动作时要保持腰背挺直，抬头收腹，平稳地屈膝下蹲。根据不同的任务和要求，可采用不同的站距（宽、中、窄）和不同的速度（快速、中速、慢速）。

注意事项

慢下快起，下蹲或起立时，膝与脚尖的方向应保持一致。

平行蹲

练习目的

发展伸膝肌群力量与躯干支撑力量，特别是股四头肌的外、内侧肌，股后侧肌群和小腿三头肌。

练习步骤

正握杠铃于颈后肩上，核心收紧，屈膝下蹲至大腿与地面平行，随即伸腿起立。其余要领同"深蹲"。此练习也可采用坐蹲方式。

注意事项

慢下快起，下蹲或起立时膝与脚尖方向应一致。

硬拉

练习目的

主要发展竖脊肌、背阔肌、斜方肌、臀大肌以及股二头肌、半腱肌、半膜肌、大收肌等肌肉的力量。

练习步骤

两腿屈膝，上体前屈，挺胸收腹，两臂伸直，用宽握或窄握距握住杠铃，然后伸膝、展体，将杠铃拉起至身体挺直。

注意事项

上拉时腰背肌群要收紧，杠铃靠近腿部。

杠铃分腿蹲

练习目的

主要锻炼股四头肌，也可以锻炼下背部、腘绳肌和小腿肌群。

练习步骤

两脚前后开立，将杠铃置于斜方肌、三角肌后束上方。屈膝下蹲，保持膝和脚尖方向一致，腰背挺直，目视前方。伸膝站立，回到起始姿势。

注意事项

动作开始前吸气，伸膝站立时呼气，身体始终保持稳定。

杠铃负重提踵

练习目的

主要锻炼腓肠肌和比目鱼肌。

练习步骤

站立，将脚尖放在杠铃片上，将杠铃放置在颈后肩上，腰腹收紧，保持身体直立。动作开始前吸气，向上抬起脚跟至小腿肌肉充分收缩，提踵时呼气，随后吸气缓慢复原。

注意事项

动作过程中始终保持膝关节伸直，身体保持稳定。

3. 核心基础力量训练动作技术

俄罗斯扭转

练习目的

主要锻炼腹内外斜肌、躯干扭转爆发力、肌肉耐力以及躯干动态稳定性等。

练习步骤

坐姿，手持哑铃，双脚离地悬空，左右扭转。动作方式：静态扭转条件下保持30~60s；动态扭转条件下左右各重复15~25次，重复或循环完成2~3组。

注意事项

动作过程中始终保持膝关节弯曲，身体稳定。

俯卧背起

练习目的

锻炼核心（腰背部）稳定性，以及上下肢协调性、平衡性、稳定性等能力。

练习步骤

俯卧在地面或垫子上，四肢伸展悬空，在此基础上手脚协调用力同步上抬或上下交替摆动。完成15~25次，或每组完成30~60s，重复或循环完成2~3组。

注意事项

动作过程中不憋气，上下肢体协调摆动。

仰卧分腿

练习目的

锻炼腹肌静态收缩、身体控制、肌肉耐力等能力。

练习步骤

仰卧在地面或垫子上，双腿上举20~30cm腾空后，完成直腿开合动作。每组15~25次，或每组10~20s，循环或重复完成2~3组。

注意事项

练习过程中不憋气，配合分腿协调呼吸。

仰卧推起

练习目的

锻炼腹直肌动态收缩、稳定性、上肢肌肉耐力等能力。

练习步骤

仰卧在地面或垫子上，双手持实心球、沙包或一对哑铃，双腿屈膝，双脚平放在地面上，随后依次进行仰卧起坐并向上推举练习，每组15~25次，完成2~4组。

注意事项

练习过程中不憋气，配合推起动作协调呼吸。

仰卧持球举腿

练习目的

锻炼腹直肌（上固定，下端）力量、稳定性、控制等能力。

仰卧，双臂向上伸直，手持实心球或软球，双腿并拢向上举腿，触及球记为1次，每组完成15~25次，循环或重复完成2~4组。

双腿下放过程中控制速度，且双脚不接触地面，腹肌与腿部肌肉始终处于紧张状态。

（二）基础力量训练动作练习的保护

1. 基础力量训练动作保护基本要领

在进行力量练习时，首要任务是保证训练安全。除了向运动员讲清楚动作要领外，还需要采取必要的保护措施。自由负重练习时通常需要对运动员进行保护。杠铃、哑铃和负重片等由于在练习时没有被严格限制运行轨迹，存在其出现失控导致运动员受伤的可能。固定器械练习时，运动员也可能需要在教练或队友的帮助下保证练习速度或幅度，以及完成规定的次数与组数。

自由负重练习时，在以下几种情况下运动员需要保护：第一，进行头部上方的杠铃负重练习（如站姿肩上推举）；第二，进行脸部上方的杠铃负重练习（如卧推、仰卧屈臂伸）；第三，进行背部或肩后部杠铃负重练习（如背蹲）；第四，进行肩前部或锁骨处杠铃负重练习（如前蹲）。

2. 基础力量训练动作保护方法

很多头上方或脸上方的力量练习是在站、坐（如肩上推举、坐姿哑铃头后臂屈伸）或仰卧（如卧推、哑铃飞鸟、仰卧臂屈伸、仰卧哑铃直臂拉）姿势下完成的。在这些练习中，杠铃或哑铃会在头或脸上运动，比起其他力量练习受伤可能性更高。

在脸部上方进行杠铃练习时，教练可在运动员双手握距内采用正反握姿进行保护。这种握法会防止杠铃从教练手中滑脱碰撞到运动员的头、脸或颈部。另外，教练应尽量靠近运动员不得分心，随时准备快速握紧杠铃。此外，教练应双脚前后平稳站立，身体前屈时保持腰背平直，不得弓身。

在头上或脸上方哑铃练习中，经常会看到教练对上臂或肘部给予保护。但在教练对运动员上臂或肘部进行托举保护时，有可能因运动员肘部突然疲劳失控而造成伤害。当这种情况发生时，教练甚至来不及阻止哑铃掉落至运动员的头、脸、颈或胸部。

在进行这种哑铃练习时，教练应该保护运动员的手腕，尽量靠近哑铃。当运动员需要双手同时握住一只哑铃（如仰卧哑铃直臂拉）或每只手各持一只哑铃（如头上哑铃臂屈伸）时，教练需要在练习动作的后半程，即接近地面过程中，用手扶住哑铃。因此，当运动员进行头上或脸上方哑铃练习时，教练应对其手腕给予保护，而不是上臂或肘部。

在杠铃架在肩上或上背部的练习（如背蹲、弓箭步蹲、上台阶）或在肩前部和锁骨上的练习（如前蹲）中教练都需要对运动员进行保护。如教练在运动员身后站立（当然不能影响练习），如果运动员无法完成某次练习，教练可以从身后抱住运动员并用力向上扶起。为进一步确保练习的安全性，运动员可以借助力量架进行下蹲练习，保护横杆可以固定在杠铃下行的最低点处，防止运动员疲劳导致的伤害或意外事故。

一般来说，在爆发性或快速练习（如全程高翻、悬垂高翻、挺举、高拉、抓举等）中运动员不需要保护。抓住高速运动中的杠铃很危险，会同时伤及运动员和教练。因此，运动员需要在隔离区域或举重台上完成练习。

在此类练习中，即便教练不能提供保护，也要给运动员讲清楚，如果出现杠铃失控脱手或滑落，需要将杠铃推离身体或只需让其垂直下落即可。一旦杠铃从头部上方跌落时，运动员应及时向前迈步或跳步，躲开下落的杠铃。另外，应保证在运动员周围没有任何障碍物。

如果运动员进行某个练习时需要保护，教练应确定保护的人数。如果练习时的负重超出了教练本人的保护能力，则需要再增加一名保护人员。例如，在前蹲或背蹲练习时，通常需要在运动员左右各安排一名保护者为运动员提供保护，且保护者需要有经验，在必要的时候两人能够同时提供恰当的保护，并防止杠铃失控。如果负重特别大，三个保护者比较合适。

教练和运动员之间的沟通同样十分重要。运动员应告诉教练何时移动杠铃、哑铃或是将固定器械的把手移至起始姿势。练习时，运动员如果需要帮助，要告诉或示意教练，每组最后一次练习结束后，教练应帮运动员将杠铃还原。因此，教练有必要在练习前和运动员沟通好保护及帮助的各项问题。

教练应让运动员明白力量练习的正确技术，从而保证训练效果，同时也有责任确保运动员的安全。前者包括给运动员讲明技术动作要领、正确的呼吸方法以及举重腰带的使用方法。后者包括教练知道何时以及如何为运动员提供保护，怎样对错误动作进行辨别与纠正。

四、基础力量训练的计划设计

（一）基础力量训练基本要素

1. 训练目标与需求

力量训练中的目标会涉及提高力量耐力、增肌和提高肌肉力量。

针对提高肌肉耐力的力量训练经常被称为力量耐力训练，其训练重点是提高肌肉在次最大负重条件下多次克服阻力或长时间克服阻力的能力。如果训练重点突出，此类训练就可以有效提高运动员的力量耐力。而增肌训练的目标主要是增加肌肉体积，增肌训练通常会增加瘦体重、降低体脂率。

对运动员来说，增加肌肉力量的训练目标更为普遍。与提高肌肉耐力、增肌为目标的力量训练相比，提高肌肉力量的训练强度更大。但是，要想更好地提高肌肉力量，稳妥的做法是提高肌肉耐力或增肌之后再去练力量。

在制订力量训练计划时，除了要了解目标需求外，还要充分分析专项特点，同时还需要明确完成专项所需要的肌群、能量系统、动作速度、动作类型或肌肉活动形式。可以说，应通过专项性力量训练去提高专项运动能力。

例如，如果力量训练针对排球运动员，在训练时就应该考虑连续的垂直跳跃是排球运动的专项动作。因此，针对专项动作类型，教练可以在训练计划中安排背蹲（或前蹲）、高翻、抓举等练习，这些练习与排球中的跳跃动作十分相似。也就是说，力量训练动作与专项动作越接近，训练效果就越明显。举重类练习（像高翻、抓举）的训练效果好，主要在于其动作与大多数运动项目中的动作类似。

此外，为了更为全面地设计力量训练计划，还应做好专项损伤特征的分析，即分别从专项损伤部位、损伤类型、损伤程度、损伤频率等多方面入手进行调查分析，然后从康复，尤其是预防角度重点设计和安排防伤性力量训练。采用离心练习、静力练习以及关节灵活度、核心稳定性等强化训练提高运动员专项防伤的能力。

2. 练习选择

练习选择是指在力量训练时对练习的选择。练习的选择通常要考虑训练专项、训练器材、运动员训练水平以及训练时间等因素。

在安排力量训练时，有上百种练习可供选择。在选择练习前，可以将大量的练习分类，以便于更好地分析和选取适宜的练习。练习可以按关节及肌肉动员程度分为重点练习和辅助练习。

重点练习的主要特征是多关节、大肌群的协同参与。一个多关节、大肌群的练习所动员的肌肉相当于4~8个单关节、小肌群练习能够锻炼的肌肉总和。多安排重点练习可以达到事半功倍的效果。

重点练习（即高翻、下蹲、前蹲、肩上推举等）的阻力通常会作用在人体骨架的纵轴（脊柱）上，此类练习被称作结构性练习（Structural Exercises）。结构性练习需要躯干维持身体直立。例如，在背蹲练习中，杠铃的重量作用在脊柱上，在动作上升和下降阶段，都需要躯干保持近似直立的姿势。

结构性练习中，连续高翻、抓举等也被称为爆发力练习（Power or Explosive Exercises），类似的练习还有推举、提拉、高拉及挺举等。此类练习训练效果明显，因为爆发力练习能够动员全身肌肉，能量消耗大，训练刺激是全方位的。

在力量训练中，辅助练习扮演次要角色，是对重点练习的补充。然而，辅助练习也有着特殊的作用。它们的主要功能是维持肌肉平衡发展，预防损伤、促进伤后康复或对某块肌肉或某个肌群进行针对性训练。

3. 练习顺序

练习顺序指力量训练时练习的先后顺序。练习的排列很大程度上决定了训练效果，也关系到损伤风险问题。练习顺序的安排应充分考虑训练目标、训练疲劳以及前后练习间的影响等因素。

（1）复杂到简单练习顺序。复杂到简单练习顺序主要体现了多关节练习以及协调性要求高的练习优先的基本排列原则。例如，同样是爆发力练习，最为复杂的抓举练习优先，随后为高翻或推举练习。进行爆发力等复杂练习时，需要有充沛的体力，注意力集中。如果在进行爆发力等复杂练习中，出现了神经或肌肉系统能力明显下降或动作变形等问题，应停止练习或延长休息时间。

此外，复杂到简单练习顺序也与参与练习肌肉（群）多少有关，参与肌肉越多，说明动作越复杂。因此，安排练习顺序时也可以参考肌肉参与多少。

（2）推与拉交替顺序。推和拉动作是力量训练时安排练习顺序的重要参考。无论是上肢还是下肢，都存在推和拉的动作类型。推类动作具有由近端向远端克服阻力的移动特征。拉类动作具有由远端向近端克服阻力的移动特征。

总体上，在同一运动面内的推拉动作，其主动肌和对抗肌存在互换的可能。例如，卧推时胸大肌为主动肌，背阔肌为对抗肌；而卧拉时背阔肌为主动肌，胸大肌为对抗肌。

推和拉的动作交替主要考虑到满足参与工作肌肉（群）交替休息的需要。因此，无论是上肢还是下肢，在安排练习顺序时，都可考虑推拉交替。而且，不同运动面内都存在推与拉动作，例如水平推与水平拉、垂直推与垂直拉等。

（3）上下肢动作交替顺序。上下肢动作交替练习同样是考虑到肌肉恢复问题。交替安排上肢和下肢练习，一方面可以保证较为充分的恢复时间，另一方面可以节省间歇时间。从发展肌肉耐力角度来看，连续安排上下肢力量练习可以达到持续刺激肌肉耐力以及节约练习时间的目的。另外，上下肢交替练习在一定程度上也可以降低训练压力，保持训练动机。

4. 训练量

力量训练中，训练量是指完成的总功量，可以用完成的总次数或总负重量来衡量。次数和组数是粗略反映训练量的指标，仅以重复总次数来衡量训练量，结果不那么准确。

例如，3组10次和5组6次下蹲练习的总次数都是30，在动作幅度一致前提下，如果负重100kg下蹲3组10次，完成的总功量为3000kg；负重120kg下蹲5组6次，完成的总功量为3600kg。可见，后者训练量要明显高于前者。计算做功时，还要考虑移动的距离，可以用负重、垂直方向距离以及次数的乘积来精确衡量训练量。

很多因素会影响到训练量。训练目标、训练水平影响训练组数（一组包含多次连贯的练习动作）。研究表明，多组训练效果要优于单组训练。因此，在某一个练习中，建议采用多组训练。

例如，提高肌肉耐力，则可设计多组（3~5组）练习，每组练习必须重复多次（≥12次）。相反，如果想要提高肌肉力量，那么可安排3~5组，每组重复次数较少（不超过6次）。如果训练目标是增肌，那么一般一个练习安排3~6组，每组重复8~12次。

如果想要提高肌肉的爆发力，首先要提高肌肉力量。爆发力训练通常采用1~3组，每组3~6次。随着训练水平提高，一个练习可以安排3~6组，每组重复1~6次。

此外，运动员训练水平也影响训练量。相对而言，建议给训练水平低的运动员安排较少的组数，例如青少年运动员在训练初期，在保证练习次数基础上，可安排1~2组训练。随着训练水平的提高，训练量应逐步增加。不同训练目标及训练水平运动员的建议训练量见表7-4。

同时，训练量的设计还要考虑训练阶段和周内训练课之间的调整变化。例如，在发展肌肉力量阶段，一周3次训练课的训练量可以按小–中–大的变化模式配合训练强度的调整而设计。

表7-4　不同训练目标及训练水平运动员的建议训练量

训练目标	次数			组数		
	初级	中级	高级	初级	中级	高级
提高肌肉耐力	10~15	10~15	10~25	1~3	≥3	≥3
增肌	8~12	6~12	6~12	1~3	≥3	≥3
提高肌肉力量	≤6	≤6	≤6	1~3	≥3	≥3
提高爆发力	无	3~6	1~6	无	1~3	3~6

5. 训练强度

训练强度与训练结果息息相关。例如，高强度（>80%最大力量）、少次数（3~5次）的训练主要提高肌肉力量，小强度（<70%最大力量）、多次数（>10次）的训练可以提高肌肉耐力。因此，训练强度主要依据运动员的训练目标而定。

安排力量训练强度时，通常采用最大力量百分比或练习次数区间来确定负重。根据表7-5，可以确定某一练习的重复次数。但应注意，该重复次数只是一个相对值，练习不同或训练水平的差异都会影响到实际练习的重复次数。

表7-5 最大力量强度百分比关系

最大力量强度百分比（%）	估计重复次数	最大力量强度百分比（%）	估计重复次数
100	1	80	8
95	2	77	9
93	3	75	10
90	4	70	11
87	5	67	12
85	6	65	15
83	7	60	20

在特定练习时，随着负重强度的增加，某一负重条件下一组练习最多重复的次数会减少。实践中，当负重强度大到只能完成一次时，则被称为动态最大力量（1RM）。负重强度与重复次数成反比关系，这种关系称为"最大力量强度百分比关系"。

在强度次数训练模式下，无论是强度次数目标，还是强度次数区间，肌肉都需要在每组训练中达到（几乎）极度疲劳状态。研究资料显示，力竭式训练会降低训练适应，也可能会增加运动员过度训练和运动损伤的风险。因此，在确定练习强度时，要慎用上述强度次数训练模式。

另外，还有一种相似的方法是采用目标强度次数区间（Repetition Maximum Zone或RM Target Zone），即确定一个强度区间，如3~5RM。实际操作时，运动员的训练强度应该保证在规定的次数范围内。这种"留有余地"的训练方法可以避免神经肌肉的极度疲劳，同时也可以保证训练效果。

（1）最大力量的实测。教练必须知道运动员某一练习的最大力量，才能确定强度次数关系。实际测量最大力量过程中必须保证安全，最大力量实测流程见表7-6。关键是要求运动员在测试时在递增负重条件下保证正确的测试动作。如果测试时动作出现变形或不稳定，则需考虑换其他测试方法。虽然实测最大力量是最为准确的，但有时也可以用次最大强度来预测最大力量。

在确定用何种练习进行最大力量测试时，教练应选择那些安全、动作精准且连贯的练习。通常，多关节的重点练习适合用作最大力量测试，主要是因为这些练习所能承受的负重更大。一般情况下，辅助性练习不应拿来用作最大力量测试。此外，弓箭步下蹲和负重上台阶尽管是多关节练习，但它们均不适合用作最大力量测试，因为测试时施加在下肢的负荷并不均衡，这很可能会导致受伤或发生意外。俯身划船也不用来进行最大力量测试，虽然该练习会动员多关节、大肌群参与，但是腰部肌肉可能无法保证测试时的身体姿态，因此会增加受伤风险以及造成测试不准。

表7-6 最大力量实测流程

测试流程	操作方法
1	轻负重条件下5~10次热身
2	休息1min

测试流程	操作方法
3	增加负重至预计能完成3~5次（上肢增加5%~10%，下肢增加10%~20%）
4	休息2min
5	增加负重至预计能完成2~3次（上肢增加5%~10%，下肢增加10%~20%）
6	休息2~4min
7	增加负重至预计能完成1次
8	（1）如果能完成，休息2~4min后，上肢测试增加2.5%~5%，下肢测试增加5%~10%，再次测试 （2）如果无法完成，休息2~4min，上肢负重降低2.5%~5%，下肢负重降低5%~10%，再次测试
9	直至测出最大力量

（2）最大力量的预测。可以用某一负重条件下最多重复次数来推测出该练习的最大力量。为了保证测试准确性，可用较少的重复次数（如5~10次）或6~10RM（即在能够保证动作正确的前提下，完成6次或10次）。

最大力量预测公式（表7-7）也会使用到最多重复次数和对应的强度。某个强度最多重复次数（即RM测试）可以通过公式来预测。通常情况，测试负重强度越大，通过公式得到的结果越准确。因此，建议采用不超过10RM的测试结果带入预测公式对最大力量进行预测。

表7-7　最大力量预测公式

提出者	公式
亚当斯	最大力量=负重/（1-0.02×重复次数）
布朗	最大力量=（重复次数×0.0338+0.9849）×负重
梅休等人	最大力量=负重/（0.522+0.419-0.055×重复次数）
奥康纳等人	最大力量=0.025（负重×重复次数）+负重

6. 训练间歇

训练间歇主要指练习间、组间、次间间歇时间。间歇时间对训练适应影响明显。无论是练习间、组间间歇还是一组内次间间歇，都要根据训练目标（表7-8）和训练所处阶段确定。

表7-8　不同训练目标建议的组间间歇时间

训练目标	间歇时间	训练目标	间歇时间
提高肌肉耐力	≤30s	提高爆发力	2~5min
增肌	30s~1.5min	提高肌肉力量	2~5min

间歇时间长短与负重大小直接相关，负重越大，组间或练习间的间歇时间越长。同样，还需要考虑运动员的训练水平，青少年或初级水平运动员训练时，组间或练习间的休息时间会更长，这主要是为了能让身体更好恢复。

为了恢复充分，组间或练习间休息2~5min为宜。此外，在学习新技术或掌握技术难度大的练习时，间歇时间也要适当延长。在掌握正确的练习动作和训练水平逐步提高后，才可以根据训练目标确定规定的间歇时间（表7-8）。

进行肌肉耐力训练时，如果采用循环训练法，为了达到持续刺激不同部位肌肉耐力的效果，练习之间可以不休息或间歇时间相对较短，一般≤30s；若采用一个练习重复几组后换另一个练习的方法，则每组练习之间的休息时间可控制在1~3min。

如果以增肌为目的，那么组间间歇适中，一般为30s~1.5min。如果是多关节练习，因为训练时的能量消耗大，间歇时间会在上述基础上略微增加，保证下一组完成规定的重复次数。

为了提高肌肉力量，要保证较长的组间间歇，主要是让神经肌肉系统，尤其是神经系统消除疲劳，恢复兴奋性。特别是进行下肢或全身力量练习时，间歇时间也可适度延长；进行肌肉力量训练时，组间间歇一般控制在2~5min。

在进行爆发力训练时，每一组练习都要全力以赴，因此组间间歇时间为2~5min。进行爆发力训练时，除了每组练习动作要连续完成外，为了保证最佳的动作功率和训练效果，还可以安排次间间歇。

次间间歇是为了提高爆发力或最大功率，在一组内的重复动作之间安排一定的休息时间。例如，进行5组5次负重强度在80%1RM高翻练习时，在每次高翻之间休息10~20s，组间休息3~5min。

7. 训练频率

力量训练频率通常指一周内的训练次数。在确定训练频率时，恢复程度是首要考虑的问题。只有在身体或局部较充分的恢复的前提下，才能达到多次训练刺激产生训练适应的目的。因此，训练具有间隔性（即周一、周四，或周二、周四、周六，或周一、周三、周五），在训练课之间可以留出一定的恢复时间。为了使机体有效恢复，一般情况下，一周安排3次力量训练较为常见。与此同时，确定力量训练频率时还应考虑运动员运动水平、训练部位及恢复速度、训练阶段、训练目标以及各种能力等因素。

（1）运动水平。训练频率会随着运动水平的提高而增加，如有可能根据运动水平，从每周3次增加到每周5~7次。但对于初级或青少年运动员，一周可以安排2次较全面的力量训练课（如周一和周四，或周二和周五），从而保证其有充分的恢复时间。因此，运动水平不同，训练频率也就不同。一般而言，初级水平为2~3次/周，中级水平为3~4次/周，高级水平为4~7次/周。

（2）训练部位及恢复速度。在确定训练频率时，应保证训练部位有1~3天的恢复时间，这样一来很多运动员会采用拆分法进行高频率力量训练。例如周一和周四进行下肢训练，周二和周五进行上肢训练。同时，还要考虑训练后的恢复速度对频率的影响。相比而言，下肢力量训练后的恢复时间要比上肢的长，单关节练习恢复速度要比多关节的快。因此，下肢、多关节训练的频率有可能会小于上肢、单关节训练的频率。

（3）训练阶段。相比于季后、准备期和赛季前训练，赛季的力量训练次数会出现较明显的下降。一般来说，准备期的力量训练频率最高，应保证4~6次/周，赛季前的训练频率会略减少至3~4次/周，赛季的训练频率为1~3次/周。在比赛结束后的过渡期，可以停止一段时间的力量训练。

（4）训练目标及其他。在训练不同时期，力量训练所发展的具体能力也有区别。如果训练目标是发展最大力量，那么在一段时间会保证较高的训练频率。当过渡到爆发力训练阶段，最大力量训练频率就会明显下降，例如从上一阶段的3~4次/周，下降到1次/周；爆发力训练频率就会由1~2次/周，增加到2~4次/周。此外，其他训练内容安排也会对力量训练频率产生影响。如果速度及速度耐力、灵敏、超等长等练习内容较多，力量训练频率就要相应降低。

（二）基础力量训练计划制订原理与方法

1. 基础力量训练计划制订原理

基础力量训练是指根据训练目标，在训练过程中按照"F"（训练频率，Frequency）、"I"（负荷强度，Intensity）、"T"（间歇时间，Time）、"T"（动作节奏或速度，Tempo）等训练结构规范指导训练过程的模式。很显然，"FITT"模型突出了力量训练中的基本要素，无论是增肌训练、力量训练还是力量耐力训练，都应符合训练基本要素的特殊规定。而且，FITT模型为训练目标与训练效果实现提供了具体的参照与指导。

图7-2中，"F"指在单位时间内进行力量训练的次数，通常为一周内的训练次数。这里所指的训练（次数）为一个训练单元或一堂训练课。在"F"的指导下，可以把握力量训练一周内重复进行的次数。

力量训练内容或性质不同，以及在训练的不同时期，训练频率都会发生变化。例如，在训练中期，最大力量训练的频率为2~4次/周，随着时间推移，最大力量训练的频率会降低至1~2次/周。此外，随着训练水平的提高，训练频率也有增加的趋势。相比之下，高水平运动员的训练频率会比初级或中级水平运动员高。

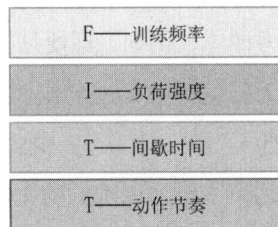

图7-2 力量训练的FITT模型

"I"指负荷强度，在力量训练中，负荷强度通常为负重大小。负荷强度决定了负荷或刺激性质。相对而言，负荷强度越高，对肌肉力量或爆发力的训练效果越明显；负荷强度减小，重复次数增多，对力量耐力的训练效果越明显或增肌效果越明显。负荷强度通常用kg来衡量。负荷强度常常与运动员的最大力量相关，这说明负荷强度是一个相对值。例如，卧推练习时的50kg，可能是某人最大力量的80%；下蹲练习时的100kg，可能是某人最大力量的60%。

FITT模型中的第一个"T"主要指练习过程中的间歇时间。间歇时间包括练习之间、同一练习各组之间以及同组内各练习次数之间的休息时间。其中，组间间歇较为常见。组间间歇是前后两组练习之间休息的时长，通常以min或s来衡量。增肌训练的次间间歇常常以s为单位，例如增肌训练的组间间歇为30~45s，或爆发力次间间歇时间为10~20s等。

相对而言，力量训练的负荷强度越大，组间间歇时间越长；负荷强度越小，组间间歇时间就越短。例如，最大力量训练的组间间歇通常在3~5min；而肌肉耐力训练的组间间歇，有时会短至30s，甚至在组间不休息。

FITT模型中的第二个"T"主要指练习时的动作节奏或速度。所谓动作节奏可以理解为动作速度快慢。动作节奏还包括动作速度的变化特征，因为一个完整动作可分为离心（退让或还原）阶段、转化阶段以及向心（克制或发力）阶段。因此，动作节奏也反映了这3个阶段速度或时间比例关系。例如，增肌训练时的动作节奏总体是慢速可控的，可以规定为"2-0-2"动作节奏，即离心阶段2s，转化阶段0s，向心阶段2s。

2. 基础力量训练计划制订方法与模型

（1）力量耐力训练计划制订方法与模型。肌肉耐力是肌肉在神经系统支配下连续多次克服阻力的能力。跑步、游泳、自行车等耐力性运动项目都离不开肌肉耐力，而且肌肉耐力也体现在日常生活中的方方面面，例如，长时间行走、爬山、搬运东西等。因为肌肉耐力训练持续时间长，所以，主要锻炼肌肉组织中的慢肌纤维。也就是说，负荷强度不大，持续训练次数、组数较多或时间较长的力量练习会有效提高慢肌（红肌）纤维的适应性。从运动生理学角度来看，肌肉耐力训练可以提高（慢）肌纤维内线粒体的有氧代谢能力、提升肌肉内有氧代谢酶活性、增加慢肌纤维维度以及提高缓冲氢离子（酸）的能力等。

图7-3显示了进行肌肉耐力训练时可遵循的FITT模型。进行肌肉耐力训练时，"F"代表训练频率，需要权衡好训练负荷适应与疲劳管理之间的关系。从一般的训练角度来看，不需要每天进行肌肉耐力训练。例如，即便是被认为很"皮实"的腹肌，也不能天天练。因为任何部位的肌肉组织经训练后，都需要有较充足的恢复时间。因此，"练一休一"的模式较为合适。当然，如果训练水平提高了，

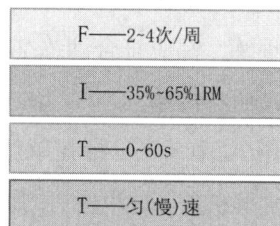

图7-3　肌肉耐力训练的FITT模型

或是为了增加训练的变化性，也可以按照分离式训练方式，连续两天对不同部位的肌肉组织进行练习，采取"练二休一"的模式。所以，肌肉耐力的训练频率可以控制在2~4次/周。

肌肉耐力训练负荷量相对较高，因此负荷强度"I"较低。为了保证较多的重复次数，需要将负荷调整在15~25RM。因此，练习对应的负荷强度可控制在35%~65%1RM。研究表明，负重条件下每组重复次数超过15次，会对肌肉耐力产生积极的影响。从负荷强度结构来看，要想提高肌肉耐力必须保证足够的重复次数或运动负荷。为了有效提高肌肉耐力，配合达到负荷强度的负荷量相对较高。通常情况，每个练习在较低负重条件下会重复训练3~5组。

肌肉耐力训练的间歇时间"T"比较短，有时为了保证积极的刺激效果，无论是组间间歇还是练习间歇都不超过1min。可以说，肌肉耐力训练是一种近似连续性的训练。间歇时间短是为了让肌肉在一定负重条件下，接受长时间的训练刺激。因为只有刺激时间长，累计运动负荷大，肌肉才能产生良好的训练适应变化。

肌肉耐力训练中，动作节奏"T"通常为匀（慢）速。其中，匀速是指无论是在离心还是在向心收缩阶段，均保持一个恒定速度。相较于快速或爆发性训练，肌肉耐力训练时的动作速度通常较慢，因为只有较慢的速度才能保证一组训练持续的时间较长。从节奏比例角度来看，可以按照"1-0-1"或"2-0-2"的比例关系完成每次练习动作，即"下（离心）1s或2s，动作中间不停顿，上（向心）1s或2s"。

此外，配合肌肉耐力训练的FITT模型，可以采用循环训练法。可将传统的一组训练变成轮组式训练，一轮包括若干站点的练习手段，每个练习手段按照FITT模型进行，但各练习手段无缝对接。因此，循环训练的一轮可能会包括4~12个练习手段。这样训练组数就变成了轮数，根据训练水平和训练阶段，轮数可以控制在1~4轮。

（2）增肌训练计划制订方法与模型。为了让增肌训练达到更好的效果，首先要明白肌肉体积增加的基本原理，其次要掌握正确的训练方法和负荷结构，最后还要注意训练原则在增肌训练中的应用。

从生理学角度来看，肌肉体积增加主要取决于肌肉蛋白的合成。为了达到肌肉体积增加目的，除了调整为高蛋白、高碳水的饮食结构以及保证充足睡眠外，训练起到了举足轻重的作用。增肌训练可以通过适宜负荷刺激达到肌肉"损伤—修复—重建—生长"的目的。也就是说，每次训练都是肌肉等组织的一次"损伤"过程。但这种损伤属于微创损伤，主要是肌肉肌节、肌肉蛋白等结构在微观层面上出现的

受损现象。相对来说，这种微创损伤越明显，配合营养摄入恢复后的增肌效果就越突出。因此，为了达到训练最大限度诱发"损伤"的目的，可以采用增肌训练的FITT模型（图7-4）。

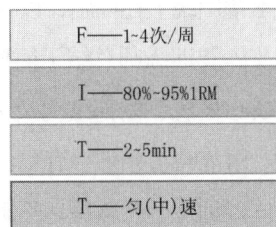

| F——2~4次/周 |
| I——65%~80%1RM |
| T——30~60s |
| T——(超)慢速 |

图7-4　增肌训练的FITT模型

"F"表示每周2~4次的增肌训练。这种训练频率主要是为了让身体在训练后有充分的恢复时间，保证肌肉修复与再生。例如周一、周四或周一、周三、周五进行增肌训练，保证肌肉组织的生长。当然，健美运动员也经常采用4~6次/周的训练频率，不过他们对训练方法、内容等要求更高。

运动员常在周一、周二和周四、周五进行训练，不过连续两天会训练不同的部位。这种训练方式也被称作"拆分法"（或"二分法""三分法"）。有的人会在周一、周四练上肢，周二、周五练下肢；也有的人会将上下肢的推拉动作分开进行训练。此外，如果一周练6次，每次训练的内容、部位及手段就会明显减少。即便每天都在进行增肌训练，但前后两天的训练内容、方法等都会发生变化。

增肌训练中，"I"代表中等强度（65%~80%1RM）。因为中等强度意味着在一组内可以重复较多的次数。实践证明，8~12次的重复次数能够产生更明显的增肌效果。而8次对应的强度为最大力量的80%，12次对应的强度为最大力量的65%。以中等强度训练，肌肉会产生较明显的泵血感。更重要的是，这样的刺激模式能够更好地促进生长素等合成激素的分泌，为增肌创造更好的内部环境。可以说，增肌的必备条件之一是"持续高压"。因此，8~12RM的负荷标准能够达到在"高压"环境下增肌的目的。

进行增肌训练时，"T"（组间间歇30~60s）与"I"可谓"双管齐下"。如前所述，增肌需要对肌肉持续性地施加压力，8~12RM从次数和强度角度满足了一组训练的连续压力，组间间歇30~60s也保证了压力的持续性，使得肌肉组织在一段时间内得到持续刺激。

当然，在实践过程中，初级水平运动员无法在短间歇条件下保证后续训练强度与次数。因此，针对这种情况也可适当延长组间间歇时间，例如从60s增加到90s。但过长的组间休息不利于满足增肌的要求。因此，增肌训练的组间间歇总体较短。另外，为了保证压力的持续性，也可以适当调整负荷强度，如果后续无法完成规定的次数，可以适当减小强度，如从80%1RM降低到75%1RM或70%1RM。

增肌训练中的动作节奏"T"也非常重要。为了保证对肌肉产生持续压力，在动作速度和节奏上也有着特别的要求。总体上，增肌训练时的动作速度较慢，一般会用4~6s的时间完成一个完整动作。在动作节奏上，既可以采用1∶1的节奏，也可以采用3∶2甚至是2∶1的节奏。例如动作还原阶段用3s，发力阶段用3s或2s等。

（3）最大力量训练计划制订方法与模型。最大力量是神经肌肉系统克服最大阻力的能力，通常用1RM表示。运动员最大力量水平提高，一方面可以促进爆发力及速度的提高，另一方面也有助于肌肉耐力水平的提高。因此，最大力量训练在力量训练中有着举足轻重的作用。

由于力量训练克服的阻力较大，对练习者训练水平、经验要求较高。同时，最大力量或最大力量训练通常会选择多肌群参与的大动作进行练习。大动作可以有效提高人体的基础代谢率，增加能量消耗，长期合理训练不仅可以增加肌肉力量与质量，还能降低体脂率。最大力量训练的FITT模型见图7-5。

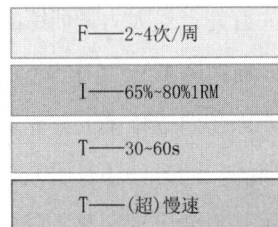

| F——1~4次/周 |
| I——80%~95%1RM |
| T——2~5min |
| T——匀(中)速 |

图7-5　最大力量训练的FITT模型

首先，最大力量训练的频率"F"应控制在1~4次/周。一项美国橄榄球运动员最大力量训练显示，每周分别训练4次、5次及6次的3组受试者，在最大力量提高幅度和效果上没有明显差异。这说明，最大力量训练在训练频率上并非多多益善。如果每周练习4次和6次的效果近似，那么没有必要进行高频率的力量训练。同时，还有研究表明，最大力量的衰退时间较长，停训一段时间（长达30天）后，最大力量训练效果不会出现明显下降。可见，最大力量训练的"保鲜期"较长，尤其在训练的调整恢复阶段，或是在进行爆发力等其他训练计划时，最大力量训练可以维持较低的训练频率，例如一周进行一次较为全面的力量训练，就能达到有效维持最大力量的目的。

其次，在训练强度"I"上，最大力量训练的负重强度较大，可以说是所有力量训练中强度最大的。通常来说，提高肌肉力量的强度在80%~95%1RM范围内效果最明显。由于训练强度大，最大力量训练每组重复次数在4~6次为宜。对于高水平运动员，最大力量训练的强度应接近个人最大力量水平，如负重强度为90%~95%1RM，此时，重复次数会减少到1~3次。然而，在最大力量训练中，如果不知道现阶段某个练习的最大力量（1RM），在确定负重强度时就会无从下手。因此，为了快速简便地知道某些练习的最大力量，对运动员而言，可以采用推测公式"预测最大力量＝负重×次数×0.0333＋负重"得到某个练习的最大力量，进而由此确定相应的训练强度。其中，公式中的"负重"为重复次数在3~10次的重量，即3~10RM；次数是该负重条件下完成的最多重复次数；0.0333为计算系数。例如，负重100kg的杠铃下蹲10次，将数值代入公式会得到现阶段下蹲练习的预测最大力量为133.3kg。

再次，最大力量训练中，"T"通常指组间休息时间。一般情况下，最大力量训练的组间间歇时间应控制在2~5min。这种间歇时间安排除了考虑到肌肉组织代谢恢复，也考虑了神经系统的恢复。最大力量训练的练习强度高，神经系统动员与参与程度高，且容易产生疲劳。安排较长的组间休息是为了让神经和肌肉组织均有效放松与恢复。在最大力量训练中虽然每组练习用时不长，但要"舍得"花时间进行恢复。

最后，最大力量训练中动作节奏"T"的要求是保持匀速或中等速度。在最大力量练习时，需要控制好动作节奏。一方面，在离心和向心收缩阶段应尽量保证匀速，因为在大负重情况下，突然的加速或停顿容易造成动作变形，同时也会增加肌肉受伤的风险；另一方面，在转化阶段不应有过多的停顿，动作应完整而连贯。

小结

基础力量训练可以说是体能训练的基石，如果处理好基础力量与其他运动能力之间的关系，基础力量不仅能在合理解决同期训练问题的前提下促进有氧耐力和肌肉耐力提高，而且能为爆发力和速度等专项核心能力的提升奠定坚实基础。同时，基础力量训练能有效预防运动损伤与增强训练承受力。

本章围绕上述问题，以概念为根基，以目标为导向，以原理为依据，以方法为工具，为广大教练、运动员及体能训练师总结了简便且实用的基础力量训练方法系统。学完本章内容后，相信大家对基础力量训练核心概念、内部结构及关系会有更加深刻的认识，对基础力量训练原则与训练计划制订基本原理方法的适用范畴与条件会有更清晰的理解。

体能训练师及教练、运动员掌握基础力量训练基本原理与方法，有利于在实践中处理好基础与专项、阶段与长期、同期训练与分期训练等问题，使基础力量训练理论与方法更好地应用，从而保证训练效果，进一步促进体能训练科学化水平。

思考题

1. 为何说力量训练的基础概念对训练计划设计与训练效果取得非常重要？请举例说明某些概念及关系对力量训练的重要意义。

2. 基础力量训练过程中有哪些关键要素？如何将训练要素与训练目标及训练过程有机地结合在一起？

3. 在基础力量训练过程中，为何要进行最大力量测试？实测最大力量采用什么样的流程？有哪些较为准确的预测公式？

4. 基础力量训练遵循哪些关键原则？它们如何具体指导基础力量训练过程？

5. 基础力量训练中，请结合训练目标说明有哪些重要的训练方法。

第8章

爆发力训练的基本方法与计划设计

王然

王然

学习目标

- ➤ 掌握爆发力相关的基本概念。
- ➤ 熟悉爆发力训练的常用动作。
- ➤ 了解爆发力训练实施与安排。

知识导图

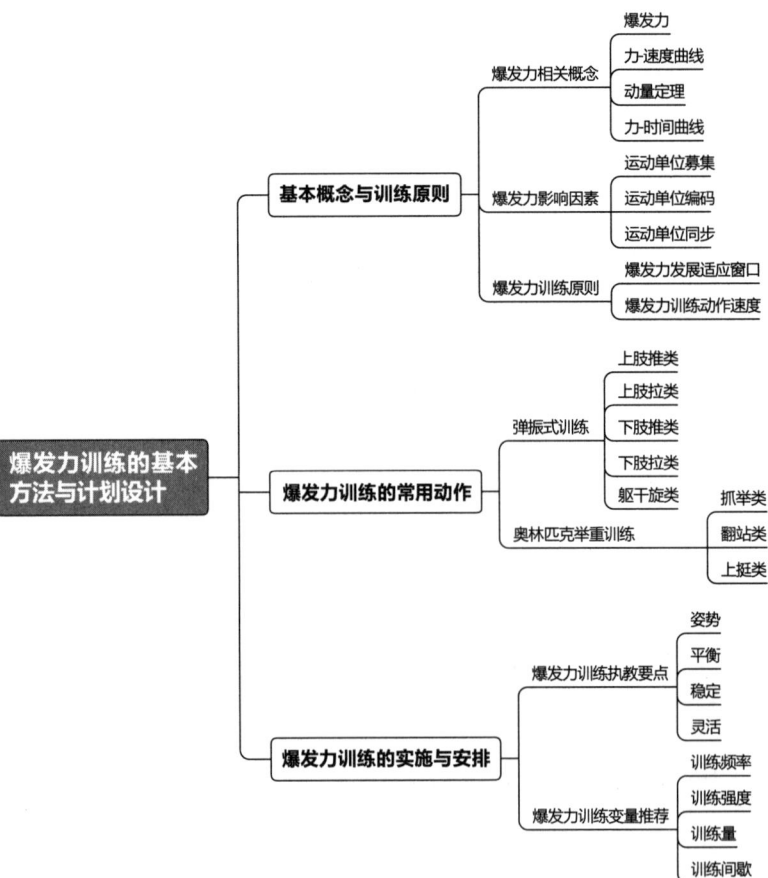

　　体育运动的性质决定了运动员需要在一定的活动范围内尽可能快地完成跑、跳、投、踢等动作，并以较高的力量水平支撑这些动作。此外，快速加速能力也是运动员在赛场上战胜对手的关键。体能教练习惯上将上述能力统称为爆发力，体能教练的重要工作内容之一就是发展运动员的爆发力。体能教练只有在掌握爆发力相关基本概念、熟悉爆发力训练常用动作和了解爆发力训练实施与安排的基础上，才能制订出安全、合理、有效的训练计划。

一、基本概念与训练原则

（一）爆发力相关概念

1. 爆发力

　　"爆发力"一词源自英文"Power"，可直译为"功率"，代表单位时间内做功量的大小（$P=W/t$；其中，P是功率，W是功，t是时间），而做功量又取决于力的作用距离（$W=F \cdot d$；其中，W是功，F是力，d是位移），距离除以时间可以得到速度（$v=d/t$；其中，v是速度，d是位移，t是时间），等价替换后可知功率是力与速度的乘积（$P=F \cdot v$；其中P是功率，F是力，v是速度）。因此，很多教练和学者都认为发展运动员的爆发力主要通过提高力量水平或动作速度，甚至片面地追求力量水平或者动作速度的最大化。然而，这种观点是不符合骨骼肌工作原理的。

2. 力-速度曲线

　　绝大部分人体动作都源于骨骼肌收缩发力引起的身体环节围绕关节产生的转动。在这一过程中，骨骼肌收缩发力的能力主要受到骨骼肌收缩速度的影响，这一关系被称为骨骼肌的力-速度曲线。图8-1所示的骨骼肌的力-速度曲线描述了骨骼肌在恒定负荷下的发力能力与收缩速度之间的关系。简而言之，在骨骼肌长度缩短的向心收缩过程中，其发力能力随着收缩速度的增加而减小。

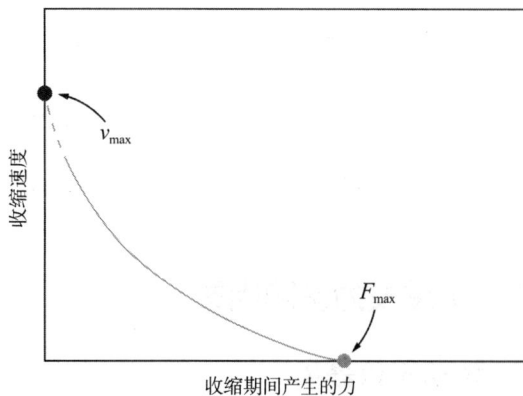

图8-1　骨骼肌的力-速度曲线

3. 动量定理

　　无论是在比赛中还是训练时，运动员骨骼肌收缩发力的作用对象都是自身、对手或器械等物体。根据牛顿第二定律，当物体在运动中质量不变时，物体的加速度与其所受到的外力成正比（$F=m \cdot a$；其中，F是外力，m是质量，a是加速度）。将牛顿第二定律在时间维度上积累后可以得到动量定理，其内容为：物体在一个过程始末的动量变化量等于它在这个过程中所受力的冲量，即力与力作用时间的乘积（$F \cdot t=\Delta m \cdot v$；其中，$F$是外力，$t$是时间，$m$是质量，$v$是速度）。虽然在体能训练实践中很少提及，但动量定理很好地描述了爆发力的本质。

4. 力-时间曲线

在体育运动中，绝大多数技术动作都是在相对较短的时间内完成的（表8-1）。这意味着爆发力的作用效果主要是由运动员在短时间内可以发出的力量大小，即发力速率所决定的。根据图8-2可知，人体的最大力量一般出现在肌肉收缩后的0.6~0.8s，但绝大多数技术动作的发力时间都在0.3s以内，因此大部分运动员并没有充足的时间去发出自己的最大力量。在这些发力时间受到限制的运动项目中，最大力量强的运动员一般不如发力速率快的运动员有优势。以图8-3为例，运动员A和运动员B在对抗时谁更有优势呢？运动员A的最大力量大于运动员B，会在没有时间限制的动作任务中占据优势；而运动员B的发力速率大于运动员A，会在发力时间受限的动作任务中占据优势。

表8-1　常见运动项目技术动作的发力时间

运动项目技术动作	发力时间	运动项目技术动作	发力时间
短跑触地	0.10~0.12s	滑雪起跳	0.25~0.30s
跳远起跳	0.10~0.15s	推铅球	0.22~0.27s
跳高起跳	0.14~0.23s		

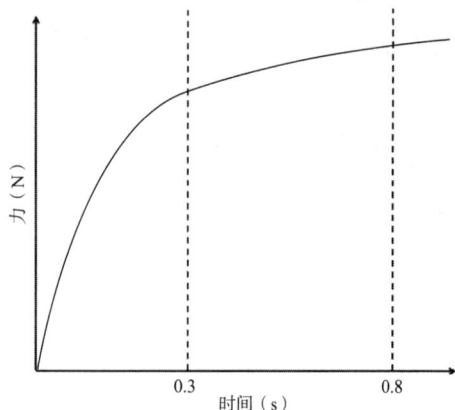

图8-2　骨骼肌收缩发力的力-时间曲线

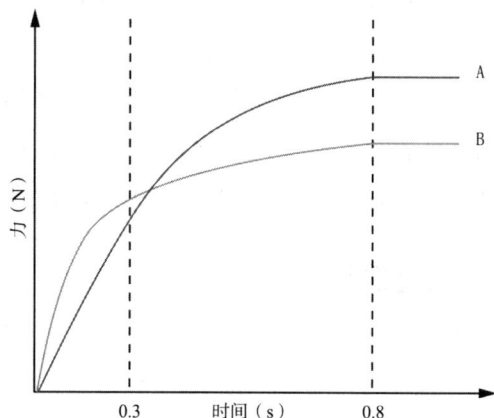

图8-3　不同运动员骨骼肌收缩发力的力-时间曲线对比

（二）爆发力影响因素

1. 运动单位募集

运动单位募集与运动单位激活的数量有关。肌肉产生的力量会随着被激活运动单位数量的增加而增大。运动单位的募集一般遵循从小到大的原则。当外部负荷较大时才会激活高阈值运动单位。除负荷之外，运动单位的募集模式还受到收缩速度、收缩类型的影响。

2. 运动单位编码

运动单位编码与运动单位激活的频率有关。即使在不额外募集运动单位的情况下，肌肉产生的力量也会随着编码频率的增加而增大。研究发现，运动单位编码对肌肉自主收缩速度至关重要。大量证据都表明更高的运动单位编码频率往往伴随着更大的肌肉发力速率。

3. 运动单位同步

运动单位同步与运动单位激活的时差有关。在同一时刻被激活的运动单位数量越多，运动单位的同步性也就越强。研究表明，运动单位同步与肌肉发力能力之间存在一定联系，且运动单位同步可能对肌肉快速收缩时的发力速率产生直接影响。运动单位同步可能会对在同一时间激活多个肌肉的动作产生较大影响。

（三）爆发力训练原则

1. 爆发力发展适应窗口

运动员刚开始进行抗阻训练时，往往在起始阶段出现明显的力量增长，并伴随跳跃高度和冲刺速度等爆发力运动表现的提升，这主要是运动员发力能力提升的结果。然而，随着运动员训练后变得越来越强壮，其力量水平的增长速率变得越来越慢，最终陷入瓶颈。与起始阶段相比，这一阶段的运动员很难再通过提高最大力量来改善爆发力运动表现。实际上，最大力量的提高对爆发力运动表现提升的作用有限。发力速率，是爆发力运动表现的重要影响因素。研究表明，使用较重的负荷进行最大力量训练并不会导致发力速率的提升。

为了最大限度发展爆发力，运动员需要在其职业生涯的不同阶段针对爆发力的各个影响因素进行重点训练，故而衍生出爆发力发展适应窗口理论，每一个窗口都代表了适应的程度（图8-4）。例如，随着运动员力量水平的提升，其通过大负荷力量训练发展爆发力的适应窗口就会减少。此时的训练必须集中于运动员最薄弱的影响因素，因为只有这些影响因素才具备最大的爆发力发展适应窗口。

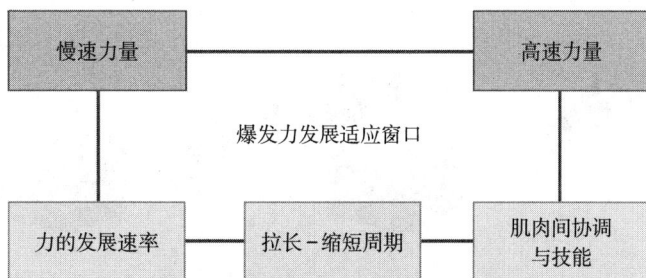

图 8-4　爆发力发展适应窗口示意

资料来源：HOFFMAN J, 2014. Physiological Aspects of Sport Training and Performance [M]. Champaign: Human Kinetics.

2. 爆发力训练动作速度

传统抗阻训练显著的问题在于动作结束前的杠铃速度下降。运动员使用的重量越小，越需要花费更多的时间对杠铃进行制动。研究表明，运动员在使用80%1RM完成训练动作的向心阶段时，给杠铃减速的时间占比可达50%。如果运动员能够在动作全程给杠铃加速，例如在卧推时将杠铃向上掷出，或在深蹲时带着杠铃一起跳起，那么爆发力发展的效果可能会更好。图8-5对比了传统技术与弹振技术进行卧推时杠铃速度的变化，我们可以清晰地看到两者在杠铃速度上的差别：使用传统技术进行卧推时，向心阶段的40%都被用于给杠铃减速；弹振技术对爆发力发展的刺激明显大于传统技术。研究表明，使用弹振技术进行卧推时的肌肉激活水平比使用传统技术进行卧推时高 19%~44%。

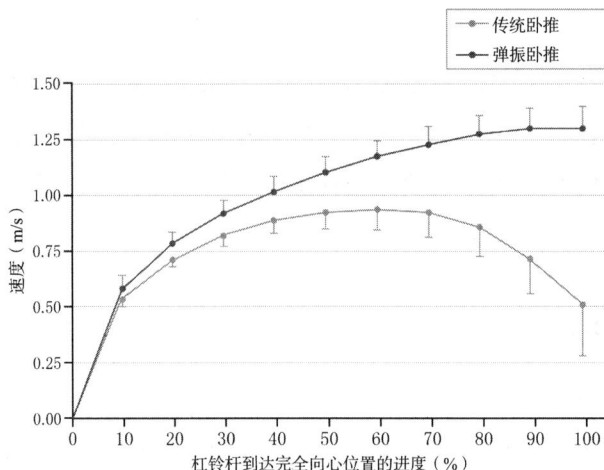

图 8-5 使用传统技术与弹振技术进行卧推时杠铃速度对比

资料来源：HOFFMAN J, 2014. Physiological Aspects of Sport Training and Performance [M]. Champaign: Human Kinetics.

二、爆发力训练的常用动作

（一）弹振式训练

1. 上肢推类

跳箱推起俯卧撑

练习目的

发展上肢推动作模式下的爆发力，提升躯干稳定性与力量传递能力，为更高难度的上肢爆发力训练打基础。

练习步骤

①以站姿或跪姿立于坚实固定的跳箱或卧推凳前，屈肘以俯卧撑姿势撑在跳箱或卧推凳边缘。②尽最大力量伸展双臂将自己推离跳箱或卧推凳，推离过程中充分伸展双臂。③双手离开跳箱或卧推凳后做好下落准备，下落后有控制地使身体减速下降至起始位置。

注意事项

该练习的负荷相对较低，适合作为弹振式俯卧撑的先导练习。注意，动作过程中躯干部位肌肉收紧以增强力量传递效果。

弹振式俯卧撑

练习目的

发展上肢推动作模式下的爆发力，提升躯干稳定性与力量传递能力，为更高难度的上肢爆发力训练打基础。

练习步骤

①身体俯卧于地面，以俯卧撑姿势开始，双手间距略宽于肩，双脚并拢或稍微分开。②尽最大力量伸展双臂以将自己推离地面，推离过程中充分伸展双臂。③双手在身体到达最高处并开始朝地面下落时做好触地准备，有控制地使身体减速下降至起始位置。

注意事项

弹振式俯卧撑通过双臂全力伸展使身体向上加速，其目的在于发出全力快速伸展肘关节并使双手向上离开地面。整个动作包括一个快速的向心阶段和一个强有力的离心阶段。为了保证充分发力，该项练习的每组重复次数不宜超过6次。良好的动作技术对于力学效果的维持和损伤风险的降低来说是必不可少的。

跪姿前推药球

练习目的

发展上肢推动作模式下的爆发力，提升髋关节伸展的能力。

练习步骤

①以高跪姿起始，双手持药球于胸前，双臂向内夹紧。②快速用力向前伸展髋关节的同时将药球尽可能远地向前推出。③双臂充分伸展后及时收回，准备好以俯卧跪姿落地。

注意事项

正确伸展和推球，全力伸展有助于为落地提供良好的时机。可两人一组进行练习，另一名队友在对面以跪姿接球后再以同样的动作要求将球推回。

站姿前推药球

练习目的

发展上肢推动作模式下的爆发力，提升躯干传递力的能力。

①双脚开立与髋同宽，将药球拉向胸部下方并用力向前推出给对面的队友或是墙面，注意自己与队友或墙面之间的距离，以免向前推出的药球落在地面上。②在接药球时，先屈肘将药球减速，再反向将药球推给队友或者墙面。在将球推向墙面时，药球会迅速反弹，此时可以顺势开始重复动作。两人相对练习时也应模拟这种快速反弹状态并轮流传球。③在练习时保持核心收紧和站姿稳定。

注意事项

站姿前推药球是一项基础的上肢爆发力练习，快速接球和推球有助于发展胸部、肩部和上肢的力量和爆发力。练习时注意保持身体姿态、核心收紧以及稳定站姿，任何姿势错误都会影响力量的传递以及推球的速度。开始训练时，每组进行10~15次重复以发展基础力量，随后的训练每组进行4~8次重复以发展速度和爆发力。

2. 上肢拉类

弹振式引体向上

练习目的

发展上肢拉动作模式下的爆发力。

练习步骤

①双手握距比肩略宽，正握或反握单杠，双脚可于踝关节处交叉。②尽最大努力将自己的身体向上拉起，动作过程中尽可能屈曲肘关节。③双臂在身体达到最高处并开始下落时做好发力准备，有控制地使身体减速下降至起始位置。

注意事项

弹振式引体向上通过手臂全力屈曲使身体向上加速，其目的在于发出全力快速屈曲肘关节。整个动作包括一个快速的向心阶段和一个强有力的离心阶段。为了保证充分发力，该项练习的每组重复次数不宜超过6次。在力量不足的情况下可以使用弹力带。

站姿下砸药球

练习目的

发展上肢拉动作模式下的爆发力。

练习步骤

①双脚开立与髋同宽，双手持药球于头部上方，双

臂完全伸展。②动作开始时屈髋屈膝，在保持腰背挺直的前提下快速前倾躯干以充分拉伸肩部和双臂。③双臂保持伸展或微屈，用力将药球砸向地面。药球落点应距离脚尖至少30cm，以免药球反弹砸到自己。

注意事项

站姿下砸药球非常适用于发展投掷和擒抱动作所需的爆发力。这个动作起始于核心肌群并通过双臂传递力量。考虑到手臂过顶动作对肩关节的压力较大，因此需要选择合适重量的药球。此外，在刚开始练习时应该减少重复次数，确保技术稳定后再增加训练量。

跪姿过顶抛球

练习目的

发展上肢拉动作模式下的爆发力。

练习步骤

①以高跪姿起始，双手持药球于头顶后方，踝关节于跖屈位放松，髋关节充分伸展。②以髋关节快速屈曲为开始动作，躯干迅速向前鞭打。③双臂有牵拉感后将药球用力向前抛出，随后顺势向后摆动。

注意事项

该练习涉及过顶动作，注意药球不宜过重以免肩关节压力过大，并注意保持腰背挺直以保证力量传递效果。此外，保持手臂放松和肘部微屈，胸部肌群引领，肩部肌群跟随。

站姿过顶抛球

练习目的

发展上肢拉动作模式下的爆发力。

练习步骤

①双脚开立，双手持药球于头顶上方。②以膝关节屈曲为开始动作，随后将药球后引，形成背弓姿态。③双臂有牵拉感后将药球用力向前抛出，随后顺势向后摆动。

注意事项

该练习涉及过顶动作，注意药球不宜过重以免肩关节压力过大，注意保持腰背挺直以保证力量传递效果。此外，保持手臂放松和肘部微屈，胸部肌群引领，肩部肌群跟随。

3. 下肢推类

杠铃蹲跳

练习目的

发展下肢推动作模式下的爆发力。

练习步骤

①将杠铃置于颈后位置，双肘向后抬高以固定杠铃，双脚开立与髋同宽。②屈髋屈膝下蹲至膝关节呈90度后全力伸展下肢关节向上跳起，此时脚部可能会离开地面。③当身体重心上升至最高点时做好落地准备，通过屈曲下肢关节减缓落地时的冲击力。

注意事项

练习时注意双手始终在握紧杠铃的同时从下后方向前上方用力将杠铃固定在颈后位置，以免杠铃滑落。此外，起跳过程中注重髋关节、膝关节和踝关节的充分伸展，落地过程中注重髋关节、膝关节和踝关节的协同屈曲。

六角杠铃蹲跳

练习目的

发展下肢推动作模式下的爆发力。

练习步骤

①双脚开立与髋同宽，站立于六角杠铃内，屈髋屈膝降低重心并用双手握紧六角杠铃把手，保持腰背挺直和核心收紧。②全力伸展下肢关节向上跳起，此时脚部可能会离开地面。③当身体重心上升至最高点时做好落地准备，通过屈曲下肢关节减缓落地时的冲击力。

注意事项

练习时注意双手始终握紧六角杠铃把手，双臂保持放松以免影响力量传递效果。此外，起跳过程中注重髋关节、膝关节和踝关节的充分伸展，落地过程中注重髋关节、膝关节和踝关节的协同屈曲。

杠铃蹬阶

练习目的

发展下肢推动作模式下的爆发力。

①肩后扛一个杠铃站立在一个低于膝盖高度的跳箱前,左脚迈步落在跳箱上。②双腿发力伸髋并将髋部送至跳箱上方,左腿支撑的同时右膝上提至髋关节高度,注意脚尖向上勾起,想象把重心从较高位置提到更高位置。随后放下右腿回到起始姿势。③重复一定次数后换另一侧进行练习。

注意事项

该练习的单腿特性使得在对肩部和下背部施加较低负荷的情况下,对下肢提供足够的刺激。在左脚踏上跳箱支撑的同时,迅速将右膝提起至髋部高度。这种提膝勾脚动作可以充分伸展左腿髋关节、膝关节和踝关节,使左腿在跳箱上跳起。左右腿交替,每侧腿完成4~6次高质量跳跃式登阶动作。

分腿蹲跳

练习目的

发展下肢推动作模式下的爆发力。

练习步骤

①双腿一前一后站立。屈膝,前侧腿膝盖位于足弓正上方,后侧腿膝盖位于肩部和髋部延长线上,双手持杠铃于颈后位置,双肘向后抬高以固定杠铃。②充分伸展下肢关节以尽可能高地垂直向上跳跃。以起始姿势一前一后分腿落地,屈髋屈膝以缓冲冲击。

注意事项

该练习适合发展前后分腿姿态下的爆发力,注意肩部保持位于髋部上方以保持稳定。完成预定重复次数后前后侧腿交换。

4. 下肢拉类

壶铃甩摆

练习目的

发展下肢拉类动作模式下的爆发力。

练习步骤

①双脚开立比肩略宽,脚尖略微外旋,壶铃放置于身体正前方一脚距离处。②屈髋屈膝降低身体重心以便双手紧握壶铃,注意保持腰背挺直,双手握住壶铃后顺势将壶铃向后摆动。③壶铃向后摆动至末端位置时全力伸展髋关节和膝关节,利用躯干的快速后摆带动壶铃向前摆动。④壶铃向前摆动到最高处后开始下落时,让壶铃自然向下向后摆动。

该练习以髋关节伸展为主，兼顾膝关节和踝关节伸展。将下肢伸展产生的力量传递至壶铃，有助于冲刺和跳跃运动表现的提升。

弹力带跳远

练习目的

发展下肢拉类动作模式下的爆发力。

练习步骤

①双脚开立比肩略宽，脚尖略微外旋，将弹力带套在髋关节处，并固定弹力带。②屈髋屈膝降低身体重心，双臂向后摆动，注意保持腰背挺直。③全力伸展髋关节、膝关节和踝关节，同时快速向前向上摆臂向前跳。④屈髋屈膝落地后缓慢退回起始位置，准备下一次动作。

注意事项

刚开始进行该练习时不宜选择拉力过大的弹力带，以免影响髋关节的充分伸展。

铲式抛球

练习目的

发展下肢拉类动作模式下的爆发力。

练习步骤

①以高跪姿起始，双手持药球于两膝之间，踝关节于跖屈位放松，髋关节屈曲以保证躯干前倾，此时肩部应位于药球前上方位置。②全力伸展髋关节使躯干快速摆动，双臂向铲子一样将药球顺势向前抛出。③药球离手后，手准备落地并以俯卧跪姿减缓落地过程中的冲击力。

注意事项

该练习强调髋关节和肩关节的充分伸展，注意避免手臂过度发力。建议选择2~8kg的药球。

勺式抛球

练习目的

发展下肢拉类动作模式下的爆发力。

练习步骤

①双脚开立与肩同宽，屈髋屈膝至半蹲姿势，双手持药球于两侧脚踝之间，保持双臂伸直和腰背挺直。②全力伸展髋关节、膝关节和踝关节，在下肢三关节伸展即将结束时顺势通过肩关节伸展将药球向上抛出并高高跳起。③当身体重心上升至最高点后开始下落时，准备屈髋屈膝落地并接住下落的药球，之后开始下一次重复。

注意事项

该练习强调下肢三关节和肩关节的充分伸展，注意避免手臂过度发力。建议选择2~8kg的药球。

5. 躯干旋类

旋转抛药球

练习目的

发展躯干旋类动作模式下的爆发力。

练习步骤

①双脚开立与肩同宽，面向墙面站立，保持身体直立，双手持药球于身体一侧。②屈髋屈膝向药球侧转体并将药球移动到髋关节后方，全力蹬转伸髋伸膝并将药球向前抛出。③在身体一侧有节奏地进行重复，然后换到身体的另一侧进行重复。

注意事项

该练习对下肢的力量和稳定性以及躯干和上肢的爆发力均有较高要求。注意不同部位肌肉发力的顺序，从爆发性伸髋伸膝开始，通过髋关节伸展带动躯干旋转，通过躯干旋转带动手臂前抛。

地雷架转体

练习目的

发展躯干旋类动作模式下的爆发力。

练习步骤

①将杠铃一端插进地雷架套管中（或用其他方式固定），在杠铃另一端装载较轻或中等重量的杠铃片。②双脚开立与肩同宽，一手正握、另一手反握杠铃一端于身体前方较高处。③通过下肢蹬转带动躯干旋转，将杠铃的手持端转至一侧髋关节处，然后转至另一侧髋关节处。

注意事项

该练习强调下肢蹬转与躯干旋转的衔接，避免过多使用手臂发力。注意练习过程中保持节奏平稳。

地雷架推杆

练习目的

发展躯干旋类动作模式下的爆发力。

练习步骤

①将杠铃一端插进地雷架套管中（或用其他方式固定），在杠铃另一端装载较轻或中等重量的杠铃片。②双脚前后开立与肩同宽，后侧腿同侧手持握杠铃一端于肩部前上方位置，使杠铃与地面成45°角。③通过下肢蹬转带动躯干向前侧腿方向旋转，顺势将杠铃从肩部前上方位置向前推出，另一名队友可在对面位置接住杠铃。

注意事项

该练习强调从下肢蹬转到躯干旋转再到上肢伸展的衔接，避免上肢过早参与以免影响力量传递效果。

负重下劈

练习目的

发展躯干旋类动作模式下的爆发力。

练习步骤

①将弹力带一端固定在高于头部的位置。②双脚开立与肩同宽，双手紧握弹力带另一端，躯干向远侧旋转发力，将弹力带从

近侧头部位置斜拉过身体，并从髋部外侧推向斜下方。③缓慢回到起始位置并准备下一次重复。

注意事项

该练习强调从躯干旋转到上肢屈伸的衔接，避免上肢过早参与以免影响力量传递效果。

（二）奥林匹克举重训练

1. 抓举类

悬垂宽拉

练习目的

通过强化躯干、肩部、髋部和下肢肌群提高爆发力，增强髋关节、膝关节、踝关节从屈曲到最大限度伸展的能力，以利于启动、跳跃和冲刺等。

练习步骤

①双脚分开，与髋同宽站立，手握杠铃置于鞋舌正上方。注意在动作中保持较宽的握距以强调耸肩动作。保持胸部打开和腰背收紧，同时双脚踩实地面，屈髋屈膝下蹲使膝关节超过杠铃且重心落在脚背上。②髋部和肩部同步上提，将杠铃提拉至大腿上部高度，同时膝关节前引至起跳姿态。③快速耸起身体并使其被充分拉长，在脚尖不离地的情况下跳起。当杠铃上升至肚脐时，想象用肩膀碰触耳朵、提高髋部的同时用脚趾支撑站立。④当杠铃被提拉超过肚脐后，继续提拉手肘直至超过肩部。想象"髋抬高，肘抬高"。

注意事项

该练习强调髋、膝、踝关节的充分伸展及其与上肢提拉动作之间的衔接，注意上肢不要过早参与发力以免影响力量传递效果。

悬垂高抓

练习目的

提高启动力量和全身爆发力，提高启动、跳跃、投掷、踢腿和冲刺等动作的协调性。

练习步骤

①双脚开立与髋同宽，手握紧握杠铃并贴近大腿上部。屈髋屈膝使杠铃悬垂在大腿中部或下部，此时腕部、膝部和肩部位于杠铃前方。身体重心应位于足弓位置。②全力伸展髋、膝、踝关节加速提拉杠铃，下肢三关节伸展结束前主动耸肩将杠铃提拉至小腹位置。双脚持续蹬地跳起，以耸肩结束提拉动作，此时肘部已被拉高且位于杠铃上方。③主动下蹲将身体拉到杠铃下方，双脚微微外八，全脚掌落地支撑，

肘关节锁紧。回到起始姿势时先将杠铃下放至胸部，再翻转肘部使杠铃回到地面。

注意事项

注意在动作中保持较宽的握距以强调耸肩动作。在杠铃划过小腿前侧到达膝盖前，注意髋部和肩部同步上提。

跳箱高抓

练习目的

提高启动力量和全身爆发力，提高启动、跳跃、投掷、踢腿和冲刺等动作的协调性。

练习步骤

①将杠铃置于特定高度的跳箱上，双脚开立与髋同宽，站立于杠铃后。屈髋屈膝下蹲抓握杠铃以使腕部、膝部和肩部位于杠铃后方。身体重心应位于足弓位置。②全力伸展髋、膝、踝关节加速提拉杠铃，下肢三关节伸展结束前主动耸肩将杠铃提拉至小腹位置。双脚持续蹬地跳起，以耸肩结束提拉动作，此时肘部拉高且位于杠铃上方。③主动下蹲将身体拉到杠铃下方，双脚微微外八，全脚掌落地支撑，肘关节锁紧。回到起始姿势时先将杠铃下放至胸部，再翻转肘部使杠铃回到地面。

注意事项

注意在动作中保持较宽的握距以强调耸肩动作。

地面高抓

练习目的

提高启动力量和全身爆发力，提高启动、跳跃、投掷、踢腿和冲刺等动作的协调性。

练习步骤

①双脚分开，与髋同宽站立，手握杠铃置于鞋舌正上方。屈髋屈膝下蹲抓握杠铃以使腕部、膝部和肩部位于杠铃后方。身体重心应位于足弓位置。②向前引膝，全力伸展髋、膝、踝关节，同时加速提拉杠铃，耸肩将杠铃提拉至小腹位置。双脚持续蹬地跳起，以耸肩结束提拉动作，此时肘部拉高且位于杠铃上方。③主动下蹲将身体拉到杠铃下方，双脚

微微外八，全脚掌落地支撑，肘关节锁紧。回到起始姿势时先将杠铃下放至胸部，再翻转肘部使杠铃回到地面。

注意事项

注意在动作中保持较宽的握距以强调耸肩动作。在杠铃划过小腿前侧到达膝盖前，注意髋部和肩部同步上提。

2. 翻站类

悬垂高拉

练习目的

通过强化躯干、肩部、髋部和下肢肌群提高爆发力，增加髋关节、膝关节、踝关节从屈曲到最大限度伸展的能力，以利于启动、跳跃和冲刺等。

练习步骤

①双脚分开，与髋同宽站立，手握杠铃置于鞋舌正上方。保持胸部打开和腰背收紧，同时双脚踩实地面，屈髋屈膝下蹲使膝关节超过杠铃且重心落在脚背上。②髋部和肩部同步上提，将杠铃提拉至大腿上部高度，同时膝关节前引至起跳姿态。③快速耸起身体并使其被充分拉长，在脚尖不离地的情况下跳起。当杠铃上升至肚脐位置时，想象用肩膀碰触耳朵、提高髋部的同时用脚趾支撑站立。

注意事项

该练习强调髋、膝、踝关节的充分伸展及其与上肢提拉动作之间的衔接，注意上肢不要过早参与发力以免影响力量传递效果。

悬垂高翻

练习目的

提高启动力量和全身爆发力，提高启动、跳跃、投掷、踢腿和冲刺等动作的协调性。

练习步骤

①双脚开立与髋同宽，手握紧握杠铃并贴近大腿上部。屈髋屈膝使杠铃悬垂在大腿中部或下部，此时腕部、膝部和肩部位于杠铃前方。身体重心应位于足弓位置。②全力伸展髋、膝、踝关节加速提拉杠

铃，下肢三关节伸展结束前主动耸肩将杠铃提拉至小腹位置。双脚持续蹬地跳起，以耸肩结束提拉动作，此时肘部拉高且位于杠铃上方。③紧握变为松握，主动下蹲将身体拉到杠铃下方，双脚微微外八，全脚掌落地支撑，肘部以肩部为轴向前向上转动，将杠铃架在肩部。回到起始姿势时，肘部向下向后转动，先将杠铃下放至髋部，再下放至地面。

注意事项

该练习强调髋、膝、踝关节的充分伸展及其与上肢提拉动作之间的衔接，注意上肢不要过早参与发力以免影响力量传递效果。

垫木高翻

练习目的

提高不同提拉位置下的全身爆发力，提高启动、跳跃、投掷、踢腿和冲刺等动作的协调性。

练习步骤

①将杠铃置于特定高度的垫木或跳箱上，双脚开立与髋同宽，站立于杠铃后。屈髋屈膝下蹲抓握杠铃以使腕部、膝部和肩部位于杠铃后方。身体重心应位于足弓位置。②全力伸展髋、膝、踝关节加速提拉杠铃，下肢三关节伸展结束前主动耸肩将杠铃提拉至小腹位置。双脚持续蹬地跳起，以耸肩结束提拉动作，此时肘部拉高且位于杠铃上方。③紧握变为松握，主动下蹲将身体拉到杠铃下方，双脚微微外八，全脚掌落地支撑，肘部以肩部为轴向前向上转动，将杠铃架在肩部。回到起始姿势时肘部向下向后转动，先将杠铃下放至髋部，再下放至垫木或跳箱上。

注意事项

该练习强调髋、膝、踝关节的充分伸展及其与上肢提拉动作之间的衔接，注意上肢不要过早参与发力以免影响力量传递效果。

地面高翻

练习目的

提高启动力量和全身爆发力，提高启动、跳跃、投掷、踢腿和冲刺等动作的协调性。

练习步骤

①双脚分开，与髋同宽站立，手握杠铃置于鞋舌正上方。屈髋屈膝下蹲抓握杠铃以使腕部、膝部和肩部位于杠铃后方。注意身体重心应位于足弓位置。②慢慢开始提拉杠铃，在杠铃划过小腿前侧到达膝盖前注意髋部和肩部同步上提。③向前引膝的同时加速提拉杠铃，耸肩将杠铃提拉至腹股沟位置。双脚持续蹬地跳起，以耸肩结束提拉动作，此时肘部拉高且位于杠铃上方。④紧握变为松握，主动下蹲将身体拉到杠铃下方，双脚微微外八，全脚掌落地支撑，肘部以肩部为轴向前向上转动，将杠铃架在肩部。回到起始姿势时肘部向下向后转动，先将杠铃下放至髋部，再下放至地面。

注意事项

该练习强调髋、膝、踝关节的充分伸展及其与上肢提拉动作之间的衔接，注意上肢不要过早参与发力以免影响力量传递效果。

3. 上挺类

实力推

练习目的

强化上背部肌群，提高肩部的稳定性和灵活性。该练习是所有上挺类练习的入门动作。

练习步骤

①双脚分开站立，与髋同宽，双膝微屈，将杠铃架在肩部后侧。②肘部位于杠铃下方，向上伸直手臂直到肘关节锁定。③将杠铃降至肩部前侧并重复推举动作，再将杠铃经头后落于肩部后侧。

注意事项

注意动作全程保持胸部打开和臀部收紧。注意不论起始姿势如何，都应以杠铃升至最高点时肘关节在耳后锁定为动作的结束姿势。

借力推

练习目的

强化躯干肌群，提高在如足球、篮球、橄榄球、冰球以及格斗对抗类项目中所需的爆发力。

练习步骤

①双脚分开站立，与髋同宽，双膝微屈，将杠铃架于肩部前方。②双腿屈髋屈膝使重心垂直下落，随后双脚用力蹬地伸展双腿并使杠铃获得向上的惯性。③在双腿几乎完全伸展时，用力向上推动杠铃直到双肘于过顶位置锁定。在这个阶段，脚跟可能

会短暂地离开地面，但脚尖不应离开地面。

注意事项

注意，在起始姿势时保持肘部抬高并指向前方，避免上肢过早发力。

下蹲挺

练习目的

强化躯干肌群，提高推动作的速度，以利于跳跃、投掷和对抗等。

练习步骤

①双脚分开站立，与髋同宽，双膝微屈，将杠铃架于肩部前方。②微微屈髋屈膝使重心垂直下落，随后双腿迅速发力蹬地将杠铃推起离开肩部。③当髋关节、膝关节和踝关节接近完全伸展时，双脚蹬地离开地面，同时发力主动下蹲将身体置于杠铃下方并伸直手臂锁定肘关节。④落地时髋关节、膝关节和踝关节成屈曲位支撑，全脚掌着地，双臂伸直锁定杠铃于耳部正上方。随后伸直双腿并将杠铃稳定在头顶位置。

注意事项

注意动作全程保持胸部打开和臀部收紧。注意在起始姿势时保持肘部抬高并指向前方，避免上肢过早发力。

分腿挺

练习目的

强化躯干肌群，提高推动作的速度，以利于跳跃、投掷和对抗等。

练习步骤

①双脚分开站立，与髋同宽，双膝微屈，将杠铃架于肩部前方。②屈髋屈膝使重心垂直下落，随后双腿迅速发力蹬地将杠铃推起离开肩部。③快速伸展髋关节和膝关节使双脚蹬离地面。随后通过前后分腿快速降低重心并将身体置于杠铃下方，伸直手臂锁定肘关节。④后侧支撑腿向前迈步，前侧支撑腿向后迈步回到直立姿态。

注意事项

注意动作全程保持胸部打开和臀部收紧。注意在起始姿势时保持肘部抬高并指向前方，避免上肢过早发力。

三、爆发力训练的实施与安排

（一）爆发力训练执教要点

1. 姿势

姿势指人体各个环节的位置，我们通常通过摇摆姿势进行细微的调整以维持最佳姿势。适当的体能训练可以提高运动员在屈曲、伸展和旋转位置下维持正确运动姿势的能力。维持正确的运动姿势对跳跃和奔跑等包含腾空阶段的动作来说尤为重要。

如果你观看足球、篮球、橄榄球等集体球类项目的比赛，你会发现变向迅速的运动员在姿势上存在共同点。他们的膝关节和髋关节都是屈曲的，但肩关节位置很高，且腰背部挺直或微微反弓，而非弓腰驼背。如果你把画面定格在他们进行变向或离地的那一刻，你会发现他们看起来即将进行跳跃，这是因为他们身体产生爆发力的关节都处于折叠位置而身体重心以上的关节都处于伸展位置，所以他们能够很好地控制移动的方向。

观察短跑运动员也是非常好的选择。当短跑运动员在高速跑动时，其下肢爆发力体现在一侧腿屈曲以腾空而另一侧腿伸展以蹬地，其躯干保持直立且呈一定程度收紧的姿势。这使得所有动作都指向正确的方向且以最高的效率完成。所有的运动技术的发展都是为了人体在不同的位置下移动，且以正确的姿势高效地完成动作。

2. 平衡

平衡指在当前环境下维持稳定和特定位置的能力。不管是站立还是移动，人们每天都在保持平衡。平衡可以分为静态平衡和动态平衡两种。人们通过爆发力训练可以提高动态平衡，例如，在单腿支撑快速变向时会锻炼维持平衡的能力。任何包括跑步、跳跃、挥拍和滑行等动作的运动都涉及负重从一侧肢体转移到另一侧肢体的爆发力动作。足球、篮球、橄榄球和田径等需要单腿快速起跳和落地的运动对平衡能力的要求更高。在很小的支撑面上保持平衡并维持稳定姿势的能力对于躲避防守和移动接球至关重要。

3. 稳定

人们常常因为关节周围肌肉、肌腱和韧带的弱化而无法稳定髋关节或膝关节，甚至需要特定的护具才能正常移动。在进行快速方向改变，或是做投掷、踢球、跳跃、挥拍等对动作精细度要求比较高的动作时，保持关节与力作用方向共线的能力至关重要。爆发力训练可以持续刺激和挑战关节的稳定性，使其在承受力学冲击和动作时不发生偏移。

在快速跑步、变向或旋转时，人体通常在很小的支撑面上承受落地和起跳时的强大冲击力，这对关节稳定性的要求很高，涉及非常多的肌肉、肌腱和韧带。缺乏稳定性不仅会对运动员的运动表现产生不利影响，也会增加其损伤风险。

4. 灵活

灵活指人体关节，特别是躯干和四肢主要关节的活动范围。运动员在进行爆发力训练的过程中必须时刻关注这些关节的灵活性。这意味着从第一个热身动作开始到最后一个训练动作结束，都要注意各个方向上的关节活动范围是否符合技术要求。

从损伤预防的角度出发，关节灵活性的维持有助于避免代偿动作，从而降低运动损伤的风险。从提升运动表现的角度出发，关节灵活性的维持有助于增加力的作用距离，进而提升动作效率。

（二）爆发力训练变量推荐

爆发力训练变量推荐见表8-2。

表8-2 爆发力训练变量推荐

训练频率	每周2~3次训练	重复次数	每组5~6次重复
动作数量	每次训练3~6个动作	训练组数	每个动作3~6组
训练强度	30%~80%1RM	训练间歇	每组间歇2~4min

1. 训练频率

训练频率指运动员每周对特定肌肉进行训练或完成全身肌肉训练的次数。在一定范围内，训练频率的增加有助于力量和爆发力的发展。爆发力训练的最佳频率受到训练状态、训练阶段、训练目标等因素的影响。中低水平的运动员可每周进行2~3次爆发力训练。高水平运动员可进一步将爆发力训练的频率增加到每周4次。

2. 训练强度

爆发力训练的经典方式就是在完整动作范围内尽可能快地全力移动外部负荷。因此，可以被快速移动的哑铃、壶铃、杠铃等外部负荷均适用于爆发力训练。运动员施加给外部负荷的力越大，外部负荷获得的加速度也就越大。对于短跑、球类等需要运动员重复用力的项目而言，适宜的外部负荷在30%~50%1RM。对于投掷、举重等只需要运动员一次性用力的项目而言，50%~80%1RM的外部负荷更加合适。

3. 训练量

训练量主要由动作数量、每个动作的训练组数和每组训练的重复次数决定。在爆发力训练课中，建议运动员选择3~6个动作进行练习，且每个动作完成3~6组练习，但需要注意训练课中所有练习动作的总训练组数需要控制在18组以内，这样才能保证运动员安全高效地完成训练。

4. 训练间歇

爆发力训练的间歇与训练强度和训练量都有关系。爆发力训练时十分重要的供能系统是磷酸原系统。虽然磷酸原系统完全恢复需要8~10min，但基本恢复仅需2~4min。一般而言，爆发力训练时推荐使用2~4min的训练间歇。此外，建议运动员在每一次动作重复后停顿一会儿进行调整，以保证下一次动作重复的质量。

小结

爆发力训练可以提升运动员的快速发力能力，有助于运动员更好地完成加速、减速、急停、变向、跳跃和落地等运动，因此对绝大多数运动员而言是有益的。爆发力训练的类型有很多，复杂性也不尽相同。体能教练必须根据运动员技术水平选择合适的爆发力训练动作，参照推荐的爆发力训练变量，指导运动员严格按照动作要求完成训练。

思考题

1. 爆发力训练的影响因素不包括下列哪一项？

    A. 运动单位募集　　　　　　　　　　B. 运动单位编码

    C. 运动单位同步　　　　　　　　　　D. 运动单位大小

2. 爆发力发展的适应窗口不包括下列哪一项？

    A. 快速力量　　　　　　　　　　　　B. 慢速力量

    C. 动作速度　　　　　　　　　　　　D. 发力速率

3. 弹振式训练分类不包括下列哪一项？

    A. 上肢推拉类　　　　　　　　　　　B. 下肢推拉类

    C. 躯干旋转类　　　　　　　　　　　D. 躯干屈伸类

4. 借力推属于哪一种类型的爆发力训练？

    A. 奥林匹克举重训练　　　　　　　　B. 快速伸缩复合训练

    C. 弹振式训练　　　　　　　　　　　D. 超等长训练

5. 下列关于爆发力训练的训练变量描述错误的是？

    A. 爆发力训练时推荐选择3~6个练习动作

    B. 爆发力训练时每个动作进行3~6组练习

    C. 爆发力训练时的训练间歇控制在8~10min

    D. 爆发力训练时的训练频率不超过每周4次

第9章

快速伸缩复合训练的基本方法与计划设计

尹军

学习目标

➤ 了解快速伸缩复合训练的概念和肌肉收缩的基本原理。

➤ 了解快速伸缩复合训练的类型及其价值。

➤ 了解快速伸缩复合训练常用的单一动作和连续动作练习方法。

➤ 了解快速伸缩复合训练计划设计的基本步骤和关键变量。

➤ 了解快速伸缩复合训练的安全注意事项。

知识导图

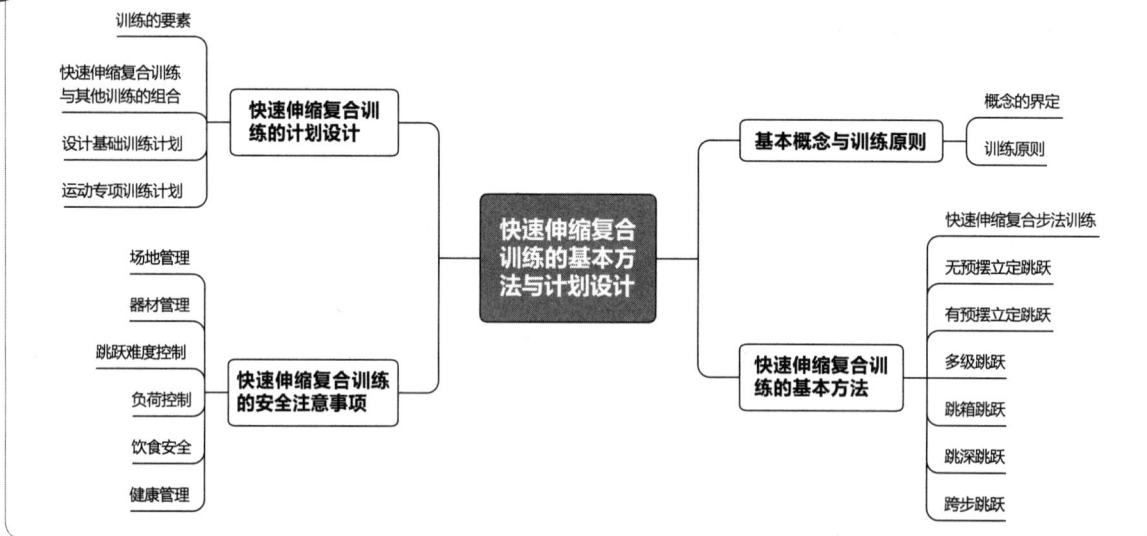

　　无论是日常生活中的推、拉、举、抬起重物、上下楼梯等动作，还是体育运动中的跑、跳、投、踢、踹、劈、刺等动作，主动肌都存在拉长-缩短周期，即肌肉在离心收缩后紧接着向心收缩，从而使肌肉输出更大的功率。本章内容由快速伸缩复合训练的基本概念与训练原则、基本方法、计划设计和安全注意事项4个部分构成，着重阐释如何在快速伸缩复合训练中将速度和力量进行有机融合，使人体跑得更快，跳得更高。需要指出的是，快速伸缩复合训练现在已拓展到变向移动，这也为设计训练计划提供更多更具专项运动特征的选择。本章将提供训练计划范例，以便读者更好地理解快速伸缩复合训练原理和制订训练计划的关键要素，并能够根据专项特征和个性化特征制订具有针对性的训练计划。过去30年的实践已经证明，无论是普通人群还是高水平运动员都可以通过最少的训练获得最佳的训练效果，都可以利用快速伸缩复合训练来提高灵敏性、动作速度和弹跳力，同时也有助于发展协调性、身体控制和平衡等能力。

一、基本概念与训练原则

（一）快速伸缩复合训练的概念

　　快速伸缩复合训练是指在尽可能短的时间内肌肉发生离心（拉长）收缩之后紧接着进行向心（缩短）收缩的一种力量训练方法。其原理就是利用肌肉拉伸-收缩组合方式，很好地将速度-力量融合在一起，从而输出更高的功率，使动作更具爆发力。快速伸缩复合训练的英文单词为Plyometrics，早在1965年卡瓦尼亚等人发现肌肉先做离心式拉长然后立即做向心式收缩时，产生的功率比单纯向心收缩的功率大，而所消耗的能量却比向心收缩的少。1972年蒂斯等人通过对带下蹲的原地纵跳和不带下蹲的原地纵跳进行研究发现，前者比后者的能量消耗少而跳跃的高度却高37%。这种将力量与速度结合起来而产生爆发力的练习很快被教练和运动员所接受，20世纪70年代初东欧田径、体操、举重等项目运动员在世界大赛上获得优异成绩就得益于快速伸缩复合训练的应用。20世纪80年代，排球、美式橄榄球等项目运动员及教练也开始关注快速伸缩复合训练对专项技术动作的适用性。20世纪90年代以后，很多学者都在研究和尝试验证快速伸缩复合训练的有效性和安全性。经过30多年的实践应用，研究人员和教练对快速伸缩复合训练的原理和机制认识得更加深入，其应用的范围也更加广。

（二）训练原则

1. 最大功率原则

　　运动员在快速伸缩复合训练中每做一个动作，主动肌都会经历一个离心收缩的过程，这不仅可以刺激对快速牵拉非常敏感的本体感受器，还会使肌肉产生弹力。因此，采用最大负荷的30%~60%重物进行训练是发展最大功率输出的有效手段，将之与快速伸缩复合训练相结合取得的效果更明显，效率更高而且更安全。

2. 针对性拉伸原则

　　具备必要的柔韧性对于进行快速伸缩复合训练是很重要的，已有研究成果已经揭示静态拉伸和动态拉伸对于提高柔韧性具有同样的效果。由于跳跃练习利用了牵张反射和肌肉的弹性能量等机制，因此有控制地动态拉伸可以使人体为快速伸缩复合训练做好准备。

3. 充分恢复原则

快速伸缩复合训练属于利用磷酸原系统供能的一种无氧运动，它不用于发展有氧运动能力，而是让肌肉在一次爆发性运动前储存最大的能量，发挥最大的爆发力。快速伸缩复合训练是采用单次最大努力程度的动作来提升动作质量，因此每一次练习的间歇时间，或者组间间歇时间都要让身体得到充分恢复，这样才能取得理想的训练效果。否则，如果没有足够的恢复时间，这些持续的练习就会变为有氧运动，而且动作质量和爆发力也必然会下降。

二、快速伸缩复合训练的基本方法

快速伸缩复合训练的内涵已随着现代体育项目的丰富与发展得到很大拓展，其既包含从1.22m跳凳上落下的跳深练习，也包括有氧操中的爆发力动作，利用牵张反射和肌肉组织反弹的作用。掌控练习强度很关键。尽管儿童由于缺乏力量基础，加之身体发育成熟度不够，难以承受最大强度的快速伸缩复合训练，但是他们仍然可以从注重动作质量的低强度甚至中等强度的训练中得到发展，而且从肌肉收缩原理来看，这些练习完全符合快速伸缩复合训练的定义。

（一）快速伸缩复合步法训练

1. 加速度步法训练

加速度步法训练需要记录所有练习回合中的练习次数，即每次返回到起点算一次。例如，从四方格练习中的方格1到方格2时，要记录一只脚回到方格1的次数，对于方格1-2-3练习，每次脚回到方格1时，算是一次。当跳过泡沫障碍或跳箱时，记录的方法就变了，即每一次脚与地面的接触都被记录下来。在有泡沫障碍的方格1到方格2的跳跃练习中，当第一次跳跃接触到方格2时，算一次。当返回到方格2时，算作两次，以此类推。当使用跳箱时，只记录与地面的接触次数。

大跨步练习是加速度步法训练中非常实用的一种步法练习，即双腿在跳箱上以交换的形式快速变换。只有在支撑腿（定义为在跳箱上开始用力的那条腿）从跳箱上下来接触地面然后再回到跳箱上时才记为一次重复。因此，如果以左脚在跳箱上开始，那么将右脚每次接触地面记为一次重复。

四方格是由边长为60cm的4个方格形成的（图9-1）。练习者先站在1号方格内，然后按照要求的次序进行跳跃练习。在做这个练习时，练习者必须始终面朝前面并将重心保持在跳跃区域的中间，而不仅仅是将下肢从一个方格快速地移动到另一个方格。每当练习者返回到方格1时记为一次重复，如果一只脚碰到边界的任何一处，或者漏掉了一个方格，这次练习将不被记为一次重复。

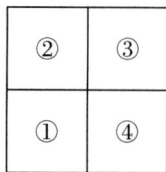

图9-1 四方格步法

练习范例：

下面的训练是四方格跳跃练习的范例。

双腿：

泡沫方格1-2，20s_____次。

泡沫方格1-2-3，20s_____次。

泡沫方格1-3-2，20s_____次。

泡沫方格1-2-3-4，20s_____次。

单腿：

泡沫方格1-2，10s，右_____次，左_____次。

泡沫方格1-4，10s，右_____次，左_____次。

泡沫方格1-3，10s，右_____次，左_____次。

泡沫方格4-2，10s，右_____次，左_____次。

以上步法练习只是一个范例，教练可以根据运动员的能力和教学需要，对练习内容进行适当增减或改变。

2. 九宫格步法训练

用4条120cm长的带子组成9个方格，每个方格长宽各40cm，方格的编号和其他练习的编号相同（图9-2）。

练习范例：

方格1-5-9（2组），用时5s，右_____次，左_____次。

方格7-5-3（2组），用时5s，右_____次，左_____次。

方格6-7-6-1（2组），用时5s，右_____次，左_____次。

方格6-1-6-7（2组），用时5s，右_____次，左_____次。

方格1-2-5-8-9-4（2组），总共用时_____s，右_____次，左_____次。

③	④	⑨
②	⑤	⑧
①	⑥	⑦

图9-2　九宫格步法排列

以上步法练习可用来提升练习者将脚偏移身体重心的能力，此时身体不稳定，当脚再次移动到身体的重心之下，人体又获得了稳定或者平衡。这种步法训练可以很好地提高练习者的快速移动能力，并且感知自己在练习过程中的空间位置，也就是所谓的运动知觉。这些较易完成的练习完全符合快速伸缩复合的定义，即先给腿部肌肉施加离心负荷（拉长-缩短周期），紧接着向心收缩，所以归类为快速伸缩复合训练。

（二）无预摆立定跳跃

连续纵跳

准备姿势：两脚分开与肩同宽，双臂放在身体两侧，成高重心的静态半蹲姿势。

动作要领：只用踝关节发力做原地的连续跳跃，每次跳跃都要最大限度地伸展踝关节。

转髋跳

准备姿势：两脚分开与髋同宽，屈膝，成高重心的静态半蹲姿势。

动作要领：跳起时快速转动髋部，双腿转动90度，下一跳两腿回到起始位置。下次跳跃时向反方向转髋。两侧交替，连续跳跃，每次跳跃转动髋部，由髋部带动下肢完成快速转动，躯干保持稳定。

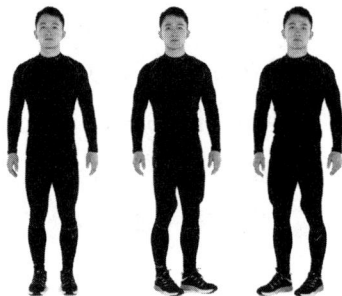

触胸抱膝跳

准备姿势：两脚分开与肩同宽，屈膝，成高重心的静态半蹲姿势。

动作要领：跳起时，快速屈膝上提膝盖，靠近胸部，同时用双臂尽量做到抱膝，落地时保持稳定的缓冲姿势，然后快速重复跳起，循环反复。

后屈膝跳

准备姿势：两脚分开与肩同宽，屈膝，上体保持正直，双臂放在身体两侧成高重心的静态半蹲姿势。

动作要领：跳起后快速屈膝并用脚跟触碰臀部，落地后成起始姿势，然后快速跳起，重复这一动作。这是一个快节奏的动作，由主导屈膝动作的腘绳肌发力，跳起时向前自然摆动手臂。

弓箭步空中交换跳

准备姿势：躯干保持正直，两脚前后分开，髋角和膝角保持90°~110°。

动作要领：起跳后两腿快速前后交换位置，前腿向后摆动，后腿屈膝前摆。落地时形成两脚前后分开下蹲动作并立即再次跳起，两腿交替重复。

屈髋分腿跳

准备姿势：两脚分开与肩同宽，微屈膝，上体保持正直，双臂放在身体两侧成高重心的静态半蹲姿势。

动作要领：跳起后，两腿快速向外分开并上举。在跳到最高点时用手尝试触摸脚尖，然后落回到起始位置。举腿时尽量不要屈膝，尽可能快速地连续跳跃。

（三）有预摆立定跳跃

原地纵跳摸高

　　器材：悬挂在头顶的物体或者有标记的墙。

　　准备姿势：两脚与肩同宽，身体直立。

　　动作要领：快速下蹲，快速跳起，触摸悬挂物或标记，起跳之前不允许有迈步或垫步动作。

立定跳过障碍

　　器材：一个栏架或障碍物。

　　准备姿势：两脚与肩同宽，身体直立。

　　动作要领：快速伸髋后紧接着屈髋并上提膝关节跳过障碍。不要让膝关节转向侧面或分腿，身体始终面向栏架。

跳起俯姿接燕式平衡

　　器材：一个垫子。

　　准备姿势：两脚前后站立，脚尖与垫子形成一定夹角。

　　动作要领：与俯卧式跳高相似的动作，起跳脚与垫子成一定角度，直腿摆动带动身体越过垫子。先越过垫子的脚着地，让后面的腿越过垫子并在身后伸直。举起手臂以便保持身体平衡，就像是一个花样滑冰运动员的姿势。

立定跳远接侧向快速跑

器材设置： 在落地点左右两侧各10m处放置标记点。

准备姿势： 两脚与肩同宽，膝关节微屈。

动作要领： 做立定跳远动作时尽力向前跳，两脚同时着地后，立即侧向快速跑3~5m。

侧向连续跳

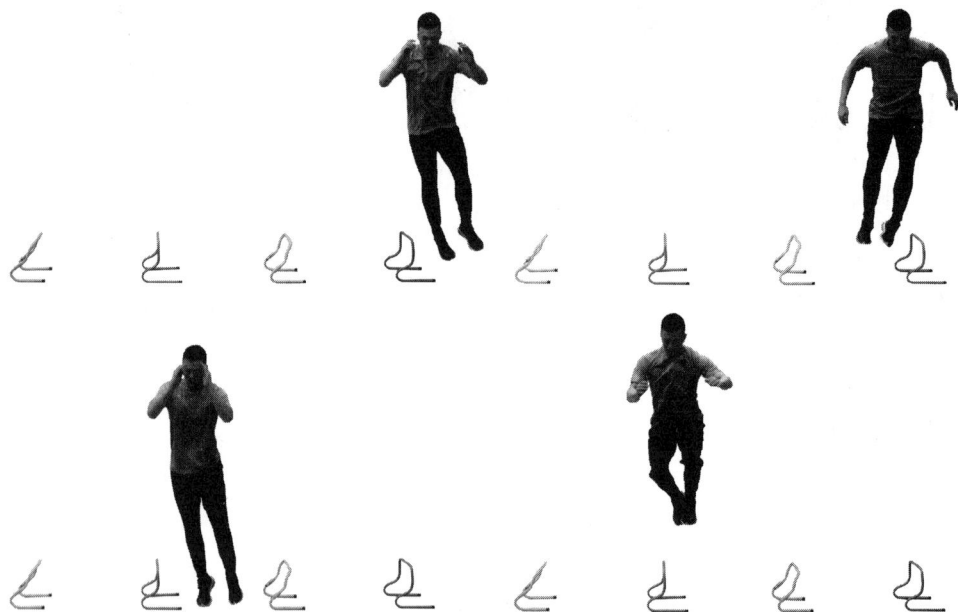

器材： 障碍物或者跳栏。

准备姿势： 站在障碍物的一侧。

动作要领： 向一侧跳起，提膝越过障碍物。依此方法左右连续跳跃。

立定三级跳

器材： 沙坑或者垫子。

准备姿势： 两脚分开与肩同宽站立，距离沙坑6~8m（距离可根据个人能力调整）。

动作要领： 双脚同时蹬地，通过快速伸髋起跳，单脚着地，着地脚再快速蹬地向前跳并用另一只脚着地，再次立即快速跳起后两脚尽可能向前伸，两只脚落于沙坑或垫子上。

（四）多级跳跃

六边形跳

器材设置：在地上画出边长60cm的六边形。

准备姿势：双脚分开与肩同宽，站于六边形中心。

动作要领：跳过六边形的一条边并跳回中心，然后依次向六角形的每一边跳跃并跳回中心。可以让练习者按规定的圈数或者规定的总时间进行练习。

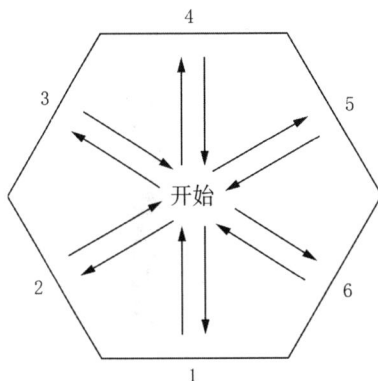

正向连续跳过障碍

器材设置：把5~10个圆锥体或栏架（高度20~30cm）排成一列，两个圆锥体相距90~180cm。

准备姿势：站立在一列圆锥体或栏架的末端。

动作要领：保持双脚与肩同宽，双臂摆动，跳过每个障碍物，双脚同时着地，尽可能减少触地时间。

之字形跳过障碍

器材设置：把4~10个圆锥体或栏架（高度20~30cm）如图所示排列。

准备姿势：双脚并拢，站立在圆锥体或栏架的末端。

动作要领：两脚并拢，以之字形的路线跳过圆锥体或栏架。同时，用双脚的前脚掌着地，并摆动双臂，保持身体平衡性和快速跳跃。

侧向连续跳过障碍

器材设置：把3~5个跳栏排成一排，两个跳栏相距60~90cm。

准备姿势：双脚分开与肩同宽，站立在跳栏末端。

动作要领：沿着跳栏侧向跳跃，双脚着地，外侧的脚着地并蹬地改变方向，沿之前的路线双脚侧向连续跳过障碍。跳过最后一个跳栏后，外侧脚再次蹬地改变方向。保持连续跳越过程顺畅平稳，身体改变方向时尽量不要停顿。

连续跳过栏架

器材设置：把栏架或其他障碍物（高度30~90cm）排成一列，间距根据练习者能力确定。如果练习者碰到栏架，栏架应该能倒下以便保护练习者。

准备姿势：站立于栏架的末端。

动作要领：向前跳跃，双脚同时越过栏架。伸髋和伸膝动作快速连贯；保持躯干正直姿势，膝关节不要外展；用双臂摆动来维持身体平衡。

行进间单腿跳

准备姿势：单腿站立。

动作要领：支撑腿蹬伸并向前起跳，每次用相同的脚落地，然后再次快速起跳，每条腿连续跳跃10~25m，然后换另一条腿做相同的练习。初学者用直腿的方式跳跃，水平高的练习者可以起跳后快速屈拉折叠小腿，并用脚跟靠近臀部。

（五）跳箱跳跃

两腿交换跳

器材：15~30cm高的跳箱。

准备姿势：一只脚放在跳箱上，脚跟贴近跳箱边缘，另一只脚站在地上。

动作要领：放在跳箱上的腿蹬伸，使身体尽可能腾空得更高，并在空中完成两腿交换动作，然后用原先在跳箱上的脚着地，跳跃时用双臂摆动来提升跳起高度

和维持身体平衡。

单脚连续蹬跳

器材：15~30cm高的跳箱。

准备姿势：一只脚放在跳箱上，脚跟贴近跳箱边缘，另一只脚站在地上。

动作要领：放在跳箱上的腿蹬伸，使身体尽可能升高。练习过程中始终用放在跳箱上的腿蹬伸，同时利用双臂的摆动来提升跳起高度和维持身体平衡。

侧向跳过跳箱

器材：30~60cm高的跳箱。

准备姿势：站在跳箱的一边，把靠近跳箱的脚放在箱顶边缘。

动作要领：利用双臂摆动，向另一边跳起并越过跳箱，身体下落时用原来在箱顶上的脚着地，原来在地上的脚落在箱顶上。练习动作要连贯，反复跳起越过跳箱。

正向跳过跳箱

器材：30~106cm高的跳箱。

准备姿势：两脚分开与肩同宽，正面朝向跳箱，双臂放于身体两侧。

动作要领：双脚跳起后落在跳箱上，然后退回原位，重复动作。如需进一步增加练习难度，可以要求练习者向后跳下之后立即跳回到跳箱上。初学者可以选用30cm高的跳箱，再逐步升高跳箱高度，甚至使用106cm高的跳箱。

连续跳过跳箱

器材设置：把3~5个相同高度的跳箱排成一排。

准备姿势：两脚分开与肩同宽，站立在跳箱的起始端。

动作要领：跳到第一个跳箱上，然后跳回地面，再跳到第二个跳箱上，然后再跳下，一直沿着跳箱连续跳跃，全部跳完后走回起始位置。

30-60-90s跳过跳箱

器材设置： 30cm高、50cm宽、75cm长的跳箱。

准备姿势： 两脚分开与肩同宽，站在跳箱的侧边。

动作要领： 跳到跳箱上，从另一边跳下，然后再跳回到跳箱上。在指定的时间内连续跳跃，脚触到跳箱顶部为一次。可以借鉴以下标准规定训练强度。

30s内完成30次——训练的初期（低强度）。60s内完成60次——赛季的初期（中强度）。90s内完成90次——决赛期（高强度）。

（六）跳深跳跃

跳下跳箱

器材：跳箱一个，高度为15~45cm。

准备姿势：两脚分开与肩同宽，站在跳箱上。

动作要领：一侧膝关节微屈，对侧脚抬起，从跳箱上跳到地上，落地时尽快完成缓冲动作并保持身体稳定。

跳上跳箱

器材：跳箱一个，高度为15~45cm，箱顶面积不小于60cm^2。

准备姿势：面向跳箱，双脚分开与肩同宽，站在地面上。

动作要领：稍微下蹲，双臂摆动，快速跳到跳箱上。

跳下接跳上跳箱

器材设置：两个跳箱（选用高度根据练习者水平而定），间隔60~120cm。

准备姿势：站在跳箱上，脚尖贴近跳箱前缘，两脚分开与肩同宽，面向第二个跳箱。

动作要领：从跳箱上跳下，双脚着地，然后快速跳上第二个跳箱。落地后的第二次起跳要快。

跳深接180度转体

器材设置：一个或者两个30~106cm高的跳箱。

准备姿势：站在跳箱上，脚尖伸出跳箱边缘。

动作要领：跳下跳箱并且双脚落地，再次起跳后在空中完成转体180度，双脚再次落回地面。如需进一步增加练习难度，可以要求练习者在转体后落在第二个跳箱上。

俯卧撑推起

器材设置：8~10cm厚的两个垫子，垫子间的距离大于肩宽。一个跳箱，其应足够高到可以提升练习者的双脚超过起始时肩膀的高度。

准备姿势：俯卧撑姿势，双脚放在跳箱上，双手放在两个垫子的边缘。

动作要领：用双手爆发式推离垫子使躯干和上肢腾空，落下时两手落在两个垫子之间。可以依次把手从垫子上移回起始位置，还可以进一步增加练习难度，即用双手爆发式推离垫子使双手回到起始位置。

倒立推起

器材设置：在地面上放置两个垫子或在跳箱上放置垫子，两个垫子8~10cm高，间距与肩同宽。

准备姿势：同伴站在练习者身后，练习者在地板上做倒立，双手位于两个垫子之间。

动作要领：用双手推离地面，双手分别落在两侧的垫子上，然后爆发式推离垫子，使双手回到开始的位置。同伴协助练习者，确保其身体是垂直的。

（七）跨步跳跃

摆臂时，直臂摆动产生力量，屈臂摆动产生速度，选择适合自己的摆臂方式。

小跳步

准备姿势：自然站立。

动作要领：抬起右臂，屈肘90度，同时抬起左腿并屈膝90度。当两个肢体都放下的时候，用同样的动作抬起对侧的肢体。如需增加练习难度，可以要求练习者快速蹬伸地面获得更高的腾空高度。

高抬腿小跳步

准备姿势：双脚前后分开，前腿屈曲，双臂摆至体后。

动作要领：双臂和后侧腿向前摆。用小跳步的动作向前，领先腿尽量前摆。对侧肢体重复相同的动作，连续跳步完成指定的距离。

大摆臂的侧向跳步

准备姿势：自然站立。

动作要领：侧面滑行，向上摆臂并高于头。当蹬地腾空后双腿要并拢，双臂下降后完成体前交叉。连续进行侧滑步和摆臂完成指定的距离。

单腿跨步跳

准备姿势：以慢跑的方式开始练习以增加向前的动力。

动作要领：该练习技术是一种夸张跑的动作。左腿蹬伸后快速屈膝前摆，尽量前摆到大腿与地面平行，同时右臂快速前摆以维持身体平衡。当左腿前摆时，右腿向后伸，短暂保持这个伸展的大跨步姿势，然后左脚落地。右腿向前摆动形成腾空的屈膝跨步姿势，左臂向前摆，左腿向后伸。保持每步的大幅度，跨过尽可能远的距离。

双臂摆动单腿跳接跨步跳

准备姿势：单脚站立。

动作要领：先进行单脚跳再进行跨步跳，即一脚先跳，另一脚再跳，每次跳时快速挥动双臂，以保证身体平衡和跳跃动作的完成。

交换腿跨步跳

准备姿势：单脚站立。

动作要领：单腿连续向前跳并尽可能跳得远，用另一只腿和双臂的摆动维持身体平衡并增大向前的动力。高水平练习者应该在每一跳中用起跳腿的脚跟触碰臀部。连续跳跃完成40m的距离。这个练习应该轮换两腿进行，平衡发展两腿力量。

三、快速伸缩复合训练的计划设计

（一）训练的要素

任何训练计划应该从准备期开始，然后进入有特定目标的训练周期。以6周的训练周期为例，训练目标是提高立定三级跳远的成绩。训练周期从训前测试开始，到训后测试结束，训后测试用来检验目标是否完成。一个能完成特定目标的训练计划需要对4个变量进行掌控，即强度、量、频率和恢复。

（1）强度。强度是完成一个既定任务的努力程度。在举重项目中，强度由被举起的重量来控制。在快速伸缩复合训练中，强度由动作的形式来控制。从简单动作到复杂动作，快速伸缩复合训练的范围很广。小跳步比跨步跳的强度小很多，双腿跳比单腿跳的强度要小。快速伸缩复合训练的强度的提高，可以通过在某些练习中增加负重或跳深的高度，或者增加立定跳远的距离来实现。

（2）量。量是在一节运动课或一个周期中所有练习的总量。在快速伸缩复合训练中，量经常通过估计脚触地的次数来计算。比如立定三级跳由3个部分组成，算三次脚触地。规定脚触地的次数为控制练习负荷的一种方法。

任一节训练课中，对特定跳跃练习所推荐的运动量将随着强度的不同而有所变化（表9-1）。初级练习者在赛季问题期的一节训练课中可以做低强度的练习，运动总量为60~100次脚触地。而中级练习者可以做100~150次脚触地的低强度练习，加上100次脚触地的中等强度练习。高级练习者在同样的训练课中进行150~250次脚触地的低到中强度练习。

表9-1　各周期跳跃练习脚触地次数及训练强度

周期	初级练习者脚触地次数	中级练习者脚触地次数	高级练习者脚触地次数	强度
赛季间歇期	60~100	100~150	150~250	低－中
赛前准备期	100~250	150~300	150~450	中－高
赛季	视运动项目而定			中等
决赛期	只进行恢复训练			中－高

跨步跳的量通常采用距离来测量。在训练的初期，合理的练习距离是每次30m。随着训练水平的提升，一次跨步跳的距离可能增加到100m。

在热身活动中所采用的低强度练习通常不计脚触地的次数。所以热身活动应该维持低强度，循序渐进，确保不会过度消耗练习者的能量。

（3）频率。频率是一个练习重复的次数，或者是一个训练周期里训练课的次数。安排快速伸缩复合训练频率时，要注意在下一个训练刺激之前保证有48~72h的恢复。小跳步作为一种快速伸缩复合训练并不像跨步跳那样具有高强度性质，所以不需要与跨步跳相等的恢复时间。初学者一次快速伸缩复合训练后应该至少休息48h。

在准备期，许多教练喜欢在周一和周四进行快速伸缩复合训练。只要遵照下肢快速伸缩复合训练需要48~72h恢复的原则，我们就可以制订很多不同的训练计划。由于快速伸缩复合训练给身体施加很大的负荷，并且注重动作的质量，所以必须安排在其他练习之前。如果需要，在年度训练的后期可以将快速伸缩复合训练与负重练习相结合（复合式训练），或者整堂训练课都安排快速伸缩复合训练。对提升田径跳跃项目成绩来说，安排这样的复合式训练课是非常可行的，因为快速伸缩复合训练对田径项目或者技术发展都非常有针对性。

（4）恢复。恢复是决定快速伸缩复合训练成功发展肌肉力量或者爆发力的关键因素。对于爆发力训练，比如每组10次摸篮圈跳的练习，组间较长时间的恢复（45~60s）可以使机体最大限度恢复。练习与休息之比应该是1：5或者1：10，以确保动作的质量和强度。比如单组练习需要10s完成，则恢复时间就需要50s或100s。因为快速伸缩复合训练是一种无氧运动，组间较短的恢复期（10~15s）不能让肌肉得到充分的恢复。在12~20min的练习中，如果恢复时间少于2s就成了有氧运动，可以采用循环训练法来提高力量和耐力，也就是连续地从一项练习到另一项练习，组间没有休息时间。

在准备前期进行的快速伸缩复合训练应该为一般性练习，比如可以提高协调性的小跳步练习或者简单的跳跃练习，而不该去做变向跑这样需要特殊技巧的练习。随着赛前期的临近，练习可以更具专项特性，如果运动项目本身符合快速伸缩复合训练的特点，比如跳远、跳高、三级跳远等项目，那么快速伸缩复合训练就可以贯穿整个比赛期。然而，以纵跳为主的项目，比如排球等应尽量减少快速伸缩复合训练的训练量。

（二）快速伸缩复合训练与其他训练的组合

跳跃练习和上体快速伸缩复合训练与许多运动项目有关。如体操、田径中的跳跃项目、跳水和排球都是依靠爆发力获取垂直速度、水平速度的。但是，快速伸缩复合训练提升运动能力的作用是有限的。练习者只有在抗阻训练中充分发展了肌肉和肌腱，才能承受高强度训练带来的强刺激。以短跑为代表的无氧训练是提升跨步跳能力的关键。间歇训练可以用于提升需要快速爆发的短跑或者是需要急速变向的羽毛球等项目的成绩。抗阻训练结合无氧训练帮助练习者为快速伸缩复合训练做好体能上的准备。反过来，快速伸缩复合训练也提升了抗阻能力和无氧运动能力，两者是互为促进的关系。

1. 抗阻训练

阻力训练是快速伸缩复合训练的好搭档，因为它可以让肌肉承受更大的冲击力。抗阻训练中，练习者首先需要降低身体重心或者重物的高度，也就是发展离心收缩的能力，然后开始克服重力做向心收缩。

开放链的抗阻训练（涉及单一关节的运动器材）对发展特定肌群的力量非常有用。然而，练习者也需要练习多关节的闭合链动作，例如负重练习（用杠铃、哑铃或实心球）对练习者来说非常实用，因为练习时通常脚触地成半蹲的姿势，这个姿势与运动专项中的动作相似。多关节运动的闭合链练习已被证明比单关节运动更能提高运动能力。

快速伸缩复合训练能成功地与抗阻训练相结合，也就是在负重练习后马上进行一个速度–力量的练习。快速伸缩复合训练的强度越大，对力量的要求也就越高。相关研究表明，在进行快速伸缩复合训练之前，练习者需要具备半蹲时能举起2.5倍自身体重的重物的能力。这虽然是针对高水平运动员的高强度训练而言的，但是确实是任何水平运动员进行快速伸缩复合训练之前都应具备的重要素质。要确定一个练习者是不是具备足够强的力量而能够开始进行快速伸缩复合训练，就需要测试一下功能性力量（包括爆发力）而不是单纯的最大力量，比如传统上的最大力量（1RM）半蹲。功能性测试时，练习者肩负体重60%的杠铃，在5s内做5次半蹲。如果练习者不能完成，快速伸缩复合训练的强度应该维持在低到中等。下肢力量不足将导致着地时稳定性缺失，着地产生的高冲击力也将被软组织过分吸收。没有足够的力量还可能造成过早的疲劳。

2. 无氧运动、短跑、间歇训练

快速伸缩复合训练能发展磷酸原系统和酵解能系统。磷酸原系统主要消耗肌肉中储存的能量，肌肉中储存的能量仅能维持4~15s的快速伸缩复合训练。当训练计划是针对磷酸原系统时，练习中必须安排适量的间歇时间，以保障训练质量而不是数量。肌肉中储存的能量被磷酸原系统消耗殆尽时，无氧阈就达到顶峰了，超过这个临界点的训练就由糖酵解系统供能，持续30~90s接近最大强度的练习就是发展耐乳酸能力的常用方法。

原地跳跃、立定跳跃、跳深等练习持续时间很短，用于发展磷酸原系统。多级跳跃、跳箱跳跃，特别是跨步跳可以用来发展酵解能系统。要发展磷酸原系统，适合做一些需要爆发力并有较长恢复时间的项目，比如跳远、三级跳、投掷类项目。而发展酵解能系统可以让排球、橄榄球练习者受益，因为这些项目持续时间较长，而休息时间很短。

短跑和间歇训练通常采用跑的专门性训练，练习者需要在特定时间内（30~90s）完成高强度的动作并限定恢复时间。这种跑的训练与利用酵解能系统的超等长跳跃训练十分相近，只是用短跑代替了多级跳、跳箱和跨步跳。

3. 循环训练

快速伸缩复合训练的一个优点是可以组合成循环训练，即从一个训练点转换到另一个训练点。练习者可以完成不同内容的训练，而这些练习分别包含了水平面动作、矢状面动作或额状面动作，有的技术动作可能涉及两个运动面。

循环训练可以使人体在有氧条件下提升心血管系统供能水平，从而提高耐力水平。循环训练产生的累积效应非常大，所以应该安排至少两天的休息时间。

（三）设计基础训练计划

快速伸缩复合训练时应遵循安全原则，并要考虑以下要点。

1. 测试与评估

我们虽然不能具体地描述成百上千种的体能测试方法，但是必须清楚训前和训后测试（数据采集）与评估（对比采集的数据与已建立的动作标准）的重要性，因为这不仅能衡量练习者进步的快慢，也为今后的训练提供方向。

在进行快速伸缩复合训练之前可以进行一些测试，包括15m×8次的折返跑、原地纵跳摸高、立定跳远等，以便统计分析初级练习者的基础数据。更高水平的练习者还应该进行立定三级跳、单腿跳30m等测试。

2. 技术动作

教练应该向初学者讲解快速伸缩复合训练的概念，包括离心收缩与向心收缩力量对比的重要性，也要强调拉长-缩短周期对快速启动的重要性。

练习时脚应该水平着地，前脚掌可以先落地，但是脚的其他部分也要迅速触地，着地后应尽快由缓冲转化为蹬伸，目标是尽可能减少触地时间。

为了使上肢对地面像"压缩弹簧"一样施力，肘部必须大幅度后摆。当向心收缩开始时，手臂快速向前向上摆。练习中应该采用双臂摆动的方式。

最初的训练应该是低强度的，逐渐提高训练强度和技术要求。

3. 时间

初级练习者进行快速伸缩复合训练不应该超过30min，10~15min用于热身和整理活动。热身活动从肌肉动员和动态拉伸开始，然后过渡到小跳步、慢跑、侧向移动，用大幅摆臂来活动肩部。整理活动应该为低强度的练习，如慢跑、静态拉伸和肌筋膜梳理。高水平练习者可以进行更长时间的训练，同时其需要更长的恢复时间。

4. 训练顺序与负荷

训练计划中，实际练习的跳跃次数取决于许多因素。本章提供的仅仅是范例，训练计划应根据个人情况不同而有所变化。有些因素是针对练习者是否需要施加额外的抗阻训练来确定的。一个没有训练经历的练习者通常不应该在同一天进行快速伸缩复合训练和抗阻训练。有2年以上训练经历的练习者，如果希望把快速伸缩复合训练和抗阻训练结合起来，应先进行快速伸缩复合训练，保证肌肉在没有疲劳的状态下产生最大的反应。高水平练习者还可以把快速伸缩复合训练与抗阻训练有效地结合起来。

影响快速伸缩复合训练顺序与负荷的另一个关键因素是训练周期。在调整期或赛前准备期，负荷强度应该逐步提高，而比赛期的快速伸缩复合训练则应该采用低到中等的负荷强度，以保持一定的体能水平。需要指出的是，在高难度的专项技术练习之后不要安排高强度的或大运动量的快速伸缩复合训练，而应安排一些热身性的活动和低强度的快速伸缩复合训练以便机体恢复。值得推荐的做法是，在高强度或大运动量的专项技术练习后，安排一天的快速伸缩复合训练，增加训练的多样性，同时让练习者的身心从专项技术训练带来的疲劳中恢复过来。

5. 训练周期

训练周期取决于赛季前可用于训练的天数。对初级练习者而言，训练应该强调专项技术的提高，而不是提高负荷强度。12~18周的训练计划应该确保练习者能正确地完成快速伸缩复合训练，然后进行更大强度、更大量的练习。

（四）运动专项训练计划

设计一个运动专项训练计划前需要做需求分析，把运动技术分解成基本的动作，以便深刻理解专项技术动作的力学特征。例如，排球的扣球技术主要是做出一个短而快的上步，把水平速度转化成垂直速度，并在空中的最高点做出挥臂的动作。因此，快速伸缩复合训练应该强调发展垂直起跳的能力。而篮球中的突破技术取决于从静止开始的水平加速能力，以及快速变向移动所需的髋外展肌的力量。在快速伸缩复合训练中，80%的练习应该与专项技术动作相似，剩下的20%可以用来发展全面的身体素质。

随着练习者的身体素质全面发展，运用快速伸缩复合训练的能力也提高了。例如，一个跳远练习者或者三级跳练习者经常采用快速伸缩复合训练来发展体能，同时改进专项技术，因为两者的动作很接近。

篮球、排球、网球和橄榄球等项目运动员也可以采用各种跳跃练习来发展专项技能。表9-2列出了不同跳跃练习能提高的能力。

表9-2　不同跳跃练习能提高的能力

能力	原地跳跃	立定跳跃	多级跳跃	跳箱跳跃	跨步跳跃	跳深跳跃
启动速度	√	√	√			√
加速能力			√	√	√	
变向速度		√	√	√		√
垂直纵跳	√	√	√			√
水平跳跃		√	√	√	√	

1. 花样游泳训练计划范例

本训练计划的目标是发展花样游泳爱好者的上肢爆发力和提高肩部动作稳定性。

（1）爱好者基本情况。一位17岁且没有抗阻训练经历的花样游泳爱好者，双肩多方向动作不稳定造成肩部出现慢性疼痛。

（2）测试与评估。①定时俯卧撑。双手撑地并同肩宽，身体保持一条直线，脚尖触地。测试练习者在30s内完成的次数。②前抛实心球。线后一步站立，双手于头后持球，向前一步，从头后尽力将球掷出。脚不要超过线。测量从线到球落地点的距离。③胸前传实心球。头、后背和臀部贴墙坐下，两腿伸直并拢。双手胸前持球，尽可能远地将球传出。测量脚跟到球落地点的距离。④定时仰卧起坐。这个测试用于评估躯干爆发力。测试时练习者仰卧躺下，双腿屈膝，双脚平放在地面上被测试者压住。练习者双手交叉放在颈部后面，仰卧起坐时要求双肘碰到大腿，记为成功一次。测试30s成功的次数。

这些测试能反映练习者上肢及躯干的力量和爆发力。测试结果显示：她的俯卧撑为6个，前抛实心球距离为3.86m，而同年龄组的其他花样游泳练习者的平均成绩是7m；她胸前传实心球的距离是2.67m，而其他相似练习者的平均成绩是5.63m；她的仰卧起坐是22个，比同年龄组的其他花样游泳练习者的平均成绩低2个。

最终的评价是这名练习者上肢缺乏力量和爆发力。她的肩部多方向动作不稳定性很明显地影响了她的运动表现。

（3）训练周期。训练周期是从9月至来年的4月中旬，目标是提高参赛能力。每周进行3次身体训练，每周最多进行2次陆地训练。

（4）选择训练周期中的具体时段。依据前6周的训练计划。

（5）设计训练计划。

第1~3周训练计划

（1）目标。测试成绩表明她的上肢力量和爆发力较弱，训练中将着重克服这个不足。

（2）训练内容。采用由中到高的训练量和低强度的抗阻训练，着重提高肩部力量，以解决肩部不稳定的问题。

（3）练习频率。一周3天（周二、周四、周六）在游泳池里练习。

（4）器材。只需能容下10名练习者的体操垫，多个不同重量的实心球。

（5）练习。①3×8（3组×8次，后同）俯卧撑。练习者在身体下降时，胸部碰到实心球。放置球的目的是提供一个目标高度，确保动作顺利完成。②3×5不对称俯卧撑。练习者将一只手放在球上，另一只手放在地上做俯卧撑。把一只手放在球上的目的是迫使练习者用放在球上的那只手尽量稳定肩关节，因为球稍微有点不稳定。③3×5双手球上俯卧撑。这个练习让练习者很难做俯卧撑，并且需要克服球的不稳定。④1×30仰卧头上抛实心球。⑤1×30下手抛实心球。⑥2×20仰卧传接下落实心球。⑦2×20侧抛实心球。⑧1×15头上实心球掷远。

第4~8周训练计划

增加俯卧撑练习完成的次数，每周增加2~3次。4~8周训练计划中增加如下练习。

①1×30s的俯卧撑支撑变换。练习开始时呈俯卧撑姿势，一手在球上，另一手在地上，然后用力使在地上的手也移到球上，而原先在球上的手再移到地面。②8周以后可以尝试进行1×10实心球俯卧撑推起。以俯卧撑姿势为开始动作，双手支撑在球上，然后双手离开实心球，练习者身体落下，双手落在地上，肘部略微弯曲；然后通过快速伸展肘关节，使身体"跳"起，双手回到球上。

实心球俯卧撑推起属于弹振式训练，使稳定肩关节的肌肉快速收缩，通过"冲击震动"肩周围的稳定肌来训练肌肉的快速收缩能力，优化其功能。

2. 水平跳跃训练计划范例

第一步：了解基本情况。

某位大学一年级女生是三级跳远和跳远项目的练习者，三级跳远成绩为11m，水平一般，没有伤病。

第二步：评定与检测。

为了提高水平跳跃的能力，用以下项目测试其现有的跳跃能力。

①原地三级跳远。以最为有力的脚站立，然后单脚跳，跨步跳，最后落入沙坑。测量起跳点到落地点的距离。②5次连续蛙跳。两脚跳起，连续跳跃5次。测量从起跳点到第5个落地点的距离。③30m计时跑。在100m跑道上，练习者在前60m逐渐增加速度，然后测量60~90m所花的时间，从而测出绝对速度。④最大力量的一次半蹲。⑤5次/5s平行蹲，60%体重的负荷。

测试结果反映她可以承受高强度快速伸缩复合训练。她在第4、5个测试中的成绩表明了她的基本力量符合要求。如果她的力量有缺陷，必须在高强度快速伸缩复合训练前进行4~6周的抗阻训练。

测试1、2、3表明她原地三级跳远的成绩是7m、5次连续蛙跳的成绩是7.9m、30m计时跑的成绩是3.4s，为训练后期评估训练效果提供了初始数据。

第三步：确定训练周期。

训练计划将一个正常的周期性训练的年度计划浓缩为4周，展示了在训练计划设计中所需的准备、提升、运动水平等变量。

第四步：年度训练中的时段。

通常一个田赛练习者在秋季开学时开始训练，但是这个训练计划从2月开始，为期4周，为3月份的学校田径运动会做准备。

第五步：设计训练计划。

每一个4周的训练都包含以下的变量：准备、提升、动作技术。

第一周训练计划（表9-3）

（1）准备。采用大运动量、低强度的抗阻训练以及低强度的快速伸缩复合训练，使软组织能适应水平跳跃中的应力和落地时的冲击力。

表9-3 第一周训练计划一览表

周一	周二	周三	周四	周五
抗阻训练 ● 3×12（3组×12次，后同）负重平行蹲，70%最大负荷 ● 4×8颈前推举 ● 3×8侧下拉 ● 3×10前后分腿负重蹲，50%体重 ● 3×8股后肌负重屈向心收缩——双腿提起重物；离心收缩——单腿放下重物	快速伸缩复合训练 ● 3×12负重平行蹲，70%最大负荷 ● 4×8颈前推举 ● 3×8侧下拉 ● 3×10前后分腿负重蹲，50%体重 ● 3×8股后肌负重屈 ● 3×3连续蛙跳	抗阻训练 ● 3×12颈前负重平行蹲 ● 4×6反向双腿负重蹬伸 ● 3×10倾角卧推 ● 3×10前后分腿负重蹲，50%体重 ● 5×12提踵	快速伸缩复合训练 ● 2×10正面跳过障碍（45cm高的跨栏） ● 3×3连续蛙跳 ● 1×5原地三级跳 ● 3×36m亚极限强度双臂摆动跨步跳	重复周一的训练内容，加上3×10负重耸肩拉

（2）提升。增加快速伸缩复合训练的多样性，并且录像和回看水平跳跃的技术动作。

（3）动作技术。改进落地技术以及低强度练习中的摆臂动作，确保"离心—向心"正确转换。

第二周训练计划（表9-4）

（1）准备。抗阻训练重点提升髋部内收肌、外展肌以及髋关节伸肌与屈肌。

（2）提升。练习多种动态的跳跃。

（3）动作技术。水平跳跃技术包括上、下肢的协调用力，最大幅度的摆动动作。

表9-4 第二周训练计划一览表

周一	周二	周三	周四	周五
快速伸缩复合训练和负重训练 ● 3×10（3组×10次，后同）正面跳过障碍（45cm高的跨栏） ● 3×5连续蛙跳 ● 1×5原地三级跳越过障碍物 ● 3×36m亚极限强度双臂摆动跨步跳 ● 3×8分腿负重蹲 ● 3×8侧下拉 ● 3×8股后肌负重屈 ● 3×8反向双腿蹬伸 ● 3×8颈后推举	休息	抗阻训练 ● 3×8负重弓箭步 ● 3×8杠铃高拉至胸前 ● 3×8哑铃前举 ● 3×8负重平行蹲，80%~85%最大负荷	快速伸缩复合训练 ● 3×15台阶跳 ● 3×36m双臂摆动跨步跳 ● 5×5障碍跳（栏架跳） ● 3×5连续蛙跳	抗阻训练 ● 3×8负重弓箭步 ● 4×6侧下拉 ● 5×5反向双腿蹬伸 ● 4×4杠铃高拉至胸前 ● 4×5颈前推举

第三周训练计划（表9-5）

（1）准备。抗阻训练中加快动作速率，并继续强调负重练习中与水平跳跃中相似的关节角度。

（2）提升。快速伸缩复合训练变得更复杂，并有明确的任务。提升跑速是这个阶段需要考虑的。

（3）动作技术。强调快速伸缩复合训练技巧应该基于距离、时间，或者两者。

表9-5 第三周训练计划一览表

周一	周二	周三	周四	周五
抗阻训练 ● 4×5（4组×5次，后同）颈前负重蹲接推举 ● 4×4直杠铃翻 ● 5×3反向双腿蹬伸 ● 4×10杠铃半蹲走 ● 3×10轮滑负重屈髋	快速伸缩复合训练 ● 3×20台阶跳 ● 5×3连续蛙跳接40m冲刺 ● 3×5立定跳远 ● 3×10单腿跳 ● 3×40m跨步跳	抗阻训练 ● 5×5颈后负重蹲，90%最大负荷	休息	快速伸缩复合训练和负重训练 ● 5×6连续上箱下箱半蹲跳（45~60cm高的跳箱） ● 5×40m单腿跳结合跨步跳 ● 5×60m双臂摆动跨步跳 ● 3×8跳深跳远 重复周一的负重练习

第四周训练计划（表9-6）

（1）准备。抗阻训练和快速伸缩复合训练应该注重爆发力，强调低运动量和高强度。

（2）提升。在快速伸缩复合训练中，单脚跳是一种高强度的训练方法，其和跳深练习均是发展跳跃能力的关键练习。

（3）动作技术。有效用力可以在最短的时间内跳出最大的距离。

训练4周后她的立定三级跳远成绩达到7.9m，5次连续蛙跳的成绩达到8.1m，30m计时跑成绩达到3.2s。

表9-6 第四周训练计划一览表

周一	周二	周三	周四	周五
快速伸缩复合训练和抗阻训练 ● 5×20（5组×20次，后同）台阶跳 ● 5×5障碍跳（栏架跳） ● 3×50m单腿跳结合跨步跳 ● 3×40m单腿跳 ● 1×6 5步助跑跳远 ● 5×3负重半蹲，90%~95%最大负荷 ● 3×8股后肌负重屈 ● 5×3反向双腿蹬伸 ● 3×8杠铃上举蹲	休息	抗阻训练 ● 5×3快速杠铃翻	快速伸缩复合训练 ● 1×10跳深接三级跳远 ● 1×10跳深接立定跳远 ● 5×40m双臂摆动跨步跳 ● 5×30单腿跳接跨步跳，落入沙坑	再次测试

3. 网球爱好者提高侧向移动和变向速度的训练计划范例

进行快速伸缩复合训练是为了改善神经肌肉的控制能力，提高运动技能。本训练计划是让13岁男孩提高快速移动技能，随着他的身体发育成熟后该技能将帮助他获得更大的速度力量。在现阶段要优先发展移动技能，而不是增加抗阻负荷或者强度。为了提高他在网球场上侧向的移动能力，必须着重发展上下肢以及躯干的小肌群力量。

第一步：了解基本情况。

一位13岁的男子网球爱好者，以前没有经历过抗阻训练，也从来没有经历过系统的身体训练。

第二步：测试与评估。

①六边形跳。两脚分开与肩同宽，站在六边形的中心，开始从中心跳过六边形的一边，然后跳回中心，再跳过六边形的另一边，直到绕六边形3周。跳跃中，他必须始终面朝前。用秒表记下完成一组练习的时间。

②18m冲刺跑。记录采用站立式起跑在平整场地上快速跑18m的时间。

③T形跑动测试。T形的场地前后9m长，左右9m长。练习者从前后方向的起点开始向前跑，到达顶端后，先向左或向右跑，分别触碰左右方向的两端标志物，然后回到中点，再后退回起点。用秒表记录全程跑的时间。

④头上掷实心球。双手持4kg的实心球，从头上将球掷出去，可以跨出一步。测量从起始线到实心球落地点的距离。

测量结果显示，六边形跳的成绩是11.5s，18m冲刺跑的成绩为3.2s，T形跑动测试的成绩为11.4s，头上掷实心球的成绩为4.88m。这反映出他需要提高启动速度、侧面变向能力和躯干支柱力量，躯干支柱力量可以由投掷实心球的距离来测算。鉴于他现在接近青春期并且从来没有接受过力量训练，即使负重很小也能提高他的能力，因此，设计了亚极限强度的练习，并结合大运动量和低强度的力量训练。

第三步：训练计划的时间框架。

学习和网球运动已经占用了他大部分的时间，空闲的时间是10月和11月，这段时间可用于实施针对性训练。

第四步：年度训练中的时段。

本计划训练周期为6周：前2周为准备期，用以提高躯干支柱力量；接下的2周将进行亚极限强度，以及低到中等强度的快速伸缩复合训练；最后2周的移动技能训练将包括中高强度的训练，特别是下肢的移动训练。

第五步：设计训练计划。

每一个6周的训练计划都要包含以下3个变量：准备、提升和动作技术。

第一周训练计划（表9-7）

表9-7　第一周训练计划一览表

周一	周二	周三	周四	周五
抗阻训练 ● 3组×10次持3~4kg实心球下蹲 ● 2组×10次持3~4kg实心球前后分腿蹲 ● 2组×12次5~6kg哑铃胸前推 ● 2组×12次5~6kg实心球仰卧上拉 ● 2组×12次坐姿划船	休息	快速伸缩复合训练 九宫格练习（8组×10~15s） 六角形跳练习（3组×3周） 双脚提踵跳（4组×9m） 跳上跳箱（跳箱高30~45cm，4组×5次）	休息	抗阻训练 重复周一内容

（1）准备。利用实心球来发展躯干支柱力量和下肢力量。在这个时间段应该做大量低强度的抗阻训练。练习者13岁，在这个年龄阶段最重要的是学习与抗阻训练相关的移动技术。这个练习者的年龄决定了抗阻训练的强度不是最重要的因素。

（2）提升。适当增加练习的种类，每个训练重复10~15次。初学者的抗阻训练内容应该包含从简单到复杂的动作，动作难度的提升也应遵循从普通的练习到运动专项的练习。

（3）动作技术。动作质量是第一位的，初学者必须注意每一次练习时正确的位置和动作。

注意：此年龄段注意力持续时间会成为一个问题，要保持训练课的新鲜度，一个练习紧接着一个练习；恢复对这个年龄段的练习者不是最重要的，要采用轻负荷的抗阻训练来发展基本力量。

第二周训练计划（表9-8）

（1）准备。继续利用抗阻训练来加强基本力量和动作稳定性。

（2）提升。进行更复杂的动作训练。

（3）动作技术。继续强调正确的身体姿势、各个环节之间的关系、躯干的位置、动作的速度，保证在每一个练习中身体控制得都很好。

表9-8　第二周训练计划一览表

周一	周二	周三	周四	周五
抗阻训练 ● 3组×10次持3~4kg实心球下蹲 ● 3组×10次持3~4kg实心球前后分腿蹲 ● 3组×10次5~6 kg的哑铃胸前推 ● 3组×10次5~6kg实心球仰卧上拉 ● 3组×10次坐姿划船	休息	快速伸缩复合训练 九宫格练习（8组，每组10~15s） 立定跳远（6次） 双脚提踵跳（5组×10m） 跳箱侧向穿梭（3组×30s）	休息	抗阻训练 重复周一内容

注意：按循环的方式进行，练习中间安排30~45s间歇。

第三和第四周训练计划（表9-9）

表9-9　第三和第四周训练计划一览表

周一	周三	周五
抗阻训练 ● 3×10（3组×10次，后同）俯卧撑（身体重量） ● 3×10 4~5kg实心球做颈前蹲练习 ● 3×10哑铃推4~5kg ● 2×12侧下拉至胸前 ● 2×10前后脚分立下蹲（10N） 躯干支柱力量训练 ● 2×10俄罗斯扭转 ● 2×15仰卧头上传球（3~4kg重的实心球） ● 2×15仰卧起坐抛球 ● 2×15侧向抛球 ● 3×10头上抛球	快速伸缩复合训练 ● 2组六边形跳练习计时 ● 3×20s横向提踵跳跃 ● 3×20s提踵转髋跳跃 ● 1×5立定跳远 ● 5×6正面跳过障碍（20~30cm高的塑料锥） ● 3×3侧面跳过障碍（20~30cm高的塑料锥）	抗阻训练 重复周一内容

（1）准备。继续加强力量，让练习者学会稳定落地和控制身体姿势。

（2）提升。开始进行将重物高举过头的练习，使练习者能在练习中保持动作稳定性。

（3）动作技术。注重腿蹬向地面时整个身体的姿势。

第五和第六周训练计划（表9-10）

（1）准备。加强躯干支柱力量是这两周训练的重点，训练同时也要提升生理机能。因为无氧耐力是网球运动的一个重要指标，训练计划也要将提升这个指标作为重要目标。

（2）提升。运动量和练习的次数要逐步提高，进一步发展肌肉耐力和力量。

（3）动作技术。第五和第六周的练习应该更具专项特点，要最大限度地把力量增强转换为移动能力的提升，尤其是要提高练习者侧向变向的速度。

表9-10　第五和第六周训练计划一览表

周一	周三	周五
抗阻训练 • 3×10（3组×10次，后同）俯卧撑，3种不同的双手位置（双手同肩宽，比肩宽，比肩窄） • 2×12负重3~4kg哑铃侧面箱上蹬伸 • 3×10负重5~6kg实心球半蹲接推举 • 1×10 4个方向弓箭步（向前，45度，侧向，交叉） • 3×10 5~6kg哑铃推举 躯干支柱力量训练 • 1×15仰卧持球上举，双腿抬起脚尖触球（3~5kg的实心球） • 1×15仰卧起坐 • 1×15持球上举仰卧起坐 • 1×15俄罗斯扭转 • 1×10扭髋 • 3×15侧面抛球（双侧）	快速伸缩复合训练 将第三、第四周安排的各种快速伸缩复合训练组合成循环训练。先进行5次立定跳远，然后进行六边形跳练习、侧向提踵连续跳、转髋跳、正面跳过障碍和侧面跳过障碍各30s。循环重复3次，在两组之间休息30~90s	抗阻训练 重复周一内容

高水平篮球运动员快速伸缩复合训练计划范例

5组6次连续跳跃107cm高的栏架（栏架相距1.2m）。6组3次连续跳跃107cm高的栏架（栏架相距3.65m），这个练习要求练习者先采用立定跳远的方式到达栏架前方，然后采用纵跳的方式跳过栏架。4组10次跳深练习。从106cm高的跳箱跳下，落地后立即跳上106cm高的跳箱。4组不同形式的步法练习。5组1次原地三级跳。

四、快速伸缩复合训练的安全注意事项

（一）场地管理

快速伸缩复合训练需要场地宽敞，地面平整，木板地不能太滑，以防出现摔倒，导致运动损伤。投掷实心球等测试更要注意场地安全，有条件的可以设置投掷墙。

（二）器材管理

快速伸缩复合训练所用的跳箱要牢固，边角不能太锋利，以免划伤皮肤。栏架要容易倒下，防止刮倒练习者。

（三）跳跃难度控制

练习者的能力和身体成分也会影响训练的安全性。体形巨大的练习者应在完全适应了快速伸缩复合训练的冲击力之后再做单腿练习活动。通常，这些练习者要在整个赛季练习双腿跳，提高力量素质后才能进行复杂的练习，比如站立三级跳、单腿跳等。保守原则同样适用于缺乏力量或者跳跃训练经验的年轻练习者。

（四）负荷控制

超量补偿原理应用于快速伸缩复合训练时，教练会问练习者是不是应该负重练习跳跃。初学者不应该使用任何负重的背心、腰带或橡皮带，尽管早期的文献报道介绍了负重跳跃练习（负重达到体重的10%）。即使是优秀练习者也不能连续使用负重跳跃练习。负重跳跃练习的运用需要谨慎一些，建议在经过一个较长时间的准备期训练后，在8周的训练计划中每周使用不要超过一次。

对于负荷控制问题，如果通过一堂训练课很轻松就能解决，那么后面的训练计划就应重新设计。值得一提的是，不要因为没有可见的疲劳出现，就贸然增加负荷量，要牢记快速伸缩复合训练重质量而不是重数量。

（五）饮食安全

快速伸缩复合训练结束后应补充蛋白质和碳水化合物，肌蛋白的补充帮助人体恢复得更快，精力更旺盛。注意不要饮用碳酸饮料。

（六）健康管理

保持身体健康是必须的，这需要合理的计划。教练必须确保快速伸缩复合训练不会增加练习者受伤的概率。受伤最容易发生在肌肉疲劳时，或者教练说"再来一次"时。疲劳会带走敏锐的感觉，练习者可能仅仅走过场式地完成了练习。像踝关节扭伤和膝盖受伤这类普通的损伤都与过度疲劳下控制能力欠佳有关。

小结

快速伸缩复合训练要求练习者在尽可能短的时间内完成肌肉的离心收缩和向心收缩，这就意味着容易发生肌肉损伤。因此，在进行快速伸缩复合训练之前务必做好热身活动，不仅要做好肌肉动员和动态拉伸练习，还要做好神经激活练习，使肌肉与神经的应答处于最佳状态，这样才能实现神经对肌肉活动的精准控制，降低运动损伤发生的概率。需要强调的是，教练和练习者一定要了解快速伸缩复合训练的类型和对应的功能，要在熟练掌握单一动作的基础上再做连续的动作，动作速度由小幅度增加到大幅度增加，动作速度由低到高，由简单动作到复杂动作，由无预摆跳跃逐步发展到上下肢多关节协同运动的复杂跳跃，由单一方向的跳跃逐步发展到变换不同运动方向的连续跳跃。

在动作模式教学时，要先练习落地缓冲动作再练习蹬伸动作，确保落地的安全性。动作模式训练一定遵循"质量第一"理念，及时纠正错误动作，让练习者牢记"宁愿做100次正确动作也不做1000次错误动作"，因为错误的动作模式不仅效率不高，更为严重的是它会大大增加运动损伤的风险。

在制订快速伸缩复合训练计划时，要以分析每个人的事先测试结果为依据，找准个体需求和弱链，分阶段补齐短板。负荷量是基础，只有经过一定负荷量的刺激，肌肉才能清晰地记忆神经冲动发放的信息编码，才能形成动力定型和动作的自动化。负荷强度永远是快速伸缩复合训练的核心，要逐步提升训练水平就需要练习者具备一定的基础力量和神经刺激耐受能力，要注意跳跃的高度，更要注意动作的速度，这样才能跑得更快，跳得更高，动作更流畅。在进行快速伸缩复合训练时还要注意提高柔韧性和灵敏性，尤其要着重提高动作的协调性以及身体控制和平衡能力，使快速伸缩复合训练由"低端要素向高端要素"转变，将"猛练"转变为"巧练"。

思考题

1. 快速伸缩复合训练指的是以下哪一个？

   A. 肌肉发生向心（缩短）收缩之后，紧接着进行离心（拉长）收缩的一种力量训练方法

   B. 肌肉发生离心（拉长）收缩之后，紧接着进行向心（缩短）收缩的一种力量训练方法

   C. 在尽可能短时间内肌肉发生向心（缩短）收缩之后紧接着进行离心（拉长）收缩的一种力量训练方法

   D. 在尽可能短时间内肌肉发生离心（拉长）收缩之后紧接着进行向心（缩短）收缩的一种力量训练方法

2. 快速伸缩复合训练的原理是什么？

   A. 利用肌肉拉伸－收缩组合方式，很好地将最大力量－速度力量融合在一起，使动作更具爆发力

   B. 利用肌肉拉伸－收缩组合方式，很好地将速度－速度力量融合在一起，使动作更具爆发力

   C. 利用肌肉拉伸－收缩组合方式，很好地将速度－力量融合在一起，从而输出更高的功率，使动作更具爆发力

   D. 利用肌肉拉伸－收缩组合方式，很好地将速度耐力－速度力量融合在一起，使动作更具爆发力

3. 下列哪些练习不是无预摆的跳跃？

   A. 连续纵跳   B. 转髋跳

   C. 跨步跳   D. 后屈膝跳

   E. 弓箭步空中交换跳   F. 屈髋分腿

4. 下列哪些练习不是有预摆的跳跃？

   A. 原地纵跳摸高   B. 立定跳过障碍

   C. 燕式平衡   D. 立定跳远接侧向快速跑

   E. 侧向连续跳过障碍   F. 立定三级跳远

5. 快速伸缩复合训练中的跳箱练习方法包括以下哪些？

   A. 双腿交换跳   B. 侧向跳过跳箱

   C. 正面跳过跳箱   D. 原地单脚蹬起

   E. 连续跳过跳箱   F. 30-60-90s跳过跳箱

6. 快速伸缩复合训练中的多级跳练习方法包括以下哪些?

    A. 六边形跳　　　　　　　　　　　B. 原地纵跳摸高

    C. 之字形跳过障碍　　　　　　　　D. 连续侧向跳过障碍

    E. 连续跳过栏架　　　　　　　　　F. 行进间单腿跳

7. 快速伸缩复合训练跳深练习方法包括以下哪些?

    A. 跳绳　　　　　　　　　　　　　B. 跳上跳下跳箱

    C. 跳深接跳上跳箱　　　　　　　　D. 跳深接180度转体

    E. 俯卧撑推起　　　　　　　　　　F. 倒立推起

8. 快速伸缩复合训练过程中的安全注意事项包括以下哪些?

    A. 场地安全　　　　　　　　　　　B. 器材安全

    C. 气候环境　　　　　　　　　　　D. 负荷控制

    E. 饮食安全　　　　　　　　　　　F. 健康管理

第10章

速度训练的基本方法与计划设计

苑廷刚

学习目标

➤ 掌握速度能力的相关概念。

➤ 掌握速度能力产生的科学机制和供能特征。

➤ 掌握常用速度能力的基本训练方法和设计。

➤ 掌握速度能力训练的原则和要求。

知识导图

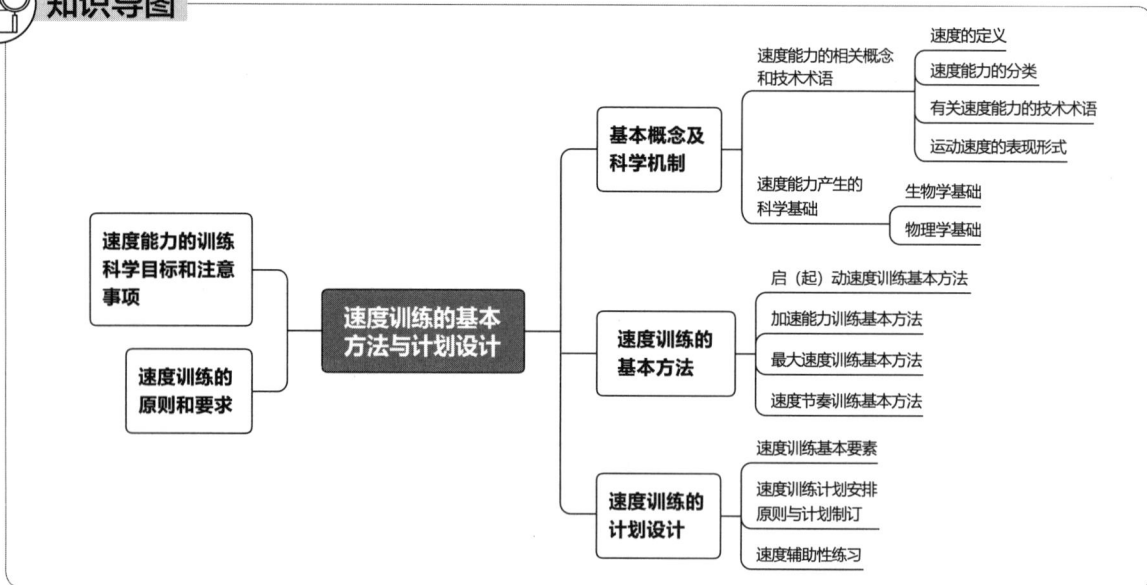

导语

"天下武功，唯快不破"，道出了速度对人类运动意义重大。速度是人类体育运动的第一要素，与力量和敏捷等能力一样重要，吸引着人们追求运动的快乐和愉悦，并以多种形式展现运动之美。速度是竞技体育的本质，是多项竞技运动制胜的决定因素，是打破人类运动极限的根本，也是人类追求速度所带来的身心愉悦快感的终极目标。

一、速度能力基本概念及速度产生的科学机制

（一）速度能力的相关概念和技术术语

1. 速度的定义

物理学中，速度是既有大小又有方向的矢量，用来表示物体运动的快慢和方向。速度在数值上等于物体运动的位移跟发生这段位移所用的时间的比值。速度的计算公式为 $v=\Delta s/\Delta t$。国际单位制中，速度的单位是米每秒，即 m/s。

2. 速度能力的分类

（1）反应速度。反应速度是指人体对外界刺激快速做出应答反应的能力。其结构基础是"反射弧"，反应速度的快慢取决于兴奋通过反射弧所需要的时间（即反应时）的长短。反应模式具体可分为两种具体的表现形式：一是简单的"刺激–应答"反应模式，如田径项目中的听枪起跑等；二是复杂的"刺激–判断–应答"反应模式，如在羽毛球项目的回球过程中，不仅要对球的刺激做出反应，还要对球的落点及对手的跑动方向进行判断，再做出合理应答。反应速度受遗传因素的影响较大，但通过后天的训练可以在一定程度上得到提高。反应速度可以通过反应时来进行测评和表示。

（2）动作速度。动作速度是指人体或某部分高速完成动作的能力，是指完成单个动作时间的长短，如投掷运动员的器械出手速度、羽毛球的扣杀速度、跑动中的一个单步速度等。肌纤维类型、肌肉力量、肌肉组织的兴奋性、运动条件反射的巩固程度、神经系统的协调控制及无氧代谢能力等因素都会不同程度影响到动作速度。需要注意的是，高速完成此类动作时，动作技术的优化尤为关键。以往研究者广泛通过视频反馈和视频解析手段来获取动作速度的情况。

①启动速度能力。启动速度能力是指人体在受到外界刺激后，做出机体或器械的反应应变后的启动作动能力，主要表现为人体接受外界刺激后的启动动作快慢和灵敏程度，器械接受外力作用后改变原始惯性状态的快慢。启动速度能力能很好地解释和评价短跑项目中蹬离起跑器动作速度、投掷项目中瞬间的出手速度和控制器械改变方向的能力等。

②加速度。加速度是指在一定时间内速度的变化量，表示从静止加速到个人最高速度的能力，以及在速度最初阶段克服身体惯性，进入运动状态的能力。在加速初始阶段身体前倾角度最大，整个加速过程中肢体前倾，通过伸展髋关节、膝关节、踝关节进行大幅度的动作伸展，产生更大的推进力。

③最大速度。最大速度是指在整个跑动过程中的速度最高值。在百米比赛中，通常将每1s跑动距离或每10m的分段速度叫作最大速度，其中跑10s的最大速度可达11.67m/s，百米破11s的最大速度可达10.64m/s。优秀的短跑运动员加速度快，达到最大速度快，加速时间长，保持速度的能力也较强。比如苏炳添在2021年8月1日日本东京奥运会上男子百米半决赛中，跑出了PB和新AR并破亚洲纪录的9.83s成绩（PB即Personal Best，AR即Asian Record），他的最大速度出现在第47.0~55.5m处，最大跑动速度为11.97m/s；而博尔特在2009年德国柏林世锦赛百米决赛中跑出的9.58s，最大速度出现在第68.0m处，最大速度达到12.42m/s。

男子跳远项目优秀运动员的助跑速度在踏板前也能达到最大速度。比如美国跳远运动员鲍威尔在1991年东京世锦赛上跳出8.95m的世界纪录时的最大助跑速度达到10.94m/s，而同场竞技的刘易斯跳出8.91m的最大助跑速度为11.26m/s；并且二人的最大助跑速度都是在踏板前6~1m之间出现的。

④速度耐力。速度耐力是运动员在跑动的过程中保持速度的能力，也是周期性项目中运动员以无氧糖酵解代谢为主要供能形式，较长时间保持最大速度的能力，也可称为无氧耐力或无氧糖酵解耐力。前期研究表明，运动员的速度耐力水平是决定短跑运动表现的关键因素之一，也是中长跑成绩的基础。不同项目的速度耐力训练要基于能量代谢特征、能源物质的消耗以及机体疲劳等特点专门设计。短跑项目速度耐力训练的主要目的是尽可能地动员无氧糖酵解系统参与供能，同时尽量减少中枢神经系统的疲劳和肌肉超微结构的损伤。中长跑运动员的速度训练一般是使机体处于一定乳酸堆积的条件下，增强自身对乳酸的耐受能力、神经肌肉的抗疲劳能力，提高无氧代谢能力，进而促进运动员速度耐力水平的提高。

⑤减速度。减速度是指在运动中所涉及肌群做离心收缩，减慢目标肢体的动作速度，从而保持正确的身体姿态、身体平衡和免受肢体损伤的能力。如在球类项目中，上肢击球减速和下肢移动减速都需要用到减速控制能力，其生理机制主要包括肌肉拉长-缩短SSC中的离心收缩部分，受牵张反射以及肌肉的弹性成分影响。减速度的影响因素主要有：动态平衡、力量控制、爆发力、反应力量等。训练手段包括减速区训练以及动态平衡训练。减速技术主要分为单腿落地技术和双腿落地技术，涉及屈膝、髋外展、膝外翻。根据以上三关节的缓冲幅度，减速技术可以划定为积极性落地技术和消极性落地技术。二者的主要差异为积极性落地技术可以通过较大的活动幅度来延长起跳时间，进而使小腿后群产生较大向后剪切力，防止胫骨前移，降低损伤风险。如体操运动中的落地、球类中的加速后的突然减速、跳跃项目中的跑跳转换阶段等，都有减速运动。

⑥变向速度。变向是指在原来运动方向上突然减速、改变方向并在新的运动方向上再加速的过程，包括变向前减速、变向过渡和变向后再加速3个阶段。变向在球类项目中应用场景较多，如：在进攻端，变向能够迅速摆脱防守获得持球突破、传球、射门时机；在防守端变向可以紧盯持球对手给予逼压，减缓对手的进攻节奏，在技战术层面取得主动权。

3. 有关速度能力的技术术语

（1）瞬时速度和平均速度。运动物体在某时刻或某位置的速度，叫作瞬时速度，简称速度。时间点或位置点选取得越小，越能反映瞬时速度的真实大小，物理学中的速度通常指瞬时速度。

平均速度是单位时间内位移与所用时间的比值。直线运动中的速度也是经常变化的，变速运动的物体其位移与时间的比值不是恒定不变的，这时可以用一个速度粗略地描述物体在一段时间内的运动快慢情况，这个速度就叫作平均速度。体育运动中的速度一般指平均速度。

（2）线速度和角速度。物体上任一点对定轴做圆周运动时的速度称为线速度。它的一般定义是质点（或物体上各点）做曲线运动（包括圆周运动）时所具有的即时速度。它沿运动轨道的切线方向运动，故又称切向速度。它是描述做曲线运动的质点运动快慢和方向的物理量。人体在单位时间内转过的角度，是描述物体转动快慢的物理量。假设某质点做圆周运动，在Δt内转过的角为$\Delta \theta$，$\Delta \theta$与Δt的比值描述了物体绕圆心运动的快慢，这个比值叫角速度。

（3）位移速度和距离速度。位移速度是矢量，指人体在特定方向上移动的快慢，也可表示为在固定距离移动所用时间或周期性运动（如跑步和游泳等）中人体通过一定距离的时间。人体在一定范围内的折返运动的位移速度大小可能是0或负值，而实际的运动速度有一定的大小数值。相对而言，体育运动中对位移速度的研究不多。距离速度也就是我们常说的速率指标，是没有方向的运动学参数，一般不会为0，也不会有负值。距离速度是人体或物体在单位时间内运动的总距离，与时间和距离参数密切相关。

（4）速度和速率。速度和速率都可以用来表示物体运动的快慢，主要的区别在于速度有方向是矢量，速率没有方向是标量。速度等于物体位移与时间的比，因为物体的位移是存在方向的，因而速度同样也有方向且与位移方向相同，以矢量形式存在。速率是物体运动的距离和时间的比，大多数物体运动的研究中，距离和时间都是标量，没有方向，因而速率也没有方向，同为标量。

（5）专项速度。在体育运动中经常使用到专项速度的名称，比如起跳速度、起跨速度、出手速度、发球速度、扣球速度、击打速度和旋转速度等，这些都是速度能力的专项术语名称。起跳速度在田径跳跃项目的分析中较为重要，起跳将助跑阶段获得的水平速度不同程度地转化成垂直速度，从而改变身体运动姿态和方向，获取一定的高度和远度。起跨速度在跨栏项目中，将平跑获得的速度转换成越过栏架所需的垂直速度，从而快速越过栏架。出手速度在投掷项目中是指最后用力阶段器械出手瞬间的速度。旋转速度是指人体绕某个转动轴转动快慢的大小。将速度细化为各项目的关键技术指标时，通过分速度的反正切值可以求得，速度越快，动作效果往往越好。

4. 运动速度的表现形式

（1）平动、转动和复合运动。把人体各环节简化为刚体，运动过程中各环节保持不动，即为平动，人体平动的场景较为少见。转动是人体运动时围绕某一固定点（轴）做旋转动作，走、跑、跳等都是人体各环节围绕关节转动轴转动。相对而言，人体各环节的转动是人体运动的基础。

体育运动中，很少有平动或转动单独存在，更多情况下基于平动也有转动，基于转动也伴随平动，即复合运动。所以在分析运动技术和评价动作表现时，通常可分为身体质心CM的平动和身体各环节的转动，以三维方向上的直线速度指标和绕轴转动的角速度指标进行量化分析，进而展开人体（或物体）的复合运动的研究和评价。

（2）线性运动与角运动。线性运动是指人体或器械在直线上运动，运动轨迹是一条直线，常用速度进行评估。速度描述物体移动快慢，通过物体的位移除以位移所用的时间，用v来表示，单位为m/s。角运动是人体或器械绕旋转轴运动，运动轨迹是一条曲线，常用角速度进行评估。角速度是指人体或器械在单位时间内转过的角度，是描述物体转动快慢的物理量，常用ω来表示，单位为rad/s。

（3）步长与步频。步长一般是指运动过程中两脚之间的直线距离，分为单步步长和复步步长，能够反映运动员运动过程中的两腿之间的跨度和髋关节的灵活性。成人走动的步长一般为0.60m左右，以最大速度跑动时为2m左右。步长指数一般是指"步长/身高"的比值，能够更加科学地反映人体的步长水平。

步频是指单位周期内能够达到的最多步数，一般采用s为时间单位进行统计。正常人走动时一般为1s内1步，也就是步频为1步/s，世界级优秀短跑运动员以最大速度跑动时的步频为4.5步/s左右。步频能很好地反映人体神经肌肉协调运动能力。

在短跑、中长跑和竞走等周期性运动中，通常用"步长×步频=速度"的传统方式进行分析和评价。

（二）速度能力产生的科学基础

1. 生物学基础

（1）肌纤维的类型。肌纤维可以分成快肌纤维Ⅱ型和慢肌纤维Ⅰ型，快肌纤维又可分为两种主要类型：Ⅱa和Ⅱx。相对而言，Ⅱx型肌纤维产生力量的能力较强，收缩速度较快，Ⅱa型肌纤维抗疲劳能力较强。

Ⅰ型肌纤维利用氧气产生运动所需的能量，Ⅰ型肌纤维有更高密度的产生能量的细胞器，称为线粒体。Ⅱa型和Ⅰ型肌纤维一样，也可以利用氧气来产生运动所需的能量；但它们含有的线粒体较少。Ⅱx型肌纤维不使用氧气来产生能量；相反，它们储存的能量可以用于短时间的运动，它们含有的线粒体甚至比Ⅱa型肌纤维还要少，而且呈白色。

肌纤维类型比例受遗传因素影响；后天训练中，力量训练、耐力训练都能诱导肌纤维产生适应性变化。另外人体的肌纤维按布鲁克斯的分类大体分为Ⅱ型和Ⅰ型肌纤维，按颜色可分红肌纤维和白肌纤维，按照代谢和收缩特征可分为快缩糖酵解型、快缩氧化糖酵解型和慢缩氧化型肌纤维等。不同运动员的肌纤维构成类型具有先天选择性，快肌纤维的收缩蛋白含量高、无氧代谢酶活性强，因此同等条件下能够更快更有力地完成各种类型动作。运动员肌纤维构成中，快肌纤维的比例越高，完成动作越快。

（2）激活程度。激活程度可以理解为募集肌纤维的能力，通过高强度、高速度的力量训练可以提高运动员募集Ⅱ型肌纤维的能力。任何动作都是在神经控制和支持下完成的，只有人体动作程序中兴奋和抑制神经元之间高频转换，以及运动神经元精准选择和调节，再加上肌纤维募集和肌肉发力方式正确，才有可能实现高速或高频率的运动。同样，进行高速或高频率的运动，反过来也可以提高人体运动神经的兴奋性，进一步促进高速完成各种类型的动作。

（3）拉长-缩短周期表现。拉长缩短收缩：包括串联弹性结构、弹性势能的储存、反射性增强等不同原理，该收缩能力的提高可以增强向心收缩的能力，及功率输出的增加。在由拉伸向缩短转换时，力的增强是通过等长收缩完成的。在离心收缩阶段，力就开始增强，留给达到最大力量的时间比较充裕（力量产生速率）。肌肉被拉长过程中存储在肌肉和肌腱中的弹性势能在肌肉向心收缩的过程中被释放出来、基于牵张反射机制，可以通过肌肉的快速拉长储存弹性势能，起到增加力和速度的作用。在进行训练过程中，动作速度越快，增力和增速效果越明显；同样，想要越快也会越难，越快的反向动作需要运动员具备越强的离心力量和反应力量。

（4）能量代谢特征。短距离的速度训练中主要供能系统是磷酸原系统和酵解能系统。不同运动中，运动员的能量系统的供能基础也是决定速度素质的主要因素。三大供能系统的工作过程中，磷酸原系统维持在6~8s，糖酵解供能系统维持在2~3min，有氧系统维持在3min以上。因此短距离的跑动及加速过程中的供能系统以磷酸原系统为主，如100m。运动员的速度表现与ATP的合成速率、肌酸激酶（CK）和肌激酶（MK）的活性成正比。有研究表明，间歇性冲刺训练是促进运动员糖酵解供能产生最大无氧功率的有效途径，同时建议间歇时间为3~4min，使消耗的磷酸肌酸再合成，产生的乳酸和H^+得以清除。人体通过高强度、短时间的冲刺训练能够有效提高ATP酶、肌酸激酶和肌激酶的活性，使磷酸原系统供能效率提高，从而提高冲刺速度。CP是ATP的储能库，几秒的高强度运动可以使CP排空。而CP的再填充是靠有氧代谢实现的。恢复的速度具有双相性，快时相的半填充期是20~22s，慢时相的半填充期是170s，即20~22s先填充一半，再过170s才能填充完另一半。

（5）生理成熟度。①技能学习。运动员技能的学习经过3个阶段：泛化阶段、分化阶段、自动化阶段。根据不同阶段的特点，把握训练的侧重点和要点。如随着对运动技能的学习加深，动作熟练程度不断提高。②心理特征。运动员的心理能力是构成竞赛能力的重要成分，而心理能力的增强要靠平时系统的训练。训练中的心理特征不仅对培养运动员心理能力有着重要影响，也会影响速度训练过程中的技术发挥、努力程度等。

2. 物理学基础

（1）牛顿经典定律。牛顿的三大定律分别为惯性定律、加速度定律、作用力和反作用力定律，解释了力的施加是改变运动员速度的本质，施加力的大小直接影响运动员的加速度大小，同时施加力的方向决定运动员的跑动速度。总体来看，施加力的能力是影响速度的关键因素。有两个重要因素与速度密切相关：第一个是力量增长速率（Rate of Force Development，RFD），最短的时间产生最大力量；第二个是产生力的冲量（I），它是力与其作用时间的乘积，往往用力量-时间曲线下的面积来测量。力的发展速率是指伴随着时间，施加力大小的变化情况。对不同的运动项目而言，作用的时间并不一样，从普遍性的规律来看，大多数的施加力的时间在200ms以内，也就是以200ms为时间窗口，力的变化越快，施力效果越好，加速能力越强，也有研究表明进行弹振式练习（末端释放）的运动员可以提高时间窗口内施加的力值。另外，根据动量定理可得，冲量的改变与动量的变化相等，从而通过速度影响运动状态。在一段冲刺跑的过程中，施加在水平方向的力会从大逐渐减小，施加在垂直方向的力会从小逐渐变大，根据分力的这一变化特点，来优化运动员冲刺跑的身体姿态。

（2）人体测量学指标。身高、体型、四肢长度、足长和足弓物理学形态等人体测量学指标，受先天遗传因素影响和后天训练刺激的适应性影响，都会对人体运动速度能力产生影响。这些影响既体现在物理学效应上，也表现为不同个体之间的速度差异性。例如，不同的足弓高度和脚趾长度，以及足底部触地方式的差异等，都会影响跑动速度。因此，我们在实际的速度能力训练中，需要针对不同身体形态的运动员的先天条件，制订有针对性的速度训练计划。

（3）单步速度能力。常用的指标为步长和步频。在周期性运动中，步长乘以步频就是运动速度能力的数值（也可表示为步速度能力）。单步速度还与单步周期高度相关。单步周期包括单步支撑时间和单步腾空

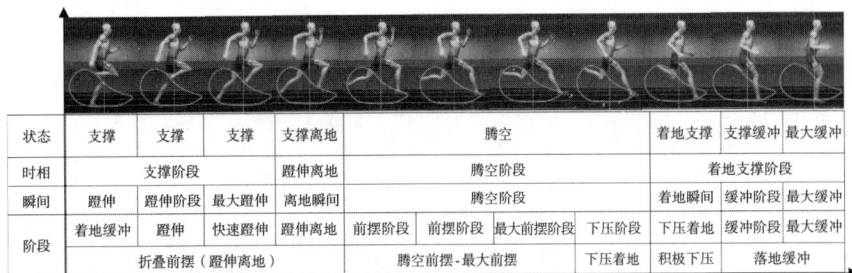

状态	支撑	支撑	支撑	支撑离地	腾空			着地支撑	支撑缓冲	最大缓冲
时相	支撑阶段		蹬伸离地		腾空阶段			着地支撑阶段		
瞬间	蹬伸	蹬伸离地	最大蹬伸	离地瞬间	腾空阶段			着地瞬间	缓冲阶段	最大缓冲
阶段	着地缓冲	蹬伸	快速蹬伸	蹬伸离地	前摆阶段	前摆阶段	最大前摆阶段	下压阶段	下压着地	缓冲阶段	最大缓冲
	折叠前摆（蹬伸离地）				腾空前摆-最大前摆			下压着地	积极下压	落地缓冲

图10-1 博尔特百米9.58s单步技术结构示意图

时间（图10-1）。单步支撑时间可划分为3个阶段，分别为单步着地缓冲阶段、单步最大缓冲瞬间和单步蹬伸阶段；而单步腾空时间就是双足同时离地的总时间。世界级优秀运动员的单步速度能力都是很强的，同时具备较大的单步步长和较快的单步步频，如2009年博尔特100m跑出9.58s的世界纪录时的单步速度能力最大达到了12.42m/s；其中，他的单步步长在40m距离的地方就达到了2.67m，40m距离的步频就达到了最高的4.49步/秒，而在60m处单步步长达到最大的2.77m，此处的步频还保持在4.49步/秒。

（4）跑动技术。正确的跑动技术是创造较快的速度的前提，主要分为加速段的跑动技术和最大速度段的跑动技术。围绕不同段的技术分析，主要从躯干前倾角、胫骨角、髋膝踝蹬伸幅度、摆臂幅度，以及身体前侧和后侧机制进行分析。博尔特在2008年北京奥运会100m决赛中跑动技术如图10-2所示。

图10-2　博尔特在2008年北京奥运会100m决赛中跑动技术

二、速度训练的基本方法

（一）启（起）动速度训练基本方法

1. 预备姿势

站立式

站立式是以双脚支撑的站立姿势进行起跑的方式。

技术特点

①前脚接近起跑线位置，双脚间距大约同肩宽。②前脚支撑身体，双臂处于与双腿协调同步的姿势。③脚掌蹬离地面启动。

支撑式

支撑式是单臂支撑的三点式起跑方式。

技术特点

①双脚蹬地，单臂支撑，身体略前倾，大小腿夹角适中。②第一步不必过大，积极向前平摆下肢，手臂迅速后摆。③第一步落地，第二步积极前上抬，但不要抬得过高。

蹲踞式

蹲踞式是借助起跑器或四点支撑的起跑方式。蹲踞式包括各就位和预备姿势。

第一，在各就位阶段，放置好起跑器，做好初始动作。

目标：确定适当的起跑位置。

技术特点

①双脚触地，后腿膝部着地。②双手着地，略比肩宽，食指和拇指成八字。③头部与背部持平，眼睛直视下方。

第二，在预备阶段，将身体移动至最佳起跑位置。

目标：准备做出并保持最佳起跑姿势。

技术特点

①脚跟向后压。②前腿膝部成90°，后腿膝部成120°~140°。③髋部略比肩高，躯干向前倾。④肩比手略超前。

2. 启动练习

在蹲踞式基础上的启动练习包括蹬地阶段和加速阶段。

第一，蹬地阶段，后腿蹬离起跑器，迈出第一步。

目标：离开起跑器，准备跑出第一步。

技术特点

①当双脚用力蹬踏起跑器时身体前伸并提起躯干，双手同时离开地面，并交替摆动。②后腿短暂且有力地蹬踏，前腿用力稍轻，但用力时间稍长。③当身体前倾时，后腿快速向前摆动。④蹬地动作结束时，后腿膝与髋完全伸展。

第二，在加速阶段，提高速度，并过渡到跑步阶段。

目标：提高速度，并有效地过渡到跑步阶段。

技术特点

①跨出第一步时，着地脚由前脚掌快速过渡到脚趾位置。②保持身体前倾。③每步的步长与频率都要增加。④20~30m后，躯干逐渐抬起。

加速度是速度的变化量与其用时的比值。运动员进行加速能力的训练主要是通过身体前倾做出一定的推进动作。腿部伸展，与躯干成一条直线，运动员加速能力越强，加速时前倾的幅度越大，加速度越大。

前撑蹬摆练习

练习目的

发展加速技术。

①双臂撑墙蹬摆。运动员向前撑墙壁，身体与墙壁成45°~60°，手臂伸直，髋、膝完全伸展。运动员上提一侧腿部，髋、膝弯曲90°，勾脚尖保持踝关节背屈，另一侧向下蹬地伸直髋、膝关节。上肢保持稳定撑墙的动作，两腿交替快速有力地完成练习。进行一定次数的练习后适应了基础动作，可采用单臂撑墙，一只手在原地配合大幅度的摆动进行蹬摆练习。②俯身登山。运动员采取俯卧撑姿势，手臂伸直，膝关节伸直，耳、肩、髋、膝、踝关处于同一直线上。一侧腿屈髋、屈膝将膝放在髋部下方，髋部不抬起，保持基本姿势。运动员听从指令，将弯曲的一侧腿部向后蹬直，另一侧腿前移屈髋、屈膝，两腿交替进行。进行一定次数的单次练习及不同节奏的练习后，运动员可进行连续5s的快速俯身登山练习。

注意事项

进行撑墙和登山练习时需保证身体稳定，在练习过程中不可大幅度晃动。

前倒冲刺练习

练习目的

练习前倾状态下的加速技术。

练习步骤

①运动员身体直立，采用无命令式向前倾倒的启动练习。运动员面向前方，逐渐向前倒向地面至无法保持支撑动作，而后突然启动向前冲刺，进行一段约10m的加速跑动练习。②在练习过程中，教练或同伴可拉住运动员的衣服以增加前倾角度，提高动作的练习难度。运动员在教练或同伴放手时要立即启动，加速跑完相应的距离。

注意事项

①前倒冲刺练习为一点式起跑练习，注意前倾角度、启动速度与后续的起跑动作的有效衔接。②若后拉运动员的衣服进行练习，要注意循序渐进，不可拉动过多，以免运动员启动不及时增加受伤风险。③掌握蹲踞式的起跑姿势和双脚双肩的距离。④进行跑动时可放置10~20m的跑动距离标志筒，进行启动加速练习。⑤起跑加速时不要过早抬头向前看。

3. 信号刺激练习

按信号进行的站立式起跑

练习目的

提高运动员的注意力集中度，发展运动员的反应能力。

练习步骤

①运动员进行两点式起跑姿势准备。②采用不同类型的触觉、视觉、听觉等信号刺激，进行运动员的启动能力、反应速度的练习。

- 神经反应（触觉）：通过在背后拍击运动员提供触觉刺激进行启动加速练习，主要训练"身体触感"，身体触感反应比听到声音再做动作明显要快。

- 听觉：通过口哨、发令枪、击掌和拍击木板等声音作为刺激信号，训练运动员的反应能力。

- 视觉：通过挥摆手臂、举起不同颜色的卡片给出视觉信号进行反应能力练习。

注意事项

①信号给出要及时迅速，以锻炼运动员的快速反应能力。②进行练习时信号可变化2~3次，以锻炼运动员的反应速度和加速启动能力。

泡沫棒躲闪练习

练习目的

提高运动员的反应速度和动作速度。

练习步骤

①前刺躲闪。运动员身体半蹲，下肢不动，搭档或教练手持泡沫棒，在不同的位置屈伸手臂或做出前刺动作，运动员进行躲闪。

②挥摆躲闪。运动员和教练保持一臂距离。教练持泡沫棒侧向挥摆，可从上向下进行随机变化，运动员进行快速躲闪。

③下劈上挑躲闪。教练持泡沫棒进行上下方向的劈砍和上挑进攻，运动员进行躲闪。

④组合性躲闪练习。教练将上述不同方向的进攻路线随机组合，运动员进行躲闪练习。

注意事项

①教练与运动员保持一定的距离，但距离不要过大。②泡沫棒不要过硬，以免对运动员造成损伤。

快速接掉落球练习

练习目的

提高运动员的反应速度。

练习步骤

①单人快速接掉落球：运动员向上抛出网球，趴下后快速起身，在球落地前接住向下掉落的网球。

②两人保持一步距离，持球人双手各执一个网球，两臂举于胸前，随机快速松开左侧或右侧的手，让球自由下落，运动员快速反应，在球落地之前接住网球。

③持球人可采用手臂移动的放球方式，在双臂移动中突然放球，锻炼运动员的反应速度。

④持球人可采用加速的假动作迷惑运动员，在更高速的情况下突然放球，提高运动员的反应速度。

⑤持球人可采用同时放开两个网球的方式，让运动员一起接住，增加练习难度。

注意事项

①放手速度要快，充分锻炼运动员的反应速度。②刚开始训练时运动员和持球人的距离要适中，尽可能使运动员准确、及时接球。

正面接球与背面接球练习

练习目的

发展运动员的反应速度。

练习步骤

①运动员身体屈膝，双手置于体前，躯干略前倾。持球人距离运动员3~5m，以速度、方向随机的方式（上抛、直抛、侧抛……）抛出网球，运动员快速上步接住网球。

②运动员背向抛球者，抛球者同样以速度、方向随机的方式抛出网球，运动员上步接球。建议刚开始的抛球高度为运动员头部、肩部的高度，逐渐降低抛球的高度。

注意事项

抛球速度和方向要有变化。

六角球练习

[练习目的]

借助六角球的方向多变性发展运动员的反应速度。

[练习步骤]

①运动员持球于体前，自由放球（或上抛六角球）后，快速上步抓住触地后反弹的六角球。②持球人为同伴或教练，与运动员拉开一定的距离，面对面站立。持球人松手，让六角球自由下落，运动员快速上步抓住触地后反弹的六角球。

[注意事项]

场地要清理干净，选择较为空旷的平地进行练习。六角球方向不确定性较大，避免抓球过程中受到影响。

双人镜像及变式练习

[练习目的]

提高运动员的反应速度和变向能力。

[练习步骤]

①两人面对面，一人随机在原地做动作，另一人进行快速模仿练习。②一人两侧放置两个标志桶并在两个标志桶之间进行侧向移动的冲刺变化动作，另一人快速模仿，跟上练习动作。③两人向相反的运动方向进行快速的变向练习。④两人各用4个标志桶标记出两个正方形。运动员各自站在正方形中间，一名运动员随机冲刺到标志桶前，另一名运动员镜像跟随，对移动做出反应。

[注意事项]

动作变化速度要快，两人动作近乎同步完成。

两侧变向速度训练

[练习目的]

发展侧向移动的启动速度与爆发力。

[练习步骤]

①单腿侧向跳栏架。运动员单腿站在栏架一侧，距其5~10cm，以支撑腿快速下蹲，爆发式地越过栏架，另一侧脚着地，经过尽可能短的支撑时间后重复动作跃回起始位置，重复数次练习。进行进阶练习时可在运动员面前摆放一系列栏架，采用左右连续跳跃向前行进的方式训练。

②标志桶两侧滑步－切步。两侧滑步：在运动员身体两侧放置两个标志桶（两个标志桶相距约2m），运动员半蹲，从一个标志桶开始快速侧滑步至另一标志桶，触碰标志桶后快速侧滑步回到初始位置。横切步：加大两侧标志桶的距离（相距3~5m），运动员初始位置不变，听令启动，向另一标志桶冲刺，在标志桶处切步，完成切步后立即变向，冲刺返回第一个标志桶。

Z字滑步、切步连续变向练习。（a）运动员以Z字形路线通过4个标志桶，短距离采用侧滑步的方式进行快速的变向练习，长距离采用切步变向的方式进行快速变向冲刺。（b）进阶练习时，运动员抵达第4个标志桶后可快速转体变向，按原路返回第1个标志桶;（c）同时可采用非转体变向的方式，面朝前方，后撤步返回第1个标志桶。

③滑板冲刺。运动员站在长度为2~3m的滑板上，起始动作为半蹲，蹬在一侧横挡上，同侧手臂后摆，对侧手臂屈肘置于体前。蹬离横挡快速启动，滑动至另一侧横挡，同时重心转移到另一只脚上。向左右侧各滑动4~8次，同时手臂配合摆动，完成高速的横移练习。

注意事项

①以上练习要保证在临近标志桶、横挡时切步，再在启动后加速。②在自己身体能支撑的范围，使力在一条直线上。

栏架侧向抗阻跑

练习目的

发展侧向抗阻及超速条件下的爆发式变向能力。

练习步骤

①运动员通过腰部连接弹力带，教练在距离栏架约3m的位置。②运动员以高频率的快速高抬腿依次越过栏架，配合手臂前后摆动至越过最后一栏。③借助弹力，交替高抬腿摆臂回到第一栏。

注意事项

阻力一开始不要太大，尽可能让运动员的身体保持中立。运动员在保持技术动作不变形的前提下快速完成侧向移动。

不同姿势衔接启动加速的练习

练习目的

提高运动员的快速反应能力和启动速度。

练习步骤

①运动员可以采用跪姿、俯卧、转身跑等不同的姿势，听到启动信号后进行起跑练习。②运动员进行不同姿势练习后可确定一种较为习惯或感觉较好的起跑姿势，作为日后的常态化起跑姿势。

注意事项

①动作衔接要迅速，保证动作稳定连贯。②起跑反应要快，保证运动员在非疲劳状态下进行练习。

前推冲刺跳跃

练习目的

提高加速启动的爆发力。

①徒手前推启动练习。进行练习时首先采取半蹲姿势，在运动员前方约1m处铺设跳高垫，髋、膝、踝联动，同时手臂上摆带动身体伸展，全力扑向跳高垫。

②药球前推启动练习。在前一练习的基础上增加药球作为进阶练习。双手持药球于体前，手掌拖夹药球后半部，在徒手动作基础上，通过药球前推带动身体更快完成蹬地伸展的快速启动爆发练习，倒向跳高垫。

③药球前推启动冲刺练习。将跳高垫撤走，在上一动作基础上进行前推药球接向前加速冲刺练习，冲刺距离10~20m。

④向前冲刺练习。在前面的动作基础上，体会冲刺动作练习的技术动作，训练快速启动和冲刺爆发力。

注意事项

①前后动作有序衔接，逐渐完成最终的冲刺启动练习。②强调下肢蹬地带动上肢前推动作，启动顺序由下向上，通过药球前推进一步带动加速启动爆发力的提高。

跳跃落地+横切步练习

练习目的

发展制动能力和横切启动的反应力量。

练习步骤

①跳箱落地横切练习。运动员从跳箱上跳下，双脚同时着地，进行左侧或右侧的横向切步，落地时与行进方向相反的着地脚作为启动脚发力，另一只脚迈步。

进阶练习：采用单脚落地的方式向非落地脚的方向进行横切练习。要注意初期降低跳箱高度，循序渐进。

②栏架跳跃横切步。运动员在体前交错摆放2个15~30cm高的栏架，两个栏架的侧向距离约为60cm。

运动员双腿跳过栏架后落地横切一步直接到达另一栏架前，越过栏架进行
跳跃横切第二次练习。可采用单腿越过栏架接横切步的方式进行进阶练习，
同时可采用多个栏架组合，进行跳跃—横切步—跳跃—横切步练习。

③直线跑栏架跳跃横切练习。这一练习主要发展运动员跑动中的直线和
横切冲刺变向的能力。运动员将30~70cm高的栏架放置在距离自己5~10m
的前方，启动冲刺后跳过栏架，接入横切步加速转身跑动5~10m。可进行
组合栏架练习，运动员以直线—横切—直线—横切方式进行组合练习。

侧向滑步+向前冲刺

练习目的

发展运动员从侧向滑步到向前冲刺转换的能力，及向前
冲刺向侧向滑步转换的能力。

练习步骤

①运动员保持低重心的基本姿势，进行侧向滑步5~10m
后向前冲刺10~20m；也可先向前冲刺10m左右，而后侧向滑
步5m左右。②可采用在侧滑步至向前冲刺转换位置处摆放标志桶的方式，也可采用同伴指挥运动员进行
侧滑步及向前冲刺的方式，提供特定的视觉或听觉信号，如同伴切换哨声提示运动员进行变向冲刺。

注意事项

运动员切换速度要快，切换信号要明确。

侧向滑步+冲刺追逐跑

练习目的

发展运动员快速在侧滑步和向前冲刺之间转化的能力。

练习步骤

①运动员和同伴拉开2m左右间距，两人进行几乎同步的侧向滑步练习。②在同伴突然变向进行转
体向前的冲刺跑时，运动员快速反应进行追逐冲刺跑。③进阶练习时，两人可交替进行变向冲刺追逐跑。
进行多次练习以发展在疲劳状态下的快速变向能力。

注意事项

转换冲刺时，最先启动变向的人是关键。

（二）加速能力训练基本方法

1. 抗阻速度训练

抗阻速度训练是指在运动员跑动过程中通过增加一定的阻力负荷，以提升速度训练的效果和突破提速

障碍的训练方法。

阻力跑训练可以增加运动员髋部和腿部伸肌群的力量输出速率和摆臂幅度，提高触地的前驱力和步长，使运动员加速能力得以提高。在抗阻速度训练中，运动员触地时蹬伸时间和躯干前倾角度增加，髋部和腿部伸肌群所承受的负荷增加，经过长期的训练后，运动员髋部和腿部伸肌群的力量输出速率能够得到提高。同时阻力负荷的增加会引起运动员的摆臂幅度随之增加，提高运动员触地时的蹬伸力量，抗阻训练后运动员在非负荷状态下的摆臂技术得到改善，能够有效增加触地时的水平力。

目前训练中阻力跑的方式主要有抗阻跑、阻力伞跑、拖曳跑、上坡跑、数字化训练设备练习，以及水中跑、沙地跑、风洞跑、负重背心跑等。其中训练计划的设计尤为关键，跑道的材质、弹性以及摩擦力不同，负荷的设置需要具体讨论，负荷的距离设置需要根据发展速度的具体目标来安排。其中，阻力伞跑是利用风阻增加负荷的形式进行速度训练的有效方法。与传统的抗阻训练相比，阻力伞训练在起跑时阻力较小，运动员可以快速提高速度，当达到一定速度时，阻力伞开始提供阻力并随着速度的提升而增大。在这一过程中，肌肉收缩的形式完全符合短跑的用力结构，具有发展专项的效果。相比于传统抗阻训练、上坡跑，阻力伞训练具有器械重量轻，无须考虑坡度和坡长的优势。此外，跑动时阻力伞拉力偏向后上方，这对运动员的膝、踝关节具有一定的保护作用，可降低应力性损伤的发生风险。同时在伞面积固定的情况下，阻力伞具有阻力随速度增大而增大的特点。不同水平的运动员可以在各自训练水平下获得阻力伞提供的相对最大阻力负荷，因此该训练适合不同水平的运动员。

2. 抗阻训练

练习目的

施加阻力，使身体大幅前倾、支撑腿完全伸展以及髋部前摆，深化运动员对加速动作要领的认识，提高其加速能力。

练习内容

根据具体的抗阻训练形式，进行准备，具体的抗阻训练在下面分别论述。跑动过程中将抗阻训练和释阻训练有机衔接。

注意事项

①阻力施加应先保守进行，一般不超过身体重量的10%，主要应用于运动技术模式已经定型的运动员。②不应造成运动员过分生物力学和技术动作基础的变化，充分利用抗阻训练对加速动作要领的积极作用，尽可能规避在练习中产生负面效果。③不同的阻力形式产生的阻力效果不同，如雪橇和草皮、橡胶跑道的摩擦力不同，产生的阻力效果也不同。

详细的训练手段如下。

抗阻跑

练习目的

强化后蹬技术。

练习步骤

运动员腰间套弹力带，教练或同伴在身后拉住弹力带施加阻力，配合运动员行进。运动员用力向前进行冲刺练习，全程手臂依次后摆，保证高效的摆臂动作，抗阻冲刺跑动1~30m。

还可进行子弹腰带抗阻释放（"阻力跑+超速跑"）这一变式练习：在进行拖拽抗阻跑的基础上使用子弹腰带进行加速拖曳释放练习，通过拖曳加速达到一定阻力后，弹力带会自动撕脱或人为弹开，运动员可以体会突然释放加速、超速跑动的感觉。

注意事项

①起跑时手臂摆动，增强启动第一步的爆发力，注意保持正确的加速姿势。②后蹬是克服阻力的本能反应，与此同时注意腿的前踢和上摆。③阻力不要过大，运动员在跑动过程中可采用跟进施加阻力的方式。

阻力伞跑

练习目的

增强跑动中的力量、爆发力。

练习步骤

运动员佩戴腰带，以绳索连接阻力伞，同伴持阻力伞在身后做准备。运动员跑动3~4步后，阻力伞发挥作用。根据风力和不同的降落伞型号，产生的阻力大小不同。

还可进行"阻力伞跑+超速跑"这一变式练习：运动员在以阻力伞跑这个原有训练方式进行20m左右的加速跑接近最大速度后，放开腰间连接阻力伞的魔术贴，继续进行约20m的超速跑。

注意事项

增大启动步幅，以及加快启动速度和最大速度的切换衔接。

拖曳跑

练习目的

提高加速时的爆发力，养成正确的前倾姿势。

练习步骤

运动员拖曳雪橇、负重滑车或汽车轮胎等进行启动冲刺练习，基本要求同抗阻跑、阻力伞跑。随着运动员的水平提高，可由轻负重转变为重阻力进行训练。

负重不要过大，轻负重约为体重10%，重阻力不要超过体重30%，以免影响运动员的技术发挥。

上坡跑

注意事项 练习目的

增强启动爆发力，改善身体前倾角度。

练习步骤

运动员选择低角度斜坡进行冲刺练习，利用斜坡在冲刺过程中增加的阻力，发展膝关节向前充分抬起和向后充分伸展的意识及动作技术。完成一次练习后放松走回起点，充分休息后再进行另一次的练习。上坡跑后可接平路练习。

注意事项

坡度不要太大，以免过度影响运动员的技术动作稳定性。坡度一般在3°~5°的上坡跑训练可以有效地增加髋部伸肌的爆发力。

数字化训练设备练习

近年来随着数字化训练设备的发展，出现了针对阻力跑设计的数字化冲刺训练器，如1080Sprinter等。

练习目的

数字化训练器阻力精确，教练根据需要设定时间模式、距离模式等不同的训练模式，操作便捷，可实现多功能、精确的阻力训练。

练习步骤

①通过训练器针对运动员的训练水平设计不同的阻力值、调配等张、自然惯性、无飞行重量的阻力模式，设定恒力与变力的阻力模式等。②在主机端实时监控运动员的速度、加速度、功率、力量发展速率RFD，相关结果以图表的方式直观呈现、反馈给运动员和教练。③接入PAMFA联网系统，能够进行数据的云端存储与管理。

注意事项

对运动员准确评估和对阻力精确设置，注意数据的存储和有效反馈及运用。

3. 基于助力速度训练

训练方式主要有人工牵引跑、下坡跑、顺风跑，以及助力跑。研究表明，下坡超速训练改变了运动员着地腿支撑时间的分配，提高了大腿绞剪速度，使运动员着地时拥有更小的支撑膝角与髋角，从而有利于SSC功能的发挥。需要注意的是，在抗阻训练和助力训练中都涉及负荷精细化问题，负荷设置不合理会造成肌肉损伤的风险。抗阻训练中负荷设置过大，会导致躯干前倾幅度增加，下肢三关节的活动范围减小，蹬伸不充分，影响正确的动作模式，导致下肢输出功率减小。在助力训练中，负荷设置过大，则会出现下肢三关节活动范围增大，双脚着地距离增大，制动效果增强，改变正确的动作模式。

详细的训练手段如下。

4. 超速辅助训练

练习目的

通过增加运动员的步频提高动作速度。超速辅助训练改变了运动员着地腿支撑时间的分配，提高了大腿绞剪速度，使运动员着地时拥有更小的支撑膝角与髋角，从而有利于SSC功能的发挥。

练习内容

弹力带牵拉助力跑、下坡跑、顺风跑。

弹力带牵拉助力跑

练习目的

增强启动时的加速能力。

练习步骤

用弹力带（或橡胶管）等将教练或同伴和运动员前后连接，两人相距10m拉开弹力带产生一定的张力。教练或同伴给出启动信号，运动员在弹力带的张力作用下进行10m的加速跑动。如果距离较长，教练或同伴可同时向前跑动，给予运动员持续的助力。

下坡跑

练习目的

提高运动员的步频和步速。

练习步骤

运动员选择有一定坡度的场地进行冲刺练习，利用身体在下坡冲刺过程中的惯性，提高大腿绞剪速度，减小着地时的支撑膝角与髋角，更好地发挥SSC作用，充分提高步速。还可以采用下坡跑衔接平路跑的方式。

注意事项

选择坡度较小的斜坡进行练习，以免造成过度的不适，破坏原有动作技术。

顺风跑

练习目的

顺风条件下运动员的触地时间减少，顺风能够给整个身体提供推进力，能有效减小助力训练对冲刺技术的负面影响，有效发展移动速度。

①自然风：根据测定的风向确定训练方向，根据风向条件进行顺风跑练习。②风洞训练：通过风洞模拟自然场景，设定风速进行顺风跑练习。

①超速辅助训练主要适用于技术扎实的运动员。②在练习过程中，注意尽可能规避对运动员最大速度的运动生物力学的不利影响，如尽可能规避运动员步幅过大、下坡跑时触地时间减少、重心远离身体等问题。

5. 基于功率速度训练

运动员在高速跑动过程中脚与地面的接触时间只有几分之一秒，在较短的接触时间内需要产生较大的力量从而产生推动力。基于此，运动员需要提高整体力量、功率水平以及快速发力的能力（最大力量、峰值功率、爆发力等）。

爆发力是指肌肉在克服极限阻力过程中产生最大加速度的能力，通常把力和速度的乘积称为爆发力，其也因而被称为功率。根据力–速度曲线（Force-Velocity Curve），爆发力可分为力量爆发力和速度爆发力，在绝大部分竞速项目中，很多动作皆须在极短时间内完成，讲求运动员的瞬间爆发力。因此，进行为发展速度所需的爆发力的训练，大多采用30%~60%1RM的负荷进行SSC模式下的超等长的速度–力量练习，如反向跳，以及小于30%1RM的最快速度练习（如单脚跳跃冲刺跑）等。

详细的训练手段如下。

以超等长为主的练习

基于SSC动作模式训练，缩短肌肉的拉长–缩短周期以提高运动员的动作速度和功率。

①落地深蹲跳：发展制动动作的反应力量。运动员从跳箱上落下后快速爆发式跳起，要求落地与起跳动作流畅衔接，身体尽可能向上，利用拉长–缩短周期效应有效发展在比赛中的"奔跑–减速制动–再启动"的反应速度和力量。

②跳箱侧向蹬伸：发展下肢的爆发力及反应速度。采用高度为小于小腿高度一半的跳箱或台阶，单脚踏在跳箱上，身体略前倾。摆臂向下，屈腿蓄力迅速蹬伸，爆发式地完成用另一侧脚支撑和落地，两侧交替进行，尽可能增加腾空时间和跳跃高度，减少和地面及跳箱的接触时间。

③栏架连续跳：发展运动员加速时的力量和爆发力。在运动员前面连续摆放5个在同一直线上的栏架，两两之间相距50~60cm。栏架高度依据运动员的水平而定，一般高度为5~45cm。教练可随着运动员水平提升逐步增加栏架高度。面向栏架站立的运动员双腿并拢或与肩同宽，连续跳跃5个栏架后平稳落

地。运动员熟悉技术动作后可加快落地、起跳衔接速度。

可采用侧向跳跃、单腿跳以及侧向单腿跳跃，甚至采用高度不同的栏架组合进行进阶练习。

④俯卧撑推阶侧向移动。运动员为发展上肢的动作速度可采用快速伸缩复合训练，一只手放在10cm高的台阶或杠铃片上，另一只手撑地，以俯撑姿势开始，爆发式向上推起，向一侧移动时换为另一只手撑台阶，左右各做一遍为一次练习，进行3~5次练习。

注意事项

SSC模式下的快速伸缩复合训练强调动作的速度而非肌肉的拉长长度，进行训练时需要注意减少手的触地时间。

（三）最大速度训练基本方法

在最大速度阶段，运动员的主要任务是充分利用已经获得的速度惯性和动用能量储备，同步增加步长和步频，达到和保持最大速度。最大速度阶段时，优秀运动员身体在腾空阶段并不会出现大幅度的摆动，支撑腿的髋角、膝角很小，因此，要求训练运动员较强的屈髋、屈膝能力。最大速度阶段的运动员躯干和地面垂直，头部抬起，肩部放松，以最大适配的步幅和步频完成高速的跑动，因此训练的目标是增加腿部力量，提高脚落地后蹬伸带来的推进力和爆发力，增大步幅、步频，以弹射爆发式动作发展身体的硬度和落地时的脚踝刚度。

详细的训练手段如下。

行进间30m跑练习

练习目的

以最大速度或接近最大速度进行短距离全力跑，发展最大短跑速度。

练习步骤

①教练标出30m长的加速区、30m长的最大速度区和30m长的减速区。②运动员以站立式起跑姿势

进行准备。③在前30m加速到最大速度，在最大速度区保持步频和节奏，后30m逐渐降速。④练习组数、次数、间歇时间推荐：可以在训练课中安排3组×3次的练习（两次练习间歇2~3min，组间歇5~8min）；若进行该练习较晚，运动员明显感到疲劳，可在其他练习前安排2组×2次的练习（两次练习间歇2~3min，组间歇5~8min）。

注意事项

①将该训练放在训练课中，或训练课前半部分进行，避免运动员在疲劳状态下进行速度练习。②为保证练习效果和训练强度，一组练习重复次数不超过3次。如果运动员在最大速度区内出现速度降低的情况，则不再进行该练习。③为重点发展磷酸原供能系统，需要保证充分的间歇时间。两次训练之间恢复时间为2~3min，组间恢复时间为5~8min。④青少年运动员可减小练习距离，进行"10m跑""20m跑"等的最大速度跑练习，进行退阶练习，保证练习区域内的最大速度。⑤高水平运动员可增加练习距离，采用更长距离的"40m跑"进阶练习。

（四）速度节奏训练基本方法

速度节奏是指身体或器械位移速度阶段性的变化特征，其在计时类项目中起到了关键作用。在相关的文献中发现，速度节奏可以划分为6种类型，即全冲节奏、快起节奏、满起节奏、匀速节奏、抛物线型节奏、变换节奏。节奏的不同，源于不同运动员能量代谢特征，以及不同的技战术安排，甚至其和运动员的心理变化、参赛经历有关。如在短跑训练中，通常采用的速度节奏训练有"20m快+20m慢+20m快+20m慢"的变速跑，不同间距的跑格、跑栏练习，以及利用步点、声音等的节奏练习。长期的变速跑或变换节奏训练，能够有效地提高运动员神经的灵活性，打破肌肉收缩时能量供应的固定模式，帮助突破提速障碍。

详细的训练手段如下。

跑栏练习

练习目的

提高步频、节奏能力及下肢的协调性。

练习步骤

①直线跑栏练习。放置8~10个15~30cm高的栏架，栏间距约0.9m。过栏时快速提膝勾脚尖，以及快速地后蹬后摆连贯进行跑动，栏间以2步完成，或大步幅1步完成。练习过程中，越过栏架的摆动腿相同。②分栏跑练习。采用相同的栏架规格和摆放间距，对应左右腿的跑动直线方向交错放置栏架。跑动过程中，以左腿左侧栏、右腿右侧栏，栏间2步的方式快速行进，基本模式与直线跑栏相同。

注意事项

栏间距根据个人的步幅和水平进行设置，可随能力提升逐渐增大间距，提升跑动步幅。

三、速度训练的计划设计

（一）速度训练基本要素

1.训练负荷

训练负荷包括训练量和训练强度。

2.训练量

训练量是指所做的功，比如速度训练课中的跑动距离及跑动次数等。

3.训练强度

训练强度是指所努力的程度，以个人最佳表现的百分比来设置。比如：速度训练课中，基于最好成绩的百分比设置时间要求，以及对两次重复的间隔时间进行要求，来达到训练计划的强度要求。

4.组/次训练间歇

组/次训练间歇是指两组或两次练习之间的休息时间。

5.训练频率

训练频率是指在训练周或某训练周期内训练的次数。

6.训练场地

训练场地是指训练场景设置情况，比如：塑胶跑道、软道、沙滩、草坪、山地、戈壁、水中和悬空等。

（二）速度训练计划安排原则与计划制订

1.速度训练计划安排原则

（1）符合专项需求。发展速度能力时，需要立足于项目需求来看速度能力发展问题，应该考虑项目的生物学特征、能量代谢来进行训练计划的设计。

（2）注重质量高于数量。速度训练对神经肌肉系统的要求较高，需要运动员具有较高的兴奋性，因此速度练习应该安排在运动员生理机能状态较好时，保持较低的训练量和较长的恢复时间。

（3）建立正确的技术模式。正确的技术模式是发展速度能力、提高经济性的前提，不正确的技术模式往往会造成所谓的"能量泄露"。所以在速度训练的初期阶段，建立起启动、加速、保持最大速度的正确的跑动技术，更有利于速度能力的长期发展。

（4）量化训练负荷构成。训练负荷的构成包括训练强度和训练量。训练强度和量的设置依赖于教练或辅助人员对训练手段对应的刺激较为熟悉，每次训练课一般安排3~4组，4~6min的间歇时间，每周的训练课次数为1~2次。同时教练还要理解不同手段、不同组合、不同顺序对运动员速度能力提高的不同效果。

（5）遵循训练周期安排。速度训练的安排在一般准备期占比较低，在专项准备期占比较高，在比赛期的占比较低，一般准备期主要发展运动员的力量水平和有氧水平，较高的力量水平是速度训练的基础。在比赛阶段，要保持神经肌肉的兴奋性，防止造成疲劳，影响比赛发挥。

（6）循序渐进。"由远及近，由慢到快"。发展速度能力时，应该先从远距离训练开始，具备一定的有氧能力基础后，慢慢过渡到速度训练。在速度训练过程中先设置比较低的速度要求，再慢慢提高速度要求。

2. 速度训练计划制订

启动速度、加速能力、最大速度能力训练计划示例见表10-1。

表10-1　训练计划一览表

训练手段		训练目标	跑动距离	重复次数×组数	次/组间间歇时间	练习强度
平地反应冲刺		反应速度	20m	6×1	走回来所需的时间	
阻力释放跑		启动速度	15m	4×3	走回来所需的时间	
起跑练习		启动速度	15m	4×3	走回来所需的时间	
深蹲前抛球		启动速度	15m	4×3	球抛回来所需的时间	
空跑练习		加速能力	20~80m	6×1	3~5min/6~8min	
阻力跑	负重雪橇跑	加速能力	40m	6×1	1.5min	90%~95%
	负重背心跑	加速能力	40m	6×1	1.5min	
	降落伞跑	加速能力	40m	5×1	1.5min	
	上坡跑	加速能力	20~40m	5×2	1.5min/5min	
	速度训练设备练习	加速能力	40m	6×1	1.5min	
助力跑	下坡跑	最大速度能力	50m	6×1	1.5min	
	牵引跑	最大速度能力	50m	6×1	1.5min	
	速度训练设备练习	最大速度能力	40m	6×1	1.5min	

（1）启动速度训练计划制订范例。常见的启动速度训练有阻力释放跑、不同姿势启动练习、深蹲前抛球等。

（2）加速能力训练计划制订范例。常见的加速能力的训练主要有空跑练习、负重雪橇跑、负重背心跑、降落伞跑、上坡跑、速度训练设备练习。通常在阻力负重中，以速度下降20%的临界点作为发展加速能力的强度，以速度下降10%的临界点作为发展最大速度能力的强度。过大的阻力跑负荷会导致运动员躯干前倾幅度的增加和踝、膝、髋关节的屈伸范围减小，进而导致运动员在触地时蹬伸不充分，不利于力量输出速率的提高和正确短跑技术的掌握。

（3）最大速度能力训练计划制订范例。常见的最大速度能力的训练主要有下坡跑、牵引跑、速度训练设备练习。在阻力跑和助力跑中，目前普遍认可的是通过空跑下的速度情况和阻力或助力负荷下的速度情况，来设置最佳的训练负荷。通常情况下，在助力训练中，使用的助力负荷应使最大速度超过原有速度水平的5%~10%，此外斜坡跑的角度一般在2°~5°。

（4）提高节奏能力的训练计划制订（表10-2）。

表10-2　训练计划一览表

训练手段	训练目标	跑动距离（m）	重复次数/组数	次/组间歇时间（min）	练习强度	练习频率（次）	适用阶段
小栏架跑	发展步频为主	40~60	3~4/2~3	6~8/8~10	80%~95%	1~2	专项准备期
	发展步长为主	40~60	3~4/2~3	6~8/8~10	80%~95%	1~2	专项准备期
	提高节奏能力为主	40~60	3~4/2~3	6~8/8~10	80%~95%	1~2	专项准备期

现在的步长为原有单步的98%~99%，以发展步频为主时，栏架间距缩短5~15cm；以发展步长为主时，栏架间距增加5~15cm；以发展节奏为主时，栏架间距等于（以发展步频为主时的栏架间距+以发展步长为主时的栏架间距）/2。

比如，某知名运动员的节奏训练为每周两次，一次是跑格练习，另一次是带栏的专项节奏训练。跑格练习具体跑法有2种。第一种为均衡跑法，即格与格之间距离恒定在2.20m左右，每次课上跑8~10次。第二种为混合跑法，将格分为大、中、小3种距离。大格距离为2.40~2.45m，中格为2.20m左右，小格为1.90m左右。具体放置如下：先小格放6格，后放中格6格，再放大格6格，最后再放中格和小格各4格。要求是以较高步频跑小、中格，再跑大格，最后再加快步频跑后面的 中、小格。这个练习主要发展步频，但对于步长的发展也有一定的帮助。

（5）特殊环境下的速度训练计划制订。除了常见的阻力助力和训练之外，还有一些特殊环境下的速度训练。这类训练的特点是对训练场景的要求较高，需要特定的训练环境，比如水中速度训练（利用水中的阻力增加训练负荷）、沙滩（草地）速度训练（提高踝关节的力量）、悬挂速度能力训练（通过降低身体重量，减轻着地时的下肢负荷，提高神经的支配能力，提高步频）、风洞训练，以及针对游泳运动员设置的水槽训练。

（三）速度辅助性练习

原地摆臂练习

练习目的

精进运动员的冲刺摆臂技术。

练习步骤

①运动员首先进行坐姿原地摆臂练习，手臂放松，有节奏地进行前后摆动，五指分开，肘关节成90°。一只手向上摆动到头部高度，另一只手向后摆动到髋部高度，手臂前后摆动时不越过身体中线。

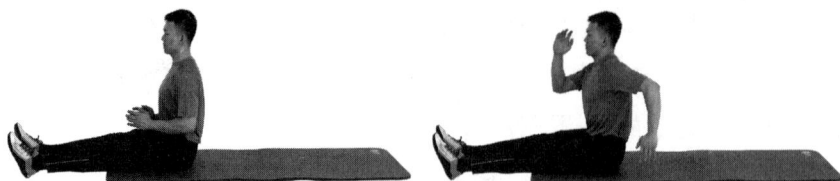

②运动员双脚前后分开。在坐姿的基础上进行摆动练习，可逐渐增加动作幅度和动作速度，进行更大范围的和更快速度的原地摆臂练习。

③在前两个动作基础上增加轻负重，如采用0.5~2kg的哑铃、沙袋等，进行原地摆臂练习。

注意事项

①原地坐姿摆臂练习时体会摆臂动作要领，注意不要用力过猛将身体抬离地面。②摆臂过程中增加负重要循序渐进，以不影响摆臂动作质量为原则。

扒地跑

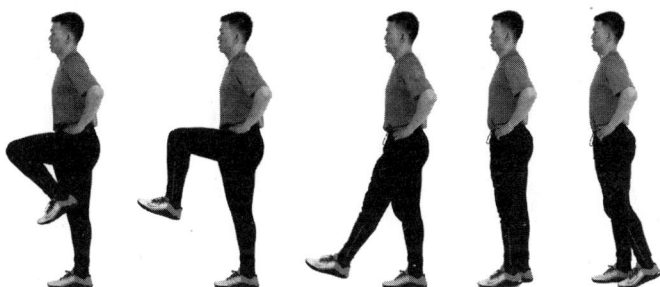

练习目的

精进高速跑时的扒地下压技术。

练习步骤

①原地扒地。运动员原地站立，一侧腿进行提膝、前伸、回拉下压及主动扒地的动作练习。练习时注意屈踝下压，脚跟移动到髋部下方，单腿轮转5~10次后换另一侧。运动员进行练习时身体略前倾，动作重点在于前脚掌主动下压，可在基本动作练习基础上开始军步走或垫步跳。

②直膝扒地跑。运动员先进行前直踢腿下压扒地练习，身体保持直立，尽量伸直双腿，以高频率、快节奏进行下压扒地的动作练习。运动员五指张开，屈肘90度，快速前后摆动配合完成练习。

③屈膝扒地跑。运动员进行小幅度的屈膝扒地跑，腿像鞭子一样甩出去，脚着地时正好落在身体正下方。

④高抬腿扒地跑。在直膝的基础上，运动员通过高抬膝关节，增加动作幅度，逐渐接近高速跑动时的动作，此时扒地下压时应勾脚尖，体会扒地下压时推进身体向前的感觉。

注意事项

①动作要逐步过渡，前后紧密衔接。②保持勾脚尖的动作，便于与下压蹬地的动作流畅衔接。

折叠跑

练习目的

强化跑动时腿部回摆的技术动作及快速摆动能力。

练习步骤

①踢臀跑。运动员向前先进行小幅度跑动，行进过程中脚后踢，脚跟尽可能触及臀部，手肘弯曲放松并前后摆动。

②折叠跑。此练习不需要刻意向后踢臀，但需要在膝关节前摆时就将脚跟快速拉高到臀部下方。运动员可想象自己贴着墙壁，完成的动作为脚跟贴着墙壁向上提起到臀部。

高抬腿跑

练习目的

提高运动员冲刺时的技术协调性。

练习步骤

①高抬腿跑有以下类型。a. 一级基础型高抬腿。运动员进行练习时身体中立朝向正前方，高抬大腿至与地面平行，勾脚尖上提，大腿向下时脚掌扒地下压，向前行进。手臂向前摆动至手掌到胸部高度，向后摆动至手掌到臀部高度，以可控的速度进行行进间练习。b. 二级弹振型高抬腿。基本技术动作与一级基础高抬腿相同，在此基础上保持一定节奏进行交替弹振式跳跃，同时腿部伸展下压及上提动作幅度增加，上肢摆臂幅度增大。c. 三级跑跳型高抬腿。运动员双腿在二级弹振型高抬腿基础上，继续加快节奏，保持提膝高度，向下蹬踏，主动扒地用力，支撑腿后蹬充分，腾空行进。身体高度高于二级弹振型高抬腿练习中的身体高度。

一级基础型高抬腿　　　　　二级弹振型高抬腿　　　　　三级跑跳型高抬腿

②根据运动员情况可进行高抬腿的节奏和动作变化，如两步一高抬、三步一高抬，或进行单侧高抬腿集中练习。可单独将每个动作安排2~3组，每组行进10m左右。也可进行渐进式组合练习，使用一级训练动作移动10m，过渡到使用二级训练动作移动10m，过渡到使用三级训练动作移动10m，此为一组，进行2~3组练习。

注意事项

①高抬腿练习一般用于专项热身练习或进行技术动作的学习和教学过程。②为建立体前技术动作感受和痕迹，增强跑动中的肢体协调性，须进行技术动作的合理监控，保证动作与跑动中的技术动作的高度关联。

后蹬跑

练习目的

强化蹬地动作和体后技术。

练习步骤

①运动员通过腿部全力蹬伸向前行进，蹬地行进距离越远，腾空时间越长。②前腿高抬，充分上提膝关节，后腿以脚趾蹬离地面，尽可能完全伸展。③手臂前后交替大幅度摆动，有力带动身体。

注意事项

强调后腿尽可能完全伸展，蹬地向前推进身体时尽可能向远跳。

单腿跳

练习目的

发展支撑腿落地蹬伸时的推进力与爆发力。

练习方法

运动员单腿向前跳，跳跃腿尽可能增大弯曲角度以获取大的起跳力量。向前起跳摆动时跳跃腿要高抬膝关节，保持髋部处于较高位置，发展腿部力量和稳定性。

踝关节训练

练习目的

发展踝关节的弹性和力量水平。

练习方法

运动员以直膝向前行进的方式充分刺激踝关节。行进练习时，半脚掌触地，尽可能减少和地面的接触时间，头朝前看，脚趾接触地面要短促有力，通过小步幅、高步频的方式快速完成。

四、速度能力的训练科学目标和注意事项

提高最大速度能力；提高加速能力；提高速度耐力；提高跑道节奏感；提高动作协调性；提高爆发力；循序渐进地提高；针对短板进行训练；综合提升各项能力；预防伤病；速度训练不一定都在跑道上进行。

五、速度训练的原则和要求

（一）注重质量高于数量

速度训练对神经肌肉系统的要求较高，需要运动员具有较高的兴奋性。因此，速度练习应该安排在运动员生理机能状态较好的时候进行，同时保持较低的训练量和较长的恢复时间。

（二）逐步建立正确的技术模式

正确的技术模式是发展速度能力、提高经济性的前提。不正确的技术模式往往会造成所谓的"能量泄露"。因此，在速度训练的初期阶段，就要建立起正确的启动、加速、最大速度跑动的技术，这样更有利于速度能力的长期发展。

（三）把握专项运动的速度需求

发展速度能力时，需要立足于本项目的专项需求来看待速度能力发展问题。速度能力要符合专项运动的本质规律和专项特征。例如，短跑、中长跑和马拉松的速度要求是不一致的；拳击、举重、跳水、球类、体操和武术等项目的速度要求也是不同的。速度能力训练应该考虑项目特有的规律、特有的供能途径和运动表现特征、特有的内在生物学、能量代谢和神经生理规律特征来进行训练计划的设计。

（四）理解速度训练负荷构成

训练负荷的构成包括训练密度、训练强度、训练量、训练组数、次数、训练持续时间以及间歇时间等。训练强度和训练量的设置需要教练员或辅助人员对训练手段对应的刺激较为熟悉。一般来说，每次训练课可以安排3~4组，每组之间有4~6分钟的间歇时间，每周的训练课次为1~2次。同时，还要理解不同手段、不同组合以及不同顺序对运动员速度能力提高的不同效果。

（五）知晓训练周期安排

在一般准备期中，速度训练的占比相对较低；而在专项准备期中，其占比则相对较高；在比赛期，速度训练的占比较低。一般准备期主要发展运动员的力量水平和有氧水平，良好的力量水平是速度训练的基础，为专项准备期铺垫。在比赛期阶段，要保持神经肌肉的兴奋性，防止造成疲劳，影响比赛发挥。不同的训练周期应有不同的训练内容和速度能力发展重点，必须尊重训练周期的安排和运动员的成长周期规律进行训练，不可急于求成也不可拖沓滞后。

（六）重视个性化特征

每位运动员都有其独特的个性化特征，包括年龄、性别、形态、骨骼、肌肉、生理、供能、神经、内分泌、性格、品质、思维和适应等。因此，速度训练不能千篇一律地采用相同的方法和手段进行；而应该根据运动员的个性化特征来制订适合他们的训练计划；以因材施教和因人施教为基本原则，重视个性化特征的科学训练。

小结

速度能力的外在决定因素是与力量、爆发力、协调性、灵敏性、频率、节奏、柔韧性、稳定性和一致性等分不开的。速度表现是身体能力和素质综合作用和高效协同的系统输出结果，是各种身体素质和能力的集合协同作用和共同表现的结果。

速度能力的内在决定因素是神经调节和能量代谢。这与运动员的神经类型、神经冲动的传导、能量供给、能量输出、生化反应、运动单元动员数量、肌纤维类型和身体各大生理系统相互作用和协同工作等密切相关，其中，能量供给是速度能力表现的决定性因素。

田径运动和游泳运动等竞技的本质特征就是比拼速度能力，速度能力是决定田径和游泳等项目的关键因素。

速度能力的科学化训练多种多样，必须遵守专项原则和个性化原则。适合专项需要和运动员个性化特征的速度能力训练，才是速度科学化训练的关键和根本原则。

思考题

1. 简述速度能力的分类，阐述常用技术术语的概念。
2. 简述速度能力产生的生物学基础和物理学基础。
3. 简述速度训练的基本方法。
4. 简述速度训练的原则和要求。

第11章

灵敏性训练的基本方法 与计划设计

任满迎

📖 学习目标

➢ 理解灵敏性的基本概念与训练原则。

➢ 掌握灵敏性训练的基本方法，并且能在训练实践中熟练应用。

➢ 学会设计和制订灵敏性训练计划，并在训练实践中有针对性地安排灵敏性训练。

📋 知识导图

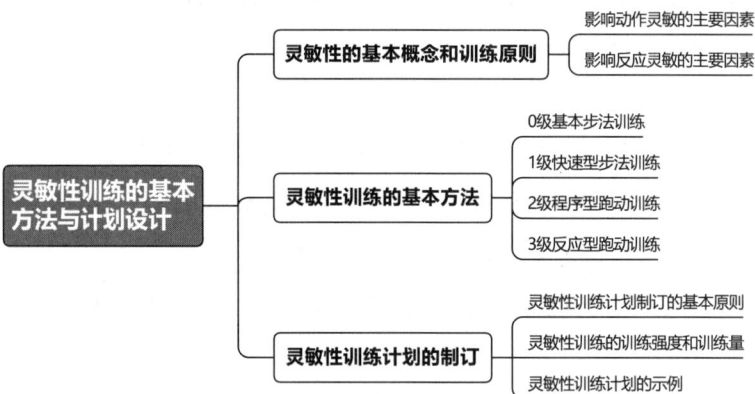

导语

　　灵敏性对绝大多数的运动员来说，都是一项核心的运动能力。运动员可以通过变速或者快速而果断地变向进行突破、得分或防守，这可能会改变整个比赛局势。灵敏性不是一种简单技能，相反，它是一种复杂、综合且专项性很强的运动技能。从复杂性来说，2002年，扬·詹姆斯·蒙哥马利曾经尝试确定影响灵敏性的主要因素，将灵敏性的组成分成了两个主要范畴：变向速度和感知决策能力。变向速度即强的速度能力（加速能力和减速能力）、大的力量和爆发力、高的力量增长速率、快速的反应、强的协调能力与平衡能力、合理的关节灵活性与稳定性、正确的技术、正确的触地、强的身体姿势控制能力、理想的身体条件（身材比例、身体成分）等，而感知决策能力即广阔的视野、高水平的专项动作模式和对比赛情景模式的认知能力以及出众的预判和决策能力。灵敏性的发展具有综合性和专项性。例如，可以通过丰富的技能练习来训练变向能力，但假如运动员不具备强的爆发力和快的加速度或无法在转向前减速，那么变向能力无从谈起。同样，在很多高水平的运动项目中也有很多这样的例子：有些运动员能够完美地理解其从事的运动项目，以至于即便没有出众的身体素质，也总能在比赛中轻松摆脱对手，或总是能够占据球场上的有利位置从而获得空间优势。

事实上，不同运动项目所需要的灵敏性是不同的。例如，在足球、篮球和橄榄球等进攻型运动项目中，对运动员的要求是：有能力加速进入对手所占据的空间，或创造空间优势，以赢得更好的得分机会。在诸如排球、网球、羽毛球或者乒乓球这类隔网对抗类项目中，运动员为了拦截和击回一个球，需要快速移动到一个最佳的位置，然后减速以保持身体稳定，最终将球高质量地击回。但无论哪种灵敏性，都必须从身体和认知两个层面来安排针对变向能力和感知决策能力的训练内容。只有这样，运动员才能真正提升灵敏性。

一、灵敏性的基本概念和训练原则

鉴于大多数运动项目中灵敏性的应用场景，灵敏性可被定义为，在应对一个或多个刺激时，突然改变运动方向和速度所必需的能力和技能。这里说的"必需的能力和技能"就是指变向能力和感知决策能力。基于前人的研究，灵敏性分为动作灵敏（主要指变向能力）和反应灵敏（主要指感知决策能力），而影响动作灵敏和反应灵敏的主要因素（图11-1）也需要进行详细剖析，以此来确定针对每个因素的训练原则，更好地对运动员进行灵敏性训练。

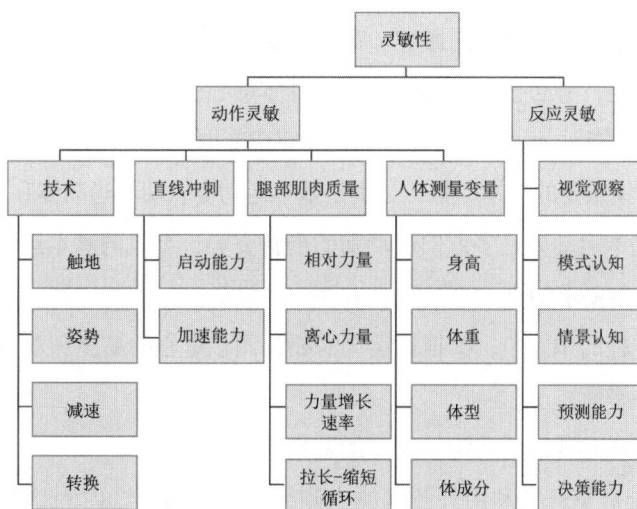

图11-1 灵敏性的主要影响因素

资料来源：YOUNG W B, JAMES R, MONTGOMERY I. Is muscle power related to running speed with changes of direction [J]? Journal of Sports Medicine and Physical Fitness, 2002,42 (3) :282-288.

（一）影响动作灵敏的主要因素

1. 触地

要知道触地是加速、减速和变向的起点。着地前的踝关节积极背屈，可以加大小腿三头肌的离心收缩程度，这样可以提高小腿三头肌的紧张度，从而提高快速伸缩的效率（快速释放弹性势能、提升肌梭的牵张反射效果）。踝关节是人体典型的省力杠杆（其动力臂较长，动力较小，所以省力），而生物力学原理告诉我们：省力者失速度。踝关节主要的功能是在人体跳跃、加速等爆发力性动作过程中，通过强大的力学优势传递臀大肌、腘绳肌和股四头肌强烈收缩产生的蹬地力量和地面因此产生的反作用力，以实现加速、减速和变向。

高效的触地技术，使运动员能够优化反作用力的使用方式。运动员脚触地前，腓肠肌、比目鱼肌和跟腱被预先拉伸，脚踝被迫背屈。背屈的脚踝可以使运动员快速地对地面施加力。运动员以前脚掌着地（并非脚趾）可以获得最佳的地面反作用力。脚接触地面时主动背屈意味着运动员脚的大部分接触地面（尽管脚跟不接触地面）。教练可以拿一张信用卡放在脚跟与地面之间，这个距离不应更大。当运动员能正确落地与蹬地时，就会听到不同的脚步声。如果听不到清脆的脚步声，可能代表运动员用脚趾着地。

此外，在完成变向过程中，由于身体移动方向和变向动作的不同，往往使用前脚掌的内侧缘（例如，切步中的外侧蹬地脚）或者外侧缘（例如，交叉步的内侧蹬地脚）蹬地来产生驱动力量。但无论是前脚掌的内侧缘还是外侧缘，在触地瞬间都需要踝关节主动背屈来提高小腿三头肌快速伸缩的效率。

2. 姿势

合理的姿势对灵敏性的表现至关重要。动作是运动的外在表现，而任何动作都可以分解成若干个主要姿势，这些姿势是身体在执行动作时所经历的关键形态，就如同视频由一帧一帧的图片构成一样。加速时避免身体过度前倾以及减速时减小前倾角度都是进行灵敏性训练时的姿势要点，头部应保持自然姿势，目视前方。运动员应该尽可能地在动力线上推进。

姿势的完整性是高效移动的三大主要因素（完整的姿势、最佳动作模式、全幅度最大功率输出）中的基础因素，受关节的灵活性和稳定性共同影响。在减速和变向前，降低身体重心是关键。如果运动员踝关节或者髋关节灵活性不足，势必会影响其有效降低身体重心；如果运动员的躯干稳定性不足，在其完成切步变向时缺少侧向减速能力，就会花费更多的时间完成变向，还会增加运动员受伤的潜在风险。

在灵敏性训练中有几项重要的基本姿势，分别是基本运动姿、切步运动姿和交叉步运动姿。

（1）基本运动姿。基本运动姿是多方向运动前的准备姿势，有效的基本运动姿有助于快速有效地转换到不同方向再加速。基本要求如下。

①下蹲的同时保持脊柱的中立位；②根据运动需要，调整重心的高度和双脚的距离；③重心放在双脚的内侧缘；④保持重心平衡。

（2）切步运动姿。切步是变向的关键。切步的基本要求如下。

①双脚的间距要大于肩宽；②利用外侧脚的内侧缘蹬地发力；③内侧腿控制时的摆动应与内侧肩保持一致；④调整摆动腿的摆动角度，以减少腾空时间。

（3）交叉步运动姿。交叉步是在相对长距离范围内完成变向的转换动作，通过内侧脚的外侧缘蹬地发力，外侧腿快速向内侧摆动，完成相对大范围的移动。交叉步一般会与滑步和切步整合。交叉步运动姿的基本要求如下。

①利用内侧腿的脚的外侧缘蹬地发力；②外侧腿摆动时应靠近身体；③肩轴（双肩构成的冠状轴/额状轴）与髋轴（双髋构成的冠状轴/额状轴）对向旋转；④调整摆动腿的摆动角度，以尽可能减少腾空时间。

3. 减速

在很多球类运动的赛场上，运动员减速非常常见，通常基于以下两个原因：为了变向而必须减速，更多的时候仅仅是为了从高速有效地过渡到低速（例如，在足球运动中从冲刺过渡到慢跑或走动）。在实际运动中，任何变向前的减速行为，往往涉及腿部和髋部的不对称动作，这时候就要求运动员通过高效的身体姿势来控制各种旋转力量。

直线减速和制动的力学原理与直线加速的力学原理是截然不同的，关键在于通过有效的身体姿势让运动员对地面施力，从而降低身体重心前移的动量。从本质上来讲，减速就是运动员通过努力把重心带回到支撑面上，从而从行动性动作回归到稳定的姿态。这不仅需要出色的减速和制动技能，还需要身体后侧动力链肌肉的离心收缩能力和较高的地面反作用力。减速前的速度越快、实施减速运动员的体重越大，对以上要求就会越高。因而，运动员需要强壮的身体来做出有效动作，同时需要专门进行主要肌群的离心力量训练来降低损伤概率。

减速一旦开始，运动员就会背屈脚踝，为脚跟触地做好准备。此时，脚的触地位置会在重心之前，由此产生的地面反作用力会降低身体向前的动量，逐渐使重心更加接近支撑面。当运动员迅速通过足的滚动产生有助于减速的水平制动力时，制动力会被膝关节和髋关节肌群离心收缩吸收掉。

运动员一般通过小碎步来安全减速，双脚和地面之间通过高频率的触地动作产生更大的相互作用力，这样就更加有利于腿部和髋部伸展肌群把减速产生的高强度离心力量完全吸收。在整个动作的过程中，运动员会降低身体重心，增大支撑面积。同时运动员在减速过程中，需要保持肩部和髋部持平，同时保持头部和躯干正直。这有利于运动员在减速之后，在任意方向上快速过渡为任意的动作方式，否则他们在任意既定方向上再次加速的能力将会受限。

4. 转换

灵敏性动作中往往包含一些转换动作，以便经济而有效地实现不同运动模式之间的过渡和衔接。比如，在篮球比赛中，一个防守球员在盯防过程中可能会快速冲向他正盯防的持球进攻球员，在对方传球前进行减速，同时找准机会，向正确的方向加速横移几步，以占据空间优势实现断球。衔接向前、向侧、向后的转换步法可以为运动员创造明显优于对手的空间和时间优势，还能让运动员在比赛过程中，以一种节能且高效的方式在球场上来回跑动。

任何转换步法都以运动员移动准备作为起点，通过合理的身体姿势向多方向移动，并且必须有一个刺激来使运动员做出反应或做出移动决策。基于这一原因，对需要提升灵敏性的运动员而言，准备姿势都是非常重要的。

后退步是一个常见的转换步法，既包含直线后退步，也包含斜线后退步。在完成后退步时，要一直保持肩部和髋部持平，以保证对运动方向的任何必要变化做出有效的反应，确保髋部能够在下一刻向任何需要的运动方向转动，脚踝保持背屈姿态，用脚尖向后接触地面，保证重心向后移动时向前亮出自己的鞋底，可以通过适当调整蹬地的方向，通过脚内侧或外侧来施加一个侧向蹬地的力量，把后退步变为非线性移动。

侧滑步是短距离内最简单的对变向做出反应的转换步法。基本技术就是运动员半蹲，通过驱动脚的内侧向摆动脚的外侧侧向蹬地。运动员在驱动腿蹬离地面后，向移动方向侧向跨步，然后利用腹股沟处的肌肉侧向拉动身体来实现身体的侧移。请牢记，在侧滑步过程中，是驱动腿的推动而非摆动腿的拉动。这是因为，推动比拉动更为有效，拉动动作不仅力量更小、速度更慢，还会增加支撑面积，从而造成运动员的移动效率降低。而推动动作则会使运动员的脚部保持与地面有力且快速的接触，支撑面积更小，更有利于移动，并且这种方式能使侧滑步更容易过渡到如基本运动姿势之类的姿势或动作。

5. 变向

变向是灵敏性的核心能力，是减速动作、转换动作、关键身体姿势的整合技能。好的变向能力既可用于创造有利的空间优势摆脱防守，也可用于在打网球时从准备位置移动到正手位或反手位并在移动中拦截一个目标。运动员必须能够通过高水平的力量增长速率在短时间内产生能够控制整个运动链需要的力矩，同时具有高水平的功能性力量，使运动员在实施变向过程中，在水平面或额状面上蹬地发力时，产生有效运动，并防止受伤。

变向包括了静态变向和动态变向。静态变向一般包括在不同的角度范围内的转弯与加速。角度越小，越容易完成变向，并且可利用的技术越丰富，但所有这些技术都有共性，即：首先降低重心并由头部和肩部主导朝移动方向偏移，手臂迅速而有力地摆动，帮助身体朝目标方向转动，随着运动员进入加速状态，身体前倾，重心移到主导腿之前，蹬地腿完全伸展，以保证用直线姿势驱动加速。在这个过程中，需要先转头再转肩，最后转髋。先转头利于运动员争取更多的时间对运动场景的变化进行观察，并对其做出反应，而最后转髋有利于爆发力的产生。

常见的静态变向有转身步和交叉步。转身步需要运动员首先将重心移向内侧腿（与转动方向相同的一侧腿），同时给外侧腿的伸肌施加压力，然后内侧腿向目标方向外旋，外侧的手臂会快速从体侧摆过，带动躯干转向目标方向，随着内侧腿完全伸展，身体完成全幅度旋转后加速进入直线冲刺。而完成交叉步时，运动员的躯干相比于转身步更加挺直，但同样需要先把重心从双腿支撑转移到内侧腿支撑作为开始。内侧腿外旋的同时，外侧腿在离地前先轻微内旋，然后在内侧腿继续与地面保持接触时，靠近身体向内侧腿方向提膝从体前交叉跨步，同时外侧手臂用力向后摆臂。完成交叉跨步后，外侧腿摆动后迅速向下蹬地发力，同时内侧腿从后方快速随摆，还原成基本运动姿。

从静止状态开始变向，运动员往往会通过快速的小幅度预蹲动作把重心移向支撑面的后方（目标移动方向）来启动动作。而在加速中实现变向，运动员往往需要先完成几步减速，再完成高效的变向动作。减速过程中，通过脚跟到脚尖的转换动作，减小步幅，同时保持步频，通过肌肉连续快速的离心收缩产生强大的力量缓冲重心前冲的势头。请注意，运动员在变向前会降低身体重心，并将重心移向转身方向相反的方向，支撑脚通过在变向前最后一次远离旋转轴（另一条腿）的方式触地，产生更大的力矩（转向力），这有助于肌肉完成快速伸缩，从而使运动员快速变向并增强加速能力。

6. 加速

灵敏性本质上是一种复合式速度，速度更快的运动员将比对手更有竞争优势，例如在变向后更快地加速摆脱追逐者。在大多数球类项目中，运动员都非常重视速度，但是因为在球场上很少有冲刺超过30m再变向的情况，也很少有摆脱后再加速超过30m的情况，所以球类运动员更关注30m以内的加速能力。加速度是速度变化的快慢比率，运动员需要在相对较短的距离内，通过加速快速取得速度优势，这就需要重点训练加速的技术。

由于速度由步频和步幅综合决定，在直线加速中运动员需要重点关注以下要素。首先，大多数球类运动都需要从静止状态或者摆脱对手后进入加速过程，为了更有效地增加水平方向的冲量，运动员加速时应该明显向前倾斜重心，充分蹬伸驱动腿，使前脚掌与地面的接触点位于重心正下方或者位于重心在地面投影点之后，这样有利于减小引起运动员减速的阻力。其次，需要注意蹬离地面时，要充分伸展髋、膝、踝，以增加蹬地的力量。在由蹬伸向摆动过渡的过程中，摆动腿踝关节要主动背屈，同时屈髋屈膝，使脚直接在髋部以下快速通过。双臂在体侧屈曲约90°用力地前后摆动，身体存储的弹性势能和牵张反射引起的反射性收缩会使手臂更有力地摆动，从而让腿的蹬伸更加充分。

在冲刺过程中，髋部伸肌和股四头肌的力量和爆发力水平决定了步幅，而髋部屈肌和股后肌群对步频的提高做出了主要贡献。尤其是股后肌群作为多关节肌，不仅在蹬伸阶段能通过迅速地收缩帮助髋部伸展，在恢复阶段还负责减慢小腿的速度为落地做好准备。

与直线冲刺不同，侧向移动需要更多的髋部外展肌群主动参与。即使在冲刺阶段，臀大肌的收缩不仅会使股骨在矢状面上伸展，还会使股骨在水平面产生旋转的趋势，这就需要髋关节内收和内旋肌群的参与。所以，要想提高动作灵敏性，应该尤其注重增强髋部屈肌、股后肌群和髋关节周围肌群的力量。同时，还要关注股后肌群的柔韧性，如果股后肌群过于紧张，就会限制加速过程中提膝的高度，并降低屈髋的速度和效率。

7. 力量

力量是人体肌肉或者肌群产生的最大作用力，在发展运动员灵敏素质时，增强力量水平对移动速度提升来说至关重要。但是由于灵敏性所需要的速度要求，运动员在大多数移动变向过程中，都不可能发挥出最大力量水平。此外，由于灵敏性往往是驱动身体自重产生高速运动，所以相对力量比绝对力量更重要。由于灵敏性动作需要强大的减速制动能力，应考虑重点提高运动员离心收缩的力量。就部位而言，灵敏性训练对能够稳定躯干和下肢关节的深层肌肉提出了更高的要求。例如，在完成变向过程中，当脚触地时，地面反作用力会由地面依次传递到腿、髋直至躯干，如果维持这些关节和支持躯干的肌肉组织不能通过快速的收缩维持整个身体运动链的稳定的话，那么大部分力量将会被这些部位吸收而造成能量损失，从而使变向速度变慢。所以，强调稳定的单腿训练和核心稳定性训练应当被重视，毕竟单腿的能力决定了水平移动的能力。

综上所述，关于灵敏性所需要的力量，需要重点发展两个力量的特质，即力量增长速率（RFD）和拉长-缩短循环（SSC）。

（1）力量增长速率。对人体而言，产生最大力量至少需要300ms，但是大多数速度灵敏性动作的发力时间均在200ms以内，例如，在冲刺达到最大速度时，脚的触地时间只有100ms左右，而大幅度的变向双腿蹬地的时间也只有200ms左右。从实用的角度来看，一个运动员如果想获得更强的加速能力，则应以更大的速率施加力，因此，在发展灵敏性过程中，力量增长速率要比最大力量更重要。在进行快速伸缩训练（反弹跳、跳深等）和奥林匹克举重（高翻、高抓等）等爆发力训练时，如果训练强度和训练量合理，运动员通过高速完成动作和输出力量就可以提高力量增长速率。

（2）拉长-缩短循环。人体使用爆发力的直接方式就是快速伸缩。绝大多数爆发力动作都是从反向动作开始的，这种类似弹簧机制的过程被称为拉长-缩短循环。拉长-缩短循环是一种"离心收缩-向心收缩"的耦合现象,在此过程中,肌肉－肌腱复合体(弹性成分)被快速且强制性地拉长,从而储存弹性势能,并在随后的向心收缩中变成动能释放出来。同时,与肌肉并联的肌梭感受器受到快速牵拉而引起反射性收缩,也就是我们通常所说的牵张反射。此外,肌肉在进行离心收缩过程中,力量增长率会更高,更容易产生更大的肌肉收缩力量。所以,在以上3个因素的影响下,拉长－缩短循环更容易产生更高的输出功率。实际上,拉长－缩短循环是一个快速从离心运动到向心运动的快速转变,由于这种快速转换能力,拉长－缩短循环通常被称为反应力量,它包括了离心阶段、过渡阶段和向心阶段。由于弹性势能向动能转化必须在短时间内完成,牵张反射通常在50ms内发生,加之力量增长速率只有在快速离心收缩过程中才能变高,所以拉长－缩短循环的离心和过渡阶段的时间长短变得尤为重要,它决定了随后的向心收缩的输出功率。

8. 人体测量变量

人体测量变量对运动员的灵敏性起到很大的作用。身高、体重、躯干围度、四肢的长度和体脂率的不同都会影响运动员的表现。比如个子矮且重心低的运动员相比于个子高且重心高的运动员能够更快地完成变向。此外,假设两个体重相同的运动员,肌肉量更多的运动员能产生更大的力量且体形更紧致,更容易完成变向。

在一些运动中,例如篮球,虽然高个子运动员变向时速度更慢,但其身高和臂展的优势,使得运动员产生更大的力量和空间优势;相反,矮个子运动员凭借杠杆作用和稳定性,能够更快地改变方向。

许多研究已经把人体测量学作为运动员选材的重要考量因素,以此来预测和判断其在某项运动中竞技水平的潜力,如举重、体操、篮球、排球、游泳、跳水、马拉松等运动项目。这些研究表明,在各自的运动中能产生高水平竞技成绩的运动员都拥有特定的符合项目需求的体形。尽管人体测量变量对灵敏性有重要影响,但即便没有取得各自项目高水平所需要的体形,也可以通过改善和提高影响灵敏性的其他因素来弥补,例如肌肉力量和爆发力、力量增长速率、变向步法和技术等,这些都是影响灵敏性的直接因素。通过采用正确的训练方法和手段,运动员同样可以提升在场上的灵敏性。

(二)影响反应灵敏的主要因素

感知决策因素是影响灵敏性的另一个复杂且关键的因素。快速获取和处理相关信息的能力,及时准确地完成相应动作的能力,对于运动员的灵敏性具有很大影响,并很大程度上决定了运动员的成功。如果运动员不能够快速地获取和识别这些信息,不能够做出正确的预判和决策,将会错失得分、摆脱或抢断的机会,甚至输掉比赛。要想提升运动员的感知决策能力,应该从以下几个方面提升运动员的反应灵敏能力。

1. 视觉观察

赛场上瞬息万变,谁能够准确、迅速、全面、动态地获取关键的赛场信息,谁就更有可能创造得分机会,获取成功。运动员在快速移动之前,首先要对比赛环境情景做出反应。而反应的前提是通过不同的感觉系统获取相关信息,而在绝大多数球类项目的比赛中,运动员常用到的就是视觉系统。例如在篮球运动中,持球运动员在球场上必须要对对方球员、本队队友、场地位置、教练,甚至裁判和观众进行观察,以便任何一个队友出现机会时,能够准确及时地传球,从而进攻得分。所以,视觉观察是全面的。

在运动场上，运动员从一个角度很难完全观察到全场的情况。例如，一名背对进攻方向、刚刚接到队友传球的足球运动员，只有借助转头、移步和转身，从不同的角度观察才能决定是持球突破还是传球。所以，视觉观察是多角度的。

运动员通过静态和动态视觉观察，把先后孤立的情况有机地联系起来，才能感知全局，并形成连续的、动态的运动场景图，然后通过把新扫描的场景和头脑中存储的旧场景进行思维的比对和处理，形成自己的判断，为自己下一步战术行动做好准备。此外，心理学告诉我们，人体进行一种活动时的行为达到自动化程度的时候，就能够同时很好地完成另一项任务，做到"一心二用"。所以为了更好地实施视觉观察，运动员需要不断提升自身的专项技术水平，例如提升自己的球性，在控球时能够把注意力放在视觉观察上，才能更好地捕捉战机。所以，视觉观察是专项性的。

2. 情景认知

掌握专项运动场景的知识并形成专项的运动经验，从一定层面上决定了运动员在比赛场上根据相关信息做出快速反应的能力。与年轻或缺乏经验的运动员相比，专业运动员会使用不同的信息更快地做出更加准确的决定。例如，专业的网球运动员通过注意对手的身体动作（接球前垫步，然后重心向左或向右移动），来决定何时、向哪个方向回球。再如，一名足球运动员持球突破过程中被包夹，当他用余光看到几名队友从不同位置要球时，专业运动员会综合根据以往演练的战术和对不同队友接球后获得机会大小的预判，来决定将球传给谁。专业运动员能够更快地识别比赛场景并更快地获取相关信息。

一般的刺激，比如一个简单的信号，不可能有效提高运动员情景认知能力，情景认知的训练刺激应该具有一定专项性。因为运动员在做出反应前，需要特定的刺激才能诱导存储在记忆里的信息，而这一特定信息决定了反应的准确性和速度。如果训练中使用的刺激不能针对特定的比赛情景，那么反应灵敏很难改善。

3. 模式认知

在处理比赛中出现的信息时，运动员如果能够很好地识别和了解对手的专项动作模式，就能对特定刺激做出更加准确且快速的反应，从而获取更多优势。例如，一名乒乓球运动员在对手回球过程中，通过观察对手下蹲的深度、转体的幅度以及挥摆速度来判断回球是否为旋转球。

识别专项动作模式的能力依赖于运动员的个人经验和对专项技术的理解。因此，专项训练的经验很重要，并且训练的数量和训练方式均会影响运动员识别专项动作模式的能力。随着运动员对运动模式了解增多，他会越来越熟悉如何根据对手的动作、表情等信息做出正确反应。因此，在灵敏性训练的初级阶段，应该首先通过封闭式灵敏性训练（程序型）来掌握技术，然后随着运动员技术的逐渐完善和运动经验的逐渐丰富，采用开放式灵敏性训练（反应型）来提升运动员专项的灵敏水平。

4. 预判能力

我们经常会在足球赛场上看到这样的场景：优秀的运动员好像具有敏锐的感觉，每次当大家关注一个传出去的球时，他已经准确地跑到了最佳的位置，或头球，或大力抽射，又或是倒挂金钩来完成精彩射门。又如，优秀的跑垒运动员总能根据棒球的运动轨迹和速度成功偷垒。这样的场景比比皆是，因为总有一些球员能够根据场上的变化准确预测和判断，他们往往比其他球员更具有竞争优势。

运动员如果能够准确预判将要发生的事件，就能快速准确地做出反应，这会比等刺激出现后再做决定快得多。而预判能力是与运动员的运动经验直接相关的，随着专项经验的不断积累，运动员根据特定的比赛情景模式对对手的运动意图、对手使用什么动作、何时使用这个动作，以及自己需要用多长时间协调自己的动作会有更深层次的了解。所以从一定意义上说，运动员的预判能力是可以训练的，它与运动员的比赛经验和技战术水平直接相关，而一般的刺激和一般的运动灵敏性训练可能是无效的。在训练预判能力时，教练应该通过多种专项技战术训练同时提高反应的速度和准确性。

5. 决策能力

决策是运动员反应过程中最后一个环节。运动员经过视觉观察、运动情景和动作模式识别、结合比赛经验后预判，将收集到的所有信息进行整合和处理，他就必须决定做哪个动作或向什么方向移动才能获得最大的收益。根据运动生理学的基本知识，当运动员最后决定要完成的具体动作时，这一信息会发送到运动皮层进而从大脑存储的运动程序中检索出需要完成的动作模式，接收到具体信息后，大脑会通过神经脊髓给相应肌肉发送信息从而做出最终的动作。如果决策正确，那么成功概率倍增；如果决策错误，可能会造成不良影响。

影响能否快速且准确做出决策的因素很多，其中运动情景中需要观察和识别的刺激数量以及能够应对该刺激的动作数量很大程度上决定了运动员能否快速准确做出反应。一个简单刺激只对应一种正确反应时，运动员能很快反应。但存在多个反应时，运动员的反应时间会变长。例如一名足球运动员在球场上持球突破时，必须同时观察防守球员的位置和动作、队友的跑位以及进攻模式，并且考虑多种持球突破方法和多种传球路线时，运动员所需的反应时间会更长。虽然反应时间更长，但是通过针对性的训练可能会显著地缩短反应时间。因此，在对运动员进行灵敏性训练时，可以增加环境中刺激的数量（例如，播放提前录制的嘈杂的呐喊声等），以此提升运动员应对多个刺激的快速决策能力。

二、灵敏性训练的基本方法

灵敏性是一项复杂的、专项的、综合的技能，所以针对灵敏性的训练方法也是系统性的、针对性的，并且灵敏性必须通过循序渐进的练习才能有效改善和提高。

正确的步法和娴熟的技巧是灵敏性的基础，而整合了加速、减速、转换、变向、再加速等多种动作模式的复合技能的训练方法能够综合提升运动员的动作灵敏水平。通过将信息获取（视觉、听觉、感觉）、技战术模式和情景认知以及预判和决策加入动作灵敏性训练的开放式灵敏性训练，就是高阶的灵敏性训练方法。从低阶到高阶的灵敏性训练如下。

0级基本步法训练：注重身体姿势和基本动作模式，涉及多种基本步法——启动加速步法、减速制动步法、切入步法、侧滑步法、后退步法、转身步法、交叉步法。

1级快速型步法训练：注重动作速度和身体协调控制，主要通过软梯、小栏架来完成连续的、重复性、快速的步法训练。

2级程序型跑动训练：注重减速动作、转换动作、关键身体姿势的整合以及变向速度，主要通过标志物形成预先设计的跑动路线并要求使用变向步法。

3级反应型跑动训练：注重信息收集、模式情景认知和预判决策，主要通过视动、听动反应完成开放式灵敏性训练，模拟真实比赛和竞技情景下的技能和能力。

（一）0级基本步法训练

加速步法

练习目的

提高运动员启动加速的能力。

练习步骤

①运动员一旦开始加速，迅速前倾重心，充分蹬伸驱动腿，使前脚掌与地面的接触点位于重心正下方或者位于重心在地面投影点之后。②摆动腿的踝关节要主动背屈，同时快速屈髋屈膝，使脚直接从髋部以下快速通过。③双臂在体侧屈曲约90°，用力地前后摆动。

注意事项

①加速跑的过程中，触地前踝关节背屈，采用前脚掌触地。②双臂以肩为轴，前后摆动。

减速步法

练习目的

提高运动员变向前的减速能力。

练习步骤

①运动员以最大速度一半的速度向前跑。②在跑动中的减速前，降低身体重心，屈髋屈膝，增大支撑面积。③背屈脚踝，通过脚跟先触地后滚动到前脚掌的方式减速，脚的触地位置会在重心之前。④通过小碎步来安全减速。⑤保持肩部和髋部持平，同时头部和躯干正直。⑥根据运动员的能力要求在7步之内或者5步之内完成减速制动，最终要求在3步之内完成减速制动。

注意事项

①减速前降低重心，屈髋屈膝，采用脚跟到前脚掌的触地方式减速。②保持肩部和髋部持平，正对前方。

切入步法

模式1：横向折返切步变向

练习目的

提高运动员侧滑步切步变向的能力。

练习步骤

①当运动员在侧滑步接近变向点前进入最后一步时，外侧腿（远离即将变向方向一侧的腿）主动向远方伸出，触地支撑并承受离心压力，屈髋屈膝。②重心在最后一步前主动移向内侧腿。③双腿胫骨平行，外侧腿前脚掌内侧缘和内侧腿前脚掌外侧缘触地。④双腿快速蹬地发力，以外侧腿为主导，驱动身体向相反方向移动，内侧腿蹬地后主动跨出，继续完成侧滑步。

注意事项

①外侧腿前脚掌的内侧缘主导蹬地发力。②内侧腿控制时的摆动应与内侧肩保持一致。③调整内侧腿的摆动角度以减少腾空时间。

模式2：线性折返切步变向

练习目的

提高运动员线性跑切步变向的能力。

练习步骤

①当运动员由直线冲刺要向相反方向变向前，需要在最后几步完成减速。②减速进入最后一步时，外侧腿（远离即将变向方向一侧的腿）主动向远方伸出，利用脚的内侧缘触地，同时主动内旋。③重心在最后一步前主动移向内侧腿，当外侧腿支撑并承受离心压力而屈髋屈膝时，主动转头、躯干和髋关节。④内侧腿前脚掌外旋，脚尖和膝盖朝向要改变的方向，然后主动蹬地发力驱动身体向新的方向加速。

注意事项

①利用外侧腿的脚的内侧缘蹬地发力缓冲。②内侧腿前脚掌外旋，脚尖和膝盖与变向方向保持一致。

③以内侧腿为主导，驱动身体向新的方向加速。

变化：利用外侧腿驱动离开

练习步骤

①在外侧腿离心缓冲过程中，主动打开髋部，向即将改变的方向转动。②外侧腿有力蹬伸，同时内侧腿抬起向外摆动，继续带动髋部向外转动，直至完全朝向要改变的方向。③身体前倾，内侧腿摆动结束后，踝背屈，前脚掌触地蹬伸。④向新的方向加速离开。

注意事项

①利用外侧腿的脚的内侧缘蹬地发力缓冲。②内侧腿抬起向外摆动，继续带动髋部向外转动。③以外侧腿为主导，驱动身体向新的方向加速。

侧滑步法

练习目的

提高运动员侧向滑步能力和变向加速能力。

练习步骤

①运动员以基本运动姿准备，双手于体侧适度张开。②确定移动方向，远离移动方向一侧的腿为驱动腿，另一侧腿为跨步腿。③练习时，驱动腿前脚掌内侧缘蹬地发力，同时跨步腿向移动方向主动侧向跨步。④驱动腿蹬离地面后，跨步腿前脚掌着地，利用腹股沟处的肌肉侧向拉动身体来完成这个动作，以实现身体的侧移。⑤可以通过适当调整蹬地的方向，通过前脚掌或脚内侧缘来施加一个侧向蹬地的力量，把侧滑步变为向前加速或者切步变向。

注意事项

①保持低重心。②保持肩部和髋部持平，正对前方。

后退步法

练习目的

提高运动员后退步及后退步接变向的转换能力。

①在完成后退步时，降低身体重心，屈髋屈膝，躯干适当前倾。②利用股四头肌主动伸膝驱动身体向后移动，脚踝保持背屈姿态，用脚尖向后接触地面。③要一直保持肩部和髋部持平，以保证对运动方向的任何变化做出有效的反应。④可以适当调整蹬地的方向，通过脚内侧或外侧来施加一个侧向蹬地的力量，把后退变为非线性移动。

注意事项

①降低重心，屈髋屈膝，躯干适当前倾。②利用股四头肌伸膝驱动身体后退。

转身步法

练习目的

提高运动员转身变向能力。

练习步骤

①转身步时，运动员首先将重心移向内侧腿（与转动方向相同的一侧腿），同时给外侧腿的伸肌施加压力。②内侧腿向目标方向外旋，外侧的手臂快速从身体旁边摆过，带动躯干转向目标方向。③随着内侧腿完全伸展，身体完成全幅度旋转后加速进入直线冲刺。

注意事项

①外侧腿蹬转，内侧腿外旋。②外侧手臂带动躯干旋转。

交叉步法

练习目的

提高运动员前交叉步变向能力。

练习步骤

①完成交叉步时，运动员先降低身体重心，同时体重由双腿支撑转移到由内侧腿支撑。②内侧腿适度外旋的同时外侧腿轻微内旋。③内侧腿前脚掌的外侧缘蹬地发力，外侧腿快速靠近身体向内侧腿方向提膝摆动，从体前交叉跨步，同时外侧手臂用力向后摆臂。④外侧腿完成交叉跨步后，迅速向下蹬地发力，同时内侧腿从后方快速随摆，还原成双腿平行站立的基本运动姿。

注意事项

①利用内侧腿的脚的外侧缘进行推动。②外侧腿摆动时应靠近身体。③肩部/手臂的转动与髋关节的旋转方向相反。④调整摆动腿的摆动角度，以尽可能减少腾空时间。

（二）1级快速型步法训练

1. 软梯步法练习

快速步法

练习目的

发展运动员的协调性、灵敏性和双腿矢状面内的步频。

练习步骤

①运动员站在软梯的一端，使用快速小步跑的跑动技术依次踏过方格。②当领先脚跨进方格后，另一只脚快速跟上跨上同一方格，重复上述动作完成练习。③目光平视，上身保持正直或略前倾。

注意事项

①适当屈髋屈膝，触地前踝关节背屈，前脚掌触地。②双臂快速小幅度前后摆动。

进进出出步法

练习目的

发展运动员的协调性、灵敏性和双腿冠状面内的步频。

练习步骤

①运动员面对软梯，双腿分立，双脚分别位于第一格后方。②开始前先半蹲，降低身体重心。③用左脚踏入第一格，右脚随后也踏入第一格。④左脚向斜前方踏出第一格，站在第二个方格的左侧，然后右脚随后也踏出至第二个方格的右侧。⑤然后左脚向斜前方踏入第三格，右脚随后也向斜前方踏入第三格。⑥重复这个步骤，依次完成整条软梯的练习。

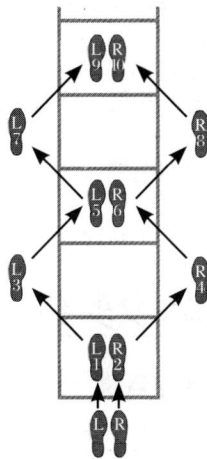

注意事项

①降低身体重心，保持核心稳定，躯干正对前方，不能左右晃动。②双臂自然配合摆动。

小滑冰步法

练习目的

发展运动员的协调性、灵敏性和左右交替切步转换能力。

练习步骤

①运动员在软梯一端的右侧站立。②开始前降低身体重心。③右脚前脚掌内侧缘蹬地，左脚向斜前方踏入第一格，右脚蹬地后也跟随进入第一格。④左脚向斜前方踏出第一格，踏在第二个方格横杆的左侧，然后前脚掌内侧缘蹬地，右脚直接向前进入软梯的下一个方格内。⑤左脚随后进入右脚所在的方格里。⑥右脚向斜前方踏出至下一个方格的右侧，然后左脚向前进入软梯的下一个方格内，右脚随后进入左脚所在的方格里。⑦重复该模式，依次完成整条软梯的练习。

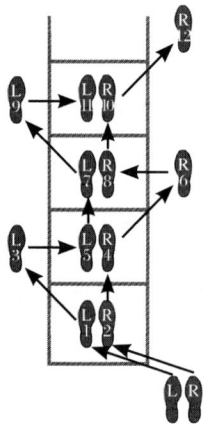

注意事项

①降低重心，外侧腿前脚掌内侧缘蹬地。②积极触地，尽可能降低腾空高度。

快速转髋步法

练习目的

发展运动员的协调性、灵敏性和快速转髋能力。

练习步骤

①运动员面对软梯，分腿站立在软梯一端。开始练习前先微屈膝，适当降低身体重心。②双腿蹬地发力，当身体腾空后快速完成向右转髋，以左脚和右脚前脚掌分别落在软梯第一个方格横杆的斜前方和斜后方。③双脚触地后再次快速完成反弹跳，同时完成向左转髋，还原成左右脚分腿开立于下一个方格横杆两侧。④以同样步骤向左侧转髋跳，并以右脚和左脚前脚掌分别落于第三横杆的斜前方和斜后方。⑤再次向右侧转髋跳，还原成左右脚分腿开立于下一个方格横杆两侧。⑥重复以上步骤，交替完成左右快速转髋跳，连续完成整条软梯。⑦在整个过程中，双臂展开，并保持双肩朝前。

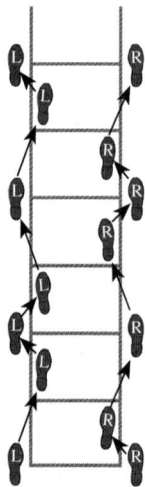

注意事项

①转髋过程中，固定双腿的位置，保持双脚站距。②肩水平轴与髋水平轴对向旋转。

前交叉步法

练习目的

发展运动员的协调性、灵敏性、连续转髋能力以及髋外展和内收肌群的柔韧性。

练习步骤

①运动员面对软梯，在软梯一端采用两点站姿开始。②开始前先半蹲，降低身体重心。③外侧腿蹬地发力，然后在前面向内侧腿方向交叉摆动，带动髋部转动，单独落在第一个方格内。④内侧腿侧向跨步直接跨到软梯第一个方格另一侧，然后之前踏入方格的腿随之也踏出方格。⑤内外侧腿交换，沿软梯继续以外侧腿前交叉单独落在方格内的方式向前完成整条软梯的练习。

注意事项

①外侧腿蹬地后在前面向内侧腿方向交叉摆动，带动转髋。②内侧腿不进方格，直接横跨到软梯另一侧。③双臂自然展开，肩水平轴与髋水平轴对向旋转。

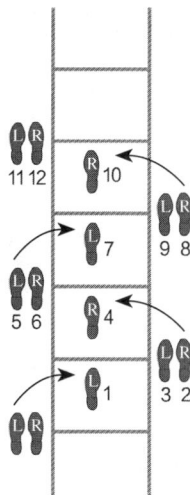

后交叉步法

练习目的

发展运动员的协调性、灵敏性、连续转髋能力以及髋外展和内收肌群的柔韧性。

练习步骤

①运动员面对软梯，在软梯一端采用两点站姿开始。②开始前先半蹲，降低身体重心。③外侧脚主动蹬地，然后在后面向内侧腿方向交叉摆动，带动髋部转动，单独落在第一个方格内。④内侧腿侧向跨步直接跨到软梯第一个方格另一侧，然后之前踏入方格的腿随之也踏出方格。⑤内外侧腿交换，沿软梯继续以外侧腿后交叉单独落在方格内的方式向前完成整条软梯的练习。

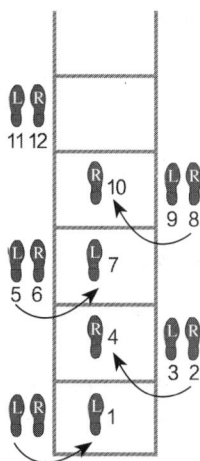

注意事项

①外侧腿蹬地后在后面向内侧腿方向交叉摆动，带动转髋。②内侧腿不进方格，直接横跨到软梯另一侧。③双臂自然展开，肩水平轴与髋水平轴对向旋转。

单脚进出步法

练习目的

发展运动员的协调性、灵敏性和双腿不对称动作模式下的快速动作。

练习步骤

①运动员面对软梯，在软梯一端的一侧采用两点站姿。②开始前先半蹲，降低身体重心。③用内侧脚（靠近软梯一侧的脚）侧向踏入第一格，外侧脚随后沿直线向前方踏出至一个方格的外侧。④内侧脚随后踏出方格至右脚内侧，然后外侧脚继续向前踏至第二个方格外侧，内侧脚随后踏进第二个方格。⑤重复以上模式，依次完成整条软梯的练习。

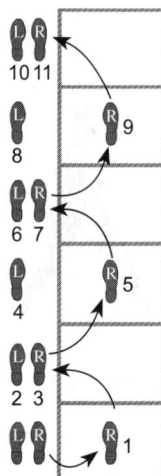

注意事项

①降低重心，躯干朝前，保持重心偏向外侧腿。②外侧腿向前快踏，内侧腿左右踏出踏进方格。

2. 小栏架步法

两栏连续左右侧跨步法

练习目的

主要发展运动员的协调性、侧向移动能力和切步变向能力，提高动作速度。

练习步骤

①室内或室外场地，放置2个栏架，栏架间距为60~90cm。②运动员侧向面对栏架，从栏架组的一端开始。③侧向高抬腿连续跨过两个栏架，然后切步变向，迅速向相反方向完成相同动作。④连续完成规定时间内的左右侧向过栏架动作。⑤在整个过程中，双臂积极摆动协调配合下肢动作。

注意事项

①外侧腿前脚掌内侧缘蹬地驱动和切步变向。②保持核心稳定，双臂积极摆动。

三栏连续左右交叉步法

练习目的

主要发展运动员的协调性、灵敏性，提高前交叉动作的动作速度。

练习步骤

①室内或室外场地，沿直线放置3个栏架，栏架间距为60~90cm。②运动员从栏架组的一端开始，侧对栏架，双腿开立于第一个栏架两侧，第一栏架外侧的腿为领先腿。③领先腿快速前交叉直接跨过第二个

栏架，然后另一只脚直接跨过第三个栏架。④双腿交换，立即以相同动作模式完成相反方向前交叉动作。
⑤连续完成规定时间内的左右侧交叉步过栏架动作。⑥在整个过程中，双臂积极摆动协调配合下肢动作。

注意事项

①内侧腿前脚掌外侧缘蹬地发力驱动。②外侧腿经身体前面向内侧腿方向交叉摆动。③肩水平轴与
髋水平轴对向旋转。

正向单腿跑动步法

练习目的

发展运动员的协调性、灵敏性，改善运动员单侧跑动腿的技术和力量，强化双腿非对称动作能力。

练习步骤

①在室内或室外场地，沿直线按照相同间距（60~90cm）放置6~12个栏架（图中仅以3个栏架示
意动作）。②运动员正向面对栏架，从栏架组的一端开始，靠近栏架的腿为领先腿，远离栏架的腿为随
动腿。③过栏架时，领先腿在栏间提膝跑动，依次跨越栏架，随动腿在领先腿的后外侧通过踝关节垫步
的方式前移。④重复上述动作完成练习。⑤在整个过程中，双臂积极摆动以配合下肢动作。

注意事项

①领先腿积极提膝摆动，触地前踝关节背屈，前脚掌触地。②随动腿伸髋伸膝，依靠踝关节垫步方
式前移。

侧向栏间往返步法

练习目的

主要发展运动员的协调性、侧向移动能力和切步变向能力，改善侧向移动的速度和力量。

①在室内或室外场地，沿直线按照相同间距（60~90cm）放置6~12个栏架。②运动员侧向面对栏架，从栏架组的一端开始，靠近栏架的腿为领先腿，另一侧腿为驱动腿。③练习时，双腿依次侧向快速跨越栏架，当领先腿跨越第四个栏架后，立即切步变向，驱动腿不跨越栏架而直接向相反方向摆动。④双腿交换，向反方向跨越栏架，当跨越两个栏架后，双腿继续交换角色，向原来方向移动。⑤重复上述进四退二的移动模式跨越所有栏架。⑥在整个过程中，双臂积极摆动以配合下肢动作。

注意事项

①进四退二，外侧腿前脚掌内侧缘驱动身体移动。②切步变向前，降低重心。

侧向蛇形栏间穿梭

练习目的

主要发展运动员的协调性、灵敏性和提高步频，提高前后左右复合式移动能力。

练习步骤

①在室内或室外场地，沿直线按照相同间距（60~90cm）放置6~12个栏架（图中仅以3个栏架示意动作）。②运动员以基本运动姿侧向面对栏架，从栏架组的一端开始，靠近栏架的腿为领先腿，另一侧腿为跟随腿。③领先腿和跟随腿以快速踏步的方式绕过第一个栏架，然后以快速踏步的方式绕过第二个栏架。④继续以相同方式蛇形绕过所有栏架。⑤在整个过程中，双臂积极摆动以配合下肢动作。

注意事项

①降低重心，屈髋屈膝，双脚前脚掌快速蹬踏地面。②不断调整前脚掌触地位置，以实现前后左右的移动。

（三）2级程序型跑动训练

5-10-5折返跑动

练习目的

发展运动员加速、减速和切步变向的能力。

练习步骤

①在场地上沿直线摆放3个标志桶，平均间距5m，总距离10m。②运动员以基本运动姿站在中间标志桶处。③先向右侧冲刺，在右侧标志桶处切步变向，同时用右手触碰标志桶。④转身向左侧冲刺，在左侧标志桶处切步变向，同时用左手触碰标志桶。⑤再转身冲到起点（中间标志桶）。⑥在整个过程中，双臂积极摆动以配合下肢动作。

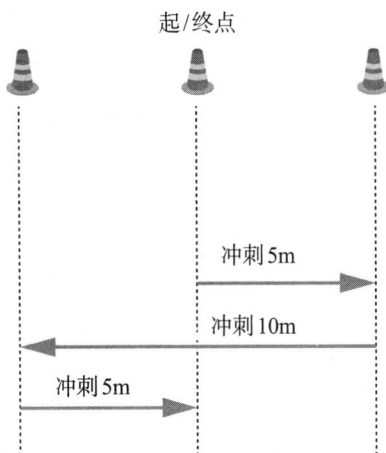

起/终点

冲刺5m

冲刺10m

冲刺5m

注意事项

①切步变向前主动降低身体重心，并将重心留在要改变的方向上。②双臂积极配合摆动。

T形跑动

练习目的

发展运动员加速、减速、滑步、切步变向和后退跑的能力。

10m

滑步

滑步　滑步

后退步　冲刺　10m

起/终点

练习步骤

①在场地上利用4个标志桶摆放一个"T"形，横线上3个标志桶平均间距5m，以竖线上标志桶作为起点，距离横线中间标志桶10m。②运动员从起点处冲刺10m，触碰中间标志桶，然后向右滑步5m至右侧标志桶处，切步变向的同时用右手触碰标志桶。③向左滑步10m，至左侧标志桶处，切步变向的同时用左手触碰标志桶。④滑步回到中点处，用任意一个手触碰标志桶，然后用后退步冲过起跑点，完成练习。⑤在整个过程中，双臂积极摆动以配合下肢动作。

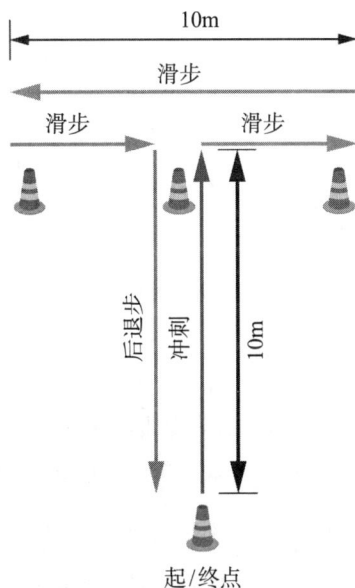

注意事项

①切步变向前主动降低身体重心，并将重心向移动方向转移。②后退跑时，屈髋屈膝，适当前倾身体，股四头肌伸膝驱动。

L形跑动

练习目的

发展运动员加速、减速、直角变向和绕点变向的能力。

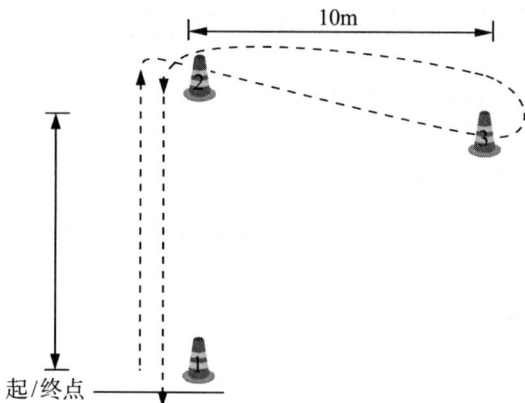

练习步骤

①在场地上利用3个标志桶摆放一个"L"形，边长10m。②运动员站在起点外侧，冲刺到标志桶处，降低重心，调整步法，采用切步变向的方式，转体90°加速跑向3号标志桶内侧。③到达3号标志桶处，使用短而快的步法绕过3号标志桶转体180°，冲刺跑向2号标志桶，再次转体90°，然后冲刺回到起点。④在整个过程中，双臂积极摆动以配合下肢动作。

注意事项

①切步变向前主动降低身体重心，重心主动移向内侧腿。②绕点时，使用短而快的步法绕过。

Z形跑动

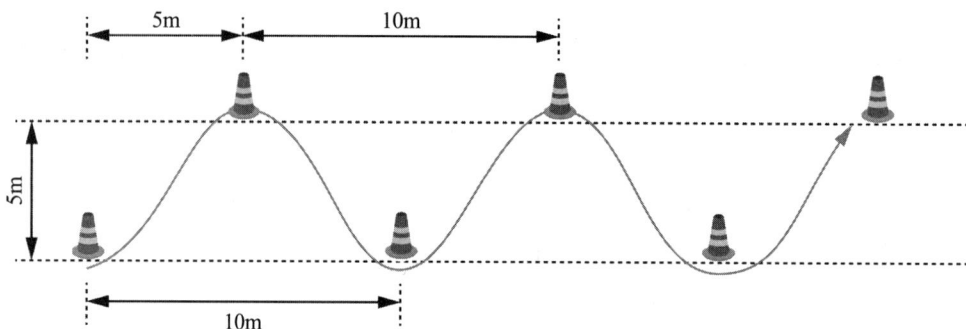

练习目的

发展运动员动作转换和变向的能力。

练习步骤

①将6个标志桶放在相距5m的两条线上，将标志桶摆放成字母"Z"形，同一水平线上左右两个标志桶相距10m。②运动员从起点处采用两点式起跑姿势。③斜向冲向第二个标志桶，利用外侧腿切步变向朝向第三个标志桶。④继续以斜向冲刺和外侧腿切步变向的方式绕过所有标志桶。⑤在整个过程中，双臂积极摆动以配合下肢动作。

注意事项

①切步变向前主动降低身体重心，重心主动移向内侧腿。②先转头，外侧手臂带动躯干旋转，双腿膝盖、脚尖朝向变向方向。

A形跑动

练习目的

发展运动员加速、滑步、切步变向和后退步能力，改善姿势，提高步法之间的转换能力。

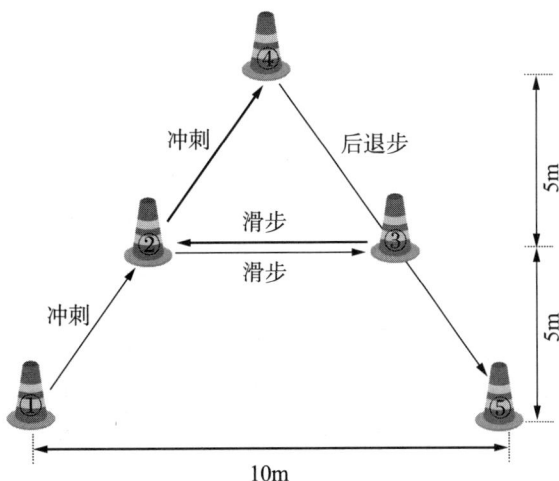

练习步骤

①将5个标志桶摆放成一个字母"A"形，顶端为4号标志桶，中间两个标志桶为2号和3号，底端两个标志桶为1号和5号。②4号和2号、3号构成的直线距离为5m，1号和5号构成的直线距离为10m。③运动员从1号冲刺到2号，外侧腿切步变向滑步到3号，然后切步变向滑步回到2号。④从2号冲刺到4号标志桶。⑤从4号用后退步直接到5号标志桶处，结束练习。⑥在整个过程中，双臂积极摆动以配合下肢动作。

注意事项

①切步变向前主动降低身体重心，并将重心向移动方向转移。②后退步时，屈髋屈膝，适当前倾身体，股四头肌伸膝驱动。

F形跑动

练习目的

发展运动员加速、滑步、切步变向和后退步能力，改善姿势，提高步法之间的转换能力。

练习步骤

①将5个标志桶摆放成一个字母"F"形，底端为1号标志桶，中间两个标志桶为2号和3号，顶端两个标志桶为4号和5号。②运动员从1号冲刺到2号，然后外侧腿切步变向滑步到3号，切步变向滑步回到2号。③从2号冲刺到4号，外侧腿切步变向滑步到5号，然后切步变向滑步回到4号。④从4号用后退步直接到1号标志桶处，结束练习。⑤在整个过程中，双臂积极摆动以配合下肢动作。

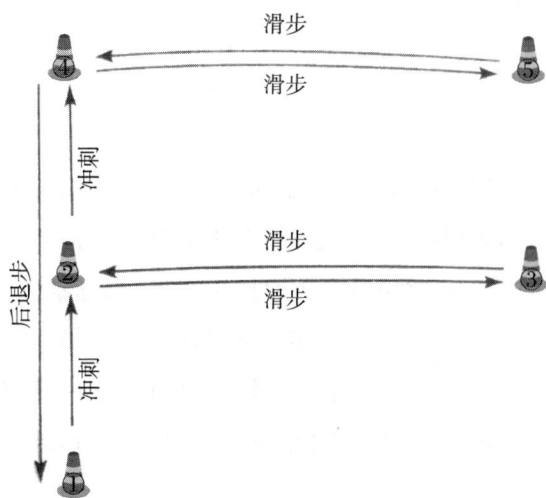

注意事项

①切步变向前主动降低身体重心，并将重心向移动方向转移。②后退步时，屈髋屈膝，适当前倾身体，股四头肌伸膝驱动。

X形跑动

练习目的

发展运动员后退步和加速能力，提高步法之间的转换能力和线性切步变向能力。

练习步骤

①将4个标志桶摆放成一个正方形，边长为10m。②按对角线摆放标志桶，1号与2号在同一对角线上，3号与4号在同一对角线上。③运动员在4号标志桶处，以基本运动姿背对1号标志桶，后退步10m达到1号。④变向，沿对角线冲刺到2号标志桶处。⑤从2号标志桶后退步10m到达3号标志桶处。⑥变向，沿对角线冲刺到4号标志桶处。⑦在整个过程中，双臂积极摆动以配合下肢动作。

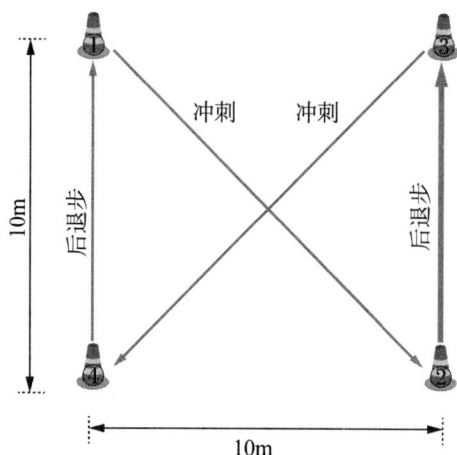

注意事项

①后退步时，屈髋屈膝，适当前倾身体，股四头肌伸膝驱动。②后退步向冲刺转化前，驱动腿主动后伸，前脚掌触地蹬地发力，同时躯干积极前倾，髋、膝、踝积极蹬伸，驱动身体冲刺。③冲刺向后退步转化前，驱动腿主动前伸，前脚掌触地蹬地发力，同时降低重心，躯干适当前倾，股四头肌伸膝驱动身体后移。

M形跑动

练习目的

发展运动员冲刺与后退步的转换能力。

练习步骤

①将4个标志桶摆放成一个正方形，边长为10m，在正方形的中间摆放第5个标志桶。②标志桶1号到2号、2号到5号、5号到3号、3号到4号构成字母"M"形。③运动员从1号冲刺10m至2号，然后向斜后方后退步至5号标志桶。④从5号标志桶冲刺至3号标志桶。⑤从3号标志桶后退步10m至4号标志桶，完成练习。⑥在整个过程中，双臂积极摆动以配合下肢动作。

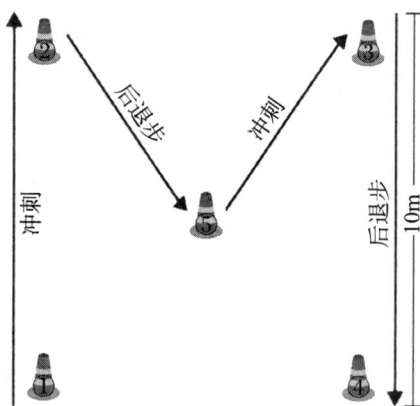

注意事项

由冲刺向斜后方退步转换时，外侧腿积极向斜前方伸出，切步变向。

直角三角形转身跑动

练习目的

发展运动员冲刺与左右侧转身变向能力。

①将3个标志桶摆放成一个直角三角形，两个直角边长为5m，直角处1号标志桶为起点和终点，与2号标志桶共同构成底边，顶点处为3号标志桶。②运动员从起点直线冲刺至2号标志桶处，以左侧为轴，向左转身绕过2号标志桶，冲刺至3号标志桶内侧。③到达3号标志桶处，以左侧为轴，向右转身绕过3号标志桶。④冲刺越过终点（起点），完成练习。⑤在整个过程中，双臂积极摆动以配合下肢动作。

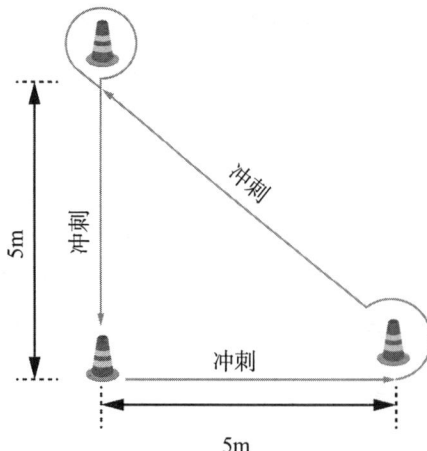

注意事项

①交替完成左侧和右侧绕点转身，步子短而快。②绕点时，重心移向内侧腿，外侧腿前脚掌内侧缘蹬转身体。

正方形转身跑动

练习目的

发展运动员冲刺与左右侧转身变向能力。

练习步骤

①将4个标志桶摆放成一个正方形，边长为10m。②在正方形右侧一边中点处再摆放1个标志桶作为起点和终点。③运动员从起点以两点式起跑姿势开始起跑，冲向前方1号标志桶外侧，然后以左侧为轴，向左绕1号标志桶一周后冲向2号标志桶内侧。④到达2号标志桶后，以右侧为轴，向右绕2号标志桶一周后冲向3号标志桶外侧。⑤到达3号标志桶后，以左侧为轴，向左绕3号标志桶一周后冲向4号标志桶内侧。⑥到达4号标志桶后，以右侧为轴，向右绕4号标志桶一周后冲过终点（起点），完成练习。⑦在整个过程中，双臂积极摆动以配合下肢动作。

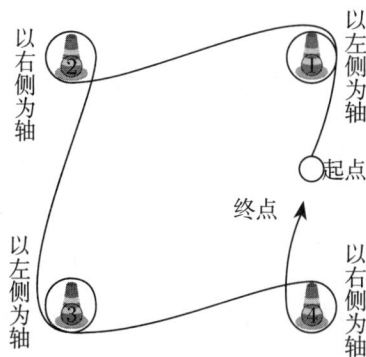

注意事项

①交替完成左侧和右侧绕点转身，步子短而快。②绕点时，重心移向内侧腿，外侧腿前脚掌内侧缘蹬转身体。

星形转身跑动

练习目的

发展运动员冲刺与左右侧转身变向能力。

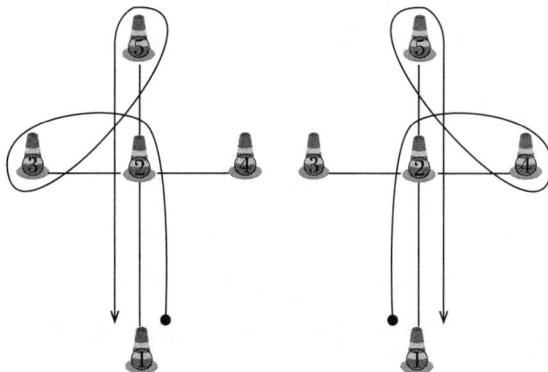

练习步骤

①将5个标志桶摆放成一个十字形（星形），其中

1号标志桶（起点）距离中间2号标志桶10m，3号和4号标志桶位于2号标志桶左右两侧，分别距离2号

标志桶相距5m，5号标志桶位于顶端处，也距离2号标志桶5m。②运动员以两点式起跑姿势起跑。③如果从起点的右侧起跑，则运动员需要首先冲刺至2号标志桶，以左侧为轴，向左转身绕过2号标志桶，冲向3号标志桶，再次以左侧为轴，向左转身绕过3号标志桶，冲向5号标志桶右侧，最后还需要以左侧为轴，向左转身绕过5号标志桶，冲刺越过1号标志桶左侧，完成练习。④如果从起点的左侧起跑，则运动员需要首先冲刺至2号标志桶，以右侧为轴，向右转身绕过2号标志桶，直线冲向4号标志桶，再次以右侧为轴，向右转身绕过4号标志桶，冲向5号标志桶左侧，最后还需要以右侧为轴，向右转身绕过5号标志桶，冲刺越过1号标志桶右侧，完成练习。

注意事项

①分别以左侧或者右侧为轴，连续完成转身及加速跑。②转身时，重心移向内侧腿，外侧腿前脚掌内侧缘蹬转身体。

（四）3级反应型跑动训练

四角反应训练

练习目的

发展运动员在有限时间内快速反应变向的能力。

练习步骤

①将4个标志桶摆放成一个正方形，边长为6～10m，4个标志桶从1到4号分别编号。②运动员站在正方形中间，以基本运动姿准备。③运动员原地完成快速踏步。④当教练喊出相应编号时，运动员快速斜向加速跑或者后退跑至对应标志桶。⑤用靠近标志桶一侧手触碰标志桶，然后斜向后退跑或者冲刺回原点，然后继续快速踏步，等待教练喊出下一个编号。⑥每组练习用时8～12s。

注意事项

①快速踏步过程中采用基本运动姿，便于向不同方向变向。②采用斜向切步或者线性切步变向。

Y形反应训练

练习目的

发展运动员冲刺后切步往斜前方变向的能力。

练习步骤

①将4个标志桶摆放成一个字母"Y"形，底端为1号标志桶，中间为2号标志桶，1号和2号标志桶相距10m，3号、4号标志桶组成Y形的顶端，距离2号标志桶5m。②运动员站在1号标志桶以基本运动姿或者两点式起跑姿势，又或者按照某一专项姿势准备，教练站在2号标志桶前面。③当教练发出"跑"的口令时，运动员加速冲向2号标志桶。④即将到达时，教练发出"左"或"右"的口令或者喊出标志桶编号，又或者用手指向相应方向。⑤运动员收到信号后，快速用外侧腿切步变向，然后冲刺到相应标志桶。

注意事项

①到达变向点前先减速,用小碎步方式减速。②采用斜向切步变向。

数字反应训练

练习目的

发展运动员启动加速、减速制动和反应能力。

练习步骤

①将6个标志桶摆放成两列,每一列的标志桶和另一列对应的标志桶相距6~10m。②每列标志桶的第一个为1号标志桶,中间为2号标志桶,最后为3号标志桶。③运动员以基本运动姿站在1号标志桶后面,当听到教练喊出相应标志桶的编号时,快速冲刺跑向对面一列对应的标志桶,并减速制动,以基本运动姿再次准备。④教练继续喊出相应编号,运动员根据口令冲刺跑向对面一列的相应标志桶。⑤每组练习用时8~12s。

注意事项

①到达标志桶前要完成减速制动,并用基本运动姿准备。②要尽最大努力启动加速。

追逐反应训练

练习目的

发展运动员简单反应能力,缩短简单反应时间。

练习步骤

①将2个标志桶间隔20~40m摆放,中间摆放第3个标志桶。②两名运动员在中间标志桶位置面对面站立,两人半蹲,双臂伸直,指尖可以相互接触。③确定好距离后,两人手臂自然放于身体两侧准备。④教练事先给两名运动员编号"1"或"2",当教练喊出一个编号后,对应编号的运动员需要快速转身跑向任意一侧的标志桶,而另一名运动员试图在第一名队员跑到标志桶前触碰到其身体。⑤每组重复练习6~12次。

注意事项

①要用启动加速步法(追人者)和转身步法(被追者)追逐。②追到对方后触碰对方而不是用力推对方,避免损伤。

镜面反应训练

练习目的

发展运动员视动反应和捕捉、解读对手移动信息并快速形成应对动作的能力。

练习步骤

①将2个标志桶相距6~10m摆放,两名运动员站在两个标志桶中间面对面站立,相距1~2m。②两

名运动员中的其中一人为"镜外人"，负责随机完成滑步、切步变向、转身跑、后退跑等动作；另一名运动员为"镜中人"，负责模仿"镜外人"的动作，要求模仿准确和快速。③每组练习用时8~12s，然后交换角色。

注意事项

①"镜外人"变向和步法转换要把控好节奏，既要相对快速，又不能过于频繁，以免"镜中人"无法跟随。②两人保持一定距离，防止变向过程中碰到对方的头。

攻防反应训练

练习目的

发展运动员捕捉对手移动信息、解读对手移动模式并快速形成应对动作的专项灵敏能力。

练习步骤

①将4个标志桶摆放成宽3~5m、长10m的长方形，两名运动员中的一名为"进攻者"，另一名为"防守者"。②进攻者站在底端的短边中间位置启动，并试图突破防守者的堵截，尽快进入终端的短边。③防守者需要根据进攻者的移动模式，通过快速移动尽量不让其突破至终端。④训练过程中可以有适当身体接触，但不应该过于激烈，以免增加不必要的损伤风险。⑤对于像橄榄球等需要身体接触的项目，防守者可以持专业的阻挡垫来进行练习。

注意事项

①进攻者根据从事项目的技术特征，使用专项性步法。②防守者根据从事项目的技术特征，决定防守的动作和方式。

视野反应训练

练习目的

发展运动员捕捉多人移动信息和快速应对的灵敏能力。

练习步骤

①将4个标志桶摆放成一个边长为10m的正方形，两名运动员分别站在相邻两个直角边上，负责在所在直角边范围内侧滑步和切步变向。②练习者站在正方形中间，与两名运动员形成一个直角（三人与一个标志桶形成一个方形）。③两名运动员在各自的移动范围侧滑步移动，而练习者必须通过不断移动自己的位置，试图保证自己与两名运动员的相对位置（方形关系），确保这两名运动员在自己的视野范围内。④每人练习8~12s，休息20~30s后交换角色。

注意事项

①两名运动员要根据练习者的水平决定移动的速度。②练习者观察时不要过多晃动头部。

三、灵敏性训练计划的制订

人体是一个刺激适应体。体育训练的基本原理就是：训练对人体产生刺激，刺激引起人体适应，而成绩的提高便是适应的结果。但能够引起人体产生良性适应的不是单次刺激，而是有效刺激的累积效应，这就需要有目的性且有实现目标的特定路径的周期训练。周期是通过以循环性和阶段性训练负荷为划分基础的有序训练阶段。如果不制订有效的训练计划而随意安排训练，成功的可能性微乎其微。灵敏性训练也是一样，只有循序渐进的、系统的并且符合专项特征的训练计划才能取得理想的效果。

此外，需要注意的是，灵敏性表现是通过训练时间不断累积和训练的多次重复来发展神经能力的。研究显示：对发展灵敏性来说，单纯地提升力量和速度水平，并不如进行专门为发展灵敏性而设计的训练更加有效，但毋庸置疑的是力量和速度是灵敏性的基础，不可忽视。

（一）灵敏性训练计划制订的基本原则

1. 循序渐进原则

我们可以看到，相较于低水平的运动员，高水平运动员的灵敏性更好、速度更快、平衡能力和身体控制能力更胜一筹。可能有些运动员天赋异禀，灵敏性出众，但大多数优秀运动员的灵敏性都是经过循序渐进地学习和打磨，逐渐到达自动化水平的。这就意味着运动员的灵敏性训练包括基本姿势训练和基本移动技术训练，基本移动技术包括向前、侧向和向后的起步、减速、制动、侧滑步、切步、转身步法、交叉步法、后退步法等。运动员还要再通过简单但高频的快速型步法训练和结合多种移动步法的程序型跑动训练提升动作灵敏能力，最后再进行包含感知决策因素和专项目标动作的反应灵敏性训练。

为了实现训练效果的最佳化目标，初学者应该着重训练构成动作灵敏性的单个技术，并让身体学会在变向过程中保持良好姿势和平衡，然后再将这些单个技术进行整合。例如，如果一个运动员没有掌握切步技术，他就不能很好地完成如滑步变向、折返跑等任何需要切步变向的串联动作。初学者可能需要几周甚至几个月来逐渐完善灵敏性的基本技术，即便是高水平运动员，同样需要在训练前不断练习和反复强化基本技术。

在掌握灵敏性的基本技术和步法后，运动员需要通过快速型步法训练和程序型跑动训练不断地优化自己的运动技能。运动技能是一种复合能力，它包括对外部信息（例如对手的移动、球的路线和身体所处位置等）的内部处理能力和神经肌肉系统统合完成既定目标动作的能力。这就需要运动员通过快速型步法训练不断优化神经系统的协调性（兴奋与抑制的高频转换），同时通过程序型跑动训练不断优化动作程序，并改善身体姿势、提升身体平衡性和增强快速且准确的变向能力。封闭式灵敏性训练（基本步法、快速型步法、程序型跑动）为高效的神经模式奠定了基础。

体育运动尤其是球类运动都具有随机性。一旦运动员通过封闭式灵敏性训练熟练地掌握了基本技能和转换技术，教练就应该增加训练的难度，引入具有反应特征的开放式训练，来使运动员学会在未知情况下应对未知刺激。在进行反应型灵敏训练时，刺激类型可以是听觉刺激、视觉刺激或者触觉刺激等，这些刺激应该清晰且准确，这样运动员才能有充分的时间接收、解读这些刺激信息，才能逐渐形成正确的动作模式。在训练过程中，反应刺激也应该循序渐进地增加难度，先从简单的听觉刺激、视觉刺激或触觉刺激开始，然后适当增加单一刺激的数量（不要超过3个，否则会大大增加运动员的反应时间，破坏训练节奏），再增加到双重刺激训练（例如，教练喊"左"的口令，同时手指向"右"侧）。

2. 专项性原则

在针对专项运动员进行灵敏性训练时，教练一定需要考虑运动专项性和训练迁移这两个概念。训练迁移，指的是一个任务或训练的场景在某种程度上影响另一个任务或未训练的场景。运动训练学的基本原理告诉我们：运动员采用的训练方式专项性越强，运动技能的迁移效果越好，越能改善专项的运动表现。运动专项性涵盖了多个层面，包括运动模式、运动的动力学（力、功率等）和运动学（速度、方向、角度等）、能量代谢系统等。运动专项性以训练迁移为基础，全部或者部分模拟比赛中的动作，从而使训练能够有效影响专项的表现。

在针对运动员进行灵敏性训练时，动作灵敏训练仍然是需要首先发展的，因为具有较强的身体姿势能力并且能够使用适当的力量实现快速准确变向是灵敏性的重要基础。动作灵敏训练有助于确立正确的身体姿势、提高运动员的协调性和平衡能力，并能改善比赛中的爆发性运动模式。而开放式灵敏性训练和专项灵敏性训练似乎才能产生最佳的运动迁移。也就是说，如果一个项目需要身体反复小幅度地侧向移动和切步变向（例如乒乓球项目），那么运动员就应该进行针对宽站姿下小幅度的滑步和切步变向训练。

此外，在动作灵敏训练期，教练也可以加入一些专项性的因素来提升运动迁移效果。例如，一名网球运动员，在完成软梯步法的过程中，可以持拍完成，甚至可以用拍子截击教练抛过来的网球，这有助于运动员提升比赛所需的身体控制能力和平衡能力。

（二）灵敏性训练的训练强度和训练量

1. 训练强度和训练量的安排

（1）训练强度。训练强度和训练量是衡量一堂训练课刺激程度十分重要的两个参数。训练强度是衡量运动员努力程度和用力大小的指标，它经常通过运动员可以移动的最快速度或者举起的最大重量来表示。灵敏性训练本质上是无氧训练，它利用磷酸原系统供能，通过肌肉最快速度收缩输出爆发力，且需要高度的神经兴奋性。所以，运动员需要在高强度下进行灵敏性训练，应该使用最快速度和最大力量完成所有的训练，训练强度不应该低于最佳表现的80%～95%。强度过低，一般不会使灵敏性实现显著性的提升，更不必说对运动员的专项运动表现产生正向运动迁移效果了。

测量灵敏性训练的强度似乎具有一定困难，教练可以通过时间来测量。例如，测量软梯小滑冰步法或者T形跑的完成时间。记录运动员当前状态下的时间，并检验随着训练周期的推进，运动员完成相同练习所用的时间是否有所减少，即速度是否有所提升。此外，如果条件允许，教练可以通过心率监控系统监测运动员完成该练习的最大心率水平来衡量训练强度。

需要注意的是，由于灵敏性训练需要运动员以最大的努力程度完成，一般一次努力（例如完成一趟软梯步法或者一次变向跑动）以最快速度完成最多持续5～10s。如果时间持续过长则会造成神经疲劳并动用酵解能系统供能，从而发展无氧耐力，这样的灵敏性训练效果是不理想的。

（2）训练量。灵敏性训练的训练量一般通过总的训练时间来计算。例如，快速型步法训练或者程序型跑动训练，如果每次耗时5s，每组完成4次，每次训练3组，那么训练的总量就是60s。灵敏性训练主要通过磷酸原系统供能，磷酸原系统是人体十分高效的供能系统，它可以在短时间内产生巨大的能量，然而该系统的储能非常有限，一般每次持续时间为5~10s。按照磷酸原供能系统耗竭后的恢复时间来计算，一般次与次之间的训练间歇比为1∶10~1∶12，甚至更高，所以间歇时间一般在1~2min。

为了避免高强度灵敏性训练造成的疲劳对训练效果和运动表现产生不良影响，每节训练课的总时间一般会控制在5min左右。初级水平的运动员一般在2~3min，中级水平运动员在3~4min，高级水平运动员一般在4~5min，甚至更长一些，但一般不会超过10min。如果将间歇时间考虑在内，那么每堂灵敏性训练课的时间在30~40min。在这个过程中，教练应当根据运动员的水平，对训练强度、训练时间、重复次数、间歇时间和组数进行合理设计和监控，以保证训练质量。

2. 训练强度和训练量的监控

由于灵敏性训练的高强度，所以运动员很容易产生疲劳，从而使速度下降、输出功率降低，技术变差，甚至增加损伤的风险。因此，在对运动员进行灵敏性训练的过程中必须对训练强度和训练量进行有效监控。判断运动员灵敏性下降是一门艺术也是一门科学，通过对训练过程中数据的解读不断积累训练经验，教练可能通过观察运动员在训练过程中的表现就能迅速准确识别，但在开始阶段必须依赖于相关数据的收集和解读。

一般在爆发力训练、速度训练和灵敏性训练这种需要高功率输出的训练中，教练可以通过监测速度的变化来了解功率的变化，毕竟功率等于力乘以速度，在力（负荷）不变的情况下，速度的变化就是功率的变化。如果运动员在灵敏性训练中的速度比定期测试或日常训练监控中的最快数据慢了10%以上，那么运动员当天的灵敏性训练就可以停止了，或者一组中，当次的速度比最快那一次的速度慢了10%，那么这一组的训练也应该结束。

功率的下降会导致技术的变形和错误，主要表现就是步法和身体姿势错误、身体控制能力和平衡能力下降、速度变慢。教练通过仔细观察，发现运动员出现不能有效减速、步法凌乱或者完成训练时间变得很长，教练就应该暂停或终止训练。

（三）灵敏性训练计划的示例

根据循序渐进的原则，对不同级别运动员的灵敏性训练计划进行了举例。

训练阶段：初级　主教练：_____　项目联系人：_____　体能教练：_____

		训练动作	组数	次数	每次间歇	组间间歇	强度	（总时长15min）
训练准备	1	软组织松解	1	自重	—	—	低	5min
	2	动态拉伸	1	自重	—	—	低	5min
	3	肌群激活与动作整合	1	自重	—	—	低	5min
		训练动作	组数	次数	每次间歇	组间间歇	强度	（总时长5min）
快速伸缩复合训练	1a	垫步下蹲跳跃	3	8次	—	1min	中	3min
	1b	A垫步	3	6次/侧	—	1min	中	2min

训练阶段：初级　主教练：＿＿＿＿＿＿　项目联系人：＿＿＿＿＿＿　体能教练：＿＿＿＿＿＿

		训练动作	组数	次数/时间	每次间歇	组间间歇	强度百分比	（总时长30min）
基本步法	0a	两点式起跑（10m）	1	3次	30s	1min	80%~90%	4min
	0b	切步变向（5m折返）	2	6次	30s	1min	80%~90%	6min
	0c	交叉步接一步滑步	2	3次/侧	—	1min	80%~90%	4min
快速型步法	1a	快速步法（软梯）	1	3次	30s	1min	80%~90%	3min
	1b	进进出出步法（软梯）	1	3次	30s	1min	80%~90%	3min
	1c	前交叉步法（软梯）	1	3次	30s	1min	80%~90%	3min
	1d	两栏连续左右侧移步法	1	10s	—	1min	80%~90%	2min
	1e	三栏连续左右交叉步法	1	10s	—	1min	80%~90%	2min
程序型跑动	2a	5-10-5折返跑动	1	3次	30s	1min	80%~90%	3min

训练目标：学习基本步法、快速型步法，提升程序型跑动能力

训练阶段：中级　主教练：＿＿＿＿＿＿　项目联系人：＿＿＿＿＿＿　体能教练：＿＿＿＿＿＿

训练准备		训练动作	组数	次数	每次间歇	组间间歇	强度	（总时长15min）
	1	软组织松解	1	自重			低	5min
	2	动态拉伸	1	自重			低	5min
	3	肌群激活与动作整合	1	自重			低	5min
快速伸缩复合训练		训练动作	组数	次数	每次间歇	组间间歇	强度	（总时长5min）
	1a	B垫步	3	8次	—	1min	中	3min
	1b	左右交换跳	3	6次/侧	—	1min	中	2min
基本步法		训练动作	组数	次数/时间	每次间歇	组间间歇	强度百分比	（总时长30min）
	0a	侧向折返切步变向	2	3次/侧	30s	1min	85%~95%	3min
	0b	线性折返切步变向	2	6次	30s	1min	85%~95%	4min
快速型步法	1a	小滑冰步法（软梯）	2	3次	30s	1min	85%~95%	3min
	1b	单脚进出步法（软梯）	1	3次	30s	1min	85%~95%	3min
	1c	侧向栏间往返步法	1	3次/侧	60s	1min	85%~95%	5min
	1d	侧向蛇形栏间穿梭	1	3次/侧	30s	1min	85%~95%	3min

续表

训练阶段：中级　主教练：＿＿＿＿＿　项目联系人：＿＿＿＿＿　体能教练：＿＿＿＿＿

程序型跑动	2a	T形跑动	1	3次	30s	1min	85%~95%	3min
	2b	A形跑动	1	3次	30s	1min	85%~95%	3min
	2c	Z形跑动	1	3次	30s	1min	85%~95%	3min

训练目标：巩固基本步法、快速型步法，提升程序型跑动能力

训练阶段：高级　主教练：＿＿＿＿＿　项目联系人：＿＿＿＿＿　体能教练：＿＿＿＿＿

训练准备		训练动作	组数	次数	每次间歇	组间间歇	强度	（总时长15min）
	1	软组织松解	1	自重	—	—	低	5min
	2	动态拉伸	1	自重	—	—	低	5min
	3	肌群激活与动作整合	1	自重	—	—	低	5min
快速伸缩复合训练		训练动作	组数	次数	每次间歇	组间间歇	强度	（总时长5min）
	1a	左右交换跳	3	6次/侧	—	1min	中	3min
	1b	单腿侧向跳跃	3	6次/侧	—	1min	中	2min
基本步法		训练动作	组数	次数/时间	每次间歇	组间间歇	强度	（总时长35min）
	0a	转身步法	2	3次/侧	30s	1min	90%~100%	3min
	0b	交叉步法	2	3次/侧	30s	1min	90%~100%	3min
快速型步法	1a	后交叉步法（软梯）	2	3次	30s	1min	90%~100%	5min
	1b	快速转髋步法（软梯）	2	3次	30s	1min	90%~100%	5min
	1c	三栏连续左右交叉步法	2	3次/侧	—	1min	90%~100%	3min
程序型跑动	2a	直角三角形转身跑动	1	3次	30s	1min	90%~100%	3min
	2b	正方形转身跑动	1	3次	30s	1min	90%~100%	3min
反应型跑动	3a	四角反应训练	1	3次	60s	2min	90%~100%	5min
	3b	Y形反应训练	1	3次	60s	2min	90%~100%	5min

训练目标：学习基本步法、快速型步法，提升程序型跑动能力和反应型跑动能力

小结

　　灵敏性对于绝大多数运动员来说都是一项核心的运动能力，它是一种复杂、综合且专项性很强的运动技能。本章从灵敏性的概念入手，深度剖析了不同灵敏表现的影响因素，并依照从易到难的进阶原则对灵敏性的训练方法进行了介绍，最后对灵敏性训练计划制订的基本原则进行了阐述，并提供了初级、中级和高级阶段运动员灵敏性训练计划的示例。

思考题

1. 在SSC中，由拉长向缩短转换时，力的增长是通过等长收缩完成的，在_____阶段力就开始增加，所以留给达到最大力量的时间就更充裕了（力量产生速率）。

    A. 离心收缩   B. 向心收缩

    C. 等长收缩   D. 快速收缩

2. 灵敏训练脚步与地面的接触时应该_____。

    A. 全脚掌着地   B. 后脚掌着地

    C. 前脚掌着地   D. 足中部着地

3. 灵敏素质是指在各种突然变换条件下，能够迅速、准确、协调地改变身体运动空间位置和运动方向，以适应变化着的外部环境的能力，竞技体育中灵敏的表现形式有_____。

    A. 变向   B. 变速

    C. 预判   D. 决策

4. 动作速度、位移速度、灵敏能力同样重要的几大生物力学因素是_____。

    A. 大的蹬伸力   B. 短的触地时间

    C. 正确的蹬地方向   D. 最适的运动幅度

5. 减速的技术关键有_____。

    A. 降低身体重心   B. 减小步幅

    C. 降低频率   D. 保持频率

6. 灵敏性训练的基本类型是_____。

    A. 爆发型   B. 程序型

    C. 快速型   D. 反应型

7. 下列关于灵敏能力对肌肉收缩的要求表述正确的是_____。

    A. 快速启动需要肌肉的向心收缩能力   B. 加速需要肌肉的向心收缩能力

    C. 减速和制动需要肌肉的离心收缩能力   D. 变向需要肌肉的快速伸缩能力

8. 快速决策、快速移动需要_____。

    A. 姿势完整性   B. 最佳动作模式

    C. 全幅度最大功率输出   D. 最大化滞空时间

9. 切步的姿势要求有_____。

    A. 双腿的支撑宽度大于肩宽   B. 利用外侧腿的足内侧缘推动

    C. 内侧腿控制摆动应与内侧肩保持一致   D. 调整角度最大化减少滞空时间

10. 交叉步的姿势要求有_____。

    A. 利用内侧腿的足外侧缘推动   B. 外侧腿移动时应与身体保持紧密

    C. 肩部与手臂的摆动应该与髋部同侧旋转   D. 调整角度最大化减少滞空时间

第12章

耐力训练的基本方法与计划设计

魏文哲

📖 学习目标

➤ 掌握耐力的相关概念、决定因素与训练原理。

➤ 掌握耐力训练强度的划分方法，以及不同强度耐力训练的常用方法。

➤ 了解耐力训练计划的基本原则，以及不同训练期的耐力训练计划。

📋 知识导图

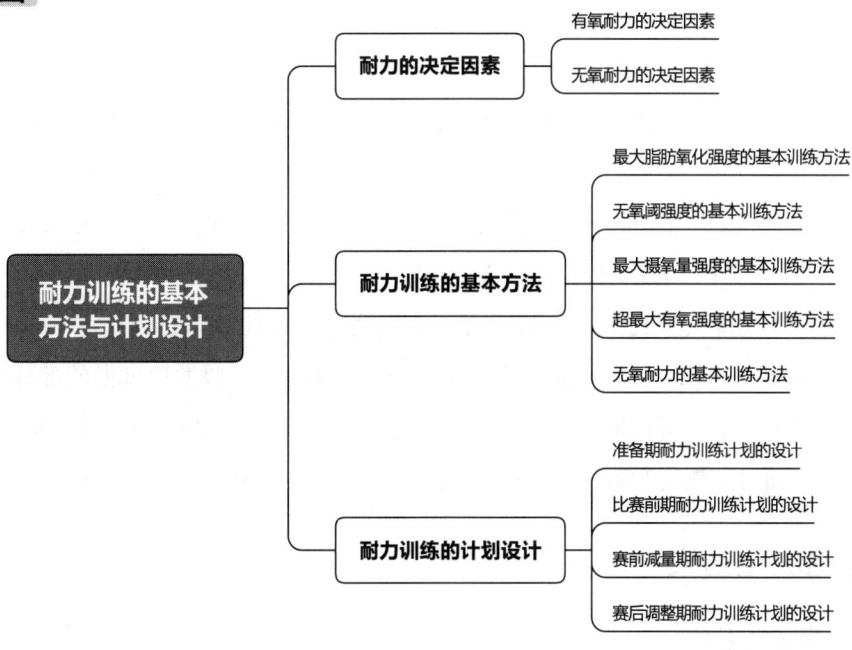

耐力训练的基本方法与计划设计

- 耐力的决定因素
  - 有氧耐力的决定因素
  - 无氧耐力的决定因素

- 耐力训练的基本方法
  - 最大脂肪氧化强度的基本训练方法
  - 无氧阈强度的基本训练方法
  - 最大摄氧量强度的基本训练方法
  - 超最大有氧强度的基本训练方法
  - 无氧耐力的基本训练方法

- 耐力训练的计划设计
  - 准备期耐力训练计划的设计
  - 比赛前期耐力训练计划的设计
  - 赛前减量期耐力训练计划的设计
  - 赛后调整期耐力训练计划的设计

导语

　　耐力一般是指持续进行运动的能力。由于不同比赛项目的运动强度不同，决定耐力的主要因素也会出现很大差异，训练方法也需随之改变。为此，本章在分析耐力决定因素的基础上，阐述了不同强度耐力训练方法及其对耐力决定因素的作用，并探讨了在一个训练周期不同阶段的耐力训练计划的设计方法。

一、耐力训练的概念及基本原理

（一）耐力的相关概念

一般来说，耐力是指持续进行运动的能力。

根据在运动过程中对不同能量代谢系统的依赖程度，耐力大致可分为有氧耐力和无氧耐力。

有氧耐力通常是指在以有氧代谢供能为主的情况下，人体持续进行较长时间肌肉活动的能力。与此相对，无氧耐力是指在以无氧供能为主的情况下，人体持续进行高强度肌肉活动的能力。

按运动强度与最大摄氧量强度的比值，耐力大致分为以下5种。

中低强度有氧耐力：平均强度小于65%最大摄氧量强度的耐力。如100km越野跑等超长距离项目，就属于中低强度有氧耐力项目。在这个运动强度下，动员的肌肉类型是I型慢肌，其能量供应依赖于脂肪和糖的有氧代谢。

中高强度有氧耐力：平均强度介于65%~85%最大摄氧量强度的耐力。如，马拉松、铁人三项等项目，属于中高强度有氧耐力项目。在这个运动强度下，动员的主要肌肉类型是I型慢肌和部分IIa型快肌，其能量供应以糖的有氧代谢为主，脂肪供能为辅，有氧代谢系统供能比例约99%。

高强度有氧耐力：平均强度介于90%~100%最大摄氧量强度的耐力。如，3 000~10 000m跑、2 000m赛艇、800~1 500m自由泳等项目，就属于高强度有氧耐力项目。在这个运动强度下，动员的肌肉类型是几乎所有的I型慢肌和IIa型快肌，其能量供应有85%~95%依赖于糖的有氧代谢和乳酸的再分解利用，5%~15%依赖于糖酵解等无氧代谢。

超最大有氧耐力：平均强度介于105%~120%最大摄氧量强度的耐力。800~1 500m跑、500~1 000m皮划艇、200~400m自由泳等项目，就属于超最大有氧耐力项目。在这个运动强度下，动员的肌肉类型是几乎所有的I型慢肌和IIa型快肌，以及部分IIb型快肌。其能量供应有85%~55%依赖于糖的有氧代谢和乳酸的再分解利用，15%~45%依赖于糖酵解等无氧代谢。

无氧耐力：平均强度大于120%最大摄氧量强度的耐力。如100~400m跑、50~100m自由泳等项目，是属于更多依赖于爆发力和无氧耐力的项目。在这个运动强度下，收缩速度慢的部分I型慢肌有时会受到抑制，动员的肌肉几乎是所有IIa型快肌和IIb型快肌。其能量供应更多地依赖于肌肉内的ATP、CP储备和糖酵解供能，而对有氧代谢系统的依赖度则随比赛距离的缩短大幅减少，最少甚至低于50%。

（二）耐力的决定因素

1. 有氧耐力的决定因素

有氧耐力受到个体的形态及生理性因素的影响，主要包括以下因素：运动时的心脏泵血机能、肺换气机能、血红蛋白含量、体重中肌肉所占的比例、竞技中动用的主要慢肌纤维所占的比例、骨骼肌内的毛细血管密度、线粒体的数量及氧化酶活性、肌糖原含量、运动中的能量运用效率等。这些因素综合起来，可以大致表现为以下几方面的能力，即最大有氧供能能力、动作经济合理性、疲劳物质消除能力和在疲劳状态下的运动能力。

（1）最大有氧供能能力的主要决定因素。运动员最大有氧供能能力，可以通过最大摄氧量进行评估。最大摄氧量是希尔于1923年提出的，是指单位时间内人体能够摄入被肌肉所利用的最大氧量。最大摄氧量受以下四个方面影响，即：①肺通气能力——潮气量、呼吸肌耐力、氧摄取能力（肺泡数量、肺泡毛细血管密度和血流量、血红蛋白浓度）；②血液循环能力——心脏泵血能力（心脏容量、心肌收缩力和舒张力）、血红蛋白量×血流阻力系数、动静脉氧差；③组织扩散能力——组织中毛细血管的血流量、血液中氧分压的高低、血管壁的氧通透性、慢肌所占的比例、参与运动的肌肉单位面积内血管的数量；④肌肉耗氧能力——参与运动的肌肉数量、肌肉内的血流量、慢肌纤维比例、线粒体数量、氧化酶数量和活性等。

（2）动作经济合理性的主要决定因素。动作经济合理性，是指最大限度地把能量转化为比赛速度的能力。它主要由以下四方面决定，即：①解剖学因素——年龄、性别、体型、肌肉量、体脂肪量；②生理学因素——最大摄氧量、运动中摄氧量占最大摄氧量的百分比、训练水平、能量源（碳水化合物和脂肪）、疲劳物质积累程度；③生物力学因素——运动中重心起伏高低、动作幅度与频率、体力分配；④环境因素——温度、湿度、空气阻力、氧浓度、场地条件等。

（3）疲劳物质消除能力的主要决定因素。疲劳物质消除能力主要由以下五方面决定，即：①摄氧量；②慢肌纤维的数量及慢肌纤维中毛细血管和线粒体的数量；③乳酸输送载体数量（MCT1和MCT4）；④心肌型乳酸脱氢酶数量；⑤氧化酶类的活性。

（4）疲劳状态下的运动能力的主要决定因素。在疲劳状态下的运动能力主要由以下5个方面决定，即：①对因疲劳物质积累产生的僵硬、疼痛的承受能力；②体内碱储备对酸的缓冲能力及呼吸肌耐力；③体内的糖储备；④乳酸输送载体数量（MCT1和MCT4）；⑤散热能力。

2. 无氧耐力的决定因素

无氧耐力是指在以无氧代谢供能为主的情况下，人体持续进行高强度肌肉活动的能力。在以无氧代谢供能为主的高强度运动中，影响人体持续运动的主要因素包括肌肉量、快肌纤维所占的比例、磷酸肌酸的储备量、糖酵解供能能力、乳酸的缓冲能力和乳酸转运再利用能力等因素。

其中，运动时间在10s以内的最高强度运动中，能够参与运动的肌肉量越大，且肌肉中快肌纤维的比例越大，单次的爆发力就可能越好。肌肉中磷酸肌酸的储备量越高，能够维持最高强度运动的能力就越强。随着运动时间或距离的延长，高强度无氧耐力对糖酵解供能能力（肌细胞中乳酸脱氢酶活性）、血液缓冲酸性代谢产物的能力以及乳酸转运再利用能力等的依存度就越大。

（三）耐力的训练原理

人体的运动功能受生理结构影响。只有身体具备了与运动成绩相匹配的生理结构，才可能获得相应的比赛成绩。因此，训练是为了获得运动成绩相匹配的生理结构。

如果简单考虑，由于在高强度耐力项目比赛中，所有与比赛相关的运动系统都会参与，因此以高强度进行大运动量训练就好像能够获得最佳训练效果。但是，由于在高强度下很快就会引起疲劳和供能不足，因此不可能长时间持续进行。另外，长时间在高强度下训练，还容易引发心肌炎和交感神经疲劳，因而即使间歇性地进行，也无法实现很大的运动量。所以，为了更快更好地提高成绩，在以提高耐力为目的的训练中，需要用不同的强度进行不同量的训练才能形成更好的生理结构。而这些强度必须达到一定的阈值。这是因为，一切训练刺激均是为了打破目前的生理平衡，这就要求训练刺激要在运动员可承受范围内超过其阈值。低于这个阈值，训练量再大，平衡也不会打破；而超出运动员的承受范围则可能形成伤病。

目前，经常采用的阈值强度训练主要有以下5种，即：①最大脂肪氧化强度训练（40%~65%最大摄氧量强度训练）；②无氧阈强度训练（65%~85%最大摄氧量强度训练）；③最大摄氧量强度训练（90%~100%最大摄氧量强度训练）；④超最大有氧强度训练（105%~120%最大摄氧量强度训练）；⑤无氧耐力训练（大于120%最大摄氧量强度训练）。表12-1介绍了不同训练强度对耐力决定因素的影响。

表12-1　不同训练强度对耐力决定因素的影响

| 强度 | 最大摄氧量强度百分比 | 肺换气能力 | | 血液循环能力 | 肌肉有氧代谢能力 | | 乳酸转运能力 | | 无氧供能能力 | | 动作经济性 | |
		潮气量	呼吸肌耐力	心脏泵血机能	毛细血管密度	线粒体数量	MCT1数量	MCT4数量	糖酵解系统供能能力	磷酸原系统供能能力	体脂肪	关节周围肌群
中低强度有氧	40%~65%	—	—	中	中	中	小	—			大	小
中高强度有氧	66%~75%	中	中	大	大	大	中	小	—	—	小	中
	76%~85%	大	大	大	大	大	大	中	小	—	小	中
高强度有氧	86%~95%	中	大	小	大	大	大	小	—	—	—	大
	96%~100%	小	大	—	大	大	大	中	—	—	—	大
超最大有氧强度	101%~110%	小	大	—	大	大	大	大	中	小	—	大
	111%~120%	小	大	—	大	大	大	大	大	中	—	大
无氧耐力强度	>120%	—	大	—	大	大	大	大	大	大	—	大

注：将训练对不同能力的影响，用大、中、小、忽略不计（—）来表示。

二、耐力训练的基本方法

（一）耐力训练强度的划分

在制订耐力训练计划时，一般以推算的最大摄氧量强度或最大心率为100%强度，再以运动强度占最大摄氧量强度的多少以及运动心率的高低，将运动强度划分为低强度、中等强度和高强度。而其中的每一个强度又分为了2~3个不同级别。

随着心肺功能测试仪、便携式乳酸仪等设备的不断改进，进入21世纪以后，体育工作者不仅可以准确分析运动员各项能力的优势与不足，而且还能判断出每名运动员提高不同能力的准确阈值。因此在原有强度区分方法的基础上，将相对简单模糊的低强度、中等强度和高强度更加细化，并以各项阈值的百分比来制订训练强度，使得训练内容不仅更有针对性，而且负荷控制的准确性也大幅度提高。这些阈值主要包括最大脂肪氧化强度、无氧阈强度、最大摄氧量强度、超最大有氧强度和无氧强度（表12-2）。

表12-2　常用的阈强度与最大摄氧量强度的关系

阈值	其他名称	%VO$_2$max 范围	主观感觉	血乳酸值（mmol/L）	心率
最大脂肪氧化强度	糖阈；有氧阈；LT$_2$	40%~65%	轻松，呼吸频率接近于20次/分	≈2	60%~75%最大心率
无氧阈强度	OBLA；LT$_4$	65%~85%	较累~累，呼吸频率30~40次/分	≈4	75%~90%最大心率
最大摄氧量强度	最大有氧强度	90%~100%	很累，呼吸频率50~60次/分	>8	90%~100%最大心率
超最大有氧强度		105%~120%	非常累，呼吸频率接近最大	>16	95%~100%最大心率
无氧强度		>120%	非常累	12~22	85%~100%最大心率

（二）不同强度耐力训练的常用方法

1. 最大脂肪氧化强度训练

最大脂肪氧化强度是脂肪消耗量达到最大值对应的强度。虽然弗雷恩早在1983年提出了最大脂肪氧化强度的概念，但直到进入21世纪，随着能量代谢测试设备的发展和广泛普及，最大脂肪氧化强度才开始逐渐被人们所熟知。目前，普遍认为，最大脂肪氧化强度是有效提高耐力的最低强度。根据训练水平的不同，最大脂肪氧化强度占最大摄氧量强度的40%~65%。

进行低于最大脂肪氧化强度的运动，虽然可以在疲劳感很弱的情况下减少脂肪，并促进血液循环，但是，由于运动中产生的乳酸浓度低，所以肌纤维周围的毛细血管数量和肌纤维中肌红蛋白数量、线粒体数量不会出现适应性增多。此外，运动强度只有接近最大脂肪氧化强度时，每搏输出量才会接近最大，因此如果运动强度低于最大脂肪氧化强度，心脏的泵血机能也无法得到有效增强。

因而，最大脂肪氧化强度是提高肌肉耐力和心脏泵血机能的最低强度。在此强度下，常采用节奏稳定的匀速运动方式。运动持续时间根据不同的目的，设为40~90min。

【练习方法】

训练目的：减脂、促进血液循环、预防慢性病、促进恢复。

运动强度：最大脂肪氧化强度（40%~65%最大摄氧量强度）。

运动量：体弱者及久坐人群若以预防慢性病和肌肉酸痛为目的，可以采用少量多次的策略。而一日的总运动量应保持在20min以上。若为了增强体弱者心脏机能，建议连续运动20~60min。而对减脂人群来说，由于多1min就会有多1min的效果，因而建议每日运动量为60~90min，甚至更多。由于肥胖者连续运动容易引起局部关节疼痛，因此建议间歇性地进行。对减脂来说，持续运动和间歇运动的效果是接近的。

运动频率：体弱者及久坐人群每周进行3~5次运动，对健康是有利的。而对减脂人群来说，运动频率与其减脂目标有关。一般情况下，为了减脂效果最大化，每周应最少进行5次，建议每日均进行练习。

适宜人群：①体弱者（老人、慢性病人、体适能很差者、久坐人群）；②无运动基础者（长跑等周期性运动项目初学者）；③控制体重者（肥胖人群、控重运动员、塑身人群）。

注意事项：一般情况下，体弱非锻炼人群在运动1~2周后就可以适应当前负荷，这时可将运动时间延长5~10min。其坚持4~6周后，运动能力会出现显著提高（这实际上是恢复正常健康状态的过程），这时应该重新进行评估，开具适合当前能力水平的运动处方。另外，运动强度低于40%~65%最大摄氧量强度时，在开始的前几个月内，体弱非锻炼人群虽然会出现运动能力的变化，但健康锻炼人群的运动能力却不会提高。因此，健康锻炼人群以提高运动能力为目标时，运动强度不能低于最大脂肪氧化强度。

2. 无氧阈强度训练

无氧阈（AT）的概念是沃瑟曼于1964年提出的，是指随着运动强度的增大而开始发生乳酸积累、二氧化碳排出量和通气量激增的临界点。过去，判断无氧阈多采用有创的多级血乳酸测试法；而现在，很多人通过无创的运动气体代谢测试，用V-slope等判断法获得通气阈、无氧阈等多项指标。由于无氧阈水平会因训练而发生较大变化，因此，无氧阈强度往往会出现在65%~85%最大摄氧量强度这一较大范围内。

在进行接近于无氧阈强度的长时间运动时，由于肌乳酸浓度高于日常生活中的乳酸浓度，肌纤维为了适应，会逐渐提高毛细血管密度、增加线粒体数量及乳酸输送载体（MCT1）的数量。同时，肌纤维还会产生优先将脂肪类物质作为能量源的积极变化。这将节省肌糖原的使用量，并减少乳酸的产生量，引起骨骼肌内糖原储备增大和抗疲劳能力的提高。另外，接近无氧阈强度时，心脏的每搏输出量会维持在最大水平，因此在这种条件下长时间、有节奏地律动时，为了适应这种负荷，心腔容积会逐渐变大，射血能力也会逐渐增强。

目前，无氧阈强度训练采用的运动方式主要有3种，即：恒定负荷方式、渐增负荷方式和变速负荷方式。恒定负荷方式是指在接近于无氧阈的运动强度进行大运动量匀速运动的训练模式，多适用于训练水平高、训练年限较长的优秀耐力项目运动员。渐增负荷方式，是指从80%左右的无氧阈强度逐步递增到100%无氧阈强度的大运动量训练模式，它对普通运动员和高水平耐力运动员都适用。变速负荷方式，是指间歇性地进行无氧阈强度运动和低强度运动的大运动量训练模式，对低水平运动员和非耐力性项目运动员比较适用。

【练习方法】

训练目的：提高心脏泵血能力以及慢肌及部分快肌纤维的有氧代谢等能力。

运动强度：90%~105%无氧阈强度（65%~85%最大摄氧量强度）。

运动量：为了能够获得效果，一次运动总时间保证在20min以上是必要的。适应后每次进行40~60min的练习会获得更好的效果。虽然会有个体差异，但多数情况下，大于90min的运动，会使恢复时间延长，有可能造成运动频度的降低和周运动量的不足，进而影响运动效果。

运动频率：建议2~3次/周。如果进一步增加运动频度，有可能会使运动效果积累进一步加快，但有很多时候会增加运动风险，并可能导致日常生活受到影响。而超过6次时，并不会使效果进一步增加，反而会增加受伤的概率。

适宜人群：健康青少年、运动员、健身爱好者、常运动健康人群。

注意事项：初次尝试接近于无氧阈强度时，以主观感受为主，可承受的一次运动时间一般为20～30min。因此，前两周的每次运动总时间一般可以设定为20～30min，并分成两组间歇性地进行。间歇时间可安排为2～5min。在每周进行3次运动的情况下，两周后可以进行20～40min的连续运动。4～6周后运动能力会出现显著提高，这时应该重新进行评估，制订适合当前运动能力水平的训练计划。

3. 最大摄氧量强度训练

关于最大摄氧量强度的作用与应用方法，在20世纪90年代左右出现。经过30多年的研究和普及，最大摄氧量强度训练目前已经相对成熟。

最大摄氧量强度是大部分肌肉都参与的条件下，摄氧量达到最大值对应的强度。因此，最大摄氧量强度是调动所有有氧系统的运动强度。当用这一强度运动时，可以使绝大部分与有氧代谢相关的组织器官都得以动用，并得到锻炼。其作用具体表现为：提高肌纤维毛细血管密度和线粒体数量；提高乳酸输送载体MCT1和MCT4数量；提高痛阈，进而提高耐乳酸能力；提高呼吸肌肌力与呼吸效率；等等。但是，由于这时心率达到最大值，并且持续时间较长，且心脏回血不充分，有可能出现对心肌的供血不足和心肌损伤。

最大摄氧量强度训练一般有两种方式。一种是采用90%～100%最大摄氧量强度，以最大摄氧量速度持续时间的40%～80%进行的间歇性训练。其中，强度越大，每组运动时间越短，但组数更多；而运动强度越小，则持续时间越长，组数越少。另一种是间歇性递增运动，其起始负荷可以是无氧阈强度，之后以5%的幅度递增，当达到最大摄氧量强度时，再维持3～5min。以上两种方式的间歇时间均以能够高质量地完成下一组训练为准。一般情况下，运动员心率恢复到120bpm即进行下一组的训练，但这不是绝对的，可以根据训练目的进行针对性调整。

【练习方法】

训练目的：提高有氧代谢相关能力。

运动强度：90%～100%最大摄氧量强度。

运动量：采用100%最大摄氧量强度时，可以3～6min/组×3～8组。而如果采用90%最大摄氧量强度，可以大幅度延长每组时间或者组数。另外，为了获得能力提高的效果，一次运动总时间一般保证在16min以上是必要的。虽然会有个体差异，但为了防止过度疲劳，采用100%最大摄氧量强度时，一次最大摄氧量强度运动的总量应控制在40min以内。而采用90%最大摄氧量强度时，可以适当增加运动总量。

间歇时间：一般为2～4min或心率恢复到60%最大心率，但可根据训练目的进行调整。

运动频率：2～3次/周。过多的大强度运动会引起心肌炎等副作用，且肌肉微损伤及神经疲劳的恢复需要48h以上。一周2～3次的最大摄氧量强度运动足以提高运动能力，而过多的最大摄氧量强度运动反而有可能会使运动能力下降。

持续天数：一般情况下，3周最大摄氧量强度运动就能获得良好的运动效果，而超过4周则容易出现过度疲劳现象。每周进行3次运动，部分运动员第3周开始出现头痛、失眠等现象。因此，以最大摄氧量强度运动为主的训练在持续3周左右之后，应进行7～10天的调整。

适宜人群：专业运动员、耐力运动爱好者、健康青少年。

4. 超最大有氧强度训练

田径项目的800~1 500m跑比赛、皮划艇项目的500~1 000m比赛以及游泳项目的200~400m比赛等超最大有氧强度比赛项目，平均强度介于105%~120%最大摄氧量强度。在这些比赛项目中，能量供应虽然仍以有氧代谢供能为主（85%~55%依赖于糖的有氧代谢和乳酸的再分解利用），但无氧代谢供能比例显著增加（15%~45%依赖于糖酵解等无氧供能系统），因此，无氧供能能力的大小对比赛名次也有重大影响。

以800m跑为例，在比赛开始后，代表有氧代谢供能情况的摄氧量从略高于安静代谢状态的水平快速上升，并在第400m左右达到其100%最大摄氧量，而在之后开始缓慢下降，冲过终点时接近于其最大摄氧量的70%。

对优秀的中长跑运动员来说，最大摄氧量强度接近于其3 000m跑比赛的平均速度。而800m全力跑的平均速度则比3 000m全力跑的速度高8%~15%（800m运动员更接近于高15%，长距离跑运动员则更接近于高8%）。

在800m跑开始阶段，跑速很快就会达到800m比赛速度，但摄氧量的上升速度远远落后于比赛速度，因此，此时的能量来源主要以储备在肌肉中的ATP、CP供能，糖酵解供能，以及利用体内氧储备的有氧代谢供能为主。而随着运动的持续，从肺部摄取到达肌肉的氧气量逐步上升，并在运动到第400m左右时达到最大，接近100%最大摄氧量。也就是说，在800m比赛中，有氧供能从起跑时的安静值开始线性增加，并在跑到第400m左右时达到最大，约占据跑步总供能的85%，而此时糖酵解等供能比例仅为15%左右，并持续到比赛结束。

从代表体内糖酵解供能及乳酸分解利用情况的运动中血乳酸值的动态变化中也可以了解到这一情况。榎本靖士对800m跑运动员在模拟比赛跑中的乳酸变化进行了研究。他将800m等分为4个200m段落，并测试了通过第200m、400m、600m和800m时的血乳酸值，测试结果分别为7.9mmol/L、14.2mmol/L、17.9mmol/L和18.4mmol/L，每个段落的血乳酸积蓄率分别为42.7%，34.0%、20.5%和2.8%。

也就是说，在800m比赛中，在开始阶段，ATP、CP储备，糖酵解供能速度和肌肉中的氧储备是决定比赛速度的关键因素，而在之后，糖的有氧分解供能和乳酸的再分解利用能力在比赛中依次起主导作用。

从以上内容可以看出，在800m跑比赛等超最大有氧强度运动中，虽然比赛中各段落成绩变化不是很大，但其能量来源的确在不断变化。因此，根据比赛需求，需要专门进行针对不同供能系统的训练。

【练习方法】

以800m跑为例，从800m跑比赛中的糖酵解供能比例和有氧代谢供能比例的动态变化进行考虑，可以分为4个层面的训练：短距离超最大有氧强度训练（120~200m），中距离超最大有氧强度训练（300~400m），长距离超最大有氧强度训练（600~1 000m），超最大有氧强度冲刺训练（500~600m）。

• 短距离超最大有氧强度训练

训练目的：提高起跑阶段的糖酵解供能能力。

运动强度：100%~105%目标比赛最高速度（优秀中长距离运动员血乳酸参考值为8~10mmol/L）。

运动量：120~200m/组 ×3~4组。

间歇时间：充分间歇。

运动频率：2~3次/周。

持续时间：4~6周。

适宜人群：中长距离项目运动员、健康青少年。

- 中距离超最大有氧强度训练

训练目的： 提高前半程后段的放松节奏跑能力。

运动强度： 90%~100%目标比赛最高速度（优秀中长距离运动员血乳酸参考值为14~16mmol/L）。

运动量： 300~400m/组×3~4组。

间歇时间： 充分间歇。

运动频率： 2~3次/周。

持续时间： 4~6周。

适宜人群：中长距离项目运动员、健康青少年。

- 长距离超最大有氧强度训练

训练目的： 提高乳酸再利用能力和抗疲劳能力。

运动强度： 90%~100%目标比赛最高速度（优秀中长距离运动员血乳酸参考值为16~20mmol/L）。

运动量： 600~1000m/组×2~3组。

间歇时间： 充分间歇。

运动频率： 2~3次/周。

持续时间： 4~6周。

适宜人群：中长距离项目运动员、健康青少年。

- 超最大有氧强度冲刺训练（500~600m）

训练目的： 提高中长距离项目比赛冲刺能力。

运动强度： 90%~105%目标比赛最高速度（优秀中长距离运动员血乳酸参考值为10~14mmol/L）。

运动量：［90%最大比赛速度（200~400m）/组+105%最大比赛速度冲刺（100~200m）］/组×2~3组。

间歇时间： 充分间歇。

运动频率： 2~3次/周。

持续时间： 4~6周。

适宜人群：中长距离项目运动员、健康青少年。

5. 无氧耐力训练

田径项目的400m以内的竞赛项目、游泳项目的100m以内项目，需要的是在接近最高强度下连续运动的能力，其能量供应更多地依赖糖酵解和磷酸原无氧供能系统，对有氧代谢系统的依赖度小于50%，属于爆发力和无氧耐力的项目。在这些项目中，距离越短，对磷酸原系统的依赖性就越强；而随着比赛距离的延长，则更依赖于糖酵解供能系统以及一部分有氧耐力。也就是说，100m跑等短距离项目运动员应注重发展以磷酸原系统为主的无氧耐力，而400m跑等中短距离项目运动员应同时注重发展以磷酸原系统和糖酵解供能系统为主的无氧供能能力和无氧耐力。

【练习方法】

- 磷酸原系统供能能力的训练方法

运动强度： 最大强度。

运动量：（3~8s）×（4~6组）。

间歇：充分间歇。

运动频率：2~3次/周。

- 糖酵解系统供能能力的训练方法

运动强度：最大强度。

运动量：（10~15s）×（3~4组）。

间歇：充分间歇。

运动频率：2~3次/周。

- 糖酵解无氧耐力的训练方法

运动强度：次最大强度（优秀中短距离运动员血乳酸参考值为16~22mmol/L）。

运动量：（15~35s）×（3~4组）。

间歇：短间歇。

运动频率：2~3次/周。

三、耐力训练的计划设计

（一）耐力训练计划的原则与阶段划分

1. 耐力训练计划的原则

（1）超负荷原则。为了提高体能水平，依据生理适应的原理，训练负荷只有高于当前已拥有的水平，身体才能在新的水平上发生适应。因此，在耐力训练过程中，应以超负荷训练作为基本的原则。

（2）渐进性原则。为了防止过度疲劳，应保持超负荷训练的可持续性。超负荷的训练安排应在身体能够恢复的基础上逐渐增加，循序渐进。

（3）特殊性原则。由于不同的训练负荷会对机体产生不同的训练效果，因此，应根据不同的训练目的选择与之相对应的训练负荷。

（4）个性化原则。由于个人的身体特征、竞技能力、身体状态的不同，即使采用同样的训练方法，有时效果也会出现很大的差异。因此，为了获得更好的效果，训练计划的安排应充分考虑个体差异，遵从个性化的原则。

2. 耐力训练计划的阶段划分

一般情况下，耐力训练周期可分为4个阶段，即准备期（一般训练期）、比赛前期（专项训练期）、赛前减量期和赛后调整期。

其中，准备期可根据个人当前的身体情况和机能状态选择不同的训练内容。长期未进行系统训练的人群、肥胖人群，首先要进行基础训练，降低体脂率，增强心脏机能，并加强与动作经济性以及伤病相关的肌群力量。而已拥有基础体能的人群、在赛后调整期进行过体能训练的人群，可以以提高慢肌和部分快肌有氧代谢能力为主要目的，进行以大运动量、中等强度训练为主，高强度训练为辅的一般体能训练。而无氧耐力项目运动员则可以以提高肌肉力量和动作经济性为主要目的，进行以一般基础力量训练和技术训练为主、专项力量和爆发力以及无氧耐力为辅的一般体能训练。

在经过系统的一般体能训练后，在离比赛还有4~5周时间时，进入赛前大强度专项训练期，可以以接近或超过目标比赛强度的训练为主要训练内容。

经过上述高强度系统训练，离比赛还有7~10天时间时，为了以最好的状态参加比赛，应进行赛前减量训练。在这一阶段，为了保证身体超量恢复，训练量在原有基础上可大幅减少30%~60%。同时，为了保持神经、酶类活性等与比赛相关的生理机能，训练强度保持与比赛目标强度一致是非常必要的。

在比赛结束后，为了缓解疲劳，并为下一训练周期做准备，往往会进入赛后调整期。在这一阶段，为了防止体能的过度下降，应避免不进行任何运动的完全休息，可采用一般训练期采用的中等训练强度，而训练量和训练频率可大幅度降低。

（二）不同训练期的耐力训练计划

1. 准备期（一般训练期）

（1）基础体能训练阶段。

适宜人群：长期未进行系统训练的人群、肥胖人群。

主要目的：降低体脂率，增强心脏机能，加强与动作经济性以及伤病相关的肌群力量。

持续时间：2~4周。

训练计划：参考表12-3。

表12-3 基础体能训练阶段的周训练计划安排参考

时间	训练内容	时间	训练内容
周一	①专项力量耐力练习 ②最大脂肪氧化强度练习30~60min	周四	最大脂肪氧化强度练习30~60min
		周五	最大脂肪氧化强度练习30~60min
周二	最大脂肪氧化强度练习30~60min	周六	①专项力量耐力练习 ②最大脂肪氧化强度练习30~60min
周三	①专项力量耐力练习 ②最大脂肪氧化强度练习30~60min	周日	休息

（2）一般体能训练阶段。

适宜人群：已进行过一段时间的基础体能训练，或在赛后调整期进行过体能训练的人群。

主要目的：①有氧耐力和超最大有氧项目——进一步增强心脏泵血机能、慢肌和部分快肌有氧代谢能力；②无氧耐力项目——以提高肌肉力量和爆发力为主，以提高专项能力和肌肉耐力为辅。

持续时间：4~8周。

训练计划：参考表12-4和表12-5。

表12-4 有氧耐力/超最大有氧耐力项目一般体能训练阶段的周训练计划安排参考（以5 000m跑为例）

时间	训练内容	时间	训练内容
周一	90%~105%最大摄氧量强度练习：3~4min/组， 6~8组	周二	①力量耐力练习 ②最大脂肪氧化强度练习：持续跑30~60min

续表

时间	训练内容	时间	训练内容
周三	90%~100%无氧阈强度练习：递增跑40~60min	周六	90%~100%无氧阈强度练习：递增跑40~60min
周四	积极调整	周日	休息
周五	①力量耐力练习 ②最大脂肪氧化强度练习：持续跑30~60min		

表12-5　无氧耐力项目一般体能训练阶段的周训练计划安排参考（以400m跑为例）

时间	训练内容	时间	训练内容
周一	无氧耐力练习：200m计时跑×1组；350m计时跑×1组	周五	①30%~50%1RM爆发力练习×4组 ②60%~70%1RM力量练习×4组
周二	①30%~50%1RM爆发力练习×4组 ②60%~70%1RM力量练习×4组	周六	①起跑练习：30m×2组；50m×2组 ②节奏跑练习：150m×4组
周三	无氧耐力练习：（300慢跑+200m全力跑）×2组	周日	休息
周四	积极调整		

2. 比赛前期（专项训练阶段）

适宜人群：经过系统的一般体能训练，离比赛还有4~5周时间的人群。

主要目的：提高专项能力。

持续时间：3~4周。

训练计划：参考表12-6和表12-7。

表12-6　有氧耐力/超最大有氧耐力项目专项训练阶段的周训练计划安排参考（以5 000m跑为例）

时间	训练内容	时间	训练内容
周一	100%最大摄氧量强度练习：1 200m×6组	周五	最大脂肪氧化强度练习：持续跑30~60min
周二	最大脂肪氧化强度练习：持续跑30~60min	周六	95%最大摄氧量强度练习：3 000m×1组+2 000m×1组+1 000m×2组
周三	90%~100%无氧阈强度练习：递增速度跑40~60min	周日	休息
周四	积极调整		

表12-7　无氧耐力项目专项训练阶段的周训练计划安排参考（以400m跑为例）

时间	训练内容	时间	训练内容
周一	①起跑练习：30m×2组；50m×2组 ②节奏跑练习：150m×4组	周五	①起跑练习：30m×2组；50m×2组 ②速度练习：（30m+60m）×4组 ③节奏跑练习：100×1组；150m×1组；200m×1组
周二	无氧耐力练习：（150m快+150m慢）×2组；300m×2组	周六	无氧耐力练习：200m计时跑×1组；350m计时跑×1组
周三	无氧耐力练习：（300m慢跑+200m全力跑）×3组	周日	休息
周四	积极调整		

3. 赛前减量期

适宜人群： 经过专项系统训练，离比赛还有7~10天时间的人群。

主要目的： 促进身体超量恢复，同时尽可能维持神经、酶类活性等与比赛相关的生理机能。

持续时间： 7~10天。

训练计划： 参考表12-8和表12-9。

表12-8 有氧耐力/超最大有氧耐力项目赛前减量期的周训练计划安排参考（以5 000m跑为例）

时间	训练内容	时间	训练内容
周一	5 000m比赛目标强度练习：3 000~4 000m×1组	周五	5 000m比赛目标强度练习：1 000m×2组
周二	最大脂肪氧化强度练习：持续跑20~30min	周六	最大脂肪氧化强度练习：持续跑20~30min
周三	5 000m比赛目标强度练习：1 000m×2组	周日	5 000m比赛
周四	积极调整		

表12-9 无氧耐力项目赛前减量期的周训练计划安排参考（以400m跑为例）

时间	训练内容	时间	训练内容
周一	400m目标速度练习：200m跑×1组；350m跑×1组	周五	①起跑练习：30m×1组；50m×1组 ②速度练习：（30m+60m）×2组 ③节奏跑练习：200m×1组
周二	无氧耐力练习：（150m快跑+150m慢跑）×1组；300m×1组	周六	400m目标速度练习：200m跑×1组
周三	无氧耐力练习：（300m慢跑+200m全力跑）×1组	周日	400m比赛
周四	积极调整		

4. 赛后调整期

适宜人群： 参加完比赛，离下一次比赛还有较长时间的运动员。

主要目的： 防止体脂率增加，减小竞技水平的下降幅度。

持续时间： 2~4周。

训练计划： 参考表12-10。

表12-10 赛后调整期周训练计划安排参考

时间	训练内容	时间	训练内容
周一	最大脂肪氧化强度练习30~60min	周五	最大脂肪氧化强度练习30~60min
周二	最大脂肪氧化强度练习30~60min	周六	①有氧耐力练习：1组80%~90%比赛强度的专项节奏练习 ②无氧耐力练习：2~3组80%~90%比赛强度的专项节奏练习
周三	专项力量耐力练习	周日	休息
周四	最大脂肪氧化强度练习30~60min		

小结

耐力是由多种因素决定的，而针对每一个耐力决定因素，都要有相应的训练方法和训练计划。训练计划是由训练强度、训练量、训练频率以及训练周期决定的。想要提高耐力训练成绩，必须掌握耐力训练强度的分类方法，以及不同训练强度的作用。

不同距离比赛项目对耐力决定因素的依赖度有所不同。若要提高某一耐力项目运动员的能力，就要通过对照该项目的决定因素，找出限制其成绩提高的主要原因，并采用对应的训练方法。另外，由于大赛的比赛时间大多是固定的，不会因某个运动员的状态而改变，所以，在找到运动员耐力的限制因素后，还要以参赛日期为时间节点，制订在该时间段内能够尽可能提高其成绩的训练计划。

综上所述，想要帮助运动员提高耐力，掌握耐力的决定因素、训练方法以及不同阶段的训练计划是非常必要的。同时，由于每名运动员的状态、参赛目标以及训练时间都有很大的差异，因此在实际训练中，不应照搬这些计划方法，而是应根据每名运动员的实际情况灵活运用。

思考题

1. 运动员的脂肪含量偏高，会影响他的耐力水平。那么为了高效减脂，他应采用什么样的运动强度进行运动？

　　A. 接近或略高于最大脂肪氧化强度　　　　B. 无氧阈强度

　　C. 最大摄氧量强度　　　　　　　　　　　D. 无氧强度

2. 在最大脂肪氧化强度下的主观用力程度应该是？

　　A. 轻松或较轻松　　　　　　　　　　　　B. 有些吃力

　　C. 很吃力　　　　　　　　　　　　　　　D. 非常吃力

3. 为了增强运动员的心脏泵血机能，在每搏输出量最大的运动强度持续运动是比较合适的。而每搏输出量最大的运动强度在什么样的运动强度区间范围内？

　　A. 最大脂肪氧化强度以下　　　　　　　　B. 最大脂肪氧化强度到无氧阈强度之间

　　C. 接近最大摄氧量强度　　　　　　　　　D. 超过最大摄氧量强度

4. 在800m跑比赛中，在比赛的前半段，主要的供能方式是？

　　A. 磷酸原系统供能　　　　　　　　　　　B. 糖酵解供能

　　C. 脂肪的有氧氧化供能　　　　　　　　　D. 糖的有氧代谢供能

5. 在800m跑比赛中，在比赛的后半段，主要的供能方式是？

　　A. 磷酸原系统供能　　　　　　　　　　　B. 糖酵解供能

　　C. 脂肪的有氧氧化供能　　　　　　　　　D. 糖的有氧代谢供能

6. 在进行大负荷专项训练后，为了促进身体超量恢复，同时尽可能维持神经、酶类活性等与比赛相关的生理机能，应进行赛前调整。而在进行赛前调整时，训练量和训练强度应该如何变化？

　　A. 训练量和训练强度都增加　　　　　　　B. 训练量和训练强度都减少

　　C. 训练量应该减少，训练强度应该保持　　D. 训练量应该增加，训练强度应该减少

第13章

高强度间歇训练的
基本方法与计划设计

黎涌明

导语

　　训练方法是运动员竞技表现提升过程中的最小单元。训练方法可按照强度简单分为低强度、中强度和高强度训练，按照持续性可简单分为持续训练、间歇训练和重复训练。根据项目特征的不同，运动员在不同训练时期以不同比例运用多种训练方法进行训练，其中低强度持续训练和高强度间歇训练（HIIT）是常采用的两种训练方法。在过去的一个世纪内，竞技体育领域对训练方法的青睐犹如一个钟摆在低强度持续训练和HIIT之间来回摆了几次。进入21世纪，这个钟摆再次摆向了HIIT。从速度/爆发力类项目到格斗类项目，再到集体球类项目，甚至到耐力类项目，HIIT成为风靡全球的训练方法。然而，运动训练科学化的发展趋势要求竞技体育对HIIT的认识不能再像20世纪上半叶那样止步于对成功运动员的追随和效仿，而是需要更多科学剖析和应用。

一、HIIT 的基本概念

　　为了更为全面地了解HIIT这种训练方法，下面将HIIT置于常见的训练方法中来进行介绍。首先，所有常见的训练方法可以根据训练过程中有无间歇分为"无间歇类"和"有间歇类"两大类。无间歇类训练方法包括持续训练（Continuous Training）、法特莱克训练（Fartlet Training）和变速训练（Pace Training）；有间歇类训练方法包括间歇训练（Interval Training，即HIIT，具体定义见下文）和重复训练（Repetition Training）。无间歇类训练方法可根据训练节奏（强度）的改变与否分为两个亚类：第一个亚类是持续训练，其训练节奏（强度）不改变；第二个亚类包括法特莱克训练和变速训练，其训练节奏（强度）改变，其中法特莱克训练的训练节奏（强度）无计划地改变，而变速训练的训练节奏（强度）有计划地改变。有间歇类训练方法又可根据间歇的充分与否分为两个亚类：第一个亚类是间歇训练（即HIIT），其间歇不充分；第二个亚类是重复训练，其间歇充分。这两个亚类又可根据练习的强度进一步细分为次最大强度（强度从无氧阈强度到全力强度）训练和全力强度训练。根据组织形式的不同，间歇训练可以发展有氧能力或无氧能力，而重复训练可以发展无氧能力（图13-1）。不同竞技体育项目的训练计划中几乎包括了以上所有训练方法，只是不同训练方法的比重和实施形式根据项目特征的不同而有所区别。

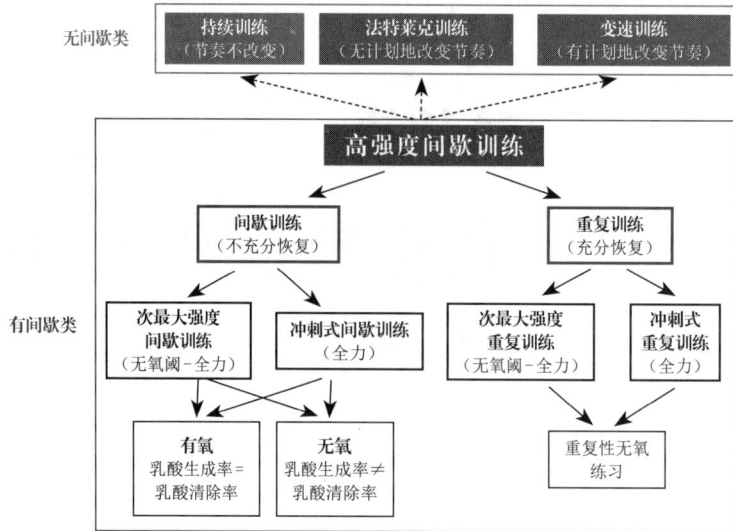

图 13-1　不同训练方法示意

尽管对以上不同训练方法的划分争议较少，但文献中与HIIT有关的名称和定义却多种多样。本文对HIIT的定义为，以大于等于无氧阈或最大乳酸稳态的负荷强度进行多次持续时间为几秒到几分钟的练习，并且每两次练习之间安排使练习者不足以完全恢复的静息或低强度练习的训练方法。由于大于等于无氧阈或最大乳酸稳态的负荷强度属于高强度，因此间歇训练属于高强度训练（即间歇训练就是HIIT）。

二、HIIT的形式及其方法

HIIT涉及12个变量（图13-2），包括运动方式、运动强度、运动时长、恢复强度、恢复时长、间歇次数或组时长、组数、组间恢复时长、组间恢复强度、总运动量、外部环境（温度和氧浓度）、营养学因素（糖可用性和水合状态）。其中，运动强度、运动时长、恢复强度和恢复时长是决定HIIT形式的4个主要变量。HIIT有5种形式（图13-3），分别为长间歇训练、短间歇训练、重复短冲刺（重复冲刺）训练、重复长冲刺（冲刺间歇）训练和基于比赛的训练（小场地比赛）。

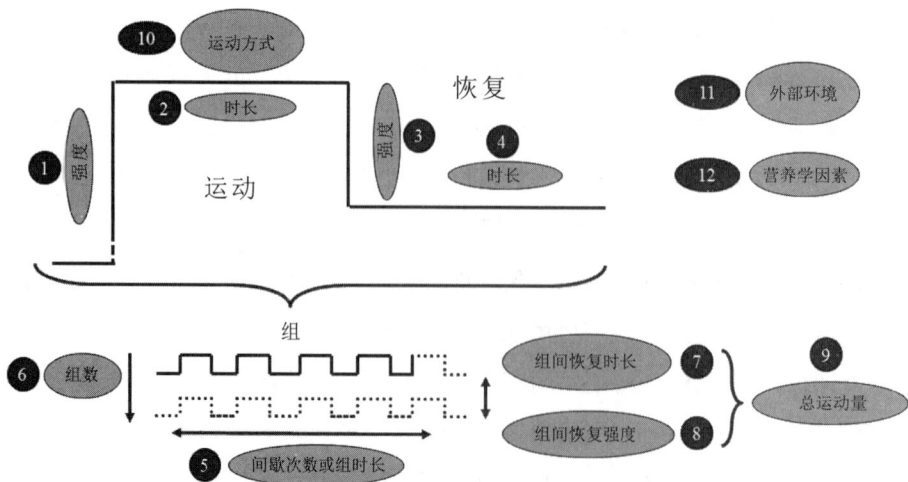

图 13-2　HIIT的12个变量

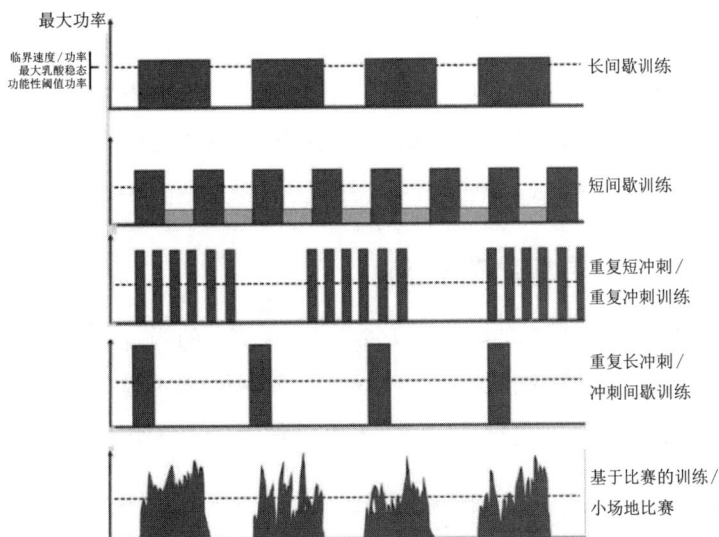

图 13-3　HIIT 的 5 种形式

注：深色为运动，浅色为积极性恢复。

（一）长间歇训练

长间歇训练通常采用的强度为 95%~105% 最大摄氧量速度/功率（V/PVO_{2max}）或 80%~90% 的 15~30s 间歇体能测试的结束速度（V_{IFT}）。这种训练的单次运动持续时间需要大于 1min，以诱导急性的代谢和神经肌肉反应，每 2 次运动间安排短时（1~3min）的休息或长时（2~4min）积极性恢复〔强度≤45% V_{IFT} 或≤60% 递增负荷测试结束速度（$V/P_{IncTest}$）〕。这种训练可以用以达到第 3 类和第 4 类生理学刺激目标（表 13-1）。

表 13-1　HIIT 的 6 种生理学刺激目标

类型	刺激目标			
	有氧	无氧糖酵解	神经肌肉	图示
1	大	小	小	
2	大	小	大	
3	大	大	小	
4	大	大	大	
5	小	大	大	
6*	小	小	大	

注：*表示此类型往往属于速度或力量训练，不属于 HIIT；图示中，左侧表示有氧，中间表示无氧糖酵解，右侧表示神经肌肉。

（二）短间歇训练

根据训练追求的乳酸水平，短间歇训练的单次运动强度在90%~105%V_{IFT}（或100%~120% V/$P_{IncTest}$），持续时间<60s，每2次运动间安排的间歇时间与运动时间类似，间歇强度为≤45%V_{IFT}或≤60%V/$P_{IncTest}$。更长时间的间歇对应的乳酸水平更低。这种训练可以用于达到第1类至第4类生理学刺激目标（表13-1）。

（三）重复短冲刺训练（重复冲刺训练）

重复冲刺训练（Repeated-Sprint Training，RST）能用于发展更"高端"的能力，其对应的神经肌肉压力较大。这种形式的HIIT涉及多次持续时间为3~10s的全力运动，每2次运动间的恢复强度为休息至45%V_{IFT}或60%V/$P_{IncTest}$，恢复时长为15~60s。这种训练可用于达到第4类和第5类生理学刺激目标（表13-1）。

（四）重复长冲刺训练（冲刺间歇训练）

与RST类似，冲刺间歇训练涉及多次全力冲刺，但其对应的单次运动持续时间为20~45s。这种运动格外费力，每2次运动间的间歇形式为休息，间歇持续时间长（通常为1~4min）。冲刺间歇训练只能用于达到第5类生理学刺激目标（表13-1）。

（五）基于比赛的训练（小场地比赛）

这种形式的训练本质上属于以比赛形式进行的长间歇训练，对应为以各种专项强度进行2~4min的跑动。每2次运动间的间歇形式为休息，间歇时长通常为90s~4min。这种形式的训练效果多样，可用于达到第2类、第3类和第4类生理学刺激目标（表13-1）。

三、HIIT 的计划设计

（一）目标类型

有氧、无氧糖酵解和神经肌肉是制订HIIT计划时必须考虑的3个生理学系统。一旦明确了想要刺激的生理学目标，就可以确定所需采用的HIIT类型。这些不同类型的HIIT对有氧、无氧糖酵解和神经肌肉有着不同的刺激程度，它们也是HIIT训练课的重要构成成分。表13-1显示了6种生理学刺激目标，其中第1类至4类生理学刺激目标对有氧代谢有较大的刺激。

（二）整体框架

HIIT的应用分为3步。首先，考虑运动项目的应用情境，包括项目需求、运动员特征、预期的长期适应、同期训练、周期安排等，这些因素综合在一起共同决定了的生理学刺激目标；其次，明确生理学刺激目标，并据此选取相应的HIIT类型；最后，选取相应的HIIT形式并通过相关变量来进行微调，以达到想要刺激的生理学目标（图13-4）。

深入理解图13-4所示的决策模型能够帮助解决几乎所有生理学相关的训练问题。需要注意的是，如果安排合理，相同的形式可以用于刺激不同的生理学目标，且每一种形式都能刺激多个生理学目标。例如，第1类至第4类HIIT都涉及有氧代谢，短间歇的HIIT形式可以用于刺激这4类HIIT目标（表13-1）。

在实践应用过程中，教练和科研人员需要综合多方面因素对HIIT进行适时调整。以神经肌肉系统为例，假如其在多次课上/比赛中承受了很大的负荷，那么对大部分运动员来说，这种大负荷的神经肌肉刺激极有可能会导致训练问题。这样的课次之间通常需要安排相对长时间的休息（如几天），以确保神经肌肉系统能够很好地适应。运动员在比赛或大负荷课次中产生的肌肉酸痛需要多长时间消退，对每日的神经肌肉负荷进行调整的原因也在于此。

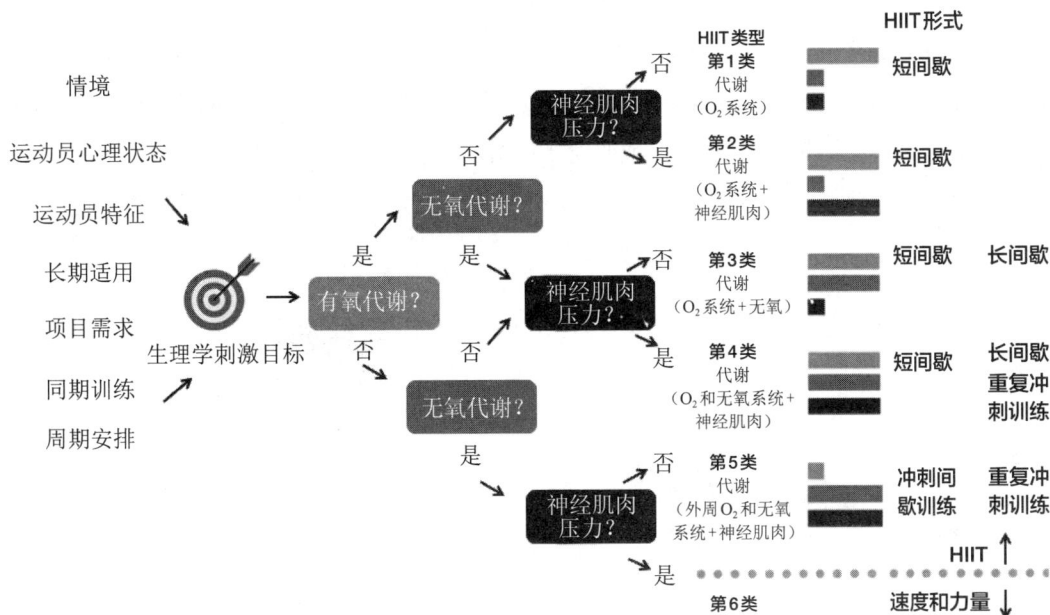

图13-4 HIIT应用路线

（三）应用情境

精英运动员的训练远比想象中的复杂。在提供HIIT建议前必须明确应用情境是一切。在训练实践当中，科研人员和教练经常一起探讨训练计划，但教练是训练计划的最终决定者。这个事实常使得训练计划的制订变得复杂而不是简单。与此同时，运动员经常有着自己的习惯和信念。这些习惯和信念需要被尊重，因为训练计划的执行需要运动员的信任和配合。当然，有时候运动员的这种习惯与信念可能与HIIT安排存在冲突。此外，大部分训练计划会因为运动员的反应（如休息2天仍感觉酸痛）、计划外的事情（如睡眠不足）、非训练因素（如家庭和媒体）等进行临时调整。因此，期望几天前制订好的HIIT计划最终都得以实施是不太现实的。

为了应对这种复杂性，并制订出合理的HIIT计划，必须理解应用情境并注重实用。尽管没有最佳的训练计划，但特定条件下常常存在更好的训练计划。例如，长间歇训练并不是在任何情况下都比短间歇训练好，或运动员应该更多地进行热适应而不是高原训练。最佳的训练计划无疑是根据应用情境调整后的训练计划。需要考虑到的主要应用情境有所处的赛季阶段、微周期内不同训练课次的兼容性（如力量课次与耐力课次的同期化）、运动员的个体特征（如是耐力型还是爆发力型）、运动员的心理/情感状态等。

（四）同期化安排

在考虑了HIIT的特殊应用情境后，下一个需要考虑的问题就是训练的同期化安排，这是许多高强度项目运动员目前面临的一个重要问题。因此，在为运动员制订HIIT计划之前，需要了解不同训练方法的兼容性。

同期训练涉及一个周期化的训练阶段内力量/爆发力和耐力训练课的兼容性，兼容性问题是训练计划制订困难的主要原因之一。许多高强度运动项目既需要力量/爆发力，也需要耐力，最大力量和爆发力的提升更多来自力量和爆发力训练，耐力主要与心肺和代谢能力有关。这2种训练课位于运动压力范围的两极，安排在一起时就会出现干扰效应（图13-5）。

为了进一步阐述这个观点，可以做如下设想：如果运动员在力量训练前几小时或几天进行了耐力训练，并造成了下肢的疲劳，那么大力量训练对运动员来说挑战性很高；如果类似的情况在一段时间内经常出现，那么训练带来的力量、爆发力和/或肌肉质量增加幅度将会减小。这正是整体逻辑所强调的，即对应用情境的考量先于训练内容的安排，这也是为什么在制订发展有氧功率的训练计划前必须有一幅训练的全景图。

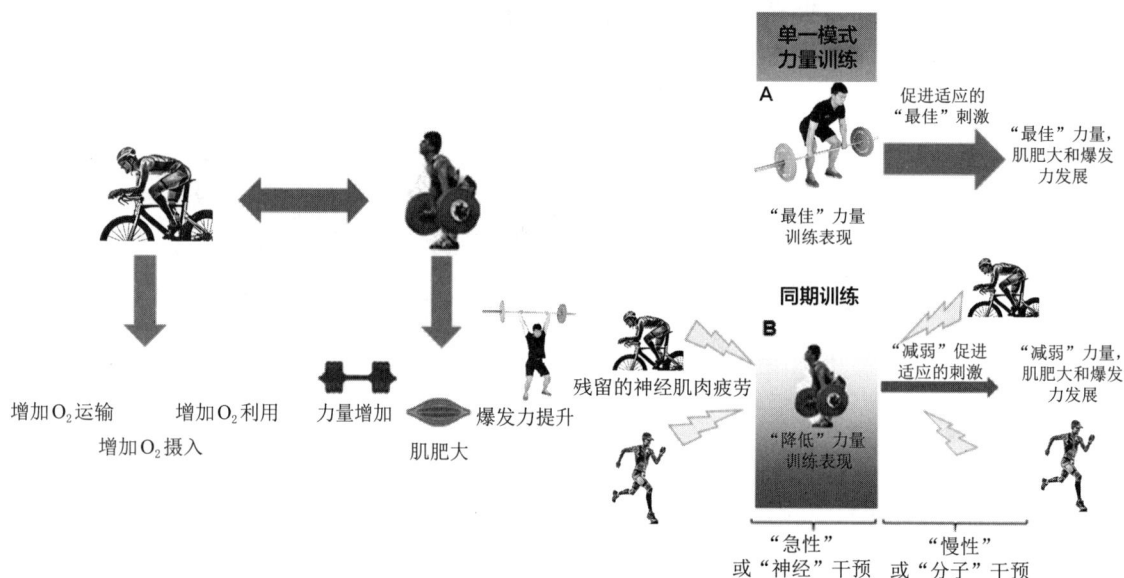

图 13-5　力量和耐力训练的不兼容性

四、对不同人群运用HIIT的建议

（一）高水平运动员运用HIIT的建议

对高水平运动员而言，通往领奖台的训练道路不止一条。在实际训练当中，综合应用所有的训练方法可能是一个最佳的选择，高水平运动员的实际训练也确实如此。进入21世纪，运动训练的摆钟再次摆向HIIT。这种趋势对耐力性项目而言，意味着在注重有氧训练（约占总训练负荷的80%）的前提下适当增加HIIT的比重，丰富HIIT的方法，并着重提高HIIT的训练质量。在这种背景下，耐力训练的训练负荷分布朝着"两极化模式（Polarized Model）"的方向发展。高水平运动员在已有负荷量（每周约20h的训练量）的刺激下，过多地增加高强度负荷（如HIIT）会造成恢复不足，并进一步导致过度训练。其他体育项目（如球类项目和对抗类项目）运动员在有氧能力方面只相当于耐力项目运动员有氧能力的中等水平，因此这些运动员可以通过HIIT来同时提高有氧和无氧能力，并且这种训练可以结合专项技术练习进行。高水平运动员的干预性实验很难组织，因此HIIT对高水平运动员的训练效果仍需要更多研究来证实。

（二）非高水平运动员运用HIIT的建议

非高水平运动员，尤其是处于青年阶段的非高水平运动员的训练量少于高水平运动员，其各项生理指标大都还未达到个人的生理极限。适当增加HIIT负荷量或者将现有训练内容的部分替换成HIIT可以带来VO$_2$max以及其他运动能力指标的改善。由于总训练量不高，运动员有充足的时间从HIIT产生的疲劳中恢复过来，HIIT不太可能会导致过度训练。由于HIIT更加省时，对在学习和工作之余从事运动训练的这部分运动员来说，HIIT是个不错的选择。但是需要注意的是，非高水平运动员的运动技术往往需要长时间反复地练习，过多的HIIT可能不利于技术的形成和提高。

（三）普通人群运用HIIT的建议

普通人群锻炼的目的主要在于保持一定的体力活动量或降脂，其每天锻炼的次数往往≤1次，而且他们也不需要花大量的时间来优化运动技术。他们参加锻炼往往受制于时间。对这样的人群来说，省时有效的锻炼方法可能更具吸引力。HIIT是普通人群锻炼的一个较好的选择，并且HIIT运动节奏会不断变化，也可避免锻炼的枯燥。

（四）慢性疾病患者运用HIIT的建议

对慢性疾病患者来说，锻炼的首要原则是安全性。尽管HIIT的训练效果被证明类似或优于中低强度持续训练，但是对那些健康状态欠佳（如过度肥胖或术后仍在恢复阶段）的人群，应该首先征得医生的许可，然后考虑循序渐进地进行锻炼。至于锻炼的方式，建议先考虑中低强度持续训练，以逐步适应运动刺激，待适应后再逐步增加HIIT，并在HIIT的负荷强度、负荷时间、间歇时间、组数等方面同样需要遵循循序渐进的原则。

第14章

平衡与稳定性训练的基本方法与计划设计

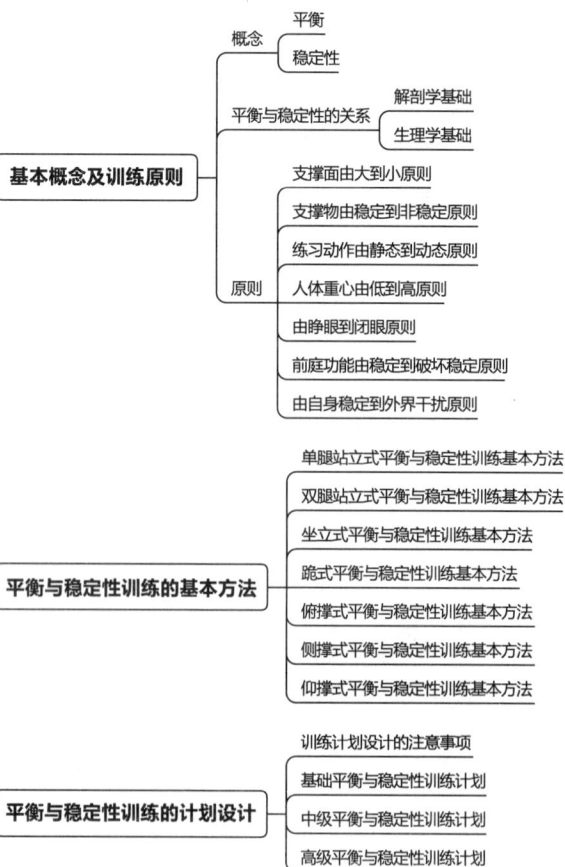

牛雪松

学习目标

➤ 理解平衡与稳定性的概念和训练原则。

➤ 掌握平衡与稳定性训练的基本方法，并且能够在训练实践中熟练应用。

➤ 学会设计平衡与稳定性训练计划，在具体实践中有针对性安排平衡与稳定性训练内容。

知识导图

平衡与稳定性训练的基本方法与计划设计

基本概念及训练原则
- 概念
  - 平衡
  - 稳定性
- 平衡与稳定性的关系
  - 解剖学基础
  - 生理学基础
- 原则
  - 支撑面由大到小原则
  - 支撑物由稳定到非稳定原则
  - 练习动作由静态到动态原则
  - 人体重心由低到高原则
  - 由睁眼到闭眼原则
  - 前庭功能由稳定到破坏稳定原则
  - 由自身稳定到外界干扰原则

平衡与稳定性训练的基本方法
- 单腿站立式平衡与稳定性训练基本方法
- 双腿站立式平衡与稳定性训练基本方法
- 坐立式平衡与稳定性训练基本方法
- 跪式平衡与稳定性训练基本方法
- 俯撑式平衡与稳定性训练基本方法
- 侧撑式平衡与稳定性训练基本方法
- 仰撑式平衡与稳定性训练基本方法

平衡与稳定性训练的计划设计
- 训练计划设计的注意事项
- 基础平衡与稳定性训练计划
- 中级平衡与稳定性训练计划
- 高级平衡与稳定性训练计划

导语

　　平衡与稳定能力对人体姿势维持以及关节稳定有重要作用。平衡与稳定性训练，可以增强人体协调能力、提升动力链传递效率，为运动损伤预防和恢复奠定基础。随着现代运动训练不断演进，平衡与稳定性训练逐渐被应用到体能训练和体能康复训练中。本章将对平衡与稳定性的概念、训练原则、训练的基本方法、训练计划的设计等内容进行全面介绍。

一、基本概念及训练原则

（一）平衡与稳定性的概念

1. 平衡

　　平衡是人体的一种身体素质，是一种身体所处的姿势，是一种运动时能自动调整和保持姿势的能力，也是受外力作用时能保持姿势的能力。维持人体平衡，既要靠感觉器官与中枢神经之间的信息传递，又要靠运动系统与固有体位反射的融合。平衡主要分为两种，一是静态平衡，二是动态平衡。静态平衡是指人体在没有外力或外力的作用下，为了保持某种静止姿势而控制和稳定身体重心的能力。动态平衡（Dynamic Balance）是指人体在运动过程中或受到外力干扰后，不断调整自身姿势，使身体原有的平衡状态发生变化，从而保持新的平衡状态的能力。在日常生活或运动中，人的体态维持靠的是静态平衡和动态平衡的能力，动态平衡能力强是发展动态平衡能力的基础。

2. 稳定性

　　稳定性是人体平衡能力的重要特征，稳定性对平衡能力影响大。人体动作稳定性主要取决于大脑中枢神经和周围神经机制协调配合调动身体各器官机能的能力。人体通过系统锻炼，可增强大脑神经系统的灵活性，增强各器官、组织的机能，进而提升姿势稳定性和平衡能力。对选手来说，能够在比赛中取得优势，其技术动作的稳定性是基本的保证。运动员多数处在非稳定环境下完成技术动作，因此其需要良好的姿势稳定能力才能保证技术动作不变形，不稳定的姿势或者身体处于失控状态都将影响运动员的竞技表现。

　　结合上述分析，将稳定性（Stability）定义为神经系统协调配合调动身体各器官、组织机能相对稳固的程度。

（二）平衡与稳定性的关系

1. 平衡与稳定性训练的解剖学基础

　　平衡与稳定性训练被认为是一种典型的核心稳定训练方法，它能激活核心肌肉组织，增强神经支配和控制肌肉的能力。因此，下面结合动力链从核心角度讲解其解剖学基础。

　　解剖学视域下的核心区是指人体中以中轴骨为起点所附着的软组织。核心部位的肌群在动作完成过程中起着承载力量传导、稳定身体重心以及减缓冲击力等作用，起承上启下的枢纽作用，是人体动力链的中心环节，也是人体发力的要害部位。核心区最重要的功能之一就是负责人体稳定，而这种稳定性是要求体态姿势尽可能保持不变的刚性稳定，是在运动中对抗外力，从而维持自身稳定的体位姿势。

当人体处于动态平衡状态（例如行走过程中）时，人体会通过踝调节机制、髋调节机制及跨步调节机制这3种调节机制应变以维持体位姿势的稳定。在动力链中，每个关节段都会将力量传递给其他关节段而且会相互影响。如果存在薄弱动力链，则会影响人体整个动力链和运动系统。当动力链末端足踝部位支撑地面时，动力链末端的变化即足踝位置的变化会影响核心部位的传递效率，进而影响其稳定性。因此，人在行走过程中，身体需要不断调整重心以维持平衡状态。如果足踝部位稳定性不足或出现损伤，则会导致相邻关节的能量传递效率降低，最终引起自身平衡稳定能力减弱。

2. 平衡与稳定性训练的生理学基础

平衡与稳定性训练是一个动态的复杂过程。平衡与稳定性训练的生理学本质是不断地对人体周围神经机制产生刺激，即不断刺激人体的本体感觉、位觉与视觉。

（1）前庭器官。前庭器官即位觉器官，由半规管、球囊、椭圆囊组成，是人体在运动状态下感受头部空间位置和维持身体平衡的感受器。人体头部位置发生变化，以及进行旋转或直线加速运动，会引起前庭器官感受器（毛细胞）的兴奋，使神经纤维改变冲动频率，传递到神经中枢，使机体产生平衡感觉，引起各种姿势调节反射性变化，进而通过调整相关的肌肉张力，达到维持平衡的目的。前庭功能稳定性是指刺激前庭感受器，使其产生神经冲动，进而引起机体及前庭的各种反应的程度。前庭功能稳定性越差，前庭器官产生的反应越强烈（晕车、晕船以及运动状态下动作变形等）。

（2）本体感受器。本体感受器是指在肌肉、肌腱、韧带、关节囊等部位存在于机体内部的各种感受器。这些感受器对肌肉的收缩幅度和关节的屈伸程度都有感应作用。其中，肌梭为梭形感受器，感觉肌肉长度的变化；腱梭能感觉肌腱长度变化或牵拉刺激。本体感觉（Proprioceptive Sense）是本体感受器在机体内产生的肢体所在空间位置的感觉。人体在处于运动状态时，由大脑中枢发出冲动使得效应器（骨骼肌）发生反应进而产生动作。通过传入神经，本体感受器可以反馈给大脑中枢，以调节运动状态下骨骼肌的瞬间活动。人体通过实时跟进的反馈信息，不断调整动作，使得运动更加精准协调。

（3）视觉器官。视觉器官，也就是眼睛，它是人体对外界环境感知的重要感受器官，人体大脑获取的信息大部分来源于视觉系统。在运动中，视觉器官可将周围环境信息、运动方向以及身体运动状态反馈给大脑，大脑结合本体感觉和位觉控制身体姿势不变形。人体在维持平衡稳定过程中，根据不同体位姿势的变化对视觉的依赖程度也会产生改变。体态维持的难度越高，身体为了维持其平衡，对视觉器官的依赖程度就越高。视觉对人体平衡能力的影响很大，很多人双腿站立的姿势在闭目养神的状态下是不稳定的。

（4）机体状态。人体基本的运动机能是维持身体的平衡与稳定。无论人体以何种形式运动，身体在运动过程中保持稳定和平衡是所有动作形成的基础。平衡与稳定能力的维持主要依靠3个环节共同参与：感觉输入、中枢整合和运动控制。感觉器官、神经系统和锻炼系统都涉及这3个环节。只有机体状态良好时，维持人体平衡与稳定的器官和系统才能协调配合完成工作；如果机体状态欠佳，平衡能力会下降。

（三）平衡与稳定性训练的原则

合理的平衡与稳定性训练原则有利于指导平衡与稳定性训练方法、训练计划制订。这些原则从不同角度帮助教练有针对性地制订平衡与稳定性训练方法、训练计划，使得训练效果更突出。

1. 支撑面由大到小原则

支撑面的作用很大，有助于人体保持一个固定的姿势。支撑面的改变会影响体位姿势的稳定。支撑面越大，说明人体的稳定性越强；反之，支撑面越小，说明人体的稳定性越差。训练时可遵循支撑面由大到小原则，练习者先从支撑面大的较稳定姿势进行训练，然后逐渐过渡到支撑面小的较不稳定姿态。以俯位姿势为例，当练习者在俯卧四点支撑下的稳定能力提升后，可抬起一只手或一条腿，以减小支撑面，提升训练难度。以站位为例，训练者双足站立下的平衡能力提高，可过渡到单足站立。

2. 支撑物由稳定到非稳定原则

由稳定支撑物到非稳定支撑物的变化会使得训练更加复杂化。由于支撑平面的非稳定性，原本容易的动作变得困难。在完全平稳的支撑物（地面）上，人体的深层稳定肌作用较小；相反，在非稳定支撑物（平衡软榻、平衡盘、瑞士球等）上，身体会刺激更多的稳定肌参与工作，同时会刺激身体增强本体感受进而提升动态平衡与稳定的难度。

3. 练习动作由静态到动态原则

当进行平衡与稳定性训练时，练习者首先必须具备在保持静态姿势下控制及调节身体平衡与稳定的能力。例如，练习者能够在不同平面（地面、平衡软榻、BOSU球、平衡盘等）上维持体位姿势保持不变。当练习者静力平衡稳定性较强时，再进行动态平衡稳定性训练。例如，练习者在不同体位姿势下（仰卧、俯卧、侧卧、跪位、站位等），自主改变身体某部位的空间位置（例如，单脚站立时非支撑腿做外展、内收、绕髋等动作，站立姿态下做提踵练习等），以创造不稳定因素使得身体失去静态平衡以进入动态平衡状态。

4. 人体重心由低到高原则

以不同姿势训练，人体的重心会发生变化，重心越低，身体相对越稳定。因此，训练难度的进、退阶可以改变练习者的重心位置为基准。例如先进行在俯卧位、仰卧位和侧卧位姿势下的训练，然后逐渐过渡到坐姿、跪姿，再到站姿。在此过程中，人体重心随着训练姿势的改变而逐渐升高，训练难度也会随之增加。

5. 由睁眼到闭眼原则

视觉起着重要的作用，可以保持身体的平衡和稳定。人体仅靠视觉就能维持平衡，在完全没有前庭感受器和本体感受器参与的前提下。视觉生理基础中的视觉通路主要负责搜集周围环境信息、身体运动和方向信息并反馈给视觉中枢。所以练习者可以先进行开眼训练，提高睁眼状态下的平衡稳定能力，然后逐步过渡到闭眼训练。

6. 前庭功能由稳定到破坏稳定原则

前庭功能稳定是指前庭感受器受到刺激，使其产生神经冲动，进而引起机体及前庭的各种反应的程度。平衡能力可以通过对前庭器官稳定性的破坏而得到增强。提高前庭器官稳定性的训练方法大致可分为3种。

（1）主动式培养。主动选择能够使身体产生加速度的旋转类运动或直线运动进行练习。当进行旋转运动时，要注意旋转的速度应循序渐进，以避免机体产生不良反应。

（2）被动式培养。人体坐在离心机、电动转椅等可以让身体产生加速度的仪器上训练。

（3）全面培养。把主动训练和被动训练结合起来，不仅可以提高前庭机能的稳定性，对人体机能也有很好的改善作用。

7. 由自身稳定到外界干扰原则

无论是静态姿势的维持，还是各种体位姿势下局部肢体位置的不断变化，均属于对练习者自身平衡与稳定能力的训练。当自身平衡与稳定能力提升后，可通过增加外界干扰的方式提升训练难度。人体的视觉与位觉对其平衡能力起到关键作用，因此教练可以干扰视觉和位觉以促使人体不断调节自身平衡。第一，视觉干扰，例如，教练可以手拿标志物进行上下左右移动，引导练习者目光集中于标志物上，对其视觉产生干扰，也可以进行双人的抛接网球练习；第二，位觉干扰，例如，练习者在保持跪位或站位时，教练从前、后、侧面或者对角线位置推拉练习者以提升其抗外界干扰的平衡与稳定能力。

总体而言，平衡与稳定性训练思路以"维持姿势+增加干扰"为中心拓展。先训练练习者维持不同体位姿势的能力，当其拥有较强的维持体位姿势能力后，再在训练中增加干扰。记住，越是稳定的姿势，干扰的程度越大；越是不稳定的姿势，干扰的程度越小。比如，练习者在单腿站立时，教练推拉练习者的力量不宜过大；而在双腿站立姿势下进行平衡与稳定性训练时，教练推拉练习者的力量可适当增大。

二、平衡与稳定性训练的基本方法

（一）单腿站立式平衡与稳定性训练基本方法

单腿站立，脚跟抵臀

练习目的

加强单腿站立姿势的平衡与稳定能力，主要发展踝、膝、髋关节和躯干的稳定控制能力。

练习步骤

①支撑腿膝关节、髋关节微屈，平稳站立，脚尖朝向正前方。②非支撑腿屈膝，同侧手用力将踝关节向后拉，尽量使脚跟与臀部贴紧。③建议完成2~4组，每组30~120s。

注意事项

①挺胸、挺背，腹部收紧，不转动、不侧倾肩部、髋部，膝关节保持中立位。②以支撑腿的整个

脚掌为重心，控制身体重心。

进阶难度

①基础阶段：单腿站在地面上。②中级阶段：单腿站在平衡盘上或BOSU球面上。③进阶阶段：单腿站在平衡盘上或BOSU球面上，闭眼。

单腿站立，绕髋

练习目的

加强单腿站立姿势平衡与稳定能力，主要发展踝、膝、髋关节和躯干的稳定控制能力。

练习步骤

①支撑腿膝关节、髋关节微屈，平稳站立，脚尖朝向正前方。②双手侧平举，非支撑腿屈膝屈髋90°，髋关节做绕环动作。③建议完成2~4组，每组30~120s。

注意事项

①挺胸、挺背，腹部收紧，不转动、不侧倾肩部、髋部，膝关节保持中立位。②以支撑腿的整个脚掌为重心，控制身体重心。

进阶难度

①基础阶段：单腿站在地面上。②中级阶段：单腿站在平衡盘或BOSU球面的平衡盘上。③进阶阶段：单腿站在平衡盘上或BOSU球上，闭眼。

单腿站立，多方向点地

练习目的

加强单腿站立姿势平衡与稳定能力，主要发展踝、膝、髋关节和躯干的稳定控制能力。

①将8个标志物摆成正方形，支撑腿膝关节和髋关节屈曲下蹲，脚尖朝向正前方，站立在正方形中心。②非支撑腿直膝，顺时针向不同方向以最大伸展幅度接触标志物。③建议完成2~4组，每组16~24次。

注意事项

①保持挺胸直背，腹部收紧，肩部和髋部不要出现旋转或侧倾，支撑腿膝关节保持在中立位，膝关节不要超过脚尖。②以支撑腿的整个脚掌为重心，控制身体重心。

进阶难度

①基础阶段：单腿站在地面上。②中级阶段：单腿站在平衡软榻、BOSU球面上。③进阶阶段：单腿站在平衡盘上。

单腿站立，单臂震动杆

练习目的

加强单腿站立姿势平衡与稳定能力，主要发展踝、膝、髋关节和躯干的稳定控制能力。

练习步骤

①支撑腿膝、髋关节微屈，脚尖朝向正前方站立，保持稳定，非支撑腿屈膝前抬，大腿与地面平行，对侧手臂持震动杆。②直臂摆动震动杆，完成上下摆动、内收外展、斜上斜下摆动、绕环等动作，重复规定次数。③建议完成2~4组，每组30~120s。

注意事项

①挺胸、挺背，腹部收紧，不转动、不侧倾肩部、髋部，膝关节保持中立位。②以支撑的整个脚掌为重心，控制身体重心。

进阶难度

①基础阶段：单腿站立在地面上。②中级阶段：单腿站在平衡软榻、BOSU球面上。③进阶阶段：单腿站在平衡盘上；单腿站立在平衡盘上，闭眼。

单腿站立，抛接

练习目的

加强单腿站立姿势平衡与稳定能力，主要发展踝、膝、髋关节和躯干的稳定控制能力。

练习步骤

①支撑腿膝、髋关节微屈，脚尖朝向正前方站立，保持稳定，非支撑腿屈膝前抬，大腿尽可能保持与地面平行。②双手完成下砸球、过顶抛球、胸前抛球、侧抛球等动作。③建议完成2~4组，每组30~120s。

注意事项

①挺胸、挺背，腹部收紧，尽可能不转动、不侧倾肩部、髋部，膝关节保持中立位。②以支撑腿的整个脚掌为重心，控制身体重心。③投球人注意使抛球的高度、方向等发生变化。

进阶难度

①基础阶段：单腿站在平衡软榻上，自抛接网球，他人协助抛接实心球、非弹力药球。②中级阶段：单腿站在BOSU球面上，他人协助正向抛接实心球、非弹力药球。③进阶阶段：单腿站在平衡盘、BOSU球平面上，他人协助多方向抛接实心球、非弹力药球。

单腿蹲，后腿搭支撑物抛接

练习目的

加强单腿蹲姿势平衡与稳定能力，主要发展踝、膝、髋关节和躯干的稳定控制能力。

练习步骤

①分腿蹲姿，前、后腿屈膝约90°，重心保持在前脚上，后脚搭在稳定支撑物或非稳定支撑物上，挺胸直背。②双手完成下砸球、过顶抛球、胸前抛球、侧抛球等动作。③建议完成2~4组，每组30~120s。

注意事项

①挺胸、挺背，腹部收紧，不转动、不侧倾肩部、髋部，膝关节保持中立位。②以支撑腿的整个脚掌为重心，控制身体重心。③投球人注意使抛球的高度、方向等发生变化。

进阶难度

①基础阶段：前腿蹲站在平衡软榻上或前腿蹲立在地面上，后腿支撑在BOSU球面上，自抛接网球，他人协助抛接实心球、非弹力药球。②中级阶段：前腿蹲站在BOSU球面上，他人协助正向抛接实心球、非弹力药球；前腿蹲立在地面上，后腿支撑在瑞士球上，他人协助正向抛接实心球、非弹力药球。③进阶阶段：前腿蹲站在平衡盘、BOSU球平面上，后腿支撑在平衡盘、BOSU球面、瑞士球上，他人协助多方向抛接实心球、非弹力药球。

单腿站立，燕式平衡转头+转体

练习目的

以发展稳定控制踝、膝、髋关节和躯干的能力为主，加强单腿站姿的平衡能力。

练习步骤

①支撑腿膝关节和髋关节微屈，保持平稳站立，脚尖朝向正前方。②两臂侧平举，非支撑腿直膝后抬，俯身使躯干、腿部与地面平行成燕式平衡动作，保持动作稳定后，头向左右侧转并看同侧的手指。③两臂侧平举，非支撑腿直膝后抬，俯身使躯干、腿部与地面平行成燕式平衡动作，保持动作稳定后，手臂随身体向一侧旋转90°，上面的手臂指向天空，下面手臂指向地面，打开髋关节，同时，转头看同侧手指。④建议完成2~4组，每组10~20次。

注意事项

①挺胸、挺背，腹部收紧，不转动、不侧倾肩部、髋部，膝关节保持中立位。②以支撑腿的整个脚掌为重心，控制身体重心。

进阶难度

①基础阶段：单腿站在地面上。②中级阶段：单腿站在平衡软榻、BOSU球面上。③进阶阶段：单腿站在平衡盘上，单腿站在BOSU球的平面上。

（二）双腿站立式平衡与稳定性训练基本方法

双腿站立，蹲起

练习目的

加强双腿站立姿势平衡与稳定能力，主要发展踝、膝、髋关节和躯干的稳定控制能力。

练习步骤

①双腿膝关节和髋关节微屈，脚尖朝向正前方，站在非稳定支撑物上。②双手上举，屈膝下蹲，保持大腿平行于地面的姿势。③建议完成2~4组，每组10~30次。

注意事项

挺胸、挺背，腹部收紧，不转动、不侧倾肩部、髋部，膝关节保持中立位。

进阶难度

①基础阶段：两脚站立于平衡盘、BOSU球的平面上。②中级阶段：双腿站在平衡板、泡沫轴、实心球上。③进阶阶段：双脚站在瑞士球上。

双腿站立，移动

练习目的

加强双腿站立姿势平衡与稳定能力，主要发展踝、膝、髋关节和躯干的稳定控制能力。

练习步骤

①双腿膝关节和髋关节微屈，脚尖朝向正前方，站在非稳定支撑物上。②以侧平举的双臂帮助身体维持平衡，以小碎步的方式滚动支撑物。③建议完成2~4组，每组30~120s。

注意事项

挺胸、挺背，腹部收紧，不转动、不侧倾肩部、髋部，膝关节保持中立位。

进阶难度

①基础阶段：双腿站在泡沫轴上。②中级阶段：双腿站在实心球上。③进阶阶段：头顶平衡盘，双腿立于实心球上。

双腿站立，抛接

练习目的

加强双腿站立姿势平衡与稳定能力，主要发展踝、膝、髋关节和躯干的稳定控制能力。

练习步骤

①双腿膝关节和髋关节微屈，脚尖朝向正前方，站在非稳定支撑物上。②双手完成下砸球、过顶抛球、胸前抛球、侧抛球等动作。③建议完成2~4组，每组120~180s。

注意事项

挺胸、挺背，腹部收紧，不转动、不侧倾肩部、髋部，膝关节保持中立位。

进阶难度

①基础阶段：双脚站在平衡盘、BOSU球平面上，自抛接网球，他人协助抛接实心球、非弹力药球。②中级阶段：双脚站在平衡板上，自抛接网球，他人协助抛接实心球、非弹力药球。③进阶阶段：双脚站在瑞士球上，自抛接网球，他人协助抛接实心球、非弹力药球。

跳上跳下

练习目的

加强双腿站立姿势平衡与稳定能力，主要发展踝、膝、髋关节和躯干的稳定控制能力。

练习步骤

①双腿膝关节和髋关节微屈，脚尖朝向正前方，站在地面上。②双腿起跳，屈膝屈

髋落在非稳定支撑物上，手臂前伸，重心居中，帮助身体保持稳定，之后跳下。③建议完成2~4组，每组10~15次。

注意事项

挺胸、挺背，腹部收紧，不转动、不侧倾肩部、髋部，膝关节保持中立位。

进阶难度

①基础阶段：双脚跳上BOSU球面上。②中级阶段：双脚跳上BOSU球平面、泡沫轴、实心球。③进阶阶段：在BOSU球的平面上进行转体跳跃，也可以在泡沫轴上进行。

俯身旋转

练习目的

加强双腿站立姿势平衡与稳定能力，主要发展踝、膝、髋关节和躯干的稳定控制能力。

练习步骤

①屈髋90°，躯干与地面平行，挺直腰背，两腿屈膝站立。②手臂自然下垂指向地面一点，以该点为圆心，旋转10~30圈，旋转后站立保持稳定。③建议完成2~4组，每组10~30次。

注意事项

控制重心，使身体保持稳定。

进阶难度

①初级阶段：旋转后，快速完成蹲起。②中级阶段：旋转后，快速完成直线行走。③进阶阶段：旋转后，快速完成绕标志物跑动。

（三）坐立式平衡与稳定性训练基本方法

坐姿3点支撑

练习目的

加强躯干的抗旋转和抗屈伸能力，使核心稳定性得到提高。

练习步骤

①双脚、臀部触地，坐在地面或非稳定平面上，屈膝90°，腰背挺直，头和躯干保持一条直线，躯干最大限度后倾。②双手、单手完成肩上推举等动作；其他辅助包括掷接实心球、非弹力药球。③建议完成2~4组，每组10~15次。

注意事项

①在完成肩上推举动作过程中，躯干不要出现旋转或侧倾。②注意不要弓背。

进阶难度

①初级阶段：单手举哑铃，坐立于地面上；其他辅助包括掷接实心球、非弹力药球。②中级阶段：坐立于平衡盘、BOSU球上，双手肩上推举哑铃或锁链，单手推举哑铃，他人协助抛接实心球、非弹力药球。③进阶阶段：坐立于瑞士球上，双手肩上推举哑铃或锁链，单手推举哑铃，他人协助抛接实心球、非弹力药球。

坐姿1点支撑

练习目的

加强躯干的抗旋转和抗屈伸能力，使核心稳定性得到提高。

练习步骤

①臀部触地，坐在地面或非稳定平面上，双脚抬离地面，腰背挺直。②双手完成肩上推举、侧抛球、负重左右转体、左右甩实心球，单手完成肩上推举等动作。③建议完成2~4组，每组10~15次。

注意事项

①在完成肩上推举动作过程中躯干不要出现旋转或侧倾。②注意不要弓背。

进阶难度

①初级阶段：坐立于地面，双手肩上推举哑铃、负重左右转体、左右甩实心球，单手推举哑铃，他人协助抛接实心球、非弹力药球。②中级阶段：坐立于平衡盘、BOSU球上，双手肩上推举哑铃、负重左右转体、左右甩实心球，单手推举哑铃，他人协助抛接实心球、非弹力药球。③进阶阶段：坐立于瑞士球上，双手肩上哑铃推举，单手哑铃推举，他人协助抛接实心球、非弹力药球。

（四）跪式平衡与稳定性训练基本方法

对侧3点支撑

练习目的

加强躯干的抗旋转、抗屈伸能力，使核心稳定性得到提高。

练习步骤

①跪姿，直臂支撑，脚尖触地，腰背挺直。②同时抬起对侧手臂和腿，至与地面平行，完成伸展动作后，手臂屈肘，下肢屈膝屈髋，使肘部与膝盖在身体下方接触。③建议完成2~4组，每组10~20次。

注意事项

①支撑手臂的肘关节内旋，使肘窝朝内，肘关节微屈不要锁死。②在完成动作过程中肩部和髋部不要出现旋转或侧倾。③注意不要弓背。

进阶难度

①初级阶段：手和膝撑地面。②中级阶段：手或膝撑平衡盘。③进阶阶段：手和膝撑瑞士球。

对侧2点支撑

练习目的

加强躯干的抗旋转、抗屈伸能力，使核心稳定性得到提高。

练习步骤

①跪姿，直臂支撑，脚尖抬离地面，腰背挺直。②同时抬起对侧手臂和腿，至与地面平行，完成伸展动作后，手臂屈肘，下肢屈膝屈髋，使肘部与膝盖在身体下方接触。③建议完成2~4组，每组10~20次。

注意事项

①支撑手臂的肘关节内旋，使肘窝朝内，肘关节微屈不要锁死。②在完成动作过程中肩部和髋部不要出现旋转或侧倾。③注意不要弓背。

进阶难度

①初级阶段：手和膝撑地面。②中级阶段：手或膝撑平衡盘。③进阶阶段：手和膝撑瑞士球。

同侧3点支撑

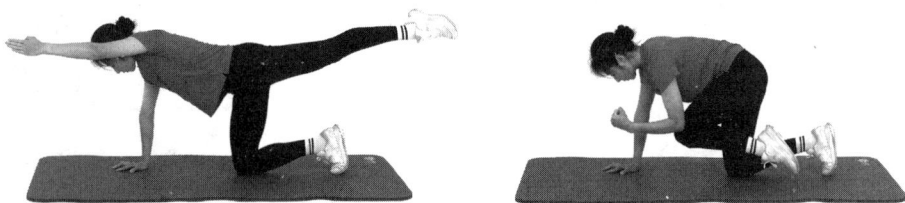

练习目的

加强躯干的抗旋转、抗屈伸能力，使核心稳定性得到提高。

练习步骤

①跪姿，直臂支撑，脚尖触地，腰背挺直。②同时抬起同侧手臂和腿，至与地面平行，完成伸展动作后，手臂屈肘，下肢屈膝屈髋，使肘部与膝盖在身体下方接触。③建议完成2~4组，每组5~10次。

注意事项

①支撑手臂的肘关节内旋，使肘窝朝内，肘关节微屈不要锁死。②在完成动作过程中肩部和髋部不

要出现旋转或侧倾。③注意不要弓背。

进阶难度

①初级阶段：手和膝撑地面。②中级阶段：手撑平衡盘。③进阶阶段：膝跪平衡盘。

同侧2点支撑

练习目的

加强躯干的抗旋转、抗屈伸能力，使核心稳定性得到提高。

练习步骤

①跪姿，直臂支撑，脚尖抬离地面，腰背挺直。②同时抬起同侧手臂和腿，至与地面平行，完成伸展动作后，手臂屈肘，下肢屈膝屈髋，使肘部与膝盖在身体下方接触。③建议完成2~4组，每组5~10次。

注意事项

①支撑手臂的肘关节内旋，使肘窝朝内，肘关节微屈不要锁死。②在完成动作过程中肩部和髋部不要出现旋转或侧倾。③注意不要弓背。

进阶难度

①初级阶段：手和膝撑地面。②中级阶段：手撑平衡盘。③进阶阶段：膝跪平衡盘。

（五）俯撑式平衡与稳定性训练基本方法

肘撑腹桥

练习目的

躯干抗屈伸能力得到加强，核心稳定性得到提高。

练习步骤

①手肘和脚四点俯撑，保持背部平直，收紧腹部和臀部的肌群，伸直双腿，双脚与肩同宽，分开支撑。②保持身体的稳定和平衡。③建议完成2~4组，每组60~180s。

注意事项

①身体成直线，腰不要塌，臀部不要抬得过高。②保持重心在身体中线，不能有侧倾的动作。

进阶难度

①基础阶段：双肘或双脚撑在BOSU球平面、瑞士球上。②中级阶段：肘部支撑在BOSU球面、瑞士球上，单腿抬起；将双脚支撑在BOSU球平面、瑞士球上，单臂抬起。③进阶阶段：以手肘支撑在BOSU球面，以脚支撑在瑞士球面。

直臂腹桥

练习目的

躯干抗屈伸能力得到加强，核心稳定性得到提高。

练习步骤

①双手、双脚四点俯撑，背部平直，腹部、臀部肌群绷紧，双腿伸直，双脚与肩同宽。②保持身体的稳定和平衡。③建议完成2~4组，每组30~180s。

注意事项

①身体成直线，腰不要塌，臀部不要抬得过高。②肘关节内旋，直臂支撑时肘窝朝内，肘部微屈不锁死。③保持重心在身体中线，不能有侧倾的动作。

进阶难度

①基础阶段：双臂或双脚撑在BOSU球平面、瑞士球上。②中级阶段：双臂撑在BOSU球平面、瑞士球上，抬离一条腿；双脚撑在BOSU球平面、瑞士球上，抬离一只手臂。③进阶阶段：手臂支撑于BOSU球的平面，双脚支撑于瑞士球的平面上；在瑞士球上，双臂和双脚同时支撑。

屈腿拉球

练习目的

躯干抗屈伸能力得到加强，核心稳定性得到提高。

练习步骤

①双手、双脚四点俯撑，背部保持平直，腹部和臀部肌群收紧，双腿伸直，双脚分开与肩同宽，支撑于瑞士球上。②屈髋，双脚用力拉瑞士球，尽量让膝盖靠近胸口。③建议完成2~4组，每组10~20次。

注意事项

保持重心在身体中线上，不能有侧倾的动作。

进阶难度

①基础阶段：双手撑地。②中级阶段：双手撑在BOSU球平面上。③进阶阶段：双手撑在瑞士球上。

直腿拉球

练习目的

躯干抗屈伸能力得到加强，核心稳定性得到提高。

练习步骤

①双手、双脚四点俯撑，背部保持平直，腹部和臀部肌群收紧，双腿伸直，双脚分开与肩同宽，支撑于瑞士球上。②屈髋直膝拉动瑞士球，使双脚尽量靠近双手。③建议完成2~4组，每组10~20次。

注意事项

保持重心在身体中线上，不能有侧倾的动作。

进阶难度

①基础阶段：双手撑地。②中级阶段：双手撑在BOSU球平面上。③进阶阶段：双手撑在瑞士球上。

（六）侧撑式平衡与稳定性训练基本方法

肘撑侧桥

练习目的

躯干的抗旋转能力得到加强，核心稳定性得到提高。

练习步骤

①肘和脚两点支撑，伸髋、双腿直膝，收下颌。②保持身体的稳定和平衡。③建议完成2~4组，每组30~90s。

注意事项

①身体成一条直线。②保持重心在身体中线上，不能有侧倾的动作。

进阶难度

①基础阶段：肘部或足部支撑在平衡盘、BOSU球面、瑞士球上。②中级阶段：肘或脚支撑在平衡盘、BOSU球面、瑞士球上，抬离一条腿或一只手臂。③进阶阶段：肘支撑在平衡盘、BOSU球平面上，双脚或单脚搭在瑞士球上。

直臂侧桥

练习目的

躯干的抗旋转能力得到加强，核心稳定性得到提高。

练习步骤

①手和脚两点支撑，支撑手直臂，伸髋、双腿直膝，收下颌。②保持身体的稳定和平衡。③建议完成2~4组，每组30~90s。

注意事项

①身体成一条直线。②保持重心在身体中线上，不能有侧倾的动作。

进阶难度

①基础阶段：直臂或脚支撑在平衡盘、BOSU球面、瑞士球上。②中级阶段：直臂或脚支撑在平衡盘、BOSU球面、瑞士球上，抬起一条腿或一只手臂。③进阶阶段：直臂支撑在平衡盘、BOSU球平面上，双脚或单脚搭在瑞士球上。

（七）仰撑式平衡与稳定性训练基本方法

单腿支撑臀桥

练习目的

躯干抗屈伸能力加强，核心稳定性提高。

练习步骤

①仰卧，双手置于身体两侧，一条腿屈膝勾足，髋部、肩部、躯干和膝部在同一条直线上。②双臂上举，非支撑腿直膝上抬至与支撑腿同一高度。③建议完成2~4组，每组30~90s。

注意事项

保持重心在身体中线上，不能有侧倾的动作。

进阶难度

①基础阶段：背部和单脚支撑于地面。②中级阶段：背部或单脚撑在泡沫轴、平衡盘、瑞士球上。③进阶阶段：背部支撑在平衡盘上，单脚支撑在泡沫轴上或单脚支撑在瑞士球上。

直膝背桥

练习目的

躯干抗屈伸能力得到加强，核心稳定性得到提高。

练习步骤

①仰卧，双腿伸直，勾起脚尖，脚跟支撑在支撑物上，臀部向上伸展，使肩部、躯干与腿部成一直线。②躯干和下肢悬空。③建议完成2~4组，每组30~90s。

注意事项

保持重心在身体中线上，不能有侧倾的动作。

进阶难度

①基础阶段：背靠地面，在瑞士球上用双脚或单脚支撑；背对瑞士球，用双脚或单脚贴地的方式进行支撑。②中级阶段：在BOSU球上支撑背部，在瑞士球上支撑双脚或单脚。③进阶阶段：背部和双脚同时支撑在瑞士球上；闭眼状态下，背部和双脚同时支撑在瑞士球上。

三、平衡与稳定性训练的计划设计

这一部分对内容进行了梳理和归纳，探讨了平衡与稳定性训练难度与训练方法、分级整合，为不同训练水平的运动员提供参考意见，并对训练计划的设计提出了建议。

（一）训练计划设计的注意事项

1. 训练计划设计的周期性

周期性训练是指运动员在运动训练中不断地、系统地进行，阶段性地做出安排的训练。平衡与稳定性训练主要是针对中枢神经系统协同配合肢体完成动作的训练，与发展其他运动素质一样，平衡与稳定性训练的安排也具有周期性。

大多数竞技体育项目的准备期不少于8周。以平衡与稳定性训练周期安排为例，12周可分为3个阶段，第一阶段（1~4周）以静力练习为主，第二阶段（5~8周）以动态练习为主，第三阶段（9~12周）以平衡与稳定性训练为主。3个阶段的训练难度应以协同、递进、循环为底层逻辑，不断对运动员施加新的刺激以打破运动员生物适应，进而提高运动员的平衡与稳定能力。

2. 训练计划实施的可行性

在平衡与稳定性训练中，动作难度是衡量训练强度的重要变量，科学合理安排训练负荷是运动员提高运动表现的前提。很多平衡与稳定性的练习在非稳态、非对称等条件下完成，运动员一旦失控，会导致关节超伸，通常发生运动损伤。因此，在实施训练计划时，严格按照阶段划分制订训练计划，稳步提高训练难度，对运动员完成计划的可行性进行客观分析，避免运动损伤，应遵循科学、循序渐进的原则进行。

平衡与稳定性训练要具有针对性，不同项目对平衡与稳定的能力要求各不相同，要根据项目特征选择平衡与稳定性训练方法，制订相应的训练计划。

3. 训练计划评估的有效性

有效评估结果可帮助教练找到运动员能力基线，定位训练阶段，追踪训练效果，不断调整与改善训练计划，有效提高运动表现。

在平衡与稳定性训练前同样需要评估，经过有效评估，了解运动员基线水平，既有助于对运动员进行个性化训练，也有助于防止训练冒进导致运动损伤的情况。有效评估测试数据可以为教练制订有针对性的训练计划提供依据。

平衡与稳定性评估方式见表14-1。此评估的目的在于找到运动员平衡与稳定能力基线，以便运动员执行后期分级训练。动作通过数量与分级训练建议见表14-2。

表14-1　平衡与稳定性评估方式

评估动作	动作要求	结果判定
单腿站立	单腿站立于地面，支撑腿膝、髋关节微屈，脚尖朝正前方保持稳定，非支撑腿同侧手拉住脚踝，保持身体稳定平衡	身体姿势保持不变，无明显动作变向，≥60s通过测试，否则为测试失败
双腿站立	双腿站立于平衡板上，膝、髋关节微屈，脚尖朝正前方保持稳定。完成动作过程中，双脚不触地，保持身体稳定平衡	身体姿势保持不变，没有明显动作变向，≥60s通过测试，否则为测试失败
跪式	双膝、双手位于地面，后背放木棍，抬对侧手脚向远处延伸至与地面平行后，收回对侧手、屈膝使手膝相碰，重复6次，换另一侧，重复练习	测试期间，头、躯干及臀保持完全与木棍接触，身体维持平衡，视为测试成功，否则为失败
俯撑式	屈肘支撑，使身体稳定，将木棍平放在背部，收紧腹部和臀部，伸直双腿，一条腿撑地，另一条腿抬离地面，使膝关节伸直。准备好后，抬起对侧手臂摸对侧肩部6次，将手臂下落至原位，换另一侧重复进行	测试时，头、躯干与臀部保持完全与木棍接触，全身无明显晃动，则为测试通过，否则为测试失败
侧撑式	侧卧两点（屈肘或直臂）支撑于BOSU球平面，伸髋、双腿直膝，收下颌，身体成一条线，维持身体姿势保持不变	60s内，躯干无明显下沉、晃动，骨盆无任何角度翻转视为测试通过，否则为测试失败
仰撑式	仰卧位，双手放在身体两侧，单腿支撑成臀桥，躯干和膝盖成一条直线，非支撑腿伸直，抬到大腿与支撑腿大腿平行的位置	60s内，躯干及骨盆无明显下沉、侧倾及旋转，身体未出现明显晃动，视为测试通过，否则为测试失败

表14-2　动作通过数量与分级训练建议

动作通过数量	对应分级	动作通过数量	对应分级
1	基础阶段1级	4	基础阶段2级
2	基础阶段1级	5	中级阶段1级
3	基础阶段1级	6	中级阶段2级

（二）基础平衡与稳定性训练计划

如果运动员评估测试"通过"次数≤3，那么运动员应从基础阶段1级训练开始；如果运动员评估测试"通过"次数=4，那么运动员应从基础阶段2级训练开始。表14-3为基础阶段1级训练计划模板，表14-4为基础阶段2级训练计划模板。

表14-3　基础阶段1级训练计划模板

基本训练动作	组数	时间及次数
单腿站立，脚跟抵臀	3	45~60s
双腿站立，蹲起	3	12次
对侧3点支撑	3	左、右各8次
肘撑腹桥	3	45~60s

基本训练动作	组数	时间及次数
肘撑侧桥	3	左、右各45~60s
单腿支撑臀桥	3	左、右各45~60s

表14-4 基础阶段2级训练计划模板

基本训练动作	组数	时间及次数
单腿站立，单臂震动杆	3	60s
双腿站立，蹲起	3	20次
对侧2点支撑	3	左、右各12次
俯撑，双手撑，抬单腿	3	左、右各12次
肘撑侧桥	3	左、右各60~90s
单腿支撑臀桥	3	左、右各60~90s

（三）中级平衡与稳定性训练计划

如果运动员初次评估测试"通过"次数=5或基础阶段运动员经过训练再次评估测试"通过"次数=5，那么运动员应从中级阶段1级训练开始。具体训练计划模板可参考表14-5、表14-6进行。

表14-5 中级阶段1级训练计划模板

基本训练动作	组数	时间及次数
单腿站立，绕髋	4	左、右各15次
双腿站立，移动	4	60~90s
对侧2点支撑	4	左、右各15次
俯撑，双腿撑，抬单手	4	左、右各15次
直臂侧桥	4	左、右各60~90s
单腿支撑臀桥	4	左、右各60~90s

表14-6 中级阶段2级训练计划模板

基本训练动作	组数	时间及次数
单腿站立，抛接	4	60~80s
双腿站立，抛接	4	120~150s
对侧2点支撑	4	左、右各15次
俯撑，抬对侧手脚	4	左、右各15次
直臂侧桥（非稳定）	4	左、右各60~90s
单腿支撑臀桥（非稳定）	4	左、右各60~90s

（四）高级平衡与稳定性训练计划

运动员中级阶段练习一段时间（至少8周），并且可以高质量地完成中级阶段的练习，那么教练就应该对运动员进行进阶阶段的训练。由于进阶阶段在动作难度等方面有了明显的提高，所以在训练过程中要保持更加谨慎的态度，在做好充分的活动准备后再进行练习，进一步发展神经肌肉控制能力，提高运动员的平衡能力。具体的训练计划模板可以参考表14-7、表14-8的内容。

表14-7 进阶阶段1级训练计划模板

基本训练动作	组数	时间及次数
单腿蹲，后腿搭支撑物抛接	4	左、右各60～80s
跳上跳下	4	10～12次
同侧3点支撑	4	左、右各8～12次
屈腿拉球	4	8次～12次
肘撑侧桥	4	左、右各60～70s
直膝背桥	4	45～50s

表14-8 进阶阶段2级训练计划模板

基本训练动作	组数	时间及次数
单腿站立，燕式平衡转头＋转体	4	左、右各12次
俯身旋转	4	12次
同侧2点支撑	4	左、右各15～20次
直腿拉球	4	12～15次
肘撑侧桥	4	左、右各70～90s
直膝背桥	4	50～60s

小结

平衡与稳定能力对人体姿势维持以及关节稳定有重要作用，本章主要从平衡与稳定性的概念、训练原则、训练的基本方法和训练计划的设计等几个方面对平衡与稳定性训练进行了阐述。平衡与稳定性训练，可以改善人体协调能力，提升动力链传递效率，为运动损伤预防和恢复奠定基础。随着现代运动训练不断演进，平衡与稳定性训练将会在体能训练和康复训练中得到深入应用。

在平衡与稳定性训练中，动作难度是衡量训练强度的重要变量，科学合理安排训练负荷是运动员提高运动表现的前提。在实施训练计划时，遵循科学、循序渐进的原则，按照阶段划分制订训练计划，稳步提高训练难度。对运动员完成计划的可行性进行客观分析，在提升运动员运动表现的同时，避免发生运动损伤。

平衡与稳定性训练要具有针对性，不同项目对平衡与稳定的能力要求各不相同，要根据项目特征选择适宜的平衡与稳定性训练方法，制订相应的训练计划。

思考题

1. 人体平衡性主要分哪两种？人体两种主要平衡的定义是什么？

2. 人体稳定性定义是什么？平衡与稳定性训练的生理学基础是什么？

3. 简述平衡与稳定性训练的原则。

4. 简述单腿站立，绕髋平衡与稳定性练习方法的练习目的、练习步骤、注意事项、进阶难度。

5. 简述双腿站立，抛接平衡与稳定性练习方法的练习目的、练习步骤、注意事项、进阶难度。

6. 简述肘撑腹桥平衡与稳定性练习方法的练习目的、练习步骤、注意事项、进阶难度。

7. 简述肘撑侧桥平衡与稳定性练习方法的练习目的、练习步骤、注意事项、进阶难度。

8. 简述直膝背桥平衡与稳定性练习方法的练习目的、练习步骤、注意事项、进阶难度。

9. 简述平衡与稳定性评估方法与等级划分。

10. 简述如何设计基础平衡与稳定性训练计划。

11. 简述如何设计中级平衡与稳定性训练计划。

第15章

柔韧性训练的基本方法与计划设计

李春雷　张鹏

学习目标

➢ 了解柔韧性素质的定义和意义。

➢ 熟悉柔韧性素质的分类和常见测试。

➢ 知道柔韧性素质的主要影响因素。

➢ 掌握柔韧性素质训练的基本方法和动作要求。

知识导图

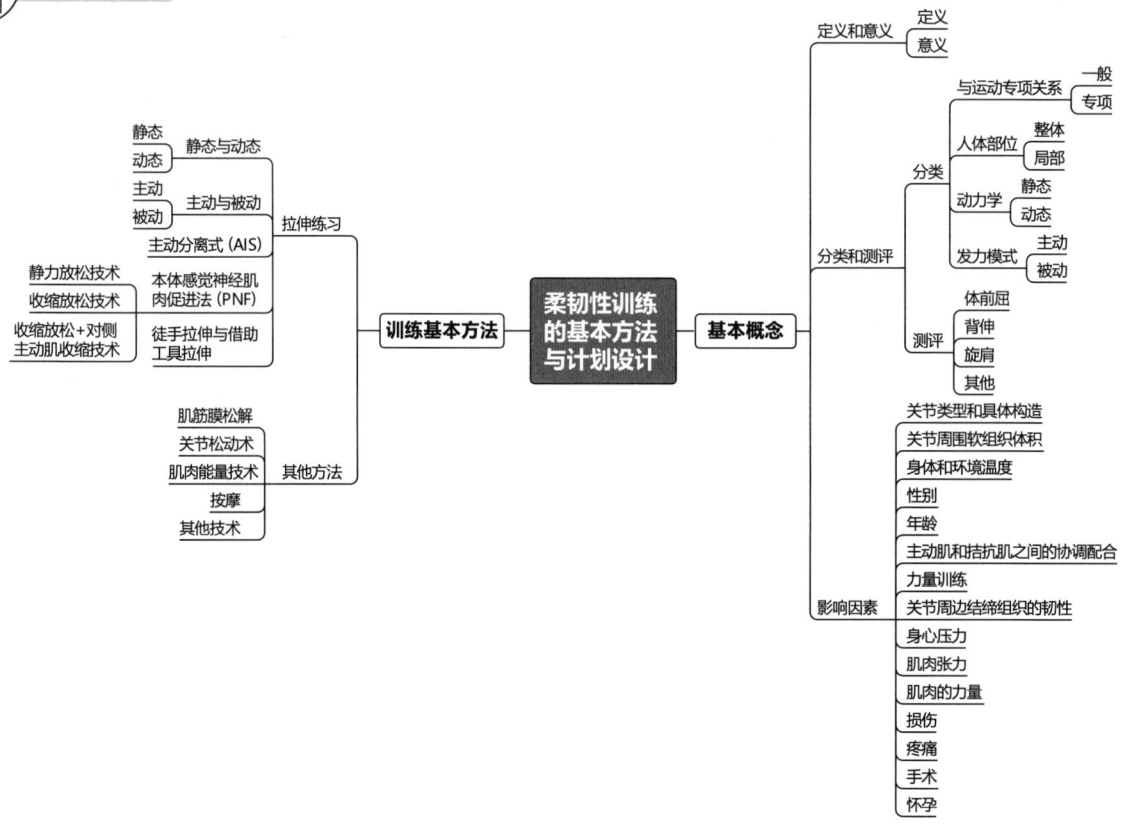

柔韧性是所有人都需要的一个重要身体素质，但大家往往忽视其重要性。随着研究的不断深入，柔韧性的重要性越发凸显，柔韧性的优劣不仅关系到人们的健康和寿命，也决定着人们的竞技运动表现。因此，非常有必要重新审视并了解柔韧性的测试评估和训练方法。

一、基本概念

（一）柔韧性定义和意义

1. 定义

柔韧（Flexibility）也叫柔韧性或柔韧素质，是人体运动素质的一种，它指的是人体在某一个关节中或一组关节中能达到的运动幅度。它反映的是指人体关节活动度的大小以及跨过关节的韧带、肌腱、肌肉、皮肤及其他组织的弹性和伸展能力。

2. 意义

柔韧性非常重要，无论是普通大众还是竞技运动员，柔韧性都是影响人体运动能力的关键素质之一。然而在实际生活、锻炼和训练中，大家会不自觉地忽视它，主要原因是大家对其意义认识不足。

其重要意义主要体现在以下几个方面：

①消除工作和生活造成的疲劳；②减轻肌肉、肌筋膜等张力；③放松身心；④增加身体动作幅度；⑤发挥力量和速度；⑥提升肢体艺术表现力；⑦提高平衡能力，防止摔倒；⑧提升运动效果和成绩；⑨防止或减少运动损伤；⑩延长（运动）寿命；⑪缓解慢性骨骼肌疼痛。

（二）柔韧性分类和测评

1. 分类

按照柔韧性与运动专项的关系，柔韧性可以分为一般柔韧性和专项柔韧性。其中，一般柔韧性是指机体主要关节的活动范围；专项柔韧性是指专项运动所特需的柔韧性，具备专项柔韧性是掌握专项技术和实施专项战术的必备条件。

柔韧性按照人体的区域部位可以划分为整体柔韧性和局部柔韧性。例如，一名受试者可以在体前屈测试中轻松用双手触及脚尖，看上去其身体似乎比较柔软，但也有可能存在局部（骶髂关节或其他部位）柔韧性不佳的问题。

按运动学特征，柔韧性又可分为动力（动态）柔韧性和静力（静态）柔韧性两大类。动力柔韧性主要是指在某一运动过程中该关节的活动范围，如跑、跳、投等动作中肢体大幅度的移动；静力柔韧性一般是指完成主动或被动动作时关节的可活动范围，如劈叉、体前屈或某些静止性的动作。

按照发力的模式，柔韧性一般还可以分为主动柔韧性和被动柔韧性。自主控制能达到的活动角度或范围称为主动柔韧性；在有外界帮助的被动条件下，身体或局部关节所能达到的距离、范围、角度则称为被动柔韧性。一般情况下，被动柔韧性优于主动柔韧性。其与动力柔韧性和静力柔韧性的关系可见图15-1。

2. 常见的柔韧性测评

在日常生活中，常见的柔韧性测试如下。

①体前屈测试（站立体前屈、坐位体前屈）。②旋肩测试。③背伸测试。

人体有很多关节、肌筋膜链，不同的关节主导的功能有较大差异，比如活动度要求比较高的关节有上颈椎、胸椎、肩关节、腕关节、髋关节、踝关节等，因此这些关节及关节周边的肌筋膜等软组织往往就是柔韧性评价的关键区域。具体评价指标和测评方法详见本章的"柔韧性的评估"部分。

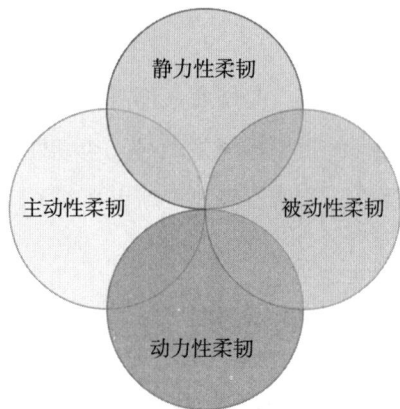

图 15-1　柔韧性的分类与关系

（三）柔韧性影响因素

柔韧性一般主要取决于关节自身活动范围和跨过关节的肌肉、肌腱、韧带、筋膜、皮肤等软组织的伸展性。当然还受到其他一些因素的影响，具体如下。

1. 关节类型和具体构造

限制关节活动范围的主要就是关节本身，不同的关节由于解剖特点不同，活动范围也不同。比如，膝关节以屈伸为主，其活动范围明显小于髋关节的活动范围。

2. 关节周围软组织体积

关节周边软组织体积过大，一般也会限制关节活动范围。比如，肩关节周边的三角肌、背阔肌、胸大肌的肌肉体积越大，关节的活动范围可能越受限制。

3. 身体和环境温度

关节活动幅度会受到体内温度和外部环境温度的影响，根据热胀冷缩的原理，温度低时活动度小，温度高时活动度大。

4. 性别

女性的柔韧性通常好于男性，这种差异会从儿童一直延续到成人阶段。

5. 年龄

儿童的柔韧性通常比较好。随着年龄的增长，柔韧性逐渐下降。

6. 主动肌和拮抗肌之间的协调配合

主动肌和拮抗肌之间的配合非常重要，主动肌发力、拮抗肌放松，关节活动范围自然会大于主动肌发力、拮抗肌紧张状态下的关节活动范围。

7. 力量训练

不恰当的力量训练，如练习力量过多、练习活动范围过小或者练习后没有注意恢复等都会降低柔韧性。肌肉练得过于发达就会失去弹性，从而限制关节的活动范围。

8. 关节周边结缔组织的韧性

皮肤、筋膜、韧带、肌腱、关节囊等的韧性，都会对柔韧性产生影响。

9. 身心压力

当面临较大的学习、工作压力时，柔韧性会降低。

10. 肌肉张力

当肌肉被激活时，柔韧性会降低；长时间保持一个姿势时，肌肉紧张，柔韧性也会降低。

11. 肌肉的力量

主动拉伸时，不需要其他外力辅助，人体活动范围除了受被拉伸肌肉等软组织的伸展性限制外，还受到主动收缩肌群力量的影响。因此，激活或加强主动收缩肌群的力量也是一个值得考虑的要素。因此，激活或加强主动收缩肌群的力量也是一个值得考虑的因素。

12. 损伤

身体部位发生损伤，会激活大脑的保护机制，为避免二次受伤周边的柔韧性会降低。

13. 疼痛

当出现疼痛时，大脑也会下意识对身体进行保护，避免激惹疼痛，柔韧性会降低。

14. 手术

一般手术不仅会给身体造成一定的微创损伤，而且会在身体表面留下疤痕，这些都会降低柔韧性。

15. 怀孕

孕妇的腰骶及骨盆关节的韧带会变得松弛，当腹部的肌肉、皮肤则被撑到一定的限度，柔韧性可能会下降。

二、柔韧性训练的基本方法

（一）拉伸练习

拉伸练习是一种常见、容易被理解、容易实施的柔韧性训练方法。拉伸训练是一种有目的地将肌肉、筋膜等软组织在运动前、中、后进行牵拉的练习，是使被牵拉的肌肉、筋膜等软组织得到充分伸展或放松的方法。

拉伸训练的主要种类有：静态（静力性）拉伸和动态（动力性）拉伸、主动拉伸和被动拉伸、主动分离式拉伸、本体感觉神经肌肉促进技术、徒手拉伸和借助工具拉伸等。

1. 静态与动态拉伸

静态（静力性）拉伸，即身体某部位被拉伸至一定程度，并保持该姿态至一定时间的伸展活动。

静态拉伸的主要特征是动作缓慢，拉伸的时间应大于6s，一般在15～30s。这样一来，高尔基腱器官会出现一定的反应；二来，继续增加时间并不能增加伸展的效果。静态牵拉要有一定的力度，拉伸时应有轻微不适感，即达到一定酸、胀、痛的感觉。牵拉时要保持正常的呼吸，不要憋气。

尽管静态拉伸是增加关节活动范围的一种非常有效的拉伸方法，且静态拉伸比弹振式拉伸所消耗的能量更少，因此静态拉伸可以减少肌肉疼痛。但有研究显示，静态拉伸在运动训练前对之后的运动能力没有作用。相反，静态拉伸对力量、速度、爆发力等运动项目都有不良影响，可能会使运动员在力量、爆发力、速度、反应时间等方面的表现有所下降。在训练课的准备活动中，应避免进行过多的静力拉伸，以免对之后的运动能力造成削弱。

动态（动力性）拉伸是一种主动的全关节活动范围的伸展练习，一般是多次重复一个动作，有一定节奏、速度，幅度逐渐增加。它帮助身体通过使用类似于运动专项的动作来适应接下来的训练和比赛。动态拉伸强调针对性专项化动作，而不是随意拉伸某一块肌肉或某一个关节。

相对于静态拉伸的静态保持能力，全幅度的动态关节拉伸更能改善动态柔韧性。其好处在于提高动态的灵活性、模仿锻炼方式、训练模式，提供专项关节活动能力。相比静态拉伸，动态拉伸在专项准备活动中更有助于提高身体温度，而身体温度的上升会带来许多人体的积极变化。此外，动态拉伸的动作通常涉及不同平面多个关节同时参与，往往更类似于专项的运动形式。

使用动态拉伸时注意用力不宜过猛，必须由小到大，逐渐加大幅度，以免拉伤。每个练习重复5～10次，可根据专项技术的需要适当调整重复次数。

2. 主动与被动拉伸

无论静力性拉伸还是动力性拉伸都分为主动拉伸和被动拉伸两种形式。

主动静力性和被动静力性拉伸是静力性拉伸的两种形式。主动静力性拉伸要求拉伸者在练习时始终依靠自己，并将动作保持一定的时间。被动静力性拉伸需要借助外力，被动地达到更大的活动范围并维持一段时间。

主动静力性拉伸要求主动肌发力收紧保持动作，将相应的拮抗肌伸展到最大幅度并保持较短时间，重复5～10次。主动静力拉伸需要主动收缩，由于受到肌力影响，一般不能达到个人最大拉伸幅度，相对安全，可以改善主动静力性柔韧，但幅度不大。

被动静力性拉伸时主动肌不收缩发力，主要依靠外力拉伸目标肌肉或肌群。一般拉伸姿势维持20s以上。该方法能够有效提高关节活动度（ROM），降低肌肉紧张度，同时对改善姿态、减少迟发性肌肉酸痛（DOMS）也有很大帮助。不过，在比赛前不建议进行大量的被动静力性拉伸，以免对爆发力、反应及平衡能力产生负面影响。

3. 主动分离式拉伸（AIS）

主动分离式拉伸是先将目标肌肉独立出来，先收缩目标肌肉的拮抗肌，再对目标肌肉进行约2s牵拉的拉伸方法，重复8～12次。它的生理学机制是利用主动肌和拮抗肌的交互抑制来增加拉伸幅度。同时，持续2s的时间也避免了诱发牵张反射而限制拉伸幅度；重复8～12次是为了促进拉伸肌肉的血液循环和气体代谢，以使肌肉迅速恢复。此外，进行拉伸时要保持深呼吸，通过深呼吸能够有效降低目标肌肉的紧张度，进而提升干预效果。

主动分离式拉伸一般使用辅助工具，诸如毛巾、牵拉绳等。步骤如下：

（1）收缩反向肌肉群以进入拉伸姿势；

（2）用手、绳子或毛巾来辅助拉伸；

（3）拉伸到轻度紧张状态；

（4）保持2s拉伸后放开；

（5）回到开始动作，放松2s；

（6）重复上述动作。每次拉伸2s，一组重复8~12次，做1~2组。

4. 本体感觉神经肌肉促进法（PNF拉伸法）

本体感觉神经肌肉促进法（Proprioceptive Neuromuscular Facilitation，简称PNF）也称PNF拉伸法。它主要通过增加肌肉的张力和活动来放松肌肉，是被动伸展运动的一种高级形式。PNF拉伸包括被动的拉伸运动和主动的肌肉收缩活动，需要同伴、教练帮助完成。此方法不仅有促进肌肉放松的作用，还有增强肌肉力量的作用。跟其他方法相比，其优点较为突出。不足之处在于无法独立完成，需要同伴或教练的帮助，且专业性较强。该方法既可以用于热身阶段也可以用于恢复再生阶段，既可以作为柔韧性练习手段也可以作为康复训练练习手段。

PNF拉伸在练习形式上与静力性拉伸比较相似，但机制上有本质区别。PNF拉伸的生理学理论依据是利用反牵张反射来达到使肌肉放松的目的。等长收缩会对肌肉产生强烈的刺激，肌肉中的腱梭会将信号传入中枢神经，反射性地使肌肉放松，从而诱发反牵张反射的产生；同时，拮抗肌的收缩也加大了主动肌的放松。

在PNF拉伸过程中包含着被动拉伸和静态拉伸。

PNF拉伸主要有三种类型的技术，分别是静力放松技术（静力保持—放松）；收缩放松技术（收缩—放松）；收缩放松+对侧主动肌收缩技术（静力保持—放松，同时对侧主动肌收缩）。

PNF拉伸法分为三个时相。第一个时相是被动拉伸，持续10s，这在三种技术中都是一样的。第二个时相的肌肉活动有区别，其工作方式在名称上可以体现出来。第三个时相依然是一个被动拉伸，持续时间一般为30s。

（1）静力放松技术（Hold-Relax）。首先对运动员（如伸髋某肌群）进行被动拉伸10s，使其感到中等程度的不适。教练进一步给运动员（如髋关节屈）施加外力，这时运动员要进行等长收缩（如伸髋）以使被拉伸部位的位置不变，保持6s。然后运动员放松（如腿部），教练员继续进行拉伸，保持30s。最后环节，由于运动员自身抑制机制被激活，拉伸的幅度会有明显增加。

（2）收缩放松技术（Contract-Relax）。收缩放松技术也是让运动员从中等程度不适的被动拉伸开始，先持续10s；然后教练员对运动员（如伸髋肌群）施加外力，而运动员则用力对抗（如伸髋），做全范围的向心收缩后放松（如腿部）。教练员继续进行拉伸（如髋关节屈），持续30s。由于最后环节激活了运动员自身的抑制作用，拉伸幅度会大于第一次被动拉伸的幅度。

（3）收缩放松+对侧主动肌收缩技术（Contract-Relax with agonist Contraction）。该技术的前两个时相与静力—放松技术完全一样，只是在第三个时相有所区别。运动员除了被动拉伸外，对侧肌肉还要主动收缩，增加牵拉力量。比如在伸髋肌群等长收缩之后，髋关节要进行主动屈曲，进一步增大髋关节活动范围。该技术不仅激发了交互抑制作用（屈肌收缩抑制了伸肌），还激活了自身抑制作用，从而增大了拉伸幅度。可以说，这种收缩放松再加上对侧主动肌的收缩技术是最有效的PNF拉伸技术。

5. 徒手拉伸与借助工具拉伸

徒手拉伸是一般不用借助专门的器材实施的自主拉伸练习，常见的方法有以静力性为主的拉伸和以动力性为主的拉伸。借助工具拉伸也常见，常见的工具有牵拉绳、弹力带、按摩床，甚至一些生活中的道具也可作为拉伸道具。

（二）其他方法

1. 肌筋膜松解

肌筋膜是结缔组织的胚胎组织，是一种缠绕、包围、保护和支撑人体各个结构的三维网状基质。它包括浅筋膜、深筋膜、浆膜下筋膜三层。浅筋膜位于皮下，又称皮下筋膜，含有脂肪、浅静脉、皮神经以及浅淋巴结和淋巴管等，由疏松结缔组织构成。深筋膜位于浅筋膜深面，由遍布全身且互相连续的致密结缔组织构成，肌肉或肌群、腺体、大血管和神经等被深筋膜包裹形成筋膜鞘。

由于损伤、炎症、不良的身体姿态或过度训练身体而恢复放松不充分，会诱发肌筋膜粘连或扳机点（激痛点、触发点）。

肌筋膜松解主要通过缓解触发点的紧张和紧绷来减轻疼痛。肌筋膜松解多采用泡沫轴、痛点球、按摩棒等工具，将身体的某一部分置于泡沫轴或者痛点球之上，通过对此特定部位施加压力从而达到放松的目的（图15-2）；也可以运用专门的手法进行治疗。

图 15-2　肌筋膜松解

在肌筋膜松解实践操作过程中，很多练习者在前几周出现的疼痛感比较强烈，但是经过一段时间的适应练习后，疼痛感会逐渐减弱。

2. 关节松动术

关节的生理运动可以主动完成也可以被动完成，通常包括屈曲、伸展、内收、外展、旋转等。

关节在自身及其周围组织允许的范围内完成的运动称为附属运动。这种运动不能主动单独完成，只能被动完成，或伴随生理运动而进行。

人体的关节都存在附属运动。当关节因僵硬、疼痛等原因活动受限时，其生理运动和附属运动都会受到影响。一般情况下，建议先改善关节的附属运动，然后再改善生理运动。

关节松动术是一种被动手法治疗技术，充分利用关节的生理运动和附属运动原理，通过徒手操作实现关节的被动运动。该技术利用较大的振幅、低速度的手法，旨在改善关节排列、增加灵活性和活动度，进而减轻疼痛、不适，以及缓解肌肉痉挛。主要技术包括摆动、滚动、滑动、旋转、牵引、挤压等。

3. 肌肉能量技术

肌肉能量技术（Muscle Energy Technique，MET）是一类针对软组织、肌肉骨骼系统紊乱的手法治疗方法。治疗师利用患者自身的肌肉收缩进行手法干预，使用轻柔的等长收缩，通过自发抑制或交互抑制，放松并拉长肌肉。与全凭治疗师的被动静态肌肉拉伸相比，MET是一种需要患者主动参与的治疗技术。MET基于自发抑制和交互抑制原理。如果肌肉在进行次最大收缩之后进行同一肌肉的拉伸，这就是自发抑制（PIR）MET，如果在肌肉次最大收缩之后进行拮抗肌的拉伸，这就是交互抑制（RI）MET。

肌肉能量技术可以用来减轻疼痛、拉伸绷紧的肌肉及筋膜，降低肌肉强直性，改善局部血液循环，强化薄弱的肌肉，甚至增加僵硬关节的活动度。

4. 按摩

按摩是用不同手法作用于有机体，以促进身体机能恢复，消除运动后疲劳和治疗疾病的一种手段。其特点是简单易行，不需要特殊的设备。按摩不仅可以预防损伤、消除疲劳，也可以纠正运动员赛前、赛后出现的机能失调，甚至在提高运动成绩方面也有着很好的促进作用。

按摩根据功能可划分为运动按摩、治疗按摩、保健按摩等。

5. 其他技术

当前也还有其他一些在研究中的技术，如神经拉伸技术。该技术实际上属于神经松动术，通过拉伸动作产生神经组织与周边组织的相对活动，从而达到治疗目的。

三、柔韧性训练的计划设计

（一）柔韧性的评估

1. 场地、工具和流程

柔韧性测试，需要准备相关的场地和工具，比如一片空地、一块瑜伽垫、一把直尺、一个卷尺、一个量角器、专门的柔韧测试设备（体前屈测试仪）、一张记录表。可以用角度（通常用度、弧度来表示）或者是线性单位（cm）来表示关节活动度。受试者需要穿运动紧身衣或者相对宽松的便装，不需要进行专门的热身准备活动。

测试时要遵循先整体再局部、先站立姿再卧姿、先双侧再单侧、先主动再被动的顺序，并记录每一种情况下受试者的柔韧指标数据。

2. 局部的测评

（1）颈椎。对颈椎进行3个运动平面的测试。第一个进行颈椎的屈伸测试，可以采用量角器对颈椎的屈伸活动范围进行测量。第二个进行颈椎的左右侧屈测试，记录左右侧屈活动度。第三个进行颈椎的左右旋转测试，记录达到的角度。

（2）肩关节。下面介绍两种肩关节的柔韧性测试方法。

第一种测试方法是采用功能性动作筛查（FMS）测试动作中关于肩关节灵活性测试内容，具体测试流程是：受试者双臂抬高90°外展，然后拇指内扣，其余四指包住拇指，接下来一手从上、一手从下经后背相互接触，然后利用测试杆测试两手之间的最近距离。双手距离小于受试者一个手长视为正常，大于受试者一个手掌且小于一个半手长视为有代偿，超过受试者一个半手长视为有严重障碍。注意测试过程中身体始终处于直立状态，双手接触时用力不能过大，缓慢置于后背到达极限时停止，不可使用过分的力量来缩短两手之间的距离，在测试完一侧之后两手交换方向再进行测试，以两次的测试结果来评估肩关节的柔韧性。

第二种测试方法是双手持杆的过顶绕环。双手在身体前方握测试杆，测试杆贴于身体腹侧，然后做过顶绕环动作，让测试杆贴于身体背侧，而后返回到起始姿势，完整动作结束表示此项肩关节测试成功。而后不断缩短两手之间的握杆距离直至测试无法标准完成，即可得出肩关节的柔韧性情况。

（3）髋关节。下面介绍3种对髋关节柔韧性进行测试的方法。

第一种是仰卧抬腿。

器材： 测试板、瑜伽垫、测试杆或量角器。

它是功能性动作筛查（FMS）测试动作的一个组成部分，此动作主要用来评估髋关节的主动柔韧性。受试者仰卧在垫子上，双手掌心向上，放松并置于身体两侧，两侧腿膝关节伸直并贴于测试板之上，踝关节背屈。在保持一侧腿固定的情况下，缓慢抬起另一侧腿到最大活动限度，拿测试杆通过抬起侧腿的踝关节的外踝向下做垂线，观察垂线与地面的交点，或者用量角器测量屈髋的角度。

第二种是劈叉测试（横叉和竖叉），观察受试者最终达到的活动范围。

器材： 刻度尺。

受试者两腿前后或左右缓慢分开至两脚处于最大距离，尽量使分叉处靠近地面。测量两脚跟之间的水平距离。测验3次，以cm为单位，记录最好成绩。

评价方法： 可按两足跟间水平距离评价，也可转换成指数进行评价。转换公式如下。

$$纵叉指数 = 足跟间距 / (下肢长 \times 2)$$

$$横叉指数 = 足跟间距 / [髋横径 + (下肢长 \times 2)]$$

注意事项： 在测试过程中受试者必须控制好自身动作缓慢进行活动，必要时周围应当有保护人员。

第三种是改良托马斯测试。

受试者坐于某平面（按摩床、长凳等）边缘，呈仰卧姿势。受试者双手抱住双膝拉向胸部，左腿或右腿下放，观察下方腿的水平位置和外展角度。

改良托马斯测试可用于评估4块易于紧张的肌肉：髂肌、腰大肌、股直肌和阔筋膜张肌。

注意事项： 确保受试者膝关节和腰椎保持屈曲、骨盆后倾，以固定屈髋肌，然后缓慢降低测试腿。

（4）踝关节。

背屈测试可用以测量腓肠肌与跟腱的伸展能力，此测试适用于不同年龄和性别。

器材： 直尺或皮尺。

测量方法： 受试者弓步后膝跪撑于地面，前侧脚不能穿鞋，小腿与地面垂直。双手叉腰将前腿膝盖向前顶，努力使前侧膝关节在脚跟不抬离地的情况下达到最大限度。测量3次，记录膝盖到地面投影点与前脚脚尖最远的一次距离，以厘米为单位，数值越大，说明踝关节背屈和腓肠肌与跟腱的伸展能力越强。

注意事项：测验时，髋关节不要发生旋转，前腿始终沿着前腿第二脚趾的方向前顶，前脚脚跟不得离地。

3. 整体的测评

（1）体前屈。体前屈是传统且经典的身体柔韧性的测试动作，也是大、中、小学体质健康和全民体质健康及体育项目基础体能的测试项目。体前屈可以用来测试人体在静态情况下整个身体后侧肌筋膜链的柔韧性，在测试过程中要求受试者身体缓慢前屈达到最大运动限度，不要采用爆发式、弹振式的方法，以免受伤及测试结果不准确。体前屈分为站立体前屈和坐位体前屈，一般先进行站立体前屈测试，再进行坐位体前屈测试。

（2）站立后仰。后仰测试和体前屈测试是相对应的两个测试，后仰测试用来测试身体前侧肌筋膜链的柔韧性。该测试同样要求受试者在测试过程中动作缓慢有控制地进行，在其达到最大运动限度时进行测试。

（3）站立转体。转体测试和上述两个测试类似，是一个全身性的、对多关节进行测试的手段，该测试主要反映了胸椎、髋关节活动度，以及相关肌肉筋膜等软组织的柔韧性。测试过程中要求受试者双脚必须固定在原地，然后身体向左侧或者右侧进行最大限度的旋转，最后测试其所达到的活动范围。

（4）站立侧屈。受试者站立位，髋关节、膝关节伸直，始终让躯干与下肢保持在额状面，双脚自然分开、双手自然下垂。受试者左右侧屈，记录指尖到达大腿外侧的最低位置，据此评估最大侧屈幅度。

（二）柔韧性练习手段的选取及动作要求

前文已经提到，发展柔韧性的训练主要有动力性和静力性两类，在具体运用时又可分为主动和被动拉伸两种方式。主动拉伸方式是运动员在练习中依靠自己的力量将肌肉、韧带、筋膜等软组织拉长，被动拉伸方式是运动员在外力（教练、队友等）帮助下使肌肉、韧带、筋膜等软组织拉长，可在教练和队友的帮助下去完成动作。运动员在进行被动拉伸时，动作幅度和强度一般要超过主动拉伸方式。但不管采用哪种练习方式，训练之前应首先对运动员的柔韧性素质进行全面测定，根据运动员所具有的柔韧性特征合理选择练习方式、安排适宜的训练负荷，否则方法起不到应有的效果，或者导致负荷过大或过小，这都达不到提高柔韧性的训练效果，甚至有时还会造成肌肉等软组织的拉伤。

1. 方法的选取

训练柔韧性的方法很多，首先要熟悉各种拉伸方法的优缺点，然后还要结合个人、环境、项目等具体情况综合考量，有目的地选择和组合，才能取得良好效果。

（1）静力性拉伸优缺点。

优点：静力性拉伸时肢体的运动幅度很小，因而牵张反射（在摆动拉伸时易被激活）被抑制。

静力性拉伸是一种非常实用且可有效增加关节活动度、发展肌肉延展性的手段。

当进行静力性拉伸练习时间足够长时，就会激活高尔基腱器而使肌肉放松。运动员完成静力性拉伸练习与完成动力性拉伸练习相比，需要较少的肌肉参与工作。

另外，静力性拉伸练习的另一个优点是可以在任何地点、任何环境甚至任何时间进行，几乎不需要任何专门设备以及教练的帮助。

缺点：过久的静力性拉伸，会使肌肉的温度降低、神经系统的兴奋性下降，大量或过度的静力性拉伸会导致肌肉力量下降，进而对运动表现造成消极影响。

虽然静力性拉伸可以被动地增加柔韧性，但目前还没有研究证实它与运动中所需要的动态柔韧性之间有明确的相关性。

（2）弹振式拉伸。

优点：传统锻炼或运动实践中，弹振式拉伸经常在运动前或比赛前的准备活动中使用，该方法对于增加肌肉和身体温度、促进肌肉间的血流量，为机体准备后续有一定强度和速度的专门练习等方面具有重要意义。

缺点：由于这些练习是在动态中完成且具有一定的爆发性，完成时产生的肌肉张力，尤其是速度远高于静力性拉伸，会激活牵张反射，使被拉伸的肌肉产生收缩，可能会诱发肌肉酸痛、疼痛，甚至导致肌肉损伤等问题。

（3）PNF。

优点：有科学研究报道，PNF提升柔韧性的效果比任何其他拉伸方法都要好。PNF不仅可以增加柔韧性，还能够改善肌肉力量，预防损伤。

缺点：自己无法独立完成，需要专业人士配合完成。

（4）神经牵拉法。

优点：这一方法可以降低肌肉痉挛、疼痛引起的抵抗，减轻神经组织出现的疼痛症状，从而增加关节活动度和周边肌肉等软组织的伸展性。

缺点：运动员和教练很少注意柔韧性练习与神经系统之间的关系，在实践中不常用这一方法。而且这一方法需要一定的专业知识才能实施。

2. 动作的选取

一般情况下，准备活动需要选择动力性拉伸动作，放松整理活动则要选取静力性拉伸动作。静力性拉伸时首先要将肢体移动到比较容易控制的拉伸位置，然后在自我控制的前提下逐渐提高拉伸强度。动力性拉伸时一般先进行垫上拉伸动作，然后逐步过渡到站立姿势，进行动作幅度大和速度快的拉伸动作。

被动拉伸一般由专业人士辅助完成，可以在运动前和运动后进行。主要在评估的基础上针对需要拉伸的肌肉、肌筋膜等进行拉伸处理，或者对相关关节进行关节松动等手法治疗。

3. 动作的要求

采用动力性拉伸时，动作要标准到位，使需要拉伸的肌肉、肌筋膜得到最大限度拉长。缓慢的拉伸方式不会诱发牵张反射，所以在发展柔韧性阶段多用缓慢拉伸。快速的拉伸方式容易引起肌肉的牵张反射，使同一肌群产生收缩，反而会影响柔韧性的训练效果。而比赛前需要快速的拉伸方式，因此，在保持柔韧性的训练阶段可多采用一些快节奏的练习手段，以适应比赛的需要。

4. 负荷的选取

（1）强度。拉伸往往伴随着身体拉伸部位的不适感，柔韧性训练的强度一方面反映用力程度，另一方面也是运动员的自我感觉的尺度。被动拉伸大多借助教练或同伴的帮助，用力程度应逐渐加大，以运动员的自我感受为依据。尽管拉伸刺激的强度与不适感之间往往存在正相关关系，但拉伸超过受试者不适感的耐受水平也会导致受伤。

因此，当运动员感到肌肉有酸痛时可少用力，并可坚持一段时间，但感到肌肉麻木时就要停止练习。如采用施加外力方式进行柔韧性训练，外力应以运动员能承受的程度为宜。被动和主动拉伸的强度要逐渐增大，切记不可过快过猛。强度过大，拉伸时运动员易精神紧张，肌肉和韧带也会反射性僵硬，反过来会影响伸展能力。过度紧张容易导致肌纤维的拉伤，过度牵拉引起肌纤维损伤的恢复时间比韧带断裂和骨折的恢复时间还要长，所以，拉伸训练中负荷强度的合理安排是防止肌肉拉伤的重要手段。一般来说，采取长时间、中等强度所产生的训练效果优于短时间、大强度的训练效果。

（2）练习的次数、组数、时间及频率。进行静力性拉伸练习时，当关节软组织等伸展到最大限度时，维持的时间可控制在10s以上，一般保持在30s左右，虽然更长的拉伸时间能够提升拉伸效果，但这种效果会随着拉伸时间的延长而逐渐下降。有研究表明，长时间持续的拉伸会降低男性运动员的峰值力矩。

拉伸时通常每个动作重复3组，练习的重复次数和组数还取决于运动员的年龄和性别。少年儿童（12~14岁）一次课的练习重复次数应比成年运动员少，女子练习的重复次数比男子少10%~15%。

（3）间歇时间。一般以运动员的主观感觉来确定，即当运动员感觉已准备好就可以开始下一组的拉伸练习。拉伸练习间歇时间的长短与练习的部位有关，强度大的大关节拉伸要比强度小的小关节拉伸的休息时间长。间歇休息期间，可适当安排肌肉放松、按摩等练习，以便为下次拉伸练习加大关节活动幅度创造条件。

（三）柔韧性练习注意事项

关节脱位、骨折、骨折未愈合，或者刚刚经历肌腱、韧带、肌肉等手术后患骨化性肌炎的人，均应避免柔韧性练习。

错误的拉伸动作会造成麻烦，应请专业的人士进行评估和指导。

柔韧性练习有最佳窗口期，一般在幼儿4岁以后就可以进行训练，直到11岁都是发展柔韧性的良好时机。

身体不是越软越好。特别是女性，很多容易出现身体过软，如肘关节、膝关节的超伸。若存在这样的情况，需要加强稳定性训练，而不是进一步强化其柔韧性，否则可能会适得其反，增加损伤的概率。

拉伸练习可以很快改善柔韧性，但一旦停止练习，柔韧性下降也较快。改善柔韧性要循序渐进，不要想着一步到位、一劳永逸。

被动拉伸练习时，注意力要集中，谨慎小心，避免发生伤害事故。

运动前拉伸也要做好充分的热身活动，如慢跑，以提高机体肌肉的温度、降低肌肉软质的黏滞性。

拉伸时保持正常呼吸，不要憋气。

运动前一般以动态拉伸练习为主，恢复整理活动一般以静态拉伸练习为主。

拉伸练习应当与力量练习相结合。女性要防止出现过度灵活，一般加强针对性力量训练。

拉伸练习要符合年龄变化特征。柔韧性随着年龄增加会下降，特别是青春期身高快速增长阶段。

保持理想体重。减小关节周围组织的体积。

拉伸要按照一定的顺序进行，一般先从身体近端开始，逐渐过渡到远端，即先拉伸大肌群后拉伸小肌群。

拉伸应处理好局部和整体的关系。

运动或训练结束后，应先按摩放松再进行静态拉伸。

拉伸前建议精准评估，了解关节活动度大小，以及影响关节活动度的主要因素，针对性使用拉伸策略。

柔韧性不等同于柔软，身体并不是越软越好。柔韧是柔中有刚、刚柔并济，柔软则倾向于柔中无刚，所以一定要根据具体项目的需求发展专门的柔韧性。

四、柔韧性训练示例

由于篇幅所限，不能一一列举，下面列出主要拉伸练习和动作。

（一）静态自主拉伸

胸大肌静态自主拉伸

起始姿势

双脚开立与肩同宽，将目标侧手臂举起，肘关节屈，前臂紧贴在柱子/墙面上。若抬起侧肘高于肩，则拉伸胸大肌下束；肘与肩平行则拉伸胸大肌中束；肘低于肩则拉伸胸大肌上束。

练习步骤

拉伸时举起的手臂位置保持不变，向举起手臂侧相反方向旋转身体。

注意事项

拉伸侧前臂紧贴柱/墙面，拉伸过程配以均匀呼吸。

臀部肌群静态自主拉伸

起始姿势

坐在垫子上，拉伸目标侧肌群时，同侧腿向前折叠，大小腿成90°，另一条腿向后伸直，腰背挺直，双手扶地。

练习方法

身体向前压，手扶地够向最远端。

注意事项

腰背挺直，拉伸过程配以均匀呼吸。

股四头肌静态自主拉伸

起始姿势

拉伸目标侧肌肉时，另一侧腿在前呈弓箭步，同侧手扶膝盖，

后腿膝盖支撑，同侧手抓脚踝，上身挺直，身体保持平衡。

练习步骤

保持身体平衡，将后侧小腿向前拉，靠近臀部。

注意事项

腰背挺直，保持骨盆中立位，拉伸过程配以均匀呼吸。

（二）静态被动拉伸（双人）

肱二头肌被动拉伸

起始姿势

①运动员坐于垫上，上身保持正直。②双臂向后伸，同时掌心向外向上。③辅助人员位于运动员身后，双手握住运动员的两侧腕关节，使其上肢向后伸直。

练习步骤

①向外上方提拉运动员双臂至最大限度，随后向后进行轴向拉伸。②拉伸至运动员有拉伸感，保持15~30s。

注意事项

腰背挺直；肘关节保持伸直状态，不可高于肩；拉伸幅度不需过大。

股四头肌被动拉伸

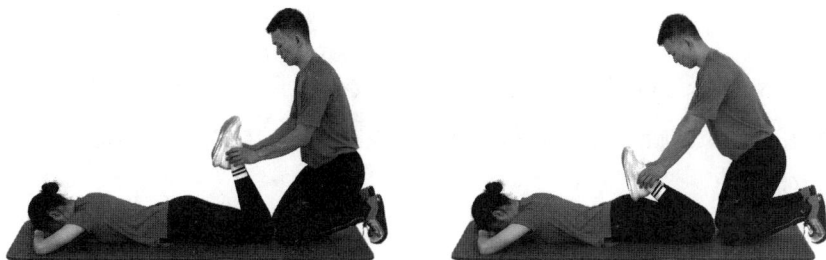

起始姿势

①运动员俯卧在垫子上，双腿屈膝，双脚上抬。②辅助人员跪在垫子上，位于运动员身后，双手扶住运动员的踝关节。

①将运动员小腿向前下方推，使运动员小腿靠向大腿后侧。②拉伸至运动员有拉伸感，保持15~30s。

内收肌群被动拉伸

起始姿势

①运动员仰卧在垫子上。②屈髋、屈膝，双脚踩地。③辅助人员跪在垫子上，双膝位于运动员脚尖的两侧，双手分别扶于运动员两侧膝关节。

练习步骤

①将运动员大腿逐渐推向地面。②拉伸至运动员有拉伸感，保持15~30s。

注意事项

运动员臀部始终贴于垫面。

（三）本体感觉神经肌肉促进技术（腘绳肌PNF拉伸）

技巧一：静力放松

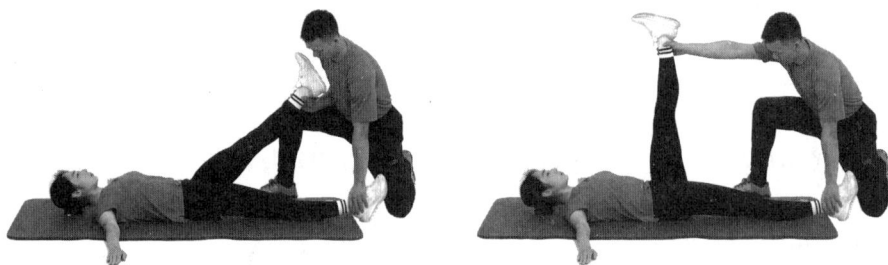

起始姿势

①运动员仰卧在垫子上，左腿伸直抬起，右腿自然放在垫子上，保证髋关节稳定且右腿没有离开垫子。②教练单膝跪在运动员两腿之间，左手握住运动员右脚踝上方，右手握住运动员左脚踝后方，保持膝关节伸直且稳定的状态。

练习步骤

①将运动员左腿直腿抬高，向胸口方向推至运动员左大腿后群有轻微拉伸感，保持10s。②运动员左腿下压对抗教练施加的压力，进行腘绳肌等长收缩6s。③运动员放松，教练进行更大幅度的腘绳肌拉伸并维持30s，一般重复2次为一组。

注意事项

①牵拉过程中要确保骨盆处在中立位，两腿保持伸直。②动作重复不超过3次，以防止肌肉损伤。

技巧二：收缩放松

起始姿势

与技巧一相似。

练习步骤

①将运动员左腿直腿抬高，向胸口方向推至运动员左大腿后群有轻微拉伸感，保持10s。②教练指导运动员左腿后侧肌肉发力下压进行髋伸展，同时对抗运动员髋伸力量，让运动员在教练施加的阻力下缓慢完成整个髋伸动作。③运动员放松，教练发力进行更大幅度的腘绳肌拉伸并维持30s。④重复上述动作2~3次。

注意事项

与技巧一相似。

技巧三：静力放松后主动肌收缩

起始姿势

与技巧一相似。

练习步骤

①将运动员左腿直腿抬高，向胸口方向推至运动员左大腿后群有轻微不适感，保持10s。②运动员对抗教练施加的压力，进行左大腿腘绳肌等长收缩6s。③运动员放松，在等长收缩后，运动员需要主动进行左侧髋屈曲及伸膝动作，同时配合教练提供的更大幅度的左腿髋屈曲动作，保持30s。④重复上述动作2~3次。

注意事项

与技巧一相似。

（四）主动分离式拉伸（AIS）

主动分离式拉伸肱三头肌

起始姿势

站于地面，双手置于身体后方，右手在上、掌心向内，左手在下、掌心向外，抓住牵引绳（也可用毛巾等替代）。

练习步骤

①左手抓紧牵引绳沿脊柱方向缓慢地向下移动，达到最大限度，使右臂肱三

头肌有中等程度的牵拉感，保持2s，然后放松恢复到起始位置。②重复，逐渐增加拉伸幅度，重复动作8~12次，对侧亦然。

注意事项

拉伸时手肘尽量向上，避免向外。

主动分离式拉伸腘绳肌

起始姿势

仰卧姿势，双腿伸直，将牵引绳的一端固定在右脚，右手抓住牵引绳的另一端。

练习步骤

保持左腿固定不动，右腿向上抬至最大幅度，双手抓紧并拉动牵引绳，使右腿向上有中等程度的牵拉感，保持2s后放松恢复到起始位置；然后重复，逐渐增加拉伸幅度，重复动作8~12次，对侧亦然。

注意事项

拉伸侧腿尽最大可能伸直，对侧腿伸直并尽可能贴紧地面，脚尖指向天花板。

（五）动态拉伸

行进间抱膝提踵

起始姿势

双脚前后站立，双手抱住右膝，左脚单脚站立，膝微屈；腰背部挺直，腹部收紧，肩膀往后往下。

练习步骤

双手环抱右膝向上提拉，左脚脚跟抬离地面，之后右脚缓慢回到地面，换左腿进行。这有助于增加下肢平衡及动态姿势控制能力，拉伸臀部肌肉，增加髋关节活动幅度。

注意事项

核心区要收紧，保持身体平衡。

行进间股四头肌拉伸

起始姿势

双脚前后站立，然后左脚单脚站立，同时右手抓住右脚；腰背部挺直，腹部收紧，肩膀往后往下。

练习步骤

右手向上提拉右脚靠近臀部，缓慢回到起始姿势。换左腿进行。这有助于增加下肢平衡及动态姿势控制能力，拉伸大腿前侧肌肉，增加膝关节活动幅度。

注意事项

核心区要收紧，保持身体平衡，拉伸侧大腿不要外展，膝盖指向地面。

侧弓步走

起始姿势

双脚开立与肩同宽，核心区收紧，挺胸抬头，腰背挺直，双臂自然放于体侧。

练习步骤

向左侧迈一大步，脚尖朝前；随后重心左移，屈髋屈膝下蹲至左膝成90°，大腿与地面保持平行，上身尽可能直立，双手叉腰或前平举，完成侧弓步，随后起立转身180°，右腿向左侧迈一大步，重复进行以上动作。这有助于提高髋关节侧向移动的灵活性，同时拉伸大腿内侧和臀部肌肉。

注意事项

双脚脚掌不离地面，躯干保持直立。

（六）摆动（弹振）式拉伸

扩胸运动

起始姿势

身体保持直立，两脚分开与肩同宽，两手屈臂握拳与肩同高。

练习步骤

屈肘向后扩胸两次，然后手臂伸直，变拳为掌，向后扩胸两次。

注意事项

身体保持中立，腰背收紧。

振臂运动

起始姿势

身体保持直立，两脚分开与肩同宽，脚尖朝前，右臂向上伸直，左臂向下伸直。

练习步骤

双臂同时用力往后振。左右交换，左臂向上伸直，右臂向下伸直，双臂

同时用力往后振。

注意事项

拉伸过程中，双臂伸直，身体保持直立。

正踢腿

起始姿势

双脚平行站立，两臂侧平举，眼睛目视前方。

练习步骤

左脚向前迈出一步后，右腿发力直腿向前上方踢出，要求抬头挺胸，身体正直，行进间左右腿轮流上踢，上踢高度越高越好，速度越快越好。

注意事项

踢腿过程中，勾脚尖，两腿均保持伸直，身体保持中立。

小结

柔韧性是重要的人体运动素质，在运动实践中却没有得到应有的重视。了解柔韧性的意义、测评方法和训练手段是每一名体能教练必须掌握的执教技能。无论是大众健身、特种行业还是竞技体育，柔韧性的训练都是不能省略的一环，因此在设计体能训练计划时应予以足够的重视。

设计柔韧性训练计划前，必须首先详细知道柔韧性的分类和影响因素，熟练掌握并运用各种柔韧性测评的工具，了解发展柔韧性的各种手段的优缺点，基于此再结合深入考虑具体人、具体项目、具体环境等要素，才能设计出安全高效的柔韧性训练计划。

思考题

1. 简述柔韧性概念。

2. 简述柔韧性重要意义。

3. 简述柔韧性分类。

4. 简述柔韧性影响因素。

5. 简述柔韧性训练方法。

6. 简述柔韧性训练注意事项。

第16章

训练周期的安排与设计

曹晓东　张栋

📖 学习目标

➢ 理解训练周期安排的基本概念和基本原则

➢ 理解训练周期安排与设计时的考虑因素

➢ 学习常见周期安排模式

➢ 学习赛季阶段的划分及不同阶段的训练重点

➢ 学习体能训练的周期训练计划制订策略

📑 知识导图

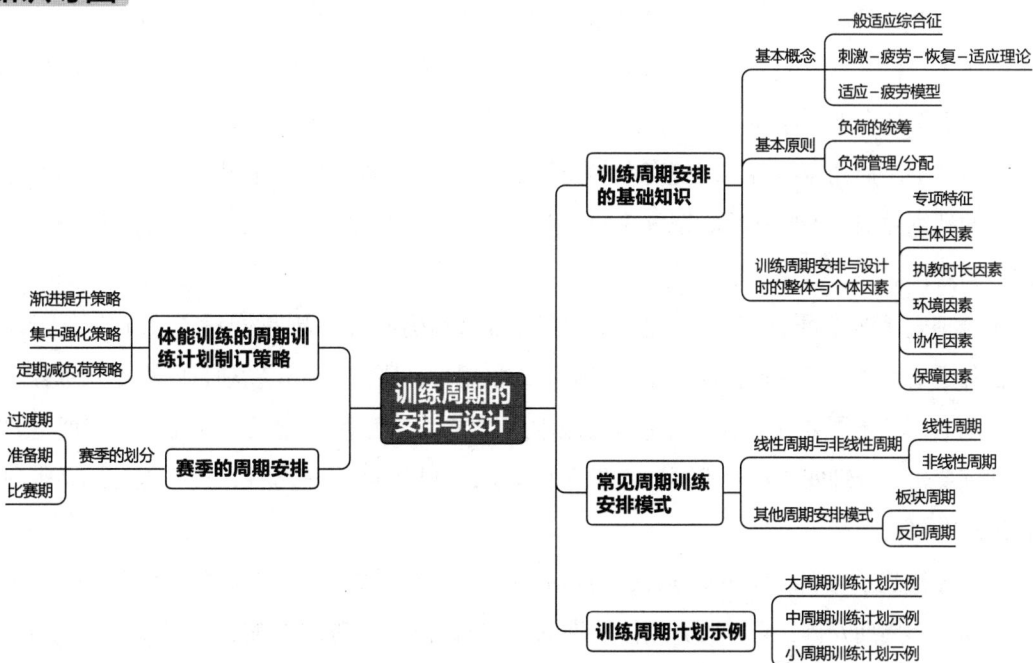

- 训练周期的安排与设计
  - 训练周期安排的基础知识
    - 基本概念
      - 一般适应综合征
      - 刺激-疲劳-恢复-适应理论
      - 适应-疲劳模型
    - 基本原则
      - 负荷的统筹
      - 负荷管理/分配
    - 训练周期安排与设计时的整体与个体因素
      - 专项特征
      - 主体因素
      - 执教时长因素
      - 环境因素
      - 协作因素
      - 保障因素
  - 常见周期训练安排模式
    - 线性周期与非线性周期
      - 线性周期
      - 非线性周期
    - 其他周期安排模式
      - 板块周期
      - 反向周期
  - 训练周期计划示例
    - 大周期训练计划示例
    - 中周期训练计划示例
    - 小周期训练计划示例
  - 体能训练的周期训练计划制订策略
    - 渐进提升策略
    - 集中强化策略
    - 定期减负荷策略
  - 赛季的周期安排
    - 赛季的划分
      - 过渡期
      - 准备期
      - 比赛期

导语

训练周期概念的发展历史悠久，历史底蕴深厚。根据斯通（2021）对训练周期的发展与演变的梳理，我们可以知道周期的概念可以追溯到公元前1500年，当时的中国人提出了不同年龄人群的不同练习方式；此外，中国人和埃及人使用了包括力量练习在内的不同练习形式，并提出了休息的重要作用。在此后的历史发展过程中，这一概念在不同国家、不同地区使用。

到了近代，特别是现代奥林匹克运动兴起后，鲍里斯·科托夫提出了全年训练周期基本框架，将运动员的训练过程分为3个阶段：一般体能准备阶段、专项训练阶段和比赛前的准备阶段。20世纪30年代后期至20世纪50年代，在德国、苏联出版了针对滑雪、游泳和田径项目的训练专著，都涉及训练周期的概念。20世纪50年代以后，苏联专家马特维耶夫、匈牙利专家拉齐奥、英国专家戴森也都对训练周期进行了深入的研究。其中马特维耶夫被称为"周期训练之父"，他的传统周期理论对于训练周期理论在世界范围的传播和发展起到了非常重要的作用。之后，诸如维尔霍山斯基、伊拉基米尔·伊苏林、格拉汉姆和斯通等人在研究和实践的基础上不断深化训练周期理论，提出了板块周期等适合现代体育的发展以及不同训练项目需要的训练周期理论。

训练周期安排是将依序安排且相互独立的训练阶段结构化的一种方法，从而让运动员或运动队在特定的时间段产生良好的生理适应，达到理想或最佳的运动表现。它对相互连接的各个训练阶段在宏观层面上进行有策略性的安排，通过提高运动员的运动能力，以及管理疲劳和适应，从而使运动员达到最佳运动表现。

为了达到训练阶段目标，不同阶段的训练负荷、训练重点、训练任务都要依序或阶段性地进行变化。大量的研究表明，无序地或过度地变化是不可取的，根据训练周期安排原则所进行的训练比不根据训练周期安排原则所进行的训练有更高的训练效率、更好的运动表现，适应也更优。姚颂平（2012）认为，在训练大周期中需要在3个相互联系又相互制约的层面，即在内容（体能、技战术、心理；一般训练和专项训练）、环节（阶段、中周期、小周期、训练日）和负荷（训练负荷和比赛负荷；负荷量和负荷强度）层面上保持合理秩序和动态平衡。陈小平（2013）指出，训练周期理论对运动训练的主要贡献是给已有的不同训练周期（准备期、比赛期和恢复期）注入了实际内容，提出了2个对运动训练具有"杠杆"作用的训练原则：不同训练时期负荷量与强度的不同比例关系和不同训练时期一般身体训练与专项训练的不同安排。

为了合理安排训练周期，教练首先需要根据比赛日程确定训练周期的时长，并在评估运动员和对手能力后，确定参赛的运动表现目标；在此基础上，根据自己所指导的运动项目的特点、主客观条件，设定影响运动表现的不同要素的具体目标（技战术、体能、心理等）；之后，在相关基础理论的指导下整合不同训练要素、合理安排针对不同训练要素的训练，做好训练负荷分配，达到提升运动表现、减少运动损伤风险的目的。

本章首先概述了与训练周期安排有关的基本概念和基本原则；接着介绍常见周期训练安排模式；然后简述运动赛季周期安排；再接着介绍体能训练的周期训练计划制订策略；最后介绍符合训练周期安排原则的大、中、小周期的训练周期计划示例。

一、训练周期安排的基础知识

（一）基本概念

从生理上讲，教练通过训练向运动员身体施加一定的刺激（即训练负荷），运动员的身体接收到相应的刺激后产生相应的反应与适应。若训练刺激不够，可能会使运动员能力下降；适度的刺激会使运动员产生良好的适应；过度的刺激则可能会使运动员产生过度应激，甚至出现过度训练综合征。因此，训练负荷安排得合理与否、训练过程是否能够达到运动表现提升的目标，是判断训练周期安排合理与否的基本标准。

教练在学习训练周期安排的基本理论之前，至少要了解以下几个基本概念，即一般适应综合征、刺激−疲劳−恢复−适应理论和适应−疲劳模型。

1. 一般适应综合征

汉斯·谢耶于1956年用一般适应模型（GAS）的概念描述了人体对于应激的生理反应。这一概念可以解释人体对于训练刺激（可以是一次课，也可以是多次训练课）的适应性反应。

根据谢耶的理论，人体在受到外部刺激后（例如一次训练课后），对于应激会产生3种不同的反应或时相（图16-1）。

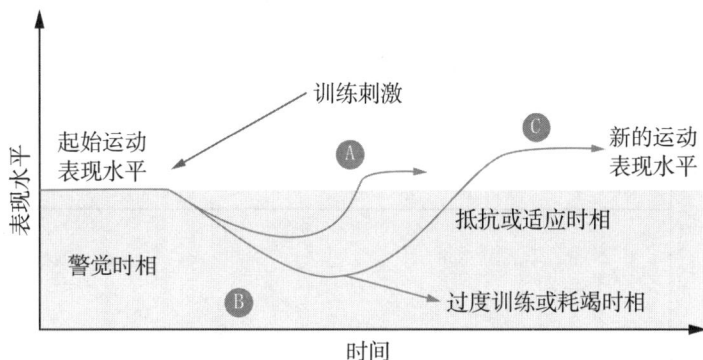

图16-1 一般适应综合征

（1）警觉时相。身体对于训练产生急性反应的时相，例如，在一次大负荷训练课后，身体出现疲劳、延迟性肌肉酸痛等。

（2）抵抗或适应时相。在此阶段，身体从疲劳中恢复，回到训练前的自稳态，甚至达到更高的适应水平（即超量补偿/超量恢复状态）。

（3）过度训练或耗竭时相。如果应激积累过大（例如，训练负荷过大，同时又缺乏恢复），身体就会出现不适应、运动表现下降的情况。如果长期应激积累过多（例如，长期大负荷训练，同时又缺乏恢复），机体则可能进入过度应激（Overreaching）或过度训练（Overtraining）状态。受伤、生病的风险都会增加。

库纳南等讨论了一般适应综合征的适用性，并为一般适应综合征提供了一个机制和概念模型，有助于从业人员理解运动员所经历的应激、适应和疲劳之间的关系；谢耶的理论强调了由于应激−恢复反应的循环性特征，在训练上需要进行周期性的安排，并为运动员安排训练后的恢复。

邦帕认为，一般适应综合征是渐增式超负荷的理论基础，如果运用不当则会产生不合理的高应激；每次超量补偿发生时，运动员都会形成一个新的、呈上升趋势的内稳态，这将对训练和运动表现有积极的影响；如果两个训练刺激间隔时间太长，那么超量补偿将逐渐消失，导致运动能力回到训练前的状态，甚至出现运动表现下降的情况。

2. 刺激-疲劳-恢复-适应理论

刺激-疲劳-恢复-适应（Stimulus-Fatigue-Recovery-Adaptation，SFRA）理论（图16-2）是由维尔霍山斯基提出的，该理论也被称为超量恢复/补偿理论（图16-2）。维尔霍山斯基认为，疲劳的累积与刺激的强度和持续时间成正相关；在接受训练刺激后，运动员会产生相应的疲劳；经过休息，身体疲劳会逐步消除，并产生适应（常被称为超量恢复/补偿）；如果在此之后，对于身体的刺激的频率不足，则会出现停训（Detraining）效应。

这一基本反应模式会在运动员接受一个练习、一次训练课、一个训练日或一个中小周期的训练后出现。教练为运动员施加的负荷越大，疲劳累积就会越多，完全恢复和适应所需要的时间也就越长；随着运动员从训练刺激中恢复并适应，疲劳消失，竞技状态变好，运动表现提高。

伊斯基耶多等（2007）指出，虽然恢复是训练过程中的重要部分，但是在开始下一组训练或下一次训练课之前，完全恢复并不是一定需要的。

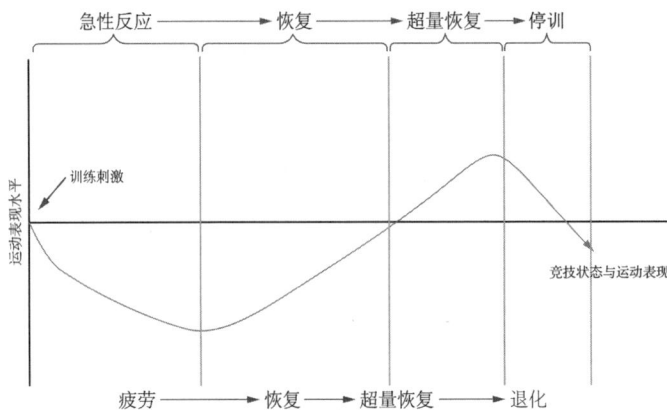

图16-2 刺激-疲劳-恢复-适应理论

3. 适应-疲劳模型

柴商斯基（1995）提出了适应-疲劳模型（Fitness-Fatigue Paradigm）。这一概念通常用来解释适应、疲劳、运动表现之间的关系，它也是减量训练的理论基础。

这一模型解释了训练干预后，运动员会同时产生的两种反应，即疲劳和适应。在每一次练习、训练课或训练周后，运动员都会产生疲劳和适应，它们共同决定了运动员的状态（图16-3）。

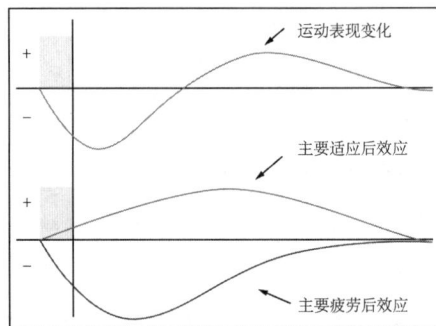

图16-3 适应-疲劳模型

在训练后的短时间内，由于疲劳反应大于身体适应的程度，所以运动能力会暂时下降；但是，疲劳的消除速率大于适应的消失速率，在一段时间后，即使在身体仍处于一定疲劳的情况下，也能表现出运动能力的提升。

当训练负荷超过以往运动员已经适应的负荷时，运动员的适应水平会提高；但由于训练负荷超过了以往运动员已经适应的水平，运动员的疲劳程度也会增加。此时，运动员的状态会不佳；当训练负荷过低时，运动员几乎没有疲劳，但由于适应水平提升很少，此时运动员的状态也可能会处于较低水平。

这一模型提示教练，在运动员的身体训练过程中，需要采用超负荷的原则最大限度地提高运动员的适应水平，并尽可能减少运动员的疲劳。简言之，适应程度越高、疲劳越少，运动员的状态越好。

（二）基本原则

如前所述，在训练周期安排上，为了达到训练阶段目标，不同阶段的训练负荷、训练重点、训练任务都要依序或阶段性地进行变化。其中，训练周期安排和设计的核心考虑因素就是训练负荷的变化。教练要重点关注训练负荷的统筹以及训练负荷管理。

传统上，我们将训练负荷分为训练量和训练强度两个维度进行研究与讨论。训练量指训练的时长、训练的次数、组数、练习的距离和举起的总重量等；训练强度则是指跑动的配速、活动时的最大心率百分比（MHR%）、最大力量的百分比（1RM%）、最大能力的百分比（如最大速度的%）、最大有氧速度的百分比（MAS%）、无氧速度储备百分比（ASR%）等。

运动员在接受训练时，会产生适应性反应，同时也会产生疲劳反应。当训练负荷安排合理时，运动员的身体能力会逐步提升；当训练负荷安排过大时，训练则会导致运动员出现不良反应（如肌肉酸痛并持续时间过长、睡眠质量下降、食欲下降、情绪不稳）、伤病（如过度使用、拉伤、免疫力下降导致的感冒等）。长期过大的训练负荷，则会导致运动员出现过度训练综合征。

随着现代体能训练研究的深入，从业者从科学层面、操作层面对训练负荷进行更有实操性的分类，常见的分类如下。

外负荷与内负荷。外负荷即运动员完成的功，具体指标包括跑动距离、举起的重量、冲刺的次数和强度、动作输出功率、速度、加速度和神经肌肉功能等。内负荷是指机体的应激反应，具体的指标包括主观用力感觉、心率、血乳酸浓度等。

有氧负荷、无氧负荷、肌肉负荷/机械负荷。随着大量的可穿戴设备的使用，从实践的角度出发，特别是在集体球类项目中，大量研究者将训练负荷分为有氧负荷、无氧负荷和肌肉负荷/机械负荷。

技战术训练负荷与体能训练负荷。很多关于周期的讨论主要针对体能训练本身，而没有考虑其他因素也在不同程度上影响着运动员的身体反应。例如球类项目，在训练过程中，不仅体能教练的体能训练会为运动员带来身体负荷，技战术教练指导的训练同样会带来不同性质、不同量级的负荷。近年来，这些项目开始广泛采用"技战术–体能"的训练方式提高运动员的速度、灵敏和专项耐力。因此，教练有必要在安排与设计整个训练周期时，要综合考虑包括技战术训练在内的所有训练给运动员带来的身体负荷。

1. 负荷的统筹

在安排训练周期时，为了避免负荷安排时的相互冲突、提高训练效率、减少运动损伤，教练团队（包括技战术教练、体能教练等）需要从训练负荷的角度统筹考虑。

（1）内负荷与外负荷。由于运动员的年龄、训练经验、训练水平、性别、训练状态等的不同，他们对特定外负荷所产生的内部反应也是不同的。运动员的这些个人特征，以及施加在运动员身体上的外负荷与内负荷共同决定了训练的效果。

全面了解训练和比赛的内负荷与外负荷是设计训练周期的重要考虑因素。教练在安排训练时，既要把握运动员实际完成的练习的外负荷，还要关注外负荷对不同运动员带来的内负荷。综合考虑内负荷和外负荷就可以了解运动员的差异，避免出现同样的练习（外负荷一样）对有些运动员没有产生最佳的刺激，而导致有些运动员过度训练。

了解内负荷与外负荷的关系也可以帮助教练把握运动员的竞技状态。在经过一段时间训练后，在同样的外负荷条件下，如果某运动员内负荷下降，则表明该运动员状态良好。

对内负荷与外负荷的理解，不仅有助于教练把握提高运动员能力的最大可恢复训练量（Maximum Recoverable Volume），也有助于把握保持运动员能力的最小有效训练负荷（Minimum Effective Dose），从而提高训练效率、减少运动损伤。

（2）技战术训练负荷、体能训练负荷。在一个教练团队中，由于专业领域、专业背景、专业技能的差异，专项教练负责由专项训练引发的"训练负荷"，而体能教练负责由体能训练引发的"训练负荷"，这两种负荷协调统一才会使运动员产生良好的生理适应，避免伤病。在实践层面，整体负荷管理需要由运动队中有对此有深刻认识的主管教练（或以体能教练为主导的运动表现团队）来负责。

例如，博击类项目运动员在进行对练等练习时，心肺系统、肌肉系统等都要承受一定的负荷。体能教练无论是在安排耐力训练、力量训练还是爆发力训练时，都有必要将运动员进行专项技能训练时身体承受的负荷考虑在内；且要与主教练在训练日以及小周期层面安排的训练课顺序，甚至训练课中体能训练单元的安排的先后顺序进行协调，从而优化训练过程，提高训练效率，避免运动损伤。

目前同场对抗集体球类（篮球、排球、足球、排球、曲棍球、冰球等）项目，特别是职业化程度高的项目，准备期时间通常比较短（4~8周），通过整体战术训练完善球队的打法和球员的位置技术，对于球队在赛季中的整体表现至关重要。因此，他们更多地使用"技战术–体能"相结合的方式（例如，小场地比赛）来同时发展技战术能力、提高体能水平。在这些项目的训练组织过程中，体能训练的某些课目是由体能教练来主导的，但同时我们也必须认识到，技战术团队进行的某些训练（包括比赛本身）在某种程度上也属于"专项体能训练"。因此，统筹好两种负荷、建立良好的沟通机制不仅对于运动员的能力提升很重要，对于损伤的减少也至关重要。

为了减少运动员的损伤，体能教练会在训练课前或课后安排预防损伤的训练，这些练习包括本体感觉训练、平衡训练、激活练习、动态拉伸以及抗阻训练，大量的研究表明这些练习可以有效地减少运动员损伤。但是，如果体能教练的训练内容与整体训练内容协调不好，则有可能会增加受伤的风险。例如，虽然大量的研究都表明北欧腘绳肌练习有预防腘绳肌拉伤的作用，但是如果在包括了大量高速跑的技战术训练课前进行这样的练习，则有可能增加运动员腘绳肌受伤的风险。

（3）有氧负荷、无氧耐力负荷、机械负荷。保罗·劳尔森（2018）指出，在为运动员制订高强度间歇训练计划时，教练要考虑运动员在训练过程中承受的代谢负荷（有氧负荷与无氧耐力负荷），以及身体承受的机械负荷（Mechanical Load）（包括神经肌肉系统和肌肉骨骼系统）。例如，运动员在训练时的跑步模式（例如，变向、跳跃动作）、运动模式（例如，骑行、跑步），或地面情况（例如，路面、合成跑道、草地、沙地、跑步机）和地形（上坡、下坡）都可能对创伤性和过度使用损伤的产生风险有直接影响。此外，以足球为例，在同样的代谢负荷条件下，如果练习中包括了更多的加速、减速和变向，那么运动员下肢伸肌如股四头肌和臀大肌的负荷更大；而在场地更大的训练中，运动员就会进行更多的高速跑，其腘绳肌的负荷会增加。

保罗·劳尔森（2018）将高强度间歇训练分为5种不同的类型：类型1，主要针对心肺系统和有氧肌纤维；类型2，主要针对心肺系统和有氧肌纤维，同时有一定的神经肌肉刺激；类型3，主要针对心肺系统和有氧肌纤维，同时有一定的无氧糖酵解刺激；类型4，主要针对心肺系统和有氧肌纤维，同时有一定的无氧糖酵解刺激和神经肌肉刺激；类型5，主要针对无氧系统，同时有大量的神经肌肉刺激。

随着在高水平运动队中可穿戴设备的广泛应用（例如，在足球、橄榄球、冰球等项目中，从业人员可以通过穿戴设备获得运动员的高速跑、冲刺跑，以及加速、减速等数据），教练和科研人员可以更清晰地了解运动员的机械负荷。此种分类在实践上对于运动员能力的强化，以及制订预防损伤的训练策略有较大的指导意义。例如，在大量对于足球、橄榄球等项目的研究中，研究者发现在准备期中进行适当的、定期的高速跑负荷（跑速大于20km/h）在一定程度上可以减少与速度相关的软组织损伤（如腘绳肌拉伤）。然而，如果这些训练太频繁、强度太高或周期安排不合理，就会有受伤的风险。

2. 负荷管理/分配

在安排与设计训练周期时，设计者的重要工作是合理安排单次训练课/训练单元的负荷，以及设计小周期、中周期、大周期、年度训练和多年训练的负荷波动变化。负荷波动变化的实质就是教练将不同训练负荷分配到不同的训练日、不同的训练阶段。

负荷分配涉及以下五个层面。①在内负荷和外负荷层面，确定一周训练中的大负荷训练日、中负荷训练日和小负荷训练日。②在内负荷和外负荷层面，确定大周期和中周期内的大负荷训练周（例如短期内的急性上量）、中负荷训练周和小负荷训练周（减量周）；此外，在周期训练过程中调整负荷，也可以避免训练的单调性。③通常情况下，教练团队中，技战术教练更多关注外负荷，对于内负荷的精准把握需要体能科研团队的参与。通过外负荷与内负荷的综合分析，教练才能够优化训练过程，了解运动员的能力变化、疲劳水平和身体状态。④在技战术训练负荷和体能训练负荷的层面，第一，协调好不同时长的训练周期内的训练重点（例如，以技战术为主，或是以体能强化为主）；第二，协调好小周期内或训练日层面的训练顺序（例如，以提高能力为目标的专项力量训练与专项高强度耐力课的训练先后排序）。⑤在有氧负荷、无氧耐力负荷、机械负荷层面，教练要对自己采用的训练手段对于运动员会产生哪方面的主要刺激有深刻的认识，避免连续多日对运动员施加同一类型、大负荷的刺激（特别是无氧耐力及机械负荷）。

在负荷管理方面，行之有效的方法是：首先，团队所有执教人员都需要深刻理解不同类型训练课、技战术训练方法的训练负荷特征；其次，建立"训练组织模式"。训练组织模式的建立增加教练团队内部在训练负荷安排上的可预测性，减少教练团队在训练内容和负荷安排上的沟通成本，提高训练效率。

此外，在不同时长的训练周期内分配训练负荷，还要综合考虑其他方面的因素，例如：有些运动队，特别是团队球类项目，存在边选拔球员、边准备比赛的情况。在此期间由于运动员对于是否能入选最终名单并不明确，有些运动员会有非常大的竞争压力。此时，运动员无论在训练或比赛中都会全力以赴，有时甚至会出现带伤或隐瞒伤情进行训练和比赛的情况。因此，在此阶段，行之有效的训练安排策略是将体能训练类的负荷降低，让运动员以更好的状态进行选拔比赛，在比赛中去表现自己。

（三）训练周期安排与设计时的整体与个体因素

教练在安排与设计训练周期时，要综合考虑多方面的因素。这些因素包括专项特征、主体因素、执教时长因素、环境因素、协作因素、保障因素等。

1. 专项特征

每一个体能教练在通过系统的专业知识学习后，都希望通过自己的训练使训练对象的各项体能指标最佳化。但是，在进行训练之前，体能教练最有必要做的功课是理解专项需求，了解专项能力要求的核心运动表现指标。

对于团队项目而言，教练会根据球员的特点为球员分配不同的位置。这些不同位置上的球员在比赛中的活动方式、体能需求也不尽相同。在为这类项目的训练制订训练计划时，要根据实际情况进行区别对待。

体能教练也要了解专项训练中的常见运动损伤，从而制订合理的预防损伤计划。以冰球项目为例，冰球运动员在训练和比赛中，要以非自然姿势和方式进行运动，并且要长期穿着使脚踝处于僵硬和固定的冰鞋。因此，体能教练要关注冰球运动员的整体身体姿态、踝关节的问题，并进行相应的矫正练习。

2. 主体因素

运动员是训练的主体，体能教练在制订训练计划时还要考虑运动员的年龄与发育、能力特征、训练基础、伤病、训练动机等。

（1）年龄与发育。不同年龄段的运动员在体能训练上有不同的侧重点，因此教练需要了解不同年龄段运动员的发育特征以及训练要点。针对青少年运动员，教练需要对运动员进行发育评估，从而进行区别对待。在团队项目中，目前常用的方法是根据发育评估，通过生物分组的方式（Bio-banding）对运动员进行分组训练。

（2）能力特征。通常情况下，通过一系列的测试与评估，可以了解运动员的身体能力特征。教练可以根据测试结果，在综合考虑多方面因素的基础上，对运动员进行强化或保持能力的训练。

（3）训练基础。有训练基础的运动员，在力量、专项耐力方面都更容易达到比赛的要求。训练基础也决定了每个运动员对训练负荷的承受能力。

（4）伤病。在安排训练周期时，教练要考虑专项训练中常见的损伤，以及运动员个体的伤病史。此外，还要进行动作筛查、生物力学分析等，发现伤病背后的其他原因，如发力方式错误、肌力不均衡、动作模式不正确等。

对于存在伤病的运动员，体能教练要与医疗团队协同工作。在运动员不得不带伤训练的情况下，进行一定量的换项训练、表象训练也是可以考虑的选项。

（5）训练动机。良好的训练计划不仅需要符合训练原则，还要得到训练对象的认同和服从。教练可以使用自己的专业知识定期或不定期对运动员进行专业知识的教育；对于有经验的运动员，可以和运动员本人、专项主管教练及相关人员一起进行沟通，制订运动员、专项主管教练均认可、接受的训练计划。训练效果是训练动机的强化剂，无论是运动员良好的主观感受，还是客观的测试结果都会强化训练动机。因此，体能教练要加强与运动员、专项主管教练的沟通，并定期或不定期（随堂）进行相关测试，并及时反馈。

3. 执教时长因素

执教青少年球队的教练，由于工作环境相对稳定，可以根据自己的整体设想、不同年龄段球员的训练要点逐步地提高球员的能力，制订长期的训练计划，并有条不紊地全面发展不同的能力。然而，在职业体育领域，教练更换频繁，执教时长很难保证，因此在训练周期安排上，首先考虑短期目标，兼顾长期目标。

4. 环境因素

制订体能训练计划时，需要考虑的环境包括自然环境与人文环境。

（1）自然环境。在制订训练周期计划时，温度、湿度、海拔、风速、空气质量等也是要考虑的因素。如果运动员需要从低温度地区赴高温地区、需要跨越多个时区、需要从低海拔地区到高海拔地区训练或参赛，都需要安排一段时间的适应期（习服期）；此外，教练需要知道，高温、高海拔本身也是有利于运动员某些运动能力提高的刺激性因素。因此，在制订训练周期计划时，教练要学会利用这些因素。

（2）人文环境。人文环境同样也会对运动员产生影响，运动员特别是经验少的运动员会对陌生的人文环境（特别是在参加国际比赛、赴文化差异非常大的国家比赛情况下）产生一定的应激反应，这些都会影响日常休息、营养摄入等。

5. 协作因素

教练需要与运动员、医疗团队、运动表现团队（体能教练、运动负荷监控专家、外围专家等）、技战术团队（主教练、技战术教练）建立良好的协作关系。团队成员之间的协作也是一份训练周期计划产生最大效果的重要因素。

（1）与运动员的协作。运动员是训练对象，是训练的主要参与者。如前文所述，教练需要加强与运动员的沟通，获得运动员对训练计划的认同与服从。

（2）与医疗团队的协作。医疗团队与运动员每天都会接触，对运动员训练后的身体反应非常清楚；在运动员受伤后回到运动场正常训练之前，要经历以医疗团队为主导、以体能教练为主导的不同康复体能训练阶段。教练与医疗团队的协作、沟通尤其重要，教练必须了解不同康复阶段的运动禁忌，以及运动员受伤部位在训练后的反应。

（3）与运动表现团队的协作。现代运动队中的运动表现团队，除了体能教练外，还有诸如负责训练监控的专业人士、外围专家（如运动生理学专家、运动生物力学专家、运动营养学专家、运动心理学专家等）。体能教练要与这些专业人士沟通，了解运动员训练后的身体反应、训练的负荷特征（内负荷与外负荷）、运动技术特征以及如何从体能训练层面进行改进。

（4）与技战术团队的协作。训练周期安排的目的是提高运动员在比赛场上的运动表现。教练团队之间只有有效沟通，才能够达到训练效果的最大化并减少运动员受伤风险。具体至少要考虑以下几个方面。①负荷分配。如前文所述，运动员所接受的任何训练实践活动，即使是技战术训练都有一定的负荷特征。②训练顺序。大多数运动项目对运动员的力量和耐力都会有一定的需求。在耐力负荷过大或运动员疲劳情况下，力量、爆发力训练的效果就会大打折扣；力量负荷过大或刚刚进行完高强度耐力训练后，在运动员没有达到一定的恢复程度时，进行专项对抗练习或比赛（如同场对抗类的项目——篮球、足球、冰球等），运动员的受伤风险会有所增加。因此，教练团队不仅要在训练内容上，还要在训练顺序上相互协调；③主教练的执教风格与比赛模型。对于集体球类项目，主教练有鲜明的技战术风格，或特定的比赛模型（以什么样的打法应对比赛、赢得比赛）。特定的比赛模型或特定的比赛对运动员的身体需求也有较大的差异，体能教练要根据主教练技战术指导思想提高运动员相应的能力。

6. 保障因素

训练计划是否行之有效，不仅取决于训练计划本身，还涉及诸多保障因素，如营养保障、恢复措施、运动员睡眠质量、可使用的器材/设备条件、场地条件等。

二、常见周期训练安排模式

（一）线性周期与非线性周期

线性周期和波动周期（又称为非线性周期）是力量训练时经常采用的两种训练周期。

使用线性周期安排训练时，运动员首先要进行一定时长的大训练量、低强度的训练，之后再进行低训练量、高强度的训练。这样安排的整个时长为数周或数月。

实质上，从短期来看，在某一个阶段或一段时间内，训练负荷的变化是线性的；但如果从中长期来看，训练负荷的变化是非线性的（图16-4）。

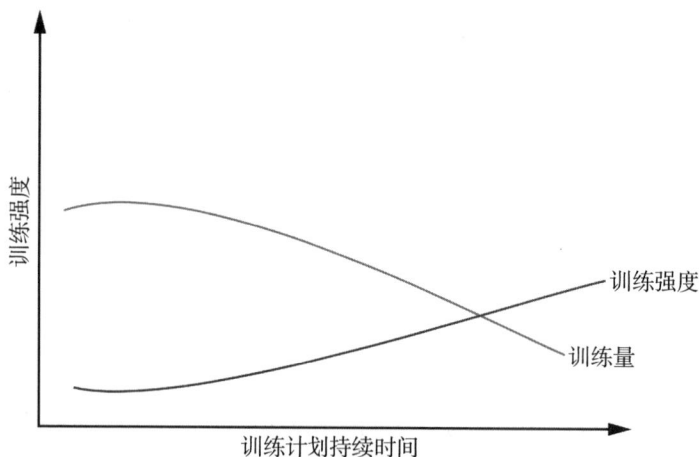

图16-4　训练负荷的非线性变化

使用波动周期安排训练时，整个训练过程中的训练强度和训练量会频繁发生变化。在实际操作时，波动周期又可分为日非线性周期（Daily Nonlinear Periodization）（例如，在一周中的3个力量训练日，分别安排不同强度区间的力量训练）和周非线性周期（Weekly Nonlinear Periodization）。其中，周非线性周期又可以分为单周和双周模式。

灵活非线性周期（Flexible Nonlinear Periodization）是近年来被广泛采用的另一种波动周期训练安排方式。在这种训练模式中，教练会根据运动员的日常训练状态，灵活地而非死板地按计划确定训练强度和训练量。目前常用的确定灵活非线性周期中不同训练日的训练负荷的方法是自动调节渐进抗阻练习（Autoregulatory Progressive Resistance Exercise，APRE）。

（二）其他周期安排模式

1. 板块周期

在现代高水平运动员的训练过程中，板块周期也是常用的训练周期安排方式之一。伊拉基米尔·伊苏林（2008）在《板块周期——运动训练的创新突破》一书中将训练周期分为3个连续的中周期：积累（Accumulation）、转换（Transmutation）、实现（Realization）。板块周期的特点就是在中小周期内集中刺激某种或多种运动能力。

在积累中周期，训练更聚焦于基本能力，如一般有氧能力、肌肉力量、一般动作技能；在转换中周期则更关注专项能力，如混氧耐力（Combined Aerobic-Anaerobic Endurance）和无氧耐力、肌肉耐力、专项技术；在实现中周期，即比赛前期，则强调身体的恢复以及达到良好的竞技状态。训练的重点在比赛模式的练习、最大速度、专项战术以及身体恢复。

伊拉基米尔·伊苏林（2015）指出，板块周期可分为两种模式：集中单目标（Concentrated Unidirectional）和多目标（Multi-Targeted）模式。以集中单目标模式安排训练周期时，不同的板块要主要集中于某一项主导运动能力的提升，因此单目标模式更适用于对运动员运动能力结构要求相对单一的运动项目。以多目标模式安排训练周期时，在不同的板块中，会安排少量几项兼容（以避免生理反应上的冲突，例如增肌与低强度耐力训练）的训练要素，教练可以将在生理反应上相互冲突的训练要素放到不同板块之中进行训练。多目标模式更适合对运动员运动能力结构要求更复杂的运动项目（如搏击类项目、同场对抗类项目等）。传统的训练周期安排更多强调的是在年度训练中出现1个、2个或3个最佳竞技状态，而板块周期模式可以让运动员在一年中在多个比赛中均出现良好的竞技状态。

卢卡斯·马克斯等（2018）以柔道运动员为研究对象，使用板块周期组织训练。他们将13周的大周期分为5周的积累期、5周的转换期和3周的实现期。在积累期，主要训练运动员的专项力量和专项耐力；转换期主要发展运动员的肌肉爆发力。瑞内斯塔（2014）在12周的训练周期中，针对15名次顶级男性自行车运动员进行了3个阶段的板块训练［（1周高强度训练+3周低强度训练）×3］，发现与传统训练周期安排相比，这种训练安排对于提高运动员的最大摄氧量、训练强度为2mmol/L乳酸生成活动时的功率输出，以及40min全力骑行的功率输出有更好的效果。马洛（2012）以22名顶级足球运动员为研究对象，在年度训练中进行5次板块训练（每次均包括积累、转换和实现中周期），训练后运动员的跳跃能力、冲刺表现和专项耐力测试都有显著性提高。在该研究中，积累期的训练重点为有氧高强度；转换期的训练重点为速度耐力；在实现期训练重点为速度。与训练前相比，运动员的10m跑速度有显著性提高，专项耐力测试（Yo-Yo IR1）的跑动距离增加了26%~30%。佩因特等（2012）针对25名次顶级田径运动员进行了为期10周的研究，其中使用块板周期的实验组进行了3个块板的训练——力量耐力块板（4周）、力量板块（4周）和爆发力板块（2周）。研究表明，在力量水平提高方面，板块训练组的训练效率更高（高于日波动周期组）。

2. 反向周期

在传统训练周期安排中，运动员首先进行大训练量、低强度的训练，之后再减少训练量，增加训练强度。但是，近年来也有大量的研究者使用了一种在训练量与训练强度安排上与传统训练周期安排相反的训练周期安排模式，即在准备期训练安排时，高强度、小训练量的训练占主导地位；之后训练量逐步增加，训练强度逐渐减小。这种安排方式被称为反向周期（Reverse Periodization）。

阿罗约·托莱多（2013）在针对游泳运动员进行研究后认为，在使用反向周期后运动员运动表现提高与高强度训练（特别是高强度间歇训练）有关。

维森特（2019）的研究表明，与传统周期相比，反向周期有效地提高了研究对象水平跳跃表现。但他也指出，反向周期和传统周期都是改善跑步生物力学特征、运动表现和相关生理变量的有效策略。

约瑟（2022）认为在提高运动表现、肌肉耐力、最大力量或最大摄氧量方面，反向周期并不比其他形式的周期有效。在较短距离的游泳项目（100m）中，反向周期与传统周期都可能会使运动员能力产生相似的提高效果。

三、赛季的周期安排

（一）赛季的划分

通常一个赛季分为过渡期（其中第一过渡期也被称为赛季外）、准备期、比赛期、间歇期。其中，准备期可以再分为一般准备期和专项准备期。

（二）赛季不同阶段的训练整体安排

下面以图16-5为例解释赛季不同阶段的训练周期安排，并讨论在此期间可使用的周期模型。

1. 过渡期

过渡期既可以指两个大周期之间的过渡（上一周期比赛期结束后，到下一周期准备期开始前），也可以指大周期内（例如参加全年联赛的运动项目）两个或多个比赛阶段之间的时段。过渡期的类型不同，训练安排也不尽相同。过渡期的时长和次数取决于教练对于整个训练周期的划分，以及比赛期的赛事数量。

在图16-5中，一个赛季的过渡期包括三个：在第一过渡期中运动队已经完成全年比赛任务，通常安排一段休假时间；第二和第三过渡期发生在比赛期之间。

第一过渡期又称为赛季外。这一阶段的时长通常在4~8周。在这一阶段的前期（1~2周），目标主要是积极休息，以促进运动员的身心恢复。第一过渡期的时长取决于大周期的结构、比赛期的长短。除了积极休息之外，此阶段运动员可以采用换项训练（参与非专项练习）保持一定的训练负荷。通常，教练会在运动员积极休息1~4周后安排运动员进行"假期作业"。其目的是，避免出现停训现象。教练和运动员也可以利用过渡期针对运动员能力短板进行强化训练，达到诸如通过力量训练增肌或提高最大力量和爆发力的目的。

在第一过渡期，运动员会为准备期的训练做好准备。这样安排的好处在于可以缩短准备期中一般准备阶段的时长，让运动员更快地进入专项准备阶段。

第二过渡期发生在赛季中，安排第二过渡期的原因包括促进运动员身体恢复，以及国家队比赛导致的联赛中断等。通常在第一比赛期结束后，运动员会有4~7天的短暂休息时间。之后，运动员经过短时的恢复后，即进入专项准备阶段。在第二过渡期后期，根据第二过渡期的时长，教练一般会安排7~10天的减量期。

周	46	47	48	49	50	51	52	1	2	3	4	5	6	7	8	9	10	11	12	13	14	15	16	17	18	19	20	21	22	23	24	25	26	27	28	29	30	31	32	33	34	35	36	37	38	39	40	41	42	43	44	45
阶段	第一过渡期							准备期										第一比赛期												第二过渡期						第二比赛期							第三过渡期			第三比赛期						
								一般准备			专项准备																			间歇期1													间歇期2									

图16-5 职业团队项目（篮球、足球等）赛季周期划分示例

2. 准备期

准备期通常包括2个子阶段，即一般准备阶段、专项准备阶段。

传统上，一般准备阶段安排的训练的特点是大训练量、低训练强度。其目的是提高运动员的运动能力，为后期的专项训练做好准备。但是，在实践中，也有教练以强度训练为主导，以逐渐增加训练量的方式组织一般准备阶段的训练，这种方式也被称为反向周期（详见前文）。

运动员在第一过渡期训练的训练质量决定了一般准备阶段的时长。如果运动员较好地完成了第一过渡期的训练，教练就可以安排运动员提前进入专项准备阶段。

专项准备阶段的训练目的是提高运动员的专项运动能力。对于技战术因素对比赛表现起重要作用的运动项目（如集体球类项目），阵容的形成以及技战术磨合也是非常重要的训练目标。进入专项准备阶段后，教练会安排更多的技战术训练和比赛。随着准备期的推进，训练量和训练强度都在持续增加，因此，要特别关注运动员的身体恢复情况。

此外，随着热身赛的安排，教练要合理分配训练负荷。由于在准备期有些项目（如团队项目）包括制订选拔运动员的目标。这种竞争因素的存在会影响到运动员的训练态度、投入程度以及身体负荷，因此，特别是在比赛前（即使是热身赛）要适当地进行减量，保证运动员在比赛时的良好表现。

准备期的最后一个阶段是准备期与比赛期之间的衔接（根据教练的个人习惯，一般为期1~2周），这一阶段也可以称为比赛前期，其训练目的是消除准备期训练带来的身体疲劳，让运动员以最佳或良好的竞技状态进入比赛期。此时，阵容相对稳定，竞争压力相对减小。从训练负荷安排的角度，训练的重点主要是减少训练量，使运动员能够以良好的状态进入比赛期。

3. 比赛期

根据运动专项的不同，比赛期的持续时长也存在较大的差异。联赛制比赛的比赛期在20~40周；赛会制比赛的时间更短，在6~30天。一些高水平运动员在整个比赛期除了要参加联赛，还要定期参加专项国际组织安排的公开赛以及综合运动会的单项比赛。表16-1为2017年度中国顶级乒乓球运动员的参赛安排。

表16-1　2017年度中国顶级乒乓球运动员的参赛安排

月份	1月	2月	3月	4月	5月	6月	7月	8月	9月	10月	11月	12月
比赛	匈牙利公开赛	印度公开赛、卡塔尔公开赛	全运会预赛	亚锦赛、智利公开赛	世乒赛	日本公开赛、中国公开赛	澳大利亚公开赛	全运会决赛		波兰公开赛、世界杯	德国公开赛、瑞典公开赛	世界巡回赛总决赛

在以联赛制为主要比赛组织形式的专项中，赛季中训练的目标是保持，甚至提高自己通过准备期已经获得的运动能力（最大力量、爆发力、专项耐力）等，以保持良好的竞技状态。

在重要的赛会制比赛阶段，由于赛程密集，训练安排以恢复为主。如果两场比赛之间的时间足够长，则可以安排少量的保持运动能力的训练，以大强度、小训练量、专项性强的练习为主。

在混合式的比赛期（既要参加联赛又要参加赛会制比赛）前，为了让运动员达到更好的竞技状态，教练需要综合考虑，必要的情况下可以在联赛期（赛会制比赛之前）安排一到两周的急性上量，以及7~10天的减量。

四、体能训练的周期训练计划制订策略

体能训练的周期训练安排的主要目的是提高运动员的运动能力，为专项运动能力的提高提供坚实的基础，在比赛期或重要的比赛前达到良好甚至最佳竞技状态。穆吉卡（Mujika）（2018）指出，训练周期不是僵化的模式，教练需要根据运动员或运动队的具体情况，以及相关外部因素进行灵活的安排。周期训练计划的制订策略包括以下3种：渐进提升策略、集中强化策略和定期减负荷策略。

（一）渐进提升策略

无论针对什么训练水平、能力水平的运动员，教练在制订体能训练计划时，都要执行渐进提升的策略。执行渐进提升策略，教练要从几个方面来考虑。

1. 逐渐增加动作复杂性

例如，在力量练习动作的选择上，体能教练首先考虑运动员的动作执行质量。无论是什么练习动作，都要安排一段时间的学习期。在动作学习期间，体能教练更多考虑动作的质量，而非动作的数量，必要的情况下还要安排一系列的动作纠正练习。在学习新动作时，运动员在做动作的过程中，会使用到自己平时使用不到的肌群，或以不同的方式完成动作。即使在较小的训练负荷刺激下，运动员也会产生较大的身体反应，如延迟性肌肉酸痛等。通常，以渐进性增加负荷的方式练习新动作2~3次后，运动员延迟性肌肉酸痛的情况就会明显改善（这也提示体能教练，特别是在比赛期，尽可能少或不要安排运动员未练习过的新动作）。

2. 逐渐增加训练负荷

体能教练要在准备期逐步增加训练负荷。例如，在准备期初期采用传统的周期安排方式时，训练负荷的整体安排方式是"大训练量、低训练强度"。此时，为了避免运动员在归队训练后，训练量急性增加，短期负荷与长期负荷比过大，导致损伤风险增加的情况，有必要安排运动员在准备期之前的过渡期内进行一定量的个人训练。

（二）集中强化策略

集中强化策略就是在一定的中小周期内将训练负荷设置集中于提升某一种能力。哈夫（2017）指出，高水平运动员的训练基础非常扎实，为了使其产生进一步适应，他们需要接受更大的训练刺激。因此，他们可以采用的训练周期安排策略要与中低水平运动员的训练周期安排策略有所区别。同样的道理，随着运动员"适应窗口"变小，如果要同时提高多种能力就意味着训练总负荷的大大增加，因此在计划制订的策略上也要有所变化。集中强化策略就是教练在这种情况下可以采用的计划制订策略之一。

此外，许多体育运动员（如搏击类项目运动员、同场对抗球类项目运动员等）需要发展几种身体素质才能取得佳绩。但是，巴尔（2009）指出，某种形式的训练或相互竞争的细胞信号通路所引起的疲劳，可能会导致一些身体素质的发展要以牺牲另一种身体素质为代价。例如，如果并行训练，训练负荷安排不合理或训练顺序安排不合理就会导致相互干扰、训练效率低下，甚至增加运动损伤风险。

陈小平（2003）指出，维尔霍山斯基在针对高水平运动员的训练周期安排时提出了"集中负荷效应"

的训练方法，即将一些对运动员的专项成绩具有关键影响作用和运动员相对薄弱的素质以"单元"的形式集中插入训练中，在总负荷不变的情况下，增加该素质的训练负荷，通过对它的集中训练和优先发展，达到专项成绩的突破。针对这些高水平运动员，教练在准备期常用的训练周期安排策略是在一个中或小周期内强化某一项或两项运动能力（如仅强化力量素质，或同时强化力量和爆发力素质）。这种安排策略，我们可以将其称为集中强化策略。在这些时期内，另一些能力以保持为主。

这一体能训练周期安排策略也是板块周期的具体应用。传统的板块周期包括3个阶段（积累、转化、实现），然而在实践中，大量研究者也会采用仅包括单一板块的训练周期安排方式，在短期内集中强化某一运动能力。例如，沃尔等（2014）针对12名顶级男子足球运动员进行了单一板块（2周）的有氧高强度训练，训练后该组运动员的冲刺能力提高了46%，专项间歇耐力成绩提高了24%。

在短期内急增负荷也是教练采用的另一种集中强化策略。它是教练有意识地在短期内（1~2周）增强运动员的应激反应的策略。短期内急增负荷通常安排在准备期，采用的形式包括突然增加训练强度或训练量。由于在短期内增加训练负荷后，运动员应激反应增强，身心疲劳加重，因此在短期内急增负荷之后，会安排正常训练周（正常训练负荷周）或恢复周（减负荷周）。研究表明，运动员经历了短期的急性上量并回归正常的训练后，可以在2~5周内出现延迟性运动表现提升。

2012年瑞内斯塔等人的研究中，自行车运动员在中周期（4周）的第1周进行了5~8次高强度有氧训练。研究结果表明，这些自行车运动员的耐力指标有明显的提升。斯托仑等（2005）针对20名次顶级男性足球运动员进行了为期10天的有氧高强度训练，训练后该组运动员最大摄氧量提高了7.3%。

（三）定期减负荷策略

对教练和相关从业人员来讲，为了使运动员持续地产生适应，平衡训练刺激与恢复之间的关系是非常重要的。在安排体能训练周期计划时，教练需要具备掌控运动员生理适应与恢复反应的能力。体能训练周期计划在一定程度上是教练利用自己的专业知识对训练过程的预测过程，除了相应的训练会带来运动能力提升之外，教练也可以在一定程度上预测运动员的身体对训练负荷的应激、疲劳反应，并通过相关的训练监控过程证实自己的想法，进而调整训练。从制订训练周期计划开始，教练就需要考虑运动员身体恢复的问题，将减负荷训练日、训练周安排在周期训练计划之中。

减负荷是指教练在训练安排时，主动减少运动员所承受的应激因素，从而促进运动员的恢复，为下一阶段的训练做准备，或达到改善运动员的竞技状态的目的。在减负荷过程中，教练在训练时可以降低训练强度、训练量和频率，通过这些方式促进运动员的身心恢复，实现超量补偿。在大周期、中周期的训练过程中，定期减量是教练经常采用的训练策略。

减负荷可以发生在一个小周期内（例如，团队项目一周一赛期间），也可以发生在一个专门的中周期内。目前的主流观点是大幅度减小训练量，保持强度。为了使运动员在比赛时达到最佳竞技状态的减负荷通常发生在准备期后期，根据教练的习惯与专项不同，时长通常在1~4周。普李斯克和斯通（2003）建议，渐进式增负荷的小周期数量越多，所需的减负荷小周期的数量就越多。由于大多数训练适应都发生在恢复期，教练应重视减少累积的疲劳以促进身体产生适应。

在实践中，较经典的是在4周的中周期使用3+1的负荷安排模式，即在前3周逐步增加训练量、训练强度、训练频率以及其他不同类型的变化组合，之后再安排1个恢复小周期。减负荷周的安排可以减少疲劳的累积，促进身体产生适应。在准备期小周期内经常采用的方式包括3次训练课之后休息1次训练课（例如在2个训练日内，第1个训练日全天训练，第2个训练日仅上午训练）的3+1模式，或4+1、5+2、6+1等模式。

五、训练周期计划示例

根据周期训练的相关原则以及体能训练周期计划的制订策略，图16-6、图16-7从整体上展示了训练周期安排的训练阶段、训练目标、训练手段以及负荷安排策略。

下文以乒乓球、足球为例，展示大周期、中周期、小周期训练计划的范例。

（一）大周期训练计划示例

目前，国内诸如篮球、足球这样的同场对抗类项目的年度训练通常只包括一个大周期。根据训练周期安排的原则，在训练周期安排上，本计划将一个赛季分为3个过渡期（其中第一过渡期也被称为赛季外，第二、三过渡期也被称为联赛间歇期）、1个准备期、3个比赛期。

由于受到国际比赛日（国家队运动员要参加国家队集训、比赛）、气温（夏季炎热天气）等因素的影响，整个比赛期通常分为多个子比赛期（图16-6）。此外，在参加联赛的同时，运动团队参加其他国内赛事（如足协杯）。最后，由于还涉及电视转播时间安排等多种因素，因此，两场比赛的间隔时间并不总是一定的。在特定的情况下，在比赛期的某些时段，联赛也会出现进入高密度比赛阶段情况。

在比赛期，根据两场比赛的间隔时间，将间隔5~6天的比赛周称为正常周，将短期内要完成多场比赛的阶段称为高密度比赛期（此阶段，两场比赛的间歇时间通常在2~5天）。

教练要根据训练周期原则，确定不同阶段的训练重点、训练强度与训练量。在训练过程中，要有意识安排减负荷训练周，从而促进运动员的恢复、避免疲劳的过度积累，同时为下个阶段的训练和比赛调整好状态。

图16-6主要展示了力量类训练（包括力量、爆发力等）与专项耐力训练的周期训练安排，以及不同阶段的训练强度和训练量。其中，准备期耐力训练的安排则主要采用反向周期安排的思路，即在每个训练周的大负荷训练日以强度为中心进行安排，并在整个准备期逐渐增加训练量；达到目标训练量之后，在准备期的后期则保持训练量或安排减负荷训练周；在本计划中，力量训练安排采用了板块训练的思路。依据邦帕的周期训练思路，将力量训练分为3个阶段：解剖适应阶段/增肌阶段（其中增肌阶段依个体运动员需求而定）、最大力量阶段和力量转化阶段。考虑到足球专项的要求，在整体上并没有安排肌围度增加阶段。

（二）中周期训练计划示例

在中周期训练计划示例这一部分，我们展示了两份中周期训练计划。

图16-7为乒乓球运动员为全运会备战的8周封闭训练的中周期计划。图16-8为足球队第一过渡期后期及准备期中周期力量训练计划。本计划共包括13周，其中前4周为运动员假期的个人训练，后9周为运动员归队后的训练。准备期下肢力量训练分为3个阶段，每周通常安排两次训练课。

| 周 | 46 | 47 | 48 | 49 | 50 | 51 | 52 | 1 | 2 | 3 | 4 | 5 | 6 | 7 | 8 | 9 | 10 | 11 | 12 | 13 | 14 | 15 | 16 | 17 | 18 | 19 | 20 | 21 | 22 | 23 | 24 | 25 | 26 | 27 | 28 | 29 | 30 | 31 | 32 | 33 | 34 | 35 | 36 | 37 | 38 | 39 | 40 | 41 | 42 | 43 | 44 | 45 |

阶段：过渡期1 ｜ 准备期（一般准备、专项准备、力量转化：解剖适应/增肌、最大力量）｜ 比赛期1（正常周 两场比赛间隔5~6天、高密度比赛期）｜ 过渡期2（间歇期1）｜ 比赛期2（高密度比赛期 7周12场比赛 两场比赛间隔2~5天）｜ 过渡期3（间歇期2）｜ 比赛期3（正常周）

力量、爆发力 —— 训练重点：积极休息 / 解剖适应 增肌 / 最大力量 / 力量转化 / 力量·爆发力（保持/提高）/ 力量·爆发力（保持）/ 力量·爆发力（恢复/保持）；训练强度；训练量

专项耐力 —— 训练重点：中强度耐力（维持）/ 专项耐力（提高）/ 专项耐力（保持/提高）；训练强度；训练量

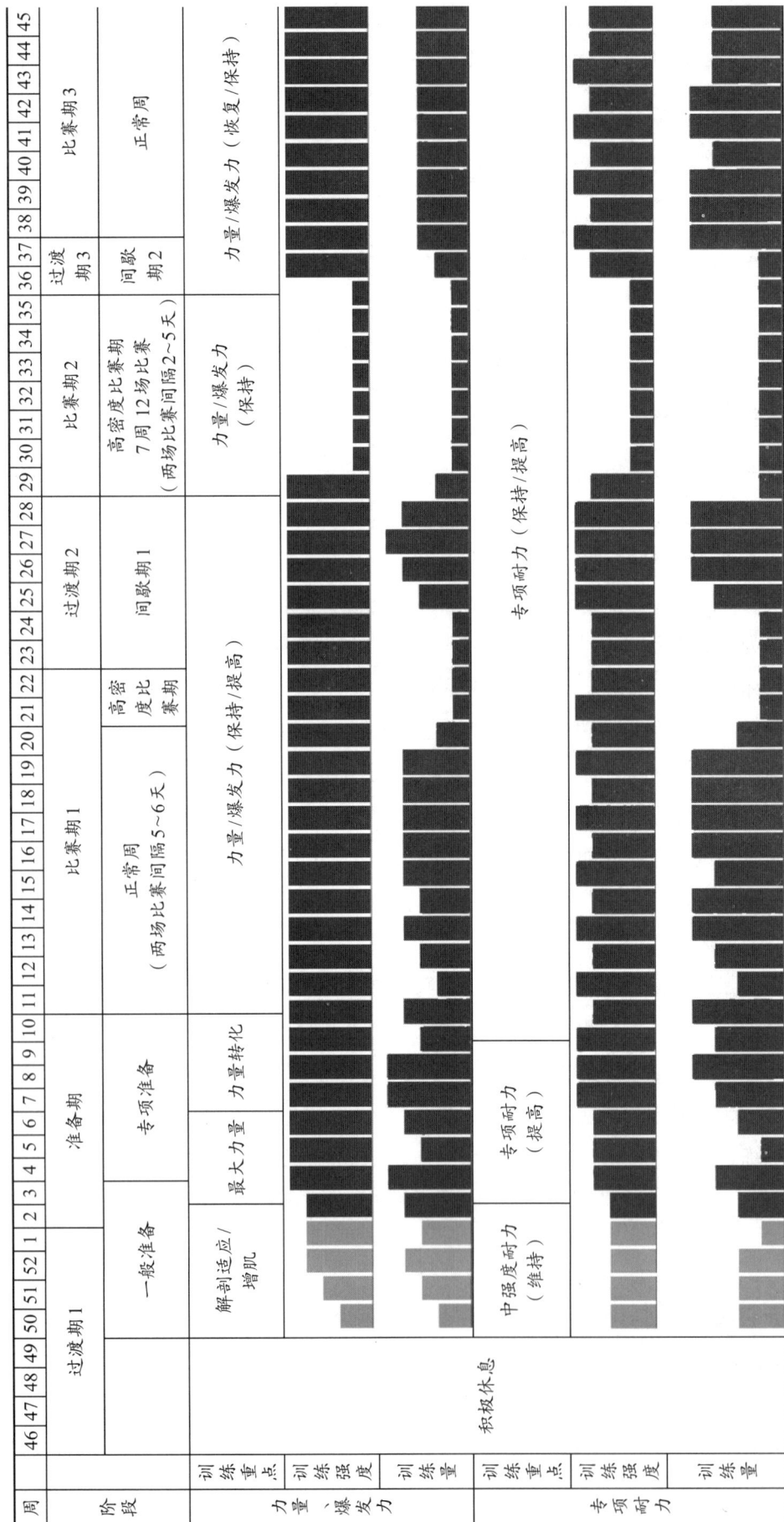

图16-6 大周期训练计划示例

注：（1）浅灰色柱状图为运动员假期在家由个人完成的训练；（2）在高密度比赛期，以身体恢复为主，此时运动员轮换出场的情况会更多，体能教练将根据运动员出场时间安排更多的个人力量和专项耐力训练；（3）比赛期，专项耐力方面，正常周每周两周周进行一次无氧耐力训练，进行力量训练时一定保持训练强度，并根据两场比赛的间隔时间，以及主客场比赛安排训练；（5）力量类训练量，以比赛训练量为参考，专项耐力训练量以正常周力量训练日为参考；（6）高密度比赛以赛量为主，以恢复为主，图中仅显示日常训练量和强度。

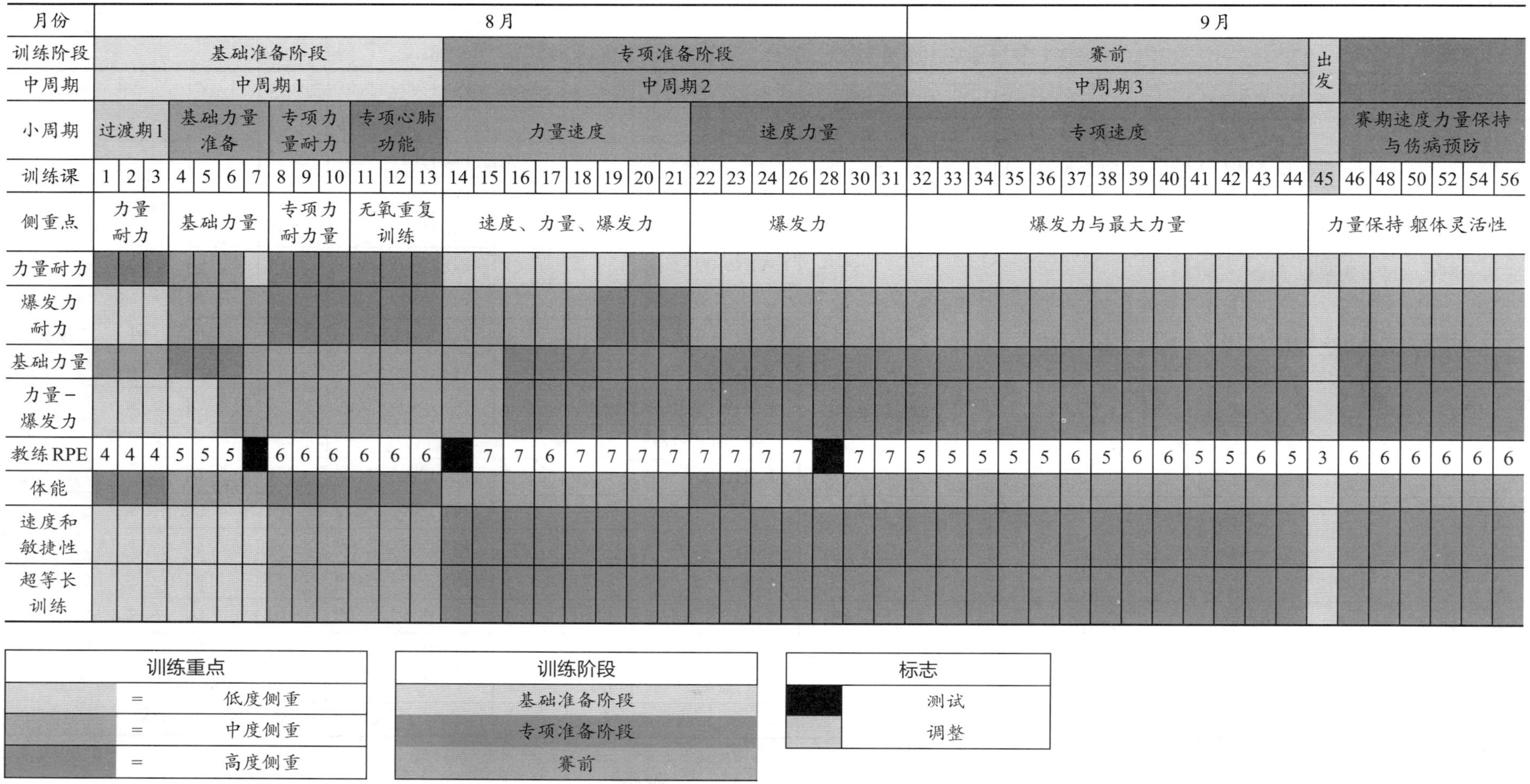

月份	8月				9月		
训练阶段	基础准备阶段			专项准备阶段		赛前	
中周期	中周期1			中周期2		中周期3	
小周期	过渡期1 / 基础力量准备 / 专项力量耐力 / 专项心肺功能			力量速度 / 速度力量		专项速度	力量保持 / 赛期速度力量保持与伤病预防
训练课	1 2 3 4 5 6 7 8 9 10 11 12 13			14 15 16 17 18 19 20 21 22 23 24 26 28 30 31		32 33 34 35 36 37 38 39 40 41 42 43 44 45	46 48 50 52 54 56
侧重点	力量耐力 / 基础力量 / 无氧重复训练			速度、力量、爆发力 / 爆发力		爆发力与最大力量	力量保持 / 躯体灵活性

训练重点行：力量耐力、爆发力耐力、基础力量、力量-爆发力、教练RPE、体能、速度和敏捷性、超等长训练

教练RPE：4 4 4 5 5 6 6 6 6 6 6 6 6 7 7 7 7 7 7 7 7 7 7 7 7 7 7 5 5 5 5 5 5 5 5 5 5 5 5 5 3 6 6 6 6 6 6

标志

（黑）	测试
（灰）	调整

训练阶段

- 基础准备阶段
- 专项准备阶段
- 赛前

训练重点

- ＝ 低度侧重
- ＝ 中度侧重
- ＝ 高度侧重

图16-7 乒乓球运动员为全运会备战的 8 周封闭训练的中周期计划

阶段	周次	第1力量训练日 组数	次数	强度	第2力量训练日 组数	次数	强度	练习动作 第1力量训练日	练习动作 第2力量训练日
解剖适应	1	2	8	60%~75%1RM	2	8	60%~75%1RM	1 背蹲或坐姿蹬腿	1 背蹲或坐姿蹬腿
	2	3	10	60%~75%1RM	3	10	60%~75%1RM	2 双腿硬拉	2 双腿硬拉
	3	4	12	60%~75%1RM	4	12	60%~75%1RM	1 弓箭步	1 弓箭步
	4	2	12	60%~75%1RM	2	12	60%~75%1RM	2 单腿硬拉	2 单腿硬拉
	5	3	12	60%~75%1RM	—	—	—	3 挺髋	3 挺髋
最大肌力	6	2	4	85%~90%1RM	2	4	85%~90%1RM	1 后撤弓箭步	1 后撤弓箭步
	7	—	—	—	2	4	85%~90%1RM	2 挺髋	2 挺髋
	8	3	6	85%~90%1RM	3	6	85%~90%1RM	3 单腿硬拉	3 单腿硬拉
	9	3	6	85%~90%1RM	3	6	85%~90%1RM		
力量转化	10	3	4	85%~90%1RM	3	4	30%~60%1RM	第10~13周第1力量训练日采用复合练习，即最大力量练习与爆发力练习交替进行	第10~13周第2力量训练日采用复合练习方式，即爆发力训练（30%~60%1RM）与快速拉长收缩循环练习（无负重）交替进行
		3	4~6	30%~60%1RM	3	4~6	无负重	85%~90%1RM	30%~60%1RM
	11	3	4	85%~90%1RM	4	4	30%~60%1RM	1-1 深蹲	1-1 负重蹲跳
		3	4~6	30%~60%1RM	4	4~6	无负重	2-1 挺髋	2-1 上台阶
	12	3	4	85%~90%1RM	4	4	30%~60%1RM	3-1 后撤弓箭步	3-1 动态弓箭步
		3	4~6	30%~60%1RM	4	4~6	无负重	30%~60%1RM	无负重
	13	2	4	85%~90%1RM	2	4	30%~60%1RM	1-2 负重蹲跳	1-2 跳深+纵跳
		2	4~6	30%~60%1RM	2	4~6	无负重	2-2 快速挺髋	2-2 五级跳
								3-2 动态弓箭步	3-2 跳深+变向跑

图16-8 足球队13周（4周假期个人训练+9周准备期）力量训练计划示例

（三）小周期训练计划示例

根据比赛期两场比赛不同间隔时长，图16-9展示了小周期的训练安排模式。

	第1天	第2天	第3天	第4天	第5天	第6天	
比赛	休息日	技战术（3~4）	速度灵敏 力量（6~8）	LSG（5~7）	预防损伤练习（3~4） 爆发力（6~8） 技战术（3~4）	速度灵敏（6~8） 技战术（3~4）	比赛
			SSG（6~8）				
比赛	休息日	速度灵敏 力量（6~8） 技战术（3~4）	SSG（6~8） LSG（5~7）	技战术（4~5） 预防损伤练习（3~4）	速度灵敏（6~8） 技战术（3~4）	比赛	
比赛	休息日	爆发力（4~5） 技战术（3~4）	SSG（6~8）+ LSG（5~7） 预防损伤练习（3~4）	速度灵敏（6~8） 技战术（3~4）	比赛		
比赛	休息日	技战术（3~4） 预防损伤练习（3~4）	技战术（3~4）	比赛			
比赛	恢复（3~4） 预防损伤练习（3~4）	速度灵敏（4~5） 技战术（3~4）	比赛				

图16-9 职业足球队比赛期小周期训练安排模式示例

注：（1）图中灰色底的训练内容，可以分为上下午训练；（2）SSG、LSG分别为小场地比赛和大场地比赛，在足球训练领域，SSG和LSG通常作为专项耐力的重要组织形式，在这些课后，教练可以根据具体情况，增加"强度补充"训练，以补足这种非结构性的专项耐力训练的负荷量；（3）每项练习之后括号内的数字代表训练内容的主观用力程度（RPE）。

小结

训练周期是教练在进行中长期的训练安排时的一个重要的工具，是教练以相关训练原则为基础，对整个训练过程的规划。规划训练周期的目的是在合适的时间使运动员达到良好或最佳的竞技状态。不同于具体的每次课的训练计划，其在宏观的层面确定了不同时间段的训练重点、训练目标。从长期的角度来看，其是非线性的，在一定程度上也是循环的。与非周期训练计划相比，采用合适的训练周期安排策略可以使训练过程更高效、更好地提升运动员的运动表现。

思考题

1. 伊苏林在其《板块周期——运动训练的创新突破》一书中将训练周期分为3个连续的中周期，以下不属于这3个中周期的是哪个？

A. 积累　　　　　　　　　　　　　B. 转换

C. 实现　　　　　　　　　　　　　D. 减量

2. 反向周期与传统周期在整个训练周期的开始阶段的最大不同在于以下哪一项？

A. 训练强度更大   B. 训练量更大

C. 训练课频率更高   D. 动作选择更多

3. 伊苏林（2008）在其《板块周期——运动训练的创新突破》一书中的表述，以下不属于板块周期的积累中周期训练的重点的是？

A. 专项有氧能力   B. 爆发力

C. 比赛模式的练习   D. 一般动作技能

4. 适用于板块周期之多目标模式的运动项目包括以下哪些？

A. 网球   B. 乒乓球

C. 足球   D. 十项全能

5. 以篮球为例，在技战术训练过程中，有可能会给运动员带来的身体负荷包括以下哪些？

A. 有氧负荷   B. 无氧负荷

C. 机械负荷   D. 以上均不是

第17章
体能训练前的热身准备

王明波

📖 **学习目标**

➤ 明确训练前热身准备的概念及益处。

➤ 掌握热身准备的基础原则并能灵活应用。

➤ 能够设计高效且符合项目特点的准备活动计划。

➤ 了解RAMP体系的内涵。

🔍 **知识导图**

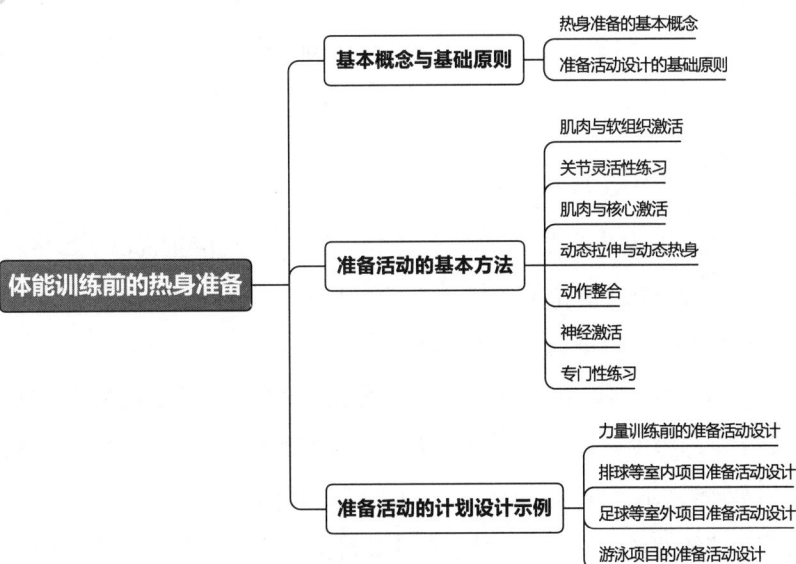

基本概念与基础原则
- 热身准备的基本概念
- 准备活动设计的基础原则

准备活动的基本方法
- 肌肉与软组织激活
- 关节灵活性练习
- 肌肉与核心激活
- 动态拉伸与动态热身
- 动作整合
- 神经激活
- 专门性练习

体能训练前的热身准备

准备活动的计划设计示例
- 力量训练前的准备活动设计
- 排球等室内项目准备活动设计
- 足球等室外项目准备活动设计
- 游泳项目的准备活动设计

目前，热身准备作为训练和比赛的重要组成部分，已被广泛认同和应用。合理的热身准备既能缩短身体进入工作状态的时间、提高效率，又能起到预防运动损伤的作用。本章在参考及查阅大量资料的基础上，结合我国部分运动项目的训练实践，将传统准备活动与提升－激活与灵活性－增强体系（RAMP）进行融合，在达到准备活动效果的同时，注重运动员短期与长期运动表现的提升。

一、基本概念与基础原则

（一）热身准备的基本概念

训练前的热身准备又称准备活动、热身活动、训练准备、身体活化等，能够预先动员人体的生理机能，克服内脏器官的生理惰性，提高体温，提高代谢水平，激活神经系统和肌肉系统，降低肌肉黏滞性，增加动作幅度，提高神经传导速度，整合动作模式，降低焦虑，提高兴奋性，缩短人体进入工作状态的时间，是一套有效的、系统的及个性化的练习方法，是满足运动员日常训练和比赛特殊需求、预防运动损伤并提高竞技能力及成绩的有效手段之一。

根据准备活动与专项的关系，准备活动可分为一般性准备活动和专门性准备活动。根据生理和心理的区别，准备活动可分为身体类准备活动和心理类准备活动。根据运动项目及上场时序的不同，准备活动可分为赛前第一次准备活动和赛前第二次准备活动。

提升－激活与灵活性－增强（Raise Activate and Mobilize Potentiate，RAMP）体系是准备活动的一种框架体系。RAMP体系共分为3个阶段，第一阶段为提升主要生理指标及技术水平（Raise）；第二阶段为激活关键肌群与提升关节的灵活性（Activate and Mobilize）；第三阶段为提高运动强度及运动表现（Potentiate），包括激活后增强（Post-Activation Potentiation，PAP）效应的应用。

（二）准备活动设计的基础原则

一般而言，准备活动的设计首先要考虑安全性原则，另外还应重视以下因素：形式从静态到动态、幅度从小到大、速度从慢到快、频率从低到高、方向从直线到多方向、内容从简单到复杂、动作从单一到功能、结构从一般到专项，根据气温等因素调整负荷大小。

此外，还需考虑适量性原则。准备活动结束至训练或比赛开始的阶段称为过渡阶段，准备活动效果的优劣除了与准备活动内容的设计有直接关系外，还与过渡阶段持续的时长、营养摄入、科技应用（保温、降温）、心理措施等密不可分。一定负荷的准备活动对提升体温、提高代谢水平和激活神经有重要作用；但是，过高负荷的准备活动会导致疲劳的积累和能源物质的消耗，并对人体后续运动表现产生消极影响，当人体在过渡阶段不能够从疲劳中充分恢复过来和再合成能源物质时，就是准备过度。所以，在设计准备活动时，要充分考虑专项特点、天气、过渡时长等因素，避免过度准备和准备不足现象。

二、准备活动的基本方法

在结合训练实践的基础上，根据功能和练习目的的不同，将准备活动的基本方法按照实施的先后顺序归类为7个方面，包括肌肉与软组织激活、关节灵活性练习、肌肉与核心激活、动态拉伸与动态热身、动作整合、神经激活、专门性练习。实际操作中，如果准备活动的总时长有限，在达到当堂训练课准备活动既定目标的前提下，可结合运动员特点及阶段性安排对准备活动的内容进行选择，训练前准备活动要满足当堂训练课的要求，其本身又是训练的一部分。合理安排准备活动，可以有计划地提升运动员的某项身体素质。通过长期练习，从而提升运动员的综合体能和运动表现水平。

（一）肌肉与软组织激活

提高肌肉质量、改善肌筋膜状态是准备活动的重要目的，还包括消除扳机点、降低肌肉黏滞性、降低肌肉密度、改善肌力不平衡、提高关节活动度、增强神经肌肉有效性、维持良好的肌肉延展性、减轻关节压力。

扳机点，是指在骨骼肌中可触及的条索状易激惹的点，常伴有牵涉痛，是骨骼肌紧绷带上的敏感区域。持续的低强度肌肉收缩（例如姿势的维持）会导致肌肉损伤和Ca^{2+}稳态破坏，从而产生扳机点。扳机点存在肌肉的筋膜中，有中心性刺激痛点和附着处刺激痛点。扳机点的存在会使肌纤维持续紧张，从而引起关节活动范围缩小、血管和神经受压、运动受限以及慢性疲劳等问题。

人体的软组织在进行伸展时会产生蠕变，蠕变又会使软组织产生锁闭延长和锁闭缩短两种现象，造成伸缩能力受限。手法按摩是对抗蠕变的有效方法，但是相较于泡沫轴、筋膜球、筋膜枪等成本较高，所以，目前相较于聘请一位专业的按摩师，越来越多的运动队及运动员采用泡沫轴、筋膜球、花生球等工具进行软组织激活与放松，主要是由于它们成本低廉、简单易行、效果显著。

泡沫轴滚压无论在训练前还是训练后都能带来好处：在训练前可以降低肌肉密度，为接下来的热身做好准备；训练后可以缓解肌肉疲劳，有利于机体恢复。

肌筋膜放松技术主要利用的是生理学上的自我抑制原理，在训练者的肌肉上施加物理压力，使肌肉张力增加从而激活肌肉张力感受器——高尔基腱器（Golgi Tendon Organ，GTO）。高尔基腱器的激活能够进一步抑制肌肉长度感受器——肌梭（Muscle Spindle），最终减小肌肉的收缩程度和粘连，使肌肉放松。通过按压也能够逐渐消除软组织中的结节及扳机点，从而降低肌肉的密度、增加肌肉的延展性，适应接下来的高强度训练。

1. 泡沫轴滚压

胫骨前肌

松解胫骨前肌，消除扳机点，提高踝关节灵活性。

练习步骤

①双手撑地，右腿胫骨前肌置于泡沫轴上，左侧小腿置于右侧小腿之上双脚离地，腹肌收紧，后背平直。②滚动时利用双腿及双手的力量驱动身体前后移动，在泡沫轴上滚动胫骨前肌。

股四头肌

练习目的

松解股四头肌，消除扳机点，提高髋关节灵活性。

练习步骤

①俯卧，双肘撑地，将泡沫轴置于右侧大腿中部，腹肌收紧，后背平直，左腿伸直，左脚搭于右脚上。②滚动时双臂辅助发力移动躯干，在泡沫轴上滚动右腿股四头肌。

内收肌

练习目的

松解内收肌，消除扳机点，提高髋关节灵活性。

练习步骤

①俯卧，双手交叉置于额头下方，将泡沫轴置于右侧大腿内侧中部，腹肌收紧，后背平直，左腿伸直。②滚动时，以左腿和躯干的力量驱动身体左右移动，以泡沫轴为中心滚动右腿内收肌。③进阶练习时，可让队友及教练协助，在右侧大腿处向下施加压力，增加重量以提高刺激强度。

髂胫束

练习目的

松解髂胫束，消除扳机点，提高髋关节灵活性，预防膝关节损伤。

练习步骤

①双手触地，身体呈侧撑姿势，右腿屈曲置于身体前侧，泡沫轴置于左侧大腿外侧中部，腹肌收紧，

左腿伸直。②滚动时利用双手及右腿的力量驱动身体左右移动，在泡沫轴上滚动左侧髂胫束。③进阶练习时，左腿与右腿并紧，只保留左手撑地，增加重量以提高刺激强度。

腓肠肌

[练习目的]

　　松解腓肠肌，消除扳机点，提高踝关节灵活性，预防膝关节损伤。

[练习步骤]

　　①呈坐位，泡沫轴置于左侧小腿下方，右脚搭于左脚上，双手撑地将躯干撑离地面。②滚动时利用双手及躯干的力量驱动身体前后移动，在泡沫轴上滚动左侧小腿部位。

腘绳肌

[练习目的]

　　松解大腿后侧肌群，消除扳机点，提高髋关节灵活性，预防膝关节损伤。

[练习步骤]

　　①呈坐位，泡沫轴置于左侧大腿下方，右腿屈膝置于左腿上，双手撑地，将躯干撑离地面。②滚动时利用双手及躯干的力量驱动身体前后移动，在泡沫轴上滚动左侧腘绳肌。

臀部肌群

[练习目的]

　　松解梨状肌、臀大肌、臀中肌、臀小肌，消除扳机点，提高髋关节灵活性，预防膝关节损伤。

[练习步骤]

　　①双手及右脚撑地，泡沫轴置于左侧臀肌下部，左膝屈曲置于右膝上方，躯干略向左侧倾斜，身体重量置于左侧臀肌处。②滚动时利用双手及右腿的力量驱动身体前后移动，在泡沫轴上滚动左侧臀肌。③进阶练习时，利用筋膜球等替代泡沫轴，减少接触面积从而增加压力。

斜方肌

练习目的

松解肩部及后背部肌群，消除扳机点，提高肩胛胸廓关节灵活性，预防肩部损伤。

练习步骤

①双膝弯曲，双脚撑地，泡沫轴置于胸椎下部，双手斜上举使斜方肌拉长。②滚动时利用双脚的力量驱动身体上下移动，在泡沫轴上滚动从胸椎到颈项的部分。③进阶练习时，利用筋膜球等替代泡沫轴，减少接触面积从而增加压力。

下背部肌群

练习目的

松解背阔肌、竖脊肌，消除扳机点，提高胸椎灵活性，预防腰部及肩部损伤。

练习步骤

①双膝弯曲，双脚撑地，泡沫轴置于腰椎下部，双手抱头，腹肌收缩，略微含胸。②滚动时利用双脚的力量驱动身体上下移动，在泡沫轴上滚动腰椎至骶髂部位。③进阶练习时，利用筋膜球等替代泡沫轴，减少接触面积从而增加压力。

背阔肌

练习目的

松解背阔肌，消除扳机点，提高肩胛胸廓关节灵活性，预防肩部损伤。

练习步骤

①侧卧，泡沫轴置于背阔肌位置，左腿伸直，右腿屈膝，右脚在左膝外侧撑地，相应一侧手背伸直放于泡沫轴后。②滚动时利用右腿和右手的力量驱动身体左右移动，在泡沫轴上滚动背阔肌。③进阶练习时，利用筋膜球等替代泡沫轴，减少接触面积从而增加压力。

2. 筋膜球滚压

胸肌

练习目的

松解胸大肌、胸小肌，消除扳机点，提高肩胛胸廓关节灵活性，预防肩部损伤。

练习步骤

①呈俯卧姿，将筋膜球置于左侧胸部下方，右臂于体侧屈肘且前臂撑地，左臂屈肘90度上抬至与地面平行。②左臂缓慢向头前伸直，调整位置直至找到酸痛点，通过身体移动使胸肌在筋膜球上滚动。

背肌

练习目的

松解背阔肌上部、斜方肌下部、大圆肌等，消除扳机点，提高肩胛胸廓关节灵活性，预防肩部损伤。

练习步骤

①呈侧卧姿，屈髋屈膝，右臂向体外伸展，将筋膜球置于右肩外侧的下方。②调整位置直至找到酸痛点，可通过改变左手撑地力度大小增减刺激强度。

臀肌

练习目的

松解臀肌，消除扳机点，提高髋关节灵活性。

练习步骤

①呈坐姿，将筋膜球置于臀部的下方，双手支撑于身体的后方，左腿屈膝，脚跟撑地，右腿屈膝，搭于左膝上。②调整位置直至找到酸痛点，通过左脚蹬地带动筋膜球滚动并给其加压。

髂腰肌

练习目的

松解髂腰肌，消除扳机点，促进淋巴循环，提高髋关节灵活性。

练习步骤

①呈俯卧姿，双臂屈肘交叉置于头部下方，将筋膜球置于左髋的位置。②调整位置直至找到酸痛点，通过躯干移动带动筋膜球。

膝关节内侧肌群

练习目的

松解膝关节内侧肌群，消除扳机点，预防膝关节损伤。

练习步骤

①呈俯卧姿，两前臂支撑于地面，将筋膜球放在左侧大腿内侧靠近膝关节位置处。②调整位置直至找到酸痛点，小腿屈伸使筋膜球滚动并给其加压。

腓肠肌

练习目的

松解小腿后部肌群，消除扳机点，提高踝关节灵活性。

练习步骤

①呈坐姿，双腿伸直，左腿置于右腿上，将筋膜球置于右侧腓肠肌处，双臂伸直将身体撑起。②调整位置直至找到酸痛点，双臂及躯干用力使身体前后移动。

足底按压

练习目的

松解足底筋膜，消除扳机点，提高踝关节灵活性。

练习步骤

①脱鞋，呈站姿，将按摩球置于足底，通过移动身体重心增减按压力度。②调整位置直至找到酸痛点，通过单腿移动带动按摩球滚动。

（二）关节灵活性练习

关节灵活性（也指柔韧素质）是指人体关节活动度的大小及跨过关节的韧带、肌腱、肌肉、皮肤以及其他组织的弹性和伸展能力。影响关节灵活性（柔韧性）的两个因素是：关节活动度的大小；跨过关节的肌腱、肌肉、韧带等软组织的延展性。

关节活动度取决于构成关节本身的骨结构、结缔组织以及关节软骨，主要受遗传因素的影响，后天不易改变；跨过关节的肌腱、肌肉、韧带、肌筋膜、关节囊等软组织的延展性，则主要通过合理的后天训练来获得。

拉伸是提高关节灵活性的重要方式之一。根据拉伸过程中是否产生牵张反射，拉伸可分为静态拉伸和动态拉伸；根据是否需要他人或器材协助，静态拉伸可分为主动静态拉伸和被动静态拉伸。

著名的物理治疗师斯坦利·帕里斯认为："疼痛的出现从来不会优先于功能障碍。"根据斯图尔特·麦克吉尔的理论，下方关节的功能丧失，会影响上方或下方的一个或多个关节。例如，如果髋关节不能有效活动，那么腰椎就会代偿，从而可能造成腰肌劳损、腰椎间盘突出等症状，另外也可能造成下背部疼痛。

如果踝关节失去灵活性，膝关节就会产生疼痛；胸椎失去灵活性，颈肩就会产生疼痛（或下背部疼痛）。

所以，灵活性训练的一个重要目的是预防和修复功能障碍，从而减少运动损伤。我们在准备活动中要对需要灵活性的关节进行灵活性训练，要对需要稳定性的关节进行稳定性训练。那么，哪些关节需要灵活性，哪些关节需要稳定性呢？迈克尔·博伊尔及格雷·库克的关节交替关节理论（表17-1）给了我们答案。

表17-1 关节交替关节理论

关节	稳定与灵活需求	关节	稳定与灵活需求
踝关节	灵活性	盂肱关节	灵活性
膝关节	稳定性	肘关节	稳定性
髋关节	灵活性	腕关节	灵活性
腰椎关节	稳定性	掌关节	稳定性
胸锁关节	灵活性	指关节	灵活性
肩胛胸廓关节	稳定性		

准备活动中，需要重点进行灵活性训练的关节为踝关节、髋关节、胸锁关节及盂肱关节，次重点关节为腕关节及指关节。

1. 呼吸训练

人体大约有20块主动肌和辅助肌参与呼吸运动，其中膈肌、肋间肌、斜角肌、腹横肌和脊柱深层肌在维持呼吸和稳定脊柱方面发挥着重要作用。因此，正确的呼吸方式不但可减少颈肩痛、腰痛、头痛等疾病的发生，还有助于维持脊柱稳定和健康的体态。而不良的呼吸方式则很有可能引起慢性疼痛、体态失衡、运动损伤、内脏问题及心态问题等。本文将呼吸训练作为关节灵活性练习的第一步，旨在一方面降低交感神经兴奋性、减轻中枢系统的压力，让筋膜和肌肉系统能够更好地放松下来，另一方面形成正确的呼吸模式。

俯卧呼吸训练（鳄鱼式呼吸）

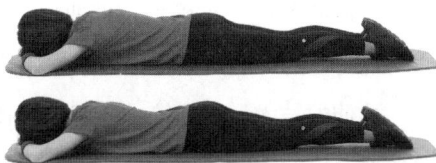

练习目的

激活膈肌，降低易紧张肌肉的张力，维持机体稳定。

练习步骤

①身体放松，俯卧在垫子上，双脚并拢，双手叠放在额下，用鼻腔缓缓吸气，大约用时4s，胸廓尽量保持不动，腹腔向两侧和背侧扩张顶起，然后屏气2s。②用嘴缓缓将气体呼出，大约用时6s，并在呼气的同时收缩腹部，以尽量将气体呼出。重复练习规定次数。

仰卧呼吸训练（仰卧腹式呼吸）

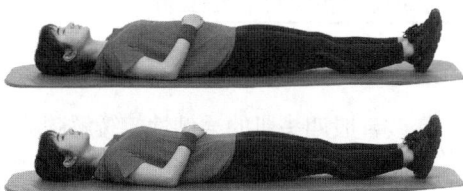

练习目的

激活膈肌，降低易紧张肌肉的张力，维持机体稳定。

①身体放松，仰卧在垫子上，双手置于腹部，双脚并拢，用鼻腔缓缓吸气，大约用时4s，胸廓尽量保持不动，感觉双手被腹部向上和向两侧顶起，然后屏气2s。②用嘴缓缓将气体呼出，大约用时6s，并在呼气的同时收缩腹部，以尽量将气体呼出。重复练习规定次数。

2. 静态拉伸

在传统准备活动中，静态拉伸是增加肌肉及肌筋膜长度和柔韧性、提高关节灵活性的重要手段。但是现代体育理论支持者对在准备活动中使用静态拉伸技术提出了疑问，争论的焦点主要是长时间的静态拉伸有可能降低肌肉爆发力的功率输出。但是我们发现，很多运动队在训练时保留了一些静态拉伸。从客观上讲，静态拉伸对于接下来将进行的激烈运动可能会存在一定的影响（主要影响爆发力的输出），但是，从预防运动损伤的角度来看，静态拉伸具有明显的优势。在实践中，预防运动损伤相较于避免爆发力损失更为必要，有经验的教练及运动员依然高度重视训练前的静态拉伸。

人们认识事物都存在两面性。之前，静态拉伸是热身活动中最重要的部分之一，然而，在静态拉伸可能影响爆发力理论的指导下，有些运动队则完全抛弃了静态拉伸。拉伸时对拉伸时间、拉伸强度、拉伸组合、拉伸顺序的合理控制，既可以最大限度地发挥静态拉伸的优势，同时又能有效降低其对力量或爆发力项目产生的负面效应。现在我们重新认识静态拉伸：将静态拉伸作为热身技术，泡沫轴滚压后，先进行适当的静态拉伸，之后再进行动态拉伸。

泡沫轴滚压主要解决的是肌肉密度问题，也就是肌肉结节或者扳机点，静态拉伸主要解决的是肌肉长度问题。有一种理论支持"冷"拉伸，认为肌肉在热的情况下能够被较容易地拉长，然而温度下降后，很快就恢复到了原来的长度，但是"冷"拉伸会让肌肉经过塑性变形，这样肌肉会真正地增加长度。

拉伸的姿势：无论是主动静态拉伸还是被动静态拉伸，准确、舒展、优美的姿态是准确进行静态拉伸的前提。

拉伸的反应：正确地拉伸肌肉会有酸痛的感觉，就像运动员经常说的"不舒服"，但是并非疼痛。如出现明显的疼痛则甚至是放射性刺痛，则说明拉伸的力度过大。

拉伸的技术：在传统的静态拉伸技术的基础上可以结合PNF拉伸技术，以及激活拮抗肌的方法，来增强静态拉伸的效果。同时，拉伸过程中要善于利用自身体重进行拉伸，这样能够使拉伸过程更加轻松。结合正确的腹式呼吸方法进行拉伸能够起到更佳的效果，拉伸某一部位的时长为3次深呼吸，鼻子吸气、嘴呼气，吸气、屏气、呼气的时间比例为4：2：6。

拉伸的位置：不要只拉伸自己喜欢的位置，要重点拉伸柔韧性较差的部位。彼得·弗里森认为，某一个肌群柔韧性过好，比所有肌肉都紧张更加危险，运动员不应该只做自己喜欢或者擅长的拉伸。

股四头肌静态自主拉伸

改善股四头肌的柔韧性，缓解膝关节压力。

①右膝跪撑于垫上，上身挺直，左腿在前，左脚撑地，左膝屈曲90°。②右手握住右脚，将小腿拉向臀部并保持静止。③每次每侧保持15~30s，左右侧交替进行1~2次。

坐姿分腿拉伸

练习目的

提高内收肌、股后肌群、腰方肌及腹外斜肌的柔韧性。

练习步骤

①分腿坐在垫子上，右臂在额状面向左伸展。②右手尽量去够左侧脚尖，左手前伸。③每次每侧保持15~30s，左右侧交替进行1~2次。

麻花拉伸

练习目的

提高髋部及胸椎灵活性。

练习步骤

①身体呈左侧侧卧姿；右腿向体前屈膝、屈膝90°，左手置于右侧膝关节上方并下压。②左腿屈膝，右手握住左侧踝关节并拉伸股四头肌。③头、躯干、左侧大腿成一条直线，头向右侧旋转。④每次每侧保持15~30s，左右侧交替进行1~2次。

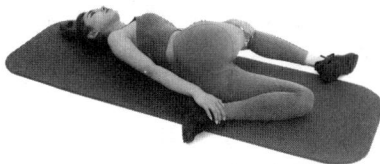

鸽式拉伸

练习目的

拉伸放松梨状肌、臀中肌。

练习步骤

①身体呈跪坐姿势，左腿屈膝、屈髋置于体前，小腿尽可能与冠状轴平行。②右腿向后伸直，双手撑地并逐渐屈肘增加拉伸幅度。③每次每侧保持15~30s，左右侧交替进行1~2次。

单腿体前屈

练习目的

拉伸股后肌群及腓肠肌。

练习步骤

①身体呈坐姿，左腿伸直并勾脚尖，右腿于髋部屈曲。②躯干保持中立位并向

前下压，使胸部逐渐靠近大腿，双手抱住脚尖。③每次每侧保持15~30s，左右侧交替进行1~2次。

3. 本体感觉神经肌肉促进技术（PNF技术）

PNF技术即本体感觉神经肌肉促进技术，是指通过对本体感受器进行刺激从而提升神经、肌肉反应能力的拉伸技术。其由美国内科医生和神经生理学家赫尔曼·卡巴特在20世纪40年代创立，当时的目的是治疗脊髓灰质炎和多发性硬化引起的瘫痪，被证实非常有效，后来证明其可以帮助许多肌力、运动控制、平衡和耐力有问题的患者，如脊髓损伤患者、骨关节和周围神经损伤患者、脑外伤患者和脑血管意外导致的偏瘫患者等。PNF技术是现代康复技术中最重要的组成部分之一，在体育运动领域主要用于改善肌肉弹性、提高关节灵活性。

"P"指的是"Proprioceptive（本体感觉）"，即提供身体运动和体位信息的感觉。

"N"指的是"Neuromuscular（神经肌肉）"，从中我们可以看出PNF是一种外周干预方式，通过对周围神经以及神经支配的肌肉进行刺激、引导和训练，达到促进运动功能恢复的目的。

"F"指的是"Facilitation（促进、易化）"，在康复文献中通常翻译为促通技术。PNF技术的认同者认为大多数人，包括残障患者，都具有尚未被利用的潜能，需要的是通过刺激诱发出潜能。

PNF技术主要是应用本体感觉刺激来促进肌肉收缩、增强肌力并扩大关节活动范围，从而达到促进运动功能提升的目的。其主要作用是减缓疼痛和疲劳、增强肌肉力量、改善柔韧性、提高稳定和平衡能力及增强耐力。

在实践中，一个PNF练习周期包括3个阶段：第一阶段为一次静力性伸展；第二阶段为被拉伸肌肉的最大等长收缩；第三阶段，再次拉伸肌肉，拉伸过程中拮抗肌主动收缩。一个周期的练习结束后进入下一周期的练习，使肌肉逐渐被拉伸，一般进行3~5个周期。

4. 主动灵活性练习

高尔基腱器是一种机械性感受器，位于肌肉与肌腱的接合处附近，对肌肉张力的增加敏感。当高尔基腱器感受到刺激时，它会使肌肉反射性放松。肌肉在张力增加后变得放松的情况被称为自主抑制。

在肌肉被动拉伸前，使其主动收缩，即可获得自主抑制效应，这会引发肌肉在随后的被动拉伸中产生反射性放松，这也是PNF拉伸的主要原理。此外，肌肉张力增加使其对侧的拮抗肌放松的情况被称为交互抑制，这就是主动灵活性训练利用的主要原理。

抗阻翻书练习

练习目的

增加胸椎灵活性。

①身体呈左侧侧卧姿势，双腿屈髋90°、屈膝90°，右臂伸直置于体前并贴紧地面。②左手牵拉弹力带，躯干沿脊柱向后旋转，保持髋关节位置不变，旋转过程中呼气。③左手在最远端保持1~2s后缓慢返回初始位置，返回过程中吸气。④每组、每侧往返10次，左右侧交替进行1~2组。

肩关节抗阻绕环

练习目的

增加肩关节灵活性。

练习步骤

①身体呈单膝跪撑姿，右手持弹力带并使弹力带保持一定张力，双腿尽量前后分开，右侧大腿与躯干、右臂在一条直线上。②右手持弹力带以肩关节为轴顺时针、逆时针绕环。③两侧顺、逆时针各绕10圈，左右侧交替进行1~2组。

梨状肌抗阻拉伸练习

练习目的

增加髋关节的灵活性。

练习步骤

①身体呈跪坐姿势，左腿屈髋、屈膝置于体前，左侧小腿与双肩平行，弹力带置于左侧髋关节处，向斜后方牵拉，右腿向后伸直，双臂伸直置于体前。②左侧髋关节前后屈伸，对抗弹力带，双臂逐渐前伸，提高拉伸强度。③两侧往返10次，左右侧交替进行1~2组。

（三）肌肉与核心激活

根据关节交替关节理论，膝关节、腰椎及肩胛胸廓关节需要稳定性，所以在准备活动时需要对相关部位肌群进行激活，以提高本体感觉及动态控制能力。

稳定性是建立在良好本体感觉基础上的，在提高关节稳定肌群力量的同时，提高肌肉向不同方向主动收缩的控制能力，从而使身体能够在受到外界刺激的情况下随时做出反应，反射性地控制关节或躯干处于正确的姿势或动作。

1. 肩胛胸廓关节稳定性练习

在肩关节复合体中，肩胛骨的位置和稳定性非常重要。肩胛胸廓关节的稳定性主要依靠与肩胛骨相连肌肉间的相互作用，使之保持一个相对平衡的张力结构。

稳定肩胛胸廓关节的肌肉主要包括胸大肌、胸小肌、背阔肌、斜方肌、菱形肌、小圆肌、大圆肌、前锯肌、冈上肌、冈下肌、肩胛提肌等。

俯卧I形练习

练习目的

激活肩部及上背部肌群，提高肩关节的稳定性。

练习步骤

①俯卧在垫子上，双腿伸直，双臂向前方伸直，双臂贴紧双耳。②肩胛骨向内收缩，双臂上抬至最大高度，整个身体呈英文字母"I"的形状，保持2~3s。③双臂慢慢放下，不接触地面，回到起始位置，重复动作10~15次。

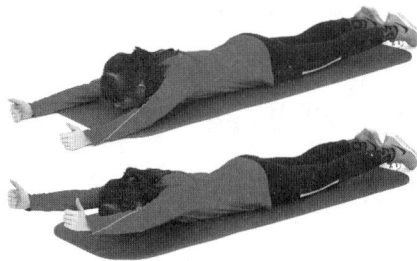

俯卧Y形练习

练习目的

激活肩部及上背部肌群，提高肩关节的稳定性。

练习步骤

①俯卧在垫子上，双腿并拢、伸直，双臂向斜前方伸直。②肩胛骨向内收缩，双臂上抬至最大高度，整个身体呈英文字母"Y"的形状，在最高点保持2~3s。③双臂缓慢下落，回到起始位置，重复动作10~15次。

俯卧W形练习

练习目的

激活肩部及上背部肌群，提高肩关节的稳定性。

练习步骤

①俯卧在垫子上，双腿并拢、伸直，双臂向前方伸直。②肩胛骨向内收缩，双臂上抬至最大高度，形成英文字母"W"的形状，在最高点保持2~3s。③双臂回到起始位置，重复动作10~15次。

俯卧撑肩胛收缩练习

练习目的

激活肩部及胸部肌群，提高肩关节的稳定性。

练习步骤

①身体呈四点俯撑姿态，双腿并拢、伸直，双臂于肩关节正下方伸直。②肩部下沉，肩胛骨向内收缩至最大范围，保持1~2s。③肩胛骨向外伸展至最大范围，上背部微微拱起，保持1~2s，重复动作10~15次。

弹力带肩外旋

练习目的

激活肩胛周围肌群，提高肩关节的稳定性。

练习步骤

①双脚并拢站立，右手持弹力带，右大臂紧贴躯干，前臂始终保持与地面平行。②右侧上臂保持贴近躯干，前臂外旋至最大范围，保持1~2s。③恢复至初始位置，重复动作10~15次为一组，每侧各完成1~2组。

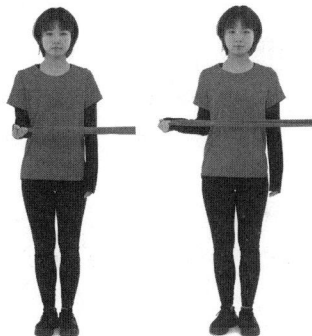

弹力带肩水平位外旋

练习目的

激活肩胛周围肌群，提高肩关节的稳定性。

练习步骤

①双脚并拢站立，右手持弹力带，上臂与地面平行，前臂与上臂成90°。②右侧上臂保持与地面平行，前臂外旋至最大范围（与地面垂直），保持1~2s。③恢复至初始位置，重复动作10~15次为一组，每侧各完成1~2组。

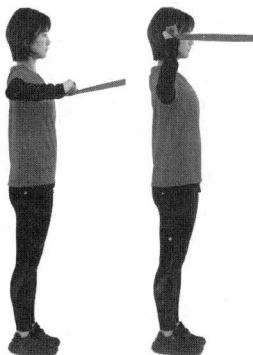

壶铃行走

练习目的

激活肩胛部位肌群，提高肩关节的稳定性。

练习步骤

①右手持壶铃，手臂伸直举过头顶，手臂贴近右耳，双脚自然行走。②保持肩部和躯干稳定，直线行走10~20m后返回原地。③换另外一侧，每侧各完成1~2组。

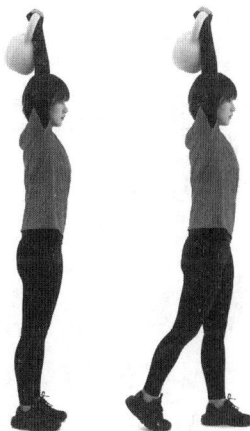

2. 核心稳定性练习

人体的运动是以复杂的运动链形式进行的，而四肢的运动是在保持核心稳定的基础上实现的。核心稳定性训练的目的是强化环绕脊椎的深层稳定肌，使核心部位在运动中保持刚性，从而在传递力量的过程中为肢体的运动提供有效的支撑，并将能量损耗降到最低。

核心稳定性训练主要应从4个方面进行：抗屈曲、抗拉伸、抗侧屈、抗旋转。练习者在训练时，要逐步由静止的稳定性向动态的稳定性训练过渡。进行动态稳定性训练时，应缓慢、有控制地完成动作，注重等长控制和离心收缩的过程，并且始终保持核心的稳定。

核心四方位静力练习

练习目的

激活并强化核心肌群，提高核心力量与稳定性。

练习步骤

①无论是腹桥、侧桥还是臀桥练习，始终保持躯干中立位。②保持核心收紧并主动用力。③每个方位保持30~60s，各完成1~2组。

仰卧四肢对侧伸展练习

练习目的

激活并强化核心肌群，提高核心力量与稳定性。

练习步骤

①仰卧于垫上，双臂于头部两侧向后伸展，双脚离开地面，身体收紧呈流线型。②右臂沿躯干直臂环转，左腿屈髋90°、屈膝90°。③两侧交替进行，每侧10次为1组，各完成1~2组。

跪撑四肢对侧伸展练习

练习目的

激活并强化核心肌群，提高核心力量与稳定性。

练习步骤

①四点跪撑于垫上，左臂、右大腿垂直地面，后背平直。②右侧手臂、左腿伸展至水平位置，保持1~2s，右侧手臂、左腿屈曲至右手触及左膝。③每侧10次为1组，各完成1~2组。

跪撑三方位弹力带抗阻练习

练习目的

激活并强化核心肌群，提高核心稳定性。

练习步骤

①跪撑于垫上，双臂伸直，双手并拢持弹力带。②双臂沿水平、斜上方、斜下方位置拉伸弹力带，躯干始终保持沿垂直轴旋转。③每个方向每侧10次为1组，各完成1~2组。

3. 膝关节稳定性练习

稳定性是膝关节的重要功能。膝关节的稳定功能既需要髋关节和踝关节的协同配合，又需要周围肌肉的共同参与，还需要筋膜和肌肉中各种本体感受器充分感知位置和压力。

在膝关节稳定性的练习中，首先需要训练的就是臀中肌。臀中肌的主要功能包括臀部外展，以及参与髋关节的外旋和伸展，这是臀中肌向心收缩的结果；而维持骨盆的稳定与平衡，则是臀中肌离心收缩的主要作用。因此，臀中肌在维持骨盆和膝关节的稳定中扮演着主要角色，它是帮助人体在站立、行走和跑动等运动中保持良好身体姿势的重要肌肉。如果膝关节稳定性不足，可能会导致髌骨摩擦到股骨的外侧髁，进而产生各种膝关节的慢性疼痛和损伤。

在激活膝关节周围肌群的同时，还要注重本体感觉控制以及相互之间的协调配合。为了进一步强化膝关节的稳定性，可以采用单侧训练、不稳定支撑训练和抗干扰训练等方法。

迷你弹力带臀肌激活

蚌式开合　　　　　　　　　　站姿单腿外展

练习目的

激活并强化髋关节外展肌群，提高膝关节稳定性。

练习步骤

①蚌式开合，练习时控制髋关节不要外翻，展开至最高点后保持1~2s。②站姿单腿外展，保持躯干及髋关节稳定，膝关节外展至最大范围后保持1~2s。③迷你弹力带下蹲，下蹲时保持膝关节朝前、后背挺直，下蹲至最低点后保持1~2s。④每种练习每侧10~15次，共进行1~2组。

燕式平衡

练习目的

激活下肢稳定肌群及本体感受器，提高下肢稳定性。

①双臂侧平举，单腿站立，支撑腿可微屈膝。②躯干保持中立位，屈髋、抬腿，尽量保持头、肩、髋、膝、踝在一条直线上并约与地面保持水平，保持1~2s后回到原位。③两侧交替进行，每侧完成10次为1组，各完成1~2组。

单腿支撑多点触摸

练习目的

激活下肢稳定肌群及本体感受器，提高下肢稳定性。

练习步骤

①身体呈单腿站姿，双手置于腹前，在身体正前方竖直摆放3个哑铃（或其他物体），间距30~40cm。②保持躯干挺直，俯身屈髋，左腿微屈支撑，右腿向后伸直抬起直至躯干与右腿成一条直线且与地面平行，同时双臂伸直按顺序触够哑铃。③2~3个来回为1组，两侧交换，共1~2组。

落地缓冲练习

练习目的

激活下肢稳定肌群及本体感受器，发展落地缓冲模式，提高下肢稳定性。

练习步骤

①身体呈站立姿势，双脚分开与肩同宽，双臂上举，掌心相对。②迅速屈膝、屈髋下蹲，同时双臂快速下摆至身后，保持该姿势1~2s。③5~10次为1组，共1~2组。

（四）动态拉伸与动态热身

动态拉伸和静态拉伸是两种相对的拉伸方式。动态拉伸是一种功能性拉伸，其拉伸重点是针对运动专项需求的，而非单一肌肉或肌群。动态拉伸有助于改善动态柔韧性，提高力量和爆发力，发展运动专项所需的动作模式及关节活动度。它可以在原地及垫上进行，但更多的是在行进间进行。

动态热身以身体站立位为主，需要全身多肌群共同参与，一般在行进间进行且为连续性动作，如小步跑、车轮跑、垫步提膝跳、高抬腿跑、后蹬跑等。基本原则就是要与接下来进行的训练或比赛的动作模式接近或者一致，动作要从简单到复杂、动作幅度由小到大、参与肌群由少到多、运动方式由直向到多方向。动态热身可以达到传统慢跑热身提高体温的目的，动态热身一般需要5~10min，采用6~10个练习动作或者完成一定的距离（如10~20m），每个动作可以完成2~3组。动态热身的强度要适中，不至于产生过度疲劳，以保障正式训练或比赛中有充足的体能。

肌肉温度和核心温度的升高对肌肉发力、功率输出、血流速度、糖利用、氧合血红蛋白解离、代谢速率、酶反应、做功效率、肌纤维传导速率等都可能具有积极作用，且体温每升高1℃，代谢速率提高约13%，运动表现提升2%~5%。然而，经由运动提高的体温会在运动停止后迅速下降。在10~30℃的环境温度下，体温在15~20min的静息后会下降至基础水平，而体温每降低1℃，运动表现下降3%。因此，热身练习后注重保温是十分必要的。

1. 动态拉伸

前后摆髋

练习目的

提高髋关节灵活性。

练习步骤

①躯干保持中立位。②摆动腿以髋关节为轴做屈伸运动，逐步提高摆动幅度。③每侧10次，1~2组。

腓肠肌拉伸

练习目的

激活并提高腓肠肌、比目鱼肌的柔韧性。

练习步骤

①俯撑，双臂伸直。②一侧腿置于支撑腿后，震动拉伸小腿后部肌群3次。③每侧10次，1~2组。

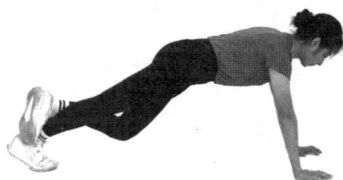

最伟大拉伸

练习目的

综合性拉伸，提高身体柔韧性及协调性。

练习步骤

①单腿支撑，臀肌拉伸。②呈前弓步，髂腰肌拉伸。③沿脊柱转体，提高胸椎灵活性。④前脚跟、后脚尖支撑拉伸腓肠肌及股后肌群。⑤每个位置保持1~2s，每侧3次，1~2组。

股四头肌拉伸

练习目的

提高股四头肌柔韧性，激活踝关节及膝关节本体感受器。

①左腿支撑，左臂向上伸直，右手勾住右侧踝关节并向后拉伸右腿股四头肌。②屈髋，躯干与地面平行，保持1~2s。③每侧3次，1~2组。

臀中肌拉伸

练习目的

提高臀中肌柔韧性，激活踝关节及膝关节本体感受器。

练习步骤

①右腿支撑，左腿在体前屈曲，左手抱膝、右手抱踝向上提拉，保持1~2s。②每侧3~5次，1~2组。

内收肌拉伸

练习目的

提高内收肌柔韧性，激活肩部及后背部肌群。

练习步骤

①向右侧呈侧弓步，两侧脚掌抓地，左腿伸直，上身挺直，双手叉腰。②右膝朝前，身体下压，保持1~2s。③每侧3~5次，1~2组。

弓步转体

练习目的

提高髂腰肌、臀大肌柔韧性，提高脊柱灵活性。

练习步骤

①左腿向前跨出呈前弓步，后腿伸直，躯干直立，左臂向前伸直，头向左转体，右手置于左侧腹部，保持1~2s。②每侧3~5次，1~2组。

2. 动态热身

垫步抱肩

练习目的

提高肩关节灵活性，提高身体协调性。

练习步骤

①垫步前行，双臂展开扩胸、双臂抱肩，交替前行。②持续向前10m，折返10m，反复扩胸、抱肩5~10次。③1~2组。

垫步震步

练习目的

提高肩关节灵活性，提高身体协调性。

练习步骤

①垫步前行，双臂在体侧上下最大限度摆动。②持续向前10m，折返10m，交替振臂5~10次，做1~2组。

垫步向前/后肩绕环

练习目的

提高肩关节灵活性，提高身体协调性。

练习步骤

①垫步前行，双臂在体侧同步向前/后绕环。②持续向前10m，折返10m，绕环5~10次，做1~2组。

拔地跑

练习目的

激活股后肌群、腓肠肌，提高身体协调性。

练习步骤

①直腿下压，脚掌抓地，双臂屈肘前后摆动。②持续向前10m，折返10m，交替拔地跑10~20次，做1~2组。

高踢腿

练习目的

激活股后肌群、臀大肌，提高身体协调性。

①直腿上摆，双臂前平举，摆动腿脚尖尽量触够手掌。②持续向前10m，折返10m，交替高踢腿10~20次，做1~2组。

后踢腿

练习目的

激活股四头肌，提高身体协调性。

练习步骤

①屈髋、屈膝后摆，脚跟主动触够臀部。②持续向前10m，折返10m，交替后踢腿10~ 20次，做1~2组。

抱膝跳

练习目的

激活臀大肌、下腰部肌群，提高身体协调性。

练习步骤

①垫步前行，主动屈膝、屈髋向上抬腿，大腿尽量触够腹部，双手顺势抱膝。②持续向前10m，折返10m，交替抱膝跳10~20次，做1~2组。

提膝内收

练习目的

提高髋关节、脊柱灵活性，提高身体协调性。

练习步骤

①摆动腿主动向上提膝后内收，躯干沿垂直轴与摆动腿反方向旋转，双臂上抬前后随摆。②持续向前10m，折返10m，交替提膝内收10~20次，做1~2组。

提膝外摆

练习目的

提高髋关节活性，提高身体协调性。

练习步骤

①摆动腿主动向上提膝后外摆，躯干保持中立位并面向前方。②持续向前10m，折返10m，交替提膝外摆10~20次，做1~2组。

侧滑步转髋

练习目的

提高多方向运动能力，提高身体协调性。

练习步骤

①侧向滑步移动，摆动腿主动向上提膝后做内收动作，躯干保持中立位并面向前方。②持续侧向滑动10m，折返10m，交替提膝内收5~10次，做1~2组。

（五）动作整合

整合性神经肌肉训练（Integrative Neuromuscular Training），是结合一般功能动作与力量、速度、平衡、灵敏协调性以及快速伸缩复合等训练内容的综合性身体训练，通过多训练元素和多感觉通路信息整合对神经-肌肉系统形成良性刺激及优化效应，能够有效提升人体的神经肌肉控制与协调能力、改善不良动作模式和异常生物力学结构、预防运动损伤并提升运动表现。

竞技即动作，强大动作表现的源头以及有效保障动作安全性的是高质量的动作模式。动作、技能一体化练习，是以动作方式为基础进行练习。动作整合强调在神经支配下建立运动系统间的联系，让身体各环节有序地参与运动，借由身体整体动力链的参与来强化动作的正确模式。将正确的动作模式加以整合和强化，能增加动作的经济性，降低能量损失。基础动作模式的训练在准备活动的过程中运用，依靠痕迹效果，可以使我们更好地准备之后的主要训练。

1. 基本动作模式

双腿、单腿运动姿态练习

练习目的

学习基本运动姿态，提高身体控制能力。

练习步骤

①自然站立、目视前方，双脚与肩同宽。②屈膝、屈髋、直臂后摆，保持躯干中立位。③单腿运动姿态下蹲时尽量减少躯干偏离中线的距离。6~10次为一组，完成1~2组。

纵跳-双脚落地模式练习

练习目的

学习摆臂纵跳动作模式，掌握正确的双脚落地技术。

练习步骤

①自然站立、目视前方，双脚与肩同宽。②双脚蹬地，向上摆臂带动身体跳起。③落地时，屈膝、屈髋、直臂后摆，躯干保持中立位，呈基

本运动姿。6~10次为一组，完成1~2组。

纵跳-单脚落地模式练习

练习目的

学习摆臂纵跳动作模式，掌握正确的单脚落地技术。

练习步骤

①自然站立、目视前方，双脚与肩同宽。②双脚蹬地，向上摆臂带动身体跳起。③落地时，屈膝、屈髋、直臂后摆，躯干保持中立位。单腿运动姿态下蹲时尽量减少躯干偏离中线的距离。每侧6~10次为一组，完成1~2组。

2. 实心球练习

实心球前平举下蹲

练习目的

激活蹲起相关肌群，激活三角肌前束，提高神经肌肉协调性。

练习步骤

①自然站立、目视前方，双脚与肩同宽，双手持实心球置于体前。②屈膝、屈髋、持球直臂前摆，保持躯干中立位。③下蹲至大腿与地面平行后快速站起，双手顺势回到初始位置。6~10次为一组，完成1~2组。

实心球上举弓箭步

练习目的

激活股四头肌、臀肌，拉长髂腰肌，激活肩部肌群，提高神经肌肉协调性及身体稳定性。

练习步骤

①自然站立、目视前方，双脚与肩同宽，双手持实心球置于体前。②左腿向前跨出成弓箭步，右膝可微屈拉长髂腰肌，双手持球从体前顺势上摆至头顶位置，保持躯干稳定。③左腿用力蹬回，双手持球于体前顺势回落，过程中避免躯干前后晃动。每侧6~10次为一组，完成1~2组。

实心球弓步转体

练习目的

激活股四头肌、臀肌，拉长髂腰肌，激活腹内外斜肌，提高神经肌肉协调性及身体稳定性。

练习步骤

①自然站立、目视前方，双脚并拢，双手持实心球置于体前。②右腿向前跨出成弓箭步，左膝可微

屈拉长髂腰肌，双手持球向右侧旋转至最大幅度，保持躯干始终沿垂直轴旋转。③双手持球回转至体前，右腿顺势用力蹬回，过程中避免躯干前后晃动。每侧6~10次为一组，完成1~2组。

实心球上挑、下劈

练习目的

激活股四头肌、臀肌，练习"劈"和"挑"动作模式，提高神经肌肉协调性及身体稳定性。

练习步骤

①自然站立、目视前方，双脚与肩同宽，双手持实心球置于体前。②屈膝、屈髋，双臂伸直持球向右后侧下劈，保持躯干中立位。③伸膝、伸髋，双臂伸直持球向左前侧上挑，保持躯干中立位。每侧6~10次为一组，完成1~2组。

正向下抛实心球

练习目的

激活前侧动力链，提高肩带力量，提高神经肌肉协调性及身体稳定性。

练习步骤

①自然站立、目视前方，双脚与肩同宽，双手持球置于体前。②双臂伸直持球上摆至头顶，身体充分伸展。③身体前侧运动链主动用力下抛实心球。6~10次为一组，完成1~2组。

侧向下抛实心球

练习目的

激活体侧动力链，提高肩带力量，提高神经肌肉协调性及身体稳定性。

练习步骤

①自然站立、目视前方，双脚与肩同宽，双手持球置于体前。②双臂伸直持球经身体右侧至头顶后向左下抛出，身体充分伸展。身体左侧运动链主动用力下抛实心球。6~10次为一组，完成1~2组。

3. 弹力带练习

弹力带三方位高拉

练习目的

激活背部动力链，提高肩带力量，提高神经肌肉协调性及身体稳定性。

练习步骤

①自然站立、目视前方，双脚与肩同宽，双手握紧弹力带。②充分下蹲后背侧动力链主动用力，伸膝、伸髋后双手分别向正后方、右后方、左后方伸展。膝、髋、肩协同用力，充分拉长弹力带。3个方向各做1次为一小组，2~3小组为一大组，完成1~2大组。

（六）神经激活

神经激活练习能很好地提高运动员神经系统的专注度和参与度，使大脑反应速度加快，从而提高运动中枢之间的相互协调，使躯体有序、准确、协调地完成动作，受神经系统支配，进而提高身体的运动能力和运动效率，为正式训练或比赛做好准备。

在进行神经激活练习时，我们一般都是以运动的基本姿势作为起始动作，进行快速的移动练习和反应练习，争取在短时间内完成尽可能多的动作次数，或者根据口令做出相应的动作反应。需要注意的是，神经激活部分的练习并没有标准化的范式，只要是能使运动员神经兴奋度提高的练习都是有效的，比如常见的灵敏度绳梯练习，只要能让运动员的神经兴奋度提升，也可以在这一部分中应用。

有研究证实，准备活动中神经激活的积极效果主要与后激活增强效应（Post-Activation Potentiation, PAP）有关。

1982年，美国生物学家曼宁等对大鼠跖伸肌和比目鱼肌施加张力，持续1秒的强直刺激后，他发现被刺激肌群的单收缩峰值张力出现了显著增加，这也是科学家首次观察到肌肉的"激活－增强"现象。1998年，布朗等正式提出了"激活后增强效应"（Post-Activation Potentiation, PAP）的概念，并将其定义为"一种由预先短时间次最大强度抗阻练习引起的肌肉发力速度或爆发力急性增加的生理现象"。

PAP的主要机制在于肌球蛋白调控轻链的磷酸化和α运动神经元兴奋增加，其中前者使肌动蛋白－肌球蛋白相互作用对肌浆网Ca^{2+}的释放更加敏感。PAP被证明可以提升力量类（如跳、蹲起、奥林匹克举、投掷）和速度类（如冲刺）运动表现，但这种提升效果受个体力量训练经历（训练水平高者大于低者）、负荷（超等长和高强度大于中强度，多组大于单组）、动作技术（深蹲大于浅蹲）、前续运动与后续运动的时间间隔（3~10min优于小于3min）等因素的影响。

1. 快速脚步

双脚前后快速跳跃

练习目的

激活下肢肌肉、神经系统，提高身体灵活性与协调性。

练习步骤

①屈膝、屈髋，双臂弯曲置于体侧，呈基本运动姿态。②听到口令后双脚快速前后跳跃，躯干始终保持在原始位置，双臂可前后移动维持身体平衡。③15~30秒为1组，完成1~2组。

原地摆臂快速震步

练习目的

激活下肢肌肉、神经系统，提高身体灵活性与协调性。

练习步骤

①屈膝、屈髋，双臂弯曲一前一后置于体侧，呈基本运动姿态；②听到口令后快速交替震步，双臂前后交替摆动，躯干始终保持在原始位置。③15~30秒为1组，完成1~2组。

快速摆臂震步前行

练习目的

激活下肢肌肉、神经系统，提高身体灵活性与协调性。

练习步骤

①屈膝、屈髋，双臂弯曲置于体侧，呈基本运动姿态。②听到口令后双脚快速交替震步，身体逐步前移，双臂前后交替摆动。③15~30秒为1组，或10~15米为1组，完成1~2组。

象限跳

练习目的

激活下肢肌肉、神经系统，提高身体灵活性与协调性。

练习步骤

①运动员站在十字象限其中之一。②听到口令后沿顺时针或逆时针连续跳跃四个象限，躯干始终保持在十字交叉点上方。③15~30秒为1组，或2圈为一组，完成1~2组。

2. 反应动作

原地震步－听口令加速跑

【练习目的】

激活肌肉、神经系统，提高身体灵活性与协调性，提高反应速度和移动速度。

【练习步骤】

①屈膝、屈髋，双臂弯曲一前一后置于体侧，呈基本运动姿态。②听到口令后双脚快速原地交替震步，双臂前后交替摆动，躯干保持中立位。③听到口令后快速向前冲刺跑至规定距离（10~30m），完成2~3组。

原地震步－听口令快速转髋

【练习目的】

激活肌肉、神经系统，提高身体灵活性与协调性，提高反应速度。

【练习步骤】

①屈膝、屈髋，双脚分开比肩稍宽，双臂弯曲置于体侧，呈基本运动姿态。②听到口令后双脚快速原地交替震步，躯干始终保持在原始位置。③听到"向左转"或"向右转"的口令后，快速向左或向右转髋，然后快速返回初始位置，继续震步，直至听到下一次转髋的口令。④一个方向转髋3~6次为1组，完成1~2组。

背对抛接网球训练

【练习目的】

激活肌肉、神经系统，提高身体灵活性与协调性，提高反应速度与手眼配合能力。

【练习步骤】

①屈膝、屈髋，双脚前后分开，注视来球方向。②当看到来球后迅速抓握。注意力要集中，手眼配合，躯干始终保持中立位。③3~6个球为1组，完成1~2组。

接自由落地网球训练

提高反应速度及手眼配合能力。

练习步骤

①运动员屈膝、屈髋面对教练员。②教练员向运动员左侧或右侧随机投掷网球，运动员迅速抓握后还给教练员。③3~6次为1组，完成1~2组。

防守高速来球

练习目的

提高反应速度及手眼配合能力。

练习步骤

①运动员屈膝、屈髋面对来球方向。②教练员向运动员左侧或右侧快速抛出网球，运动员抓握后还回网球。③3~6次为1组，完成1~2组。

抛接六角球训练

提高反应速度、手眼配合能力及移动速度。

练习步骤

①运动员屈膝、屈髋面对来球方向。②教练员向运动员一侧或者随机抛出六角球,运动员迅速抓握后还回教练员。③3~6次为1组,完成1~2组。

面对面抛接训练

练习目的

提高反应速度及手眼配合能力。

练习步骤

①运动员屈膝、屈髋与教练员或队友面对面站立。②教练员向运动员左侧或右侧快速抛出网球,运动员抓握后还回网球。③3~6次为1组,完成1~2组。

原地震步-听口令抢标志盘

练习目的

提高反应速度及手眼配合能力。

练习步骤

①两组运动员屈膝、屈髋面对站立,标志盘置于中间。②运动员听到口令后快速原地震步,再次听到口令后快速抢夺标志盘并放回原处。③3~6次为1组,完成1~2组。

3. 组合动作

高抬腿+原地震步+快速转体

练习目的

激活下肢肌肉、神经系统,提高身体灵活性与协调性。

①运动员站在十字象限其中之一。②教练员发出高抬腿、原地震步、左右侧转髋等口令后运动员快速执行，躯干始终保持在十字交叉点上方。③15~30秒为1组，完成1~2组。

原地震步+单腿稳定支撑

练习目的

激活下肢肌肉、神经系统，提高身体灵活性与协调性。

练习步骤

①运动员在十字象限内做快速震步练习。②教练员发出左侧或者右侧站立的口令后，运动员快速执行，并保持动作的稳定性。③3~6次为1组，完成1~2组。

连续360度转体纵跳

练习目的

激活下肢肌肉、神经系统，提高身体灵活性与协调性。

练习步骤

①运动员站在十字象限中间。②原地起跳并做360°旋转，躯干始终保持在十字交叉点上方。③15~30秒为1组，完成1~2组。

软梯+标志圈+标志桶组合灵敏性练习

练习目的

激活下肢肌肉、神经系统，提高身体灵活性与协调性，提高多方向能力并激活心肺功能。

练习方法

运动员按照既定项目进行练习，注意在快速完成动作的同时始终保持躯干稳定。根据项目设置的多少或距离安排训练量，一般进行1~2组。

（七）专门性练习

在一般性热身的基础上，逐步进行与专项训练内容相结合的热身。这部分练习通常由技术教练主导完成，练习形式有运篮球折返跑、两人传球跑动、足球中的"遛猴"练习等。

1. 结合专项用力模式的力量激活

参照不同专项的用力模式是专门性准备活动的重要特点，如：标枪运动员无枪交叉步跑动练习、利

用毛巾进行掷枪动作模仿、利用弹力带进行转髋拉肩动作模仿等，花样滑冰运动员进行陆地空转练习、单腿落地模仿落冰动作、双人陆地托举及撑转等练习，游泳运动员利用弹力带进行划臂练习，举重运动员进行硬拉、高抓等练习。

2. 结合专项动作速率的速度激活

在符合专项动作结构特点的基础上，选择可以提高神经兴奋性的练习内容，从而提高专项动作速率，如短跑及速度滑冰运动员的起跑练习、助力加速练习等。

3. 集体性项目的战术练习

集体性项目运动员在准备活动中往往会进行针对性的战术演练，如：足球的角球、2vs.1、2vs.2练习；曲棍球项目的短角球练习；花样滑冰项目的陆上合乐练习；等等。

三、准备活动的计划设计示例

（一）力量训练前的准备活动设计

（1）肌肉与软组织激活：股四头肌、髂胫束、内收肌、臀肌、胸肌、背阔肌。

（2）关节灵活性：猫驼式、抗阻翻书练习各10次。

（3）动态拉伸：髋关节鸽式复合拉伸、最伟大拉伸。

（4）肌肉激活：俯卧撑6次；弹力带肩外旋、俯身弹力带W式下拉各1组，10次；迷你弹力带－俯卧分腿＋仰卧分腿1组，10次。

（5）动作整合：抱膝跳2×5次；弓步跳2×3次；开合跳15s；开合跳15s。

（6）神经激活：接抛网球、听口令震步接加速跑。

（二）排球等室内项目准备活动设计

（1）肌肉与软组织激活：足底筋膜、腓肠肌、股四头肌、髂胫束、臀肌、胸肌。

（2）关节稳定性：迷你弹力带侧滑步，侧向往返15步，正向往返10步。

（3）核心激活：熊爬往返10m（正向、侧向）。

（4）动作整合：双膝下落稳定性3次，单膝下落稳定性各3次、深蹲跳3次。

（5）慢跑5min。

（6）动态拉伸：腓肠肌拉伸、股四头肌拉伸、臀中肌拉伸、最伟大拉伸、毛毛虫、弓步转体。

（7）动态热身：正反向垫步肩绕环、正向提膝跳、拔地跑、高踢腿、后踢腿、正向转髋、侧滑步。

（8）神经激活：快速踏步接加速跑、象限跳正反各1圈接加速跑。

（9）速度与灵敏：10m折返跑。

（10）专门性练习：垫球、双人传接球、传接上篮、垫传扣球等。

（三）足球等室外项目准备活动设计

（1）臀肌激活：迷你弹力带侧滑步，侧向往返15步，正向往返10步。

（2）核心激活：平板支撑变式1min，熊跑往返10m。

（3）动作整合：三方位高抓，3个方向各3次。

（4）慢跑5min。

（5）动态拉伸：腓肠肌拉伸、股四头肌拉伸、臀中肌拉伸、内收肌拉伸、最伟大拉伸、蜘蛛侠。

（6）动态热身：提膝跳、侧向提膝跳、拔地跑、高踢腿、后踢腿、侧向转髋跑、后蹬跑、正反向"之"字跑。

（7）神经激活：软梯脚步（正向进进出出、侧向进进出出、倒向进进出出）滑冰步、前交叉步。

（8）速度与灵敏："之"字绕障碍接加速跑、20m折返跑。

（9）专门性练习：遛猴、两人传接球、2vs.2对抗练习等。

（四）游泳项目的准备活动设计

（1）肌肉与软组织激活：股四头肌、髂胫束、内收肌、臀肌、胸肌、背阔肌。

（2）关节灵活性：猫驼式、木杆肩关节拉伸各10次。

（3）动态拉伸：髋关节鸽式复合拉伸、最伟大拉伸、三角肌拉伸。

（4）肌肉激活：俯卧撑6次；弹力带肩外旋、俯身弹力带W式下拉各1组，10次；迷你弹力带－俯卧分腿+仰卧分腿1组，10次。

（5）动作整合：抱膝跳2×5次；弓步跳2×3次；开合跳15s；开合跳15s。

（6）专项准备：弹力划臂练习20次，出发纵跳3次。

小结

毫无疑问，热身准备长期以来一直是体能训练以及专项技术训练（比赛）前不可或缺的重要环节。热身准备不仅有助于充分调动运动员的各项身体机能，预防运动损伤，提升运动表现，还能有效减少紧张和消极等心理因素带来的不良影响，使运动员能够更高效地投入接下来的训练和比赛中。

热身准备是一个综合性的过程，涵盖肌肉与软组织激活、关节灵活性训练、关节稳定性训练、动态拉伸、动态热身、动作整合、神经激活以及专门性练习等多个方面。然而，在实际操作中，由于时间限制，很难在一次训练课中涵盖所有内容。因此，可以将热身准备的内容进行分解，分阶段完成。例如，本周的三堂体能课可以重点针对运动员的肩关节灵活性设计热身准备内容，而下一周则可以重点关注运动员的灵敏协调性。体能教练应灵活运用热身准备的各个部分，并在实践过程中结合专项特点不断创新训练方法，以实现长期目标。这不仅是必要的，而且是值得每一名体能训练师深思的问题。

思考题

1.对训练前热身准备的描述不正确的是哪一项？

A.升高体温　　　　　　　　　　　B.激活神经系统

C.缓解焦虑　　　　　　　　　　　D.提高有氧耐力

2. 有关RAMP框架体系的描述正确的有哪些？

    A. 提升   B. 灵活性

    C. 激活   D. 增强

3. 关于肌肉与软组织激活的描述正确的有哪些？

    A. 消除扳机点   B. 降低肌肉黏滞性

    C. 纠正肌力不平衡   D. 减轻关节压力

4. 自我抑制是肌筋膜放松术的生理学基础，有关描述错误的是哪一项？

    A. 激活张力感受器——高尔基腱器官   B. 激活长度感受器——肌梭

    C. 刺激交感神经系统——提高兴奋性   D. 加速淋巴回流

5. 拉伸的方法包括哪些？

    A. 静态拉伸   B. 动态拉伸

    C. PNF拉伸   D. 牵张反射拉伸

6. 落地稳定性技术如同汽车的刹车一样重要，正确的描述是哪一项？

    A. 落地时脊柱弯曲利于缓冲   B. 练习难度要循序渐进

    C. 从高台阶下落开始练习   D. 落地缓冲前脚掌先落地

7. 臀中肌可以有效提高膝关节的稳定性，下列可以有效练习臀中肌的动作是哪一项？

    A. 深蹲   B. 瑞士球背肌静力

    C. 迷你弹力带侧滑步   D. 硬拉

第18章

体能训练后的疲劳恢复

戴剑松　陈钢锐

学习目标

➤ 在学习一般适应模型基础上，了解疲劳与超量恢复的基本原理，了解疲劳的类型和原因，了解疲劳与恢复的监测方法。

➤ 掌握目前常用的恢复和方法的作用机制、注意事项，掌握赛前减量训练和赛中恢复策略和注意事项。

➤ 能够对从事特定运动项目的运动员开展疲劳监测，并且实施针对性的恢复方法。

知识导图

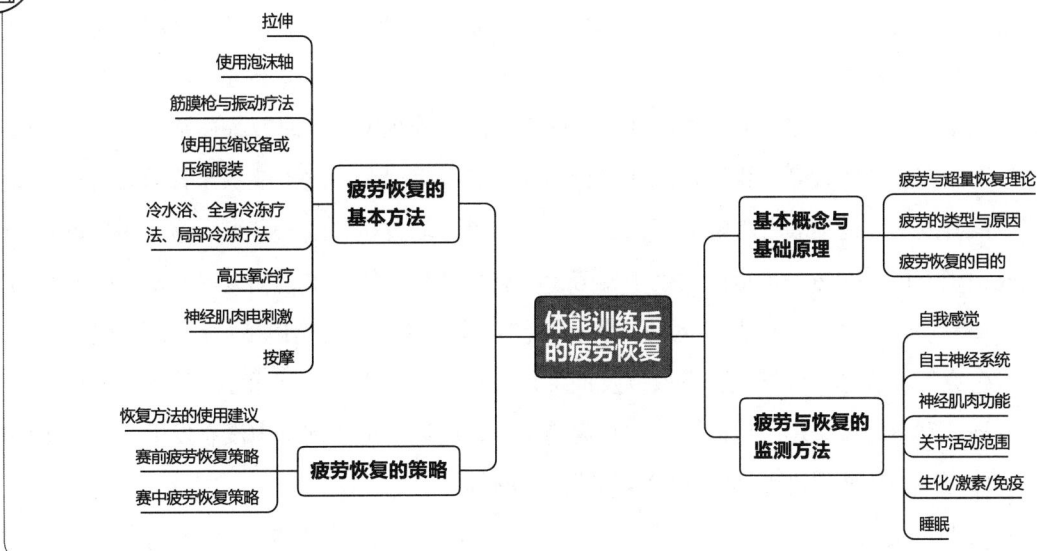

导语

没有疲劳就没有训练，没有恢复就没有提高。一些教练员错误地将运动员在训练中达到疲劳状态视为训练目标，然而，训练的最终目标是提高竞技表现，而非仅仅追求疲劳。因此，在疲劳之后采取合理而积极的恢复措施，是提高竞技表现所必须遵循的路径。

本章将详细阐述疲劳的基本概念与基础原理，介绍如何监控疲劳与恢复，并探讨多种促进疲劳恢复的措施和策略。本章的目标是帮助体能训练师深刻理解疲劳恢复的重要性，教育和引导运动员同等重视训练与疲劳恢复，采取更积极的措施来消除疲劳，从而促进竞技能力的持续提升。

一、基本概念与基础原理

（一）疲劳与超量恢复理论

运动训练是运用多种训练手段、方法，对运动员机体进行定向的、深刻的生物学改造，使机体对运动负荷刺激产生特定的适应，最终使运动员的技术能力能够表现出人体的最大潜力。为了充分挖掘运动员潜力，使得运动员在个人遗传基础上发挥至极限水平，必要和充分的运动负荷刺激是不可缺少的，因为只有足够的运动负荷刺激才能让运动员产生反应乃至适应，这就是刺激－疲劳－恢复－适应理论，又称为一般适应模型（General Adaptation Syndrome，GAS），在这个过程中不可避免就会产生一个现象——疲劳。

早期，把运动性疲劳定义为"运动持续一段时间后，机体不能维持原强度工作"。1982年，在第五届国际运动生物化学会议上，将疲劳定义为："机体生理过程不能持续其机能在特定水平和/或不能维持预定的运动强度"。因此，疲劳可以视作运动表现下降，那么在运动员实际训练中，是否一定要发生运动表现下降才被视作疲劳呢？举例来说，运动员在进行最大重量或者次最大重量抗阻训练时，在进行每一组训练时必须做到力竭，也即疲劳。没有发生力竭的抗阻训练对运动员而言是无效的，所以有理由认为发生疲劳是训练有效的基本特征之一。但换一个训练场景，如果教练为运动员安排8组1000m间歇跑的训练计划，其中对于每组完成时间和组间休息时间都做了明确规定，此时教练通常要求运动员以规定的跑速和休息时间完成训练计划，也即在完成该计划前没有发生疲劳，这也就意味着运动员在高质量完成该训练课后没有发生以运动表现下降为特征的疲劳。如果运动员在完成3~4组后跑速明显下降，无法按照计划完成训练，这说明运动员提前发生了疲劳，没有达到教练的要求，那么这时发生的疲劳则不是教练和运动员所希望发生的，表明要么运动员状态不佳，要么训练计划超出了运动员实际能力。因此，训练中是否发生疲劳不能作为训练是否有效以及训练是否高质量完成的唯一标准。从概念上说，与其采用"疲劳"一词，倒不如说采用"应激"一词更为科学，即便运动员在训练中没有发生疲劳，正确的训练也会引起身体应激，从而促进人体适应和运动能力不断提升。

训练界常说的一句话就是"没有疲劳就没有训练，没有恢复就没有提高"。如果训练不能产生足够疲劳或者应激，那么这样的训练只能维持现有运动能力甚至导致运动能力退化，这就意味着训练只有逐步超过原有水平，才有可能让身体产生足够疲劳或者应激，并且在更高水平上形成新的适应。也就是说，疲劳仅仅是训练的自然产物，恢复乃至超量恢复才是训练促进身体适应的机制所在，这就是经典的超量恢复理论（图18-1）。

所谓超量恢复是指运动持续一段时间后，人体会发生疲劳，但如果负荷合理，休息得当，经过一段时间后，运动能力不仅可以恢复到个人原有水平，甚至会超过身体原有水平。这个超出部分，就是通过运动所获得的提高。

如果训练得当、间隔充裕、恢复充分，运动能力就会不断提升；如果训练不当、间隔太短、恢复时间不足，就可能导致运动能力下降甚至过度训练、受伤等问题；如果休息时间太长，训练频率不够，那么运动能力又会回到原有水平（图18-2）。

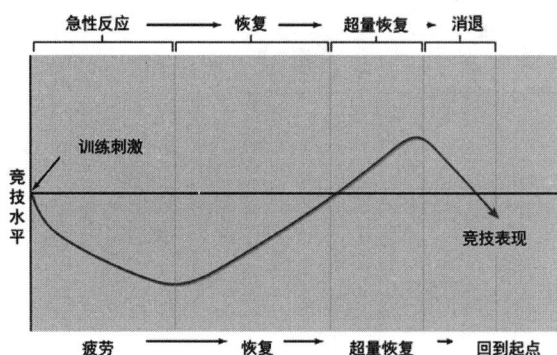

图18-1 经典的超量恢复模型

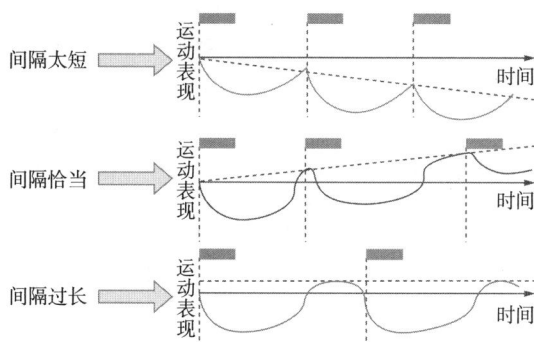

图18-2 不同恢复时长产生不同训练效果

图18-2资料来源：ZATSIORSKY V, KRAEMER W, FRY A, 2021. Science and practice of strength training. Third edition [M]. Champaign: Human Kinetics.

表18-1显示了在不同负荷训练课后完全恢复所需时间。从中可见，一堂中等到大负荷训练课的恢复时间在12~48h。运动员能够按照表18-1所示的时间完全恢复后才开始下一堂训练课吗？显然不可能，运动员不仅需要几乎天天训练，而且往往面临一天两练甚至三练，这也就意味着运动员都是在身体处于疲劳或者恢复不完全的阶段就开始了下一堂训练课。

表18-1 不同负荷训练课后完全恢复所需时间

一堂课的训练负荷	恢复时间（h）	一堂课的训练负荷	恢复时间（h）
极端	≥72	中等	12（含）~24（不含）
很大	48（含）~72（不含）	小	<12
大	24（含）~48（不含）		

实际上多数运动员的训练情况如图18-3所示，也即训练负荷导致身体疲劳，在疲劳没有完全消除的情况下进行下一次训练，疲劳连续积累，运动表现呈现下降趋势（1、2、3），再经过一段较长时间恢复（3~4），这时反而能获得更大的超量恢复。

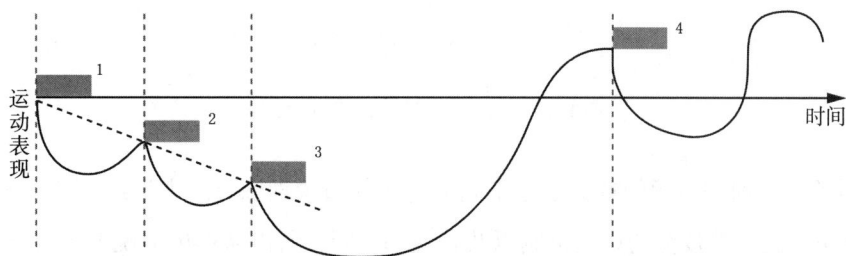

图18-3 连续疲劳后较长时间恢复获得显著超量恢复

资料来源：ZATSIORSKY V, KRAEMER W, FRY A, 2021. Science and practice of strength training. Third edition [M]. Champaign: Human Kinetics.

这种情况就是所谓的功能性过度训练，功能性过度训练并非真正的过度训练，而是指一段时间的负荷连续积累导致虽然此时运动表现下降，但在经过1~2周减量训练后运动表现会显著提升。也就是说，运动员由于每天都需要训练，事实上是不可能按照经典超量恢复理论待疲劳完全消除、身体完全恢复乃至在超量恢复情况下才开始下一次训练，运动员的训练都是在疲劳情况下的功能性过度训练，但教练需要注意的是不可不重视恢复，导致明显的恢复不足，从而产生非功能性过度训练，甚至过度训练（图18-4）。

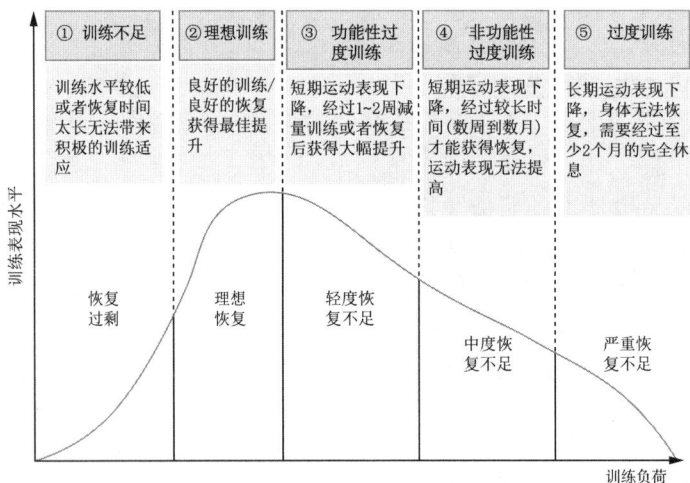

图18-4　5种恢复类型

当然，超量恢复理论受到一定的质疑也跟超量恢复模型有关。假定负荷和时机都没有问题，运动员的机能就可能出现无限制持续增长的趋势。当运动员进入高水平阶段，机能接近生理极限时，教练受超量恢复理论的驱使，仍然试图在训练负荷上有所突破，就会使运动员长期处于满负荷训练的境地，不仅无法提高竞技水平，而且极易造成过度训练和损伤，这种情况从现代训练理论角度而言就是所谓的非功能性过度训练和过度训练。因此，超量恢复理论虽然仍然是运动训练学的基础理论之一，但其应用应当有一定边界并且需要体能教练更全面地加以理解（图18-5）。

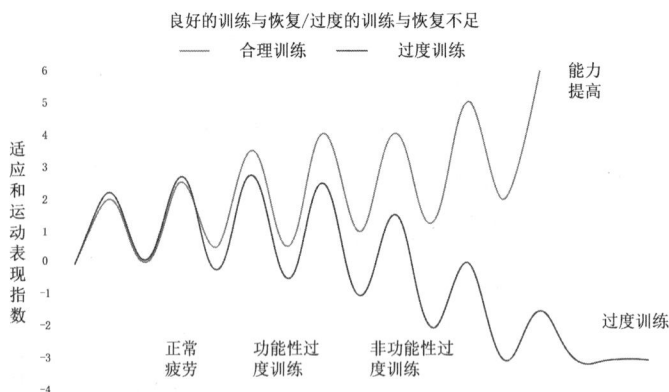

图18-5　训练与恢复的周期安排

另外，不同类型的训练引起的疲劳也是不同的，例如力量训练、耐力训练、技战术训练引起的疲劳都不同，而且不同类型的疲劳的产生机制以及表现都不同，所以从理论上说不同类型疲劳可以积累，但同一种类型的疲劳连续积累就容易导致非功能性过度训练或者过度训练。简单来说，如果训练课上的训练负荷都很大，并且训练内容都是一模一样的，那么这样的训练课连续进行，只需要几次就有可能导致运动员体力严重衰竭。

一般来说，一堂训练课后可穿戴设备显示完全恢复时间在53h以上，此时身体仅仅恢复了20%~59%，建议休息；完全恢复时间介于26~53h，此时身体恢复了60%~75%，可以进行低负荷训练；完全恢复时间介于18~25h，此时身体恢复了76%~89%，可以进行中负荷训练；而完全恢复时间小于18h，表明身体已经恢复了90%~100%，可进行高负荷训练。

根据巴尼斯特1976年所提出的体能-疲劳模型（Fitness-Fatigue Model，FFM），能力提高不一定只发生在超量恢复阶段，只要运动员接受高质量的训练，从训练那一刻开始，运动能力从某种意义上来说就在提高，只不过此时疲劳掩盖了能力的提高，从而表现为实际运动表现下降，此时表现指数等于能力指数减去疲劳指数（图18-6）。所以教练深刻理解刺激-疲劳-恢复-适应理论的深层含义，对合理安排训练、避免过度训练具有重要意义。

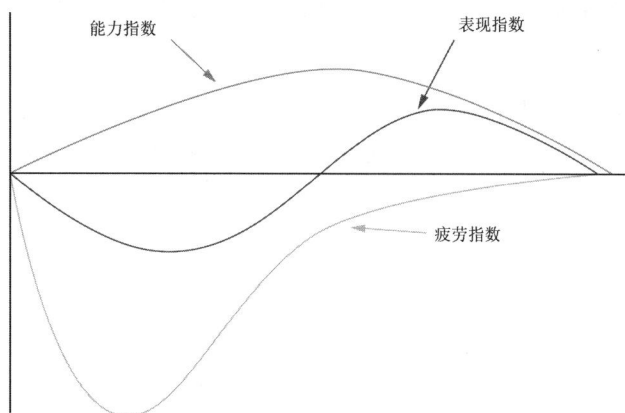

图18-6　体能-疲劳模型

（二）疲劳的类型与原因

运动性疲劳分类方法众多，了解疲劳的类型和原因，对于针对性地使用疲劳消除手段、更好地消除疲劳具有重要意义。目前，常见的有以下几种分类方法。

1. 根据运动性疲劳发生性质分类

（1）躯体性疲劳。躯体性疲劳主要是骨骼肌收缩力量和中枢神经兴奋性下降，机体输出功率降低所致。主要表现为：肌肉酸痛、动作迟缓、疲倦、无力、敏捷性和协调性下降等。

（2）心理性疲劳。心理性疲劳又称为心理耗竭、倦怠，是心理行为改变造成做功能力下降所致。主要表现为：失眠、烦躁不安、反应迟钝、注意力难以集中、失误增多、脑力活动迟钝、反应迟钝、记忆力障碍、理解困难、推理困难等。

由于体能类运动所动用的主要是生理能量，产生的疲劳多为躯体性疲劳，如中长跑、中距离游泳等；如果是智能类、精准类、技能类运动，对精力和心理能量需求较高，产生的疲劳主要是心理性疲劳，如棋类、射击、电子竞技等。一般来说，运动性疲劳发生后，通常既有躯体性疲劳，也有心理性疲劳，只是躯体性疲劳和心理性疲劳所占的比例不同。

2. 根据运动性疲劳发生部位分类

根据运动性疲劳发生部位，其可以分为中枢性疲劳和外周性疲劳。一般认为，运动性疲劳是中枢性疲劳和外周性疲劳相互作用的结果。由于中枢控制着外周，因此中枢性疲劳往往导致运动能力呈拐点式或者瀑布式下降。

（1）中枢性疲劳。中枢性疲劳发生的部位位于大脑至脊髓运动神经元通路中，由于运动神经中枢紊乱，因此运动兴奋性下降、机能下降，中枢神经系统功能明显处于抑制状态。

（2）外周性疲劳。外周性疲劳指运动神经以下部位所产生的疲劳，主要表现为：肌肉疲劳、肌力下降等。发生的部位起始于神经-肌肉接点，止于骨骼肌收缩蛋白。可能与疲劳发生有关的部位有：神经-肌肉接点、肌细胞膜、横管系统、肌浆网、线粒体、横桥等。

3. 根据运动性疲劳发生时间的长短分类

（1）急性疲劳。在一次运动训练后，机体能够在较短时间内从疲劳状态中完全恢复，称为急性疲劳。单次急性疲劳的发生符合超量恢复经典理论，但由于运动员都是连续高密度承受负荷的，所以连续产生急性疲劳就会导致慢性疲劳。

（2）慢性疲劳。长期、较大的运动负荷刺激，使机体不能从疲劳中完全恢复，会引起疲劳连续积累，导致运动员运动机能明显下降，较长时间不能恢复，称为慢性疲劳。在高水平运动员训练中，慢性疲劳必然发生，但经过赛前减量训练可以消除慢性疲劳，此种情况称为功能性过度训练，但需要提防非功能性过度训练和过度训练的发生。

4. 疲劳的原因

（1）能源物质消耗。能源物质消耗是运动性疲劳发生的重要原因之一（表18-2）。例如高强度运动2~3min之后肌肉内的CP值可降至最低点。在长时间持续运动时，肌糖原、肝糖原的储备减少以及血糖浓度的降低也是进行长时间耐力运动发生疲劳的重要原因。但需要注意的是，尽管糖原储备减少是导致长时间运动疲劳的重要原因，但一般运动员很少发生低血糖症，原因可能是大脑能够利用的唯一物质是糖，当体内糖原储备大量消耗，在有可能导致血糖浓度下降前，大脑就已经产生了保护性抑制，从而避免进一步消耗体内糖储备。所以在马拉松比赛中，大众和精英运动员发生的“撞墙”，也即运动能力呈瀑布式下降很有可能并非低血糖症导致，而是中枢抑制、身体脱水、电解质紊乱、肌肉疲劳、心率漂移（后程配速不变但心率持续上升）共同作用的结果。

表18-2 运动强度对供能系统的影响

运动强度	可持续时间	主要供能系统	运动强度	可持续时间	主要供能系统
非常剧烈	0~6s	磷酸原系统	中	2~3min	糖酵解系统和有氧系统
剧烈	6~30s	磷酸原系统和糖酵解系统	低	>3min	有氧系统
高	30s~2min	糖酵解系统			

（2）代谢产物堆积。代谢产物堆积导致疲劳的典型原因是乳酸堆积。在进行亚极限强度运动时，糖酵解过程中会产生大量的乳酸，当体内乳酸产生速率超过清除速率时，乳酸就会在体内大量堆积，进而导致疲劳。因此，大部分的研究者认为，在持续超过20~30s的最大力竭运动中，肌肉和血液pH值降低是限制运动表现的主要因素，也是引起疲劳的重要原因。

（3）水及电解质代谢紊乱。当脱水量达到体重2%，也即轻度脱水量标准时，运动能力可下降10%~

15%；当脱水量达到体重4%，也即中度脱水量标准时，运动能力可下降20%~30%；当失水量达到体重的6%，也即重度脱水时，可出现呼吸频率增加、肌肉抽搐、烦躁不安、体温升高、血压下降、丧失空间定位能力、出现幻觉甚至昏迷。而钙、钾、镁、磷等离子紊乱同样也会引发肌张力改变进而导致疲劳。

（4）自由基产生。在生物体内进行新陈代谢的过程中，必然会产生一些副产品，自由基（主要包括氧自由基、羟自由基、过氧化氢、单线态氧等）就是典型例子。研究表明，运动可使体内自由基增多，自由基过多会导致核酸受损、蛋白质交联或多肽断裂，一些重要的代谢酶失活。自由基攻击生物膜还可致其结构和功能改变、抗氧化防御功能减弱。

（5）细胞功能改变。细胞膜、肌浆网、线粒体结构和功能状态也会使运动性疲劳发生。例如：细胞内外钾离子、钠离子改变从而影响膜电位；而肌浆网钙离子浓度不足，与肌钙蛋白结合的钙离子数量减少，肌肉收缩力量下降。运动可能会导致线粒体肿胀、嵴断裂，进而抑制线粒体的氧化磷酸化过程，使得ATP生成减少，引发运动性疲劳。

（6）神经-内分泌-免疫调节紊乱。运动应激引起疲劳时，神经内分泌调节功能会受到影响，并且主要影响下丘脑-垂体-肾上腺轴和下丘脑-垂体-性腺轴，进而导致免疫功能改变。例如在长时间运动中，皮质醇分泌持续增加，并且抑制免疫系统功能。目前主流观点是，剧烈运动后恢复期内（3~72h）免疫功能会受到抑制（被称为"开窗期"现象），进而导致上呼吸道感染发生率增加。因此，可以将免疫功能低下和运动员容易发生感冒，视作运动性疲劳的典型表现和副作用。

（7）中枢性疲劳机制。中枢性疲劳是脑细胞到脊髓运动神经元这一传导通路出现效率降低或功能障碍导致的，中枢神经细胞内代谢物质的改变是造成中枢性疲劳的重要因素。大量研究发现，运动后发生中枢性疲劳时，在神经细胞中5-羟色胺、γ-氨基丁酸、多巴胺、血氨等物质含量增加。这些神经递质往往与运动员睡眠障碍有关。

（三）疲劳恢复的目的

由于疲劳或者应激本身是运动训练应该发生的正常生理现象，所以发生疲劳是合理运动训练的必然结果。而疲劳恢复的目的是更快地消除疲劳，以利于未来的训练。

如果更快地消除疲劳，那么身体在接下来训练中承受高强度、高负荷的能力就会更强，从而促进更高水平的适应产生。而如果疲劳得不到有效消除，那么运动员很有可能因为疲劳而无法完成教练所布置的训练计划，导致训练水平下降和训练效果变差，并且过度积累疲劳，导致运动损伤发生风险增加。

疲劳多数会伴随相应的主客观症状或者指标的改变，比如表现为明显的延迟性肌肉酸痛、肌酸激酶含量上升等。这些症状有可能影响到运动训练本身，比如导致动作变形、动作幅度变小等，如果能够通过疲劳恢复，可以更快地消除这些症状，也可以改善训练表现。

二、疲劳与恢复的监测方法

疲劳来自训练负荷，因此疲劳与恢复的监测往往与运动负荷的监测相关联。也就是说，对运动负荷进行监测可以在很大程度上反映身体、心理的疲劳程度（表18-3）。

表18-3 可用于监测训练负荷和训练后疲劳的变量

变量	单位/描述方式	变量	单位/描述方式
频率	每天/每周/每月	疾病	发病率/持续时间
时间	s/min/h	损伤	类型/持续时间
强度	绝对强度/相对强度	生物化学和激素分析	基线值/训练后的反应值
类型	模式/环境	运动技术	动作偏差分析
最大努力	最大平均功率/跳跃高度	身体成分	总体重/脂肪量/去脂体重
重复努力	努力次数/用力质量	睡眠	睡眠质量/睡眠时间/睡眠习惯
训练量	时间/强度	心理	压力/焦虑/动机
努力程度感知	RPE	感知觉	充满希望的/中立的/悲观的
疲劳恢复感知	问卷调查/RESRQ/VAS		

注：RESTQ——压力恢复问卷（Recovery Stress Questionnaire）；RPE——主观用力程度（Rating of Perceived Exertion）；VAS——视觉模拟评分法（Visual Analog Scale）。

（一）自我感觉

主观用力程度（RPE）是评估内部负荷最常见的方法之一，这种方法是运动员监测他们在运动期间的生理压力，回顾并提供他们在训练后或比赛后感知到的努力的信息。有证据表明，在稳态式运动和高强度间歇循环训练中，RPE与心率密切相关。此外，一项文献综述分析认为，虽然RPE是评估运动强度的有效手段，但其有效性可能不像原认为的那么高。例如，RPE与心率、血乳酸和最大摄氧量百分比（$VO_2max\%$）的相关性为0.62、0.57和0.64。RPE也经常与其他变量结合，如训练课时间、心率和血乳酸，以提供对运动员所承受内负荷的更多信息。

除了RPE，许多研究目前也更加关注sRPE（session Rating of Perceived Exertion），sRPE是指一堂训练课的主观用力程度，由于加入了时间变量，产生了"自感用力度等级（RPE评分）×运动时长"的计算方式。研究认为，这种积累性的主观疲劳量化方式可以更有效地量化训练负荷和疲劳程度。

（二）自主神经系统

1. 心率

心率监测是评估运动员内负荷最常见的方法之一。运动中心率监测主要基于稳态运动时的心率和耗氧率的线性关系，但在力量训练中心率监测通常作用有限。次最大心率跟身体水合作用、环境等因素有关，其每天变化幅度可能高达6.5%，比如在炎热天气下运动可造成运动员在同等绝对强度下心率显著上升。在同等环境的次最大负荷强度下检查负荷的生理和主观感觉指标，可以提供关于运动员疲劳状态的信息。比如心率和RPE结合起来（HR-RPE比值）进行分析有助于阐明疲劳情况。例如，次最大心率降低且RPE升高的自行车手的内负荷与HR-RPE比值正常的自行车手的内负荷有很大的不同。

2. 心率变异性

心率变异性（Heart Rate Variety，HRV）是基于相邻心跳的间隔时间的细微差异（RR间期）进行相关数据计算和统计学分析所得到的结果。在安静情况下，心率变异性增加意味着心脏对于外界环境的适应性提升，心率变异性包含了神经体液因素对心血管系统调节的信息，从而有助于判断心脏功能状态和机体状态。

对静息或运动后的心率变异性的测量已经被证实能够判断运动员对训练的适应是积极的还是消极的。大量研究发现，心率变异性的增加、减少、不发生变化与疲劳、过度训练密切相关。由于心率变异性具有较大的个体差异，所以单次心率变异性的测量意义并不大，需要建立至少7天滚动平均数，进而与单日测量值进行比较才更有效。也就是说，纵向监测个体心率变异性是理解运动员的训练、竞赛、状态、疲劳的关键指标。

3. 恢复心率

恢复心率（Heart Rate Recovery，HRR）是指在运动停止时活动心率下降到安静状态心率的速度，并被认为是运动员的自主神经功能和训练状态的标志。自主神经系统由交感神经系统和副交感神经系统组成，在运动过程中，心率的增加是交感神经活动增加和副交感神经活动减少的结果。因此，恢复心率本质是副交感神经活动增强，交感神经活动减弱的结果。恢复心率可以通过观察在运动结束30s~2min之内的心率下降幅度获得。一般来说，1min以内，心率下降30次以上代表训练状态良好或者适应良好。恢复心率随着训练状态的改善而提高，当训练状态没有变化时恢复心率保持不变，当训练状态降低时恢复心率会降低。恢复心率的常用判断方法就是监测晨脉。清晨运动员醒来尚未起床时的心率如果明显加快，代表疲劳恢复不佳。

（三）神经肌肉功能

神经肌肉功能的测量，如用跳跃测试（纵跳/蹲跳）、冲刺表现、等速等方法测试疲劳，其因为便于操作或者测试标准化而变得流行起来。跳跃测试采用的常见变量包括平均功率、峰值速度、峰值力、跳跃高度、飞行时间、触地时间和力的发展速率等。跳跃测试的设备包括跳垫、便携式或非便携式力测力平台等。

（四）关节活动范围

运动员在训练后会即刻出现肌肉僵硬或者几天内延迟性肌肉酸痛，导致关节活动范围变小，因此关节活动范围（ROM）测量也被用于疲劳的判断。研究发现，精英足球运动员在比赛后的48h内，膝盖的活动范围减小了。对关键解剖区域关节活动范围评估简单且方便实施，可以更好地了解运动员的身体状态和潜在的损伤风险。

（五）生化/激素/免疫

生化指标一直以来都是训练负荷以及疲劳的重要观测指标。血清、肌酸激酶通常是判断训练负荷特别是肌肉应激水平的较流行测量指标。唾液皮质醇和睾酮已经被证明与过度疲劳有一定的关系。其他激素和免疫功能指标，如唾液免疫球蛋白A、自然杀伤细胞活性和中性粒细胞吞噬活性由于成本和分析所需时间等，一般没有作为常规指标进行评估。生化/激素/免疫往往具有较大个体差异，所以建议对个体进行长期动态监测，而用全队平均值进行个体评估通常认为是不恰当的。

（六）睡眠

与我们通常认为训练疲劳后人体更犯困不同的是，运动员往往因为承受大负荷训练而存在睡眠障碍，这跟疲劳产生了抑制性神经递质有关。睡眠不足或缺失会对运动表现、训练动机、RPE等产生显著影响。监测睡眠的质量和时间对于判断疲劳恢复、预警健康状况下降是有帮助的。从使用简单的日记到应用其他无创的监测方法，例如手环、手表等可以获得更详细的信息。由于对睡眠重要性的认识的深入，睡眠监测和评估正受到精英运动员、教练的欢迎。

三、疲劳恢复的基本方法

最大限度地提高运动员的运动表现是一个训练问题，它取决于训练和恢复之间的最佳平衡，以防止运动员对训练负荷所累积的心理和生理压力产生不适应。比赛和训练可能导致肌肉损伤，随后出现DOMS，以及主观用力程度的增加。而通过合理的恢复，肌肉损伤和炎症反应可以被控制，缓解DOMS，从而减轻运动员的疲劳感。因此，采用适当的恢复技术是非常重要和必要的，它能使运动员在下一次训练中感到精力充沛、不疲劳、健康，并且避免损伤。

接下来将介绍目前常用的恢复干预措施，包括拉伸、压力技术（如按摩、压缩服装）、电刺激、冷冻疗法、冷水浴以及主动恢复等。这些干预措施可以针对中枢或外周机制，但这些方法通常会存在矛盾的研究结果，如何根据不同类型疲劳采取针对性的恢复方法，而不是简单堆砌各种传统或者现代的恢复方法，对于体能教练仍然是一个挑战。

（一）拉伸

运动后进行拉伸是训练后疲劳恢复的基础方法，也是应用最为广泛的恢复手段之一。运动后拉伸的主要手段包括静态拉伸、被动拉伸和本体感觉神经肌肉促进技术。一般认为无论采用何种拉伸方式，都可以在拉伸后即刻降低肌肉张力、促进肌肉放松，但对于拉伸是否可以更快地促进运动能力恢复，以及减轻DOMS，目前尚有争议。2021年对于运动后拉伸是否可以改善力量、关节活动度和减轻延迟性肌肉酸痛的Meta分析研究表明，运动后拉伸与被动恢复相比，对于力量恢复没有影响，此外，与被动恢复比如完全休息相比，运动后拉伸对运动后24h、48h或72h DOMS没有影响。虽然多数研究并不肯定拉伸在促进能力恢复和减轻DOMS方面的作用，但拉伸仍然是疲劳恢复最为重要的基础性措施之一，拉伸仍然具有即时缓解肌肉僵硬、即时改善肌肉延展性的作用，并且带给运动员更好的运动后主观感受。

另外，从疼痛的恶性循环理论来说，疼痛会导致肌肉痉挛，容易引发肌肉缺血和代谢物积累，而代谢物的积累本身又会刺激痛觉感受器，通过运动神经元，导致肌梭敏感性增加和肌肉僵硬。而之前疼痛加上疲劳后肌肉僵硬，往往会诱发运动员疼痛加重，所以针对此类疼痛，采用持续静态拉伸，打破肌肉紧张恶性循环，本身也有助于缓解疼痛，从这个意义上说，拉伸对于缓解疼痛也具有价值。

（二）使用泡沫轴

使用泡沫轴利用体重向软组织施加压力，被认为是一种自我诱导按摩，其机制受到机械、神经、生理和心理方面的影响。泡沫轴滚揉可以改变组织硬度，并且通过调节痛觉感受器和机械感受器来增强镇痛效果和促进肌肉恢复，此外泡沫轴还具有增加血流量、减轻炎症反应、提升血浆内啡肽水平、激活副交感神经等作用。2019年一篇泡沫轴对运动表现和恢复影响的Meta分析表明，使用泡沫轴对力量和速度恢复的影响比滚轮按摩器更大。泡沫轴滚揉似乎也有助于改善柔韧性、减少肌肉疼痛感。考虑到运动员使用泡沫轴后感觉疼痛减轻，且没有副作用，泡沫轴可以作为常规的运动前热身和运动后恢复工具。2022年另外一篇Meta分析表明，泡沫轴对提高跳跃能力、等速肌力和身体敏捷性无显著影响，对于恢复似乎有积极影响。

（三）筋膜枪与振动疗法

筋膜枪疗法（Percussive Therapy）和振动疗法（Vibratory Therapy）作为机械振动方法也被广泛应用于运动后疲劳恢复。特别是筋膜枪等冲击式设备将按压和振动结合到一起，同时提供两种治疗方式。潜在的好处包括改善血流、刺激肌卫星细胞、减少肌肉酸痛和降低白介素−6水平、促进恢复、减少肌肉疼痛，并减少肌肉僵硬。有研究表明，筋膜枪疗法优于泡沫轴，但需要警惕筋膜枪过度使用导致的横纹肌溶解症。

（四）使用压缩设备或压缩服装

近年来，静态和动态压缩设备和服装变得更加流行。间歇性气压治疗（Intermittent Pneumatic Compression，IPC）在运动员治疗中的使用始于2007年，目前关于压力对运动员有益机制的理论包括预防肌肉肿胀、增强静脉和动脉血流以及加快代谢废物的清除。一篇关于压缩设备的系统性综述表明，没有证据表明使用压缩设备是有害的，但也没有证据表明使用压缩设备能降低血乳酸水平、改变静脉血流动力学、调节皮肤或体温、发展力量、改善表现、缩短疲劳恢复进程。压缩设备改善了运动员对肌肉损伤的感知和随后在耐力比赛中的表现，此外，压缩设备降低了运动员过度使用和/或超负荷伤害的风险。上述这些结论与设备的类型和其压缩程度无关。有一项研究提示，压缩设备不会改变感知到的劳累率，对DOMS有很小的影响。合身的压缩设备可提高舒适度和本体感觉，减少训练后的力量损失和肌肉损伤，以及改善降低阻力训练或离心运动后的力量表现。

（五）冷水浴、全身冷冻疗法、局部冷冻疗法

如今有多种冷冻疗法可供选择，包括全身冷冻疗法（Whole Body Cryotherapy，WBC）或局部冷冻疗法（Partial Body Cryotherapy，PBC），以及冷水浴（Cold Water Immersion，CWI）。冷水浴是运动员在恢复后常用的方式，而全身和部分身体冷冻技术涉及更低的温度，需要液氮和其他设备，增加了使用成本。CWI被认为是通过α和c神经纤维影响疼痛途径，限制炎症过程，限制细胞损伤，加速代谢物的清除和改善能量代谢。WBC已被证明可以通过直接增加抗炎白细胞介素和减少促炎细胞因子如IL-6来限制炎症。WBC也有助于限制肌肉损伤，但WBC对于CK的影响，不同研究得出的结论不一致。

关于CWI的一项Meta分析指出，CWI有助于改善24h内的神经肌肉表现，但不能延长到24h以后。虽然运动员主要认为CWI之后疲劳和酸痛减少，但目前的客观证据并不支持，这说明疲劳恢复在很大程度受到心理因素或者安慰剂效应的影响。一般建议，CWI应该包括两次10℃的暴露，每次5min，运动员在两次暴露之间应该在环境温度下坐2min。多项研究显示了CWI的有效性，理想的温度在11~15℃，持续11~15min，可以减少DOMS并促进运动员的恢复。总的来说，目前支持将冷冻疗法作为一种恢复手段，其中CWI的证据最充分，其次是PBC。WBC的结果好坏参半，一些研究表明它会减缓恢复速度，

而另一些研究则表明它可以促进恢复。研究结果不一致，这可归因于受试者的选择、计划的多样性、研究设计和干预措施的不同。关于CWI，目前11~15℃的温度持续11~15min，或者两次5min的暴露似乎可以使耐力运动员的恢复达最大化。当然，也需要警惕冷冻疗法可能存在的风险，包括冻伤、眼睛受伤、窒息和失去知觉等。

（六）高压氧治疗

高压氧的作用机制包括水肿减轻、抗炎作用增强、免疫细胞功能改善、卫星细胞增殖、肌肉纤维再生和肌肉力量改善，加速肌肉从炎症阶段向再生阶段的过渡。有研究表明，运动后进行的相对低压下的高压氧治疗可以促进恢复，这可以通过降低血乳酸水平和加快心率恢复得到证明。尽管高压氧疗法被广泛使用，但其在恢复方面的证据还不足。高压氧主要的安全问题是氧气毒性和气压创伤，在开始高压氧治疗前，应当谨慎地筛查运动员的鼻窦（息肉、炎症）、肺部、耳部（鼓膜损伤）等情况。

（七）神经肌肉电刺激

使用神经肌肉电刺激（Neuromuscular Electrical Stimulation，NMES）的临床适应证包括改善肌肉力量、增加ROM、减少水肿、减少肌肉萎缩、治愈组织和减少疼痛。关于NMES对肌肉疲劳的影响表明在NMES后运动员的输出功率没有改善；也有证据表明，NMES轻微改善了血乳酸水平和对疼痛的感觉，但没有改善运动表现。对于恢复而言，NMES的电刺激强度可能是最重要的变量之一。诱发足够的肌肉收缩以促进血流和减少代谢物堆积，从而促进恢复而不引起肌肉疲劳是至关重要的。目前没有一致的证据表明NMES能促进恢复。

（八）按摩

按摩是一种非常传统的恢复方式。DOMS是由肌肉细微损伤引起的，而按摩可以增加肌肉血流，减少肌肉水肿。有证据表明，在运动后立即或在运动后2h内进行20~30min的按摩可以有效减少运动后24h内的DOMS。最近的一项Meta分析表明，按摩可在运动后72h内减少DOMS。

在精英运动员中，按摩在减少感知疼痛方面产生了显著的改善效果。这样的改善可能会影响主观用力程度，而根据Meta分析，按摩是减少主观用力程度的最有效技术之一。由于涉及肌肉损伤和炎症，肌酸激酶、白介素-6和C-反应蛋白在有关DOMS和疲劳的研究中经常被评估。在一项Meta分析中观察到按摩是降低运动后血液中循环CK和白介素-6浓度的最有效的恢复技术。

按摩在运动后也可以调节免疫化合物，这些化合物可能对疲劳和运动引起的肌肉损伤有直接影响。在一项研究中，受试者在运动后休息一段时间，结合一条腿的按摩和另一条腿的被动恢复，对大腿外侧肌肉进行了一系列的活检，结果显示，按摩可以减弱运动引起的肌肉损伤后的炎症信号和白介素-6表达。

四、疲劳恢复的策略

（一）恢复方法的使用建议

前文所讲述的恢复方法无论是传统方法拉伸，还是需要科技设备支持的恢复方法如冷冻冷疗，其循证结果都有不一致的地方。比如有的研究认为可以促进恢复，有的则认为无用，这与研究本身的局限性有关。对运动员而言，好的恢复方法主要还是补充营养和改善睡眠。目前主流观点是运动后尽早补糖补水补盐对于促进恢复是必须的，因此运动员训练后立即补充易于吸收的运动饮料或恢复冲剂应当成为标准流程，但恢复不能仅仅依靠运动后即刻补充，一日三餐也极为重要。一项研究发现，人在剧烈运动时血液中会产生一种名为Lac-Phe的小分子，这种小分子能够显著抑制食欲，这就解释了为什么运动员在训练后往往会出现食欲不佳。因此如何安排训练与进餐时间，以及如何让运动员合理摄入营养素以促进合成代谢、促进恢复仍然是重要挑战。

一项针对在役中国高水平运动员的睡眠研究发现，运动员平均睡眠时间仅为6.7h，有近14.2%的运动员存在中度至严重的睡眠障碍，近59%的运动员反映曾在旅途中有过睡眠障碍，43.4%的运动员在外出比赛时出现过日间运动表现降低、竞技状态下降的现象。促进睡眠作为最为重要的恢复措施之一应当得到足够重视，睡前长时间使用手机似乎也正在成为运动员常态，而这不利于睡眠。促进睡眠的重要措施包括：保持规律的就寝与起床作息；睡前避免摄入咖啡因、酒精以及尼古丁；避免在睡前看电视，使用计算机或者手机，或者从事剧烈脑力活动；保持适于睡眠的室内温度（18℃以下）；保持房间处于黑暗无光的状态；适当控制午睡时间以及避免傍晚睡觉。

在补充膳食营养与保证良好的睡眠的同时，建议运动员根据训练条件，在训练后采用多种恢复方法以促进疲劳消除。其中拉伸、泡沫轴、筋膜枪、压缩设备、冷水浴较为常用，而局部/全身冷冻疗法、漂浮舱等方法由于使用成本较高，应用范围不广。

运动员训练后，疲劳往往跟一个或者多个疲劳机制有关，包含中枢性疲劳、外周性疲劳、躯体性疲劳和心理疲劳等。因此，有针对性地采用不同的疲劳恢复方法有助于更有效地消除疲劳，比如：衰竭学说认为疲劳的产生是能源物质耗竭造成的，因此补充营养物质会促进疲劳的恢复；堵塞学说认为疲劳是代谢物质在肌肉中堆积造成的，所以按摩、泡沫轴、筋膜枪、压缩设备等促进血液循环、加速代谢产物清除的方法可能有用；采用冷水浴、全身冷冻疗法、局部冷冻疗法等方法有助于控制炎症。从理论上说，联合运用多种恢复方法似乎能够发挥不同恢复方法的作用机制，起到协同促进恢复的作用。但多种恢复方法联合使用是否优于单一方法，尚有待进一步研究。

（二）赛前疲劳恢复策略

减量训练（Taper Training），也即通过赛前降低训练量或者降低训练强度，消除疲劳，以达到最佳竞技状态。赛前减量主要有3种方式：阶梯式减量、线性减量、指数型减量。

阶梯式减量是指赛前某一天（比如赛前一周）训练负荷一次性减少50%，之后若干天一直维持该负荷直至比赛日。阶梯式减量已被证明是效果最差的减量方法，因为如此大的突然减量可能会导致之前积累的运动能力衰退。

线性减量是指随着临近比赛日逐步降低训练量。对之前训练量较高的运动员而言，这种方法是可取的。

指数型减量训练，即以一种曲线的方式安排减量的过程，它包括先慢后快和先快后慢两种方式。先快后慢的方式将在更短的时间内（例如几天）减少训练量，适合较短周期的减量训练，比如赛前一周采用这种减量方式；而先慢后快的减量方式适合2周左右的减量训练。但先慢后快、先快后慢差别不是很大。

无论是何种减量方式，其基本逻辑都基于运动能力－运动表现－疲劳模型（图18-7）。通过减量训练，训练负荷大幅度下降，此时运动员的运动能力因为缺乏训练随之下降，但训练负荷下降后，首先影响的并非运动能力，而是训练后疲劳程度。而如果疲劳减轻的速度超过运动能力下降的速度，此时运动员就表现出最佳竞技状态。所以，运动表现受到运动能力、疲劳和训练负荷共同影响。当训练负荷增加、疲劳程度加重时，运动表现是暂时性下降的，但运动能力却是渐进性上升的。而当赛前减量训练时，运动员的运动能力会因为缺乏刺激而开始下降，但此时运动员的

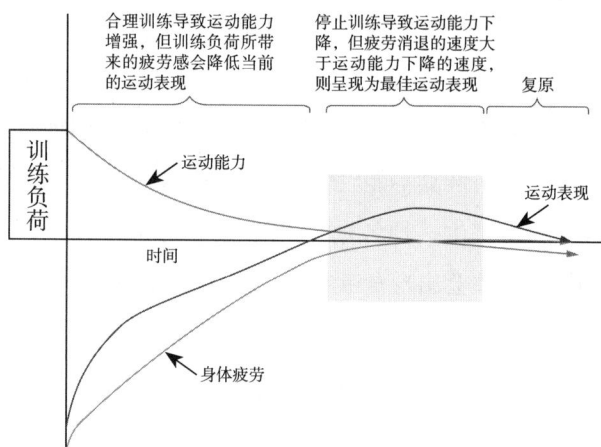

图 18-7　运动能力－运动表现－疲劳模型

资料来源：ZATSIORSKY V, KRAEMER W, FRY A，2021. Science and practice of strength training. Third edition [M]. Champaign: Human Kinetics.

疲劳程度也明显降低，只要疲劳消退的速度超过运动能力下降的速度，运动员的运动表现就会通过超量恢复得以提升。而不合理或者过度的减量训练，往往导致运动员在比赛中无力，反而无法发挥出最佳竞技状态，其原因就是减量训练导致运动能力下降，并且已经超过超量恢复阶段所带来的运动能力的提升。因此，教练在减量训练时，往往会减训练总量、减训练时长但不减训练强度，甚至还会增加训练强度，也即减量训练要避免训练总量和训练强度同时减，造成过度减量。这是一个成功的减量训练的关键所在。

（三）赛中疲劳恢复策略

运动员在比赛期往往需要参加多个场次的比赛，因此始终保持良好的竞技状态，避免前面场次表现好、后面场次疲劳而导致运动表现下降是运动员最终取得良好成绩的关键所在。因为比赛的强度一般要大于训练，所以运动员在比赛后身体往往会出现更明显的疲劳。对需要参加多场比赛的运动员来说，在赛中采取合理恢复措施、有效消除疲劳尤为重要。

比赛期间的疲劳恢复与训练期间的疲劳恢复的显著不同在于，比赛期间要消除疲劳，但不能追求肌肉过度松弛而导致力量、速度等表现下降，例如水疗就有可能导致运动员在第二天发生肌肉张力下降，迟迟难以进入最佳竞技状态。因此，赛中要尽可能选择那些能够消除疲劳、降低炎症反应，但不影响肌肉紧张度的疲劳恢复措施，同时要选择运动员之前做过的、熟悉的恢复方式，贸然采用从未使用过的恢复方式可能会带来新的刺激，适得其反。比如从未进行过游泳放松的运动员，就不适合在比赛期间采用游泳方式放松，而在比赛期间也不适合堆砌多种恢复方式，否则有可能导致肌肉过度松弛。也就是说，赛中应当集中采用1~3种恢复方式，而非恢复方式越多越好。此外，对于比赛周期较长，比如比赛周期长达2周的运动项目，要注意在比赛进行到一半时采用积极性恢复比如慢跑等方式，这样的方式不仅可以有效消除疲劳，还有助于运动员耐力素质的保持，以帮助运动员能够应对较长时间的比赛。

小结

运动训练的本质目的是提高运动员的运动表现，以期在比赛中获得最佳竞技表现，训练和恢复的最

佳配合有助于达到这一目的。只强调训练而不重视恢复，有可能让运动员过度训练或者发生运动损伤，所以恢复不是可有可无的，而是训练的组成和延伸。因此，训练和比赛环境中的疲劳监测与疲劳恢复策略应用是相当必要的。

在监测疲劳过程中，体能教练应当与运动员、教练组密切合作，采用主观感受记录与客观监测相结合方法，实施长期动态监测。有效的疲劳管理必须建立在科学监测和数据记录的基础之上。在恢复方法应用方面，运动员首先应当重视营养和睡眠，热衷于先进恢复方法的堆砌而忽视营养以及睡眠是本末倒置；面对越来越多的恢复方式，体能教练应当根据运动项目特点和疲劳特征，选择针对性的恢复方式。当然这些恢复方式是否能够有效促进疲劳消除，有待进一步科学研究，现有研究证据显示各种恢复方法的确切效果尚不完全明确。未来的恢复研究应该建立整体模型，以建立基于疲劳诊断和恢复干预的实际操作规范流程。

思考题

1. 下列关于疲劳与恢复描述正确的是哪一项？

　A. 只有待一次训练课疲劳完全消除才能开始下一次训练，否则会引发过度训练

　B. 一次大负荷训练课完全恢复时间往往超过48h

　C. 两次相同内容、相同强度的大负荷训练可以连续两天进行

　D. 人体本身具有自然恢复能力，所以训练后不需要特别进行恢复

2. 下列不是训练结束身体发生的效应的是哪一项？

　A. 疲劳　　　　　　　　　　　　　B. 运动表现下降

　C. 运动能力提高　　　　　　　　　D. 肌肉力量下降

3. 下列一般不用于运动后疲劳恢复的拉伸方法是哪一项？

　A. 主动静态拉伸　　　　　　　　　B. 被动静态拉伸

　C. PNF拉伸　　　　　　　　　　　D. 弹振式拉伸

4. 下列不能促进睡眠的方法是哪一项？

　A. 将房间光线调暗　　　　　　　　B. 将房间温度调低

　C. 睡前使用手机　　　　　　　　　D. 避免睡前大量进食

5. 关于赛前减量训练表述错误的是哪一项？

　A. 只有大幅度迅速降低训练量和训练强度，才能达到最佳竞技状态

　B. 赛前减量训练可以分为阶梯式减量、线性减量和指数型减量等方式

　C. 赛前减量训练的目的是更快消除疲劳，达到最佳竞技状态

　D. 过度减量训练可能导致运动员能力下降进而影响运动表现

第19章
体能训练的质量监控

高炳宏

学习目标

➤ 学习并掌握体能训练的质量监控的基本概念和基本原则。

➤ 了解并掌握进行体能训练质量监控的基本环节、基本手段与方法。

➤ 了解应用于体能训练质量监控的指标的指征意义及代表的生理学基础。

知识导图

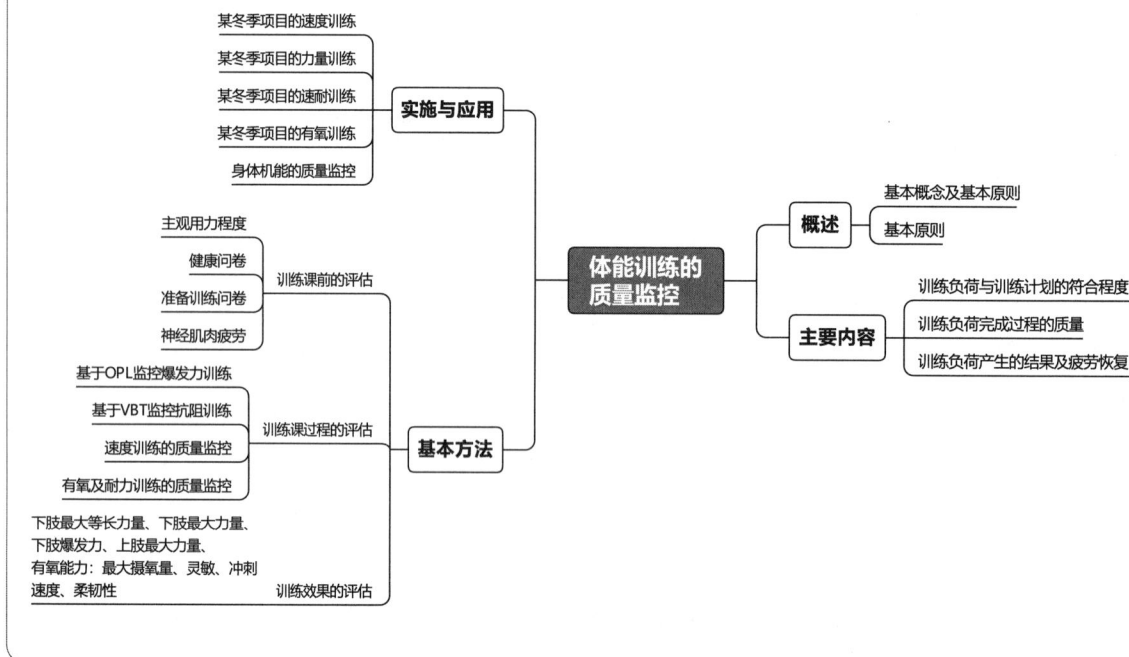

导语

体能训练是提升运动员竞技能力的重要环节，其质量监控对于确保训练效果至关重要。本章旨在探讨体能训练质量监控的基本概念、基本原则、主要内容以及基本方法，为体能训练师、运动员、教练员及相关从业者提供科学、系统的训练监控策略和借鉴。只有认识并理解体能训练质量监控的重要性，我们才能准确地评估训练效果，有效预防运动损伤，并最终确保运动员在比赛中达到最佳状态。体能训练的质量监控是主观、客观多种监控手段的综合应用，目的是掌握运动员在体能训练前、训练过程中和训练后的生理、心理状态及训练反应，从而能够制订并及时调整更为个性化的训练计划。科学的体能训练质量监控能够帮助体能训练师在追求竞技卓越的同时，确保运动员的身心健康。

一、体能训练质量监控概述

（一）体能训练质量监控的基本概念及基本原则

1. 体能训练质量监控的基本概念

运动训练是以提高运动能力为目的，将客观、外部的训练工作量施加到处于某种状态的运动员机体上之后产生生理、心理结果，并最终影响到运动能力和比赛表现的过程。对训练过程的监控伴随竞技体育训练而产生。训练监控（Athlete Monitoring）的多种手段和方法在现代的竞技体育训练中被广为应用，是训练实践中不可缺少的一个环节。现如今，训练监控在实践中已经成为一个多学科的综合体系工程（图19-1），通过训练监控量化和把握训练负荷、运动员心理/生理恢复情况和状态，是训练效果的评估、训练目标的制订与调整、预防非功能性训练过量甚至过度训练、预防运动损伤等所需证据的直接来源。

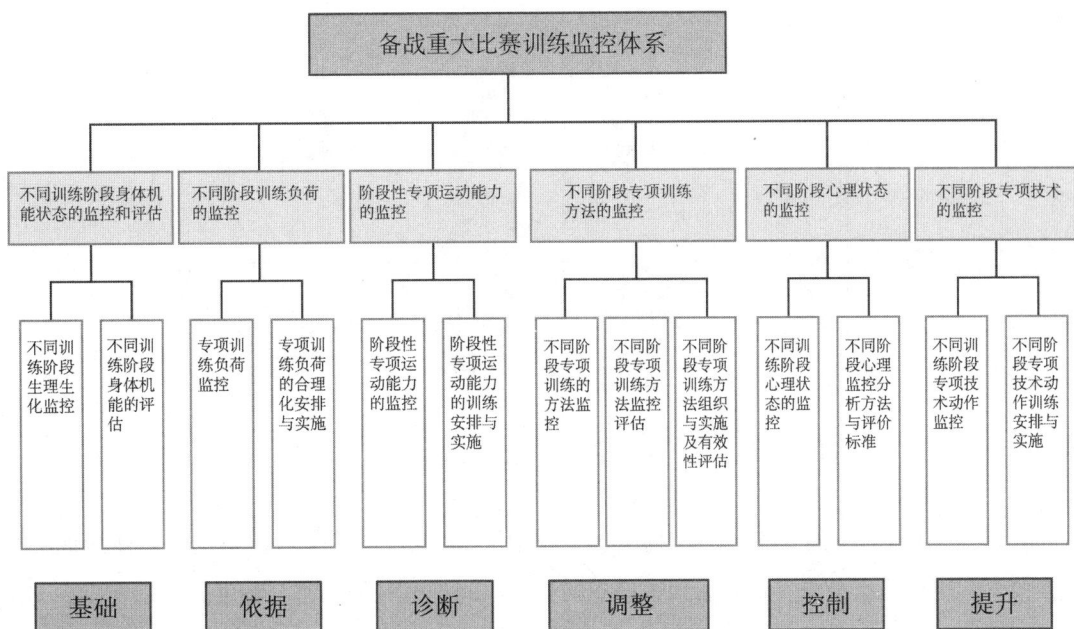

图19-1 备战重大比赛训练的监控体系

运动能力在运动员身上表现为竞技能力，在运动训练学中竞技能力由体能、技术能力、战术能力、运动智能和心理能力等关键要素构成，因此运动训练的内容也一般可以按照与专项运动表现的关系分成体能训练（一般体能训练和专项体能训练）、专项训练（专项技术和专项战术训练、模拟比赛等）和心理训练等类别。体能训练（Strength and Conditioning Training）是以提高运动员的一般及专项运动能力相关的体适能（Physical Fitness）水平，让运动员的生理表现（Physical Performance）和生理条件（Physical Condition）能够满足训练、比赛、竞技获胜和预防损伤等多方面需求为目的的训练过程。

与其他任何训练（专项技术训练、专项战术训练、模拟比赛等）类似，体能训练产生效果的直接原因就是训练负荷。训练负荷分为内部负荷和外部负荷（Internal and External Training Load）两种类型。外部负荷指的是体能训练过程所施加给运动员的客观外在工作量，在体能训练范畴内，就是训练课堂上完成的物理运动的总和。而内部负荷则是由外部负荷产生的相对性的训练压力（Relative Training Stress），包含生理和心理两大类型。训练负荷和恢复必须有效统一，才能让期望的训练适应产生并最大化，否则可能会让运动员训练不足，或训练过量（Overreaching）甚至过度训练（Overtraining），阻碍运动员能力的提高甚至造成运动损伤（图19-2）。从当前流行的手段和方法来看，就体能训练的监控而言，体育科学研究者和广大从业者比较关注的是对体能训练负荷的定性或量化，以及之后产生的结果（例如训练的生理/心理反应、训练效果和疲劳程度等）。但是，仅对训练的完成过程和产生的结果加以记录，而没有将如何完成训练，并将体能训练之后的反应与效果纳入所有训练的有机整体中去，是不够全面的。体能训练最终必须服务于专项训练和专项运动能力的提升这一根本目的，并将体能训练的监控上升到整体的角度去衡量过程和结果，由此提出"质量监控"的概念。

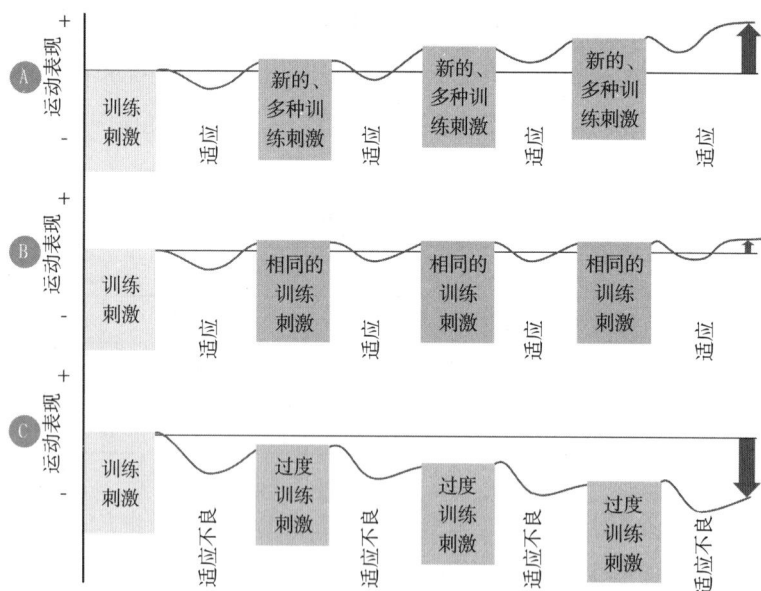

图19-2 不佳的训练负荷以及不良的恢复将造成过度训练

"质量"一词在辞海中的释义为"事物的优劣程度"。从词根的释义可以得出，对体能训练质量的评价应该包含：①训练负荷是否达到了预先设想的程度，与训练计划的符合程度（计划定多少与练了多少的关系）；②训练负荷的完成过程，即是否以合格的技术动作，按照规定训练细节要求完成训练负荷（是否以"符合要求"的方式训练）；③训练负荷产生了何种效果以及是否产生了应有的效果（是否达到了预期的疲劳效果，体能训练疲劳在预期时间内是否恢复，等等）。

体能训练质量监控就是：综合运用多学科的手段和方法，以定量或定性的方式对各种体能训练的过程（训练负荷量化、训练计划的完成度、训练过程评价）、训练效果（一般和专项体能指标量化、训练反应以及训练疲劳的恢复情况）进行把握。它既包括原有的训练监控的内容，同时又强调了对训练过程的判断以及训练计划与训练实际情况的对比。

2. 体能训练质量监控的基本原则

做好体能训练质量监控，是合理安排、调整训练计划，根据竞赛和获胜的需求，经济、高效发展和保持运动员的特定体能水平，节约训练资源，避免不良影响，实现一般体能向专项体能更好转化的必要条件，也是运动员在比赛中达到"训练水平"或"超水平"发挥的充分保障。本书提出，体能训练质量监控应遵循系统性、针对性、综合性的原则。

所谓系统性，指的是体能教练必须按照训练的分期、运动训练的一般和专项特征，依据训练疲劳和训练适应发生、累积、消退的客观规律，以及运动员和运动队的个体化情况和需求，并与教练和训练团队科研人员保持充分、及时的沟通，持续性、规律性地对各种体能训练过程进行质量监控，记录训练过程，评价训练完成质量情况，合理安排阶段性测试时间点。体能教练应该科学规划测试频率，既要避免人力、物力的不必要浪费以及对运动员训练计划的非必要性干扰，又要保证测试的时效性、连续性。体能训练的重要性无须赘言，而现代竞技体育的发展越来越讲求经济、效率和系统。首先，体能教练必须系统性地进行测试评估，及时掌握运动员体能素质的状态并向教练组和相关科研辅助人员反馈，才能更快地对阻碍运动能力发展的原因进行确定，及时调整体能甚至全部训练计划的内容和细节，调整恢复手段和营养补充计划等，避免浪费运动员宝贵的训练时间，提高整体训练的效率。其次，体能训练大概率要与专项训练同时进行，运动训练计划越来越强调整合式、长期化。体能训练涉及的人体运动能力发展内容非常多，训练适应产生、保持和消退的时间都有所不同，队伍采用的训练分期模式、全年比赛的频率等客观情况千差万别，因此体能教练必须能够科学判定测试的频率和时间节点，及时掌握运动员的体能状态。例如笼统来说，对最大力量测试，可以将其整合进原本计划的高强度抗阻训练课，同时在一般准备期可能需要比较频繁的测试，以更好判断运动员身体准备的情况，到专项准备期可能需要降低测试的频率，以掌握运动员前一阶段训练适应的保持情况为主要目的，而在比赛期可能需要根据专项特点取消测试或增加测试的频率。最后，系统性原则要求体能教练必须持续对体能训练课的关键信息（尤其是或者至少是训练内容、训练强度、训练量）进行必要的记录，只有这样才能更好地掌握每堂训练课和阶段性训练计划的训练负荷、完成情况等。这样一来有助于避免训练负荷不当施加，造成训练不充分（甚至出现停训现象）或训练过量，二来有助于根据阶段性的监控结果，对体能训练的重点、方法等训练变量进行及时调整，也能够为教练组和团队其他辅助人员提供更有价值的信息。

所谓针对性，是指体能训练质量监控的全部工作内容，尤其是涉及的测试等，必须针对运动员的个体化特征（性别、年龄段、训练经历、伤病情况等）、运动专项特点、训练分期的阶段、测试针对的能力等，科学合理选择测试和测量方法，以真实反映想要检测的能力水平，准确测量训练负荷。

针对性原则要求体能教练在选择测试和测量方法的时候，首要必须考虑到可靠性（Reliability）和重复测量可靠性（Retest Reliability）、有效性（Validity）和敏感性（Sensitivity）3个方面。可靠性和重复测量可靠性可以简单理解为在同一时间测试同一个运动员的某个指标，多次测试的结果必须保持基本一致，成绩不会忽高忽低。有效性指测试和测试结果能够准确反映所需要测试的内容，比如血液学在反应神经疲劳上可能就不够有效，sRPE是一种普遍适用的测量内部负荷的方法，但其本身有很多种测试方式，在自感用力度分级（是6~20分制还是0~10分制）、适用训练类型（例如比较适合抗阻训练使用的方法）等对不同类型训练的效度可能存在差异。敏感性是指测试结果对运动表现和能力水平的变化非常敏感。

现如今各种测试方法、测试器材数量众多，不同测试所需要的时间、费用不同，限制条件也有所不同，体能教练必须能够客观、准确地针对具体的现实情况制订测试计划并按照规范，充分考虑客观因素的限制条件（例如测试场地条件、气候条件、仪器一致性等）组织实施，保证多次测试数据之间的可比较性，确保测试和测量具有可操作性。力量和爆发力的测试要考虑运动员急性和累积疲劳、饮食、场地温度等的影响，并要进行一致的热身；双能X射线吸收法可能是测量人体肌肉量和骨骼密度的金标准，但是仪器设备不易获得，而且测试时间较长，生物电阻抗分析法简单快捷但准确性欠佳，可能较适用于个体运动员的长期参考；对无氧供能能力的测试，田径投掷类选手和短距离自行车选手所采用的仪器和计划肯定要有所差异。

所谓综合性，指的是在体能训练质量监控的过程中，在对体能训练的训练负荷进行量化时，必须能够合理运用运动生物力学、运动生理学、运动心理学等多学科基础理论、实验技术和测量方法，多方面地、准确客观地监控与评价运动员身体机能、心理和技术状态，准确分析和评定运动员能力现状、控制训练负荷、诊断运动疲劳、防止过度疲劳和运动损伤发生。体能训练的急性和慢性反应会产生生理学和生物化学等方面的变化。

（二）体能训练质量监控的主要内容

1. 训练负荷与训练计划的符合程度

体能训练质量监控首先要考虑训练负荷与训练计划的符合程度。进行体能训练质量监控的首要问题是对训练负荷是否达到了预先设定进行判断，即回答"计划定多少与练了多少"的关系。此过程包含了对体能训练内部负荷和外部负荷的量化、训练实际产生的内外部负荷与训练计划设定的内外部负荷的比较这两方面的工作。

训练负荷是产生训练适应的重要因素。与专项训练等一样，体能训练负荷同样由内部负荷和外部负荷构成，对其的量化重点在于对训练强度和训练量的精准判断和测量。体能训练包含对耐力（有氧和无氧耐力）、力量和功率（最大力量和相对最大力量、力量耐力、最大功率和相对最大功率、功率耐力）、速度（动作速率和移动速度）、敏捷、活动度、稳定和平衡等重要生理表现的训练和发展，涉及神经肌肉系统、供能系统（有氧系统、无氧糖酵解系统和磷酸原系统）等多个人体系统，从类型上包含抗阻训练（例如传统抗阻训练、力量举、等长训练等）、无氧供能和有氧供能训练、高强度间歇训练、CrossFit、敏捷训练、功能性训练、稳定性训练和动态活动度训练等多种形式。外部负荷可以简单地由训练强度和训练量得到结果（通常以相乘方式进行计算），但因为体能训练形式与种类的多样性、影响训练强度和训练量的因素的复杂性（例如训练间歇、负重移动的速度等对抗阻训练强度会造成影响）以及产生的人体生理/心理训练压力的差异性等特点，所以对体能训练负荷的外部量化是一个非常困难的工作，同时这也是非常热门的研究领域。一般来说，会对体能训练的外部负荷造成影响的训练变量包括：训练总周数、频次、强度、组数、每次训练时长、组间间歇时长、动作速率等。体能教练首先要具备足够的知识来判断，影响不同类型的体能训练强度和训练量的因素，而不是简单地关注负荷重量、%RM、速度、训练总时长、跑动总距离等，这样才能准确地对运动员的外部负荷进行量化。常见的用来判定体能训练抗阻负荷的手段和指标有总共具体的重量、按照相对强度（例如%RM）计算的总重量、跑动总距离、分段跑动距离和相对跑动速度（例如%MAS）等。

内部负荷对训练负荷的判断而言非常重要。一般来说，体能教练都会对运动员的生理表现水平进行阶段性测试（例如测试1RM、最大冲刺速度、最大有氧功率、有氧跑动速率和无氧功率能力等），得到后续训练的强度等的基线，除非在极特殊的项目和训练分期中，体能训练几乎都要伴随一定程度、形式和要求的专项训练和其他训练，运动员每天的身体机能状态受到之前训练和生活环境压力的影响。根据一次测试判定的强度对同一运动员的不同状态所产生的训练压力可能不同。例如，在一个为期6周的训练周期中，一般在第一周的干净日（指经过充分休息）对运动员进行1RM测试，并以此安排后续抗阻训练强度，这是体能训练实践的惯例。但如前所述，之前的训练和生活压力会影响到运动员的疲劳状态、情绪甚至健康状况，于是每次训练课上运动员实际的"即刻1RM"是不同的。因此如果仅根据第一周的第一次测试结果来判断运动员的个体化强度得出训练负荷（即仅量化外部负荷），那么肯定存在一定偏差，极端情况下甚至误判运动员是仍处于疲劳状态还是已经充分休息。因此，需要内部负荷来反映客观外部训练负荷对人体内环境和心理产生的相对性压力，以辅助教练获得准确的训练负荷，通常可以通过心率、血乳酸、摄氧量、RPE等方法，也可以采用重复次数储备（RIR）等进行辅助判断和测量。常用的测试训练负荷的方法见表19-1。在获取训练负荷（包含内部负荷和外部负荷）的过程中，体能训练的实施者需要与训练团队中的其他教练和科研人员密切配合，应用合适的方法进行测量，以把握运动员在体能训练课前的生理、心理状态，能对体能训练课前状态距离运动员的基线值进行判断，从而得出更加准确和科学的训练负荷量化结果。

表19-1 常用的测试训练负荷的方法

运动负荷种类	测试	可获得的指标或指征
内部负荷	RPE（及sRPE）	自感用力度值、训练冲量（TRIMP）、单调性、训练应力（Training Strain）、负荷比
	训练冲量	训练冲量/单调性/训练应力/负荷比
	心率指标	心率、心率区间及心率区间时间、心率变异性、恢复时间等
	摄氧量	摄氧量值、代谢当量
	血乳酸	血乳酸浓度
	生物化学/血液学指标	CK、睾酮、皮质醇等的浓度
	总体康健状态问卷（Wellness Questionnaires）	肌肉反应程度、总体精力状态等
	心理学问卷（Rest-Q-Sport、POMS）	训练冲量/单调性/训练应力/负荷比
	重复次数储备（RIR）	主观判断的某强度下，计划外还能完成的重复次数
外部负荷	训练时长	时间长度
	训练频率	一定阶段中的训练次数等
	距离	跑动总距离等
	训练重复次数	每次训练的动作总次数以及不同强度下重复次数等

续表

运动负荷种类	测试	可获得的指标或指征
外部负荷	训练强度	1RM、相对速度等
	功率输出	绝对值与相对值、峰值与平均值、疲劳指数等
	速率	动作速度、跑动速度、不同速度下运动时间等
	加速度	加速度值

资料来源：BOURDON, P C, et al. Monitoring Athlete Training Loads: Consensus Statement [J]. International Journal of Sports Physiology and Performance, 2017, 12(s2): S2161-S2170.

当代训练实践早就发展成为一个系统工程，体能训练是运动员综合发展训练计划的一个有机部分，计划的制订与实施本身需要按照分期、板块训练理论等进行一定的长期规划，并服从整体训练计划与目标。因此，在体能训练的质量监控中，本书特别提出，要根据每次训练课中获得的内外部负荷的实际值与原本计划的强度、量等进行对应，记录偏离、差异的程度，以便能够快速调整训练变量，确保理想训练适应的产生。

2. 训练负荷完成过程的质量

体能训练的质量监控同时要考虑完成训练负荷过程的质量，即是否以合格的技术动作，按照规定训练细节（例如规定的训练间歇）完成训练负荷（是否以符合要求的方式训练）。当代体能训练中非常重要的一点就是对动作质量的学习和掌握，以及对训练细节的强调。

运动员必须采用正确的技术动作完成相应的训练才能有效刺激目标肌群同时避免意外损伤，例如：自由重量训练中都会强调核心区域尤其是下背部的中立位，在变向等敏捷能力训练中则会强调转向时正确的髋膝踝排列姿态，在等长训练时强调正确的身体姿态等；严格遵守适当的间歇休息时间以保证组间甚至重复次数之间的疲劳恢复，或让心率处于合适的区间以发展相应的代谢能力；保证必要的动作速率以获得更好的爆发力素质提升，或者达到设计的训练强度获得最佳训练适应（例如根据VBT原则，每组重复次数需进行到杠铃杆速度下降一定程度才认为对发展力量等最佳）。这些细节共同构成了体能训练过程的质量，是体能训练质量的重要构成内容。

例如大量文献已经证明：抗阻训练的适应与训练模式（例如：是最大力量训练、功率训练还是超等长训练，是结合电刺激还是加压等）、训练变量（影响训练负荷的强度和量：周数、频次、强度、组数、训练量、每次训练时长、组间间歇时长等）、训练课的构建方式（例如复合式、传统式、超级组、法式对比组等）和训练组的构建方式（传统式、聚组式等）、训练分期方式（例如：波动分期、传统线性分期）等密切相关，而如果想要通过调节上述训练因素得到最大化的训练适应，就必须服从必要的细节与原则。加压训练（BFRT）能够让运动员通过较小强度来发展最大力量和肌肉肥大，但是对血流限制的压力值有一定要求，如果采用此种训练，就需要关注血流限制带的松紧程度；聚组训练（Cluster Training）通过安插小间歇休息从而降低组内重复次数的神经肌肉疲劳程度，保持负荷移动的速度从而更加有利于神经肌肉发展，那么在采用这种方法的时候就必须考虑训练总时间、参训人员分组和场地限制等以免造成间歇不足或间歇过长等。

3. 训练负荷产生的结果及疲劳恢复

这部分内容主要包括以下两个方面：取得了何种训练结果（或者说效果），训练结果是否符合预期；

训练疲劳的恢复情况。

对训练效果的评估是训练的重要环节，是一个阶段训练的结束以及下一个阶段的开启，同时也是训练监控的重要内容。对训练效果的评估要求客观。体能教练应采用针对性方法，尤其是要与专项进行一定程度的结合，即将一般体能与专项体能甚至专项运动表现关联，例如：游泳运动员深蹲跳相比于反向跳（CMJ），与出发、转身的表现有更好的关联性，因此体能教练在衡量该项目运动员爆发力训练效果的时候应该首选深蹲跳；下肢爆发力表现与短距离冲刺表现相关性很高，但跳远类测试相比于垂直方向跳跃更适于评价冲刺跑项目的爆发力训练效果；体操运动员对单次和多次跳跃表现、下肢刚度等生理表现有很高要求，因此可以选择多次纵跳和跳深测试等评价训练效果等。

合理的训练疲劳才能诱发超量适应以促进运动表现提高，过度负荷、过度疲劳与不佳恢复可能导致训练过量甚至过度训练（图16-1）。体能训练会产生疲劳，并与其他训练的疲劳相互叠加、累积，刺激运动员产生系列的生理和生化应激，并反映在一系列指标上，例如不同程度的神经肌肉控制能力下降、延迟性肌肉酸痛、血液生化指标（如CK、皮质醇、CRP、cf-DNA）变化，与其他类型的训练造成的变化存在一定的异同，也会造成运动员的情绪、训练动机、心理因素的变化。体能训练的疲劳还影响运动员的能量储备状态，影响后续和同期进行的专项训练等其他训练。

在训练实践过程中，对训练疲劳和恢复的评估在很多情况下可能并不会单独进行，体能教练需要理解这些评估背后的机制、影响因素和功能、训练应激情况、指标的有限性等知识，尤其是不同类型的体能训练可能额外造成的急性、慢性应激反应和疲劳指标的变化，并与团队内的相关专业人士进行密切沟通，以综合获得运动员疲劳与恢复的情况。

二、体能训练质量监控的基本方法

（一）训练课前的评估

下面将叙述若干当前较为流行的评估运动员当天和当堂训练前神经肌肉疲劳、主观疲劳、身体准备情况等的方法。

教练需要根据运动员不同类型的状态安排训练负荷，评估运动员的最新状态，并根据他的最新状态安排训练，根据评估获得的资料与训练水平变化模式，结合比赛情况对训练计划做必要的修正。在当代训练理论中，训练分期的最小单位一般都是训练日和单次训练课。不论当堂体能训练课针对什么内容，体能教练都应该在运动员的当堂训练课前掌握神经肌肉状态、主观疲劳、伤病和疼痛情况（包括肌肉酸痛和其他急性、慢性损伤问题）等对训练状态产生重要影响的方面。这一方面可以反映上一次训练（不论是专项训练还是体能训练）的疲劳恢复、运动负荷累积等信息，另一方面能够帮助体能教练对当堂训练课的关键训练变量（尤其是训练强度和训练量）进行及时的必要调整。

训练状态是指运动员表现出的身体训练水平，包括功能水平、身体机能、身体素质、神经和肌肉的协调性以及专项训练水平等方面的能力。运动员通过系统的训练，在技术水平、身体机能水平和心理准备方面达到了可以创造良好成绩的状态，称为良好的训练状态。这种训练前的状态评估，可以通过从科研人员等团队其他成员处获取训练监控信息、问卷调查、简单测试等手段进行。

当对运动员的训练前状态进行评估时，一般需要考虑以下几个方面。①阶段性状态（在长期适应中，由训练效果积累而获得的相对稳定的状态），可通过阶段性检查评估阶段性状态。②日常状态（在一次或几次训练课的影响下，即训练效果短时作用下，身心发生的状态变化），可通过日常性检查评估日常状态。③即时状态（在训练效果的作用下，即时迅速表现的状态），通过及时检查评估即时状态。

常用的评估运动员训练负荷和疲劳的方法——生理生化监控（血乳酸、心率、睾酮、皮质醇、血常规、尿常规等）、体能测试评估（有/无氧能力、力量、耐力、速度、灵敏、平衡等）、心理测试评估（情绪状态、注意力转移、运动表象能力、中枢神经疲劳、疲劳自觉症状调查等）以及专项运动能力评估等——都可以给体能教练提供非常有价值的运动员当天、当堂训练课前状态的信息。体能教练应该根据不同的评估方式，结合运动员的年龄、运动专项、训练水平，进行客观、全面、科学的综合评价。这一部分旨在探究运动员训练前状态，以测量运动员训练前的准备状态，帮助训练人员提升训练课的质量。训练前状态评估应该包括以下几个方面的任务：①明确运动员训练前的生理、心理等各方面的状态，并确定能否参加训练；②如有必要，应及时给康复师、医务人员或教练反馈评定结果，以便有针对性地开展工作；③为当日或本堂训练课合理安排训练计划和选择正确训练方法提供依据；④用多次评定的结果，建立系统性的追踪机制，通过对比观察分析，合理确定体能训练负荷，为后续训练计划的调整提供依据。

1. 主观用力程度（Rating of Perceived Exertion，RPE）

训练负荷一般认为是"运动员训练期间机体内部生理和心理承受的总刺激"，包括外部负荷和内部负荷两种形式。负荷是决定训练效果的关键因素，如何优化训练负荷使运动员产生最佳生理适应和运动表现是教练的共同关注点。监测运动员负荷的数据为教练提供了有用的信息，这些信息可用于指导制订和调整训练计划，降低运动员受伤概率。外部负荷是运动中所施加的外部刺激，比较容易量化，可以通过训练时长、功率输出、时间−运动分析、距离、重复次数、1RM百分比等指标监测；内部负荷是运动员所经历的心理、生理反应，是机体对施加负荷的反应，可以通过血乳酸、睾酮、皮质醇、肌酸激酶、尿素氮等生理生化测试指标监测，但这些测试不仅有创，有一定的滞后性，而且在训练期间数据存在较大波动。RPE作为一种简单、无创、低成本、可操作性强的内部负荷监控方法，引起了越来越多人的关注。

RPE是著名心理学家博格于20世纪70年代提出的，其基本原理来源于人体的主观体力感觉，这种体力感知程度与运动强度负荷有关，也与疾病症状或运动者的机能状态有关。因此，博格在主观体力感觉的基础上提出了RPE量表（表19-2）。RPE量表是目前广泛应用的简易而有效的评价运动强度和医务监督的方法，也是介于心理学和生理学之间的一种指标，其表现形式是心理的，但反映的却是生理机能的变化。研究表明，RPE与心率、血乳酸、最大摄氧量、通气阈等反映运动强度的生理指标呈线性相关，相关系数达到0.8~0.9。这证明了人体对自己体力的主观评价有确切的物质基础。

表19-2　RPE量表示例（6~20等级制）

等级	自我感觉	等级	自我感觉	等级	自我感觉
6	根本不费力	12	有点累	18	极累
7	极其轻松	13		19	
8	很轻松	14	累	20	精疲力竭
9		15			
10	轻松	16	很累		
11		17			

RPE量表是一个非常简单的数字列表。运动员被要求在活动过程中，结合身体压力和疲劳的所有的感知觉，对自己的努力程度进行评分。测试中告知运动员忽略所有单一因素，如腿痛或呼吸急促，而尽量专注于整个运动的感觉。RPE量表等级指示了运动强度，只需几秒就能完成，可以由研究人员收集或运动员自我管理，既可以在单次训练中使用也可以多次使用。

"9"代表"很轻松"的运动，对一个健康的人来说，相当于按自己的速度慢慢地走几分钟。"13"代表感觉"有点累"，但个人仍然觉得可以继续。"17"代表"很累"，一个健康的人可以继续，但必须强迫自己克服非常疲劳的感觉。"19"代表"极累"，对大多数人来说是他们经历过的最艰苦的运动。

我们需要注意的是：等级范围不是"0"到"20"，而是"6"到"20"。这是由于量表和心率高度相关。RPE量表中等级为6，对应健康成人心率为60次/分，8对应的是80次/分。博格还开发了类别比率（Category Ratio，CR）量表，数字等级为11级，这是一个用来测量体力消耗和疼痛的强度量表（表19-3）。该量表要求运动员确定最能描述过去24h平均体力感觉的数字。

表19-3 CR量表

等级	自我感觉
0	休息
1	非常轻松
2	轻松
3	适中
4	有点困难
5	困难
6	非常困难
7	
8	
9	
10	最大

在研究和实践领域，用RPE量化运动负荷时采集的时间段和形式有很多种，比如分别统计一次运动中的不同内容或训练组数RPE值。目前，在高水平运动领域常见的方法是针对训练自感疲劳进行评估，即在某个时间段训练或运动的前后采集RPE，来得到运动员对总体的、一次训练的所有负荷的反应。已有大量研究证实，sRPE在技战术训练、体能训练、耐力训练、间歇训练、速度训练、抗阻训练、高强度功能性训练和比赛等不同内容或类型的运动训练中的有效性和可靠性。

2. 健康问卷（Wellness Questionnaire）

RPE是我们在评估运动员整体对训练负荷反应或身体疲劳状态的一种简单、高效的方法，但它主要关注运动员整体感受，对运动员日常训练中存在的问题缺乏关注。健康问卷是另一种用于评估运动员内部负荷反应，判断运动员当天及当堂训练课前综合状态的方法。在训练前应用健康问卷对运动员进行关于睡眠、压力、肌肉酸痛等各方面健康问题的状态评估，当前已经较为流行地应用于足球等团体项目中。由于团体项目运动员人数偏多，教练及管理人员不可能每天和每个人交谈，了解他们的感觉如何、睡得如何。健康问卷能够以一种快速、易于处理的方式获得这些有价值的信息。因此，在一些团体项目中，健康问卷被广泛使用。

健康问卷的形式多种多样，其中一些问卷是由多个量表和项目组成的，无论何种形式都需要注重问卷分发和分析的速度、简单和实效性。问卷测试时间，一般为运动员早上起床后（早餐前）或训练前30min。运动员完成问卷后，管理人员对问卷进行及时分析。管理人员对运动员信息进行分析时，只有出现异常情况才会通知教练，教练根据运动员的情况局部调整计划或不让他们参加某些训练。如果问卷调查结果不好，那么运动员需要在训练结束后通过额外的训练来获得更多刺激。教练通过对健康指标的综合考察，为运动员当前训练或比赛的水平打分。

在众多问卷及量表中，首先介绍一个非常简洁的胡珀量表（图19-3）。运动员对前一晚睡眠质量、压力水平、疲劳水平和感知肌肉损伤进行主观打分。每个问题都被单独打分，打分从1（"极其低、小或好"）到7（"极其高、大或差"）。之后胡珀及麦金农还对该量表进行补充与细化，形成胡珀及麦金农调查问卷（表19-4）。

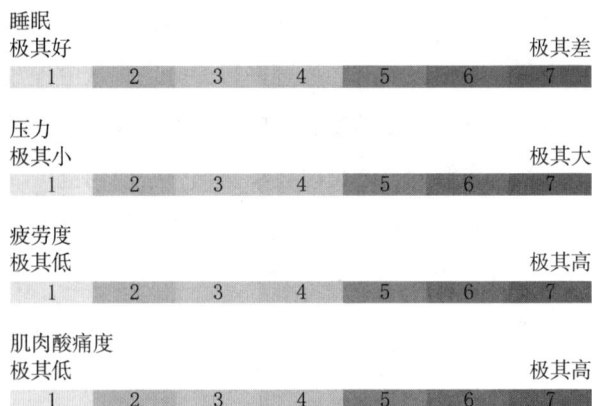

睡眠
极其好   极其差

| 1 | 2 | 3 | 4 | 5 | 6 | 7 |

压力
极其小   极其大

| 1 | 2 | 3 | 4 | 5 | 6 | 7 |

疲劳度
极其低   极其高

| 1 | 2 | 3 | 4 | 5 | 6 | 7 |

肌肉酸痛度
极其低   极其高

| 1 | 2 | 3 | 4 | 5 | 6 | 7 |

图19-3　胡珀量表

表19-4　胡珀及麦金农调查问卷

问题	描述	1	2	3	4	5	6	7
你是否感到疲劳	没有疲劳							
	有一点疲劳							
	比正常好一点							
	正常							
	比正常差一点							
	非常疲劳							
	精疲力竭							
你昨晚睡得怎样	极其好							
	很好							
	比正常好一点							
	正常							
	比正常差一点							
	被干扰							
	极其差——没有睡							
你昨晚睡了几个小时	睡眠时间≥10h							
	9h≤睡眠时间<10h							
	8h<睡眠时间<9h							
	睡眠时间为8h							
	7h≤睡眠时间<8h							
	5h睡眠时间<7h							
	睡眠时间≤5h							
请评估你的肌肉酸痛水平	没有酸痛							
	有一点酸痛							
	比正常好一点							
	正常							
	比正常差一点							
	非常酸痛/紧张							
	极度酸痛/紧张							

续表

问题	描述	1	2	3	4	5	6	7
你感觉心理（精神）状态怎样	感觉非常好——很放松 感觉很好——放松 比正常好一点 正常 比正常差一点 感到压力 高度紧张							

3. 准备训练问卷（Ready to Train Questionnaire，RTQ）

准备训练问卷（表19-5）是在胡珀等人研究的基础上提出的，该问卷包括6个问题，涉及情绪状态、睡眠质量、精力水平、肌肉酸痛、昨日饮食、压力水平。每个问题都采用5分制进行评分，每个问题的评分都有一个权重，评分按这些权重累加为每个运动员整体RTQ分数：精力水平20%，睡眠质量19%，肌肉酸痛19%，情绪状态14%，压力水平14%和昨日饮食14%。此外，卡伦将睡眠时长和健康状况加入问卷中，此问卷共由8个具体的问题组成，分为睡眠时长及7个健康相关的问题，按5分制评分，睡眠时长按小时（0~12小时）计算。描述如下：①情绪状态（1——非常易怒，5——情绪极好）；②睡眠质量（1——几乎没怎么睡觉，5——睡得很好）；③精力水平（1——昏昏欲睡，5——精力充沛）；④肌肉酸痛（1——极度酸痛，5——完全不酸痛）；⑤昨日营养（1——所有膳食高糖/加工食品，5——没有添加糖/加工食品）；⑥压力（1——极度紧张，5——完全放松）；⑦健康（1——卧病在床，5——非常健康）。每个描述的权重分别为：情绪状态、精力水平、肌肉酸痛、压力和健康各占RTQ总分的15%，睡眠质量和昨日营养各占10%，而睡眠时长占RTQ总分的5%。个体可达到的最大RTQ值为100%。

表19-5 准备训练问卷

项目	1	2	3	4	5
情绪状态	高度烦躁/易怒/沮丧	对队友、家人和同事发脾气	对他人/活动不像平时那么感兴趣	好情绪	非常积极的情绪
睡眠质量	几乎没怎么睡觉	辗转反侧	一般/还好	睡个好觉，神清气爽	睡得很好，感觉精神焕发
精力水平	昏昏欲睡，一点精力都没有	精力非常差	精力一般	精力良好	精力充沛
肌肉酸痛	极度酸痛	非常酸痛	酸痛	轻微酸痛	一点也不酸痛
昨日饮食	所有食物都是高糖/加工食品，没有水果/蔬菜	一些高糖/加工食品，没有水果和蔬菜	合理饮食，摄入一些糖/加工食品，至少1份蔬菜	健康饮食，低糖/加工食品摄入，2份或更多蔬菜和水果	吃得非常健康，没有吃加糖/加工食品，吃很多蔬菜和水果
压力水平	高度紧张	感到压力	一般/还好	放松	非常放松

4. 神经肌肉疲劳

疲劳是指与身体表现相关的指标下降，一般是在实际锻炼或自我感觉到任务难度增加时的一种身体感觉。在肌肉运动中，疲劳是指人体无法达到或维持所要求的力量水平。在神经肌肉控制中，身体在疲劳开始前就会有许多神经生理机制发生变化，而这些变化能够提示人体正处于疲劳状态。

神经肌肉疲劳可定义为任何运动引起的肌肉发力能力的下降，这是由中枢性疲劳和外周性疲劳共同作用的结果。中枢性疲劳是指运动引起的渐进性肌肉自主活动退化，即肌肉自主激活程度降低，开始激活时运动单位数量和放电率下降；外周性疲劳是指单一肌纤维收缩力下降，并伴随肌肉动作电位传递机制的改变。神经肌肉疲劳常见的表现就是动作控制能力不足、本体感觉缺失以及肌肉反应延迟。

以往的研究通过RPE、调查问卷、生理生化测试、心率等指标试图量化运动训练负荷。然而，很少有研究主动量化疲劳以测量运动员的准备程度，并相应地调整负荷。在锻炼后进行调查和基于问卷的监测是简单、快速的，但本质上是主观的，因此容易产生一定的偏差。监测心率是确定训练负荷的较常用方法之一，但其成本较高，而且其对高强度训练评估的有效性受到质疑。垂直纵跳/反向跳（Vertical Jump，VJ）作为神经肌肉准备和疲劳的测量方法逐渐被重视，以往研究更多集中在赛后的表现和疲劳，而且已经有研究将VJ作为疲劳和日常准备的评估手段，在运动前评估神经肌肉疲劳的能力可以帮助监测以前几次运动积累的训练负荷，以及生理状态，从而让教练主动调整训练负荷。

VJ测试是体育和训练中常见的评估下肢爆发力和神经肌肉功能的手段，并且逐渐开始使用测力台来测试，测力台不仅可以反映跳跃高度和跳跃的峰值功率，还可以反映跳跃关键阶段的发力情况。

进行测试前，运动员进行2min统一的结构化动态热身，然后进行3次练习，每次之间休息60s，然后进行单个VJ测试。测试时，运动员将双手放在髋关节，从直立站姿开始，听到"开始"提示音后迅速屈髋屈膝，随后立即伸展这些关节尽可能地向上跳起。每次测试一共进行2次VJ，每次间隔2min，测试结束后记录跳跃高度、峰值力、峰值功率等数据。

进行VJ测试的时间和数据分析应结合实际情况。可在运动员状态良好、没有疲劳积累的情况下进行测试，建立基线水平。在之后的日常训练中，在每次训练前进行测试，建立运动员数据库，结合运动员自身情况评估训练状态。也可结合外部训练负荷分析数据，将次日测试数据与前一天测试数据进行对比，客观反映运动员对训练负荷的反应。VJ测试后的恢复时间会因为肌肉疲劳和一般中枢神经系统疲劳的差异而不同。已有研究表明，急性和慢性运动后神经肌肉疲劳均与VJ相关。VJ高度的敏感性可由拉长-缩短周期（SSC）来解释，运动时SSC表现下降，运动后约2h恢复，运动后2天肌肉损伤最严重时出现二次运动表现下降。膝关节伸肌疲劳会导致VJ中峰值关节角速度、峰值关节净力矩和膝关节周围的力量都降低，并且与非疲劳跳跃相比出现得更早。目前的研究表明，在训练后和下一次训练前进行VJ测试，可能是评估训练前状态和训练准备情况的有益手段。

（二）训练课过程的评估

如前所述，内部负荷对训练负荷的判断而言非常重要。一般来说，体能教练都会对运动员的生理表现水平进行阶段性测试（例如测试1RM、最大冲刺速度、最大有氧功率、有氧跑动速率和无氧功率能力等），得到后续训练的强度等的基线，除非在极特殊的项目和训练分期中，体能训练几乎都要伴随一定程度、形式和要求的专项训练和其他训练，运动员每天的身体机能状态受到之前训练和生活环境压力的影响。根据一次测试判定的强度对同一运动员的不同状态所产生的训练压力可能不同。利用抗阻训练来发展最大力量和爆发力的时候会产生重大影响，需要一种方法能够在运动员当天进行力量和爆发力训练的时候较为及时地告知教练该运动员所执行的训练的相对强度，以及是否处于最佳负荷区间。下面将介绍最佳功率负荷（Optimum Power Load，OPL）和基于速度的力量训练（Velocity Based Training，VBT），以及我国备战冬奥会中被证明较为有效的训练课上实时监控和训练手段，完成对运动员相对运动强度和动作质量的监测，以便调整原定体能训练计划的负荷，同时提高训练过程的完成质量。

运动表现的本质是人体通过肌肉收缩发力克服自身或外界阻力，维持或改变身体姿态或运动状态的能力。根据牛顿第二定律和动量定理，当阻力和时间一定时，力量的强弱直接决定了动作速度的快慢。反之，动作速度的快慢也能反映出力量的强弱。因此，在进行力量和爆发力训练时，通过测试动作速度来评估运动表现成了一种重要的训练监控手段。

东京奥运会和北京冬奥会备战期间，我国在数字化体能训练方面进行了积极的探索。力量训练是体能训练的主要内容之一，数字化的实现将有利于体能训练数字化和科学化的推进。最佳功率负荷和基于速度的训练是力量训练数字化的重要方式，对其应用基础与训练效果等问题进行系统梳理，能够为国内训练与研究领域认识、理解和应用该训练方法，积极推动体能训练数字化和科学化提供参考。

1. 基于OPL监控爆发力训练

OPL是指运动员在不同负荷下的功率输出最大值。当前的研究表明，运动员在OPL时的功率输出与其专项能力呈中到高的相关性。在田径项目中，精英级选手的OPL及衍生指标通常在更高水平，且与其直线冲刺速度、跳跃和半蹲测试成绩呈中到高的相关性（$R=0.64\sim0.83$）。相似的结论也出现在格斗类项目的研究中：奥运会级别的拳击手在卧推测试中测得的OPL与其出拳加速度、冲击力高度相关（$R=0.70\sim0.83$）。集体类项目（足球、手球和橄榄球）运动员通常需要以最快的速度进行次最大负荷的运动，许多专项的技术动作、战术发挥都基于其最大输出功率的能力。从理论的角度出发，OPL水平越高，意味着冲刺速度更快、跳跃高度更高，有益于运动员在比赛中获得更大的优势。

此外，在一项涉及多国运动员的研究中，巴伦苏埃拉等比较了多个运动项目的男、女子运动员在蹲跳测试中的数据，发现短跑运动员的最大功率和平均功率显著高于耐力运动员（分别为32W/kg与19W/kg、14W/kg与8W/kg），男子运动员的最大功率和平均功率显著高于女子运动员（分别为23W/kg与10W/kg、18W/kg与8W/kg）。在另外一项研究中也发现，橄榄球运动员在OPL处的功率输出高于其余集体球类项目（足球和手球）运动员。这些研究的结论表明，竞技水平更高的运动员（同级别的男子运动员），以及那些对速度、冲撞等爆发力要求更高的项目的运动员，在OPL处所对应的相应指标（如速度、最大功率）显著更高。

抗阻训练的负荷通常基于个体最大的动态力量（例如1RM）的不同百分比来安排。然而，个体最大的动态力量需要及时更新，且测试过程具有复杂、耗时且存在运动损伤风险的特点，这种测试方法受到了教练和科研人员的质疑，这一点在精英运动员的训练上尤其突出。近些年来，随着VBT提出，人们将注意力从负荷转移到动作完成的速度，通过速度的相关指标对训练质量进行评价和监控，这也为基于OPL进行训练提供了理论支撑。在此基础上，先前研究比较了在6周内两种不同的训练（传统力量－爆发力周期训练、OPL训练）对精英足球运动员的影响。该研究发现，尽管两者让运动员在最大力量和跳跃能力上取得了类似的进步，但OPL训练组在冲刺速度和下蹲力上均比传统训练组有更大的提高。随后，里贝罗等人发现，与无负荷的增强式训练相比，7周的OPL复合式训练（深蹲＋臀推）让运动员的变向速度和直线冲刺速度有更大提升。这些研究表明，OPL训练可以在更低的负荷下让运动员产生与传统训练相似或更高的力量、速度和爆发力的适应。这种训练方法可以替代传统训练方法单独使用，也可以与其他训练策略相结合。

考虑到肌肉重量和体重的增加对耐力表现存在潜在的不利影响，耐力项目的运动员对抗阻训练是存在担忧的。但事实上，抗阻训练不仅能有效提高运动员的力量和爆发力水平，对其耐力表现同样有益。虽然相关研究的数量较少，但来自自行车运动员的研究证明OPL训练对其耐力产生积极的影响。目前为止，对耐力性项目开展的研究表明，OPL训练对运动员的有氧输出功率（如8min骑行平均功率或通气补偿阈功率）有显著的提升。然而，目前在OPL训练对耐力影响的研究中缺乏与常规耐力训练的对照，因此，目前还并不能确定OPL训练是否确实有助于提升运动员的有氧能力。

应用OPL的手段，除了能够完成对运动员相对运动强度和动作质量的掌握，让运动员的力量、速度和爆发力产生训练适应外，现有研究还显示OPL训练还对增加瘦体重（即增肌或减脂）能产生一定的积极影响。劳赫等人探究了OPL训练对女子排球运动员身体成分的影响，该研究发现为期7周（每周3次）的训练（深蹲、卧推、硬拉）增加了5.4%的瘦体重，同时降低了8.5%的体脂率。与此同时，吉尔·卡布雷拉等人的研究表明，与基于1RM%的传统抗阻训练相比，在经过OPL训练8周后，男子职业自行车运动员的身体成分得到了与上述类似的改善（瘦体重增加了1.5~2kg，脂肪减少了约0.5kg）。因此，尽管相关研究数量仍然较少，但可视OPL训练为一种改善身体成分的有效手段。

对OPL进行测试的前提是运动员经过充分休息，在12h内无咖啡因摄入。标准测试流程如下：①以最大速度完成2~3次负荷为30%体重的上肢运动或40%体重的下肢运动，用于力量评估；②每组以5%或10%体重为负荷分别进行上肢或下肢运动的递增测试，直至输出功率出现明显下降时（至少5%）结束。每组测试间的休息时间应为3~5min。在测试中出现最大输出功率时，所对应的负荷被视为OPL。

2. 基于VBT监控抗阻训练

（1）动作完成速度与%1RM的关系。现如今，线性加速度计、可穿戴设备等可以实时呈现运动员对抗某些负荷时的动作速度情况（例如最大速度、平均速度、上升速度、下降速度等），这让体能教练更好地监控体能训练成为可能：一方面可以通过对速度的监控实时提醒运动员以最佳用力程度完成动作，提高训练质量；另一方面可以通过速度估算运动员的实际相对负荷、在一组训练中疲劳的状况等，对实际训练负荷的记录与把握更加精准，甚至能够做到现场调节负荷，让运动员能够真正以想要设定的负荷量或强度完成训练。

运用动作速度来监控训练基于力与速度的关系（简称力速关系），力速关系是肌肉发力的基础原理，其可以简单描述为肌肉收缩速度越快，产生的力越小，这也是VBT的基础。冈萨雷斯·巴迪洛等对史密斯架卧推动作进行了研究，发现动作的平均速度（Mean Velocity，MV）和平均推动速度（Mean Propulsive Velocity，MPV）均与卧推%1RM存在极强的负线性关系（$R^2=0.98$）。这一发现也得到了他人研究的支持，针对不同力量训练动作的多项研究一致表明，MV或MPV与%1RM存在近乎完美（$R^2>0.95$）的负线性关系或二次多项式函数关系。这种强负线性关系在20%~80%1RM的重量（或力值）范围内尤为明显。这为动作速度替代%1RM量化力量训练强度奠定了理论基础。然而，运动员执行抗阻训练时，个体化的负荷-速度特征（Load-Velocity Profile，LVP）即运动员所使用的训练负荷与速度的对应特征（图19-4），具有个体性，且受动作规格、动作执行方式、器材类型、训练的影响。

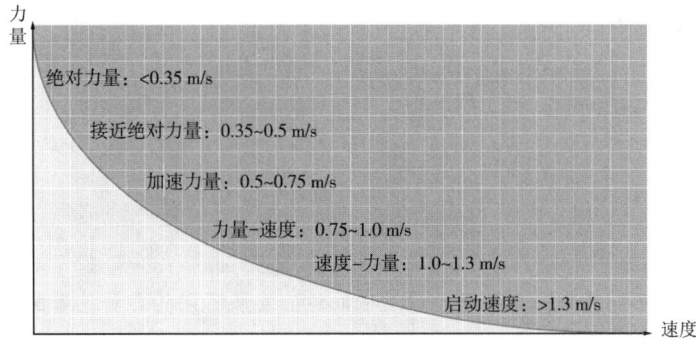

图 19-4　不同特征的力量与动作速度之间的关系

　　基于大样本数据建立的每个动作的标准 LVP 可以适用于不同运动水平和性别的运动员，具有一定的适用性和参考性。但需要指出，后续的研究发现动作的 LVP 在个别项目或高水平运动员间存在较大的个体差异（CV 变异系数：12.9%~24.6%）。相比于个体 LVP，标准 LVP 推算的 1RM 偏离了真实值。首先，相对力量水平的不同是产生个体间 LVP 差异的主要因素，相对力量水平越高的练习者，LVP 线性关系的斜率更大，高强度区间（>90%1RM）的 %1RM 对应的速度值趋向更低。其次，人体测量学指标对个体的 LVP 也会产生影响，其中身高对 LVP 的影响最大，而四肢长度根据动作不同会对 LVP 产生一定的影响，手臂越长的练习者，中低强度（20%~60%1RM）下卧推的 MV 越快，但下肢长度似乎不会影响深蹲、硬拉等动作的 LVP。此外，由于相对力量水平和肌肉含量更高，在相同强度下，男性的动作速度比女性更高。值得注意的是，有研究比较了标准 LVP 和个体 LVP 应用于 VBT 的训练效果，结果表明，在为期 6 周、每周 2 次的训练中，两者均能显著提高各项指标，组间差异不显著，但个体 LVP 组提高的百分比更大。这意味着，对于运动能力接近个人极限的精英运动员，个体 LVP 可能更适用，如果有条件并且需要精细化训练，应该对高水平运动员的 LVP 进行测量。不同训练动作的平均速度与相对强度的对应情况见图 19-5。注意，本章给出的是基于大量数据的标准 LVP，供教练参考。

动作	60%1RM	65%1RM	70%1RM	75%1RM	80%1RM	85%1RM	90%1RM	95%1RM	100%1RM
深蹲	0.72	0.66	0.63	0.60	0.54	0.47	0.40	0.33	0.25
硬拉	0.62	0.57	0.52	0.47	0.42	0.37	0.32	0.27	0.18
臀冲	0.68	0.63	0.58	0.53	0.48	0.43	0.38	0.33	0.25
推举	0.81	0.74	0.67	0.61	0.52	0.44	0.36	0.27	0.19

图 19-5　不同训练动作的平均速度与相对强度的对应情况

　　需要指出的是：将抗阻训练负荷的运动速度控制在 1.00m/s 左右是提高平均推进力最合适的负荷。建议在 10%~15%（通常是一组的第一个）中进行下肢运动速度的抗阻训练，而 5%~10% 的最快重复次数对于上肢运动就足够了。将抗阻训练与最大运动速度（≥1.00m/s）和增强式训练结合是更好地将力量收益转化为运动表现（特别是跳跃和加速）的有效方法。低负荷、低重复次数的训练不会干扰有氧耐力，并可以引起特定的爆发力训练适应。然而，根据训练的最终目标，需要在耐力训练之前进行抗阻训练（图 19-6）。

刚性		爆发力		弹力
100% 90% 80%	70% 60%	50% 40%	30% 20%	10% 0%
绝对力量 80%~100% 1RM	加速力量 60%~80% 1RM	力量速度 40%~60% 1RM	速度力量 20%~40% 1RM	启动速度 体重至20% 1RM

	绝对力量	加速力量	力量速度	速度力量	启动速度
下肢速度范围	<0.5 m/s	0.5~0.75 m/s	0.75~1.0 m/s	1.0~1.3 m/s	>1.3 m/s
上肢速度范围	<0.4 m/s	0.4~0.6 m/s	0.6~0.85 m/s	0.85~1.1 m/s	>1.1 m/s

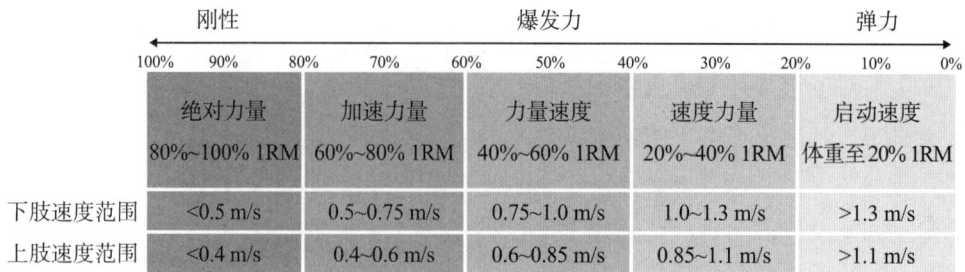

图 19-6　不同的抗阻训练动作速度区间适宜发展不同的力量或爆发力素质

动作规格对 LVP 产生的影响不同。动作规格对应的参与肌肉不同，造成动作 LVP 的不同。参与肌群的差异越大，动作间 LVP 的差异越大。而且，相比于大肌群动作，小肌群动作的 LVP 斜率更大，即动作的相对速度变化更大。例如，在水平卧推、45°斜上卧推和坐姿肩上推举这 3 个上肢推的动作中，胸大肌参与度依次减少，三者对应的最大力量、%1RM 时的速度、LVP 线性斜率均存在较大的差异。相比之下，不同握法（窄、中、宽和自选握距）的水平卧推由于肌肉参与度差异较小，个体的 LVP 并无显著差异。同样的现象也出现在下肢动作中。例如，传统硬拉和相扑式硬拉由于在站立宽度、握法、动作幅度和肌肉用力程度等方面存在较大差异，二者在任一强度下的速度值均表现出较低的相关性（$R=0.443$）。但是，颈前深蹲和颈后深蹲由于只是在载荷位置上存在细微差异，当强度小于 80%1RM 时，二者在相同强度下对应的速度值无明显差异。因此，在采用动作的 LVP 进行力量训练强度设定时，需要对动作规格进行严格规定。

另外，动作执行方式同样对 LVP 产生影响。在动作执行过程中，拉长 - 缩短周期效应可以提高动作的完成速度。然而，在不同重量下动作的执行方式和节奏差异较大，这增加了控制 SSC 效应的难度，并进一步提高速度指标变异性。帕特雷斯等在对卧推和深蹲的研究中发现，有停顿的动作（离心和向心间停顿 2s，无 SSC）相比于无停顿的动作（离心和向心间无停顿，有 SSC）的个体 LVP 变异系数更小（卧推——CV 2.9% vs. 4.1%；深蹲——CV 2.9% vs. 3.9%），且在无停顿动作情况下推算的 %1RM 误差高达 37.9%（卧推）和 57.5%（深蹲）。目前，大部分研究在建立动作的 LVP 时均采用离心和向心收缩间停顿 1~2s，以消除 SSC 效应的影响，提高动作 LVP 的稳定性和精确度。但在实际训练过程中，完成大部分动作要求充分利用 SSC 效应，这在一定程度上降低了有停顿动作的 LVP 在实际训练中的适用性。

力量训练器械可分为固定轨迹式（如史密斯架）和自由轨迹式（如杠铃）两大类。现有大部分研究采用的器械是固定轨迹式的史密斯架，其构建的 LVP 的拟合优度明显高于自由轨迹式的自由重量器械。产生这一现象的原因可能在于自由负重增加了矢状面内的动作幅度，增加了动作速度的波动，从而使得测速设备对动作速度估偏。因此，动作轨迹越难评估的动作，其 %1RM 所对应的速度值的重测信度越低。例如，同为自由负重，稳定性要求更高的肩上推举和深蹲的重测信度明显低于轨迹更可控的卧推和卧拉；相比于中或小负重，大负重（>90%1RM）动作对应的速度值的波动也更大。此外，动作熟练、经验丰富和力量水平较高的运动员可以更好地控制动作轨迹，提高自由负重动作 LVP 的拟合优度和重测信度。

动作的 LVP 具有较长时间的稳定性是其能长期使用的前提。冈萨雷斯·巴迪洛等发现经过 6 周的史密斯架卧推训练（60%~85%1RM）后，虽然个体平均最大力量提升了 9.3%，但标准 LVP 的 %1RM 对应速度值的变化极其微小（<0.01m/s）。在6周的史密斯架坐姿上举的研究中，发现训练对标准LVP改变显著，但对个体LVP的影响较小（$R^2=0.96$；CV<3.6%）。在采用50%~80%1RM负重的引体向上，并将训练时长增加至12周的研究中，同样发现个体平均最大力量提升了9.8%，但动作的速度变化极其微小（<0.01m/s）。上述3项训练均采用一般的力量训练形式，研究结论均支持了动作的LVP具有较强的稳定性。然而，不同的训练形式可能对LVP的影响不一。爆发力训练和一般力量训练（70%~90%1RM）对个体LVP的影响的研究发现，4周的下蹲跳和卧推末端释放的爆发力训练能够提升深蹲和卧推%1RM对应的速度值（ES=0.70~0.90），但一般力量训练似乎对其改变较小（ES<0.35）。因此，动作的个体LVP在一般力量训练中具有较长时间（6~12周）的稳定性；但在爆发力训练阶段，个体LVP可能在短期发生改变。

（2）VBT与重复次数的关系。动作和负重相同时，负荷与动作速度关系（Load Velocity，VL）与动作的完成次数百分比存在强正相关关系（$R^2=0.83$，SEE=0.09）。不同强度的组内最高MV/MPV与最大重复次数也存在强正相关关系（$R^2=0.84$）。构建两两之间的回归方程能够准确估算组内剩余次数（CV：4.4%~8.0%）和最大重复次数，这为采用速度指标控制组内剩余次数和疲劳提供了应用基础。VL与动作完成次数百分比的关系具有较高的重测稳定性，且似乎不受运动水平和训练的影响。莫兰·纳瓦罗等发现低、中、高力量水平的研究对象在史密斯架深蹲、卧推、卧拉和肩上推举动作中的VL与完成次数百分比关系不受运动水平的影响，差异不明显（CV：4.4%~8.0%）。运动员经过12周的引体向上训练后，虽然最大重复次数增加了15%，但相同VL对应的完成次数百分比未发生明显变化。然而，不同负重下VL与完成次数百分比的关系有所差异。在50%~70%1RM负重区间内，相同的VL对应的完成次数百分比差异不显著（$p>0.05$），而当负重>70%1RM时，完成次数百分比随着相对负重的增加而逐渐提高。并且，不同的VL和完成次数百分比也存在差异。相同的VL下，肌肉参与量少的动作的完成次数百分比低于肌肉参与量多的动作；相同的负重下，不同动作的最大重复次数存在差异，下肢动作比上肢动作速度下降得更慢。此外，相同动作和VL下，每组的最大重复次数随组数的增加而减少，但组间的动作平均功率和MV保持相对稳定。这些证据表明，尽管受动作和负重的影响，但动作的VL与完成次数百分比的关系具有较好的稳定性，其在短期内并不受运动水平的影响。需要注意的是，基于大样本数据构建的VL和完成次数百分比的标准模型似乎不适用于无停顿的动作，且每组最高MV出现在第一次（37.1%）和第二次（40.0%）的概率相似，在计算VL时不能简单地将第一次的MV视为组内最高MV。

（3）VBT与暂时性疲劳的关系。力量和爆发力训练中的暂时性疲劳是无法维持所需或期望水平的力量输出状态，是衡量和反映刺激水平的重要标准，同时也是体能教练对体能训练进行评估的重要指标，对于判断运动员实时训练负荷的强度等可以提供非常有价值的参考。在力量训练中，相同强度下，动作速度随着动作次数增加而逐渐降低。根据疲劳的定义，在全力运动中，可将组内力竭的最后一次动作速度视为组内最大疲劳，组内第一次动作（最高速度）视为无疲劳，而VL可作为衡量两者间疲劳变化的指标。

常用的判定疲劳的指标包括主观用力程度（RPE）、血乳酸浓度、纵跳高度等。研究发现，不同负重的深蹲或卧推下的MV和RPE高度负相关（$R=0.79~0.87$），最大负重时的RPE接近最大值（分别为9.6±0.5、9.7±0.4和9.6±0.5），对应的动作MV也接近最低值。而且，组内动作的MV和功率随VL的增加而逐渐下降。同时，VL与血乳酸浓度的增加和纵跳高度的损失间均存在极强的正相关关系（R^2=0.91~0.97）。而且当完成次数百分比大于50%时，代表高强度反应的血氨浓度（肌肉脱氨速率的指标）开始高于静息水平，并逐渐升高。然而，相同的VL下，负重越小，机体的疲劳水平越高，恢复速度越慢。这些研究结论均表明，VL与疲劳的常用量化指标紧密相关，可以作为客观、实时、非侵入式的力量训练中疲劳的量化指标。此外，研究发现，在相同%1RM和VL下，两次课间完成的训练总机械功和总重量相近（CV<10%）；而同一课内，虽然不同组间的最大完成次数差异较大（CV：18.92%~67.49%），但动作的MV和功率无显著差异。这表明，根据VL设定的训练量具有较好的稳定性，能够给予运动员较一致的外部负荷刺激，这弥补了传统的基于次数方法的缺陷。因此，VL可以作为监控和控制力量训练中疲劳的实时指标，在相同的动作、负重和VL安排下，能够较好地统一个体间、课次间及组间的疲劳水平，使训练目标的实现更为均衡和可控。

相同中高强度下，根据不同VL设定的力量训练有着不同的效果。帕雷雅·布兰科等对比了20%VL和40%VL的训练效果，发现40%VL组肌肉肥大程度显著高于20%VL组，但40%VL组Ⅱx型肌纤维百分比和蛋白重链Ⅱx出现减少，20%VL组蛋白重链Ⅱx和纵跳能力提升更优。40%VL组较大的疲劳引发的蛋白激酶和肌脂蛋白增加是Ⅱx型肌纤维百分比降低（Ⅱx型向Ⅱa型转换）的原因。在另一项研究中，帕雷雅·布兰科等人对比4种不同的VL（0%、15%、25%、50%）后发现：VL值越高，肌肉肥大效果越明显；VL值越低，快速力量提升越明显。此外，10%VL组和30%VL组在静息血清睾酮浓度和肌肉力量提升方面差异不显著，但10%VL组提升股外侧肌肌电活性和纵跳高度的效果更佳。在中高强度下，20%VL是一个临界点，超过20%VL更利于肌肉肥大（20%~40%VL），低于20%VL更利于快速力量的提高，且VL相差值在10%以内，训练效果似乎不会有明显差异。这些研究结果为采用基于速度指标进行分期的训练设计提供了证据，也为通过速度量化力量训练量找到了更为简便的方法，避免了构建不同强度下的VL和重复次数关系方程的复杂过程。必须指出的是，现有研究涉及的动作绝大部分是利用史密斯架进行的深蹲，研究对象绝大部分是大学生和业余力量训练爱好者，这些结果是否能够完全适用于其他动作、其他负重方式和精英运动员还有待进一步研究。因此建议服务于精英运动员的体能教练注意收集数据，建立自己负责的运动员的LVP和LV，以便能更加准确地对力量训练课的强度进行把控。

综上所述，应用VBT的理念，可以帮助体能教练评估当堂训练课上，运动员完成负荷时所承受的真实的强度区间，并能评估实时疲劳情况，还能帮助体能教练监控运动员的动作质量，并让运动员始终在设想的负荷区间或更有利于某种力量或者爆发力素质发展的区间进行训练，一举多得，提升运动质量（图19-7）。

3. 速度训练的质量监控

速度训练是众多项目重点训练内容之一。速度训练一般强度较高，因此充足的准备活动对提高主体训练的质量有着重要的意义。在速度训练准备活动中，为了更好地监控准备活动质量，可采用心率带进行全程监控，监测准备活动中各心率区间所占百分比，分析准备活动强度是否达到训练需求。在准备活动后，可采用监控运动员垂直纵跳高度的方式监控运动员神经肌肉状态，绝大多数的研究都是使用最高的纵跳高度进行分析；然而，当可以比较最高和平均结果时，平均纵跳结果在检测疲劳或超补偿效应方面比最高跳结果更敏感。与垂直纵跳最高高度相比，垂直纵跳平均高度似乎是监测神经肌肉状态最合适的变量。

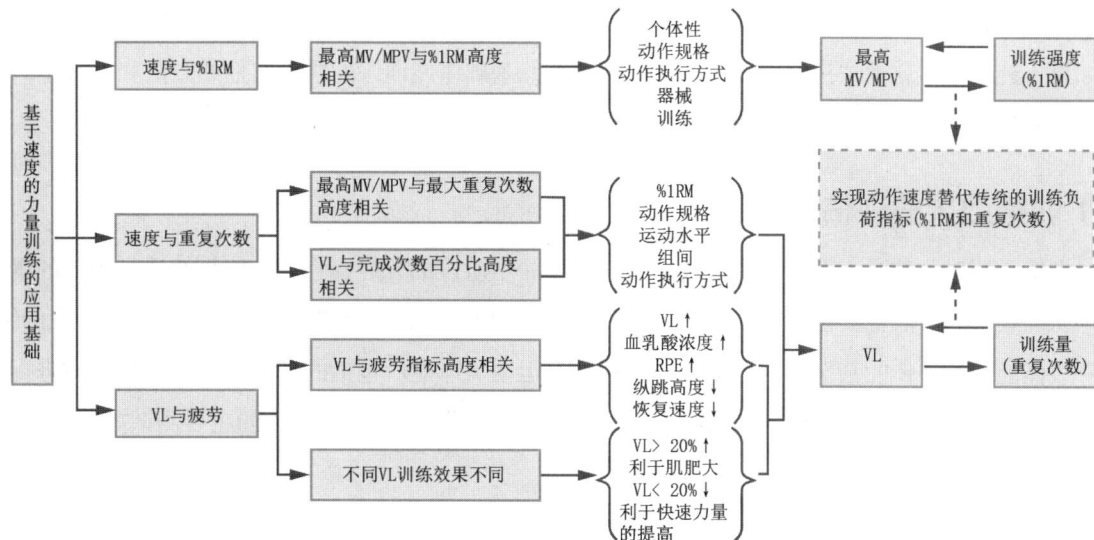

图19-7 利用VBT的原理对训练过程和训练完成质量进行监控

速度训练质量监控时普遍会记录完成冲刺的时间，虽然完成时间是评价速度训练的有效指标，但因为训练课目标差异以及其他客观条件的变化，只监控时间会导致结果很片面，不足以完全评价训练质量。应结合仪器设备（如Smartspeed、Freelap、Optojump、Dartfish等）监控运动员速度训练跑动的触地时间、步长、步频、腾空时间、步幅、速度和加速度等以综合评价速度训练课质量；同时也可以在训练课中监测心率、血乳酸等来评估训练强度和恢复能力。以某冬季项目高水平运动员冲刺训练为例，训练内容为10次40m冲刺，其在夏训准备阶段第二周中最好成绩为4.88s，平均成绩为5.01s，训练后5min血乳酸浓度为11.1mmol/L，30min后为5.81mmol/L；而其在夏训准备阶段第四周中最好成绩为4.66s，平均成绩为4.89s，训练后5min血乳酸浓度为8.65mmol/L，30min后为4.73mmol/L。这个例子可以简单说明，运动员个人速度能力得到改善，而且恢复能力也得到增强。综合监控速度训练质量，可为教练评判运动员速度能力及恢复能力提供数据参考。

4. 有氧及耐力训练的质量监控

在有氧及耐力训练中应注重使用各种内部负荷监控方法，包括监控RPE、心理问卷调查、测量训练冲量和生理指标（如心率及其衍生指标、血乳酸浓度和最大摄氧量等）。外部负荷的监控方法主要包括监测配速、训练持续时间和距离等。

有氧训练的质量监控核心问题是监控训练强度，准确性高的方法是监控运动中的摄氧量，以确定最大摄氧量百分比。当训练条件、设施不能满足监控摄氧量时，可利用最大摄氧量与最大心率的关系监控训练强度，并定期测试血乳酸浓度，以确定其与乳酸阈的关系。另外，运动中实时心率、RPE和有氧训练速度均是监控训练强度的有效指标。在训练中，恢复更快的运动员往往能有更好的训练表现且能承受更大的训练强度和训练量。因此，监控训练间歇中运动员的恢复能力，对于提高有氧训练的质量尤其重要。在训练间歇中，可通过心率曲线、血乳酸浓度、呼吸频率和RPE等监控运动员恢复的能力。另外，应重点关注在不同的有氧训练计划类型中采用不同的质量监控方法，以提高质量监控的针对性。如在长距离慢速训练中，应重点关注训练距离或持续时间，训练距离或持续时间应比比赛距离长，但强度比比赛低。在配速/节奏训练中，应重点关注训练强度，其强度一般等于或略高于比赛强度，可采用实时心率或训练后血乳酸浓度监控训练强度。

如果不能测量，就无法控制。针对不同训练内容，基础体能训练的质量监控的方法和手段不同，以提高训练质量，进而提高运动员运动表现，以有效减少运动损伤的发生。

（三）训练效果的评估

对训练效果的评估是一个阶段训练的结束以及下一个阶段的开启，它是体能训练质量监控的重要内容。对训练效果的评估要求客观。体能教练采用有针对性的方法，尤其是要与专项进行一定程度的结合，即将一般体能与专项体能甚至专项运动表现关联，对运动员体能所包括的各种类型的生理素质进行阶段性的测试。下面将简要介绍力量、爆发力、速度、敏捷、有氧耐力和无氧耐力的主要测试方法。

1. 下肢最大等长力量

测试方法：大腿中部等长提拉（IMTP）。

测试设备：测力台。

该测试使用一个定制可调节的深蹲架，并将杠铃杆放在合适的高度。杠铃杆的高度取决于受试者的膝和髋关节角度，而这些角度基于在训练中从大腿中部开始的动态上提的姿势（膝关节平均角度为141°，髋关节平均角度为124°）。受试者靠近并手握杠铃进行从大腿中部开始的动态上提测试。

练习步骤：①受试者进行热身活动，包括动态练习（重点将预热参与测试的肌群）和5次高翻动作，其负重要达到当前1RM的30%~50%。②受试者在杠铃杆下采取合适的姿势，练习3组等长提拉。③接下来休息3min，之后受试者尽可能快地和尽最大努力地进行第一次等长提拉。④接下来休息3min，受试者进行第二次即最后一次等长提拉。

测试指标：最大力量、相对最大力量、发力率。

2. 下肢最大力量

测试方法：1RM深蹲测试。

测试设备：标准蹲举架（横杆放在合适的高度）；标准杠铃；标准杠铃片。

受试者双手略宽于肩，正握杠铃。杠铃应放置在三角肌后束上方。受试者站立时双脚略宽于肩，脚尖向外略微打开。测试最低点时大腿平行于地面（图19-8）；然后，在没有助力的情况下将杠铃持续地抬起。安全起见，至少有2名保护者跟随并注意杠铃的上下移动。

图 19-8 1RM深蹲测试时最低点的位置

练习步骤：①受试者进行5~10次的负重热身。②休息1min。③在热身阶段的重量基础上增加15~ 20kg或在步骤1中的重量基础上增加10%~20%，重复3~5次。④休息2min。⑤在步骤3中的重量上增加10%~20%，使受试者可以完成2~3次。⑥休息2~4min。⑦受试者尝试执行1RM，在步骤5中的重量上增加10%~20%。⑧休息2~4min。⑨如果受试者尝试1RM深蹲失败，应减少重量5%~10%，并让受试者重新测试1RM深蹲。⑩休息2~4min。⑪继续增加或减少重量直至受试者可以使用正确的技巧完成1RM深蹲。受试者应该在5次尝试中获取1RM数值。

3. 下肢爆发力

测试方法：反向跳（Counter Movement Jump, CMJ）测试。

测试目的：提高利用SSC机制（慢速SSC）下的下肢爆发性发力的能力。

测试设备：三维测力台；杠铃架；分析软件。

测试流程：①受试者周六周日进行休息。受试者测试前被告知早餐不宜进食过多，同时避免24h内摄入咖啡因等刺激性食物。受试者来到试验场地后进行称重，并进行20min的标准热身活动（筋膜释放、动态拉伸和神经肌肉激活）。②测试前安排熟悉环节并让受试者进行试跳。准备过程结束后休息5min，开始正式测试。③中立位站立，双手置于腰间，在跳跃过程中不得使用手臂代偿。要求受试者进行反向跳时膝关节屈曲至少达到90°，以最大努力程度、最快速度尽可能高地跳跃，同时给予口头鼓励。腾空至最高点时受试者不得屈膝，身体完全伸展（髋、膝完全伸展）。④受试者分组依次循环进行3次跳跃，取最高跳跃高度（测试表现最好）作为有效测试结果。如果在最后一次跳跃中表现最好，则额外安排1~2次跳跃，以确保测得运动员最好表现。

测试指标：跳跃高度（cm）、峰值功率（W）和相对峰值功率（W/kg）、平均功率（W）和相对平均功率（W/kg）。

4. 上肢最大力量

测试方法：1RM平板卧推（自由重量）。

测试设备：标准平板卧推架；标准杠铃；标准杠铃片。

受试者平躺于平板上，头部、肩部、臀部与平板接触，双脚触地（5点接触）。正握杠铃，双手略宽于肩。保护员协助受试者将杠铃拿下至开始位置，此时受试者肘关节处于伸展状态。出于安全考虑，保护员需要站在靠近受试者头部的位置。保护员正反虚握杠铃，并确保在杠铃上升及下降的过程中，不会触碰杠铃。每次动作重复都始于开始位置；下降至最低位置时，杠铃须触及胸部，与乳头线水平（图19-9）。之后，用连贯的动作推举杠铃直至肘关节完全伸展。测试过程中，受试者需要保证良好的5点接触，杠铃位于最低点时，不可与胸部接触。

图19-9　1RM平板卧推测试时开始位置和最低位置

练习步骤：①受试者重复举起5~10次作为热身。②休息1min。③估算一个全新的热身负荷，这个负荷应达到以下标准：在步骤1中的负荷基础上增加5%~10%，受试者可以完成3~5次重复动作。④休息2min。⑤以步骤3中的负荷为基础，增加5%~10%，引导受试者完成1RM平板卧推。⑥休息2~4min。⑦在步骤5中的负荷上增加5%~10%，使受试者可以完成1RM平板卧推。⑧休息2~4min。⑨如果受试者尝试失败，减少负荷2.5%~5%。⑩休息2~4min。⑪继续增加或减少负荷直至使用适当技术测得1RM。1RM应该在5次尝试内测得。

5. 有氧能力：最大摄氧量

测试方法：功率自行车上递增负荷。

测试器材：K5；EKF便携式乳酸分析仪（德国）；wahoo骑行台。

测试流程：①初始60W，每分钟递增20W，测试过程中全程跟踪心率、踏频，并进行气体采集。当受试者踏频无法保持在70r/p·min（至少能保持30~90s）时测试停止。若受试者反映无法承受递增负荷则维持最高强度负荷直至力竭。测试停止后，采集即刻血乳酸浓度及1min后血乳酸浓度（指尖血）。②将30s中最高的VO_2作为VO_2max。③以测试中的最后1min的平均功率为Wmax。

测试指标：最大摄氧量（mL/kg·min）、最大有氧功率（W）。

需要指出的是，最大摄氧量测试有多种方案，根据专项特征和运动员有氧能力不同，采用跑台测试还是自行车测试，以及所使用的速度、自行车功率等都不一样，此处仅提供一个方案供教练参考。

6. 灵敏

测试方法：六边形跳（Hexagon Test）。

六边形跳测试是一个评估受试者步法的灵敏测试。该项测试可以应用于需要完成切步动作的运动项目中，如篮球、足球、英式橄榄球、美式橄榄球，但目前可以获得的测试数据标准来自冰球等少数项目。测试时，受试者尽可能快地跳完全程，同时保持身体平衡。受试者总试测次数控制在3次以下，以避免疲劳对测试结果准确性的影响。

测试设备：皮尺；秒表；标志桶或胶带（标记场地，图19-10）。

练习步骤：①受试者站在六角形的中心；采用高姿站立的方式，并面向前。②受试者采用双脚跳的方式，跳出六角形的一条边并再跳回中心。受试者以顺时针的方式逐边跳跃，连续跳3圈。③在整体测试过程中，受试者应始终面朝一个方向；跳跃时不能踩在边线上或失去平衡。如果出现上述问题，则应停止并重跳。④在受试者开始第一个动作后计时，在受试者最后一跳回到中心时停止计时。

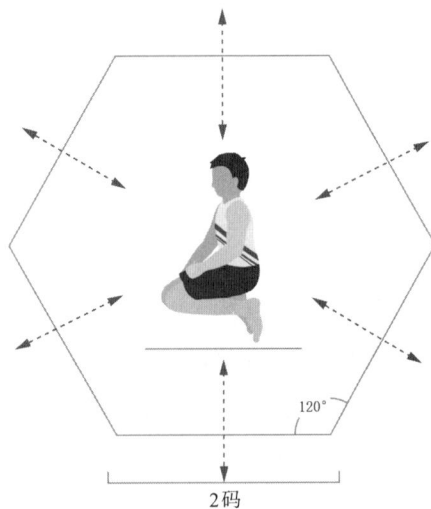

图19-10　六边形跳测试场地布置

7. 冲刺速度

测试方法：40码测试。

40码测试是美国最常用的速度测试之一。在美国，不仅很多高校运动队，还包括全美橄榄球联盟（NFL）都会使用40码测试。此外，它也经常作为运动科学或体育教育院系的实验室测试方法被使用。该项测试非常适合用于像足球、曲棍球、长曲棍球及美式橄榄球这样的项目。该项测试总距离较短、时程也较短（<7s）。测试者可以加长或缩短测试距离，以符合专项的需要（如篮球或棒球）。不同距离跑的测试标准见表19-6。在所有的速度测试中，重要的是受试者以最快的速度完成全程；同时测试的总次数一般不超过3次，其目的是减少由于疲劳引发的运动表现水平下降。

表19-6　不同距离跑的测试标准

各项目不同等级运动员	性别	10码	30码	40码	60码
棒球：全美大学生体育协会Ⅰ级运动员	男				7.05±0.28

续表

各项目不同等级运动员	性别	10码	30码	40码	60码
棒球：职棒联盟	男		3.75±0.11		6.96±0.16
篮球：全美大学生体育协会Ⅰ级运动员	男		3.79±0.19	4.81±0.26	
曲棍球	女			6.37±0.27	
橄榄球：全美大学生体育协会Ⅰ级运动员	男			4.74±0.3	
防守前锋（DL）				4.85±0.2	
线卫（LB）				4.64±0.2	
后卫（DB）				4.52±0.2	
四分卫（QB）				4.70±0.1	
跑卫（RB）				4.53±0.2	
外接手（WR）				4.48±0.1	
进攻内锋（OL）				5.12±0.2	
近端锋（TE）				4.78±0.2	
全美橄榄球联盟入役队员	男			4.81±0.31	
长曲棍球：全美大学生体育协会Ⅲ级运动员	女			5.40±0.16	
英式橄榄球	男			5.32±0.26	
英式橄榄球	女	2.00±0.11		6.45±0.36	
足球：全美大学生体育协会Ⅰ级运动员	男	1.63±0.08		4.87±0.16	
足球：全美大学生体育协会Ⅲ级运动员	男			4.73±0.18	
足球：全美大学生体育协会Ⅲ级运动员	女			5.34±0.17	
网球：全美大学生体育协会Ⅰ级运动员	男	1.79±0.03			
排球：全美大学生体育协会Ⅰ级运动员	女			5.62±0.24	
排球：美国青年排球运动员	女	1.90±0.01			
排球：美国青年排球运动员	男	1.80±0.02			

8. 柔韧性

单关节的关节活动度可以目测，可以通过询问受试者以使其关节到达关节活动度最末端而进行定性测量，也可以用特殊的设备（量角器、倾角计和卷尺）进行定量测量。被测的关节在进行全范围活动时，其他关节要保持稳定。测试者要确认每个多关节肌都处于松弛（或缩短）状态，接着记录每个自由度的双向关节活动度。

测试设备：量角器、倾角计和卷尺。

练习步骤：①量角器有两条臂，在它中间有一个标记着360°的环。有环的臂是固定臂，应该沿较重的（近端的）骨为参考线放置。②量角器的旋转轴应与关节的旋转轴一致。另一臂是移动臂，它应以较轻的（通常是近端的）骨为参考线放置。③无论是主动关节活动度还是被动关节活动度，关节都应移动到它活动范围的尽头，然后用量角器测量角度。

注意事项：对于有些身体部位，如脊柱，是很难使用量角器测量活动度的。在这种情况下，可以用卷尺或倾角计。应该对移动骨和固定的参考点之间的绝对距离（用卷尺测量）或骨角度（用倾角计测量）进行测量，而不是测量相对的关节角度。用卷尺来测量两节脊椎骨之间的距离，尽管可以测量颈椎的所有活动度，但通常只测量胸腰椎段的脊柱屈曲角度。倾角计利用了与重力方向相比较之下，骨的起始位置与结束位置之间的差异，类似于木匠的水平尺。用下一级标记度数减去上一级标记度数就是关节活动度。胸腰椎和颈椎通常作为不同的骨进行测量。

三、体能训练质量监控的实施与应用

下面将简要介绍某冬季奥运项目（短距离冲刺类）的体能训练质量监控的案例供广大教练参考。该冬季项目具有非常强的观赏性，同时制胜的关键体能因素是运动员的短距离冲刺能力。下面将从速度训练、力量训练、速度耐力训练（简称速耐训练）、有氧训练和身体机能5个方面，就如何开展该项目体能训练的质量监控进行分析探讨。

（一）某冬季项目的速度训练

速度训练是该冬季项目训练的核心训练内容之一，对运动员成绩的突破有着非常重要的作用。在速度训练的质量监控方面，重要的是训练强度和步态特征的监控，做好这两方面可以保证较高的速度训练质量。

在训练强度的监控上，通过电子计时设备对运动员每次冲刺的速度进行监控，教练根据训练周期安排和运动员状态对每堂课会有不同的强度要求，评价训练质量要结合教练的训练要求。通常情况下以运动员最好成绩为参考，制订不同强度要求，给出相应的成绩标准，激励运动员达标，从而高标准完成训练计划，保证较高的训练质量。

在步态特征的监控上，通过如Dartfish视频分析系统、Optojump步态分析系统等软件或设备，对标"冠军模型"并结合运动员自身特点，找出自身不足，制订相应改进措施。短距离跑的运动成绩由3个主要因素决定：最大前加速能力、获得最大速度和在疲劳发作时保持速度的能力。全程大致可分为起跑（启动期）、起跑后的加速跑（转换期）、途中跑（最大速度期）以及冲刺跑（减速期），通过评估不同阶段的步态特征，为优化全程速度节奏、制订最优的节奏策略提供科学依据。以Optojump为例说明，它是一种由发射杆和接收杆组成的光学测量系统，每一个测量系统都包含96个LED灯。发射杆上的LED灯与接收杆上的LED灯连续通信，通过多组可发光的二极管进行运动学数据的测量，主要测试指标包括步长、腾空时间、触地时间、离地时间、平均速度、单步加速度等，这对于评估短距离跑运动员体能水平具有十分重要的意义。通过解读相关数据可知运动员左右腿的平衡情况、与冠军模型的差距、先前训练效果等，以上述客观数据为支撑可以更好地为下一阶段训练计划的制订提供依据，从而实现高质量的体能训练监控。

（二）某冬季项目的力量训练

力量训练在众多运动项目中都有着关键作用，在该冬季项目中更是如此。运动员从静止位置到启动加速阶段，需要克服身体的惯性，在途中跑阶段又需要协调全身力量，所以对力的产生与输出有着非常高的要求。因此，力量训练对发展运动员加速能力起着不可代替的作用，在短距离跑训练中有重要的地位。力量训练的质量监控策略主要分为主观策略和客观策略。

主观监控策略包括对主观用力程度（RPE）、主观感知疲劳评价（sRPE）、健康问卷（与压力、睡眠、肌肉酸痛等相关的量表）等方面的监控。优点是易于收集和计算，并且可以和其他类型的监控方式相结合；缺点在于如果运动员没有很好地理解，会存在不诚实的可能并且容易受到其他运动员填写等级的影响，不能准确地给出自己的等级。

客观监控策略包括对负荷重量、重复次数、杠铃速度等方面的监控。优点是可以量化训练过程中的实际表现，帮助运动员更好地完成训练；缺点是收集和分析这些数据耗时耗力，不能在所有运动员中普及。近年来随着科学化训练水平的不断提高，力量训练中对杠铃速度的监控不断得到重视，因为发展不同力量类型有着不同的杠铃速度和负荷重量要求。以下肢力量为例，发展绝对力量要求杠铃速度保持在0.5m/s左右，负荷重量控制在80%~100%1RM；而发展速度力量则要求杠铃速度在1~1.3m/s，负荷重量控制在20%~40%1RM。此外，每组力量训练中，次与次之间的杠铃速度损失率也是力量训练质量监控的重点关注方面，因为重复速度损失表明肌肉疲劳的逐渐积累，它可能是抗阻训练刺激机制中的一个重要变量，影响着肌肉的功能和结构以及神经适应。目前监控杠铃速度的仪器很多，常见的有Gymaware、Pushband和带有摄像仪的深蹲架等。

（三）某冬季项目的速耐训练

该冬季项目的能量代谢特点是以磷酸原供能系统和糖酵解供能系统为主，还有极少部分有氧供能系统的参与，人体3个能量代谢系统都参与其中。速耐训练可以提高糖原水解酶的活性，从而发展运动员无氧糖酵解供能能力，这种能力对短距离跑后程表现至关重要。在速耐训练的质量监控中以训练课中的血乳酸浓度的监控为主，进而把控训练课的质量与效果。具体监控手段可分为无创与有创两种形式。无创监控手段以BSXinsight肌氧仪为例说明，该设备由一件可穿在小腿上的弹性护腕，和一个能在护腕后方插座上随意拔插的电子模块组成。检测原理为，通过分析受到肌肉组织代谢活动影响的光线，进而确定肌肉的乳酸水平。有创监控手段主要是便携式乳酸测试仪，通过采取运动员指尖血的形式得到即刻的血乳酸水平。

（四）某冬季项目的有氧训练

该冬季项目的能量代谢具有独特的专项代谢特征，有氧供能系统虽然占比小，但对该冬季项目仍有一定价值。进行有氧训练可以优化训练负荷安排，也可以提高肌肉对酸性环境的缓冲能力，提高机体对乳酸的耐受力，这对于比赛后程的能力发挥具有一定价值。在有氧训练的质量监控中以训练课中的心率监控为主，保证心率处于有氧运动范围。

（五）身体机能的质量监控

运动训练的过程是一个刺激–适应的过程。合理的训练刺激可以使运动员产生积极的适应，进而再接受新的刺激产生新的积极适应，从而提高竞技能力，这是一个正向的循环。相反，不合理的训练刺激会使运动员产生消极的适应，进而导致过度训练和竞技能力下降，甚至引起伤病。由此可见对运动员身体机能监控的重要性，同时这为检验训练效果和制订下一阶段训练计划提供了可靠的依据。在身体机能的质量监控中，主要有CMJ纵跳高度评估、Omegawave竞技状态综合诊断系统以及血液生理生化指标测试等方法。

当运动员由于不合理的训练刺激产生消极适应时，运动员的神经肌肉状态必然会受到影响，而CMJ纵跳测量可被教练用于间接评估与ATP-CP供能系统相关的神经肌肉的功能状态。因此，在训练期间如果既不能准确测量运动员的速度，也不能方便、快捷、准确地测量血乳酸或氨浓度，CMJ纵跳高度评估可以作为监控运动员身体机能的方法。具体来说，通过前期的CMJ测试来确定运动员的纵跳高度基础值，确定之后可以在每天训练课前进行纵跳测试，通过纵跳高度的变化来判断运动员身体机能。CMJ纵跳高度的下降与代谢反应（乳酸和氨）之间有着高度的相关性，教练可以通过CMJ纵跳高度的变化更准确地评估短距离项目训练过程中引起的身体和代谢反应，提醒运动员何时应该调整训练。该方法简单、直接，不需要测量血乳酸或氨浓度，而且比记录冲刺时间更准确，在评估该冬季项目训练过程中产生疲劳的情况时，是一种非常有用和可靠的间接方法。常见的评估工具有Output、Pushband等，均可以用于实现CMJ纵跳高度的评估。但需要注意的是，为确保结果的可信度，要尽可能保证评估设备的一致性。Omegawave竞技状态综合诊断系统作为运动员身体机能监控的重要工具，其准确度也得到了很多体育工作者的认可。该系统通过在训练前测试运动员的心电图和脑电波等分析得出运动员的准备状态和疲劳程度，同时给出训练窗的建议。教练可以此为依据，确定当天各项训练内容的负荷，保证运动员在避免疲劳或损伤的前提下获得最优的训练效益。此外，该系统具有无创、便捷、快速等优点，在运动实践中已广泛应用。血液生理生化指标在身体机能监控中具有重要作用，是反映疲劳状态的经典指标。通过测试血常规、肌酸激酶、尿素氮、睾酮、皮质醇等指标，既可以评价训练效果，又能够很好地反映运动员的身体机能。通过上述几种监控的结合，可以全面系统地对运动员的身体机能做出评价，从而有利于改善训练实践。

小结

体能训练从生理和运动学本质上，与专项训练、专项体能训练、技术训练等其他训练类型是一致的，均需要人体（运动员）完成物理运动（即外部负荷），同时人体在过程中和过程后在生理上和心理上对完成的物理运动产生反应（即内部负荷）。很长时间内，人们关注的是体能训练中产生的内外部负荷，但也应该重视如何产生这些负荷以及运动员以何种质量承受这些负荷。本章中介绍的体能训练质量监控的手段和方法，很多也通用于量化内外部负荷，但是将其糅合成体系从而对训练过程的质量获得把控，是本章强调的重点。

第20章

特殊人群体能训练

李丹阳

知识导图

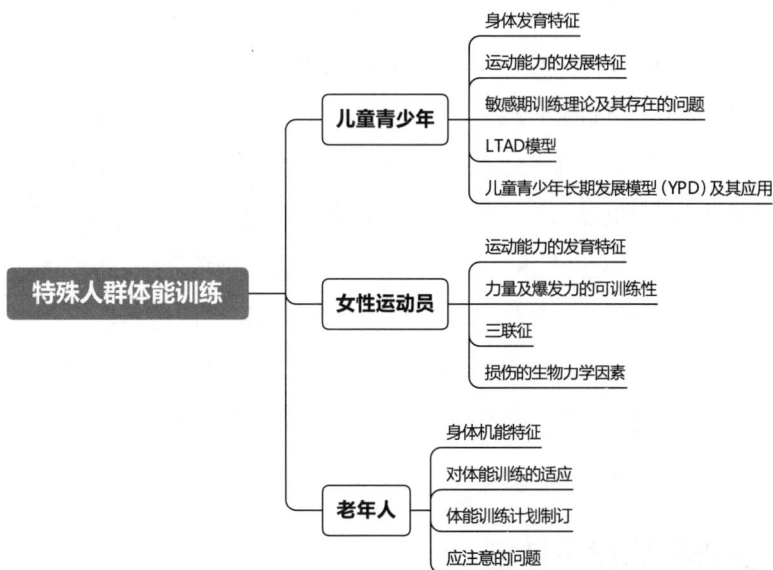

特殊人群体能训练

- 儿童青少年
  - 身体发育特征
  - 运动能力的发展特征
  - 敏感期训练理论及其存在的问题
  - LTAD模型
  - 儿童青少年长期发展模型（YPD）及其应用
- 女性运动员
  - 运动能力的发育特征
  - 力量及爆发力的可训练性
  - 三联征
  - 损伤的生物力学因素
- 老年人
  - 身体机能特征
  - 对体能训练的适应
  - 体能训练计划制订
  - 应注意的问题

特殊人群指儿童青少年、女性和老年人。特殊人群体能训练是科学化的体能训练体系在大众人群中的具体应用，是推进体能训练科学化的应有之举。由于我国特殊人群数量巨大，特殊人群体能训练的科学化关系到青少年体质健康、健康老龄化等重大社会议题。由于理论研究薄弱、原创研究匮乏等，人们对特殊人群体能训练存在一定的认识谬误，因此亟待强化基于循证实践的特殊人群体能训练科学化理论体系建设，并推进其在实践中的应用，为切实践行健康中国、体教融合等国家战略提供有效抓手。

一、儿童青少年体能训练概论

青少年是国家的未来和民族的希望，促进青少年健康是实施健康中国国家战略的重要内容。体育是青少年健康成长不可或缺的重要依托，青少年科学体能训练则是优化青少年体育教育质量、增强体质、强健体魄、塑造坚韧性等优良品格、促进运动技能学习、培育终身运动生活方式、深度推进体教融合的重要抓手。

青少年体能训练科学化为青少年制订精准训练计划、实时评估训练效果、高效调控训练计划、提升体质健康水平等提供理论和方法指引。我国青少年体能训练研究滞后及理论的系统性不足等，严重制约了青少年体能训练的科学化发展。在我国，青少年体能"敏感期"多年来一直被当作指导青少年体能训练的黄金法则。国内学者杨汀男、田麦久、邓树勋、米靖等人从不同角度探讨了青少年敏感期的概念及内涵。目前国内学者普遍认为：青少年体能训练遵循敏感期训练原则，可以获得最大化的训练效益，这种训练益处甚至可延续到成年时期。忽视在敏感期对青少年进行有针对性的体能训练，训练效果就会受到影响，导致难以挖掘青少年整体运动潜力。然而敏感期训练理论在系统性和全面性上不足，对青少年体能训练实践的指导力不足，基于循证的体能训练研究欠缺。根据目前国际上前沿研究成果来看，敏感期训练的部分观点甚至是错误的。敏感期训练理论在特定的历史条件下发挥了积极作用，但随着最近二三十年国际体能训练研究的深入推进，其越来越体现出自身的缺陷。

目前，敏感期训练理论在国内外学界引起越来越多的争议。根据敏感期训练理论，青春期之前并不适宜进行有氧耐力训练和力量训练，这类传统的认识影响了青少年体能训练的科学化发展。传统上将青少年体能训练简化为敏感期训练，是对具有系统性和个性化的青少年体能训练体系的严重误读，忽视了青少年体能训练构成要素的复杂性和训练的科学性。敏感期训练理论已成为横亘在青少年体能训练科学化之路上的"大山"，严重影响到我国青少年体能训练科学体系的构建。青少年不是微缩版的成年人。青少年在心肺机能、运动过程中的新陈代谢和激素反应、肌肉适应以及高强度运动后的恢复方式等方面与成年人有很大差异。在制订青少年体能训练计划时，应基于青少年的动作模式、技术能力、训练年限、成熟度等，遵循科学化的原则。

（一）儿童青少年身体发育特征

儿童青少年和成人之间在解剖、生理和发育上的差异影响着其对运动训练的反应和适应。儿童青少年和成年人生理指标的对比结果如表20-1所示。

表20-1　儿童青少年和成年人生理指标的对比结果

生理指标	比较	生理指标	比较
最大心率	儿童青少年>成年人	糖酵解能力	儿童青少年<成年人
每搏输出量	儿童青少年<成年人	运动乳酸值	儿童青少年<成年人
潮气量	儿童青少年<成年人	无氧能力	儿童青少年<成年人
呼吸频率	儿童青少年>成年人	绝对肌力	儿童青少年<成年人
绝对最大摄氧量	儿童青少年<成年人	运动恢复	儿童青少年>成年人
相对最大摄氧量	儿童青少年>成年人		

儿童青少年静息状态下的三磷酸腺苷（ATP）和磷酸肌酸（CP）水平与成年人相似。就运动相关的无氧代谢而言，儿童青少年肌肉内磷酸肌酸再合成的速度比成年人快，因此儿童青少年进行10s左右的高强度运动是适宜的。但是与成年人相比，儿童青少年的糖酵解供能能力有限。因此不应该指望儿童青少年在持续30~120s的高强度活动中表现得和成年人一样优秀。与年龄有关的肌肉特征（如：肌肉和肌肉中酶的活性）及青春期的激素变化可以解释这些现象。

通常，在进行最大强度运动时，儿童青少年的血乳酸水平比成年人低，这说明他们的糖酵解代谢能力较成年人低。但是儿童青少年和成年人运动后的乳酸消除速率是相近的。此外，儿童青少年与成年人在运动时的心肺反应也存在差异。虽然二者的安静心率接近，但在各种强度下运动时，儿童青少年的心率会比成年人高，而每搏输出量要低。当与成年人进行同样的运动时，儿童青少年表现出较高的心率可能是为了代偿心室体积较小和每搏输出量较低。在儿童青少年运动早期最大心率没有明显变化，在剧烈的身体活动中，儿童青少年的心率每分钟超过200次是很常见的。因此，基于年龄估算最大心率的方法不适用于15岁以下的儿童青少年。

在所有运动强度下，儿童青少年的潮气量较低，呼吸频率较高。健康的儿童青少年在剧烈活动中呼吸频率提高是正常的，因为他们每分钟能够摄入的氧气总量相对较少。但是在最大强度运动中，儿童青少年和成年人相比，每千克体重的每分钟通气量是相近的。

（二）儿童青少年运动能力的发展特征

随着生长发育和生理成熟，儿童青少年的肌肉力量和爆发力、有氧能力都会明显增强。尽管男孩和女孩的变化速度不同，但是从儿童到青少年，男女生的俯卧撑和垂直跳跃等测试的成绩都有所提高。除了与生长发育有关的肌肉体积增加外，运动单位的放电频率、募集或传导速度等神经肌肉变化，以及肌拉力线角度的改变等，都有助于儿童青少年肌肉力量的提升。此外，青春期前的少年儿童的有氧能力也具有一定的可训练性。

青春期前的青少年力量素质是可训练的，且力量素质对青春期前青少年运动技能、爆发力、离心-向心收缩能力、灵敏性、多向速度等多种能力的发展都起着重要作用。根据敏感期训练理论，在青春期之后进行力量训练才能获得较好的训练效应，而在青春期之前进行力量训练则效应一般。目前国际权威观点则认为，对青春期之前的青少年进行力量训练也能获得很好的训练效应。美国国家体能协会于1996年发布的《青少年抗阻训练官方立场和综述》中提出，青少年时期各项身体机能得到迅速发展，青少年在各个时期的力量得到快速发展，不受到生长和成熟的影响。2009年发布的《青少年抗阻训练官方立场》则明确指出，如果在抗阻训练具有足够的强度、训练量和持续一定时间的条件下，儿童和青少年的力量会明显增强，并且超过正常生长发育的水平。其同时指出，青少年通过短期抗阻训练（8~20周），大约可增加30%的肌肉力量，没有训练经历的青少年最高可提高74%的肌肉力量。佩恩（Payne）等在一项荟萃分析中分析了28项研究，以身高速度高峰（peak height velocity，PHV）为基准，分别将受试者划分为年轻组和年长组，其中青春期前的划分为年轻组，青春期后的划分为年长组，平均ES为0.75（0.57），得出的结论是，无论是青春期前还是青春期后的受试者，进行抗阻训练后肌肉力量都会显著增加。此外，劳埃德（Lloyd）等在青少年长期发展模型（YPD）中认为，可以从4岁开始进行抗阻训练。

青春期前青少年的有氧能力是可训练的，且青少年有氧能力训练效应与成年人接近。根据LTAD模型，青少年有氧能力训练的敏感期是从青春期开始的，而在青春期之前进行有氧能力训练则难以获得实质性的训练效应。2014年英国BASES发布了儿童和青少年可训练性的专家声明，认为青少年的有氧能力在青春期前、青春期和青春期后都是可训练的，即青少年有氧能力在青少年整个成熟过程中都是可训练的。运动科学家阿姆斯特朗（Armstrong）和巴克（Barker）对儿童和青少年有氧能力进行了综述研究，认为尽管早期的部分研究支持敏感期训练理论，但可能是各种方法学的限制所致。阿姆斯特朗在研究中观察到，11岁以下的儿童和11岁以上的青少年在训练后最大摄氧量均有所增加。两者最大摄氧量分别增加7.7%和8.6%，且当完成相同的训练计划时，青少年和成年人的适应能力也是相当的。阿姆斯特朗还认为影响儿童和青少年最大摄氧量的可训练性的重要因素可能是儿童和青少年的初始运动水平，即参与体能训练最大的受益者是体能水平相对较低的儿童和青少年。

（三）敏感期训练理论及其存在的问题

1. 基本内涵

苏联学者将敏感期称为Sensitive Period或Critical Period，欧美学者将敏感期称为"加速适应窗口"（Window of Accelerated Adaptation）、"机会之窗"（Windows of Opportunity）、"黄金时期"（Golden Period）或"成熟阈值"（Maturational Threshold）。还有观点认为，"敏感期"并不只是一个阶段，而是连续的几个时间段或时间点，即体能在不同的年龄阶段显示出不同的发展速度，既有阶段性的迅速增长，又会表现出较长时期的缓慢增长趋势。大多数关于敏感期的研究认为青少年进行训练的效应随着青少年成熟度增长而有所增强。

国内学者对体能训练敏感期的表述有很多，包括"身体素质发展的敏感期""身体素质增长敏感期""运动素质发展敏感期"等。王瑞元等在《运动生理学》中将"敏感期"定义为："在不同的年龄段，各项素质增长的速度不同，把身体素质增长快的年龄阶段称为增长敏感期。"田麦久主编的《运动训练学》将"敏感期"定义为："身体素质的增长与生理机能水平的提高基本一致，都存在快速增长的时期，即身体素质发展的关键期"。青少年在敏感期训练会出现适应加速的现象，运动素质不同的青少年最佳敏感期有所不同。

2. 敏感期的基本内涵

基于触发假说，体育运动专家对敏感期做出一定解读并推进其在实践中的应用。对触发假说典型的应用是2004年巴伊（Bayi）和汉密尔顿（Hamilton）提出的"长期运动发展模型"（Long-Term Athlete

Development Model, LTAD）。该模型以青少年自然成长和成熟为重要依托，认为运动技能、速度、力量和有氧耐力等体能素质都存在相对应的"机会之窗"（即窗口期），在窗口期进行适当的训练，可以加速发展青少年多项体能素质。该模型基于实验性观察得出，采用PHV作为参考点来设计敏感期各项运动能力的最佳训练方案，被很多运动队和培训机构采纳。

巴伊认为，青春期前的敏感期是基于实际年龄来确定的，而青春期或之后则是基于青少年的成熟度来确定的，如青少年突增期或PHV出现之时，以及月经初潮之时。根据巴伊模型可知，速度、技能和柔韧性的可训练性是基于实际年龄来确定的，力量和耐力的可训练性是基于个体发育成熟度来确定的。

巴伊明确提出不同运动能力的敏感期。男孩第一个速度敏感期是在7~9岁，第二个速度敏感期是在13~16岁。女孩第一个速度敏感期则是在5~8岁，第二个速度敏感期出现在11~14岁。女孩的力量敏感期是在月经初潮时，而男孩的力量敏感期在PHV之后的12~18个月出现。男孩和女孩的耐力敏感期从青少年突增期开始。男孩和女孩的柔韧性敏感期都出现在6~10岁。虽然在青春期进行柔韧性训练仍然能取得良好的效果，但由于骨骼的快速生长会对肌肉、韧带和肌腱产生应力影响，在进行柔韧性训练时应重视训练的安全性。整个童年时期都是掌握基本动作技能训练的敏感期，其中男孩9~12岁、女孩8~11岁应进行有针对性的柔韧性训练。儿童青少年体能训练敏感期（12个窗口期）如表20-2所示。

表20-2　身体素质敏感期（训练窗口期）年龄区间

运动素质	不同敏感期（训练窗口期）的出现时间			
	男孩		女孩	
柔韧窗口（2个）	第一天窗口期	第二天窗口期	第一天窗口期	第二天窗口期
	5~8周岁	12~14周岁	4~7周岁	11~13周岁
速度窗口（2个）	第一天窗口期	第二天窗口期	第一天窗口期	第二天窗口期
	7~9周岁	13~16周岁	5~8周岁	11~14周岁
技术窗口（2个）	第一天窗口期	第二天窗口期	第一天窗口期	第二天窗口期
	9~12周岁	14~18周岁	7~10周岁	12~16周岁
协调性窗口（1个）	窗口期		窗口期	
	12~14周岁		11~13周岁	
力量窗口（3个阶段）	窗口期第一阶段	窗口期第二阶段	窗口期第三阶段	窗口期第一阶段	窗口期第二阶段	窗口期第三阶段
	12~15周岁	15~20周岁	20~25周岁	10~13周岁	13~18周岁	18~21周岁
	注释：身高突增期后的6~12个月是第一个敏感期，增长速度最快。后期两个阶段增长速度逐渐放缓			注释：身高突增期或月经初潮后是第一个敏感期，增长速度最快。后期两个阶段增长速度逐渐放缓		
耐力窗口（2个）	12~14周岁	17~22周岁	11~13周岁	16~21周岁
爆发力窗口（1个）	16~22周岁		15~21周岁	

3. 敏感期训练理论存在的问题

（1）缺少循证证据的支持。循证体能训练（Evidence-Based Strength and Conditioning Training, EBSCT）是基于当前同行评议的研究及复合型训练团队专业判断而获得的证据，兼顾运动员的价值观、训练环境和硬件条件，来训练运动员的系统方法。循证体能训练在融合了多学科的知识、教练员的执教经验基础上，兼顾训练的硬件条件和团队价值观，同时筛选适宜的、有指导力的权威证据来指导训练计划过程控制中的"复杂决策"，包括对制订训练计划涉及的多重要素进行长期的动态调控。其涉及的要素包括：训练方式、训练负荷强度、训练组数、每组训练次数、间歇时间，以及不同训练内容之间的冲突和整合、过度疲劳的监控等。与循证体能训练相对应的是经验性训练和教条式训练，这两种都很难满足科学化的真正需要。敏感期训练理论主要是基于观察到的现象和个别经验得出的结论，缺少循证证据支持，对不同年龄青少年不同运动能力的可训练性、训练后的短期和长期生理适应、训练负荷的调控、针对不同发育度及具备不同动作技能的青少年怎样制订精准训练计划等缺少系统、全面、准确的科学原理支撑。敏感期训练理论对于青少年练什么、怎么练，为什么练，怎样选择训练方法和手段，怎样把控训练量和训练强度，怎样测评训练效果等缺少系统的科学理论指引，进而导致出现诸多认识谬误，包括但不限于：青少年（青春期前）不适宜进行力量训练、青少年（青春期前）不能进行耐力训练、青春期前不适宜进行杠铃训练、青少年进行力量训练容易受伤等。这严重影响了青少年体能训练科学化。与之形成鲜明对比的是，基于大量循证证据，儿童青少年（青春期前）适宜进行力量训练、青少年（青春期前）可以进行有氧耐力训练。

（2）忽视体能训练的系统性。敏感期训练理论忽视体能训练的系统性主要体现在以下方面。第一，特定时段的训练构成要素缺少系统性。以6~11岁为例，基于敏感期训练理论，在该年龄段应进行动作速度、反应速度及运动技术训练，但并没有明确提出还应训练哪些运动能力。实际上，青春期前的青少年可以进行力量训练，并且力量训练的效应与成年人相近。力量构成动作速度、反应速度等无氧能力的基础。青春期前的青少年适宜进行运动技术训练，而力量训练对于这个阶段青少年运动技术学习的贡献率达到50%，力量训练缺失会导致儿童青少年神经肌肉控制、肌肉肌腱、动作模式、肢体间的协调、肌力平衡、肌肉张力、肌肉离心－向心收缩等方面受到影响，进而影响完成运动技术所需要的身体控制力。第二，整个青少年时期，特定运动能力的训练缺少系统性。以力量训练为例，如果在青春期的突增期可以进行力量训练，青春期之前能否进行力量训练？如果在青春期之前可以进行训练，怎样系统制订贯穿整个青少年的力量训练计划等，敏感期训练理论未给出明确的指导。青春期前的儿童青少年能否进行杠铃训练、怎样进行杠铃训练？敏感期训练理论也没有提出明确的建议。第三，青少年体能训练的方法与手段成人化。受多种因素的影响，人们习惯性地将成人化的训练动作应用于青少年，忽视了基于青少年的发育进展、动作技能和运动能力基础及基于精细化的体能测试与评价，来选择训练的起始动作和调控进阶动作。青少年不是微缩版的成年人，应在动作评估的基础上确定适宜的训练动作，系统地建立提升特定运动能力的动作库。首先，基于循证实践，明确不同阶段训练的运动能力；其次，基于全面测评，明确不同运动能力训练的起始动作和进退阶动作。再次，从动作模式的角度来优化不同运动能力的整合效应，如果一节训练课中包含快速伸缩复合训练和抗阻训练，若要进行下肢"蹲"抗阻训练，应在抗阻训练之前设计"蹲"的动作，从双腿蹲、保加利亚蹲到单腿蹲，从低冲击力到高冲击力、从低动作难度到高动作难度来规划训练动作。最后，青少年体能训练的测评及训练负荷管理方面缺乏明确指南。"没有测评，就没有训练"，强调了科学化的体能测试对于制订精准体能训练计划的重要性。而青少年体能训练系统尚未建立，也就是不同阶段练什么尚未形成共识，这导致儿童青少年测试什么、怎么测等方面不明确，影响实践层面测试标准的制定、测试方法的选择和测试工具的筛选等，对儿童青少年体能训练的系统化、精细化和科学化产生消极影响。

（3）忽视不同运动素质间的交互影响。一般认为体能包括3个层面——身体形态、身体机能及运动素质，三者之间产生交互影响。身体机能是运动素质的重要支撑，运动素质反映身体机能，运动素质训练塑造身体形态，身体形态在一定程度上反映运动素质。运动素质训练构成要素包括力量训练、灵敏训练、速度训练、耐力训练、快速伸缩复合训练等，此后又将核心区训练、功能性训练等纳入体能训练，使得运动素质的构成要素增多，不同要素之间呈现出层次的模糊性、动态变化性及相互影响的复杂性等。

（4）忽视身体机能发展的非线性。儿童青少年不能直接套用成年人的训练动作，因为儿童青少年的身体机能、运动能力、心理适应等方面与成年人有很大的差异，呈现出非线性特征。二者的差异性主要体现在以下方面。第一，儿童青少年的身体机能还在快速发育之中，与成年人相差甚远。第二，儿童青少年在肌肉的结构、功能和激活模式，骨骼的刚度，关节的灵活性和稳定性等方面与成年人也有明显的差距。第三，儿童青少年的有氧能力相对较强，与成年人相比，能够更快从高强度训练中恢复。第四，儿童青少年神经肌肉控制力，以及建立在其基础上的力量、爆发力、离心-向心工作能力、运动技能，与成年人差距明显。非线性特征主要体现在以下方面。第一，儿童青少年的神经系统、骨骼系统、肌肉系统等发育呈现出非线性特征。第二，儿童青少年的力量、爆发力、速度、灵敏等运动能力的发展呈现非线性特征。第三，儿童青少年的动作控制能力的发展也呈现出非线性特征，动作控制能力包括动作轨迹、速度特征、发力率、动作节奏、准确性、持续性及运动经济性等。

（5）割裂幼儿、儿童及青少年阶段的训练。自出生以来，幼儿就开始系统的动作进化，儿童青少年先后发展反射性动作、粗大动作技能（稳定性动作、移动动作、操控性动作）、基本动作技能、专项动作技能。随着年龄增长，儿童青少年进行的体育活动越来越多样化，完成动作的质量也越来越高，伴随着神经系统、肌肉系统、骨骼系统等机能系统发育的加快，能够完成的动作技能组合也越来越多，特定动作功率输出越来越大，身体对抗阻力的能力及承受冲击力的能力越来越强，因此儿童青少年能够完成的运动技能越来越多样化。幼儿、儿童及青少年训练割裂体现在以下方面。第一，动作技能与运动能力训练割裂。儿童青少年早期的动作技能与体能训练构成了一个完整的训练系统，两者看似有所不同，实则都是神经肌肉控制训练，动作技能是进行系统体能训练的基础，系统的体能训练则能优化动作技能。基本动作技能是儿童青少年高效、精细及在相对复杂的条件下完成粗大动作的能力，是完成多种运动技能的基础，为儿童青少年进行更高水平的体育活动奠定基础。在有针对性地制订训练计划的情况下，儿童青少年的粗大动作技能、基本动作技能都具有一定的可训练性。其中训练的关键在于抓住动作控制的本质——神经肌肉功能，通过构建整合性的神经肌肉训练系统，包括与多样化的动作技能相关的运动，以及抗阻训练、协调性训练、速度和灵敏性训练，有效地提升儿童青少年动作技能。第二，儿童青少年不同阶段之间的割裂。具体表现为幼儿、儿童到青少年先后经历幼儿园、小学和中学导致不同阶段的体育运动之间缺少衔接，影响了训练的连续性。其中，由于动作技能和运动能力测评的欠缺、不同年龄青少年发育进展的差异等，儿童青少年在跨度较长的时期内的训练碎片化影响了训练的系统化。综上，基于动作技能的发展，儿童青少年体能训练构成一个有机的训练系统，儿童阶段的动作技能发展影响了运动技能的学习和控制,进而对以动作技能为基础的抗阻训练、快速伸缩复合训练、速度训练、核心区训练等造成影响。

(6)割裂体能训练和运动技能训练。体能和技能作为竞技能力的构成要素,两者相互影响,产生交互影响效应。运动训练的重点是强化体能、技术及其他竞技能力要素的整合,不断优化多重竞技能力要素之间的整体效应。在实践层面出现"体能训练技术化,技术训练战术化,战术训练体能化"的说法。由于敏感期训练理论未能深入认识竞技能力构成要素之间的复杂关系,从而在实践应用层面缺少明确的实现路径,一定程度上造成体能和技能之间的割裂,这也影响到儿童青少年的运动训练科学化水平。

运动技能是特定运动项目中所体现出来的个性化的动作控制能力,特定的运动技能包括动作轨迹、动作幅度、动作速度、动作节奏、发力率变化等。绝大多数运动技能的发挥建立在多关节、多肌肉协同参与及动力链高效传递基础上,涉及髋关节、膝关节、踝关节、核心区和肩关节复合体,体现为身体重心控制、运动方位变化、单双腿的交替和协同运动等。以篮球的跳投为例,跳投中球员要在复杂对抗环境下完成身体对抗、多方向移动或灵敏性动作,最后在起跳基础上(离心-向心)进行投篮,投篮动作体现为多关节和多肌群的协同运动,其中神经控制是核心,综合体现为精细化的力量释放和精准的方向控制。动作技能的学习和发挥依赖于全面的运动能力。儿童青少年进行运动技能训练时往往忽视了体能训练,导致运动能力薄弱,特别是力量薄弱而影响身体移动、关节功能、肌肉内外部协调等,直接影响运动技能的学习和发挥。

(四)LTAD模型

30多年前,敏感期训练理论提出后,在国际上产生很大的影响,基于当时的研究进展和认知水平,人们普遍将敏感期训练理论作为指导青少年体能训练的黄金法则。加拿大专家巴伊等基于敏感期训练理论,于2004年创建长期运动发展模型(LTAD模型),因为该模型将儿童和青少年囊括其中,于是该模型中关于儿童时期到青少年时期的指南被单独列出,作为儿童青少年体能训练指南,在全球得以广泛传播,并发挥着很大的影响力。LTAD模型以大量的实践经验为基础,以PHV为参照来制订敏感期相对应的长期训练计划。LTAD模型是敏感期训练理论的典型代表,被部分欧美的运动队广泛采用,将其作为青少年运动员科学化训练的重要基石,以培养优秀的青少年运动员。

该模型主要分为6个阶段,分别为基础趣味阶段、学习训练阶段、为训练而训练阶段、为比赛而训练阶段、为赢而训练的阶段、竞技能力保持训练阶段。前3个阶段涉及儿童青少年,后3个阶段主要是青少年到成年人的过渡训练阶段。第一阶段为基础趣味阶段(男孩,6~9岁;女孩,6~8岁),强调青少年身体能力与基本动作技能的全面发展,主张青少年参与多种不同的运动,在以玩乐为主的运动中培养速度、爆发力和耐力。该阶段会出现速度敏感期(男孩在7~9岁,女孩在6~8岁),同时该阶段的力量训练以克服自身的体重或使用药球和瑞士球等方式进行练习。第二阶段为学习训练阶段(男孩,9~12岁;女孩,8~11岁),注重全面的运动能力训练,该阶段也是专项性的运动技能发展的敏感期,在该阶段习得的运动技能是运动员发展的基石。第三阶段是为训练而训练阶段(男孩,12~16岁;女孩,11~15岁),该阶段是有氧能力和力量敏感期。其中,最佳有氧能力训练从PHV开始或从青春期突增期开始,此时还应进一步发展专项运动技能、速度和力量。女孩的力量敏感期在月经初潮时,男孩则是在PHV之后的12~18个月。其中,有氧能力和力量敏感期都取决于青少年的成熟水平,因此早熟、正常或晚熟者的敏感期有所不同。

　　LTAD模型考虑到儿童青少年的成熟对其生长发育带来的影响，同时基于敏感期训练理论，为儿童青少年的运动发展构建了系统且全面的发展框架。LTAD模型表明，在儿童青少年时期存在着关键的"机会之窗"，此时儿童和青少年对训练诱导的适应更为敏感，如果不能使用这些窗口，将导致未来运动潜力的发展受到限制。LTAD模型是主要基于理论研究构架的应用模型，没有突破传统敏感期训练理论，缺乏纵向研究证据及循证证据的支持。

（五）儿童青少年长期发展模型（YPD）及其应用

　　儿童青少年长期发展模型（YPD）由英国专家劳埃德（Lloyd）和奥利弗（Oliver）于2012年创建，目的是通过构建系统化、科学化、结构化的青少年体能训练模型，为年龄跨度较大的青少年体能训练提供基于循证理论的指导。YPD从年龄阶段划分、生长发育的速率、成熟状态、体能训练的适应机制、系统训练的运动能力及训练的结构化等方面为儿童青少年体能训练科学化提供了理论指导和应用指南。YPD基于循证证据和运动科学原理提出：无论发育成熟度如何，儿童青少年可以进行几乎所有运动能力训练。这突破了对儿童青少年体能训练的固有认识，特别是冲击了敏感期训练理论，为深入认识儿童青少年体能训练长期化、系统化和科学化提供了有效指引。

　　LTAD模型以年龄进行阶段划分，同时主要依托经验和观察到的现象来构建青少年体能训练理论，缺少循证证据支持，难以指导青少年体能训练计划的制订。基于敏感期训练理论的LTAD模型因在理论指导和实践应用上出现问题，受到越来越多专家的质疑。而英国专家劳埃德和奥利弗根据国际上的权威研究成果，重点以循证研究为依托，构建的YPD，为年轻运动员运动能力的系统发展提供了科学理论基础更坚实且合乎逻辑的新方法。YPD从发育速率、发育成熟度、训练适应性机制、系统训练的运动能力、训练的结构性等方面为儿童青少年提供系统、全面、长期的训练指南（图20-1、图20-2）。

实际年龄（岁）	2	3	4	5	6	7	8	9	10	11	12	13	14	15	16	17	18	19	20	21+
年龄段	儿童时期早期			儿童时期中期							青少年时期									成年时期
生长率	迅速生长			稳定生长			迅猛生长				生长速度减慢									
成熟度	前身高增长峰值时期			身高增长峰值时期							后身高增长峰值时期									
训练适应度	神经主导（与年龄相关）			神经与激素相结合（与成熟度有关）																
身体素质	基本动作技能++++			基本动作技能++++				基本动作技能++			基本动作技能++									
	专项运动技能+			专项运动技能++				专项运动技能+++			专项运动技能++++									
	移动能力++			移动能力+++							移动能力++									
	灵敏性++			灵敏性++++							灵敏性++++				灵敏性+++					
	速度++			速度++++							速度++++				速度+++					
	爆发力++			爆发力++++							爆发力++++				爆发力++++					
	力量++++			力量++++							力量++++				力量++++					
	肌肥大训练+										肌肥大训练+		肌肥大训练+++							肌肥大训练++
	耐力和代谢调节+			耐力和代谢调节+								耐力和代谢调节+			耐力和代谢调节+++					
训练结构	未结构化			结构化程度低							结构化程度中等			结构化程度高			结构化程度很高			

注："+"数量代表身体素质发展的重要程度；底色为浅色的方框代表青春期前的适应期，底色为深色的方框代表青春期的适应期。

图20-1　YPD（男性）

实际年龄（岁）	2	3	4	5	6	7	8	9	10	11	12	13	14	15	16	17	18	19	20	21+
年龄段	儿童时期早期			儿童时期中期					青少年时期									成年时期		
生长率	迅速生长			稳定生长					迅猛生长				生长速度减慢							
成熟度	前身高增长峰值时期			身高增长峰值时期					后身高增长峰值时期											
训练适应度	神经主导（与年龄相关）								神经与激素相结合（与成熟度有关）											
身体素质	基本动作技能++++			基本动作技能++++			基本动作技能++		基本动作技能++											
	专项运动技能+			专项运动技能++			专项运动技能+++		专项运动技能++++											
	移动能力++			移动能力+++					移动能力++											
	灵敏性++			灵敏性++++					灵敏性++++						灵敏性+++					
	速度++			速度++++					速度++++						速度+++					
	爆发力++			爆发力+++					爆发力++++						爆发力++++					
	力量++++			力量++++					力量++++						力量++++					
	肌肥大训练+								肌肥大训练+		肌肥大训练++++							肌肥大训练++		
	耐力和代谢调节+			耐力和代谢调节+					耐力和代谢调节+							耐力和代谢调节+++				
训练结构	未结构化			结构化程度低					结构化程度中等				结构化程度高				结构化程度很高			

注："+"数量代表身体素质发展的重要程度；底色为浅色的方框代表青春期前的适应期，底色为深色的方框代表青春期的适应期。

图20-2　YPD（女性）

1. 运动技能

儿童时期是大脑发育的关键时期，感觉运动皮质处于加速发展状态，这对儿童神经肌肉协调控制、动作技能学习、运动技能学习产生积极影响。儿童时期中枢神经系统发育迅猛，神经的可塑性强，儿童青少年动作技能发展空间大。动作技能的熟练化、适当的整合抗阻训练促进了儿童运动技能的学习与控制。根据运动能力障碍假说，早期动作技能不足会妨碍后期复杂动作模式的学习。有研究指出，早期动作技能学习有助于完成复杂且具有挑战性的组合动作的优化控制，有助于挖掘和提升运动能力。

研究表明，基础动作技能（FMS）是儿童青少年在安全有趣的环境中掌握正确的运动模式的基础，同时也是儿童青少年后期高效完成更复杂动作的基础。FMS被视为特定运动模式的基石，也是儿童发展粗大动作技能的基础。FMS应纳入所有年龄段的儿童青少年体能训练计划之中。根据YPD模型，FMS和专项运动技能（SSS）在整个儿童青少年体能训练中都一直存在，但对这两者的训练因发展阶段的不同而不同。青春期之前，应重点强化FMS训练，从青春期开始，青少年应投入更多的时间来训练SSS。此外，在FMS和SSS之间还有一个重要的过渡——FSS，即多样化的运动技能。FSS成为FMS和SSS之间的桥梁，FSS训练要求儿童青少年参与多样化的运动项目、避免位置过早固定化、避免同一位置角色过早固定化、主动适应不同的训练环境（陆地、冰雪、水环境）等，旨在满足动作技能应用不可预测、千变万化的需要。

实际上，在一定的动作技能基础上，具备较高体育素养的儿童青少年能够及时调整和调用已经掌握的丰富的动作技能以应对训练和真实比赛环境的需要。儿童时期，中枢神经系统发育迅猛，神经可塑性较强。这个时期动作技能发展空间大，通过对多样化的动作技能进行反复练习，儿童在完成动作中的快速决策能力得以发展，本体感知觉能力得以提升。研究指出，儿童时期进行丰富多彩的体育活动，可以促进动作技能的发展，并且降低早期专项化训练所带来的风险。通过参与不同形式的体育活动，儿童青少年的模式识别、手眼协调和认知能力得以发展。大量的身体活动使儿童在相关运动中选择性地调用相关动作技能，最终促进专项表现水平提升。尽管青春期前儿童前额叶认知控制的激活模式不成熟，导致动作控制存在一定的不稳定性，但是他们比青少年和成年人有更大的提升空间来建立新的突触通路。

2. 力量及爆发力训练

基于敏感期训练理论，青春期之前的儿童青少年不宜进行力量训练，主要原因是力量训练容易导致受伤，且力量训练的效应较差。LTAD模型认为，青少年力量发展的窗口期在PHV后12~18个月，其理论依据是这个阶段青少年的雄性激素增加导致肌肉质量快速增加及力量提升，青春期前的青少年由于激素水平低，力量训练的效应差，因此不提倡青春期前的青少年进行力量训练。受敏感期训练理论和LTAD模型大规模推广应用的影响，人们对儿童青少年力量训练产生了诸多认识谬误，影响了力量训练的科学化发展，并对青少年体能训练实践产生消极影响。后续的研究发现，儿童青少年进行力量训练导致受伤的概率比进行集体球类项目低，在专业人员的指导下，儿童青少年可以安全有效地进行力量训练。

基于YPD模型，儿童青少年在任何时期都可以进行与之相适应的力量训练，力量训练应该纳入儿童青少年所有阶段的体能训练计划之中。青春期前后的青少年进行力量训练都具有很好的效果，影响儿童青少年力量提升的机制主要为神经机能和激素效应，其中影响青春期之前的青少年力量增加的机制是神经机能，青春期及之后的青少年则受到神经机能和激素效应的双重影响。传统上，人们普遍认为青春期及之后的青少年进行力量训练会获得较好的训练效应，主要机制在于伴随着青少年快速生长发育，雄性激素水平的快速提高为肌肉围度的增大提供可能。研究认为，青春期前的青少年进行系统的力量训练后，最大力量可以提升30%~50%，甚至最高达到70%。有专家认为，青少年（包括青春期前的青少年）进行力量训练的效应甚至与成年人相近。此外，青少年进行力量训练不仅可以有效提升基础力量，还对速度、爆发力、灵敏性、多向速度、SSC和耐力产生积极影响。

高水平的爆发力对于从事竞技运动训练至关重要。敏感期训练理论和LTAD模型并没有重视爆发力训练，其中LTAD模型提出对16岁以后的青少年进行爆发力训练。YPD模型显示，整个儿童青少年时期都可以进行爆发力训练，受青少年生长发育的影响，青春期前后爆发力提升的主要机制有所不同。研究表明，青少年在进行爆发力训练之前要具备一定的基础力量，以便为爆发力训练打下基础。

儿童青少年进行力量和爆发力训练可以增强神经肌肉的适应能力，刺激并提高肌肉组织间的协调和平衡能力。研究表明，儿童青少年应该进行系统的抗阻训练，充分利用发育过程中的神经肌肉的可塑性，增加爆发力、增强力量和提高运动经济性。青少年运动技能的形成和发展受到人体三个系统的影响，分别是神经系统、肌肉系统和骨骼系统。比较而言，肌肉系统在青春期之前的青少年中的发展速度最慢。儿童青少年力量、爆发力训练成为影响运动技能形成和发展的关键，力量和爆发力是运动中身体重心和身体中心的调控、运动方位的变化、单双腿的交替运动、身体力量链的传递等的基础。儿童青少年进行抗阻训练对于充分挖掘运动潜能、降低运动损伤风险、改善运动技术学习效果等发挥着至关重要的作用。

3. 肌肉肥大

YPD模型表明，在男性运动员13岁左右，女性运动员12岁左右开始着重进行肌肉肥大训练。青春期前后的青少年进行体育运动的适应机制主要为激素适应和神经适应，其中循环睾酮和生长激素的水平随着青春期生长激增而迅速升高。此外，血清睾酮、雌二醇和黄体酮浓度的升高与刺激蛋白质合成途径增加有关。青春期之前的青少年进行抗阻训练的适应机制表现为神经适应，也有研究通过磁共振发现，青春期前的青少年也表现为一定程度的肌肉肥大。在YPD模型中，青春期前侧重于在动作模式基础上进行中等强度的抗阻训练来优化神经肌肉功能，青春期及之后则应加大抗阻训练的负荷，不断提升瘦体重来增加肌肉质量和增强爆发力，进而改善整体运动表现。

4. 速度

速度是青少年运动能力的重要构成要素，青少年时期速度能力不足，往往会限制青少年成年后的发展。加速能力和高速能力是速度素质的重要构成要素，是区分不同水平运动员的重要标志。YPD模型认为，任何时期的儿童青少年都可以进行速度训练。儿童青少年的速度素质的提高具有非线性的特点。有学者提出，青少年在5~9岁出现速度素质发展的突增期，主要原因在于中枢神经系统快速发展，随着进入青春期，雄性激素增加和瘦体重增加对速度素质提升产生直接的影响。实际上，速度素质综合反映青少年的神经肌肉控制、身体协调、动态平衡、核心区控制、关节功能、肌力平衡等。青少年速度素质的发展受4个因素的影响：四肢长度和肌肉围度、机体的生理和代谢特征、肌肉和肌腱的形态变化、动作发育及生物力学特征。上述4个因素的交互作用，以及自然生长发育，综合影响了青少年的速度素质发展。加速度和最大速度受到对地冲量、力量生成率、下肢刚度等因素的影响。研究表明，专项和非专项速度训练对不同成熟度的青少年都有效，其中非专项训练主要是指抗阻训练和快速伸缩复合训练等。

5. 灵敏性

灵敏性是一种复合性的运动能力，是在一定外在环境刺激下，进行快速、有节奏及高度控制的身体移动的能力，包括改变方向、加减速及制动等。灵敏性受到运动视觉、认知能力、爆发力、步法、下肢SSC等因素的影响。高水平的灵敏性应基于实时变化的专项运动情景，根据比赛中感知的信息和技战术的需要，以最合适的速度，准确、有效并且有控制性地完成专项动作，从而实现运动表现最优化。YPD模型认为，任何年龄段的青少年都可以进行灵敏性训练，可以通过抗阻训练和快速伸缩复合训练等来提高灵敏性。此外，对青春期之前的青少年来说，由于正处于中枢神经系统快速发育的时期，要重视对其进行快速感知觉、高效决策和动态动作程序训练，强化对认知能力和变向及移动能力的整合训练。

认知功能是影响青少年灵敏性的重要因素。谢泼德（Sheppard）等专家认为，视觉扫描、情境知识、模式识别和预期质量等影响灵敏性训练的质量和运动员在比赛中的发挥。认知功能主要体现为运动员要基于特定项目的技术特征、战术需求和对手的特征、赛场环境的变化等实时做出判断、决策等。比赛过程中实时的情景变化影响了灵敏性的发挥。由于青少年时期，特别是青春期之前是中枢神经系统快速发育的时期，在这个时期对青少年进行灵敏性训练，可以高效整合基本动作技能、力量和爆发力、灵敏性、运动技能与认知功能，提高训练的整体性。

需要注意的是，青春期之前的青少年可能因为力量和爆发力、动作技能等方面的缺陷而导致动态中的动作模式出现问题，在这种情况下若要进行灵敏性训练，应先评估和纠正动作模式，形成基本的动态动作控制能力，接着强化认知功能训练，并逐步进行整合训练。

6. 柔韧性

柔韧性从结构上来讲是指一个关节或多个关节的活动范围（ROM）；从功能上来讲，是指关节在全活动范围内流畅移动的能力。对运动员来说,具有在最佳关节活动范围内自由并高效移动的能力是十分重要的,因此关节灵活性不仅指关节结构上的柔韧性,还指在特定的关节力量、协调及运动控制前提下以预定的速度、正确的顺序、特定的时间在既定方向上高效准确地运动的能力。因此,柔韧性是指在一定运动速度、一定负荷下,完成特定动作过程中所表现的关节活动范围,体现出关节柔韧性、灵活性和稳定性的高度统一。YPD模型认为,柔韧性训练是儿童青少年体能训练的重要构成部分,适用于任何时期的青少年。青少年的柔韧性与力量、关节功能、骨骼健康、神经机能密切相关。对力量相对较差的青少年来说,进行柔韧性训练时要注意避免柔韧性过度发展;对进入青春期的青少年来说,则要加强柔韧性训练,以有效应对"青春期笨拙"。

7. 耐力和代谢能力

"触发假说"认为,在青春期开始和雄性激素增加之前儿童青少年对训练没有反应,目前这个假说已被推翻。目前有大量的研究认为,青春期之前的青少年对有氧训练存在一定的适应性,不同阶段儿童青少年的峰值摄氧量都可以提升。影响耐力的3个因素为:峰值摄氧量(VO_{2peak})、无氧阈、运动经济性(Economy)。其中峰值摄氧量是耐力的决定性因素,是心输出量、肌肉摄取和利用氧气能力共同作用的结果,心输出量是峰值摄氧量的决定性因素,反映心脏向工作肌群输送氧气的能力。随着生长和成熟,心输出量随着体型、心脏容积和血容量的增长而增加,峰值摄氧量和耐力表现出现较大幅度的增长。男孩比女孩更明显,男孩和女孩的峰值摄氧量的绝对值在8~16岁分别增加150%和80%。关于儿童青少年峰值摄氧量可塑性的研究表明,无论男孩还是女孩,短期训练干预通常能够提高5%~8%的峰值摄氧量。青春期前青少年糖酵解供能水平较低,更依赖有氧供能进行体育运动。这也意味着青春期前青少年在运动过程中产生的乳酸更少,疲劳更少,恢复得更快。

YPD模型认为,无论成熟度如何,大多数运动能力在整个儿童青少年时期都是可训练的。具体表现在以下方面:第一,儿童青少年在任何时期进行全面的体能训练,都可以获得一定的收益;第二,儿童青少年在整个生长发育阶段对特定的运动能力进行有针对性的训练,都可以获得一定的效果;第三,回归常识,进入青春期之后青少年的训练适应加快,非但不能忽视非青春期的训练,还应强化青春期和非青春期训练的整合;第四,儿童青少年不是微缩版的成年人,不能将训练成年人的方式生搬硬套到儿童青少年的训练中,犯"经验主导性"错误。

二、女性运动员体能训练

由于受到传统认识的影响,女性很少进行高强度的抗阻训练和无氧训练。如今,越来越多的研究证实,设计合理的训练计划能够提高女性运动员的适应能力、运动能力,且有益健康。力量训练、快速伸缩复合训练以及动态平衡训练能提升力量、提升短跑速度,还能提高弹跳和专项能力水平。此外,训练有素的女性运动员能够有效提高落地控制能力,降低损伤风险。未经训练的女性与训练有素的女性运动员相比,膝关节损伤发生率高3.6倍。

力量训练除了能提升女性运动员的运动表现,还对健康产生诸多深远影响,包括强健骨骼与结缔组织、提高关节稳定性、降低体脂率以及提高瘦体重。体能教练应了解女性运动员的身体特征、身体成分、生物力学以及训练适应等方面的性别差异，进而应用于训练实践，并能通过合理设计与评估监控提高运动员的运动成绩。

（一）运动能力的发育特征

和男性相比，女性肌肉质量增长高峰期来得更早（女性16~20岁，男性18~25岁）。在青春期，激素浓度存在性别差异。男孩体内睾酮、生长素和胰岛素样生长因子的激增会引起肌肉质量明显增长。相比之下，女孩因雌激素大量分泌出现骨盆增宽、乳房发育、体脂增加，而肌肉质量仅有小幅增长。通常情况下，女性肌肉质量偏低的主要原因是睾酮水平仅为男性的1/10。一般女性肌力会在20岁左右达到顶峰。儿童期，男孩和女孩的肌力差异微乎其微。青年女性肌力会在PHV后达到最大值。PHV过后，男性力量水平还会因为激素变化引起的神经肌肉系统适应而继续提高。相反，年轻女性肌力的正常发展在青春期会经历停滞期，这可能会对运动表现和受伤风险带来影响。

（二）力量及爆发力的可训练性

成年女性的绝对力量一般是男性的2/3。与上肢绝对力量相比，女性下肢绝对力量更接近男性，身体成分、人体测量特征和无脂肪质量分布等在性别上的差异（女性腰部以上肌肉质量往往较小）是主要原因，这在业余运动员和专业运动员中都表现明显。和绝对力量不同，女性相对力量与男性的差异明显缩小。体重相近的女性和男性的下肢相对力量相近，但女性上肢相对力量依然偏弱。当瘦体重相近时，女性和男性之间的力量几乎没有差异。女性和男性单位肌肉力量并不存在显著差异，这也说明性别差异对肌肉工作能力（单位横截面积的最大肌力）影响不大。尽管男、女肌纤维类型比例和生化特征相差无几，但男性肌肉横截面积还是比女性略大。

1. 最大力量

肌肉力量是机体对抗外界阻力的能力，根据不同体育项目的需要，运动员可能需要控制自身对抗重力（如短跑、体操等）、对手（如英式橄榄球、摔跤等）或外界物体（如足球、杠铃等），而肌肉力量的大小是决定运动员运动表现的主要因素。抗阻训练中通过改变训练强度、训练频率及持续时间可以提高不同项目（表20-3）和不同水平的女性运动员的肌肉力量。

表20-3　抗阻训练对肌肉力量影响的相关研究

研究文献	研究对象	训练计划	研究结果
维克莫恩等人	自行车、长跑运动员	11周，2次/周。第1周~第3周，10RM和6RM；第4周~第6周，8RM和5RM；第7周~第11周，6RM和4RM	深蹲1RM提高40.4%
斯托伦等人	长跑运动员	8周，3次/周，4组4RM半蹲，5次/组，每组递增2.5kg，组间休息3min	半蹲1RM提高33.2%、最大发力率提高26.0%、跑步经济性提高5.0%
维克莫恩等人	自行车运动员	11周，2次/周。第1周~第3周，10RM和6RM；第4周~第6周，8RM和5RM；第7周~第11周，6RM和4RM	腿举1RM增加39%；自行车运动经济性提高
凯尔等人	非运动员	12周，第1周~第2周，3次/周；第3周~第12周，4次/周，强度69.7%1RM	肌肉力量增加，男性绝对力量比女性强，但相对力量无差异

续表

研究文献	研究对象	训练计划	研究结果
凯利等人	业余训练者	10周，3次/周。强度：第1周，1RM的60%~70%；第2周，1RM的70%~80%；第3周~第10周，1RM的85%及以上	深蹲1RM提高了17.9%，卧推力量增加了11.9%
马克斯等人	排球运动员	力量和投掷药球，8周，2次/周，3组，3~6次/组	卧推和深蹲的力量分别提高了15%和11.5%
维安纳等人	足球运动员	8周，2次/周，负荷递增	腘绳肌力量增加

维克莫恩（Vikmoen）等人对女性耐力运动员（自行车、长跑运动员）进行为期11周的渐进式力量训练，每周2次，第1周~第3周负荷为10RM和6RM，第4周~第6周负荷为8RM和5RM，第7周~第11周负荷为6RM和4RM，研究发现女性耐力运动员的深蹲1RM提高了40.4%。斯托伦（Støren）等对长跑运动员进行为期8周，3次/周的渐进式半蹲最大力量训练，发现长跑运动员半蹲1RM提高33.2%、最大发力率提高26.0%、跑步经济性提高5.0%。维克莫恩等对女性自行车运动员进行为期11周，2次/周的力量训练后，发现女性自行车运动员腿举1RM增加39%。凯利（Kelly）等人对女性业余训练者进行为期10周，3次/周的力量训练，研究认为相比对照组，实验组深蹲1RM提高了17.9%，卧推力量增加了11.9%。在凯尔（Kell）等人的一项研究中，男性和女性在经过12周相同的传统周期性抗阻训练计划后，女性似乎比男性对训练计划更敏感，并获得了更大的相对力量增益。综上，抗阻训练对运动员人群和业余训练者的力量均可起到积极的提升效果。

2. 爆发力训练

爆发力主要反映运动员在短时间内产生高机械功率的能力。爆发力是短时高强度项目运动员的必备素质，与垂直跳跃、冲刺跑、变向以及专项技能等指标密切相关。抗阻训练可以提高最大力量，促进最大力量向爆发力的转化。输出功率的性别差异与肌力相似。体重相当的举重运动员中，女性抓举和挺举提拉时的动作功率是男性的63%。尽管相对来说，男女瘦体重差异不大，但男性纵跳和立定跳远成绩还是要优于女性。男女在动作功率上的差异并不完全是因为瘦体重的差异。发力率和肌肉激活方式或许同样是动作功率产生性别差异的影响因素。马克斯（Marques）等人对10名精英女排运动员赛季内力量和爆发力表现变化进行研究后发现，女排运动员在为期12周的赛季中，除常规训练外，进行2次/周的抗阻训练，受试者在50%~80%1RM范围内进行3组重复3~6次的卧推和深蹲，研究发现受试者卧推和深蹲的力量分别提高了15%和11.5%，而CMJ（反向纵跳）和负重30kg CMJ高度分别增加了3.8%和11.2%。佩雷拉（Pereira）等人对女子排球运动员进行为期8周，2次/周的力量训练和投掷药球练习，研究发现实验组垂直跳跃高度增加20.1%，投球的距离增加23.3%。维克莫恩等人对女性耐力运动员进行为期11周的渐进式力量训练，每周2次，第1周~第3周负荷为10RM和6RM，第4周~第6周负荷为8RM和5RM，第7周~第11周负荷为6RM和4RM，研究发现其SJ（蹲跳）高度增加8.9%，CMJ高度增加5.9%。

（三）女运动员三联征

1. 概念及风险因素

女运动员三联征指的是女性运动员由于过度训练等因素，在能量利用率、月经功能及骨骼健康方面出现的一系列相互关联的问题，临床上分别表现为饮食障碍、闭经和骨质疏松的症状。这3个症状其中任何一个都可能对女性的健康产生威胁。女运动员三联征的风险因素包括：参与需要控制体重的运动项目、社交隔离、过度训练、求胜欲望过重、体重增加的惩罚性后果，以及家长或教练的过度干预。

2. 主要表现

女运动员三联征的早期筛查涉及以下10个因素：①月经失调或有闭经病史；②有应力性骨折病史；③来自家长、教练和队友的关于饮食或体重的批评性评论；④有抑郁症病史；⑤有节食史；⑥个性因素（完美主义或强迫症等）；⑦减重压力或体重频繁波动；⑧过早开始专项运动训练；⑨过度训练；⑩复发或久病不愈的伤病。还有一些文献资料为运动专业指导人员提供了一系列女运动员三联征的常见迹象和症状：月经不调或缺失；长期感觉疲乏，有睡眠障碍；应力性骨折和复发的损伤；自我限制性饮食；长期努力变瘦；饮食摄入量少于提升运动表现或改善身体形态的需要量；手脚冰凉。

第一，月经失调。年轻的女孩通常在青春期（一般在11岁或12岁左右）经历月经初潮。能量利用率低（低食品消耗）或能量不足会扰乱女性生殖机能（例如卵巢和子宫的机能）的正常运作。这将会导致月经失调或月经过少。当月经停止连续3个月以上时应考虑出现闭经。女孩如果没有摄入满足能量消耗、生长发育以及基础代谢的能量，月经初潮的年龄将会延迟。当月经周期被扰乱时，卵巢分泌的雌激素更少，会对骨骼产生不利影响。

第二，骨量流失。骨质疏松是一种进行性骨病，其特征是骨量减少或骨密度下降。患有女运动员三联征的女性骨量较少的风险更大，从而导致骨质减少，甚至骨质疏松。骨质减少和骨质疏松是由医学专业人员通过双能X射线骨密度仪进行骨骼扫描诊断的。根据世界卫生组织的定义，骨质疏松是指骨密度低于2.5，或是在双能X线吸收测量法（DXA）下，比30岁健康女性的平均骨量峰值低一个标准差或更多。绝经后的女性更容易发生骨量流失，其致病因素有雌激素缺乏和久坐的生活方式、饮酒过多、吸烟和长期服用糖皮质激素（一种具有消炎和代谢类性质的类固醇激素，最常见的是皮质醇）药物。若患骨质疏松或是骨量流失，将会由于骨脆性大大增加应力性骨折的风险。同时，成骨细胞和破骨细胞的失衡也会导致破骨的发生大于成骨（即仅存在骨量流失）。这也与能量利用率不高和雌激素缺乏有关。如果女性在30岁以前（如20~29岁）骨量较少，晚年患骨疾病风险则会更大。骨量流失也与摄入钙和维生素D不足有关。

第三，饮食障碍。饮食障碍包括以下几种情况：神经性厌食症、神经性暴食症、异食癖、反刍、回避型/限制型食物摄取障碍，以及其他特定进食或进食障碍（OSFED）。神经性暴食症是《精神障碍与统计手册（第五版）》（DSM-5）中单独的一个类别，2013年之前把它归类于进食障碍。进食障碍产生的原因还不清楚，生物学因素和环境因素似乎都起到了作用。总而言之，医疗措施对治疗进食障碍是行之有效的，包括饮食改变、心理治疗和药物治疗等。经过5年的治疗后，大约70%的神经性厌食症和50%的神经性暴食症患者可以痊愈。神经性暴食症的痊愈率为20%~60%。然而，神经性厌食症和神经性暴食症都会增加死亡风险。每年约1.6%的女性遭受神经性暴食症的影响。

神经性厌食症的特征为低体重、对体形的过度追求，包括极度渴望瘦身并极度恐惧体重增加，以及严格的饮食控制行为。2013年前，闭经（月经缺失）是神经性厌食症诊断的组成部分，但在DSM-5中不再要求。神经性厌食症的医学并发症包括骨质疏松、月经减少、不孕不育和心脏受损。神经性厌食症由心理学、行为学、生物学和社会变化等复杂因素综合影响而产生。

3. 主要应对策略

女运动员三联征的3种症状的康复和治疗进展速度是不一样的。身体的可利用能量可以在几天内恢复、提高。只要可利用能量提高，几个月后，月经功能就可能恢复。然而，骨密度恢复则需要长达几年的时间，并依赖于雌激素水平的提升。至于能量状态，个体应该首先达到最后出现正常月经时的体重。为患有饮食障碍的女性运动员提供的运动建议包括将对训练和比赛的注意转移到治疗上（基于女性运动员的医疗状况）和对训练类型、持续时间、频率和强度做调整以减少总能量消耗。此外，身体质量指数（BMI）应该提升至大于等于$18.5kg/m^2$（正常BMI为$19\sim24.9kg/m^2$）。BMI是体重和身高平方的比率，体重不足的BMI为小于等于$18.5kg/m^2$，体重正常的BMI为$18.5\sim24.9kg/m^2$，超重的BMI为$25\sim29.9kg/m^2$，肥胖的BMI为大于等于$30kg/m^2$。如果女运动员三联征因骨量低而加重，建议增加能量摄入（例如，至少2000kcal/d）以及维生素D和钙的摄入，以及增加抗阻训练来提升骨量和肌肉力量；同时，应避免高冲击力运动以防骨折风险。

（四）女性运动损伤的生物力学因素

相比于男性，女性运动员的神经肌肉系统存在一定弱势，主要体现在股四头肌激活（股四头肌优势）、额状面膝关节控制能力（韧带优势）、肢体间失衡（肢体优势）以及核心能力（躯干优势）等方面。这些致伤风险都会影响落地时对地面反作用力（GRFs）的处理能力以及运动时对身体重心（COM）的控制能力。除性别因素外，年龄和发育程度也是需要重点考虑的。青少年运动员，特别是还没有经历青春期的运动员，体型更小，进入青春期后身体会发生变化，例如重心位置的变化，通常会引起生物力学变化，从而增加关节扭矩。股四头肌优势是指膝关节伸肌（股四头肌）和屈肌（腘绳肌）之间在募集、协调和力量方面的不平衡。与男性相比，女性运动员的股四头肌募集程度更高，而腘绳肌募集程度更低，因此会造成接触地面时屈膝幅度更小、稳定膝关节时股四头肌的依赖程度更高，以及在迅速减速时限制伸膝动作的屈肌能力更弱等问题。股四头肌的作用是相对于股骨向前拉胫骨，前交叉韧带的作用则会限制这种前移，女性运动员屈肌相对伸肌激活不足会导致落地时膝关节前伸，因此前交叉韧带撕裂的风险更高。教练针对这一问题应制订加强身体后链（后群）的力量训练方案。

额状面膝关节控制能力下降会加剧膝关节外翻，这是引发前交叉韧带损伤的高危因素。这种异常的动作模式在青春期女性中高发的主要原因是青春期时女性肌肉骨骼刚度会下降，这将导致维持身体稳定时对关节和韧带的依赖增加。青春期前，男孩和女孩在膝外翻上表现出相似的特征，在这一阶段的损伤概率较低，这可能与该年龄阶段的人体重偏低、骨骼杠杆距离较短、肌肉做功功率和所承受的地面反作用力较小有关。

三、老年人的体能训练

衰老伴随着身体几乎所有系统和组织的退行性改变。与老年人健康相关的三大系统主要是肌肉系统、心肺系统和神经系统。通常50岁以后每10年肌肉流失5%~10%，这与骨质流失（每10年流失10%~30%）

高度相关，同时还伴随着代谢率的降低（每10年降低2%~3%）。这导致肥胖和相关健康问题出现的风险增加。心肺系统的老化可能会导致有氧能力和心血管功能降低，以及增加患冠心病的风险。

（一）老年人身体机能特征

1. 肌肉系统

肌肉对维持健康起着重要作用。肌肉是运动中必不可少的，没有规律的运动，健康状况和生活质量将迅速恶化和降低。肌肉组织产生并释放激素，对身体其他器官具有内分泌调节作用，同时可能有助于预防慢性疾病。老年人的肌肉健康对于身体机能的变化具有深刻和普遍的意义。同时，肌肉健康对于老年人精神和心理也会产生积极的影响。

30岁以后，不做抗阻训练的人群肌肉每10年流失3%~8%，50岁以后肌肉流失速度更快，平均每10年流失5%~10%。直到60岁，未进行抗阻训练的个体可能每年丧失大约1磅（0.45kg）肌肉。肌肉量的减少将会增加各种代谢风险，包括肥胖、血脂异常、2型糖尿病和心血管疾病。

即使在静息状态下肌肉也是代谢非常活跃的组织，因此肌肉对于静息状态下的代谢水平具有重大的影响。在未经训练的情况下，1磅肌肉1天大约消耗5~6cal能量。因此，随着年龄增加，静息状态下代谢水平的下降与肌肉量减少具有直接关系，成年人平均每10年下降2%~3%。由于老年人利用的65%~75%的能量都归因于静息状态下的代谢，肌肉流失及其造成的代谢缓慢伴随着肥胖发生。不幸的是，约80%的60岁以上的男性和约20%的60岁以上的女性都超重或者肥胖。研究显示，脂肪重量增加与血压升高、血脂升高、2型糖尿病和心血管疾病高度相关。衰老也与腹内脂肪增加有关，这是糖尿病和心血管疾病的独立危险因素。肌肉流失可能直接增加患2型糖尿病和心血管疾病的风险，原因是肌肉组织是葡萄糖和甘油三酯反应的主要场所。

肌肉流失（肌肉减少症）通常伴有骨质流失（骨质减少症），衰老伴随着逐渐退化的骨骼肌肉系统。然而，骨质流失率会超过肌肉流失率，每10年肌肉可能流失10%，但是每10年骨质流失可能会多达30%（每年骨密度降低的范围在1%~3%）。美国国家骨质疏松基金会报告有3500万名美国成人骨质减少，其特征是骨量减少、骨质脆弱；而多达1000万名美国成人（800万名女性）有骨质疏松，其特征是骨量少和骨质脆弱。

2. 心肺系统

心脏、肺、血管和血液组成心肺系统。与发生在肌肉系统中的情况类似，衰老会对心肺系统产生负面影响，并增加患心血管疾病的风险。随着年龄的增长，最大心率、每搏输出量和心输出量会逐渐降低。另外，衰老与心脏（左心室室壁）和动脉血管壁增厚，以及肺部僵硬有关，会导致有氧能力下降。

心血管疾病的普遍危险因素是静息血压（收缩压和舒张压）和血脂升高（高甘油三酯、高总胆固醇、高低密度脂蛋白胆固醇或低高密度脂蛋白胆固醇）。在美国成人中，大约35%的人血压升高（高血压），大约45%的人血脂水平超出推荐值范围。尽管这些冠状动脉危险因素随着年龄的增长而增加，但是运动干预可以降低心血管功能衰退和患疾病的可能性。

3. 神经系统

像所有其他身体系统一样，神经系统在衰老过程中逐渐退化。与年龄相关的神经系统的变化是老年人产生各种精神和身体状态问题的原因，如反应迟缓或患阿尔茨海默病。这个领域的一些心理健康问题包括一般情绪障碍、抑郁、高度紧张和焦虑，以及认知功能下降等。影响神经系统的身体健康问题包括与骨关节炎、纤维肌痛有关的慢性不适，以及经常伴随衰老的腰背损伤。

与衰老相关的一个主要神经系统问题是运动技能和身体活动表现逐渐下降。随着年龄的增长，眼睛功能逐渐退化，导致用于眼睛－肢体协调的视觉输入准确性下降；耳朵功能逐渐退化，包括听力和平衡功能受损；肌肉（对运动范围敏感的肌梭）和关节（对运动力量敏感的高尔基腱器）的感觉机制反馈的肌肉骨骼逐渐退化。这些感官输入问题使得老年人进行一般体育活动和具体的标准锻炼更具有挑战性。

（二）老年人对体能训练的适应

1. 身体机能

日常活动能力在老年阶段会逐渐降低。身体机能的逐渐下降在很大程度上是由于肌肉和力量的丧失。抗阻训练已被证明可以逆转许多与老年人不活跃和衰老相关的身体问题。有一项研究让居住于养老院的90岁左右的老人进行了14周的抗阻训练，一共6个练习动作，每个动作重复8~12次，每次训练1组，每周训练2次，结果显示受试者力量平均增加60%，瘦体重平均增加1.8kg，功能独立性测量（FIM®）得分平均提高14%。更具体地说，研究证明，通过抗阻训练，老年人的运动控制、身体表现和步行速度均有改善。有氧耐力训练是增强心肺系统功能的重要手段，能提高大肌群的持续活动能力，如长距离快速步行或慢跑能力。

2. 肌肉质量

肌肉流失和与之相关的力量损失是衰老过程中最普遍的问题之一。对于那些久坐不动的成年人来说，肌肉每10年减少约2.3kg，而在老年阶段，肌肉损失每10年增加到4.5kg。有规律的抗阻训练可以减少所有年龄段成年人的肌肉损失。研究显示，通过相对较短时间（15~35min）的运动（每周可以不连续地进行2~3次），肌肉量会显著增加。一项有超过1600名参与者（21~80岁）的研究发现，10周的抗阻训练（一组12次器械训练，每周2~3天）使得参与者平均瘦体重（肌肉）增加1.4kg。这两种训练结果平均增加的瘦体重（1.4kg）是相同的，并且所有年龄组（从20岁开始，每10岁为一个年龄组，包括70岁）的反应都是相似的。

3. 心血管健康

人们进行有规律的有氧耐力运动确实能够改善心血管健康状况。训练的好处包括降低静息血压、形成更理想的血脂分布，以及增加血量、血浆容量、红细胞体积和毛细血管密度。抗阻训练也可以降低静息血压和改善血脂状况，还能通过减少全身脂肪和改善血糖控制，改善心血管健康。研究表明，抗阻训练可以降低患代谢综合征的风险，而代谢综合征是心血管疾病的一个诱发因素。一项综述研究（Strasser and Schobersberger，2011）指出，抗阻训练在减少一些心血管疾病主要的危险因素方面至少和有氧耐力训练同样有效，抗阻训练和有氧耐力训练相结合可以最大限度地改善心血管健康状况。

4. 骨密度

不进行抗阻训练的老年人每10年骨密度降低10%~30%。骨质流失与和年龄相关的肌肉力量减少（肌肉减少症）有关，增加肌肉质量的抗阻训练在一定程度上也能提高骨密度。尽管部分研究并没有证明老年人进行抗阻训练后骨骼状况有所改善，但许多纵向研究显示，老年人进行几个月的高强度力量训练后，骨密度得到显著改善。

抗阻训练可以提高老年人的骨密度，且其对骨密度的潜在影响可能比其他类型的身体活动（如有氧训练和自重训练）更大。卡斯勒（Cussler）及其同事和米利肯（Milliken）及其同事最近的研究进一步支持了抗阻训练对绝经后妇女骨重建的作用。戈因（Going）和劳德米克（Laudermilk）的一项综述研究显示，绝经后妇女参加抗阻训练计划后骨密度提高1%~3%。在一项为期两年的针对绝经妇女的研究中，抗阻训练组的骨密度增加了2%，而非训练对照组的骨密度则有所下降。研究中，抗阻训练计划每组包括8个练习，每个练习重复8次，共3组，当每个练习能重复9次时，再增加阻力。

（三）老年人体能训练计划制订

老年人体能训练计划如表20-4所示。

表20-4　老年人体能训练计划

有氧训练	频率：每组30分钟以上，每次训练2组
	强度：采用心率与RPE监控，心率控制在60%VO$_2$max~70%VO$_2$max HRmax，以0~10级的RPE为标准，5~6级为中等强度，7~8级为高强度
	时间：训练持续时间≥16周，每周2~3次
	项目：跑步机训练、椭圆机训练、快步走等对肌肉骨骼压力较小的项目
心肺与肌肉耐力训练	频率：10分钟1组，3组以上，每日中高强度训练占50%
	强度：以0~10级的主观疲劳量表分级为标准，5~6级为中等强度，7~8级为高强度，8~10级为最大强度
	时间：热身强度为0~5级，每组10分钟，每天半小时。20min为中高强度
	项目：水中运动、慢跑、静蹲、登山机训练等力与变速项目
肌肉功能训练	频率：每周1~3次，每次2~6组
	强度：以0~10级的主观疲劳量表分级为标准，（5~6）为中等强度到（7~8）之间；40%~80% 1RM
	时间：训练持续时间在12周以上
	项目：渐进性力量训练、哑铃或固定器械训练、弹力带训练等项目
关节灵活度训练	频率：每周2次以上
	强度：中等强度（5~6级）
	时间：每次拉伸15~30秒，每个部位进行2~3组
	项目：静态拉伸、动态拉伸、PNF拉伸与被动拉伸
抗跌倒训练	频率：根据老年人平衡能力测试结果有针对性地设计
	强度：以0~10级的主观疲劳量表分级为标准，5~6级为中等强度，7~8级为高强度
	时间：目前针对平衡训练的时间并没有提出具体建议
	项目：支撑性训练、单脚或双脚的稳定性训练与人体稳定肌寻训练
认知训练	老年人认知训练通常采用在运动中添加口算、单词记忆、诗词背诵等干预形式，或通过现代科技手段干预老年人运动训练，例如用经颅磁刺激与经颅直流电刺激等手段刺激老年人大脑神经活动

（四）老年人进行体能训练应注意的问题

1. 减少久坐，形成主动运动的生活方式

久坐会对人体健康产生很大的负面影响，为改变老年人久坐的生活状态，鼓励和培养他们形成主动运动的生活方式是非常重要的。

将体能训练融入老年人的日常生活中，改变老年人久坐的生活状态，通过科学化、高效化、个性化的体能训练方式，培养老年人长期坚持体能训练的生活习惯，对改善老年人身体素质、延长寿命和推动健康体能训练发展至关重要。

2. 东西合璧，构建身心一统的运动系统

一个健康的运动系统应该包括适宜的运动方式、适当的频率和强度、充分的休息与恢复，同时应考虑将东方的养生训练与西方体能训练知识相结合，逐步构建符合我国老年人体质特色的体能训练系统，即将富有东方特色的太极拳、八段锦、五禽戏以及舞剑等传统训练方式与西方的力量训练、耐力训练、柔韧性训练、快速伸缩复合训练、灵敏训练、协调训练以及功能性训练等相结合，构建东西方训练体系交融的健康体能训练系统。

3. 精准设计，优化训练的负荷控制

负荷控制是优化老年人健康体能训练的重要因素，因为采用适当的负荷可以有效促进训练过程的发展与优化。负荷控制的关键在于精准。过大的负荷将造成过度训练，大幅增加训练过程中的损伤风险，严重时将危及老年人生命健康，而负荷过小则直接影响训练适应，并影响训练效果。

思考题

1. 简述青少年敏感期训练理论及其存在的问题。
2. 简述YPD模型的主要内容及其理论依据。
3. 简述女性运动员的力量和爆发力训练的特征。
4. 简述老年人身体机能变化特征及运动能力的训练特征。

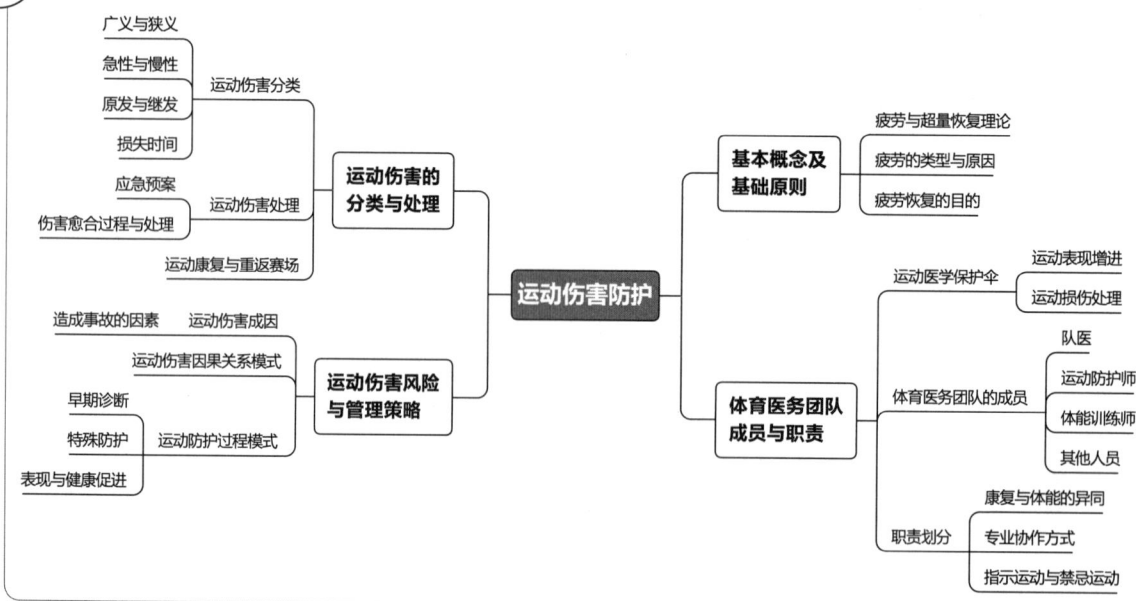

第21章

运动伤害防护

李豪杰　黄信嘉　叶恩

学习目标

- ➤ 了解运动伤害防护的基本概念与基础原则。
- ➤ 了解体育医务团队的成员与其职责。
- ➤ 掌握运动伤害的分类。
- ➤ 掌握运动伤害的处理方法。
- ➤ 诠释组织痊愈的过程。
- ➤ 描述体能训练师在伤害预防与康复方面发挥的作用。

知识导图

导语

体能训练师的目标是帮助运动员挑战体能的极限，实现最佳表现，而随之而来的巨大运动伤病风险，也是体能训练师必须直面的一部分，因此，了解运动伤害与其应对策略极为重要。本章系统地介绍运动伤害防护。依据国际惯例，体能训练师等体育专业人员应该持有在有效期的急救资质证明。由于运动康复需要专门学习，本章不提供特定损伤的具体急救与康复流程，仅讨论运动防护基本概念及基础原则、体育医务团队成员与职责、运动伤害风险与管理策略、运动伤害的分类与处理。

一、基本概念及基础原则

下面先对运动防护的基本概念进行介绍，再介绍基础原则。

（一）运动防护的基本概念

运动防护是指运动损伤与疾病的预防与照护，国际上将运动防护专业称为 "Athletic Training & Therapy"，专业人员为 "运动防护师（Athletic Trainer/Athletic Therapist, AT）"。从英文的直译可以了解运动防护专业源自竞技运动，在近150年的发展中，为适应体育与医学的需求，运动防护师逐步成为体卫融合的代表性职业。由于需要具有体育与医学的跨界训练经历，一般要求运动防护师受过运动防护专业高等教育。运动防护相关的词包括运动伤害预防（Sports Injuries Prevention）、运动急救（Sport First Aid）等。所有的体育专业人员，甚至是体育活动的参与者，都应该具备这些运动防护的常识。

（二）运动防护的基础原则

运动防护是运动医学的一个分支，遵循"先评估，再干预"的基础原则。在思路上，通过体能训练来预防损伤，以运动康复来处理损伤。实务上，从防到护则包括预防、急救、治疗、康复等主要工作任务（图21-1）。在这些原则之下，通过运动前身体检查（Preparticipation Physical Evaluation，PPE），以及各种

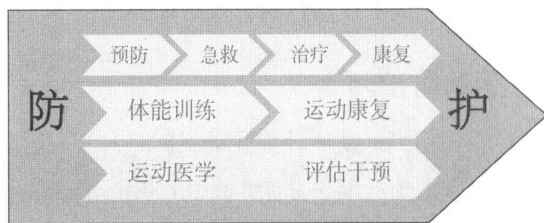

图21-1 运动防护主要任务

体质检测、体能评估来找出可能的隐患，建立基线（Baseline），一方面用于评估训练的成果，另一方面用于伤后康复的对照。当然，运动防护不只以体能训练补足个人短板的问题，实际上体能训练、运动治疗不是无所不能的，还是需要通过护具或贴扎保护、安全教育、环境监控、医务监督、恢复措施，乃至现场急救等一系列手段来避免运动伤病。

二、体育医务团队成员与职责

现代体育运动中，一个专业的运动团队包括各种专业人员，他们合作无间，适时地帮助运动员发挥出最好水平。相关从业者要融入其中，首先要能分辨体育医务团队中的各个职务与其权责，相互了解、畅通信息、取长补短。体育医务团队提供运动参与者，特别是运动队、运动员健康照护服务。

（一）体育医务团队的成员

在运动员及教练的训练实践中，存在许多相关的专业人士为他们服务，构成一把运动医学保护伞（图21-2）。这把运动医学保护伞分成左右两部分，左侧是运动表现增进，右边是运动损伤处理。两个部分的目标都是帮助运动员发挥出最好水平。运动表现增进的部分可谓油门，而运动损伤处理就如刹车，只有两者配合好了，运动员才可以顺利、安全地完成比赛，创造佳绩。如果配合不好，就可能创造不了佳绩，甚至因伤病而无法正常表现。

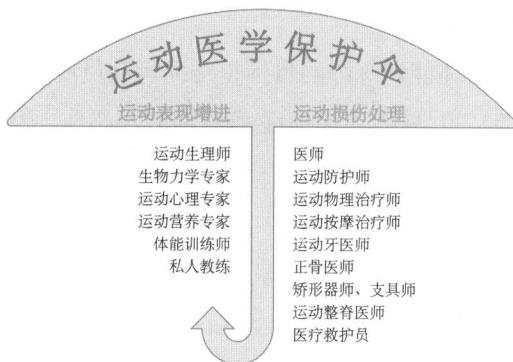

图21-2　运动医学保护伞

运动医学保护伞由许多专业人员组成，但由于经费预算等因素，运动队不一定会配齐所有人员。如果运动队资源稀缺，教练可能就要包办运动损伤预防与急救、体能训练等工作。在美国运动教育计划的教练教育课程（ASEP Coaches Education Program）中，运动防护与急救是基础必修课。

1. 队医

在运动队服务的医师一般称为队医（team physician）。国际上，队医大多由全科、内科、儿科、骨科医师担任，具有完整的诊断、处方与治疗权。队医必须精通骨骼肌肉损伤的处理，熟悉运动情境。在我国，具有中医背景的队医是主力。队医的职责主要包括参与运动前体检（Preparticipation Physical Evaluation，PPE），赛场应急救护，伤病诊断与处置，开立消炎、感冒等处方药，以及提出用药豁免申请（TUE）。由于医师的薪资较高，多数运动队未必聘请医师担任驻队的队医，而是采取特约的方式，在学校也可能由校医兼任。虽然队医未必负责日常的康复治疗，但为了保护运动员，重返赛场的最终决策者往往是队医。一般北美的运动队中，包括NBA职业队，多聘请运动防护师驻队照顾运动员。

2. 运动防护师

专门负责运动员日常健康照护的人员为运动防护师。在美国，运动防护师必须毕业于运动防护专业，通过考试成为认证运动防护师（Certified Athletic Trainer，ATC）才能上岗。运动防护师受队医直接督导，一般受雇于各级运动队，也可能在各种医疗院所、俱乐部执业。运动防护师的工作是运动损伤与疾病的预防、评估、急救、治疗、康复，以及教育。首要任务是通过特定运动处方与防护器材来预防伤害，以及对身体受伤部位进行处理。具体工作中，运动防护师需要评估运动风险与运动伤害，以运动治疗、理疗来帮助运动员避免伤害或促进康复，并扮演体育医务团队管理者的角色。由于运动防护师兼具体育与医学专业背景，并与运动队相关各方，特别是运动员频繁接触，因而成为体育医务团队、运动员、教练之间的重要沟通桥梁，教练与领队、运动员与家属，运动防护师、医师与医务人员构成基层运动防护团队（图21-3）。如果运动队没有聘请体能训练师，运动防护师往往会兼管体能训练工作，运动防护师一般也具备体能训练师的专业资质。

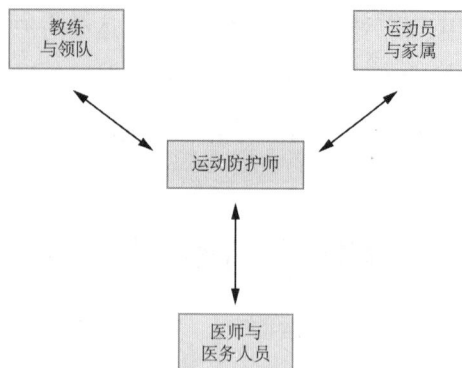

图21-3　基层运动防护团队

一个完整的现代专业运动队，应该包括体能训练师，让运动员能够通过最佳的体能训练来获得卓越的运动表现。

"运动防护师"已经列入《中华人民共和国职业分类大典（2022年版）》。职业定义是"从事运动损伤和疾病的预防、评估、急救、治疗、康复的专业人员"。主要工作任务包括：评估运动损伤和疾病等内外部风险；制订与实施运动损伤和疾病的预防措施；进行运动损伤和疾病的现场急救；评估与治疗运动损伤和疾病；指导运动损伤和疾病的康复；进行运动防护宣传教育和管理。

3. 体能训练师

体能训练师主要专注于提升肌力、爆发力与表现，在体育医务团队中帮助完善康复与重建过程。在美国接受度高的体能训练师为美国国家体能协会（National Strength and Conditioning Association，NSCA）的体能训练师（Certified Strength and Conditioning Specialist，CSCS）与美国国家运动医学学会（National Academy of Sports Medicine，NASM）的运动表现增进训练师（Performance Enhancement Specialization，PES）。在运动防护师或运动物理治疗师（Sports Physical Therapist, PT或Sports Certified Specialist，SCS）征询时，体能训练师必须运用自身对于正确训练技巧的认识，以及应用抗阻训练、增强式训练、有氧训练等各种形态的训练手段，协助建立受伤运动员的重返赛场康复计划。此外，体能训练师基于自身对于竞技运动与运动生物力学认识，要能针对各种伤害恢复后，进行后续的进阶训练。体能训练师可能直接以体能训练师的角色出现在运动防护团队中，也可能作为助理教练或体能教练划归教练团队。在我国，体能训练师归类为教练。

美国国家体能协会要求体能训练师持有有效的急救认证证书，并指出：体能训练师运用科学知识训练运动员，以提高运动成绩为主要目标，进行针对运动专项的测试，设计并实施安全有效的体能训练计划，并提供有关营养和预防伤害的指导。要认识到体能训练师的专业领域有其特殊性与局限性，适时咨询并转介运动员给其他专业人士。英国体能协会（UK Strength and Conditioning Association，UKSCA）要求体能训练师将健康和安全原则应用于所在环境。体能训练师要能进行风险评估和具备应急程序知识；能展示急救和相关程序的知识。体能训练师必须具有急救能力，并能够评估风险、确保训练的安全。

4. 其他人员

运动物理治疗师、运动按摩师、运动营养师也是运动队体育医务团队里常见的专业人员。运动物理治疗师主要负责损伤后的康复。在美国与德国等国家，运动物理治疗师在获得物理治疗师资格之后接受专科教育，需要经过应急救护、运动损伤预防等训练，并有照顾运动员的工作经历，再通过专科认证。运动按摩师在运动队主要帮助运动员训练后恢复。运动营养师通过膳食、增补剂等营养调控方式，帮助运动员承受高强度训练，促进运动员恢复，提升运动表现。其他的专业人员一般需要选聘，帮助运动队、运动员解决问题、提升表现。

（二）体育医务团队的职责

由于一般医务人员较少常驻运动队，因此依运动员接触频率来区分，体育医务团队的核心层为教练、运动防护师、体能训练师，扩展层为医师、运动物理治疗师、运动营养师、运动心理专家等。一般每周开例会，讨论的重点包括：目前是停训、限制训练还是完全训练？实施哪些运动或活动？是否有必要进行限制或修正？运动员恢复进度如何？是否需要变更计划内容？体能训练师应该完全了解伤害诊断的结果，以及医师、运动防护师或运动物理治疗师提出的指示运动（Indications）与禁忌运动（Contraindication）。指示运动是为运动员康复而必须实施的项目。禁忌运动是牵涉受伤部位因而禁止从事训练的项目。为明确体能训练师的任务，体育医务团队可以表格方式，具体列出指示运动与禁忌运动。体育医务团队包括众多的成员，他们合作营造最佳的康复与重建环境。成员间必须深度沟通，确保提供给受伤运动员安全与和谐的氛围。

基于体适能的体能商（Physical Fitness Quotient，PFQ）、美国国家运动医学学会（NASM）的最佳运动表现训练模式（Optimum Performance Training，OPT）、美国运动委员会（American Council on Exercise，ACE）的综合体能训练模式（Integrated Fitness Training，IFT）、功能动作公司（FMS）创始人格雷·库克的最佳运动表现金字塔模式（Optimum Performance Pyramid），都是体能训练常用的训练思路，都以关节灵活性与稳定性为基础，这与伤后康复的运动治疗相通，也是体育医务团队沟通的重点。但要注意伤后愈合、康复涉及较多医学知识，不是单纯涉及体能训练，也会有责任问题，所以涉及医疗的决策一般由医务团队主管负责，这也提示体能训练师要注意专业的特殊性与局限性，不要越俎代庖。运动防护的本质是预防，即预防伤害发生，预防伤害扩大，预防伤害影响。体能训练的本质是挑战，即挑战体能极致，挑战功能极致，挑战表现极致。通过分工与沟通，各自发挥专业优势，帮助运动员在赛场发挥出最好水平，并尽情享受体育的乐趣。

三、运动伤害风险与管理策略

要有针对性地建立经济且有效的运动创伤预防方案，必须了解运动创伤的原因，并将这些原因进行归纳整理，形成体系。

（一）运动伤害的成因

从风险管理的角度来看，对发生频率高或严重的伤病应该优先进行预防，其直接影响采取的预防方法。一个造成损伤的事故，通常是由物的状态不安全、环境条件不安全、人的行为不安全，以及管理缺陷所造成的，有可能是单一因素，也可能是多个因素复合的结果，其中离不开人、物、能量与信息所构成的场域。所以，可以图21-4作为参考，找出问题的症结，加以改善，达到预防伤病的目的。

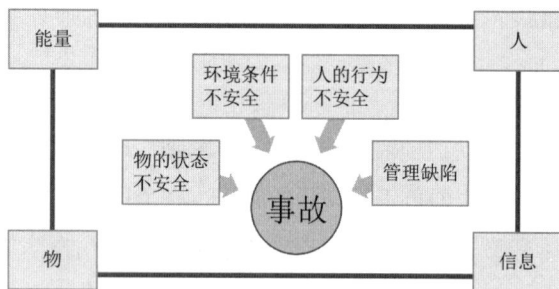

图21-4 造成事故的因素

运动伤害的原因有许多不同的分类，一般可归纳为以下10个原因：错估合适的运动；运动过量、过劳；运动前身心疲劳；精神紧张或精神不集中；热身与伸展不够；技巧不熟练或错误；场地、装备有缺陷；环境不适合；有意或无意的犯规；其他意外事件。这些因素包括个人的因素，也有环境的因素。学者将这些因素进一步汇整为"运动伤害因果关系模式"。

（二）运动伤害因果关系模式

学者巴尔等开发的运动伤害因果关系模式（图21-5），将伤害的原因归纳为内在风险因素、外在风险因素，以及诱发事件，其中风险因素为远因，而诱发事件（即损伤机制）为近因。发生运动伤害往往是因为伤者自身先存在内在风险因素，再暴露于外在风险因素中，最后遇上诱发事件。要预防运动伤害，就必须从减少内在、外在风险因素，避免诱发事件下手。如果不解决病因，例如内因性的身体组成、局部肌力、步态与技术，外因性的场地、护具、训练量等问题，同一部位的受伤与治疗可能成为一个无休止的循环，甚至扩大，直到运动员的运动生命终结。因此，首先必须鉴别这些因素与增加损伤风险的关联，即"风险因素"，也就必须考虑病因的回避与消除，以及自身的强化与调整。

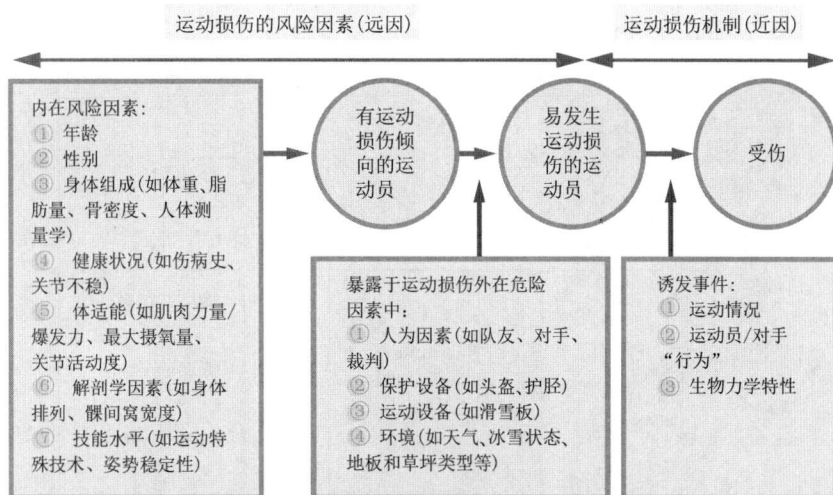

图21-5 运动伤害因果关系模式

资料来源：BAHR R, KROSSHAUG T. Understanding injury mechanisms: a key component of preventing injuries in sport [J]. British Journal of Sports Medicine, 2005, 39 (6): 324-329.

（三）运动防护过程模式

从预防医学的角度看，预防不只是防治伤病发生。疾病三级预防的概念中，一级预防又称初级预防或病因预防，主要是针对致病因子（或危险因子）采取的措施，也是预防疾病和消灭疾病的根本措施。二级预防又称"三早"预防，即早发现、早诊断、早治疗，它是发病期所进行的阻止病程进展、防止蔓延或减缓发展的主要措施。三级预防则是指对症治疗、积极康复及防止病情恶化，减少疾病的不良作用，防止残疾向残障转变。与体育相结合，一级预防包括对健康与表现促进，以及对危险因子进行特殊防护；二级预防强调早期诊断，并降低损害；三级预防则是进行治疗与康复。在实务应用中，由于无法确知个体的健康状况，因此不是由一级预防开始的，而应该由二级预防的早期诊断展开工作，进行风险与伤病辨识，确认个体的状况。如果有伤病，施以急救照护，以降低损害，开始治疗康复、体能调整，避免残疾后患。如果只是有风险，或是治疗康复完毕，那就可以给予适当的特殊保护，再开始健康与表现促进的工作，挑战极限（图21-6）。

黄启煌提出的"运动伤害预防模式"将身体检查、包扎、柔韧性增进、肌力增进、热疾患防控、场地器材与安全卫生管理等事前的预防措施称为积极预防；伤害事故后的伤害评估、伤患运送、运动治疗、体能训练称为消极预防。采取预防医学的三级预防的思路，可将运动伤害预防模式主要涉及的运动防护工作整理进运动防护过程模式（图21-7）。依序进行早期诊断、特殊防护、表现与健康促进，如果未发生伤病，则重复这个循环。如果发生伤病，则进行降低损害、治疗康复的流程。

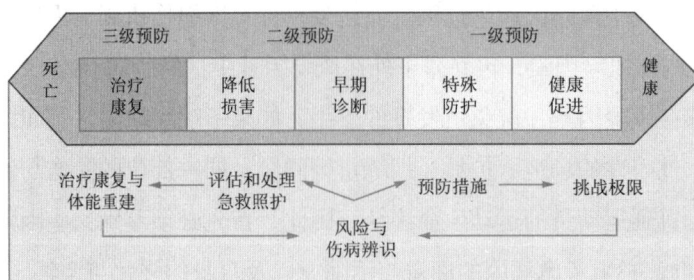

图21-6 运动损伤与三级预防

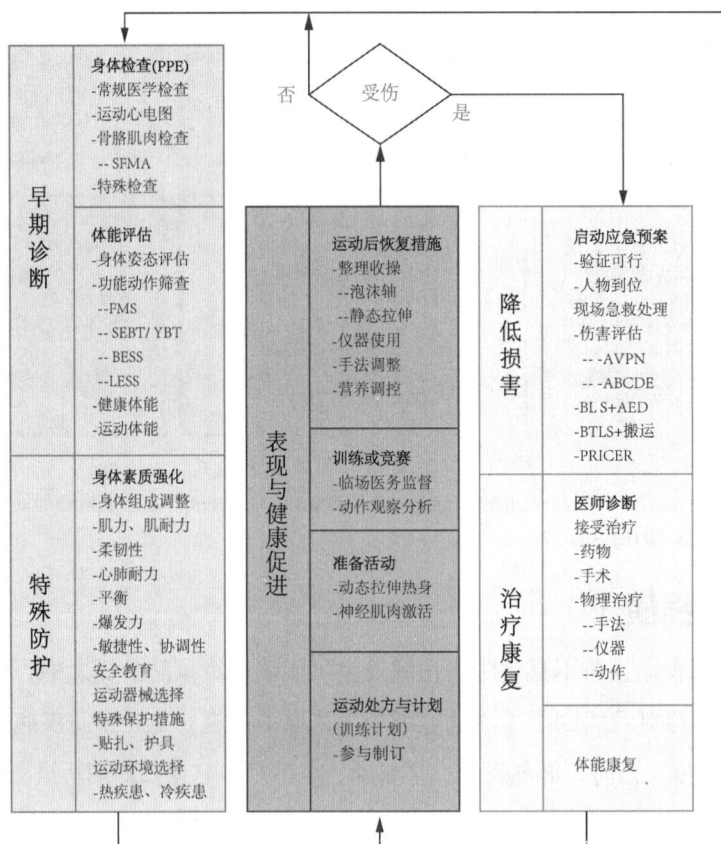

图21-7 运动防护过程模式

1. 早期诊断

最好的运动伤害预防方法是改变可能导致损伤的风险因素。运动前应该尽可能从个人因素到环境因素，由内至外地消除所有导致伤病的风险因素。依据运动防护过程模式，运动前应该要做好早期诊断与特殊防护。运动前身体检查（PPE）正是用来找出个人内在风险因素的主要手段。在运动防护过程模式中，运动前身体检查是首要工作。由美国7个运动医学相关学会编写的《运动前体能评估》（*Preparticipation Physical Evaluation*）已经发行第5版。

运动防护过程模式的早期诊断环节包括身体检查与体能评估两大部分。运动前身体检查是找出个人内在风险因素的主要手段。运动前身体检查比较倾向医学体检，用来排查一些疾病与旧伤，以及不易察觉的隐患，例如，马方综合征。体能评估则用来排查一些身体运动的障碍与风险。在身体检查中，除了一般常规的医学检查，例如血检、尿检，特别应该考虑进行运动心电图与骨骼肌肉检查。有动作疼痛不适时，骨骼肌肉检查可考虑加入选择性功能性动作筛查（Selective Functional Movement Assessment，SFMA）。特殊检查尤其应该注意专项运动技术与伤病之间的关系，例如棒球或标枪运动员因过早转身而使肘关节内侧容易产生损伤、跳水运动员容易发生视网膜剥离、体操运动员容易发生股骨头坏死，在进行检查时，应该加入相关检查项目。心理检查可视为特殊检查的一部分。收集运动参与者的健康信息与应急联系信息应该在此阶段完成。

所有运动员在被允许进行训练或比赛前，都应该通过医学检查。运动员如果持续出现下列状况之一，就可能需要转诊。

- 胸部压迫、疼痛或不舒服。
- 倦怠、头疼、晕眩、困惑。
- 皮肤泛红、冰冷或湿冷。
- 脉搏失调、脉搏加快或微弱、休息或运动时不相称。
- 视线模糊、恶心、呼吸急促。
- 骨骼或关节疼痛。

在无法采取医学检查时，至少要采用PAR-Q运动前筛查问卷，问卷中包括下列问题。

- 医生是否告诉过您患有心脏病并且只能参加医生推荐的体力活动？
- 当您参加体力活动时，是否感觉胸痛？
- 自上个月以来，您是否在没有参加体力活动时发生过胸痛？
- 您是否曾因为头晕跌倒或曾失去知觉？
- 您是否有因体力活动变化而加重的骨或关节疾病（如腰背部、膝关节或髋部）？
- 最近医生是否因为您的血压或心脏问题给您开药？
- 您是否知道一些您不能进行体力活动的其他原因？

如果上述问题中，有任何一个回答为是，特别是此人缺乏运动习惯时，建议要求此人先进行体检，取得医嘱后再协助他进行体能训练，以降低风险。此问卷还有3个附加问题，这3个问题更适用于随时了解训练者状况，如有问题，应建议训练者暂缓进行运动锻炼。

- 如果由于暂时的疾病如感冒或发热而感觉不适，建议等待，直至感觉良好。
- 如果怀孕或可能怀孕了，建议开始积极运动前向医生咨询。
- 如果您的血压高于144/90mmHg，请在参加更多体力活动前咨询医生。

心率、血压、血糖、血脂可能都会因运动而产生影响，可以准备血压计、体重计等，让被训练者运动前后可以测量。如果有肥胖与糖尿病患者，也可以准备便携血糖仪、试纸与配件，以备不时之需。对于运动前健康筛查与运动处方相关知识，推荐研读《ACSM运动测试与运动处方指南》。

运动前进行身体检查虽然可以发现特殊的健康问题，但无法提供体能信息，因此需要体能评估（或称为季前检测）来了解体能的状况，一般由受过专业训练的运动防护师或体能训练师来执行。体能（Physical Fitness）或译为体适能，也常常被称为体质，也就是身体素质。体能一般可分为与健康有关的"健康体能

（Health-Related Physical Fitness）"，与基本运动能力有关的 "一般运动体能（Sport-Related Physical Fitness）"，与运动项目有关的 "专项技术体能（Skill-Related Physical Fitness）"。健康体能包括身体组成（Body Composition）、柔韧性（Flexibility）、肌力（Muscle Strength）、肌耐力（Muscle Endurance）、心肺耐力（Cardio-Respiratory Endurance）等5大要素。一般运动体能与专项技术体能一般涉及爆发力（Power）、平衡（Balance）、速度（Speed）、灵敏（Agility）、快速反应（Quickness）、协调性（Coordination）。身体素质不达标，影响专业技术训练结果，正常水平难以发挥，也可能导致运动创伤。

美国国家运动医学学会（NASM）的最佳运动表现训练模式（OPT）体现了稳定能力是一切力量发展的基础。美国运动委员会（ACE）提出的综合体能训练模式（IFT），在功能运动与阻力训练部分也认为稳定性与灵活性是运动功能的基础，在此基础上才能考虑健康环节的动作训练，再来是体适能的负荷训练，最后才能进行竞技体能的运动表现训练。综合体能训练模式还包括有氧能力的训练，依序为有氧基础训练、有氧效能训练、无氧耐力训练、无氧爆发力训练。这都说明基础体能不但关系到健康，还是运动表现的基础。如果肌力状态不佳，不能有效地保持关节稳定，则容易受伤。肌肉的柔韧性不佳在季节变换时较明显，温度、环境等影响肌肉柔韧性，引起运动协调性降低。心肺功能不良，使运动员定向专注力和动作协调性降低，增加受伤的风险。

近年来，预防思路从分析走向整合，因此身体姿态评估与功能性动作筛查也日益被重视，借助其可找出身体状态与动作存在的风险，避免骨骼肌肉失衡伤害（Imbalance Injuries），其中知名的是物理治疗师格雷·库克与运动防护师李·伯顿博士创立的功能性动作筛查（Functional Movement Screen, FMS）。必须强调FMS不是唯一的功能性动作筛查方式，不同运动项目可能采取不同的方式，例如美国国家职业棒球大联盟（MLB）、国家职业美式橄榄球联盟，都有各自功能性动作筛查，甚至不同守备位置有不同的筛查。功能性动作筛查的目的不是评价分数，而是找出有问题的动作链加以修正。如果测试中出现疼痛，还必须转介给专业医疗团队进行诊断与治疗。同时，近年来以FMS预测运动损伤的效果也受到质疑，例如，国际足联（FIFA）的官方运动医学培训课程中就指出FMS评分超过9分也不足以预测足球的运动损伤。

平衡失误计分系统（Balance Error Scoring System，BESS）、星型偏移平衡试验（Star Excursion Balance Test，SEBT）、Y型平衡测试（Y Balance Test，YBT）与落地失误计分系统（Landing Error Scoring System，LESS）都是较推荐的损伤风险预防筛查工具。体能健康可以参考我国的《国民体质测定标准》与《全民健身指南》，也可参考美国运动医学学会（ACSM）的《ACSM运动测试与运动处方指南》等图书。运动体能的测试往往需要与具体运动项目相结合，贴近专项特点测试，常用的测试方法可参考美国运动医学学会、美国国家体能协会、美国国家运动医学学会等机构的体能训练相关书籍，其对运动体能的检测与评估都有较详尽的介绍。对于测试结果，一样要留意是否存在各种失衡的状况，因为失衡是常见的风险因素。

特别要提醒，如果运动参与者是未成年人，那必须由家长或法定监护人提供同意书。在同意书中说明运动中可能存在的风险，并取得在伤病时可以为其子女进行急救的许可。对于照护的运动参与者需要留下健康记录表，其中包括健康问题、可能需要使用的药物、进行锻炼的限制等，可以将PAR-Q运动前筛查问卷包含在其中。最后是紧急联络卡，当出状况时方便联系家长或监护人，以及医师，上面载明了相关人员的联系方式。这些材料涉及运动参与者及相关人员的隐私，必须注意收纳与保密。

在预防计划的制订上，除了平衡人员、资金、设备等基本条件外，尤其突出"循证实践（Evidence-Based Practice）"。需要以循证为基础的临床、临场推理来整合下列4种信息：研究实证、临床专业、对象的价值取向与处境，以及所处的临场实务背景特点。不同的环境背景、运动项目都需要因地制宜地制订不同的预防计划，可能有相似之处，但很难完全相同。在分析的过程中要考虑以下指导方针：当选择干预方案时考虑损益比；考虑干预可能影响运动特点；选择与现有损伤相适应的干预；鼓励伙伴关系。以篮球为例，一般的中学篮球校队的经费预算远低于职业篮球队，较难选择一次性的贴扎作为预防踝关节扭伤的方法，而适合采用可重复使用绑带式护踝为预防手段。在此以运动防护过程模式来介绍运动损伤预防计划各环节涉及的内容。

2. 特殊防护

运动防护过程模式的第二个环节是"特殊防护"，也就是依据风险因素来实施预防干预。一般特殊防护的主要风险管理手段包括身体素质强化与体能训练、营养与增补剂、安全教育、运动器械选择、护具与贴扎等特殊保护措施、运动环境选择与监控等部分，覆盖了主要的运动伤害风险因素。由内向外，从个人的内在风险因素到外部的环境因素，逐一应对。

身体素质强化，也被称为季前体能训练，主要是依据体能评估的结果，进行本体感觉、活动度与柔韧性、肌力与稳定性、协调性等素质的强化，并强化正确动作模式，借以降低损伤风险，满足正式训练的要求。例如：柔韧性不佳、肌肉无力或失衡的风险因素可以用肌力训练计划克服，而本体感觉不良可以用平衡训练来改善，加强腘绳肌柔韧性避免拉伤，加强跌倒技术应对碰撞倒地。在某些情况下，风险因素无法被消除或改善，例如性别或解剖结构。即便如此，不可变的因素对预防受伤而言也同样重要，需要针对高风险者进行干预。例如：足球、篮球和手球的女性运动员前交叉韧带（ACL）受伤概率是男性运动员的4~6倍，通过对女性运动员采取动作模式的预防训练可以减少前交叉韧带损伤的发生。美国运动伤害防护师协会强烈建议正值发育期间的女性（12~18岁）要开始采取包含多元类型的前交叉韧带伤害预防训练计划以预防非接触前交叉韧带伤害；男性虽然伤害风险较低，但风险依然存在，所以也需要进行训练。前交叉韧带伤害预防训练计划要包含：肌力、增强式、敏捷性、平衡和柔韧性锻炼中的至少3种类型；正确技巧的指导和反馈。国际足联推广的FIFA 11+便是合乎上述原则的预防运动损伤的体能训练计划，这也体现体能训练在运动损伤预防中的重要性。特殊保护措施是使用贴扎、护具等手段，补强身体较为薄弱的部分。

安全教育是制定明确的活动规则，明确告知运动参与者与家长等相关人员如何开展活动，以及运动中可能的风险与注意事项，建议留下书面记录，以备不时之需。例如：不在游泳池畔奔跑嬉闹以免摔伤。体能训练的安全教育应该包括热身与恢复、拉伸、训练服装、正确技术动作、使用辅助保护工具、保护动作、现场安全习惯等方面的介绍。

运动器械选择是确认设备合适、没有缺陷，并且需要合乎相关的国家或行业标准。对于场地设备要点在"慎始"，硬件、环境在规划时就要注意合乎标准，例如：镜墙离地面51cm高，避免哑铃、杠铃片等器材滚动撞击，造成镜子破裂。门宽要大于91cm，方便轮椅通过，还要有双开门方便器械搬运。走道宽度要合乎消防法规，也要考虑器械通过问题。除了容易看见的空间环境，还要考虑光与热、通风等问题。相关的具体数字可以在美国国家体能协会的体能训练师教材中看到，但只能参考，还需要注意是否合乎我国与各地的法规。设立装备与场地的检查表，让标准化点检成为常态，此外还要进行现场疏散等应急规划与演练。

运动环境选择是确认环境状况，避免环境的危害。例如：天气热、湿度高，要避免室外运动或加强补水，防止热疾患发生。

3. 表现与健康促进

在运动防护过程模式的表现与健康促进环节，贯穿运动中与运动后的防护包括4个部分：运动处方与训练计划、拉伸与热身等准备活动、训练或竞赛监督，以及训练后的恢复措施。运动中的防护往往以事前的特殊防护为基础，例如：足球运动的身体对抗能力不是临场就能获得的，体操的保护垫也不会凭空出现。

运动处方与训练计划是运动中损伤防护的第一关，通过科学训练、系统规划、有序执行来减少"意外"。以"经验"取代"原则"，既没有分析也轻忽科学，会导致许多不可控的风险，增加损伤的概率。儿童与青少年要注意"年龄段"原则，要根据年龄，还要考虑身高、体重、成熟度、经验和技能将孩子分配成不同的群体来安排训练与比赛。必须以渐进的方式教授技术技能，特别是涉及风险因素的技术，计划不周的训练或比赛会导致受伤。监控受伤或暂时丧失能力的运动员，避免可能对其造成伤害的运动。第二关是准备活动的动态拉伸热身与神经肌肉激活活动，让身体准备好正式投入运动中，可以减少肌肉拉伤，也可以提升运动表现。第三关是训练或竞赛监督，密切关注训练或竞赛中运动参与者的状态，制止不当行为，察觉异常状况，以确保其尽可能安全，避免伤害的发生。教练必须具备急救的基本知识与技术，并保持知识更新。在有组织的活动中，必须提供适当的医疗救助。

运动后的防护主要是采取有效的恢复措施，整理活动不可轻忽。要避免过度训练，超负荷训练后产生短期疲劳，可能数日就解决。功能性超负荷就可能要花数周才能恢复，非功能性超负荷就可能要花数个月才能恢复。如果是过度训练综合征，可能多年也无法恢复。

卢鼎厚教授等人注意到，超负荷工作后的肌肉会出现不同程度的僵硬，引起延迟性肌肉酸疼，同时伴有不同程度身体姿势和运动能力的改变。超过习惯负荷的肌肉工作诱发肌肉收缩蛋白的降解，导致肌肉收缩结构改变，表现为肌肉上的"条索"或"结"。这些条索未必会完全随时间而自然恢复，有可能变成隐患，可以采取针刺、指针点压与静态拉伸来进行松解。结合国外的筋膜链、扳机点（也称激痛点、触发点）的处理方法，也可以采取泡沫轴、筋膜枪等筋膜放松手段。我国传统的针刺、刮痧、拔罐也已经进入国外运动防护专业教材，并在运动队中推广。重要的是根据个体的承受能力调整后续安排，特别是在肌肉还未形成稳定的病理性改变过程中，适度运动和劳逸结合，避免肌肉损伤。

在有旧伤的部位，运动后可以搭配物理治疗手段来控制肿胀、发炎，平时则多以热敷来促进循环、加强代谢恢复。虽然对于传统的冰敷有不同的观点，有的认为可能减少生长因子，不利于生长恢复，但多数运动队仍然继续使用冰敷、加压冰敷系统，而且冷动力全身超低温冷疗（Cryotherapy）成为部分精英运动员的选择。除此之外，脉冲加压治疗仪、高电位治疗仪、磁振热疗仪、深层肌肉热透仪、光疗仪与各种电疗仪器等物理治疗设备也常常被用于促进恢复。必须提醒，涉及医疗行为的治疗与恢复方法，需要由运动防护师或物理治疗师来执行，体能训练师一般只采取非侵入性、非医疗行为的恢复手段。

四、运动伤害的分类与处理

在损伤康复的部分涉及对伤病的评估，需要由受过完整训练的专业人员进行伤病处理，但体能训练师还是需要参与到运动员伤后康复过程中，运用知识与智慧，帮助运动员完成康复、重返赛场前的竞技体能训练。为此，体能训练师需要了解受伤形态与恢复过程，以有效介入康复过程。

什么是运动伤害？简单地说就是运动造成的伤害，其中包括伤（Injury）与病（Illness）两大部分。然而运动伤害的分类却有着不同的标准，衍生出不同的定义。依据这些分类与定义，我们可以很快掌握运动伤害防治的重点。

（一）运动伤害的分类

在我们讨论运动创伤（Trauma）的分类前，让我们来讨论运动伤害的分类。除了常用的依部位、组织、伤情分类，为了方便运动伤害的预防，有3种常用的分类方式。

1. 广义运动伤害与狭义运动伤害

广义运动伤害泛指体育运动过程中所有发生的伤害，例如：在足球场练球遭受雷击、公路自行车赛中被车撞、路跑时被狗咬。狭义运动伤害专指某个项目运动员特别容易发生的伤害，往往与运动项目特殊的规则、场地、设备、技术、训练有关，例如：篮球运动员容易脚踝扭伤、速度滑冰运动员容易髌骨劳损、跳水运动员容易视网膜脱离。广义运动伤害提示我们运动所处的环境也可能有着各种风险，而狭义运动伤害则提示我们参与特定运动项目需要预防一些特别容易出现的损伤。

2. 急性运动伤害与慢性运动伤害

根据发病急缓，运动伤害可分为急性运动伤害与慢性运动伤害。急性运动伤害是指运动中一次突然的外力或内因造成组织破坏而发生的伤害，急性运动伤害又称为剧烈创伤（Macrotrauma），是组织超负荷所产生的特定突发事件，发病急，病程短，症状骤起。例如：足球运动员带球被铲球抢断时，被踢到小腿而造成骨折；女排运动员拦网落地时，膝内扣造成前交叉韧带损伤。急性运动伤害的发生原因一般很清楚，损伤机制比较明确。慢性运动伤害则是指长期微小损伤累积的伤害，又称为微小创伤（Microtrauma）或过度使用（Overuse）伤害，主要源于持续训练或休息不足，对组织施加反复与异常压力，所以也常常被俗称为劳损。慢性运动伤害往往无法确知到底是何时受伤的，发病缓慢，症状渐起，病程较长。例如：游泳运动员前一天还能正常训练，突然就肩膀抬不起来；网球初学者单手反手击球练了一阵子，忽然发现手肘疼痛，出现网球肘。急性运动伤害提示我们要做好各方面的防护，而慢性运动伤害提示我们要有效恢复，避免积劳成疾。同时要注意，急性伤害处理不当或未完全康复而过早运动也可能转变为慢性伤害；慢性伤害也可能促使急性伤害出现。

根据受伤的组织部位，使用专有的名称。肌肉肌腱可能发生的急性伤害为挫伤、拉伤；慢性伤害为肌腱炎、慢性肌腱炎、肌腱病变。韧带的伤害为扭伤，一般为急性，可依撕裂程度分为轻度、中度、重度。关节损伤可分为脱位、半脱位，往往伴随韧带扭伤、肌肉拉伤。骨骼可能发生挫伤、骨折，而骨折又有封闭性、开放性、撕脱性、不完全骨折等分类。特别要注意的是疲劳性骨折，也称为应力性骨折，一般与训练过度、未充分恢复有关，在体能训练中要特别注意。

3. 原发性运动伤害与继发性运动伤害

根据病因，运动伤害可分为原发性运动伤害和继发性运动伤害等。原发性运动伤害是指运动中直接受到的伤害，例如：篮球运动员抢篮板球落地时，踩到其他球员的脚，造成脚踝扭伤。继发性运动伤害是指原发性运动伤害未妥善处理引发的后果，一般有两种常见的状况：一是急性期未能有效处理，造成伤情扩大，甚至二度伤害；二是因为代偿动作而引发新的问题。以前面举的篮球运动员脚踝扭伤为例，受伤后如果没有落实PRICE原则，未经检查就任意移动，万一是骨折，就可能在搬动过程中让骨折移位，甚至伤害到附近原本未受伤的软组织。如果没有在急性期适度控制发炎反应，也可能让发炎区域扩大，推迟愈合复原的时间。如果带伤训练不当，就很容易出现不良的代偿动作，引发新问题。即便是不严重的脚踝扭伤，身体重心也会向健侧腿移动，可能导致动作变形，使健侧腿负荷增加。于是一阵子之后，原来受伤的脚踝还没好，健侧腿的膝关节也出问题，再一阵子发现除了脚踝、膝盖不舒服，连腰都疼痛、直不起来。原发性运动伤害提示我们要做好预防与急救，继发性运动伤害提示我们要正确处理运动伤害，避免代偿造成新问题。

4. 损失时间分类

在国际上为了流行病学统计与运动队管理需要，一般会按运动创伤造成无法上场天数的损失时间（Time Loss，TL）分为4类：1~7天为轻伤；8~28天为中度伤；大于28天为重伤；运动生涯结束伤害。

（二）运动伤害的处理

运动伤害的处理，需要在事前进行准备。运动训练、体育比赛时遭受意外伤害，或突发疾病时，实施及时、规范的急救措施，往往可以防止伤势或病情恶化，挽救伤员生命，为后续治疗提供必要的条件。然而，猝死、溺水等意外，往往因抢救不及，产生严重后果。因此，除了应采取必要的第一级预防措施，避免运动意外发生，还需要做好急救的准备，在运动伤病发生后，进行第二级预防以降低损害。最后再安排好第三级预防，通过治疗康复来避免留下残疾或影响正常功能。

1. 应急预案

降低损害包括启动应急预案（Emergency Action Plan，EAP）与现场急救处理。启动应急预案的目的是减轻危害，也就是出了事可以提供及时、正确、有效的处理方案。应急预案应包括在运动训练、比赛期间提供充足的医疗服务（人员与设备）。

应急预案的重点在于人与物到位，并且要教育相关人员，明确角色与责任，最后经过演习验证预案可行。运动参与者的健康信息与应急联系信息可以做成紧急联系卡，让其在训练或比赛时随身携带。准备邻近医疗单位的信息，包括：电话、地址及提供的医疗服务。运动场所应该备有固定电话（座机），贴有明显的场地地址信息、应急联系电话，以及应急流程。此外，应提供急救箱与人工呼吸面罩、球囊，以及自动体外除颤仪（Automated External Defibrillator, AED）等急救设备。应急预案内容需每年重新检视并实际演习一次，以便确认参与人员的相关训练与相关器材装备的维修都到达标准。

关于制订应急预案，首先要和地区性的紧急医疗机构或人员取得联系并共同制订，必须明确列出紧急事件发生的详细流程。不同的场地要有不同的预案，不同的运动项目与比赛类型可能会因为运动装备与常见伤害的不同而有所差异，应突出不同项目特有重大伤害的急救处理，若需特殊急救装备也必须注明清楚。

在规划时，可采取头脑风暴，在问答中完成方案，形成具体的详细流程，并经过演练加以验证。例如，试着回答以下问题，并形成文字。

- 有哪些人员参与其中？责任与分工如何？他们该具备什么能力？
- 紧急处理时需要的装备有哪些？存放在哪里？找谁拿钥匙？
- 通信工具为何？有没有电？手机或无线电信号好不好？备用方案是什么？
- 后送伤者的方式是什么？送到哪里？怎么送？
- 什么时候培训？什么时候演练？

特别注意，后送的医院则必须考虑伤害类型和严重程度。另外在开始活动与赛事前，必须通知紧急医疗系统比赛与活动的时间。在伤害风险较高的运动项目比赛现场，则必须有救护车在场边待命。

应急预案教育的基本思路是让现场人员解决以下3个问题。

- 评估：该如何评估现场与伤者？
- 紧急通报：该如何启动急救医疗服务系统（Emergency Medical Service System, EMS或EMSS）？
- 执行：该如何提供急救照护？

每个相关人员应该有应急预案的书面材料，以协助他们了解自己在应急方案中的角色与责任。所有相关人员需要熟悉流程，在紧急状况发生时，迅速且正确地反应。应急预案必须打印出来并张贴在场馆中，一般张贴在邻近电话的位置或醒目的位置，让在现场的参与者都知晓，以备不时之需。

教育包括运动员与教练在内的运动参与者，让其熟悉应急预案与急救技术，以提供场上急救服务。依国际惯例，体育运动相关专业人员应具备有效的急救资质，持证上岗。同时要提醒，上过课不等于取得急救资质。急救训练应包括以下几点。

- 分辨、评估、排序急救的需要。
- 通过使用适当的知识、技术与行为来提供照护。
- 认清局限并于必要时寻求其他的照护。

到院前的急救技术包括针对呼吸心跳的基础生命支持（Basic Life Support，BLS），主要是心肺复苏术（Cardio Pulmonary Resuscitation，CPR）与自动体外除颤仪（AED），以及处理创伤急救的基础创伤生命支持（Basic Trauma Life Support，BTLS），主要是止血、包扎、固定、搬运4项技术。急救培训应包括应急评估、呼吸与循环维持、包扎与固定等急救技术，以及轻微运动损伤处理，还有伤患搬运的技术与转诊送医。现场急救流程可参考图21-8。

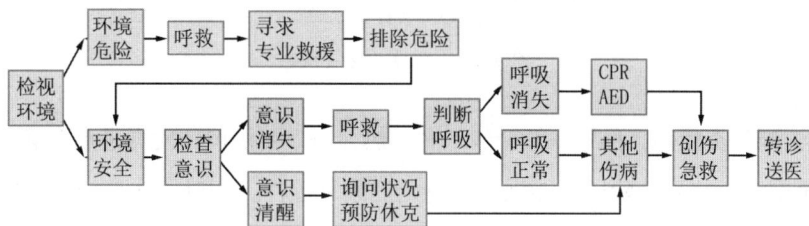

图21-8 现场急救流程

应急预案的演练可确保相关人员熟悉整体流程与专业操作。演练过程中，运动防护师、教练、运动员有机会与医师、医疗救护员（Emergency Medical Technician，EMT）沟通，特别是规范特定操作中的技术与步骤。应急预案必须每年都重新检视并实际演练，建议在每个训练季开始前，都能安排演练时间点，并留下记录。演练过程中如果发现问题，要详细记录，并及时修正方案。有修改内容，就需制作新版应急预案。

承办体育赛事或活动的相关人员都必须共同制订、施行、检视应急预案，发生紧急状况时也必须共同承担急救处理的责任（包含法律责任）。因此，应急预案必须经过行政管理部门和法律顾问的检视。应急预案中，除了完整的施作流程外，还必须附以下材料：个人与团体在紧急事件中的责任；事后对整个流程的检讨的文件记录；预案演练的文件记录；相关人员训练的文件记录；急救器材与装备维修的文件记录。

2. 伤害愈合过程与处理

伤害愈合过程可参考图21-9。受伤后，现场依照应急预案进行急救，视情况送医。对于轻微的肌肉拉伤、韧带扭伤，在现场急救时与伤后2~3天的急性期可以遵循PRICE原则处理。P是Protection（保护），保护伤处，避免二度伤害。R是Rest（休息），实施动态的休息，患处之外的部位要保持锻炼。I是Ice（冰敷），用冰敷来止痛，期望使微血管收缩、减少出血、降低代谢速率、减少肌肉痉挛。每小时冰敷一次、每次15~20min，或冰敷至麻感消失。冰敷的注意事项包括：雷诺病等特殊疾病患者不冰敷；通过冰敷袋加水、衬垫湿布、包覆胶膜等方式来防止冻伤；避开表浅的尺神经、腓神经。C是Compression（加压），E是Elevation（抬高），在伤处以弹性绷带加压，并使患肢高于心脏。伤处加压与抬高患肢，可以减缓出血与组织液渗出量来减少肿胀。

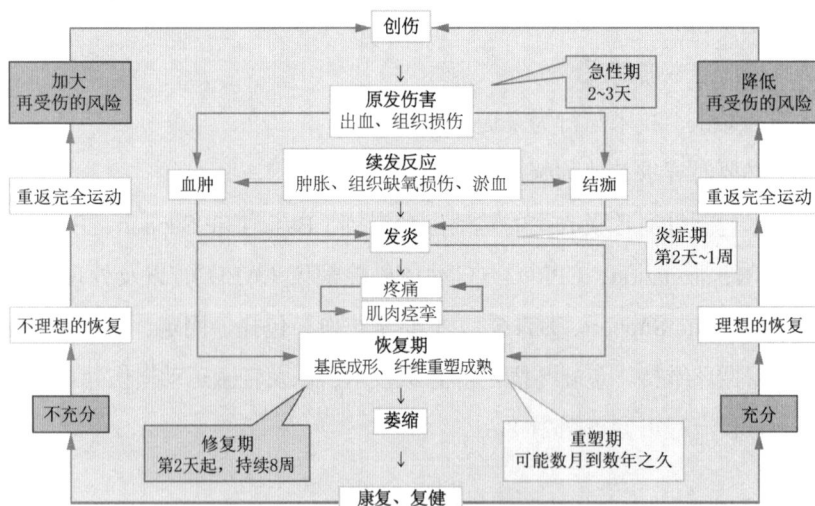

图21-9 伤害愈合过程

伤后第2天至1周为炎症期，伤处一般会红、肿、热、痛。要认识到发炎是愈合必经的过程，如果发炎未在合理时间范围结束，后续阶段不能展开，将延迟康复过程。相对的休息与PRICE应用，搭配电刺激，以控制疼痛与发炎。保护伤处、训练其他部位，维持心肺适能是炎症期的主要目标。

一般伤后第2天至8周为修复期，顾名思义为伤处进行组织修复，这个过程会先清除被损害的组织，再形成组织再生的框架，然后填补新生组织。新生组织的三型胶原纤维排列方式比较脆弱，传递力量的能力受限。这个阶段的目标是加强本体感觉训练，维持神经肌肉控制。在队医、运动防护师、物理治疗师指示下，以少许压力促进胶原合成、防止伤处肌肉过度萎缩。无痛下，从缓慢速度的多角度的非最大等长运动，逐步进阶到等速、等张训练。

重塑期可能为数月到数年。这个过程中组织开始强化，转换为较强韧的第一型胶原纤维，给予新形成组织强化结构、力量与功能的"机会"。随负荷增加，新形成的疤痕组织随着施力方向排列及肥大，排列越整齐、越肥厚则越强壮。此阶段的目标是全面提升神经、肌肉、骨骼、心肺系统负荷。但须注意运动员可能试图做得更多、更快，而容易导致再次受伤。

（三）运动康复与重返赛场

体能调控与重返赛场是终极目标，为达成该目标，运动防护师与体能训练师必须充分合作与无缝对接。在思路上，需要对组织痊愈进程深刻理解，先考虑软组织弹性与可塑性的修复，包括肌肉与筋膜（Muscle & Fascia）、韧带（Ligament）、软骨（Cartilage）、皮肤（Skin）；还需要针对运动员个人与专项特征，考量闭链运动与开链运动训练；接下来考虑提高克服重力和惯性的能力、提高神经系统的效率、增强空间意识、强化情感与心理、恢复。在医务监督下执行结合专项的本体感觉训练、特定角度肌力训练、特定速度肌肉训练，以及功能性训练。干预肌肉功能的各个方面，主要是训练身体在等长收缩、向心收缩、离心收缩等不同肌肉动作形态间快速且有效转换的能力。其程序一般为体重（Body Weight）、挑战重心（Challenge Centre of Mass）、单腿（Single Leg）、外部刺激（External Stimuli）。伤后重返赛场的过程可参考图21-10。

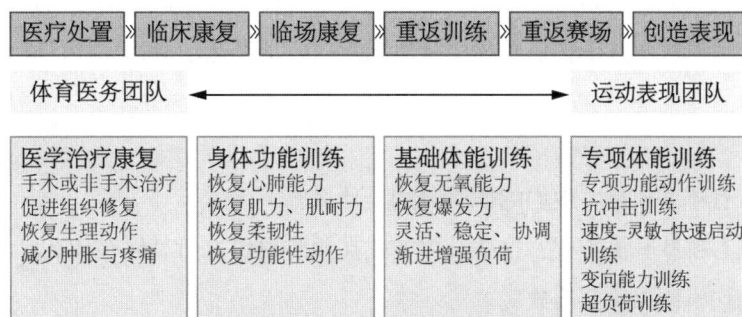

图21-10 伤后重返赛场的过程

在进行适应损伤与项目的相应特殊检测后才能重返赛场。重返赛场一般有以下基本要求：与健侧在正常的运动范围（ROM）内运动；几乎没有急性疼痛至近乎为0；几乎没有肿胀至近乎为0；受影响部位的力量恢复到身体对侧部位的80%~100%，一般会使用等速测力仪测试；平衡和协调性恢复到80%~100%，可采取动作捕捉与模拟；下身受伤后能够在没有跛行的情况下跑步，或上身受伤后能够通过适当的机制训练。以下肢为例，常用的功能检查包括：走路没有跛行；慢跑没有跛行；冲刺没有跛行；8字跑没有跛行；快速变向"之字形"运动，无跛行；双腿跳；单腿跳；非接触式运动特定练习；进行运动特定的练习和返回竞赛；专项训练、竞技体能训练。

美国骨科医师学会（American Academy of Orthopaedic Surgeons，AAOS）对重返赛场有以下建议。

- 进行体育活动之前，运动员的受伤部位必须完全治愈。
- 如果是关节问题，运动员必须没有疼痛，没有肿胀，活动范围完整和力量正常。
- 如果是脑震荡，运动员在休息或运动中都必须没有症状，并且应由适当的医务人员确诊。

• 关于职业运动员在受伤后尽早恢复比赛的媒体报道，会让人觉得任何得到适当治疗的运动员都可以在相同的能力水平上回归比赛，甚至更好。然而运动员、家长和教练必须明白，由于伤病类型、治疗需要的不同，年轻运动员可能无法在相同的水平上重返赛场——无论多么努力进行康复。

简要总结伤后到重返赛场步骤。先以PRICE原则应急处理；在不痛的原则下伸展练习，逐步加大活动范围，恢复关节活动度；逐步负重，从等长到多种形式，进行力量练习，同步强化本体感觉。以上工作通常由物理治疗师或运动防护师负责。接下来体能训练师与教练加入，先全面准备，强调基本技术，特征是低强度、多重复。然后以全面技术、模拟比赛开展正式训练。最后是从较低水平竞赛开始的正式比赛。必须认识到运动员经过良好的医疗与康复也未必能重返赛场，所以必须尽力预防运动伤害。

小结

现代体育要求专业分工与团队合作，体能训练师不仅在体能训练方面发挥着作用，还在伤害预防与康复工作中扮演着重要角色。具备基本的运动伤害防护知识，了解教练、队医、运动防护师以及物理治疗师等体育医务团队成员的职责和工作方式，是体能训练师融入团队并发挥作用的基础。

辨识运动伤害的类型并预防伤害发生，执行运动损伤的应急处理是各种体育人员，包括体能训练师在内，都需要具备的基本能力。毕竟体育活动存在一定的风险，在追求卓越的同时，必须对可能发生的运动伤害有所准备。这包括尽力降低发生伤害的风险、制订并落实应急预案，以及具备急救技术。

体能训练师通常需要处理带伤训练的情况，并参与协助运动员在受伤后重返赛场的工作。因此，体能训练师对于组织伤后痊愈的过程、反应以及各阶段的康复目标，应该有清晰的认识，以更好地配合运动防护师和物理治疗师执行康复工作，发挥团队协同效应，帮助运动员达到最佳表现。

思考题

1. 体育医务团队有哪些成员？他们的职责分别是什么？

2. 运动伤害一般有哪些分类方式？这些分类方式在预防损伤方面对你有什么启示？

3. 请介绍"运动伤害因果关系模式"。

4. 体育医务团队的周例会上，一般会讨论哪些重点？

5. 请描述指示运动（Indications）、禁忌运动（Contraindication）对体能训练师在伤害预防与康复两个工作角色的意义。

6. 三级预防中，哪一项任务应该首先被执行？

    A.健康与表现促进　　　　　　　　　　B.特殊防护

    C.早期诊断　　　　　　　　　　　　　D.降低损害

    E.治疗与康复

7. 应急预案的重点包括下列哪些？

    A.人与物到位　　　　　　　　　　　　B.教育相关人员

    C.明确角色与责任　　　　　　　　　　D.演习验证预案可行

    E.以上皆是

8.轻微的肌肉拉伤、韧带扭伤的急救处理原则中，不包括下列哪一项？

A.保护休息
B.热敷消肿
C.加压伤处
D.抬高患肢
E.以上皆为正确处理原则

9.一般状况下，组织痊愈的过程中，哪个阶段耗时可能长达数年？

A.急性期
B.炎症期
C.修复期
D.重塑期
E.康复期

10.一般状况下，体能训练师与教练加入重返赛场的训练时，先全面准备，强调基本技术，训练强度与重复次数的特征为何？

A.低强度、少重复
B.低强度、多重复
C.高强度、少重复
D.高强度、多重复
E.低强度、无关重复次数

第22章

体能训练场地的布局设计与组织管理

王雄

知识导图

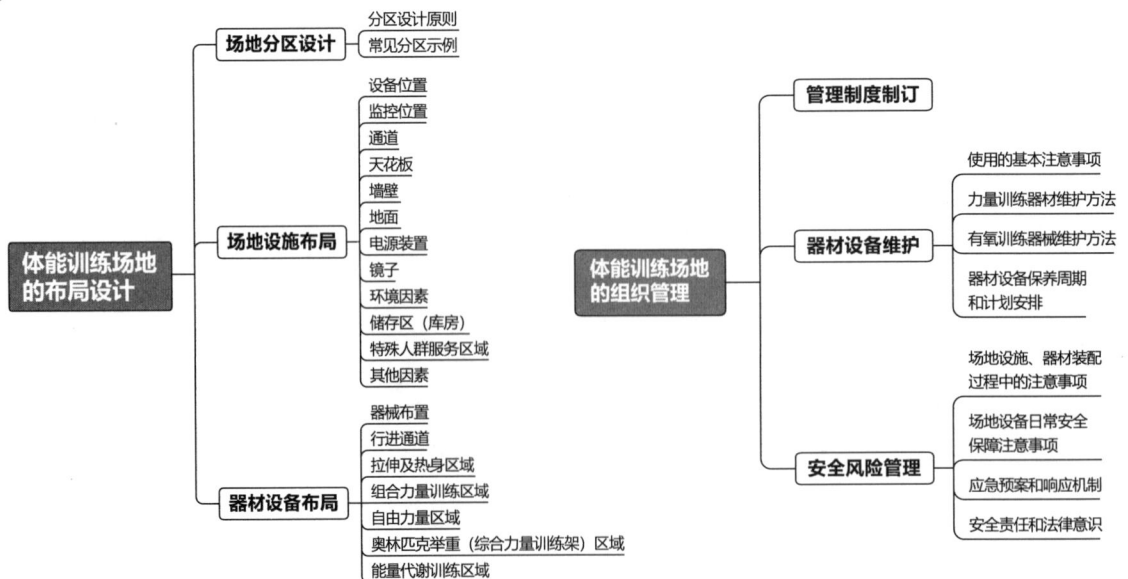

一、体能训练场地的布局设计

（一）场地分区设计

分区设计是进行体能训练场地规划基本的步骤。不论是新建的训练场所还是已启用的训练场所，在安置现有的设备之前，必须考虑和设计体能训练的区域。根据体能训练场地的空间和定位不同，分区也不一样。

通常一个小的功能性训练健身房，应具备力量爆发力训练区、能量代谢训练区、再生恢复训练区等基础区域。而一个大型的综合性体能训练中心，不仅存在队伍训练区域，还包括测试、康复、恢复、营养补给等多个区域。

1. 分区设计原则

场地分区有几个基础性原则。

• 对象针对性。要了解主要服务对象（运动队）是谁，运动项目类型是什么，训练特点和习惯是什么，来场地训练的主要需求是什么，是否需要开放空间，有哪些必不可少的需求，是否需要测试区、康复训练区、营养补给区，等等。

• 科学合理性。场地的面积往往是固定的，若要在空间限定范围内最高效率使用，要考虑日常训练须接纳最多人数、力量爆发力训练区和能量代谢训练区的大致器材配比、装修及器材经费预算、未来需要功能拓展和预留的空间等多种因素，对各个区域的面积大小、位置分布有科学合理的总体考虑和安排。

• 流程便捷性。考虑到不同运动项目队伍的特性和多人训练的交叉轮换，还应考虑训练的流程次序和轮转区间，从而提升场地的服务效率。要使得运动员从进入场地开始到训练结束离开，过程都是较为方便的，以及多项目、多组别训练时的行进路线互不影响，各区域相互协调和配合。

2. 常见分区示例

场地的功能分区是多样的，一般简单或者小型的体能房具有基本的训练功能，一个大型的综合性体能训练中心有更多可利用的空间，对功能需求更高，不仅涉及体能训练，还包括运动能力测评、康复评估、物理治疗、恢复放松、营养补给、心理调节以及各种附属功能等。常见分区及其功能见表22-1。

表22-1 常见分区及其功能

基础分区	功能分区	细分类型及其主要的设备或物品配置	
训练区	力量爆发力训练区	综合力量架训练区（也叫奥林匹克举重训练区）	主要为各种综合力量训练架（或举重架）以及附属的举重台等
		组合力量设备训练区	各种单站式、组合式训练器械，按照身体部位划分：上肢、下肢、躯干、综合。按照动力类型划分：挂片式、插片式、绳动式、气动式、液压式、电动式、自由负重式（杠铃、哑铃、壶等）等
		自由重量训练区	主要为壶铃、哑铃、杠铃片、训练炮筒、牛角包、负重背心等小型可移动的抗阻类训练器械

基础分区	功能分区	细分类型及其主要的设备或物品配置
训练区	能量代谢训练区	室内：跑步机、训练单车、划船机、登山机、椭圆机、攀爬机、滑雪机、手摇机等 室外：塑胶跑道、训练场
	速度灵敏训练区	专业速度跑台、室内外塑胶跑道、自由场地、灵敏训练器材（如绳梯、反应球、敏捷性训练绳、标志桶、标志盘等）、速度训练器材（如提速训练器、加速训练器、阻力训练器等）等
	功能训练区	自由场地、悬吊训练类、振动训练类、训练球类、快速伸缩复合训练类、平衡训练类、弹性阻力训练类等
放松恢复区	柔韧拉伸区	综合拉伸训练架、单站式拉伸训练器、辅助拉伸器材（自助拉伸踏板、拉伸带等）、综合拉伸垒木架、自由拉伸场地、瑜伽垫等
	再生恢复区	再生器材（泡沫轴、按摩棒、扳机点工具包、治疗球、瑜伽垫等）等
	按摩放松区	按摩床、按摩椅、气压式放松设备等
	物理治疗区	治疗床、高压氧治疗设备、电疗仪器、光谱辐射治疗仪器、磁疗仪器、治疗耗材（电极贴片、凡士林油、医用胶布、肌肉贴等）等
放松恢复区	冷热水疗区	冰水池、冷水池、热水池、桑拿房、干蒸房、湿蒸房、水疗池、按摩池、水冲击廊等
	心理调节区	心理咨询室、心理发泄室等
	营养补给区	运动饮料、零食、冰箱、微波炉等
测试评估区	身体形态测评区	身体成分测量（身体成分测试仪、体脂厚度计、骨密度测量计）、身体姿势测量（体姿与运动评估图、关节活动度测量计）、体形测量（身高计、体重秤、带尺、卡尺）等
	身体机能测试区	心血管机能测评设备、呼吸机能测评设备、神经系统机能测量设备等
	身体素质测试区	力量测试设备、平衡能力测试设备、速度与灵敏测试设备（跑台）、肌力测试仪、心肺耐力测试设备等（有氧无氧专业跑台、自行车）
	身体功能测试区	功能动作筛查（FMS），Y-Balance，SFMA，FCS测试等
	运动生化检测区	血液检测、尿液检测、肝功能检测、兴奋剂检测等
	生物力学检测区	重心测量板、录像解析系统、等速肌力测试系统、三维测试平台、足底压力测试系统、多导运动生物电测试系统、人体平衡能力测试系统等
其他区域	办公区	前台办公桌、办公椅、计算机、打印机、电话等
	会议区	会议桌、会议椅、投影仪等
	休息区	饮水区、水吧、长凳、壁柜等
	更衣区	淋浴间、卫生间、更衣柜等
	储存区	单独的库房，也有开放性的各种小件器材放置架、储物柜等

（二）场地设施布局

在决定体能训练区的空间时，体能教练必须考虑到使用体能训练区的人数，每位运动员平均占地面积4~5m²。在体能训练场地的规划与布置方面，还需要特别注意场地及器材设备的位置、结构功能、附属设施、环境因素以及安全和监控等。具体来说，要考虑以下常见要素。

1. 设备位置

- 体能训练区的理想位置是在建筑的首层，从而方便体积庞大的器械设备进出和移动。

- 如果体能训练区不在首层，那么该楼层的承重能力必须达到至少488kg/m²，以防较重的设备掉落时导致建筑结构毁坏。此外，力量训练区切勿安置在对声音或震动敏感的区域上方，例如教室、办公区域或会议室等，器械训练带来的噪声影响不可忽视。同时，在设计及建造力量训练区时，周围墙壁必须考虑消音设计，或者添加隔音材料。

2. 监控位置

体能训练场所办公室的理想位置在整个训练区的中央，并且在每个方向都安装较大的窗户或落地窗，从而清楚地监控场内的所有位置。否则，在具备条件的情况下，应在各个主要位置安装监控摄像头，以便管理室或办公室内的工作人员监控。

3. 通道

- 场所内外必须为所有的运动员和训练人员提供方便的通道，包括入口、出口和进出区域的过道（包括为残疾人员设计的特殊过道）。

- 所有的通道、走廊畅通，没有物品阻碍，可容许双方向行走，尽量减少危险。

- 为轮椅提供可用的通道，通常门宽至少要达到1m。

- 大厅和循环通道的门宽要达到150cm。

- 场所的门必须有一套是对开门，方便较大的设备进出。

- 所有的门槛必须清除，如果不能清除，任何超过1.5cm高的门槛都要设置为斜坡。坡度每高2.5cm要增加30cm的坡长。

- 紧急出口处必须张贴醒目的标识或指示牌。

- 紧急出口要保持充足的灯光，并且不堆放杂物，保证时刻畅通无阻。

4. 天花板

- 天花板的高度，尤其是讲台区域上面的悬挂物，如吊扇、横梁、导管、投影仪、照明灯以及指示牌等离地的高度为3.7~4.3m。若在场地要建设悬吊训练系统或者其他相关特殊要求的悬吊设备，其要求的高度更高。

- 天花板的支撑横梁，可用来承重。

- 除了储存区（库房）外，所有的天花板使用吸音材料。

- 天花板及其衍生的空间，要便于保养及维修。

5. 墙壁

- 墙壁的电器插座，安装在需要的地方，并且固定好。

- 较潮湿地方的墙壁，使用易清洗和防潮湿的材料。

- 力量练习区至少有一面墙壁上有较大的镜子。

- 墙壁的颜色看起来令人赏心悦目，不能太沉闷，并且符合场所的整体装饰风格。

6. 地面

• 部分场馆可选择铺地毯。地毯的好处是价格低并且颜色多样,但不耐脏,难以清洁。如果在心肺耐力训练区和拉伸区,则不建议铺地毯。

• 通常一体成型的橡胶地面最贵,但耐用,不像组合式橡胶地面由于有接缝而灰尘和水容易进入。同时,它也是快速伸缩复合训练所需的稳定的地面。

• 木地板是很好的训练地面,可作为奥林匹克爆发力训练台。木地板需要光滑、平整、脚感好,如果保养良好,是一种好的选择。

• 大理石、地砖或水泥地面不适合速度练习和力量训练。

所有地面要求水平,无凸起或凹陷地带。

7. 电源装置

• 地面需要安装插座,一般产品电压为220V。一些心肺耐力训练器需要380V高压插座(如部分固定脚踏自行车、跑步机、台阶机等),一些特殊设备有较大的电流或电压要求,需要单独安装电路。

• 体能训练区所需要的插座数目要多于传统训练区。适当数目的电源插座,要正确地安置在场所附近,除特别指明外,插座距离地面至少1m。另外,插座必须适配常用的各种电器设备。

• 地面故障循环断路器是必需的安全装置。当因水或绝缘问题产生短路时,它将自动切断设备电源。

8. 镜子

• 体能训练场地必须将镜子列入重要的景观设计当中。如运动员在练习抓举、挺举和高翻等技巧时,通过场所的镜子可以得到及时反馈。出于安全考虑,镜子还可以让教练观察到全队运动员的训练情况,保障队员安全训练。

• 镜子可以增强体能训练场所在空间的开阔感和美感。

• 镜子的安置位置至少高于地板50cm,防止被滚动的设备破坏。大杠铃片的直径可达46cm,因此,将镜子离地的高度设置为50cm较为合理,有一定距离的安全保障。

• 缓冲的扶手和特殊的塞垫,可在运动员与墙壁碰撞时给予一定的保护。对体能训练场地而言,其可作为镜子和墙壁之间的填充物。

9. 环境因素

• 基于安全和视觉考虑,场地要有适宜的照明亮度,灯光太强或太弱都不利于运动员的训练。设计抗阻训练区域时,可以考虑增加窗户来增强光线,而且有利于通风。

• 光线的强度需符合既定的标准,服务区域的照明应使用可调式的,或者通过多开关设计来调节照明亮度;使用自然光时,需正确地控制以减少刺眼的强光。

• 窗户至少高出地面50cm,防止被滚动物件损坏。可以使用高的窗户及利用自然光,但是仰卧训练区需避免自然光直射,以防止刺眼的强光照射及发生潜在的伤害。

• 体能训练区域的建议温度在22~26℃,建议使用区域供给制冷系统,可以有效地调节训练区的温度,并且根据在场运动员训练人数而做出调整。训练区如果太热或太冷,体能训练的质量会降低。此外,必须时常注意并且维持场地恒温,因为温度的多变会增加空气的湿度,容易腐蚀地板,损坏训练器材。整个建筑物必须有空调及通风设施，空调系统必须为区段控制，并且能单独控制个别训练室，以保证特殊区域的温度和湿度符合特殊要求。

- 场馆内的最佳相对湿度应保持在60%左右，必要时使用除湿器来降低湿度，并且应有完善的排水设备，以防止积水所造成的损坏。

- 场地必须有足够的窗户以通风，此外可以保暖和散热。如果是密闭空间，则必须使用新风机，每小时至少需要交换空气8~15次。良好的空气交换，可以有效地减少体能训练场所里常有的异味和保障运动员的身体健康。

- 场馆内的声音不要超过90dB。音乐有时可用来提升运动员的训练热情，但是立体音响装置安排不当，也将出现问题。音量必须控制在较低水平，以便教练和运动员随时交流，且音响应装置在运动员不能控制的区域，由工作人员统一调节和控制。另外，扬声器应合理安置在场所各个区域，可以放置在角落里较高的地方。

10. 储存区（库房）

- 在许多体能训练场地，由于可以使用的空间有限，设计里并不包括储存区或者库房。如果设计里有储存区，储存区的面积应在8~25m²，储存区用于储存大量的抗阻训练配件、备用器材、清洁用品和工具等。

- 储存区必须遵循防火法规，并且要保证适当的通风。

- 通往储存区的门，必须要宽而且没有突起的隔板。

- 储存区需保证一定的安全性，谨防失盗。

11. 特殊人群服务区域

- 对于特殊人群（如残障人士或行动不便者），需要特别考虑，所有的特殊通道要有单独的指示牌和使用须知。

- 所有的门道通道必须有足够的宽度，方便轮椅使用者进出。条件适宜的情况下，可考虑安装电动门。

- 所有的门槛齐平，方便行动不便者进出。

- 所有到卫生间的通道、休息区、更衣室和其他房间都能够方便地提供给坐轮椅者使用。

12. 其他因素

- 开水间或饮水机：饮水机必须方便运动员使用，并且放置的地点不可阻碍通行或干扰训练。可以将饮水机设置在场所入口附近，若场地较大，可在不同位置设计多个饮水点，并在饮水机周围放置防水垫和弃水桶。需要注意的是，鉴于运动员反兴奋剂条例以及相关安全保障需求，饮水机应尽量位于录像监控区附近，并且附近张贴关于反兴奋剂及安全指示的提醒。

- 休息室或更衣室：男、女性运动员的更衣室应标示清晰，应尽量在体能训练区域附近。

- 洗手间：洗手间可以在场地内，至少不能太远；此外，洗手间应有空调或暖气设备，以防运动员冬天着凉感冒。一些运动员医用冰敷制冰机由于需要上下水设施，可以放在洗手间外侧或者显眼位置。

- 提示牌：采用各种规格的提示牌来提示操作方法、场所规定和安全指导方针等，并清楚地标示入口、出口和休息室等。

- 告示牌：告示牌用来显示所要告示的事项，例如教育咨询和强化实施的项目。告示板应设置在入口，让运动员及来访者不需要进入训练区域便清楚可见。

- 紧急救护设备：所有紧急救护设备（如AED）应在训练场地内并可方便快速获取及使用。设备应该处于完好的运行状态，为了正确使用，相关工作人员或紧急救护人员必须提前接受培训，熟悉每种紧急救护设备的功能和操作方式。此外，紧急救护人员应该定期检查和试用紧急救护设备，有损坏和过时效的紧急救护设备要维修和更替，并且定期进行演练和产品质检。紧急救护设备应该储存在一个环境干净、较为明显的区域，当紧急情况发生时，以便随时使用。

（三）器材设备布局

在进行分区之后，在可用的空间内放置器材设备是非常重要的。在楼层的设计中，可先绘制图纸，在图上规划设备可能放置的位置。此外，还要确定将会使用到体能训练场地的运动队伍，列出现有设备清单。在摆放设备时，主要以运动队的具体需求为依据，将设备放置在合理的位置。同时，安全是优先考虑的因素。针对不同区域，器材设备的放置具体还要考虑下列因素。

1. 器械布置

- 较高的器械或组合器械（如深蹲架、史密斯架、下拉训练器、卧推架等）应沿着墙壁放置。哑铃架通常也靠墙放置，较短小的器械放置在训练室的中间，以便容易看到。

- 杠铃和哑铃之间的放置距离至少为1m，方便移动且训练时没有障碍。

- 一些架（如深蹲架、史密斯架等）与杠铃片相邻摆放，以方便取用，举重器械与重量架之间至少保持1m。

- 较高的器械（如深蹲架）必须固定在墙壁或地板上，以增加其稳定性及安全性。

- 任何器械和镜子的距离至少为15cm。

2. 行进通道

行进通道应环绕运动区域，设计时可用地毯铺设走道地面、用橡胶地垫铺设肌力训练区域。至少留一条通道来分隔体能训练区域，让行进路线不至于影响到训练，按这种方法安排的通道在紧急状况下有助于快速疏散体能训练场所内人员。保持场地无阻通道宽1m，走道和大厅通道不设门。器械和设备摆放不可影响通行。

3. 拉伸及热身区域

每位运动员平均约需要4.5m²的区域，作为拉伸以及热身活动区域。如果考虑到需要有同伴帮助的拉伸，区域可以设计得更大。

4. 组合力量训练区域

组合器械之间以及与其他设备之间，必须间隔至少0.6m，最佳间隔距离为1m左右。

5. 自由力量区域

- 自由力量训练时，运动员各个方向须有1m²左右的安全缓冲空间。

- 奥林匹克杠铃两端最好有约1m²的空地。
- 一个自由力量训练区域应可容纳3~4人。自由力量训练区域的计算方法见表22-2。

表22-2　自由力量训练区域的计算方法

区域	举例	公式
俯卧及仰卧运动区域	仰卧推举	公式：[实际仰卧推举凳长度（1.8~2.4m）+安全缓冲空间（1m）]×[所建议的训练空间/宽度（2.1m）+安全缓冲空间（1m）]
		举例1：如果使用一个1.8m长重量训练长凳来做仰卧推举运动，（1.8m+1m）×（2.1m+1m）=8.68m²
站立运动区域	屈肘	公式：[实际杠铃长度（1.2~2.1m）+双倍宽度安全缓冲空间（1.8m）]×[所建议的使用者站立运动宽度（1.2m）]
		举例2：如果使用一个1.2m长的杠铃来做屈肘运动，（1.2m+1.8m）×1.2m=3.6m²
站立架辅助运动区域	深蹲	公式：[实际杠铃长度（1.5~2.1m）+双倍宽度安全缓冲空间（1.8m）]×[所建议的空间宽度（2.4~3m）]
		举例3：如果使用一个2m长的奥林匹克杠铃来做深蹲运动，空间宽度为3m，（2m+1.8m）×3m=11.4m²
奥林匹克举重区域	完全爆发力运动	公式：[举重平台长度（2.5m）+环绕走道安全缓冲空间（1m）]×[（举重平台宽度（2.5m）+环绕走道安全缓冲空间（1m）]
		举例4：（2.5m举重台+1m安全空间）×（2.5m举重台+1m安全空间）=12.25m²

6. 奥林匹克举重（综合力量训练架）区域

- 奥林匹克举重区域应能容纳3~4人。
- 环绕举重台区域，应该设计约1m宽的走道。
- 如果有可移动的奥林匹克后蹲架，在不使用时应存放起来。
- 奥林匹克后蹲架应该保证在平台内，而不是靠近平台边缘。

7. 能量代谢训练区域

在能量代谢训练区域，每台自行车和椭圆机约需要2.5m²，跑步机约需要4.5m²。器械与器械之间保持一定距离。

在设计之前，在图纸上多尝试摆放几次，并且标记出几种不同的设备放置方式，考虑到各种与实际相关的情况，最终来确定符合运动员在训练计划中要求的空间。一旦发现不足或者优化方案，及时更改。

二、体能训练场地的组织管理

（一）管理制度制订

要科学有效地组织运动员个人或团体从事体能训练，合理安全地安排空间和时间，就必须建立起规范的管理制度。制度往往是视实际情况变化的，每种情况的改变都可能构成对制度的挑战，因而，制度的制订要周密合理，在最大限度上满足运动员及运动队的需要。

场地管理者或体能教练应制订统一的检查、维修和清洁时间表并执行，以确保提供安全运转的训练环境。此外，作为场地管理者或体能教练，必须具备高度的安全责任意识，熟悉训练设备，掌握器材的使用和基本维修保养等方面的专业知识。

具体到每一个场地，制度的制订应该遵循因地制宜的原则，通常一个体能训练中心会制订如下管理制度:《场地日常管理制度》《器材设备登记使用及借用管理制度》《人员值班安排及责任制》《器材的购买申报制度》《日常保修流程及厂家联系程序》《外来人员训练及参观访问制度》《人员业务培训及考核制度》等。

（二）器材设备维护

场地器材的维护保养是体能训练场地管理的重要组成部分。定期进行场地器材的保养和维修，不仅可以保持设施的外观，还可以保证安全训练和节省投资。因此，建立完善的维护保养机制也是推进场地器材维护工作的有效保障。

1. 使用的基本注意事项

- 熟悉器材设备的功能，掌握其基本特点。
- 注意安全警告和基本保养维护方法。
- 掌握一般构造和较容易出现的问题。
- 注意存留零件的备用件，零件脱落时，及时拾取保存。
- 给部分易磨损器械定期上油或注意传力带的运转通畅，一旦发现卡壳等情况要及时停止使用。
- 特殊器材一定要贴上正确使用的图示告示牌及安全使用须知。

2. 力量训练器材维护方法

（1）一级保养（每日或每周）。

①检查力量训练器材部件是否存在松动、脱离、断裂、腐蚀和砸损等情况；②检查力量训练器材底座胶垫是否在正确的位置；③检查力量训练器材可调试座位功能是否正常；④检查力量训练器材的配置附件和修理工具是否齐全；⑤清洁并消毒与皮肤接触的力量训练器材的部件。

（2）二级保养（每月或每季）。

①清洁并消毒力量训练器材整体框架，对锈斑与油斑等污渍进行清除，加固力量训练器材的螺栓与螺母；②调整力量训练器材的胶垫，以免与地面粘连；③检查力量训练器材轴承部位的润滑情况，根据使用情况加定质、定量的润滑油；④大型器材连续运转500h后保养一次，且一般需停机8h。

（3）三级保养（每半年或每一年）。

①检查健身器材的操纵机构、传统系统、变速机构及安全防护、保险装置是否灵敏可靠，并请相关专业人员修复和更换力量训练器材即将损坏的部件；②每年进行一次全面保养或大型健身器材累计运转2500h后保养并停机32h。

（4）清洁步骤与标准。

①清洁步骤。拿取湿抹布将其拧干，然后对折，再擦拭器械，要求顺序：从上到下，从左到右，从内到外。对与皮肤接触的部件应使用配以一定比例的消毒液进行专门的清洁。②清洁标准。力量训练器

材表面无灰尘、无污渍、无汗渍。

3. 有氧训练器械维护方法

（1）一级保养（每日或每周）。

①检查跑步机控制面板按键功能是否正常、制动装置是否灵敏可靠、转动装置是否有异响；检查跑步机是否存在松动、脱离、断裂、腐蚀、砸损、漏油和漏电等情况；②检查跑步机的配置附件和修理工具是否齐全；③清洁并消毒与皮肤接触的跑步机部件；④大型器材连续运转500h后保养一次，一般需停机8h。

（2）二级保养（每月或每季度）。

①检查跑步机里程表读数，并进行登记；②检查跑步机皮带、滑轮、绞索、螺栓、螺母等零件状况；③检查跑步机轴承部位的润滑情况，根据使用情况加定质、定量的润滑油；④清除跑步机表面的锈斑、油斑，对内部结构进行除尘；⑤清扫电器箱、电动机、电器设置和传统设置；⑥完成一次完整的标准化运行。

（3）三级保养（每半年或每一年）。

①请相关专业人员对跑步机电机装置进行解体检查与清洁；②请相关专业人员对跑步机各种线路系统、机械系统等进行检查；③请相关专业人员修复和更换跑步机即将损坏的部件；④请相关专业人员检查跑步带侧偏移情况；⑤请相关专业人员对跑步带进行整体润滑及对前后滚轴进行清洁；⑥每年进行一次全面保养或大型健身器材累计运转2500h后保养并停机32h。

（4）清洁步骤及标准。

①清洁步骤：a. 在擦拭跑步机之前要关闭跑步机的电源，彻底清洁跑步机跑带；b. 拿取湿抹布将其拧干，然后对折，再擦拭器械，要求顺序——从上到下，从左到右，从内到外；c. 应拿取干净棉布浸入酒精，挤干后擦拭跑步机控制面板，不可用浸水的湿抹布擦拭控制面板；d. 对与皮肤接触的部件应使用配以一定比例的消毒液进行专门的清洁。

②清洁标准。跑步机表面无灰尘、无污渍、无汗渍、无异味。

4. 器材设备保养周期和计划安排

- 以器材设备说明书和实用手册为依据，确立每台器材的维护保养要求。
- 落实每月、每周、每年的保养要求。
- 制订日、周、年的保养计划。
- 详细记录每次保养情况。
- 核算检修所用工时和费用。

（三）安全风险管理

1. 场地设施、器材装配过程中的注意事项

- 标准1：运动设备和器材必须进行组装，放置在指定区域，完全符合制造商的说明书要求。对于特殊产品，要张贴布告、警示、通知，或放置产品标准通知，让运动员使用前注意。

- 标准2：器材设备投入使用之前，必须由体能训练专业人员彻底检查和测试，以确保它们正常运转。
- 标准3：健身器材、设备必须由制造商或相关厂家进行定期检查和维护；体能教练和场地工作人员也必须定期检查和维护这些设备。
- 标准4：运动设备发生损坏，需要维修时，必须立即停止使用，并张贴器械停用的告示；直到修理完毕并重新检查，确保它们的正常工作后才可以恢复使用。

2. 场地设备日常安全保障注意事项

- 在某些情况下，体能教练应尽量参与场地设备设计和布局工作，这样能从专业的角度考虑更多的问题，为之后设备顺利使用提供保障。
- 体能教练或场馆管理人员应该为设备的选择、购买、安装、设置、检查、维护和维修制订书面的工作方案和规程，设备的安全审核、定期检查、维护、维修、现状报告也应包括在内。制作商提供的用户手册、保证条款和操作指南，以及其他相关记录（如有关设备选择、采购、安装、设置、检查、维护和维修），都应保存在统一的档案中，以便设备的使用和维护。
- 应该明白"产品责任"的概念，这是一个法律责任的概念，指当一个人主要由于产品的设计和制造的缺陷受伤或遭受损害的时候，产品的制造商和供应商应承担法律责任。尽管这是针对制造商和供应商的，但是有些行动和过程行为也增加了体能教练的责任，有一定的责任风险，因此，体能教练要有风险意识和自我保护意识。
- 应从信誉良好的厂家处购买设备，并确认购买的产品符合行业内的专业标准。
- 应按照生产厂家的指令使用设备，不要随意修改设备原始出售时的状态，除非产品信息中有明确指示这样做。另外，制造商提供的用户手册、保修和操作指南应被保留，以应对突发情况。
- 在设备上（或旁边）张贴一些由制造商提供的安全使用标示牌，如果是进口设备须翻译制作成中文标示牌。
- 不允许在无人监管下使用设备。
- 定期检查设备是否损坏或磨损，以及检查设备可能导致练习者受伤的部位。
- 所有设备应由保洁人员定期清洗或消毒，特别是与人体皮肤直接接触的表面。

3. 应急预案和响应机制

应急预案是一份书面文件，应详细说明在出现紧急情况时，处理设施损害情况或受伤者的正当程序。尽管该文件本身并不一定可以拯救生命，但体能设施场所必须有这样的准备，该文件不能只是一纸空文。相关专业人员平时要适当演习和充分准备，体能场地的全体人员应该了解以下内容。

- 了解应急预案和处理紧急情况的正确程序（如拨打求助号码、使用急救设备和基本医疗服务、明确疏散通道和紧急撤离路径、知道应急物资的位置等）。
- 定期复习、演练应急预案和执行程序。
- 安装由相关权威认证机构推荐的自动体外除颤器，设备要达到一些专业组织如国际红十字会等官方机构的认证标准。体能工作人员的急救培训和认证也是有必要的，如果医务人员不能立即到位，要做好第一时间救护的准备。

具体的应急预案有3个基本组成部分：紧急救护人员、紧急救护联络和紧急救护设备。

• 紧急救护人员。与运动训练和比赛相关的紧急情况的第一响应者通常情况下应该是运动医疗队伍中的一员，常见的是队医或者物理治疗师。由于体育运动、设施、训练等因素的差别，体育场馆的运动医疗覆盖率可能存在巨大的差别。在一些案例中，第一响应者可能是教练或其他相关人员。

• 紧急救护联络。发生运动损伤时，联络是及时提供紧急护理的关键。队医和紧急救护人员必须一起为受伤的运动员提供好的治疗。应该保证队医与附近的急救中心有通畅的联系渠道。

• 紧急救护设备。紧急救护设备应该直接设置在体育场地并可以快速投入使用，紧急救护人员应该熟悉每种紧急救护设备的功能和操作方式。场馆管理人员应定期检查和使用紧急救护设备，设备平常应该处于良好的运转状态，设备应该储存在一个环境干净、可控的地方。当紧急情况发生时，设备应可被随时发现并使用。为了正确使用，紧急救护人员必须事前接受培训。

4. 安全责任和法律意识

为达到医护标准和为训练者提供一个安全的环境，场馆管理人员有职责提供适当的监督和指导。这些职责涉及告知用户固有的以及与他们运动有关的风险，防止"不合理的风险"或"疏忽指导和监督"导致的伤害。

体能专业人员的主要责任概念包括以下方面。

• 自主承担风险：所有来场馆训练或活动人员应该了解到固有的风险，自愿参与训练活动，参与者必须被告知活动的风险。可以通过免责告知牌对固有风险进行提示。在高风险领域，活动人员要签署自主承担风险的声明。

• 职责和义务：体能教练和场馆管理人员在为参与者服务时有责任采取合理的步骤来防止损伤，同时慎重处理发生的损伤。

• 医护标准：在不同的情况下，应谨慎、理智地应对。体能专业人员应根据自己的教育水平、培训和认证情况，选择较为适宜的救助方法。一些紧急性的救护方法，如心肺复苏、人工呼吸等，应在充分掌握的情况下再实施。针对不明情况，依然需要专业的医护人员前来处理。

• 过失：要证明体能专业人员产生过失，需要明确4点——职责、失职、直接原因、造成损害。简单地说，体能专业人员如果被证明有责任但未能给出适当的防护措施，给他人造成了直接损害或伤害，就被认为是体能专业人员的过失。

小结

总之，体能训练场地器材的组织与管理，是一门不可忽视的功课，需要考虑到多方面的因素，做好整体的规划设计，并以运动队的切实需求和实际情况为根本出发点，才能更好保障队伍训练质量、充分提高场地器材的使用效率，并最大限度地消除安全隐患。

安全有效地设计体能训练场所，合理运用空间是最大的工作挑战。设计及构建一个新的体能训练场所，可按照如下建议的9个步骤或流程进行。

①确定场地面积和经费预算；②客户（队伍）需求调研；③厂家器材设备调研；④场地分区及整体装修设计；⑤确定器材引进方案；⑥场地施工、器材引进；⑦管理制度制订、人员培训、安全设备摆

放；⑧场地启用和试运行，使其正常运转；⑨根据运行情况和需求变化，每年度进行调整。

思考题

1. 构建一个新的体能训练场所，应该遵循的基本流程或步骤是什么？

2. 以你所在的体能训练场所为例，在功能分区方面可以做哪些优化？

资源获取说明

扫描右侧二维码，添加企业微信，根据提示免费获取本书电子资源：

- 思考题参考答案

- 参考资料

- 在线视频动作库

① 首次添加企业微信，即可获得上述资源的下载或在线观看链接。

② 非首次添加企业微信，请先回复"62831"，而后根据提示获得上述资源的下载或在线观看链接。

致谢

（按姓氏笔画排序）

第10章 王国杰　刘嘉伟　高东旭　韩鹏鹏　程泓人

第13章 [加] 马丁·布切特（Martin Buchheit）　[加] 保罗·劳森（Paul Laursen）

第14章 姚友伟　薛童仁　魏　铭

第19章 杨圣韬

第20章 王智慧　朱昌宇　徐海亮